U0901079

山西

沁水年鉴

QIN SHUI NIAN JIAN

2010

沁水县地方志办公室编

山西出版传媒集团
山西人民出版社

图书在版编目（CIP）数据

沁水年鉴．2010 / 侯晋林主编．-- 太原：山西人民出版社，2011.12

ISBN 978-7-203-07538-7

Ⅰ．①沁… Ⅱ．①侯… Ⅲ．①沁水县－2010－年鉴 Ⅳ．① Z522.54

中国版本图书馆 CIP 数据核字（2011）第 252546 号

沁水年鉴（2010 年）

主　　编：侯晋林
副 主 编：李艳玲　张丽霞
责任编辑：秦继华
助理编辑：孙　琳
装帧设计：沈　楠　宋丽丽

出 版 者：山西出版传媒集团·山西人民出版社
地　　址：太原市建设南路 21 号
邮　　编：030012
发行营销：0351-4922220　4955996　4956039
　　　　　0351- 4922127（传真）　4956038（邮购）
E-mail：sxskcb@163.com　发行部
　　　　sxskcb@126.com　总编室
网　　址：www.sxskcb.com

经 销 者：山西出版传媒集团·山西人民出版社
承 印 者：晋城景潮办公用品印制有限公司

开　　本：787mm×1092mm　1 / 16
印　　张：35
字　　数：860 千字
印　　数：1-1000 册
版　　次：2011 年 12 月　第 1 版
印　　次：2011 年 12 月　第 1 次印刷
书　　号：ISBN 978-7-203-07538-7
定　　价：280.00 元

省委书记袁纯清（前排右三）在山西易高煤层气公司调研

副省长刘维佳（前排右二）在沁水县调研防汛工作

省政协副主席令政策（前排左二）在柳氏民居调研文化旅游开发情况

省军区副司令员何永才（左二）少将在沁水县调研国防力量建设

省纪委常务副书记刘巩（右二）在嘉峰镇小型工程招标投标中心进行调研

省公安厅厅长杨司（前排左三）在沁水县公安业务技术用房工程建设工地视察

省民政厅厅长周明定（右二）在县民政局检查创建双拥模范县的工作

省统计局局长杨文章（右二）在沁水县督导调研人口普查工作和统计基层基础建设

团省委书记刘润民（前排左三）在沁水调研基层团组织建设

市委书记张茂才（前排右二）在沁水县督察指导全省项目观摩准备工作

市长王茂设（前排左三）观摩沁水特色城镇化建设工作

市委副书记冯建平（前排中）在阳翼高速公路施工工地进行调研

市政协主席师建平在沁水调研

市委常委、市政法委书记原国政（右二）在沁水调研社会矛盾化解、社会管理创新、公正廉洁执法工作

市委常委、市纪检委书记于若洁（前排右二）在沁水慰问部分特困企业和困难职工

市委常委、市委宣传部长康吉仁（右二）在湘峪三都古城调研旅游文化产业发展情况

市委常委、市委组织部长范丽霞（左二）在嘉峰镇检查指导学习实践科学发展观活动

中国共产党沁水县第十二次代表大会

县委书记秦建孝在中国共产党沁水县第十二次代表大会上作报告

沁水县第十五届人民代表大会第一次会议

县长范兆森在沁水县第十五届人民代表大会第一次会议上作《政府工作报告》

沁水县第十五届人民代表大会第一次会议

县人大常委会主任柴守瑛在沁水县第十五届人民代表大会第一次会议上讲话

中国人民政治协商会议第八届沁水县委员会第一次会议

县政协主席张桂春在政协第八届沁水县委员会第一次会议上讲话

新一届县委领导班子

新一届县人大领导班子

新一届县政府领导班子

新一届县政协领导班子

全市特色城镇化建设现场会在沁水会堂召开

全市党校工作暨沁水现场会

全市农廉网建设工作推进会在沁水县召开

全县深入学习实践科学发展观活动总结大会

和谐沁水建设推进会暨表彰大会

沁水县乡镇纪检监察装备赠送暨挂牌仪式

沁水县农村集体资金资产资源监督管理工作动员会

嘉峰镇八大工程竣工剪彩仪式

嘉峰镇永安村公园落成庆典仪式

晋煤集团胡底公司胡底矿井及选煤厂扩建项目开工奠基仪式

中电明秀 120MW 煤层气发电项目开工奠基仪式

柳氏民居文化旅游节开幕暨国家 4A 级景区揭牌仪式在沁水县西文兴村举行

县福利服务中心举行奠基仪式

沁水玉龙隧道工程竣工通车剪彩仪式

沁水县农产品批发市场工程奠基仪式

纪念"六·五"世界环境日暨整治违法排污企业保障群众健康环保专项行动启动仪式

郑村镇煤矿采空沉陷区移民安置工程和寄宿制中心小学奠基仪式

华银小额贷款有限公司开业庆典仪式

"十一五"时期经济社会发展

先进县(市、区)

中共山西省委
山西省人民政府
二〇一一年二月

二〇一〇年度粮食生产

先进县(市、区)

中共山西省委
山西省人民政府
二〇一一年二月

二〇一〇年度集体林权制度改革

先进县(市、区)

中共山西省委农村工作领导组
二〇一一年二月

沁水县地方志编纂委员会

《沁水年鉴》编纂人员

编辑说明

1、《沁水年鉴》是一部综合性县情资料书，是在中共沁水县委、沁水县人民政府的领导下，由沁水县地方志办公室编纂出版的资料性工具书，本书从1989年开始，一年一卷，本卷为16开本，山西人民出版社出版发行。

2、本年鉴以马列主义、毛泽东思想、邓小平理论和“三个代表”重要思想为指导，以科学发展观为统领，本着实事求是、尊重客观的原则，力求全面、准确地记述2010年沁水的发展和现状。

3、本年鉴采用分类编辑法，用文章和条目两种形式，以条目为主，用规范的语体文、记述体直书其事，文字力求言简意赅。全书设21个部类，部类下设一级栏目、二级栏目和条目。条目标题统一用黑体字加【】标明。全书除文字部分外，还配以照片、表格，力求具体、生动、形象地反映沁水县的发展全貌。

4、本年鉴所载文字内容由各部门、各单位提供。组织机构负责人名单由县委组织部提供，以2010年底任职情况为限。照片由沁水报社、沁水县信息中心和各有关单位提供。先进人物原则上收录荣获县委、县政府以上表彰人员名单，人物简介暂收录2010年国家级劳动模范、山西省劳动模范、晋城市劳动模范和沁水县年度总结表彰大会经济建设特别贡献奖、经济建设突出贡献奖荣誉获得者。其他荣誉按表格形式录入。

5、本年鉴“大事记”的编写主要从沁水县政府网、《沁水报》及各单位的大事记中摘录。

6、本年鉴引用的统计数字，原则上以沁水县统计局《统计年鉴》为准，《统计年鉴》没有反映的，以部门所报数字为准。

7、由于编者水平有限，书中难免存在疏漏之处，恳请各界批评指正，以利于今后改进。

目录

概述

特载

大事记

党 派

政权 政治协商

群众团体

政 法

经济管理

财税　金融

农　　业

工　业

商业　旅游

交通　邮电

城乡建设

教育　科技

文体　卫生

社会生活

乡 镇

人　　物

统计资料

附　　录

概　述

2010年统计概况

2010年是实施“十一五”规划的最后一年，全县人民在县委、县政府的正确领导下，全面贯彻落实科学发展观，以党的十七届四中、五中全会精神为指导，以转型跨越发展为核心，紧紧围绕“三转三化三提高”的总体要求，坚定信心，团结奋进，攻坚克难，有效举措，促进了全县国民经济的全面协调、稳定较快发展。各项主要指标保持增长，民生建设继续改善，城乡面貌焕然一新，社会事业全面进步，为沁水“十一五”规划圆满收官、“十二五”规划顺利开局奠定了良好基础。

一、综合

经济增长：初步核算，2010年全县生产总值达100.1亿元，是“十五”44.3亿元的2.3倍，按可比价计算比上年增长14.2%，增速比上年加快6.9个百分点，分别高出全国、全省、全市水平3.9个百分点、0.3个百分点和0.5个百分点，增速位列全市六县（市、区）第三，“十一五”期间年均增长10.5%。其中，第一产业增加值3.9亿元，增长38%；第二产业增加值78.1亿元，增长13.9%；第三产业增加值18.1亿元，增长10.8%。第一、第二和第三产业增加值占全县生产总值的比重分别为3.9%、78%和18.1%；从三次产业对经济增长的贡献看，三次产业贡献率分别为6.6%、76.6%和16.8%，三次产业分别拉动GDP增长0.9、10.9和2.4个百分点。

价格：全年居民消费价格总指数为102.2%，比上年同期上升0.9个百分点。从居民消费价格指数的类别看，八大类商品和服务项目“三升五降”，食品、烟酒及用品、居住类分别上涨8.7%、1.9%、2.1%；衣着、家庭设备用品及维修服务、医疗保健和个人用品、交通和通信、娱乐教育文化用品及服务分别下降1.7%、3%、0.4%、1.9%、3.2%；消费品价格上涨3.5%。全年商品零售价格总指数为102.1%，比上年同期上升1个百分点。

就业：全年实现新增城镇就业岗位4024个，完成年度目标的115%。其中企业吸纳就业1545人，自谋职业和自主创业828人，灵活就业1651人。下岗失业人员再就业人数705人，对就业困难人员实施就业援助175人。转移输出农村剩余劳动力9100余人。城镇登记失业率控制在1.9%。

二、农业

产值及收入：全年实现农业总产值68 073万元，增长34.5%。其中，种植业完成35 166万元，增长64.0%；林业完成8991万元，增长11.6%；牧业完成21 689

万元，增长13.3%；渔业完成668万元，增长8.6%；农林牧渔服务业完成1560万元，增长15.1%。全年实现农村经济总收入271 263万元，增长0.9%。

种植面积：全年农作物播种面积495 863亩，比上年增加16 208亩，增长3.4%。其中，粮食作物播种面积462 597亩，比上年增加14 305亩，增长3.2%；粮食作物中，小麦面积130 001亩，比上年增加7191亩，增长5.9%；玉米面积241 659亩，比上年增加2583亩，增长1.1%。

农作物产量：全年粮食总产量131 394吨，比上年增产63 802吨，增长94.4%，创历史新高。其中，小麦产量27 342吨，增长17.9%；玉米产量90 973吨，增长142.0%。粮食亩产量284公斤，比上年增产134公斤，增长88.3%。播种面积的大幅增加和较为适宜的气候条件是保证今年粮食丰产的主要因素。全年油料总产量1584吨，增产143.3%；棉花总产量148吨，增产20.6%；蔬菜总产量36 559吨，增产0.8%；水果总产量5308吨，增产19.7%。

畜禽及水产品产量：年末大牲畜存栏2849头，下降8.4%；猪存栏22 457头，下降33.4%；羊存栏155 343只，下降4.0%；年末羊群饲养量297 444只，增长13.4%；肉类总产量6199吨，增长14.4%；蜂蜜产量730吨，增长57.5%；牛奶产量731吨，增长53.6%；禽蛋产量3091吨，下降34.4%；蚕茧产量1232吨，增长12.0%；水产品产量267吨，增长8.5%。

林业生产：年末全县森林面积193万亩，森林覆盖率达48.4%。全年完成营造林合格面积2.38万亩，绿化道路242公里，新育苗木0.26万亩，新发展经济林0.52万亩，提高了全县绿化水平和生态环境质量。

“三农”新成效：全年用于“三农”方面的投入达1.6亿元，比上年增长14.2%；累计发放各种补贴资金2946.7万元。完成了100个养羊园区“五配套”工程，羊群饲养量达到29.7万只；新增干鲜果经济林5800亩，新建优质桑园2400亩。年末农民专业合作社达到315个，农业产业化程度有了提高。全年实施农业发展项目34项，其中农业综合开发项目通过国家级检查验收，农田水利和节水灌溉工程全面实施，新增节水面积1000亩，水保初治面积2.1万亩；新建农村饮水安全工程164处，解决了2.58万人的饮水安全。投资2300万元，重点实施整村脱贫、扶贫移民、产业扶贫、教育扶贫、培训扶贫“五大工程”，建成移民住宅162座，移民500余人；在郑村镇实施了煤矿采空区、沉陷区移民搬迁试点工程；全年发放帮扶资金200万元，发放贫困家庭学生助学金59.1万元。同时，广大干部职工共捐助帮扶资金143万元，为偏远山区贫困人口脱贫致富作出了积极贡献。

三、工业和建筑业

工业：全年全县规模以上工业完成增加值32.7亿元，按可比价计算（下同）增长36.4%，比上年增加14.8个百分点，增幅位居全市六县（区、市）第一，“十一五”期间年均增长15.7%。其中，煤炭行业增加值25.5亿元，增长38.5%；煤层气行业增加值5亿元，增长44.9%；全年规模以上工业累计实现利润18.9亿元，同比增长161.7%；完成税金总额10.7亿元，同比增长54.8%；工业产销衔接状况良好，累计完成工业销售产值655 821万元，同比增长44.1%；产销率达到99.3%，比上年提高了0.4个百分点。

全年累计生产原煤536.2万吨，同比增长7.2%；煤层气抽采量180 590万立方米，同比增长87.2%；煤层气利用量117 783万立方米，同比增长99%；洗煤85.2万吨，同比增长11%；发电量完成112 435

万度，同比增长 8.2%；铸件 13 120 吨，增长 223.6%；焦炭完成 102 599 吨，下降 28.5%。

民营：全年民营经济组织发展到 9426 家，增长 390 家，其中民营企业 358 家，增长 105 家，从业人员 39 223 人，增加 3054 人。全年民营企业完成增加值 35.12 亿元。同比增长 17.04%；完成总产值 79.66 亿元，增长 17.02%；完成营业收入 68.42 亿元，增长 19.81%；完成工业产值 60.47，增长 14.01%；完成工业增加值 26.27 亿元，增长 14.03%；实现税金 10.51 亿元，增长 16.0%。

建筑业：年末全县具有资质等级的总承包和专业承包建筑业企业共有 4 家，完成总产值 7793 万元，同比增长 96.0%，其中，建筑工程、安装工程和其他工程分别完成 5152.4 万元、1134.4 万元和 1506.2 万元。签订合同额 9983.5 万元，同比增长 102.4%，其中本年新签合同额 9113 万元，增长 105.5%。建筑施工面积达到 78 114 平方米，增长 61.5%；房屋建筑竣工面积完成 67 764 平方米，增长 58.3%；房屋竣工价值完成 6353.8 万元，增长 90.8%。

四、固定资产投资

固定资产投资：全年固定资产投资完成 569 763 万元,同比增长 23.2%,“十一五”期间年均增长 34.8%。按城乡分，城镇投资 549 550 万元，增长 21.2%；农村投资 20 213 万元，增长 124.3%。按产业分，第一产业投资 14 921 万元，增长 973.5%；第二产业投资 424 649 万元，增长 43.9%；第三产业投资 130 193 万元，下降 21.6%。按构成分，建筑、安装工程投资 318 297 万元，增长 6%；设备、工具器具购置 116 647 万元，增长 184.8%；其他费用 134 819 万元，增长 11.1%。按登记注册类型分，国有投资 264 348 万元，下降 14.9%；非国有投资 305 415 万元，增长 101.1%。

房地产开发：全年房地产开发投资完成 1552 万元，比上年增长 22.5%。按工程用途分，住宅投资 780 万元，增长 37.6%，占房地产开发投资的 50.3%；商业营业用房投资 129 万元，下降 19.4%。全年完成房屋施工面积 40 235 平方米，增长 269.1%；其中，新开工面积 22 507 平方米，增长 106.5%。全年房屋竣工面积 20 428 平方米，竣工房屋价值 4915 万元，商品房销售面积 14 428 平方米，商品房销售额 3648 万元。

五、市场贸易

社会消费品零售总额：全年全县完成社会消费品零售总额 110 032 万元，增长 23.0%，“十一五”期间年均增长 15.0%。其中，乡村市场零售总额 42 337 万元，增长 32.7%；城镇市场零售总额 67 695 万元，增长 17.7%，农村消费增速高于城镇市场 15 个百分点。零售业完成消费品零售总额 78 550 万元，增长 22%。其中，限上零售企业完成 27 127 万元，增长 22.9%；限下零售企业完成 51 423 万元，增长 21.6%。住宿企业完成消费品零售总额 3335 万元，增长 24%；其中，限上住宿企业完成 1379 万元，增长 8.7%；限下住宿企业完成 1956 万元，增长 37.7%。餐饮企业完成消费品零售总额 23 031 万元，增长 25.8%。其中，限上餐饮企业完成 739 万元，限下餐饮企业完成 22 292 万元。

招商引资：今年全县积极组织相关企业参加了中部投资贸易博览会、中国（太原）国际煤炭与能源新产业博览会、中国（重庆）国际投资暨全球采购会和 2010 中国南通港口经济洽谈会等招商引资活动，全年共签约 11 个项目，项目投资额 50.11 亿元，引资额 48.79 亿元。尤其是在中国南通港口经济洽谈会上，沁水县签约项目 5 个，引资 32 亿元，在签约项目和引资额上都位居全市第一。

六、交通和邮电

交通运输：全县公路年末通车里程1501.8公里，其中高速公路28.9公里，村通水泥路930公里。年末全县共有载货汽车2681辆，其中，普通载货汽车载重量19 116吨位。年末全县共有公路干线3条122.9公里，公路支线457条1350公里，桥梁116座4266.5米；全年公路养护里程1501.8公里。

邮电：全年全县完成邮电业务总量11 823万元，比上年增长5.2%。其中，邮政业务总量1703万元，下降22.3%；通信业务总量10 120万元，增长11.9%。年末固定电话客户54 500户，增长8.8%；移动电话客户119 708户，增长14.6%，其中3G客户3000户；计算机互联网客户28 100户，增长45.7%。

七、财政、金融、保险

财政：全年全县财政总收入完成22.2亿元，同比增长14%，比"十五"末的5.1亿元增长3.3倍，"十一五"期间年均增长34.2%。一般预算收入完成6.2亿元，同比增长18.2%；比"十五"末的1.6亿元增长2.9倍，"十一五"期间年均增长31.3%；其中，税收收入4.9亿元，增长13.2%；非税收入1.3亿元，增长40.7%。

全年财政一般预算支出10亿元，同比增长25.6%，科教、文化、卫生、环保、支农和公共安全支出等重点支出进一步扩大。其中一般公共服务支出13 340万元，增长9.7%，教育支出22 713万元，增长17.8%，医疗卫生支出6455万元，增长34.9%，科学支出1167万元，增长62.3%，文化体育与传媒支出1468万元，增长94.7%，农林水事务15 397万元，增长29.2%。

金融：年末全县金融机构各项存款余额816 572万元，比年初净增183 526万元，增长29%，受存款利率提高、股市下调等因素影响，储蓄存款不断攀升。金融机构各项贷款余额213 538万元，比年初净增49 280万元，增长30%。年末城乡居民储蓄存款余额345 346万元，比年初净增49 222万元，增长16.6%；比"十五末"的153 032万元增加192 314万元，"十一五"期间年均增长17.7%。

保险：全年保险行业实现业务总收入10 419万元，增长42.5%。其中，财产险保费收入1485万元，增长6.6%；人身险保费收入8664万元，增长46.4%。全年支付各类赔款及给付1259万元，增长11.4%。其中，财产险赔款725万元，下降15.7%；人身险赔款及给付534万元，增长97.8%。

八、教育和科学技术

教育：年末全县共有各级各类学校121所，其中，普通中学18所，初中16所，高中2所，职业中学1所，小学83所，特殊教育学校1所，幼儿园18所。在校学生33 236人，当年招生9460人，毕业9370人。小学学龄儿童入学率100%，初中三年巩固率99.9%，高中阶段毛入学率94.3%。

科学技术：全年全县共申报县级各类科技计划项目165项，其中农业发展类137项，工业发展类20项，社会发展类8项，投资金额3.5亿元。全年专利申请受理总量35项，（其中发明专利14项，实用新型专利14项，外观设计专利7项），比上年增加5项，增长率为16.7%；每十万人专利申请数达17项。

九、文化和卫生

文化：年末全县共有群众文化馆1个，公共图书馆1个，博物馆1个。全县共有"农家书屋"150个，共藏书22.5万册，室用面积6000平方米；农村电影放映队14支。目前，全县共有"非遗"国家级项目3项，省级项目5项，市级16项，县级31项。

全县共有广播电视台1座，乡镇广播

电视站14座，电视转播发射台1座；有线电视用户3.9万户。广播综合人口覆盖率98%，电视人口综合覆盖率达95.6%。

卫生：年末全县共有各级医疗卫生机构294个，医院和卫生院床位544张，卫生专业技术人员1004人，每千人拥有病床2.3张，每千人拥有医生数3.3人。新型农村合作医疗参合率95.5%。村卫生室覆盖率100%、县乡村三级医疗机构达标率97%。

十、人民生活和社会保障

人民生活：全年全县城镇居民人均可支配收入达13 365.6元，同比增长12.8%，比“十五”末的7020.9元增长90.4%，“十一五”期间年均增长13.7%；人均消费性支出8278.4元，增长7.5%。农村居民人均纯收入5059.2元，同比增长15.7%，比“十五”末的2863.1元增长76.7%,“十一五”期间年均增长12.1%；人均生活消费支出3853元，增长5.5%。全年城镇和农村居民恩格尔系数分别（即居民家庭食品消费支出占家庭消费支出的比重）为29.9%和33.9%。全年城镇单位在岗职工平均工资32 622元，增长38.5%。

社会保障：全年各项社会保险费共征缴20 197万元，其中：征缴养老保险费16 116万元，失业保险费593万元，基本医疗保险费2817万元，工伤保险费566万元，生育保费105万元。

全年各项社会保险金共支付11 831.9万元，其中：为4543名离退休及遗属人员发放养老金9404万元，为符合条件的262名失业人员发放失业保险金86.3万元，为157名工伤职工支付工伤伤残津贴247.6万元，为82名生育职工支付生育费52万元，医疗保险共支付1939万元，并筹措资金为全县184名离休干部、老红军、二等乙级以上伤残军人报销医药费105万元。

年末城镇低保人数3186人，发放低保金683万元；农村低保人数9517人，发放农村低保金815万元；集中供养五保户231人；共为536名城乡贫困大病患者发放医疗救助资金149.4万元，全年接收捐赠款99.9万元，受益25 356人。全县共有福利企业7家，安置残疾职工104人，安置率56.5%。

十一、资源环境、城建和安全生产

资源环境：全年县区环境空气质量二级以上天数达到353天，比上年增加6天，比全年目标（330天）多出23天，全年空气综合污染指数控制在1.63，稳定达到国家二级标准。全年化学需氧量0.16万吨，比年度控制指标（0.16万吨）下降0.6%；二氧化硫排放量0.63万吨，与年度控制指标（0.63万吨）持平。全县集中式饮用水源地水质达标率达100%。

城建：全年完成新增道路绿化面积9800平方米，单位庭院绿化3260平方米，建成区绿化覆盖率达到41%；全年共处理生活污水175万立方，县城污水处理率达到80%；完成县城35万平方米清扫面积，清运生活、建筑垃圾15万吨；配置街道果皮箱、垃圾箱110个，规划新建县城垃圾压缩站1处，县城生活垃圾填埋率达到95%；整治规范街道各类广告牌匾4010处，新安装道路节能路灯400余盏；县城集中供热普及率达到62%。

安全生产：全年全县共发生各类事故123起，同比减少16起，减少12%；死亡31人，同比减少5人，减少14%；一次性死亡3人以上交通事故1起，死亡4人。其中：交通事故92起，死亡29人；煤矿事故1起，死亡两人；消防事故29起，无人员死亡；森林火灾1起，无人员伤亡。我县煤矿事故1起，死亡两人，无较大煤矿事故。

2010年国民经济与社会发展

2010年，全县人民按照“三转三化三提高”的总体要求，解放思想、抢抓机遇，凝聚共识、扎实苦干，各项工作均取得了新进展新成效。

一、大力实施重点工程和重大项目带动战略，经济发展保持了强劲势头。2010年全县安排实施省、市重点工程34项、县级重点工程和项目50项（其中18项列入省市重点工程），完成投资57亿元。特别是教育园区、县城限价房、集中供暖、湾则水库等25项基础设施项目建设，以及易高煤层气液化二期、中电明秀120兆瓦瓦斯发电、亿豪铸业年产10万吨铸管、和盛新型建材年产6000万块煤矸石烧结砖等25项生产性项目建设，有力地拉动了全县经济社会发展。2010年，全县生产总值完成100.1亿元，比上年增长14%；财政总收入完成22.2亿元，比上年增长14%；城镇居民人均可支配收入达到13 365元，增长12.8%；农民人均纯收入达到5059元，增长15.7%，经济社会发展呈现出又好又快发展的喜人局面。

二、坚持工业化、城镇化、生态化一同推进，进一步加快了全县城乡一体化发展步伐。围绕“建设生态化公园式县城和沁水新能源产业工业园区、舜王坪生态旅游区”这个“一城两区”战略重点，立足实际，突出特色，大力推进城镇化建设。在先后完成县域城镇体系规划、县城总体规划、端氏嘉峰特色城镇规划等规划编制的基础上，建成了县城规划和端氏嘉峰特色城镇规划两个展馆，组织相关人员先后赴天津、大同、长治等地参观学习城镇建设与管理经验，启动实施了梅杏大道续建工程、碧峰公园、滨河南路、阳翼高速两条连接线、县城南街通道等城镇重点工程建设。同时，大力开展城乡环境综合治理，积极进行县城街景改造，拆除沿街临时建筑和低矮破旧房屋7100平方米，规范整治沿街商店门铺1714家，对沿路村庄进行了环境治理，城乡面貌大为改观。城镇化建设工作得到社会各界广泛好评，2010年10月市委、市政府专门在沁水县召开了全市特色城镇化建设现场会，交流推广沁水县的做法和经验。

三、大力推进新型工业化，产业结构调整步伐加快。按照“以煤为基、以煤兴产、以煤兴业、多元发展”的思路，着力改造提升传统产业，大力发展新兴产业，全年完成工业增加值32亿元，同比增长36.8%。进一步加快推进煤炭资源整合和企业兼并重组，积极协调各方利益关系，企业主体到位后的复工复产、改造建设、矿井关闭等工作有序开展。积极支持大中型矿井建设，郑庄、胡底、玉溪等矿井建设进度加快，东大、里必等矿井前期工作有序推进，平山、永红等基建矿井和侯村、永安、端氏等质量标准化矿井建设进展顺利。全力做大做优煤层气产业，煤层气的抽采、压缩、液化、输送、发电以及综合利用等全面发展，易高、蓝焰、顺泰等一批煤层气企业不断壮大，沁水县已成为全国最大的煤层气开发利用基地。积极发展旅游产业，成功举办了柳氏民居文化旅游节，柳氏民居被评为4A级景区，张峰水库卧龙湾景区、湾则水库秀水湾公园控制性详规基本完成，中下旅游公路加快建设，历山“二次开发”和三都古城等景区、景点建设稳步开展。

四、加快推进农业现代化，新农村建设成效明显。认真落实粮食直补、农机具补贴、良种补贴等各项强农惠农政策，全年粮食产量在遭受冻害、干旱、洪涝灾害的情况下，仍创下历史新高，达到13.14

万吨。畜牧、蚕桑、蔬菜、林果四大农业特色产业稳步发展，畜牧业重点完善了100个养羊园区的设施配套建设，全年羊群存栏量20.2万只；蚕桑业以新技术、新品种推广为重点，建设温控大棚120栋，全年产茧量达到130万公斤；绿色农产品基地建设进一步推进，已申报认证无公害农产品产地面积达到33万亩；丰田食品、沁花蜂业、源通饲料等一批“农”字号龙头企业和农业合作社不断壮大，带动作用明显加强 。“四化四改”和“五个一工程”建设任务基本完成，村级卫生室、村通广播电视工程，已于2009年提前完成。村通水泥（油）路已实现了全覆盖，全县通车里程达1500公里；中小学校舍建设，全年新建学校7所，改扩建学校21所，建设总面积达11.4万平方米；农村饮水安全工程，全年建成164处，解决了2.6万人的饮水安全问题，新农村建设省级重点推进村达到82个，全县农村面貌和农民生活质量得到有效改观。

五、积极推进改革开放，招商引资成绩喜人。坚持开放即发展、招商即发展的理念，充分发挥资源优势，以企招商、以商招商，先后召开了煤炭行业、煤层气行业、电力行业项目对接座谈会，积极组团参加中博会、港洽会、福州推介会等各类招商洽谈活动，进一步加大了招商引资力度，全年共签约项目11个，项目投资额50.11亿元，引资额48.79亿元。注重规划发展工业园区，大力推进沁水新能源产业工业园建设，积极发挥工业园区的集聚和带动作用，努力为项目入园、集约发展创造条件，优化环境。积极发展壮大民营经济，建立了工业技术进步和转型发展基金，举办了民营企业人才招聘会，以奖代补发放民营企业发展基金320万元。

六、加强环境保护和节能减排，城乡生态环境持续改善。围绕建设绿色沁水，坚持沿路增绿、空地建绿、拆墙透绿、近山植绿，投资3亿多元，大力实施“六大造林绿化”工程，不断加快林业生态县建设步伐，全年造林面积达到2.18万亩，全县森林覆盖率达到了48.4%。切实加强节能减排，发展低碳经济，加快淘汰落后产能，对全县11家重点耗能工业企业加强了节能监测和目标考核，全县万元GDP综合能耗、工业增加值能耗、二氧化硫排放量、化学需氧量排放量四项约束性指标，实现了逐年下降，“十一五”节能降耗目标任务圆满完成。持续实施“蓝天碧水”工程，全年县城空气质量二级以上天数达到356天，空气质量得到明显改善。

七、着力保障和改善民生，扎实推进“和谐沁水”建设。一是农村“五个全覆盖”超额完成。村级卫生室、村通广播电视工程,已于2009年提前完成。村通水泥（油）路目前已实现了全覆盖，通车里程达1226公里；中小学校舍建设，全年新建学校7所，改扩建学校21所，建设总面积达11.4万平方米；农村饮水安全工程，全年建成164处，解决了2.6万人的饮水安全问题，全县农村面貌和农民生活质量得到有效改观。二是不断健全就业和社会保障体系。积极开展创业型社会创建活动，不断完善公共就业服务平台建设，加强职业技能培训，开发公益性岗位，全年新增城镇就业岗位3785个，转移输出农村剩余劳动力9100余人，城镇登记失业率控制在1.9%以内。进一步完善城镇职工社会保险制度，认真做好城镇居民基本医疗保险工作，解决了1291名国有、集体困难企业职工的保险长期拖欠问题。全面推行新型农村社会养老保险，沁水县作为全省15个国家级新农保试点县之一，争取到国家、省级农保资金1372.7万元，2.26万农村老年人从中受益，实现了城乡养老保险、医疗保险全覆盖。更加关注弱势群体，健全社会救助体系，社会福利事业、残疾人事业、老龄事业和慈善事业加快发展，农村低保、城镇低保做到了应保尽保。积极推进经济适用房、廉租房、限价房等保障性住房建设，加快康居示范工程进度，有效缓解了城镇低收入家庭的住房困难。三是统筹推进各项社会事业。教育事业进一步发展，投资2.56亿元的校舍安全改造工程进展顺利，义务教育阶段公用经费“城乡同标准”全面实现，2010年高考二本以上达线263人，比上年增加84人，教育教学质量稳步提升。努力提高全县语言文字规范化水平和普及率，顺利通过了国家三类城市语言文字工作评估验收。卫生事业得到加强，在三级医疗卫生机构达标的基础上，乡镇卫生院和村级卫生室实现了全覆盖，新农合参合率和疾病防疫防控能力有了很大提高。人口和计划生育工作扎实开展，人口目标责任制得到全面落实。大力发展科技事业，全年科技投入达716万元，科技信息网络建设步伐加快，科技成果转化和知识产权保护工作取得了新的成效。四是持续强化安全稳定工作。坚持严格落实安全生产责任制，在重点行业、重点领域大力开展安全生产隐患排查治理专项行动，全县无重大生产安全事故发生。进一步加强社会治安综合治理，加快社会治安防控体系建设，全面落实校园安全保卫工作，坚持不懈地开展严打整治斗争，刑事案件呈明显下降趋势，社会治安秩序明显好转。高度重视信访工作，不断规范信访秩序，组织开展矛盾纠纷排查调处专项行动，认真解决了一批群众反映强烈的热点、难点问题，信访总量同比大幅度下降。

八、加强民主政治建设和精神文明建设，努力巩固安定团结的良好局面。支持人大及其常委会依法履行职能，加强法律监督和工作监督，充分发挥地方国家权力机关的作用。支持和保证人民政协积极履行政治协商、民主监督、参政议政职能，组织政协委员围绕中心工作进行协商讨论、献计献策。进一步巩固和发展爱国统一战线，全面贯彻党的民族宗教政策和对台政策。扎实推进“法治沁水”建设，积极支持法院、检察院依法独立办案，大力开展“五五”普法宣传，完善政务公开、村务公开和公共企事业单位办事公开等制度，基层民主法制建设进一步加强。认真贯彻执行中央和省、市有关规定及要求，圆满完成县政府机构改革任务，全面启动了事业单位分类改革，乡镇机构改革也正在积极稳妥的扎实推进。充分发挥工会、共青团、妇联、工商联等人民团体密切联系群众的优势，为其依照法律和各自章程开展工作创造了良好条件。大力支持国防和驻县部队现代化建设，不断促进军民融合式发展，“双拥、双服务”工作成效显著。

九、全面加强和改进党的建设，为转型跨越发展提供坚强保证。一是切实加强领导班子和干部队伍建设。认真落实《党政领导干部选拔任用工作条例》，在全市率先实行常委会任免干部票决制，不断优化选人用人机制，完善干部推荐、初始提名、干部考察、任免谈话等多项制度。先后4次对机构改革后政府职能单位班子和县纪检干部队伍，进行了调整补充，提拔182人，交流47人，免职30人。进一步完善了综合目标考核机制，将年度目标责任考评、领导班子和领导干部考评、党风廉政建设考评相互衔接，统筹安排，构建了“三位一体”考评体系，实现了考事、评人和用人相结合。不断深化干部人事制度改革，进一步加强了人才队伍建设。二是全面加强基层党组织建设。精心实施党建工作五大工程，强化基层党组织阵地建设，全县新、改建村级组织活动场所102个，实现了村级组织活动场所全覆盖。全面推行“四议两公开”工作法，有效改善了农村基层民主政治建设。切实加强支部书记队伍建设，完成基层党组织换届选举工作。认真做好大学生村干部工作，改善了农村两委班子队伍结构。充分发挥农村党员干部现代远程教育优势，提高了培训力度和质量。三是不断加强反腐倡廉建设。严格执行党风廉政建设责任制，认真贯彻《党员领导干部廉洁从政若干准则》，从严落实领导干部任前廉政谈话、个人重大事项报告、述职述廉等制度，领导干部从政道德素质和廉洁自律意识明显增强。加强对重大决策部署贯彻落实情况的监督检查，扎实开展煤炭领域反腐败专项斗争和工程建设领域突出问题专项治理，深入推进农村党风廉政建设，坚决查处违纪违法案件，对38名党员干部进行了责任追究。进一步引深学习“右玉精神”，大力开展“五治五督”作风整顿活动，机关作风和干部作风有了明显改进。

（王锁庭）

特　载

解放思想　领导变作风
转型跨越　政府变职能
为建设干部入民心、工作入名次、
产品入名牌、幸福指数入名首的
“三晋十强县”而努力奋斗

——在中国共产党沁水县第十二次代表大会上的报告

（2011 年 5 月 30 日）

秦建孝

各位代表、同志们：

现在，我代表中国共产党沁水县第十一届委员会向大会作报告，请各位代表审议，并请列席人员提出意见。

中国共产党沁水县第十二次代表大会，是我们在建党 90 周年前夕召开的一次十分重要的大会，也是在我们全面开启“十二五”规划、全县经济社会发展进入新阶段召开的一次承前启后、开拓创新的盛会。大会的主要任务是：**回顾总结县十一次党代会以来的工作，研究确定今后五年的奋斗目标和主要任务，选举产生新一届县委和县纪委，动员全县各级党组织、全体共产党员和广大人民群众，解放思想、领导变作风，转型跨越、政府变职能，为建设干部入民心、工作入名次、产品入名牌、幸福指数入名首的“三晋十强县”而努力奋斗！**

一、过去五年的工作回顾

十一次党代会以来的五年，是沁水发展史上很不平凡的五年。五年来，县委坚持以邓小平理论和“三个代表”重要思想为指导，牢固树立和全面落实科学发展观，紧紧围绕“三转三化三提高”的总体要求，团结带领全县广大党员和干部群众，抢抓机遇、开拓创新，圆满完成了“十一五”目标任务，各方面工作均取得了显著成绩，全县上下呈现出经济繁荣、民生改善、政治安定、社会和谐的良好局面。

经济发展跃上新台阶。从2005年到2010年，全县生产总值由44.3亿元增长到100.1亿元，年均增长10.5%；财政总收入由5.1亿元增长到22.2亿元，年均增长34.2%；农民人均纯收入由2863元增长到5059元，年均增长12.1%；城镇居民人均可支配收入由7020元增长到13 365元，年均增长13.7%；固定资产投资总额由12.8亿元增长到56.9亿元，年均增长34.8%。多项主要经济指标实现翻番，人均水平在全省、全市领先。

结构调整取得新成效。五年来，我们积极践行“以煤为基、以煤兴业、多元发展”的转型思路，工业经济运行质量和效益明显提高，传统煤炭产业改造升级稳步推进，煤炭资源整合重组任务基本完成，煤炭产业的规模化、机械化、信息化水平进一步提升；煤层气、煤变电等新兴产业迅猛发展，形成了年抽采煤层气18亿立方、瓦斯发电装机容量16.6万千瓦的生产能力。不断加快农业产业化进程，畜牧、蚕桑、蔬菜、林果“四大特色”农业产业呈现出区域化、规模化发展的良好态势，“农字号”龙头企业不断壮大，农业综合生产能力明显增强。旅游、商贸、物流、信息等现代服务业发展有了新的突破，对经济增长的贡献率不断提高。

城乡面貌发生新变化。始终坚持集中力量办大事、扭住重点不放松，五年累计投入资金30多亿元，组织实施城乡基础设施建设重点工程和项目210余项，先后完成了梅杏大道、滨河南路、阳翼高速互通连接线、碧峰公园、赵树理图书馆、污水处理厂、集中供热和煤层气入户等多项重点工程，县城的环境明显改善、功能更加齐全、品位有效提升。“沁河流域特色城镇化示范区”建设有力推进，新能源产业工业园区和舜王坪生态旅游区建设步入新的阶段。认真贯彻党在农村工作的各项方针政策，连年加大“三农”投入，新农村建设取得明显成效，扶贫攻坚扎实推进，道路、饮水、医疗、广电、通讯等基础设施和公益事业全面发展。

改革开放迈出新步伐。不断深化政治体制改革，完成了新一轮政府机构改革任务。加快非公有制经济发展，设立了民营经济发展基金，组建了中小企业信用担保中心。“十一五”期末，全县民营经济增加值达到35亿元，是“十五”末的6倍。大力实施开放引进战略，积极改善投资发展环境，不断加大招商引资、招才引智力度，先后组团参加了乌鲁木齐对外经济贸易洽谈会、中国南通港口经济洽谈会、中部投资贸易博览会、中国（太原）国际煤炭与能源新产业博览会等大型招商引资活动，签约项目34项，引资157亿元，一大批引资项目在我县纷纷落地并发展壮大。

社会事业有了新发展。强力推进科教兴县战略，投资1.87亿元新建了教育园区，投资2.56亿元实施了中小学校舍安全改造，成为我县历史上教育投资最多、建设规模最大的一个时期。卫生事业长足发展，城镇医疗保险实现全覆盖，新型农村合作医疗参合率达到95%以上。着力保障和改善民生，农村“五个全覆盖”目标提前实现。精神文明和民主法治建设不断加强，和谐社会建设深入推进，信访维稳和安全生产态势平稳。科技、文化、体育、人口计生等各项事业全面进步，统战、武装工作和工会、共青团、妇联等群团组织的工作卓有成效。

党建科学化水平实现新提高。坚持用党的最新理论成果武装头脑、指导实践、推动工作，认真开展深入学习实践科学发展观活动和创先争优活动，积极推进学习型党组织建设，广大党员干部的思想政治素质和政策理论水平不断提升。精心实施基层党建“五大工程”，全面推行“四议两公开”工作法，切实加强农村支部书记队伍建设，实现了村级组织活动场所全覆盖。干部人事制度改革深入推进，在全市率先实行了县委常委会任免干部票决制，构建了“三位一体”考评体系，进一步优化了选人用人机制。认真落实党风廉政建设责任制，不断加强农村党风廉政建设、煤炭领域反腐败专项斗争和工程建设领域突出问题专项治理，坚决查处了一批违纪违法案件，反腐倡廉警示教育、领导干部廉洁自律、纪律作风集中整顿取得实效，为维护全县改革发展稳定大局提供了有力的组织保证和纪律保证。

通过五年的不懈努力，我县先后荣获国家级生态示范区、中国绿色名县、中国低碳旅游县、中国最具投资潜力特色示范县、全国无公害农产品标志推广与监管示范县、省级文明和谐县城、省级卫生县城、省级平安县、全省双拥模范县、全省增加农民收入先进县等荣誉称号，县域经济基本竞争力首次入围“中部百强”，被省委、省政府表彰为全省“十一五”时期经济社会发展先进县。

同志们，回顾过去的五年，沁水的变化有目共睹，沁水的发展振奋人心。可以说，十一次党代会以来的五年，是全县经济综合实力提升最快、城乡面貌变化最大的五年；是我们按照科学发展观的要求，抢抓机遇、应对挑战，转型调整、全面发展的五年；是扎实推进和谐社会建设，广大群众安居乐业、普遍受益的五年；是全县各级党组织和广大党员不断提高执政能力，带领全县人民在科学发展的大道上昂首阔步、奋勇前进的五年。

五年成绩的取得，是中国化的马克思主义和中国特色社会主义在理论和实践上同沁水县情相结合的结晶。历届县委、县人大、县政府和县政协的领导同志们敢冒风险、能吃苦头，勇于进行经济体制改革的探索、社会体制改革的创新和政治体制改革的实践。他们在结合而不是照搬、在实践而不是口头、在改革创新而不是墨守成规等方面，为我们作出了榜样。实践证明，以张天才、平良德、王殿文、崔建忠、胡计松、白晚才、刘晋英、周海德、郭长青、贾联亭、申会、程琳、常国荣、常广智等同志为代表的历届领导同志们，是共产党人的模范党员！沁水县广大干部群众是中华民族的优秀儿女！

在此，我代表十一届县委，向所有为沁水改革开放和现代化建设事业作出贡献、为今后沁水跨越发展奠定了坚实基础的同志们、朋友们，表示衷心的感谢并致以崇高的敬意！

我们总结多年来的实践，可以概括为**三大宝贵经验：经验之一是大胆探索社会主义市场经济的实现形式和途径。**社会主义市场经济有两个重要标志，那就是政府创优环境、社会创造财富。政府要毫不犹豫地、不断地回归自己不是“婆婆”而是“保姆”的服务的本位和创造公共产品的本位，这是实现转型跨越的前提条件；社会创造财富，继续破除所有制歧视，大力发展民有和股份所有制经济，是实现转型跨越的力量源泉。**经验之二是大胆创新社会体制改革的内涵和外延。**利用不断增加的政府以及社会财力，加大城乡教育、文化、卫生、体育、住房、生态、安全、交通等方面建设，增加人民的幸福指数，实现走向共同富裕的目标。**经验之三是大胆进行县委权力公开透明运行的实践。**开始改变在用人方面权力过分集中和“大民主”的两种不良倾向，使执政主体和实践主体开始参与决策和发挥监督作用。这三大宝贵经验，使产品竞争、地方竞争和人才竞争有先有后地、有主有次地如雨后彩虹般在沁水大地上闪现出美丽的光华。“赤橙黄绿青蓝紫，谁持彩练当空舞？”我们这一届县委要义不容辞地接过这条彩练，团结带领全县21万人民舞之蹈之，鼓之呼之，在转型跨越的新征程上，演出威武雄壮、气势恢弘的话剧！

二、新的形势和今后五年的目标

五年的改革发展，成就是显著的。在肯定成绩的同时，我们要清醒地认识到，沁水作为革命老区、资源型县区和内陆山区，欠发达的基本县情没有根本改变，我们推进转型跨越发展的任务仍然十分艰巨而繁重。

同志们，我们党是一个实事求是的、坚持唯物主义的马克思主义政党。我们把寻找问题当成共产党人的本性，把公开问题当成共产党人的本能，把解决问题当成共产党人的本质。寻找问题是公开问题的前提，公开问题是解决问题的前提。

当前，禁锢我们转型跨越发展最首要的问题是思想不解放。打不开脑门，就打不开村门、厂门、县门、省门和国门。长期以来，一方面由于山大沟深、立地限制，沁水人民饱受交通束缚、区位制约之苦，干部群众视野不宽、见识不广，思想比较封闭、观念相对保守；另一方面，由于身处煤田、资源丰富，习惯于靠山吃山、挖煤卖煤，小富即安、不思进取，满足于资源优势，沉醉于“上天恩赐”。

困扰我们转型跨越发展最现实的问题是发展不均衡。一是产业结构不合理。煤炭产业一枝独秀，低端生产、链条太短，煤层气开发野外红火、室内冷清；农业产业小打小闹、不具规模，有产品无品牌、有品牌无名牌；旅游产业醒得早、起得迟、走得慢，雷声大、雨点小、效益差；第三产业星星点点、遮遮掩掩，比例过低、难成气候。二是县级财政增长与城乡居民收入不协调。尽管我县的财政收入已突破20亿元大关，我们也跻身中部百强，但全县农民人均纯收入不及全市平均水平，半数乡镇不达全县平均水平，农民增收困难，路径不多、渠道不畅。三是区域发展不平衡。纯农业乡镇与资源乡镇之间经济实力悬殊，许多农业乡镇基本上是“要饭财政”，偏远贫困乡村与沿河沿路乡村之间基础设施水平相差甚远，贫富差距越来越大。

束缚我们转型跨越发展最突出的问题是活力不充分。民营经济发展缓慢，地面企业凤毛麟角，安排就业能力差，带动作用不明显；大项目签约多、落地少，摊子铺开、进度不快，外资引进少、内资用不活，经济发展内生力不足；改革不彻底，遗留问题多，全民创业劲头不足，坐享其成者多、干事创业者少，坐而论道者多、真抓实干者少；发展环境不宽松，常说不能干的人多，常想怎么办的人少。

制约我们转型跨越发展最关键的问题是作风不过硬。一些部门责任意识淡薄，工作落实不力，习惯于以文件贯彻文件、以会议传达会议，习惯于有名有利争着干、有责无利躲着走；一些干部精神疲软，情绪畏难，工作上不推不动、推也不动，有令不行、有禁不止；一些干部作风漂浮，吃拿卡要，效率低下，没有利益不办事、给了好处乱办事，生活上贪图安逸，发展上缺乏魄力，敢闯敢拼的意识不强，打不开发展的新局面。

影响我们转型跨越发展最迫切的问题是表率不达标。一些领导干部不同程度地存在着说套话、大话、空话的问题，传达功能强、落实功能弱的问题；少数领导干部存在着表里不一、言行不一、对上对下不一、对亲对疏不一的问题；个别领导干部存在着不想管住自己，光想管住班子、管住干部、管住群众的问题。为此，造成干部、群众口服心不服、服从不服气的问题，挫伤了广大干部、群众的积极性。

我们既要历史地、客观地看问题，更要发展地、科学地找优势。当前，虽然我们面临这样或那样的困难，但是，我们还要认识到，这些困难都是发展中的困难，这些问题都是前进中的问题。只要我们找准症结、直面现实，对症下药、克难攻坚，我们就能在未来五年的发展中排除障碍、一往无前。我们对沁水未来的发展充满信心！

“十二五”时期，是全面建设小康社会的关键时期，也是沁水在新的历史起点上加快转型跨越发展的重要时期。随着经济全球化深入发展、科技进步日新月异、区域竞争日趋激烈，集约化、知识化、信息化、生态化必将成为经济发展的主流。这就要求我们必须在更广范围、更高层次上谋划和推进沁水的改革发展。

分析形势，我们迎来了一个空间增大、活力增强、优势凸显的战略机遇期。从国际国内宏观经济走势看，世界经济历经金融危机之后逐渐回暖复苏，石油价格长期高位运行，以煤炭为主的能源原材料市场广阔，新能源和现代煤化工等新兴产业的发展迎来良好时机，这为我们发挥资源优势、夯实发展基础、积累跨越资本创造了有利条件；国家推动中部地区崛起、促进沿海产业向中西部转移、建设中原经济区等一系列重大战略举措的实施，为我县充分发挥潜在优势、承接先进技术和资本，拓宽对外发展空间，带来了难得的历史机遇；我省先后被批准为煤炭工业可持续发展政策措施试点和循环经济试点省、生态建设试点省，去年又获批国家资源型经济转型综改试验区，这为沁水加快转型跨越发展，提供了更为有力的政策支撑。省委袁纯清书记去年“7·29”讲话就我省如何解决问题、跨越发展指出了明确的方向：山西发展的关键在于经济转型，经济转型的关键在于干部转型，干部转型的关键在于思想转型，思想转型的关键在于解放思想，解放思想的关键在于学习。这一重要指导思想的贯彻落实，为我们开拓了新的发展空间。

展望未来，我们进入了一个壮大实力、提速增效、快步赶超的发展加速期。经过历届县委、县政府的不懈努力，我县经济社会现已步入快速发展的新阶段。未来五年，随着省、市翻番战略的强力推进和我省年均一万亿固定资产投资的有效拉动，全县经济实力将会实现大幅提升；随着一大批国家、省、市重点工程和重大转型项目的开工建设，我县的产业结构布局和经济运行质量将会显著改善；随着我县交通、生态、人文、投资等发展环境的不断优化，加之全县上下思进盼富、干事创业的士气日益高涨，沁水在新一轮区域竞争中必将迎来一个大发展、快发展的黄金时期。

基于对形势的综合分析和科学把握，今后五年全县工作的指导思想是：**坚持以邓小平理论和“三个代表”重要思想为指导，深入贯彻落实科学发展观，以党的建设为统领，以转型跨越为主线，以改革开放为动力，运用经济、社会、生态、政治、党建“五大规律”，围绕建设“三晋十强县”这一目标，大力实施农业稳县、能源富县、旅游活县“三大战略”，强力推进工业新型化、农业现代化、特色城镇化、城乡生态化、党建科学化“五化建设”，倾力狠抓项目建设、招商引资、旅游开发、全民创业、农民增收、民生改善“六大重点”，着力加强民主法治和精神文明建设，努力加快各项社会事业发展步伐，全力打造干部入民心、**

工作入名次、产品入名牌、幸福指数入名首的新沁水。

建设“三晋十强县”，是我们冷静看待自身优势、科学分析未来形势、正确把握发展趋势，基于对省情、市情、县情的综合考量而提出的，不仅符合省、市提出的“争先进位”的要求，更是沁水21万人民的迫切愿望。

今后五年的发展任务是：到2015年，全县生产总值达到300亿元，年均增长25%以上；工业增加值达到210亿元（含寺河煤矿），年均增长23%以上；财政总收入达到60亿元，年均增长22%；城镇居民人均可支配收入达到3万元，年均增长17.6%；农民人均纯收入达到1.1万元，年均增长16.8%。主要经济指标实现翻番，经济结构调整取得重大进展，经济综合实力显著增强，科教文卫等各项社会事业全面进步，社会管理制度趋于完善，改革开放不断深化，人民生活质量和水平明显提高。

总起来讲，今后五年就是要围绕“一个目标”、实施“三大战略”、推进“五化建设”、狠抓“六大重点”，我们概括为**“1356”转型跨越发展总体思路**。各乡镇、各部门、各单位都要围绕这一思路，大手笔谋划工作、高起点推进发展。有条件的乡镇要放大优势、率先发展，条件差一些的乡镇要自加压力、负重赶超。我们坚信，只要上下同心、目标同向、行动同步，我们的宏伟蓝图必将变为现实！

三、运用五大规律，落实各项任务

全面落实“1356”转型跨越的总体思路，就必须进一步推广历届县委开展产品竞争、地方竞争和人才竞争的经验，深化经济体制、社会体制和政治体制改革，运用市场经济发展规律、社会发展规律、生态发展规律、政治发展规律和党的建设规律。

第一，运用市场经济发展规律，开创转型跨越新局面

从传统的农业文明、工业文明走向现代的工业文明、信息文明时代，是市场经济规律之一。今后五年，运用市场经济发展规律，要紧紧抓住全省建设“国家资源型经济转型综改试验区”的重大机遇，充分利用“先行先试”这个最大的政策优势，狠抓新型工业、特色农业、项目建设、招商引资、旅游开发、全民创业，促进沁水经济转型跨越发展。

（一）抓新型工业，在煤业现代化上实现大跨越。今后五年，要按照以煤为基、多元发展的转型思路，坚持破煤而立、依煤而行，着力构建以煤炭、煤层气、现代煤化工、煤气电一体化、新型建材和冶铸制造为支撑的新型工业体系。

立足煤、依托煤，全面提升煤炭煤层气产业。优化提升煤炭工业，继续深入推进煤矿企业兼并重组整合，大力推进现代化矿井建设，着力提高煤炭洗选率、加工转化率和煤炭产业集中度，实现煤炭产业高效、绿色、安全发展。综合开发煤层气产业，制定煤层气产业中长期发展规划，进一步规范煤层气开发经营秩序，推进煤层气产业规模化、集约化发展，在“气化山西”的进程中率先实现“气化沁水”。到“十二五”末，力争全县地方监管煤矿原煤产量达到900万吨，县域原煤总量达到3500万吨；全县煤层气产能达到50亿立方米，液化能力达到95万吨。

延伸煤、转化煤，加快发展煤化工、煤气电产业。积极培育发展现代煤化工产业，主动出击，强化合作，加快培育和新上一批大型煤化工项目，重点发展煤制烯烃、煤制聚乙烯、煤制聚丙烯、煤制天然气等新型能源。大力发展煤气电循环产业，实施煤气电一体化发展战略，重点抓好瓦斯发电和风力发电、电网升级改造等电力项目，加强煤矸石、煤泥、矿井水等综合开发与利用，促进高碳产业低碳发展。

利用煤、超越煤，大力发展园区经济和非煤产业。要未雨绸缪，抓住煤炭市场好、效益好的大好时机，积极鼓励和支持煤炭资金注入文化旅游、生态农业、物流商贸等非煤产业，落地上马一批产品附加值高、低耗能、低排放、带动区域经济发展的品牌企业。加快发展园区经济，重点抓好“新能源产业工业园区”和嘉峰煤层气、国华新型建材、龙港煤炭深加工“三个物流园区”建设，完善园区基础设施，统筹做好园区土地规划、环境评价等工作，推动优势企业、优质资源向园区集中，推动园区经济集约发展、集群发展、集聚发展。

（二）抓特色农业，在现代农业发展上实现大跨越。传统农业效益低，但现代化、高科技的有机特色农业的效益甚至高于现代工业，这是市场经济的又一规律。今后五年，我们要始终坚持把解决“三农”问题放在突出位置，在工业化、城镇化快速发展中同步推进农业现代化，不断促进农业增效、农民增收、农村发展。

认真落实强农惠农政策。按照“总量增加、比例提高”以及“三个优先”的要求，继续加大对“三农”的投入。认真落实好粮食直补、农资综合补贴、良种补贴、农机具购置补贴、畜牧业发展基金、最低收购价等一系列强农惠农政策。破解“三农”信贷难题，提高金融对农业服务的质量和水平。出台优惠政策，积极鼓励和引导社会资源投入农业，引导资源型企业转向农业。完善以工补农、以煤补农、以城带乡的体制机制，在全社会形成支农、助农、兴农的良好氛围。

大力推进农业产业化。坚持以现代农业为方向，突出抓好以水利为重点的农业基础设施建设，以项目农业、工程农业、设施农业为抓手，进一步改造中低产田，提高农业综合生产能力；不断完善“公司+基地+农户”的经营模式，重点培育扶持“农字号”龙头企业，不断提高农业产业化程度；大力发展名牌、有机特色农业，继续抓好畜牧、蚕桑、蔬菜、林果“四大产业”和农产品“六大基地”建设，着力在“一村一品、一乡一特、多乡一业”上下工夫，力争“十二五”末，全县羊群饲养量达到50万只，农产品认证达到100个，农民专业合作社发展到500个，不断提高农业生产规模和效益；积极发展品牌农业，改变以往乡乡为战、村村为战的单打独斗模式，集中全县之力展开创意、策划，进行包装、宣传，变农业产品为超市商品，变商品经销为品牌经营，在三晋大地上树起一面品牌农业的大旗。

千方百计促进农民增收。农民增收是难点、重点，也是焦点和热点。促进农民持续增收，实现农民收入翻番，需要多措施并举，多路径下功。要大力发展现代农业，加强农民技术培训，提高农民科技素质和调整农业结构的能力，科学种田、精于种田，懂经营、会管理，把农民变成新型农民；要大力兴办劳动密集型企业，鼓励引导广大农民群众，不拘形式，不限规模，大力兴办中小企业，把农民变成工人；要加强特色城镇化建设，进一步增强小城镇的服务功能，降低准入门槛，引导农民向城镇有序转移，把农民变成市民。

（三）抓项目建设，在发展“帮办经济”上实现大跨越。社会主义市场经济的又一特点是政府全力创优服务环境、法制环境、人文环境和生产生活的硬环境。项目建设是经济发展的重要载体，如何在新一轮大发展中抓好项目、占得先机、拔得头筹，对加快沁水转型跨越发展至关重要。要始终不渝地把项目建设放在首位，牢固树立抓项目就是抓经济、抓投资就是抓发展的理念，大上项目、上大项目、上好项目。要立足当前、着眼长远，在申报一批、建设一批的同时，精选一批、储备一批，努力积蓄发展后劲。要健全推进项目的领导机制、考核机制、激励机制。政府各有关部门要研究发展“帮办经济”的内容和服务标准，要响亮提出：谁为企业服务好，谁就是沁水人民的功臣；谁不为企业服务，谁就是沁水人民的罪人。要定期让企业评比政府部门的服务水平，实行末位惩罚制。

（四）抓招商引资，学习借鉴江苏、山东、昆明等地的创新经验。首先，要把先进省市招商引资的先进办法学回来，针对过去存在的问题制定我县的具体办法。要坚持对外开放与对内开放相结合，依托全省转型综改试验区建设这一平台，立足自身发展优势，主动融入太原经济圈和中原经济区建设，积极承接沿海发达地区产业转移，大力引进国内外知名大企业、大集团以及战略投资者，让沁水真正成为投资的宝地和发展的高地。

（五）抓旅游开发，构建多元化县域经济。旅游业是市场经济发展的必然产物。我们要尽快做出全面规划，尽快扭转旅游产业发展滞后的被动局面。要以率先开发历山为突破口，高起点规划，市场化运作，分梯次推进，全面实施“西部、中部、东部”三大旅游片区开发，努力建设“舜王坪、西峡、白云洞、柳氏民居、三都古城、示范牧场、张峰水库”等七大精品景区，积极推进“红色旅游”，着力打造“一山（历山）、一水（张峰水库）、一民居（柳氏民居）”三张旅游名片，形成独具特色的山水生态游、休闲度假游、明清古堡游，使旅游业总收入年均增长15%以上，推动旅游产业健康发展、有序发展、快速发展。

（六）抓全民创业，学重庆经验优惠发展微型企业。尽快学习重庆经验，拿出沁水帮助微型企业建立发展的政策，以此不断激发全民创业的动力和活力。要搭建创业平台、搞好创业服务，努力在全县营造干部带头帮企业、能人带动办企业、百姓自主创家业的浓厚氛围，真正使创业成为就业的主导、发展的主力、社会的主流。要大力发展民营经济和股份制企业，引导民营企业发展煤电气化、冶铸制造、新型建材、农产品加工、旅游服务等传统产业，鼓励民间资本投向节能环保产业、生产性服务业和电子信息等新兴产业，促进民营企业做大做强，力争五年后，民营经济总量在全县占有“半壁江山”。

第二，运用社会发展规律，实现共同富裕增加幸福指数

市场经济的发展，使部分人先富起来，甚至造成贫富悬殊。但社会体制的改革，目的是让人们共享改革成果，走向共同富裕。哪个地方能做到这一点，表明那里的党组织执政能力强，就会得到党和人民的赞成。陕西省神木县财政收入不是全国最好，但实现了全民免费医疗和免费中等教育；天津市华明镇没有特殊优势，却最早实现了宅基地换房，使农民都住上了楼房，找到了可心的工作；山东枣庄市最早实现了土地使用产权证，在承包权不变的情况下实现了死地变活钱；山西左权县把全县1000多个村庄和县城规划为1+34，即一个县城、34个城镇，其他村庄都实现了左权生态庄园经济；山西朔州市实现了在校学生一人一天补助一斤牛奶、一个鸡蛋；山西乡宁县早些时候就实现了“一矿办一企”的转型目标。不少地方通过政府调节，使人们享受到先富者交税的二次分配的好处；通过严管税收的政策调节，通过先富者的道德调节，初步走向共同富裕。

（七）抓新农村建设，在统筹城乡一体发展上有作为。按照“以工补农、以城带乡、以企带村”的帮建帮扶发展思路，坚持标准不降、投入不减，因地制宜、片区开发、整体推进全县新农村建设，每年培育20个村跨入省级重点推进行列。要按照“街道亮化、河道净化、环境美化、村庄绿化”的基本要求，以“四化四改”、“五个一”工程为切入点，广泛开展农村环境卫生大整治活动，进一步改善广大农村居民的生产生活条件。按照省、市实施新的“五个全覆盖”的总体部署，切实抓好农村中等职业教育免费、新型农村社会养老保险、农村街巷硬化、便民连锁商店和农村文化体育场所建设，同时要大力实施扶贫攻坚战略，加大移民搬迁力度，制定政策、完善机制，多元投入、连片推进，着力解决贫困农村的生产生活问题，让全县广大农民群众得到更多的实惠、过上更加美好的生活！

（八）抓县城建设，打造生态宜居环境。县城是沁水的名片，县城是全县的形象。要按照“拉开骨架、拓展空间、扩容提质”的要求，优化县城布局，完善县城功能，提升县城品位。要从“水”入手，从“山”起步，打造梅河、杏河、县河“三河靓丽景观带”，建设碧峰、石娄、龙岗、玉皇“四座生态森林公园”，提升路、水、电、气、热、通讯、信息“七张网”，彰显山水特色，体现魅力景象。要完善县城基础设施，加快文化广场、影剧院、体育场馆、游泳馆等公益设施建设，加强县城市场、交通、环境秩序管理，注重硬化、绿化、亮化、净化、美化，进一步改善县城人居环境，不断提高县城的综合承载力，加快建设功能齐全、生态良好、环境优美、绿色宜居的山水园林县城。

（九）抓沁河沿线特色城镇带建设，打造城镇建设新亮点。按照全市城乡一体化发展规划，我县以端氏、嘉峰为中心的新能源产业工业园区，未来将是晋城特色城镇化建设的新亮点。要充分发挥园区的集聚和带动作用，以郑庄、胡底、端氏、嘉峰、郑村工业片区和煤层气产业片区等“六个片区”为依托，统筹谋划、连片推进沁河沿线的特色城镇、中心集镇和小城镇建设，努力形成一批有规模、上档次、高品位的特色城镇带。

（十）抓历山生态旅游城镇圈建设，彰显地域城镇特色。以历山生态旅游产业发展为“龙头”，注重搞好生态城镇建设，整合生态资源，实施整体开发，带动中村、土沃、张村等旅游公路沿线、旅游中心区、景点周边地区的城镇化建设。

（十一）抓民生改善，提高人民生活质量。要响亮提出：1、人人有学上，率先普及高中教育；2、户户有电视，数字节目信号乡乡通；3、家家有活干，逐步消灭“零就业家庭”；4、小病不出乡村，大病不出县城；5、公交网络化，方便群众出行；6、畅通民意渠道，为民排忧解难。加快社会保障体系建设，努力扩大养老、失业、工伤和医疗保险覆盖面，进一步完善城乡低保制度，加强社会救助体系建设，抓好限价商品房、公租房、廉租房等保障性住房建设，推动各项社会事业健康发展，加快和谐沁水建设步伐。

（十二）抓社会管理，保障社会公正。抓好党管武装工作，解决制约国防后备力量建设瓶颈问题，努力营造关心、支持国防和军队建设的良好氛围。认真落实社会治安综合治理各项措施，及时有效打击各种违法犯罪活动，不断增强人民群众的安全感。认真做好群众来信来访工作，积极预防和有效化解各种矛盾纠纷，切实解决好群众反映强烈的各类突出问题。重视抓好安全生产工作，切实加大对煤矿、非煤矿山、煤层气企业、森林防火、道路交通、食品药品、公共场所的安全生产监管力度，坚决杜绝各类安全事故的发生，着力推进

“平安沁水”建设。不断完善公共财政制度，优化财政支出结构，将财力向农村、基层、困难群体和公共服务领域倾斜，逐步实现城乡基本公共服务均等化。

第三，运用生态发展规律，创造良好的空气圈、水源圈、土壤圈

一手抓绿化、一手抓文化，应当是沁水城乡建设中的一个重要指导思想。要彻底改变没人的地方林木葱茏、鸟语花香，有人的地方垃圾遍地、污水横流、林疏草少。创优解决“三圈”环境，使人们由短寿变长命，是执政党不可推脱的责任，也是中华民族为防止继续使地球变热的奉献。

（十三）抓“造林绿化”工程，建设“绿色沁水”。大力开展植树造林，突出抓好沿路增绿、空地建绿、拆墙透绿、见缝插绿、近山植绿，积极开展林业生态文明乡村、社区、企业、矿区和单位创建活动，不断加快“省级林业生态县”和“全国绿化模范县”建设步伐，力争森林覆盖率达到53%以上，切实让全县人民呼吸上清洁的空气，喝上干净的水，享有更多的青山绿地。

（十四）抓节能降耗减排，发展低碳循环经济。按照建设资源节约型、环境友好型社会的要求，积极推广低碳技术，大力推进低碳生产，推广使用煤层气、沼气、秸秆气等清洁能源，积极实施重点行业和领域的节能减排工程，从源头上降低碳排放。要按照循环经济“减量化、再利用、全循环”的原则，以能源原材料产业为重点，建立资源循环利用体系，引导创建循环经济示范企业，加快培植循环经济骨干产业链条，让循环经济成为我县的主导型经济。到“十二五”期末，主要污染物减排实现明显下降，低于全省削减目标。

（十五）抓生态环境保护，创建“国家级生态县”。大力抓好生态环境的保护和建设，有序开发利用土地、水利、矿产等资源，严格新上项目环评和能评工作，严禁淘汰落后产能和工艺向我县城乡转移，决不能让今天的引进项目成为明天的治理重点。积极改善自然生态环境，着力推进矿山生态修复，高标准治理煤矿、非煤矿山、煤层气等资源开采区所造成的水位下降、植被沙化、空气污染等问题，全力维护群众利益，坚决遏制生态恶化；要持续抓好城乡环境综合治理，优化环境空气质量，县河、沁河水质稳定要达到三类标准，饮用水源地水质要实现全面达标，让群众生活的更放心、更舒心、更称心。

第四，运用政治发展规律，让公共权力接受多方监督，使权力公开透明运行

当今社会，已进入信息时代、网络时代。网络时代政治的最大特点是公开透明，离公开透明越近，与党心民心越近；离公开透明越远，与庸俗腐败越近。

（十六）抓人大法律监督和政协民主监督。进一步完善民主权力保障制度，支持人大、政协机关依法履行职能，巩固人民当家做主的政治地位。大力开展“六五”普法工作，不断完善法律服务制度，提高全社会法律素养，增强政法机关的社会公信力，维护司法公正。

（十七）抓民主党派监督。切实加强统战工作，深入实施“同心品牌工程”，充分利用统战优势，积极发挥民主党派的监督作用，凝心聚力，促进政党、民族、宗教、阶层、海内外同胞五大关系的和谐。

（十八）抓人民团体监督。大力支持工会、共青团、妇联、工商联、侨联等人民团体按照法律、法规和各自的章程开展工作，充分发挥人民团体的桥梁和纽带作用，发挥人民的监督作用，最大限度地调动各方面的积极因素，激发社会活力。

（十九）抓新闻媒体监督。要保障新闻媒体的权利与自由，欢迎新闻媒体的监督，充分发挥我县电视、广播、报纸、网络的监督作用，大力开展公开批评和公开自我批评。

第五，运用党的建设规律，发挥领导全县科学发展的核心作用

党的建设规律是决定我们掌握市场经济发展规律、社会发展规律、生态发展规律、政治发展规律中的规律，起着核心的决定作用。小平同志早就教导我们：中国的事情关键在人、关键在党、关键在领导核心。县委要把党的建设放在重中之重，放在一切工作的首位。谁不抓党建，谁就不能当领导干部；谁不把党建放在首位去抓，谁就不是一位好的领导干部。

实现转型跨越，建设“四民（名）”式的“三晋十强”，关键在充分发挥各级党组织的领导核心作用，充分发挥广大党员的先锋模范作用，充分发挥领导干部的表率带头作用。要始终坚持以科学发展观为指导，全面提高党的建设科学化水平，为全县的转型跨越发展提供坚强保证。

（二十）抓思想政治建设，先进理念引领发展。要按照提高理论素养、树立世界眼光、培养战略思维、加强党性修养、增强解决实际问题能力的要求，积极推进学习型党组织建设。县、乡党委中心组要率先抓好学习，党员领导干部要带头坚持学习，广大党员要积极开展学习，不断提高运用科学理论解决问题、推动发展的能力和水平。要加强精神文明建设，在全县广泛开展社会主义核心价值体系宣传教育活动，努力形成奋发向上的精神力量和团结和谐的精神纽带。要始终坚持解放思想、实事求是、与时俱进的思想路线，经常走出县外、走下基层，用心寻找改革创新的案例，向实践学习、向基层学习、向群众学习，把读有字书和读无字书结合起来，争当勇立时代潮头、勇于开拓创新的先行者，努力营造求新求变、开明开放的浓厚发展氛围。

（二十一）抓干部队伍建设，提升能力加快发展。要认真贯彻德才兼备、以德为先的用人原则，把选好人、用准人作为加强领导班子建设的重要导向，坚持在工作中了解干部、考验干部、考察干部，真正让埋头苦干、不事张扬的老实干部脱颖而出，让作风过硬、实绩突出的优秀干部“吃香走红”。学习、研究、参考中纪委、中组部在江苏省睢宁县、河北省成安县和成都市武侯县开展的县委权力公开透明运行试点的做法。继续推进干部人事制度改革，不断完善“三位一体”考评体系，健全完善干部考核、评价、激励机制，探索完善县委全委会和常委会任免干部票决制。注重培养选拔优秀年轻干部、妇女干部和党外干部，更好地关心照顾离退休干部。按照“服务发展、人才优先、高端引领、整体开发”的方针，组织实施好“百名高端人才引进计划”，大力实施党政人才培养、企业人才培育、技能人才培训“三大工程”。

（二十二）抓基层组织建设，夯实基础促进发展。党的基层组织是党的全部工作和战斗力的基础。要深入开展创先争优活动，加大先进典型的培塑、宣传力度，着力抓好先进党组织建设。深入开展以“三级联创”为载体的各类创建活动，大力实施基层党建“五大工程”，不断提高基层党组织的凝聚力、创造力和战斗力。进一步加强企事业单位、机关、社区和非公有制经济组织的党建工作，积极探索新途径、新方法，扩大党的工作覆盖面。做好发展党员工作，加强党员经常性教育管理，关心照顾老党员，帮扶困难党员，建立城乡一体的党员动态管理机制，引导广大党员在各自岗位上充分发挥先锋模范作用。

（二十三）抓反腐倡廉建设，廉洁从政保障发展。要旗帜鲜明、毫不动摇地加强党风廉政建设和反腐败斗争，深入落实党风廉政建设责任制，认真贯彻《党员领导干部廉洁从政若干准则》，建立健全思想教育、制度堵塞、监督并重的惩治和预防腐败体系，从根本上遏制腐败现象的滋生蔓延。要进一步加强源头防腐、专项治理、监督制约和领导干部廉洁自律工作，不断完善反腐倡廉的领导体制和工作机制，增强反腐败斗争的整体合力。要严肃查处滥用权力、谋取私利、贪污贿赂、腐化堕落、失职渎职等案件，严厉惩处腐败分子，教育广大干部廉洁从政。同时，要尝试对资产在百万元以上的先富起来的企业家，进行德育教育，开展民评活动，防止生活腐败、赌博、吸毒、为富不仁的问题发生。

（二十四）抓干部作风建设，践行宗旨服务发展。工作贵在落实，转型必须苦干。全县各级党组织和全体党员要坚持以发展为重、以事业为重，坚守信条、不辱使命，工作再难，也要迎难而上；担子再重，也要勇于承担；问题再多，也要敢于面对；任务再大，也要全力完成。要强化群众观念、执行群众路线，视群众的利益高于一切、群众的困苦急于一切、群众的呼声先于一切，对事关人民群众切身利益的实事好事，要不讲客观、不找理由，全心全意办成办好；要转变工作方式、深入基层实际，大力开展党员干部下乡驻村活动，继续开展结对帮扶活动，教育引导广大党员干部下基层、办实事、解难题，真正以实干赢得人心，用实事造福人民！

（二十五）抓工作方法转变，健全机制推动发展。工作方法是理论和实践的纽带与管道。没有好的方法就会使路线、方针、政策与实践脱节。事实证明，寻找问题、公开问题、解决问题、追究责任、案例教育，就是一套行之有效的工作方法。我们要在全县上下加以推广、认真执行，以此推动各项目标任务的圆满完成。

同志们，建设干部入民心、工作入名次、产品入名牌、幸福指数入名首的“三晋十强县”，是我们这一届县委肩负的历史重任，是我们每一位党员干部义不容辞的光荣使命。干部入民心，就是要求我们每一名共产党员，尤其是领导干部率先垂范、敢于担当、勤政务实、清正廉洁，做一名人民信任、群众拥护的好公仆。工作入名次，就是要求我们各项工作都要争先进位、勇创一流，确保在晋城名列前茅、在全省排位靠前、在全国榜上有名，进一步增强我县的知名度和竞争力。产品入名牌，就是要求我们紧紧依托我县的优势资源和特色产业，打造一批在全省、全国有档次、成规模、叫得响、叫得亮的煤、气、电、化工、农产品、旅游等知名品牌。幸福指数入名首，就是要求我们不仅经济总量要翻番，而且人均占有要靠前；不仅发展指数高速度，而且发展水平高质量；不仅拥有别的地方拥有的物质条件，而且拥有别的地方没有的生态宜居环境。

同志们，中共沁水县委坚决响应省委提出的“转型跨越、再造一个新山西”的号召，确保“十二五”末农民收入翻番，市民收入翻番，干部生活水平翻番。我们的口号是：

让沁水人均收入不低、幸福指数最高，令全省人民刮目相看！

叫沁水城乡建设不俗，山水林文兼美，在全国诸县独树一帜！

让我们高举中国特色社会主义伟大旗帜，在省委省政府、市委市政府的坚强领导下，围绕“1356”总体发展思路，以更加饱满的热情、更加高昂的斗志，团结带领全县人民，进一步解放思想、领导变作风，转型跨越、政府变职能，为圆满完成“十二五”规划任务，建设干部入民心、工作入名次、产品入名牌、幸福指数入名首的“三晋十强县”而努力奋斗！

政府工作报告

——在沁水县第十五届人民代表大会第一次会议上

（2011年6月27日）

范兆森

各位代表：

现在，我代表县人民政府向大会作工作报告，请予审议，并请县政协委员和其他列席会议的同志提出意见。

一、“十一五”经济社会发展回顾

“十一五”时期，是全县经济实力提升最快的五年，是城乡面貌变化最大的五年，是人民群众得到更多实惠的五年，也是面对诸多困难和挑战，共同沉着应对的不平凡五年。五年来，在市委、市政府和县委的正确领导下，在县人大和县政协的监督支持下，县政府团结依靠全县人民，深入贯彻落实科学发展观，抢抓机遇，奋力赶超，圆满完成“十一五”目标任务，经济社会发展迈入了加速转型、高效跨越、迅速崛起的新阶段。

——五年来，综合实力跃上新台阶。全县地区生产总值由2005年的44.3亿元增长到2010年的100.1亿元，年均增长10.5%；财政总收入由5.1亿元增长到22.2亿元，年均增长34.2%；农民人均纯收入由2863元增长到5059元，年均增长12.1%；城镇居民人均可支配收入由7020元增长到13365元，年均增长13.7%；固定资产投资总额由12.8亿元增长到56.9亿元，年均增长34.8%。经济社会发展指数从2006年的全省第48位上升到2010年的第20位。

——五年来，结构调整迈出新步伐。大力推进新型矿井建设，端氏、曲堤、岳城等骨干矿井建成投产，积极开展煤矿企业兼并重组整合，玉溪、郑庄、胡底、东大等大型现代化矿井加快建设，煤炭产量由“十五”时期的平均年产459万吨，提高到“十一五”的500万吨。煤层气产业快速发展，年抽采能力达到18亿立方，压缩液化5亿立方，瓦斯发电装机容量16.6万千瓦。加大解决“三农”问题力度，五年投入5.3亿元发展农村经济，年均增幅27%；“十一五”粮食总产量达到54万吨，比“十五”增加12万吨；畜牧、蔬菜、蚕桑、林果“四大产业”形成规模。以旅游为龙头的第三产业逐步兴起，4A级景区建设得到加强，物流、商贸、餐饮、金融等三产服务业都得到较快发展。

——五年来，城乡面貌发生新变化。

加大基础设施投资力度，五年投入30多亿元，实施重点工程200余项。完成了梅杏大道、滨河南路、阳翼高速互通连接线、碧峰公园、环县城绿化带、集中供暖等一大批市政工程，县城建成区面积扩展到4.3平方公里，比“十五”末增加50%，五年造了一个新县城。编制完成端氏嘉峰特色城镇规划，以新能源产业工业区、舜王坪生态旅游区为带动的城镇化建设步入新阶段，2010年城镇化率达到33%，比“十五”末提高了5.4个百分点。新农村建设全面加强，省级重点推进村增加到82个；农村“五个全覆盖”提前完成；2010年底全县公路通车里程达到1500公里，比“十五”末增加650公里。

——五年来，生态环境得到新改善。万元地区生产总值综合能耗五年累计下降25%，全面完成“十一五”节能减排目标任务。2007年以来县城空气质量二级以上天数分别达到290天、323天、350天、356天，实现了逐年递增。五年累计投向林业生态建设的资金达到3亿多元，全县有林面积193万亩，森林覆盖率48.4%，林木绿化率57.3%，县城绿化覆盖率46.1%，远远高于全国、全省平均水平。

——五年来，社会事业取得新进展。促进教育事业均衡发展——投资4.5亿元，新建了教育园区，实施了中小学校舍安全改造，是我县历史上教育投入最多、建设规模最大的时期。促进文体事业快速发展——赵树理图书馆、文化馆、文博馆投入使用，57项非物质文化遗产进入国家、省、市、县项目名录，全民健身活动受到国家体育总局表彰。促进卫生事业健康发展——新建县医院门诊楼、综合住院楼和县二院住院楼，改建县中医院、妇幼保健院、疾控中心，三级医疗卫生服务机构实现全覆盖，国家基本药物制度全面推行，新型农村合作医疗参合率达到95.5%。科技、统计、审计、计生、宗教、人武、老龄、气象、档案、史志、妇女儿童、残疾人、救灾救助等各项社会事业都得到长足发展。

——五年来，和谐社会再上新水平。更加注重保障和改善民生，教育、医疗等95件惠民项目全面完成，办成了一批多年来想办而没有能力去办的事情。城镇职工、城镇居民医疗保险参保率分别达到88%、78%，城乡低保应保尽保，国家级新农保试点工作圆满完成。新增城镇就业岗位1.6万个，转移和消化农村富余劳动力4.5万人，城镇登记失业率控制在2%以内。组织办理人大代表建议414件、政协委员提案614件。安全生产形势总体平稳，信访稳定工作进一步加强，全县上下政治安定、社会和谐、人民安居乐业。

各位代表，五年来，经过不懈努力，我县先后荣获国家级生态示范区、中国绿色名县、中国低碳旅游县、中国最具投资潜力特色示范县、全国无公害农产品标志推广与监管示范县、省级文明和谐县城、省级卫生县城、省级平安县、全省“双拥”模范县、全省增加农民收入先进县、全省“十一五”时期经济社会发展先进县等十多项国家级、省级荣誉称号。2010年跨入县域经济基本竞争力“中部百强县”。

总结“十一五”，我们深深体会到：推进转型跨越发展，必须始终把解放思想作为永恒主题，打开心门，才能打开山门，打开山门，才能打开沁水的发展之门、转型之门、跨越之门；必须始终把结构调整作为首要任务，提升一产，调优二产，做强三产，三次产业相互关联、协调推进，才能实现沁水的快速转型；必须始终把项目建设作为重要支撑，集中精力办大事，扭住重点不放松，夯实基础，增强后劲，才能实现沁水的高效跨越；必须始终把改善民生作为根本宗旨，让公共财政的阳光普照于民，让改革发展的成果更多地惠及于民，才能实现沁水的迅速崛起。“四个必须”是我们五年来积累的宝贵经验，也是我们今后工作必须坚持的基本原则。

各位代表，回顾五年，取得的成绩来之不易，积累的经验弥足珍贵，发展的历程影响深远。这是市委、市政府和县委正确领导的结果，是县人大、县政协监督支持的结果，是全县干部群众团结奋斗、顽强拼搏的结果，也是历届党委、人大、政府、政协打下的良好基础和县内外朋友大力支持帮助的结果。在此，我谨代表县人民政府，向为沁水发展作出无私奉献、付出辛勤劳动的全县广大干部群众致以亲切的问候和崇高的敬意！向给予我们支持与监督的人大代表、政协委员，向关心支持政府工作的离退休老同志，向辛勤工作在各个岗位的全体干部、工人、农民、知识分子、武警官兵和公安干警，向所有关心帮助沁水发展的各界人士表示衷心的感谢！

总结五年来的奋斗历程，成绩是显著的，但立足于全县的禀赋条件，着眼于未来的转型跨越，影响和制约经济社会发展的矛盾依然存在，归纳起来，主要有“五大短板”：

一是产业发展的结构短板。产业结构不尽合理，一、二、三产业结构比重为3.9∶78.0∶18.1。农业产业化水平不高，靠天吃饭的局面没有根本改观；农业龙头企业带动力不强，2010年农副产品加工企业实现增加值1823万元，仅占GDP的0.2%。煤炭工业大而强，非煤工业小而散，2010年规模以上非煤工业实现增加值8348万元，仅占GDP的0.8%。旅游业发展较为滞后，“十一五”期间累计接待游客14万人，收入仅有112万元。

二是城乡发展的区域短板。我县区域面积广，地理条件差异大，发展很不平衡。2010年，农民人均纯收入不达全县平均水平的村有183个，占72.9%；收入最高的郑村镇农村经济总收入达到10.5亿元，是收入最低的樊村河乡954万元的110倍；收入最高的嘉峰镇长畛村的农民人均纯收入为8901元，是收入最低的土沃乡洞沟村农民人均纯收入2196元的4倍多，二者相差6705元，而且这种区域性收入差距有进一步扩大的趋势。

三是财税来源的效益短板。“十一五”期间，以煤炭为主的能源产业所提供的税收占财政总收入的比重始终保持在80%左右，资源型财政在市场经济中风险加大。煤炭资源重组整合后，新的生产格局基本形成，但整合主体无一家县属企业，给收入征管、税收监管造成一定难度。煤层气产业尽管发展很快，但现行的增值税先征后退，所得税、资源税减征免征政策，给我县的财政收入造成很大影响，仅2010年就影响财政收入近1亿元，新的经济增长点并未真正成为新的财政增收点。“吃饭财政”的县情没有根本转变。

四是城镇建设的功能短板。“十一五”期间，城镇建设投入很大，城乡变化很大，但规划滞后、管理落后、功能不全的问题十分突出。尤其在县城建设方面，进行了一系列市政基础设施建设，城市框架初具规模，城市功能初步发挥，但基础设施欠账很多，没有体育场、影剧院、会堂等大型活动场所，没有四星级以上宾馆酒店，不能更好发挥城市承载功能，辐射带动不足。同时，客观上没有编制县城控规，规划建设两张皮，乱搭乱建屡禁不止，破坏了城市的整体形象。

五是社会发展的投入短板。经过多年的努力，学有所教、病有所医、劳有所得、老有所养、住有所居的目标尽管基本实现，但广大群众对生活水平和生活质量的要求越来越高，学有优教、病有良医、劳有多得、老有厚养、住有宽居的愿望十分强烈，尤其是社会保障、劳动就业、公共服务等方面，我们的投入还不足，不能很好适应群众过上更加幸福生活的新期盼。

上述“五个短板”，有的是多年来长期积累下的，有的是结构调整和体制转轨过程中日益暴露出来的，有的则是与我们对县情的把握有关。直面这些矛盾，正是我们有信心、有决心、有能力逐步解决这些矛盾的表现。同时，也旨在告诫本届政府，告诫全县各级干部，要建设幸福美好的新家园，绝不能故步自封，绝不能因循守旧，绝不能墨守成规，绝不能躺在过去的功劳簿、成绩单上睡大觉！必须直面矛盾，迎难而上，解放思想，艰苦奋斗！

二、“十二五”经济社会发展的目标和任务

“十二五”时期，是全面建设小康社会的关键时期，是加快转变经济发展方式的攻坚时期，是沁水在新起点上谋求转型跨越发展的加速时期。

未来五年政府工作的总体要求是：**以邓小平理论和“三个代表”重要思想为指导，深入贯彻落实科学发展观，以全省转型综改试验区建设为统揽，紧紧围绕县委“1356”发展战略，主攻工业经济、特色农业、城镇建设、旅游开发、生态建设五大板块，打好工业转型、农民增收、城市建设三大硬仗，强化体制、政策、资本、园区、环境五大支撑，保障和改善民生，推动全县经济社会转型跨越发展，建设“三晋十强县”**。

未来五年政府工作的奋斗目标是：到“十二五”末，全县地区生产总值达到300亿元，年均增长25%以上；财政总收入达到60亿元，年均增长22%；城镇居民人均可支配收入达到30000元，年均增长17.6%；农民人均纯收入达到11000元，年均增长16.8%；社会消费品零售总额达到22亿元，年均增长14.9%；全社会固定资产投资总额五年累计达到1000亿元，年均增长46%。综合经济实力进入全省十强。

今后五年，我们将按照“以煤为基、多元发展”的转型发展思路，着力构建以园区为载体、六大产业为支撑的新型工业体系。“十二五”末，县域原煤产量达到3500万吨，其中地方监管煤矿原煤产量达到900万吨；煤层气产能达到50亿立方，液化能力达到95万吨；瓦斯发电装机容量达到570万千瓦；规模以上工业增加值达到210亿元，年均增长23%以上。

今后五年，我们将突出农民增收这个核心，加快转变农业发展方式，抓好“四大产业”和“六大基地”建设，发展特色现代农业。“十二五”末，全县耕地保有面积保持在45.1万亩，粮食产量稳定在10万吨以上；羊群饲养量达到50万只，桑园面积达到4万亩，蔬菜种植面积达到2.5万亩，经济林面积达到16万亩，有林面积达到213万亩;农产品认证达到100个,“一村一品”专业村达到120个，农民专业合作组织发展到500个。

今后五年，我们将坚持工业化、城镇化、生态化一同推进，城乡一体化一同推进，实施大县城、小城镇、新农村“三位一体”战略，以《规划》为引领，构筑“一城一带一圈”的城镇格局。“十二五”末，建成特色城镇7个,重点推进村达到182个；县城建成区面积达到10平方公里，县城人口达到6万人，城镇化率达到50%以上；森林覆盖率达到53.4%，林木绿化率达到64%。

今后五年，我们将充分依托独特的山水风光、人文历史资源，推进旅游资源整合，加快景区景点建设，形成“一带一圈”的大旅游格局。以旅游业为龙头，带动现代服务业全面发展。“十二五”末，旅游产

业体系基本完善，旅游业总收入年均增长15%以上，现代服务业占地区生产总值的比重提高12个百分点。

今后五年，我们将继续把民生放在更加重要的位置，尽最大努力满足群众在教育、医疗、就业、保障、住房等方面的新期盼，进一步提高人民群众的生活质量和幸福指数。到“十二五”末，城乡居民收入实现翻番，构筑起切合县情、功能完善、覆盖城乡、全省领先的公共服务和社会保障体系。

各位代表，要实现上述目标任务，我们必须强化体制支撑，加快建立和完善土地流转、投资融资、创优服务等各个方面的体制机制，使新的体制机制更加适应转型跨越的需要；必须强化政策支撑，进一步解放思想，学习外地经验，制定更具吸引力、更具操作性的优惠政策，使政策环境更加适应改革开放的需要；必须强化资本支撑，通过资源整合、资产重组等方式，组建旅游开发、城市投资、物流运输三大实体公司，通过运用市场机制、发挥市场作用，积累和聚集资金和资本；必须强化园区支撑，理顺园区体制，加快园区基础设施建设，优化园区发展环境，把园区打造成企业创业和发展的“高地”；必须强化环境支撑，干部变作风，政府变职能，为转型跨越发展提供有力保障。

各位代表，建设“三晋十强县”的集结号已经吹响，全县上下人气很旺、士气很高、势头很好，可以说，蓄势待发之势已成，趁势崛起之局已明，这是一种无法估量的精神力量！只要我们振奋精神，开拓创新，埋头苦干，扎实工作，就一定能够在沁水大地奏响一曲气壮山河的交响！

三、2011年工作安排

2011年是“十二五”的开局之年，是加快发展方式转变、开辟转型跨越发展新局面的关键之年，同时，我们还将迎来中国共产党成立90周年。做好今年的各项工作，意义深远，责任重大。

今年经济社会发展的主要预期目标是：地区生产总值增长13%以上，全社会固定资产投资总额增长25%，社会消费品零售总额增长16%，财政总收入增长16%，一般预算收入增长15.5%，城镇居民人均可支配收入增长10%，农民人均纯收入增长15%。居民消费价格总水平涨幅控制在4%以内，城镇登记失业率控制在4%以内，万元GDP综合能耗、二氧化碳排放量、二氧化硫、化学需氧量以及烟尘、粉尘排放量等约束性指标，完成市下达目标。

今年政府工作的重点是：凝心聚力，强力推进，完成“四个十大项目”：十大工业转型项目、十大城市建设项目、十大旅游开发和基础设施项目、十件为民办实事项目。

十大工业转型项目：

1、龙港群矿现代煤炭加工综合利用配送中心项目——总投资11亿元，年内开工建设；

2、世行贷款煤层气开发利用示范项目——总投资13.5亿元，今年完成液化厂主体工程；

3、新奥煤层气二期扩建项目——总投资9400万元，年内完成设备安装；

4、华凯煤层气液化项目——总投资9000万元，今年完成主体工程；

5、中电明秀120兆瓦瓦斯发电项目——总投资12.3亿元，年内试运行；

6、亿豪铸业球墨铸管扩建项目——总投资1亿元，年内投入运行；

7、顺世达铸业二期技改项目——总投资1.1亿元，年内投产；

8、佳诚煤矸石烧结空心砌块生产线项目——总投资1亿元，完成车间建设及部分设备安装；

9、嘉峰煤层气物流园区项目——总投资9500万元，年内完成办公楼、综合楼及停车场建设；

10、煤层气工业园区项目——完成《规划》，规范管理。

十大城市建设项目：

1、规划编制项目——修编县城总体规划，编制控制性详规；

2、城市绿道建设——总投资8500万元，今年完成亮化工程；

3、树理文化广场——总投资2676万元，投入使用；

4、教育园区——总投资2.48亿元，今年完成7800万元，沁水二中秋学期招生，龙港初中完成主体；

5、北坛幼儿园——总投资1170万元，年内完工；

6、南山公园一期——总投资1800万元，年内完工；

7、第二水厂——总投资2448万元，年内投入运行；

8、梅园小区——总投资4000万元，今年完成2栋12层底商住宅楼主体；

9、县城集中供暖——总投资7510万元，今年新增80万平方米供暖面积；

10、垃圾处理场——总投资2750万元，年内投入运行。

十大旅游开发和基础设施项目：

1、沁河生态景观廊道项目——按市政府要求抓好落实；

2、历山旅游区开发项目——总投资2.3亿元，今年完成投资2000万元；

3、湘峪三都古城开发项目——总投资1.2亿元，今年完成投资2000万元；

4、柳氏民居旅游开发项目——总投资1.6亿元，今年完成投资1000万元；

5、杏峪至张马二级公路项目——总投资2.7亿元，年内开工建设；

6、定都至张村三级公路改造项目——总投资1800万元，年内完工；

7、张峰至北湾公路项目——总投资1964万元，年内完工；

8、固县河截潜流一期项目——总投资1452万元，年内完工；

9、张峰水库水源项目——总投资9500万元，今年完成三个泵站建设；

10、胡底集中供水项目——总投资1259万元，今年完成主干工程。

十件为民办实事项目：

1、安排1200万元，从今年起对高中学生实行“两免一补”；

2、为12所农村中小学校配备体艺器材，为20所农村寄宿制学校增添卫生安全设施；

3、新型农村社会养老保险覆盖人数达到9.7万人。启动城镇居民养老保险工作。城镇职工、城镇居民基本医疗保险参保人数分别达到2.1万人和1.4万人；

4、春秋大棚每栋补助提高到3000元，日光温室每栋补助提高到6000元，连片发展50栋以上每栋补贴10000元。今年新增设施蔬菜600亩；

5、完成农民引导性培训4000人、农业技能培训20000人、劳动力技能培训1400人、创业培训300人。城镇新增就业3500人，创业带动就业1000人；

6、新建和改造58处农村饮水安全工程，解决12000人饮水安全问题；

7、实施扶贫移民125户400人，整村脱贫600户1800人，产业扶贫5366户16597人；

8、新建新型农户储粮仓4000个；

9、完成131个行政村的街巷硬化任务；

10、开通县城1号、2号公交客运线，规范出租车市场。

围绕上述目标和重点，今年主要采取八方面工作措施：

（一）加快工业转型，构建“六业三园”产业体系

以煤为基、多元发展，重点要抓好煤炭、煤层气、煤化工、煤气电、新型建材、农副产品加工六大产业和煤层气、现代煤化工、煤气电一体化三个产业园区建设。通过抓产业、建园区，构建新型工业体系。

做强主业，支撑转型。沁水最大的优势是煤炭，我们要利用好优势资源，提升煤，延伸煤，通过做强主业来支撑经济转型。继续推进郑庄、里必、玉溪、东大等大型现代化矿井建设，沁裕、沁阳两座煤矿开工建设，中村、峪煌两座煤矿试运转。全年原煤产量达到550万吨，实现工业总产值44亿元。煤层气产业要坚持“规划引导、集中服务、适度发展、政策规范”的原则，全年完成抽采20亿立方、压缩液化7亿立方、瓦斯抽放6亿立方，实现工业总产值17亿元。积极推进煤气电一体化，抓好中电明秀、和瑞新能源、兰金瓦斯发电项目，做好热电联供、风力发电项目的前期工作，瓦斯发电装机容量达到33万千瓦。

互利双赢，共融转型。积极引导煤矿企业投资地面企业和现代服务业，增加就业岗位，吸纳农民就业。引导企业对采煤区、采气区内的村庄实施有序搬迁，移民新村要和新农村建设统筹规划、合理布局。引导企业加强生态修复治理，开展矿区和周边村庄绿化，使矿、村区域融合发展。政府主导，按照物流、运销一体化的路子，与煤层气企业合作，携手推动煤层气开发利用。通过多种渠道，实现企业发展、农民就业、财政增收、共融共赢。

建设园区，承载转型。抓好煤层气、现代煤化工、煤气电一体化三个产业园区建设。强化园区领导，实行领导包区责任制。完善园区功能，坚持“规划设计、物流运输、公用设施、节能环保”一体化，加快土地统征、环境评审、七通一平等工作，为企业入园创造条件。创新园区机制，认真研究国家产业政策，深入调研本地实际情况，编制园区发展规划，制定企业入园办法。创优发展环境，出台优惠政策，实行委托审批和保姆式服务，提高园区服务水平。

先行先试，加快转型。用足用好全省转型综改试验区建设的政策机遇，先行先试。一是设立新兴产业发展专项基金，安排1000万元，主要用于园区土地统征、七通一平等基础建设，把“生地”变“熟地”。二是设立招商引资专项基金，安排1000万元，主要用于招商引资的前期费用、重大招商引资项目的政策奖励。三是设立人才引进专项基金，安排1000万元，在继续做好大学本科生人才储备的同时，重点引进科技创新人才、经营管理人才、高技能实用人才，为高端人才提供研发平台，做好后勤保障，引得进人才，留得住人才。

（二）突出农民增收，夯实“三农”发展基础

农民增收是县域经济发展最核心的目标，是“三农”工作的重头戏，经济翻番最关键的是农民收入翻番，要通过八条路径，促进农民增收，推动农村发展。

发展种养抓增收。我县的农业虽小却优，虽弱而特，要坚持“强畜牧扩蔬菜、抓林果兴蚕桑”的基本思路，在“一村一品、一乡一特、多乡一业”上作大文章。全年完成羊存栏21万只、牛存栏5100头；新增设施蔬菜600亩；种植经济林3.9万亩，建成100亩以上的骨干苗圃3个，200亩以上的苗圃专业合作社5个；新发展桑园3000亩；新增小杂粮专业村3个，优质苹果村2个，优质黄梨村2个，无公害蔬菜村5个。抓好农业综合开发、水利灌溉、水保治理和机械化耕作，夯实农业增收基础。要发挥山大坡广、载畜量大的优势，下工夫引进全国一流的畜产品加工龙头企业，带动农业产业化。

加大补贴抓增收。在认真落实国家各项强农惠农政策的基础上，今年安排300万元专项资金，对规模养殖业实施补贴；经济林、规模苗圃按每亩300元、1000元的标准进行补贴；新植桑园按每亩300元的标准进行补贴；养蚕大棚按每栋500元的标准进行补贴；蔬菜春秋大棚、日光温室按每栋3000元、6000元的标准进行补贴，连片发展50栋以上每栋补贴10000元。继续落实好粮食直补政策，稳定粮食种植面积，产量保持在10万吨以上。

鼓励创业抓增收。积极组织多种形式的农民创业培训，开展争创“充分就业社区”和“充分就业村”活动，做好农村残疾人、低保户和大中专毕业生的就业工作，出台鼓励农民自主创业的扶持办法，支持发展“农字号”龙头企业和农村微型企业，实现创业带动就业1000人。

输出劳务抓增收。整顿农村劳务市场，多渠道开发就业岗位。加强与外地企业的沟通和交流，有组织地抓好劳务输出，建立健全劳务输出“培训——管理——服务——维权——保障”体系，鼓励农民出去闯事业，提高劳务收入。全年转移农村富余劳动力4000人。

以工补农抓增收。鼓励资源型企业发展地面企业，吸纳农民本地就业。鼓励煤炭煤层气企业和地方合作办学，加强职业教育，培养实用型人才。企业要主动承担社会责任，积极参与地方基础设施建设、生态治理和造林绿化，共同建设社会主义新农村。深入调查研究，出台以煤（气）补农实施办法，建立起以煤（气）补农的长效机制。

技能培训抓增收。要把提高农民素质作为增加农民收入的重要渠道，今年安排150万元，由农委牵头，组成专家培训团，深入农村免费培训农民3.3万人，提高农民职业技能和增收本领。

移民并庄抓增收。结合特色城镇化和新农村建设，科学制定移民并庄总体规划，鼓励边远山区人口向沿路沿河中心村镇集中。推广郑村镇煤矿采空塌陷区移民并庄经验，加快采煤区、采气区的整村搬迁进度。加大移民新村基础设施投入，优化生产要素配置，使农民愿意搬、搬得出、住得下、能致富。

扶贫帮困抓增收。投入4600万元，实施扶贫移民、整村脱贫、产业扶贫、劳动力转移培训、教育扶贫五大工程。推行干部包村，开展帮困活动，促进边远山区、革命老区加快脱贫致富。

（三）打造“一带一圈”，提升旅游和现代服务业

如果说煤炭资源是发展经济的“现货”，那么山水风光、人文景观资源就是发展经济的“期货”，是最具潜力和竞争力的优势所在。做精“期货”，不仅仅是强调景区景点的深度开发，更重要的意义在于从战略上形成各具特色、互为补充、整体联动的大旅游格局。

做强“一带”，让珍珠变项链。沁河流域不仅是我县的重要工业经济板块，而且旅游资源十分丰富，要依托张峰水库、示范牧场、金郭壁银窦庄、湘峪三都古城、赵树理故居，把“珍珠”景点用“红线”串联起来，做成精致“项链”，打造“百里沁河风光带”和“沁河永久性生态景观廊道”，形成旅游带动、工业支撑、现代服务业一同发展的沁河流域生态带、旅游带、城镇带、经济带。

做大“一圈”，让名气变名牌。历山舜王坪、东西峡、白云洞、柳氏民居、荆浩故里、南阳抗大都是我县很有名气的旅游景点，要捆绑开发，通过定都至张村、杏峪至张马、行宫庙至白桦、中村至下川四条旅游公路的建设，把各个景点连接起来，精心打造历山舜王坪生态旅游圈。以旅游业为龙头，以中村、土沃、张村三个乡镇区域为集群，辐射带动现代服务业，形成以生态旅游为特色的城镇群。

做好“蓝图”，让短板变强项。按照“一带一圈”旅游产业发展框架，抓紧修订《“十二五”旅游文物业总体规划》,完成《舜王坪生态旅游圈规划》、《湘峪三都古城城中村保护性修复规划》、《鹿台山公园规划》编制工作，配合市政府规划部门做好《沁河流域生态景观廊道规划》，充分发挥规划的先导作用，为旅游业的发展提供科学理论指导。要跳出旅游抓旅游，把旅游业和其他产业发展一并规划，使旅游发展的短板变成支撑经济的强项。

（四）建设特色城镇，推进城乡一体化

城乡一体化是推动经济转型跨越的战略举措，是统筹城乡发展的重要途径，要坚持大县城、小城镇、新农村“三位一体”战略，推进城乡经济社会统筹发展。

发展大县城。县城是推进城乡一体化的战略平台。要围绕建设“面向中原的前沿县城”和“山水园林县城”的定位，实施“大县城”战略。做好县城规划。充分发挥沁水区位优势，利用好太原城市圈和中原城市群两个资源优势，邀请清华、同济大学的一流专家，修编县城总规、编制县城控规，这次修编要以“立足五年，着眼十年、前瞻二十年”为原则，拉大县城框架，拓宽县城空间，优化县城布局，引导生产要素、人口资源向县城集聚。抓好县城建设。树立规划引导的新理念、建设统筹的新理念、自然生态的新理念、文化传承的新理念，着力抓好基础设施、公共服务、绿地、社区和街巷五项建设，让城市形成个性，让街道形成特色，让建筑形成精品。提升县城品位。扮靓做美县城，精心打造梅河、杏河、县河“三河靓丽景观带”和碧峰、石楼、龙岗、玉皇“四座生态森林公园”，抓好中木亭—滨河南路—尧都城市绿道建设，把城市绿道打造成沁水的翡翠项链，形成以绿带水、以水养绿、水绿衬美的优美城市。加强县城管理。依法管理城市，理顺县城管理体制，规范街道交通、沿街商铺和农贸市场秩序；开展街道景观和环境卫生两项整治，严肃查处乱搭乱建、乱停乱放、乱贴乱画等影响市容市貌的行为；引深各项创建活动，文化育城，文明育人，提升县城形象，提高居民素质。

推进小城镇。小城镇建设是破解“三农”难题的关键环节，是实现“乡村城市化”的桥梁。围绕百里沁河风光带，以工业化带动城镇化，推进郑村、嘉峰、端氏、胡底、郑庄5个小城镇建设，形成工业城镇群；围绕舜王坪生态旅游圈，以旅游经济带动城镇化，推进中村、土沃、张村3个小城镇建设，形成旅游城镇群；围绕农业特色产业发展，推动柿庄、固县、十里、苏庄、樊村河5个小城镇建设，形成特色农业城镇群。要加强城镇基础设施建设，完善供水、供电、供气、交通、污水处理、垃圾处理等功能，完善教育、卫生等公共服务体系，搞好镇区绿化美化和环境卫生整治。今年，要重点抓好嘉峰示范镇建设，做好全省百镇建设沁水现场会的各项工作，把嘉峰镇打造成有特色、有亮点、有经验、有贡献的“百镇建设示范镇”。其他乡镇也要从实际出发，做好规划，不失时机的抓紧推进。

建设新农村。要出台农村新的“五个全覆盖”工作方案，把新的“五个全覆盖”和小城镇建设、移民搬迁统一规划、统筹推进，确保今年任务圆满完成。要围绕中心村建设，加大重点村推进力度，加大移民并庄力度，加大基础设施建设力度，加大扶贫开发力度，生产要素向中心村集中，资金投向向中心村集中，使中心村和镇区形成布局合理、产业互补、设施共享的村镇结构。今年新增省级重点推进村20个，完成农民体育健身工程98个，农村文化活动室73个。

（五）加强生态建设，提高环境承载能力

生态是沁水的生命，绿色是沁水的灵魂。要持续抓好节能减排、造林绿化、蓝天碧水三大工程，推动实现“净化”沁水、“绿化”沁水、“气化”沁水。

抓节能减排，率先实现“净化”沁水。重点抓好四个领域的节能工作：工业领域要抓好沁泽焦化、顺世达铸业等高能耗企业的节能降耗；建筑行业要改造现有建筑2万平方米，新建建筑实施节能全覆盖；交通领域要积极发展公共交通，鼓励使用清洁燃料，减少尾气排放；集中供暖方面要新增供暖面积80万平方米，覆盖率达到60%以上。要扎实推进工程减排、结构减排和管理减排，县城空气质量二级以上天数达到330天以上。

抓植树造林，率先实现“绿化”沁水。大力开展植树造林，投资5395万元，重点抓好10条公路和50个园林村的绿化任务，完成通道绿化734公里，宜林荒山绿化5000亩，厂矿区绿化5000亩，古树名木保护360株，苗木培育5700亩，推进“全国绿化模范县”和“省级林业生态县”创建活动。

抓环境保护，率先实现“气化”沁水。积极开展“创建国家级生态县”活动，抓好生态环境保护，有序开发利用土地、水利、矿业资源，加强饮用水源地保护，大力开展城乡环境综合治理。推进煤层气民用工程，煤层气用户达到2.2万户，沼气用户达到1.6万户，气化率达到57%。

（六）强化招商引资，放手发展民营经济

大力开展招商引资。转变招商理念，既要只争朝夕，时不我待，又不可慌不择路，饥不择食；既要出台招商引资的优惠政策，又要严把项目准入关，做到“既好看、又好吃”；既要考虑投资规模、财政税收等经济建设类指标，又要评估环保、生态、就业等社会发展类指标，解决招对商、招大商、招好商的问题。全年完成签约项目11个，引进外资202.5亿元，到位资金33亿元。通过抓项目数量实现跨越，抓项目选择实现转型。

扶持发展民营经济。推动全民创业，要在政策上倾斜、资金上扶持；鼓励自主创业，支持发展微型企业；创优投资环境，简化审批程序，帮助解决各种困难和问题，鼓励和引导民间资本向非煤产业转移。财政、税务、银行、保险等部门要做好服务工作，为企业发展提供金融保障。全年民营经济增加值完成44亿元。

（七）抓好民生事业，促进和谐沁水建设

保障和改善民生是落实科学发展观，体现执政为民的必然选择，是推进社会和谐的出发点和落脚点。

发展社会事业。发展教育事业，沁水二中秋学期开始招生，在全市率先普及高中教育。发展文化体育事业，大力加强文化惠民七大工程，广泛开展全民健身运动，发展文化产业，繁荣文体事业。发展人口计生事业，稳定低生育水平，提高人口素质。发展卫生事业，积极稳妥地推进医药卫生体制改革试点工作，巩固新型农村合作医疗制度，全面实施国家基本药物制度，加强公共卫生服务体系建设，保障人民群众身体健康。完善社会保障体系，把农民工、灵活就业人员、非公经济组织作为城镇参保扩面重点，解决好关闭破产企业退休人员和困难职工的基本医疗保障问题，全面启动“社会保障一卡通”工程。加强社会救助体系建设，保障弱势群体基本生活。抓好保障性住房建设，让城乡居民住得更宽敞、更明亮、更舒适。

抓好安全生产。“安全也是生产力”，要以煤矿安全为重点，强化“两个主体责任”，深入开展“安全生产年”和安全生产专项整治行动，加大隐患排查力度，加强安全日常监管，严厉打击非法违法生产行为，确保煤矿安全生产。要抓好煤层气、非煤矿山、道路交通、森林防火、建筑施工、危化物品、食品卫生、消防、公共场所等各个领域的安全工作，保持安全生产形势持续平稳。

加强社会管理。完善社会管理机制，健全社会服务和管理网络，重视发挥群众组织、社会组织在社会管理中的积极作用。加强和改进信访工作，畅通群众诉求渠道，积极化解社会矛盾。全面加强应急管理，提高预防和处置突发事件的水平。健全社会治安防控体系，依法严厉打击各类违法犯罪活动，启动“六五”普法，建设“平安沁水”。做好“双拥”工作，支持国防和军队建设。落实好民族宗教政策。发展人民防空事业。保护妇女、儿童、残疾人的合法权益，做好审计、统计、外事、气象、老龄、档案、史志等各项工作。

（八）改进作风转变职能，建设人民满意政府

对人民负责是政府工作的第一准则，让人民满意是我们的第一追求。各级领导干部必须牢记宗旨，改进作风，转变职能，提高效率，全力打造阳光务实、勤政高效、公正廉洁、担当有为的政府，以良好的作风和形象赢得全县人民的信任、支持和拥护。

一是建设阳光务实政府。推行政务公开，实行重大事项集体研究、专家咨询制度，做到办事公开、程序公开、收费公开，让政府的权力在阳光下运行。积极开展“五看五比”活动——看GDP增长，比发展速度；看财税收入，比经济效益；看项目建设，比发展后劲；看办事效率，比服务水平；看农民增收，比执政能力。做到任务明确、责任到人、一抓到底、奖惩分明。倡导一线工作法，力求情况掌握在一线、靠前指挥在一线、工作推进在一线、问题解决在一线，察实情、讲实话、办实事、求实效，用实事求是的态度、求真务实的作风、扎扎实实的工作，聚民智、谋民利、得民心、获民信。

二是建设勤政高效政府。教育各级干部始终保持强烈的责任感和使命感，迎难而上，自我加压，高质量、高标准地完成工作，做到“时间服从任务、人员服从需要”。坚决克服官僚主义和形式主义，提倡开短会、开管用的会、开有准备的会，让各级干部从文山会海、接待应酬、迎来送往中解脱出来，腾出更多的时间和精力下基层、抓落实、促发展。优化工作流程，简化办事程序，让群众一看就明白、一听就清楚、一次就办完。开展“争、创、赛”活动，让争第一成为主流，爱沁水成为风尚，干事业成为自觉，营造你追我赶、奋勇争先的浓厚氛围。

三是建设公正廉洁政府。推动社会公平正义体现着政府的良知，公平正义比太阳还要光辉。要严格按照法定的权限和程序行使权力、履行职责，做到用制度管权、管事、管人。坚决、依法、严厉打击各类非法生产、违规经营行为，通过专项整治活动，规范经济秩序、弘扬社会正气、维护法律尊严。自觉接受人大、政协、媒体和公众的监督，支持法院、检察院开展工作，支持群众通过合理渠道表达诉求、反映问题。以规范制度和制约权力为核心，强化审计监督和行政监察，坚决制止铺张浪费行为，加强精神文明建设，切实纠正各种不正之风，始终如一地做到清正廉洁。

四是建设担当有为政府。担当，是一种品质，是一种境界，是一种催人奋进、不辱使命的气概。要在各级干部中倡导勇于负责、敢于担当、敢于碰硬、不怕得罪人的良好作风，努力打造一支不畏艰险、不怕困难、克难攻坚的干部队伍。坚持把有所作为贯穿于政府工作的始终，多干打基础、利长远的工作，多做惠民生、促和谐的实事，努力创造经得起实践检验、群众检验和历史检验的业绩，让能干事、会干事、干成事成为政府工作的鲜明特色。

各位代表，沁水已经走过不平凡的发展历程，正在奋力谱写惠及全县人民的美好篇章。机遇孕育希望，挑战激励斗志，艰辛成就伟业，拼搏创造辉煌。21万沁水人民有追求幸福生活的强烈愿望，有推进改革创新的坚强信心，有实现科学发展的聪明才智！县十二次党代会确立的“1356”发展战略为我们绘就了宏伟的蓝图，县政府为实现这一宏伟蓝图已扬帆起航，让我们在县委的坚强领导下，在县人大、县政协的监督支持下，万众一心，乘势而上，扎实工作，为推动沁水转型跨越发展，建设干部入民心、工作入名次、产品入名牌、幸福指数入名首的“三晋十强县”而努力奋斗！

沁水县人民代表大会常务委员会工作报告

——在沁水县第十五届人民代表大会第一次会议上

（2011 年 6 月 28 日）

沁水县人大常委会主任　潘庆云

各位代表：

我受沁水县第十四届人民代表大会常务委员会的委托，向大会报告本届人大常委会的工作，请予审议，并请政协委员和其他列席人员提出意见。

过去四年工作回顾

县十四届人大常委会任期的四年，在中共沁水县委的领导下，高举中国特色社会主义伟大旗帜，以科学发展观为统领，坚持贵在敢说，有理有据有法；重在把握，适时适宜适度的原则。按照有创新、有影响、有实效的工作要求，贴近中心、服务大局、心系人民、依法履职，共召开常委会议 34 次，听取和审议“一府两院”工作报告 38 个，作出决议决定 8 个，下达审议意见转达书 13 个，听取“一府两院”专项报告 68 个，审议“一府两院”书面报告 41 个；决定任命国家机关工作人员 105 名；开展执法检查 21 次，专项视察 10 次，大型调研 3 次；组织各类会前调查视察 42 次，大规模集中培训代表 4 次；召开乡镇人大工作会议 12 次，组织乡镇人大主席相互观摩交流 1 次；组织常委会组成人员外出考察学习 2 次；举办法制讲座 16 期；办理代表建议、批评和意见 350 件；召开信访联席会议 4 次，受理群众来信 269 件，来访 1100 余人次；编印了《沁水县十四届人大》和《春华秋实 30 年》等 7 本书；制作了《人大工作巡礼》、《乡镇人大工作展播》等 7 个电视专题片；举办了纪念地方人大设立常委会 30 周年系列活动 5 项。2007 年在全省县级人大主任培训班上交流了工作经验，同年被晋城市委授予人大工作先进单位，2008 年全市乡镇人大工作现场会在我县召开，2009、2010 连续两年蝉联全省人大宣传信息工作第一名，有 200 余篇宣传人大制度和人大工作的文稿先后在《中国人大》、《人民代表报》等全国、省、市主流媒体发表，并被多家报纸和网站转载，创历史新高。特别是通过创新方式方法，对乡镇人大实行百分考核，开全国之先河。四年的不懈努力，常委会各项工作成效显著、亮点纷呈、有目共睹，为坚持和完善人民代表大会制度，建设富裕、文明、生态、和谐的新沁水做出了积极的贡献。

一、立足县情，注重民生，工作监督成效凸显

常委会始终把发展作为第一要务，紧

扣县委“三转三化三提高”的总体要求，突出重点，依法监督，立足县情，讲求实效，有力地推动了全县经济社会又好又快发展。

突出重点重点监督。四年来，常委会对于加快经济发展方式转变、经济运行、重点工程建设和财政预算等工作坚持“提前介入、重点监督”。针对我县煤炭产业一枝独秀、地面企业弱不禁风、城乡差别不断拉大、农民增收徘徊不前的现状，要求政府要以体制创新、环境创优为切入点，要以城乡统筹发展为突破口，切实抓好煤炭工业、特色农业、招商引资、旅游开发、民营经济等工作，着力构建百花齐放、多元支撑的产业体系。常委会十分重视对财政这个经济杠杆的监督支持，每年都要深入国、地税等单位进行视察调研，同步听取和审议财政、审计工作报告，审查批准财政超收资金使用方向。要求财政工作做到：“一个笼子管收入、一个盘子编预算、一个口子管支出、预算执行全监督”；审计工作做到：“预防为主、教育为先、全面审计、突出重点、逢审必透、惩处必严”。在此基础上，常委会重新修订完善了《关于加强财政预算监督的若干规定》，对全县经济运行及当年人代会批准的年度国民经济和社会发展计划的执行情况进行会前调研、座谈了解，听取县长关于经济运行情况的通报，深入乡镇专题视察、实地考察，听取与全县经济社会发展密切相关的20余个单位的工作汇报，对预算编制进行初审把关，积极支持政府推行部门预算、国库集中支付和财政投资评审等工作，不断探索人大监督经济社会发展的新途径。常委会十分注重对重点工程建设的监督，每年在听取政府汇报，组织常委会组成人员、人大代表视察、观摩的基础上，针对存在的决策不周、资金不足、开工迟缓、重建轻管等问题。要求政府做到“五个坚持”：坚持量力而行、尽力而为，按轻重缓急的原则规划和安排重点工程；坚持决策的预见性、民主性、科学性，避免重复建设和中途搁浅；坚持现场办公、跟踪督察与项目责任人定期汇报的推进机制；坚持工程的稳定性、连续性，避免半拉子工程的出现；坚持严格的招投标程序、严格预算，财政资金按期足额到位，及时结算审计、交付使用。特别是去年全市特色城镇化建设现场会在我县召开，常委会组织了两次集中视察和专题调研，两度听取县政府重点工程建设的专题报告，突出要求政府主要领导要亲自带队，抓督察、促进度、保质量，确保各项重点工程的顺利推进。

注重民生专项监督。民生问题是个根本问题。怎样让社会更加公正、更加和谐，让人民生活得更加幸福、更有尊严，如何让广大群众更好地享受到改革开放的成果。四年来，常委会一方面督促政府在年初编制预算时，大幅提升与民生工作密切相关的教育、卫生、文化、社会保障、就业、城乡社区事务和环境保护等项目的预算支出；另一方面对群众反映强烈的医疗卫生、教育教学、住房保障、集体林权制度改革等民生热点进行专项监督。针对新型农村合作医疗保障水平低、缺医少药、服务水平差、管理程序过于烦琐、管理力量薄弱等问题，常委会听取和审议了县政府《关于全县新型农村合作医疗工作情况的报告》，要求政府要按照简化程序、方便群众的原则，完善农民转诊和报销补助办法，全方位加强管理，加大县乡医疗建设投入，促进了我县卫生事业的长足发展，城镇医疗保险实现了全覆盖，新农合参合率达到了95%以上。百年大计，教育为本。常委会对《教育法》、《义务教育法》进行执法检查，听取教育教学情况报告，要求政府要把教育放在优先发展的战略地位，抓布局、抓师资、抓管理、抓安全，强力推进科教兴县战略，投资1.87亿元新建教育园区，投资2.56亿元实施中小学校舍安全改造，成为我县历史上教育投资最多，建设规模最大的一个时期。针对我县住房保障体系建设属于起步阶段，相应的政策措施和运行机制尚不完善的现状，要求政府要摸清底数，科学规划，强化管理，公平分配，把好事办实、实事办好，不断满足群众的住房需求。集体林权制度改革是继家庭联产承包责任制后农村生产关系的又一次重大调整。常委会全力监督指导，听取林改工作情况报告，要求政府在整个林改工作中要做到“一推、二强、三注重”，即：推进集体林权主体改革；强化矛盾调解，强化配套措施；注重植树造林，注重林业规划，注重护林防火，彻底改变我县“大林业、小产业、低收入”的状况。

重要工作全程监督。四年来，常委会坚持对社会主义新农村建设、和谐社会构建、城镇规划等影响深、涉面广的重要工作进行全程监督。针对部分乡村干部在新农村建设思想上存在的误区，片面认为新农村建设就是“拆旧房建新房、修修路刷刷墙”，常委会先后对全县新农村建设、农业专项资金使用、农业机械化、农业综合开发和畜牧蚕桑业发展等进行了专题视察，要求政府要把培育农村产业、壮大集体经济、促进农民增收放在突出位置去对待，确实加强农村基层班子建设和农民素质的提升，激活机制，理顺关系，真正把新农村建设这面大旗举起来，沿着正确的航向，持之以恒地全面推开、坚持下去。畜牧、蚕桑是我县农业传统产业，但有发展无规模、有产品无品牌。要求政府要切实提高对畜牧、蚕桑业的重视程度，加大扶持力度，使之真正成为我县调整产业结构、发展区域经济、促进农民增收、体现特色农业的支柱产业。社会要和谐，安全是保障。我县煤、林、水资源丰富，但“两头防火，中间防汛，一年四季防瓦斯”，安全工作如履薄冰。常委会以生产安全和生活安全为监督的着力点，一是听取和审议了《中华人民共和国煤炭法》实施情况的报告，要求政府要完善安全生产体系，强化安全隐患治理，加快煤矿资源整合和改造升级；二是抓《中华人民共和国环境保护法》的贯彻落实，听取了土小企业整治专项报告，连续四年配合省、市人大开展“环保记者行”活动，督促政府对环境进行集中整治，使全县空气和环境质量得到明显改善。同时，按照市委把端氏、嘉峰建成全市城乡一体化亮点示范片区的要求，常委会对端氏、嘉峰特色城镇总体规划给予了高度关注和大力支持，在认真调研、初审的基础上，通过了报告，作出了决议，充分发挥了人大在推动全县经济和社会事业平稳较快发展中的重要职能作用。

二、抓住根本，构建和谐，依法治县稳步推进

常委会始终把发展社会主义民主、健全社会主义法制作为根本任务，积极发挥在依法治县中的主导作用，保证了宪法和法律法规在本行政区域内的贯彻实施。

依法普法强化宣传。常委会坚持每季一期的法制讲座和干部任前法律知识考试雷打不动。四年来，先后就关系人民群众切身利益的热点问题、工作推进中的难点问题和社会关注的焦点问题，分别在世界环境日、世界艾滋病防治日、08奥运会之前、《山西省预防职务犯罪工作条例》颁布后、甲型H1N1疫情蔓延之际，举办了《环境保护法》、《艾滋病的传播与防治》、《信访条例》、《职务犯罪的惩治和预防》、《甲型H1N1流感防控》等16期法制讲座，较好地发挥了讲座“随风潜入夜，润物细无声”的教育功效，极大地提高了全县广大群众和各级领导干部的民主法制意识和学法、用法、遵法、守法的自觉性，促进了

"一府两院"依法行政、公正司法，促进了人大及其常委会依法监督、依法履职，广泛营造了依法治县的良好氛围。

依法行政强化检查。四年来，常委会以"防止和纠正执法主体的不作为、乱作为现象"为突破口，紧紧抓住全县经济和社会发展中的重大问题和行政执法活动中的热点问题，严格检查程序，落实整改责任，县乡上下联动，社会广泛参与，突出强化了对《警察法》、《煤炭法》、《环境保护法》、《土地管理法》、《传染病防治法》、《食品安全法》、《刑事诉讼法》等30余部法律、法规的执法检查，有力地促进了法律、法规在本行政区域内的正确贯彻实施。

依法执法强化监督。四年来，常委会在对"公检法"进行案件评查工作的基础上，深入"公检法"对其贯彻落实常委会审议意见的整改情况和案件评查工作长效机制建立情况进行跟踪监督和专项检查，督促支持"公检法"较好地克服和纠正了一些执法程序不到位、法律用语不准确、证据审核不严格、裁判论理不透彻、法律文书不规范等问题；并针对广大群众反映强烈的执行难问题，听取县法院执行工作情况报告；对学习贯彻《山西省人大常务委员会关于加强人民检察院对诉讼活动法律监督工作的决定》进行安排部署。同时，由一名常委会副主任专门负责，集中对常委会任命的法、检两院35名干警2003年至2008年的工作进行述职测评，对县公安局2007年至2009年办理的行政违法处罚案件进行专项评查。这是在《监督法》出台后，常委会在法律、法规的框架内，创新监督方式、强化监督力度、提升监督实效的一项积极尝试。

三、严格程序，尊重民意，人事任免任管并重

坚持党的领导、充分发扬民主、严格依法办事，是人大工作遵循的原则。县委提名需经人大依法任命的干部，常委会始终同县委保持高度一致，任前调查，尊重民意，任后监管，不断强化，确保国家机关的权力在阳光下健康运行。

任免程序愈加规范。常委会修订了《沁水县人大常委会人事任免办法》，进一步明确了人事任免工作的指导思想、范围程序，完善了任前考察、闭卷法律知识考试、主任会议听取汇报，常委会议听取和审议拟任人员提请报告、供职报告，票箱表决、颁发任命书、任后就职宣誓等一整套任免程序，实现了党管干部和人大依法任免制度的高度统一。

任后监督愈加过实。四年来，常委会以"一次分解、两次承诺公示、层层把关承诺内容、两次重点跟踪督察、年终述职测评"的重点工作承诺公示监督工作机制为切入点，加大了刚性监督力度。特别是半年头上的年中督察，常委会领导亲自带队，实地视察、听取汇报、现场指导，承诺单位向常委会书面报送承诺工作完成情况，常委会有关委室对口审查、提出建议、促进落实。年末则坚持深入承诺单位听汇报、看现场、查资料、走访座谈、民主测评，对其全年工作、重点工作、廉政建设进行全面检查，承诺单位在常委会上报告承诺工作完成情况、递交单位年度工作总结，交账测评，并不断扩大代表参评人数，提高承诺公示监督的透明度，对评出的优秀人民公仆进行大张旗鼓的表彰，对未完成承诺任务的单位限期整改完成，实现了常规性监督和刚性监督的有机统一，对主要领导管理和促使责任人躬亲办事的有机统一，以重点工作为统领促使全面工作有效落实的有机统一，形成了在县委的领导下，人大和"一府两院"合心合力、齐抓共促沁水经济社会发展的可喜局面。

任期管理愈加深入。为进一步增强人大及其常委会选举和任命干部的公仆意识、责任意识、廉政意识，常委会一方面按照和县政协、纪检委出台的联合监督办法，把重点工作承诺公示监督和对责任人的述职述廉管理有机结合，同安排、同检查、同交账、同测评；另一方面，特邀有关专家学者就《预防职务犯罪 构建和谐沁水》举办专题讲座，用身边的事教育身边的人，通过曾经是党员公职人员现沦为罪犯的三名服刑人员的现身说法，把警示教育工作不断引向深入，并会同县检察院就《山西省预防职务犯罪工作条例》的学习宣传工作进行联合安排部署，配合省、市人大常委会对其贯彻落实情况进行专项检查，加强了对广大干部的教育和管理，推动反腐倡廉建设不断引向深入。

四、加强指导，严格考核，乡镇人大彰显活力

常委会坚持以百分制考核为抓手，本着“加强联系、有力指导、创优服务”的原则，加强了对乡镇人大工作的监督指导，进一步开创了全县乡镇人大工作新局面。

内容在考核中完善。四年来，常委会针对乡镇人大工作的新发展新要求，在对乡镇人大工作进行台账管理、百分考核和围绕百分考核提出“四有”（有作为才有地位，有创新才有活力，有宣传才有影响，有作用才有实效）、“四转变”（被动向主动转变，表面向深层转变，随意向计划转变，守旧向创新转变）、“四原则”（民主集中制的原则，严格依法办事的原则，服从和服务于大局的原则，注重工作实效的原则）及必须处理好“五个关系”（乡镇人大与同级党委的关系，乡镇人大与本级政府的关系，乡镇人大工作与发挥代表作用的关系，乡镇人大主席与主席团的关系，乡镇人大与上级人大的关系）的基础上，进一步完善考核办法，创新考核方式。一是将各乡镇人大全年工作重点在《今日沁水》进行公示，年底对照内容，逐项测评，缺项扣分，促使乡镇人大创造性地开展工作；二是通过超篇加分，上不封顶的办法，加大了对乡镇人大宣传工作的考核力度；三是突出量化、动态考核，年中、年末分别由常委会领导亲自带队组织常委会组成人员和人大代表对乡镇人大工作逐项进行测评打分。对排在前五名的，通报表扬；对排在前两名的，在下一年的人代会上进行大张旗鼓的表彰，从而不断推动我县乡镇人大工作继续走在全市、全省的前列。

指导在前进中加强。常委会按照四年视察“四部曲”的总体安排，2008年的视察由县委牵头、人大实施，通过观摩乡镇人大的全面工作及作用发挥，看党委对人大工作的重视程度和支持力度，召开了由乡镇党委书记参加的乡镇人大工作会议，提出了进一步加强乡镇人大工作的指导意见。随后，县委召开专门会议，决定乡镇人大主席担任同级党委委员，这在全市属于先例，并一次性将5名乡镇人大主席交流到了县直单位主要部门，10名年富力强的副书记被提名担任乡镇人大主席职务，乡镇人大的力量得到了进一步加强。同时，常委会根据乡镇人大主席调整面比较大的实际，为使工作不断线、档案不断头，对乡镇人大工作的移交、巩固、发展和全年工作安排、当前工作进展及代表小组活动室的建设情况，进行视察指导、测评打分，促进了我县乡镇人大工作的持续深入开展。

作用在实践中彰显。常委会一以贯之地认真落实《县人大常委会组成人员与乡镇人大工作联系制度》，通过组织乡镇人大主席参加调查、视察、执法检查和评议等活动，提供《人民代表报》、《晋城人大》、人大常委会的自办刊物等学习资料，举办定期、不定期的培训和法制讲座、外出考察学习等，提高乡镇人大主席的政治思想理论水平和依法履职能力。同时，包乡镇的常委会领导和组成人员还积极参加乡镇

人大有关活动，加强与乡镇人大的日常联系，着力帮助乡镇人大解决工作中的实际困难和问题，一个党委关注重视、政府理解配合、人大作用充分发挥的新局面业已形成。我县乡镇人大开展的选民评议代表、代表评议乡镇长、代表质询政府工作等都走在了全市的前列。

五、创优环境，搭建平台，代表作用充分发挥

常委会充分尊重代表主体地位，创新方法，拓宽渠道，创造条件，促进了代表作用的有效发挥。

代表履职得到保障。常委会为保障代表能够依法履职，积极为代表创优环境，督促政府在财政预算中落实代表经费，实行专户管理、专款专用。并坚持为代表征订《人民代表报》、《晋城人大》等报刊资料，常委会编印的《沁水人大信息》、全年工作资料汇集、全年工作要点、重点工作承诺公示监督等资料都及时发至代表手中，帮助代表更多地了解全局情况；坚持对代表进行集中培训和学习辅导，使代表的履职能力得到了进一步加强；坚持年初岁末由常委会领导带队，深入各乡镇零距离与代表接触，面对面沟通联系，有效激发了代表的履职热情。尤其是去年6月上旬常委会对各乡镇代表小组活动室进行了观摩指导、督促检查，明确要求要因地制宜建阵地，形式多样搞活动，联系实际求实效；代表小组活动室既可单室单用，也可一室多用，但必须制度上墙，资料归档，活动经常，不做假样，这就为各位代表认真学习、有效履职、密切联系提供了场所保证。

代表作用充分发挥。常委会除委托各乡镇组织辖区内的县人大代表就地视察外，还重点围绕县委中心工作，围绕人民群众关心的问题，围绕法律、法规的正确实施，组织代表进行专题视察、执法检查，引导代表就关系全县经济社会长远发展和社会民生的热点、难点问题开展专题调研，提出议案、建议，支持代表担任行风监督员和人民陪审员，发挥代表在推动全县经济又好又快发展、保持社会和谐稳定中的重要作用。坚持邀请代表列席常委会议，参加常委会组织开展的工作评议、承诺公示测评等活动，并将代表的会议发言、建议意见及时整理，发至代表和有关单位，使之规范化、制度化。着力扩大代表对常委会活动的参与。特别是在重点工作承诺测评上由原来的5名、10名，增加到现在的30名代表，鼓励代表在常委会议上发表来自于基层、来自于群众的意见、建议，不断拓宽代表履职渠道。

代表建议督办有力。常委会修改完善了《关于办理人大代表建议、批评和意见的暂行规定》，在集中转办的基础上，选择事关全县经济发展、社会稳定和人民群众普遍关注的重点建议，实行副县长领办制，并在新闻媒体进行公示，逐步形成了常委会主任、副主任督办重点建议，各工委主任督办对口建议，常委会牵头组织代表深入承办单位进行跟踪督察，常委会主任会议抓反馈落实的督办机制，加大了代表建议督办力度，代表提出的关于社会主义新农村建设向偏远山区倾斜、完善林权制度改革、加快煤炭资源整合、规范煤层气开采利用、解决乡镇卫生院职工养老保险和工资待遇等促进沁水发展和涉及群众切身利益的建议都得到了很好的落实。去年，代表建议办理满意率、见面率和办结率都达到了100%，受到了市人大常委会的高度评价，晋城电视台《代表之声》栏目对此进行了专访。

六、三位一体，开拓创新，自身建设全面加强

常委会始终把自身建设当作全部工作的基础工程来抓，按照“五强、六同、三有、两不许”（五强：更强的团结精神，更强的学习追求，更强的工作作风，更强的纪律观念，更强的群众意识；六同：目标上同向，思想上同心，行动上同步，说话上同声，工作上同力，相处上同情；三有：有创新、有影响、有实效；两不许：不许任何人在工作上敷衍塞责，不许任何人损害人大声誉和形象）的整体要求，强素质，树形象，严要求，作表率，推动了各项工作向纵深发展。

抓学习强素质。四年来，常委会按照中央、省、市、县委的统一部署，深入学习实践科学发展观，扎实开展创先争优活动，积极推进学习型党组织建设，大力学习弘扬“右玉精神”，突出开展以“内强素质、外树形象”为载体的“五比五看”活动，增强了人大机关贯彻落实科学发展观的自觉性和坚定性。同时，常委会坚持机关集体学与自学相结合，走出去学与请专家教相结合，举办法制讲座与交流学习体会相结合，保证了学习效果，提高了机关干部的自身素质，加强了人大队伍建设。

抓作风重落实。常委会按照《监督法》的要求，建立健全了17项常委会工作制度和18项人大机关内部管理制度，研究制定了常委会听取和审议专项工作报告、执法检查、审查和批准计划和预算三个监督工作流程图，并坚持以表格的形式对全年工作要点进行分解，做到“一年两张表，工作早知道”，推动了人大机关的规范化、制度化建设。开展了以“五治五督”为主要内容的机关纪律作风整顿活动、“捐款捐物献爱心”和“联村联户、帮建帮扶”活动，使人大机关呈现出团结和谐、蓬勃向上的精神风貌。加强了信访接待力量，增设了信访室，形成了集体研究、会议决定、交办有据、事后监督的工作机制和信访室研究办理信访案件、联席会议会诊重点信访案件的新格局，有效维护了上访群众的合法权益和法律尊严。

抓宣传树形象。四年来，常委会两度召开全县人大宣传工作会议，确定人大宣传工作重点，对通讯员进行表彰奖励，培训指导，并坚持会议及重要活动向社会公布制度，扩阵地、拓渠道，创办了《沁水人大信息》，及时向新闻媒体供稿，向社会公布人大工作情况，接受社会各界的监督。同时，常委会紧紧抓住纪念新中国成立60周年暨地方人大设立常委会30周年这一契机，推出了电视讲话、经验交流与工作研讨、征文、座谈会、法制讲座等5项庆祝活动，并积极参加市人大常委会举办的各项活动，将我县的人大宣传工作推向了一个新的高潮。

各位代表！四年的团结奋进，常委会坚持与时俱进、开拓创新的工作理念，恪守“有创新、有影响、有实效”的工作要求，突出“十大创新”、“三大亮点”，充分发挥了人大及其常委会的重要职能作用，一个同县委合拍、“府院”合力、代表合心、群众合意的人大工作新局面展现在了世人面前。在此，我谨代表县十四届人大常委会，向所有关心、支持县人大工作的各级领导和同志们，向过去离开和即将离开人大工作岗位的同志们，表示衷心的感谢和崇高的敬意！

各位代表！总结四年的工作实践，我们深切地体会到：做好新形势下的人大工作，必须把坚定不移地走中国特色社会主义政治发展道路，作为人大工作的根本原则，更加自觉地坚持党的领导、人民当家做主、依法治国的有机统一；必须把加强社会主义民主法制建设、推动科学发展、促进社会和谐，作为人大工作的根本任务，更加自觉地围绕中心、服务大局，使人大工作更好地贴近实际、贴近民生；必须把充分发扬民主作为人大工作的基本方式，更加自觉地坚持依法集体行使职权、集体决定问题，有效发挥人大的职能作用；必须把发挥代表主体作用作为人大工作的前提条件，更加自觉地紧紧依靠人大代表和人民群众开展工作，有效解决人民群众普遍关注和关心的实际问题和具体问题；必须把沁水的县情、民意和人大工作的实际紧密结合起来，充分整合调动一切积极因素，把为人民谋福祉，作为人大工作的根本出发点和落脚点；必须把加强常委会自身建设作为人大工作的首要任务，进一步引深学习、解放思想，创新方法、完善机制，不断提高依法履职的能力和水平。这是四年来在工作实践中积累的宝贵经验，也是我们今后工作中必须坚持的原则。

回顾四年的奋斗历程，在振奋中我们时时保持着冷静，在欣慰中我们常常思考着不足。主要是履行重大事项决定权的行使还需在实践中进一步探索；监督的深度、广度、力度还需进一步强化；各级人大代表作用发挥还需进一步提升；常委会自身建设还需进一步加大力度。这些问题必须引起我们的高度重视，下决心在今后的工作中认真加以解决。

今后五年工作的建议

各位代表！“十二五”时期，是全面建设小康社会的关键时期，是我县在新的历史起点上加快转型跨越发展的重要时期。县十二次党代会，大视野、高起点、大手笔、高水准，谋划沁水的未来和发展，人心所向，时不我待。**建议县十五届人大常委会要坚持以邓小平理论和“三个代表”重要思想为指导，深入贯彻落实科学发展观，围绕县十二次党代会提出的“1356”转型跨越发展总体思路，依法履行各项职权，扎实推进社会主义民主法制建设，为我县实施“十二五”规划,建设“三晋十强县”，提供有力的法制保障，着重做好以下五方面工作：**

一、监督工作要有新突破。要综合运用听取和审议工作报告、执法检查等法定方式，进一步引深重点工作承诺公示监督等行之有效的监督机制，加大监督力度，增强监督刚性，促进全县经济社会又好又快发展。

二、人事任免要有新举措。要积极探索研究人事任免和监督的新办法、新机制，正确处理好党管干部原则与人大依法行使任免权的关系，实现工作监督和对常委会任命干部监督的有机统一。

三、代表工作要有新活力。要积极探索，大胆实践，强化保障，注重激励，提高代表建议办理的质量和效率，充分发挥代表的主体作用。

四、乡镇工作要有新作为。要夯实乡镇人大工作这个基础，进一步完善百分制考核这一监督指导乡镇人大工作的有效形式，确保乡镇人大职能的充分发挥，不断推进基层民主政治建设。

五、自身建设要有新风貌。要不断提高常委会组成人员、人大机关干部的整体素质，努力打造一支政治坚定、业务精通、务实高效、作风过硬、团结协作、清正廉洁的人大工作队伍。

各位代表！回顾过去，我们倍感欣慰；展望未来，我们充满信心！围绕“1356”转型跨越发展总体思路，圆满实现“十二五”奋斗目标，已经成为全县人民的共同心声和不可阻挡的时代潮流。让我们在中共沁水县委的领导下，高举中国特色社会主义伟大旗帜，认真贯彻落实科学发展观，以更加饱满的精神状态，更加高昂的革命斗志，扎实有效的工作措施，求真务实的工作作风，再创全县人大工作新辉煌，为建设“三晋十强县”做出新的更大的贡献！

中国人民政治协商会议第七届沁水县委员会常务委员会工作报告

——在沁水县政协第八届委员会第一次会议上

（2011年6月28日）

马刘勤

各位委员、各位同志：

我受中国人民政治协商会议第七届沁水县委员会常务委员会的委托，向大会作工作报告，请予审议。并请列席会议的同志提出意见。

一、四年工作回顾

县七届政协的四年，正是我县深入贯彻落实科学发展观，全县经济社会持续快速发展、各项事业取得显著成就的四年，也是人民政协事业不断开拓创新、大有作为的四年。四年来，县七届政协常委会在中共沁水县委的正确领导和省、市政协的有力指导下，在县政府和社会各界的大力支持下，在广大政协委员和各参加单位的辛勤努力下，始终坚持高举爱国主义和社会主义旗帜，牢牢把握团结和民主两大主题，紧紧围绕县委、县政府中心工作，着力推行“四型”政协建设，充分发挥协调关系、汇集力量、服务大局、建言献策的重要作用，与全县人民携手并进、共克时艰，为建设富裕、文明、生态、和谐的新沁水做出了积极贡献。

四年来，我们坚持把理论武装放在首位，加强学习，增强素质，为提升政协履职能力和水平奠定了坚实基础。

政治学习经常化。我们始终坚持每周五机关学习制度不动摇，采取领导讲课、学习讨论、专家辅导、观看电教片等多种形式，组织政协委员和机关干部职工，认真学习中共十七大、十七届四中、五中全会精神、科学发展观等政治理论知识，在学习中坚持做到集中学与自学相结合、政治学习与工作实践相结合，在学习中转变工作作风，在学习中激发参政议政热情，在学习中提高协商议政能力，全体政协委员和机关干部的政治业务素质明显提高，为人民政协履行职能奠定了坚实基础。

理论学习系统化。我们始终坚持强化理论学习不放松，采取党组带头学、常委会专题学、委员自觉学、各专委会和机关集中学等有效形式，把学习科学发展观理论、中国特色社会主义理论、社会主义核心价值观与学习政协理论结合起来；把学理论与实践活动结合起来，认真组织开展了“创先争优”和“学习型党组织建设”活动，进一步增强了委员和机关干部科学发展的理念，确保了理论学习的针对性和实效性。

业务学习多样化。我们坚持把加强业务学习作为提升履职能力和水平的关键来抓，不断创新学习形式，拓展学习渠道，利用政协“时空论坛”这一平台，邀请中央、省、市有关专家、学者、教授和县级主要部门领导同志，就政协理论、国内国际形势、预防职务犯罪、构建和谐社会、金融危机、反腐倡廉建设、民营经济等内容，先后举办讲座和培训7次，参加人数累计1000余人（次）。结合“百日调研”活动，组织广大政协委员和机关干部深入基层，开展调研，撰写出有情况、有分析、有见地的调研报告13篇，其中《关于对全县农民素质状况的调研报告》、《沁水发展生态旅游的思路》等7篇分别获市、县“百日调研”优秀成果奖，使学习在实践中得到升华，进一步增强了业务学习的适用性和实效性。

四年来，我们坚持把服务大局作为政协履职重点，调查研究、参政议政，为县委、县政府科学决策提供了智力支持。

事关全局问题集中协商。我们充分借助全委会这一平台，运用大会议政发言这一有效形式，对事关全县大局的问题进行集中协商议政。广大政协委员立足发展出点子，建言献策谋发展。先后有刁森林、裴炳虎、吴俊霞、车功强等18名委员就全县农业产业化、医疗卫生体制改革、林权制度改革、工业园区建设、煤炭产业发展等问题，提出可行性、合理化意见和建议90多条，许多建议被县委、县政府采纳。

事关重点问题专题协商。我们紧紧抓住党政所需、群众所盼、政协所能的重大课题，在广泛深入开展调查研究的基础上，充分利用政协常委会这一有效履职形式，先后召开11次常委会，分别就我县县域经济、新型工业、特色农业、生态旅游、土地流转、农村养老保险、农民增收、编制“十二五”规划等重大问题开展了专题讨论协商，提出具有较强针对性和可操作性的建议和意见100余条，为沁水经济社会发展起到有力的助推作用。

事关前瞻问题提前协商。我们紧紧围绕转型跨越发展的前瞻性问题，通过外地考察和实地调查，先后赴河南对小城镇化建设、赴山东对发展绿色低碳经济、赴浙江对金融服务地方发展进行了实地考察，在认真协商的基础上，提出了一些符合我县实际、推动沁水转型发展的思路和具体措施，引起广泛关注，产生了积极的社会效应。

事关热点问题及时协商。我们针对群众反映的农村孩子上学难、县城居民用气难、子女就业难、未成年人犯罪等热点问题，及时组织政协委员赴左权县对中小学校布局进行了考察，对县城集中供暖工程进行了实地视察，对未成年人犯罪问题深入农村、社区进行了调研，并及时进行协商，提出解决问题的办法和建议，被有关部门采纳，政治协商的实效性明显增强。

四年来，我们坚持把惠民生促和谐作为政协工作的重要抓手，强化监督，凝心聚力，为构建和谐社会搭建了重要平台。

听民声、集民智，参政议政谋和谐。我们借助县政协网站这一平台，把推动主席建议案和委员提案的办理作为改善民生、构筑和谐的重要渠道，通过健全机制，加大重点提案督察办理力度，公布办理进展和落实情况，实施提案办理结果民主评议等措施，提高提案办理的实效性。四年来共征集提案740件，审查立案515件，办复率100%、采纳率76.6%、满意率98.3%。其中上升为主席建议案4件，确定重点提案64件。一批涉及民生问题的提案，如段培立、裴炳虎、王建苗等委员提出的关于有序开采煤层气资源、规范社区建设、促进教育均衡发展等提案都得到了很好的落实，使提案在关注民生、体现民意、维护民利方面切实发挥了重要作用。

察民情、析民怨，化解矛盾促和谐。我们针对社会转型中利益关系复杂化、利益差别敏感化的实际，通过召开民情征集会、社情民意例会、开展“社情民意征集日”活动、利用《今日沁水》“民意直述”栏目，广泛听取社会各界和人民群众的意见和呼声。四年来共收集社情民意889条，编发上报424期，被国家、省、市政协采用累计达185条，被省、市、县各级领导批示批阅50余件。为化解矛盾，促进和谐，充分发挥政协社情民意信息“直通车”的作用。2008年社情民意工作受到省政协表彰奖励，连续四年荣获“市政协信息工作标兵单位”称号。

系民生、诉民求，科学协商助和谐。我们针对人民群众普遍关注的热点、难点问题，先后围绕我县新农村建设、“农字一号”工程、梅杏两河治理、县城集中供暖以及上学、就医、就业、全县重点工程建设，组织委员开展专项视察活动7次、形成专题视察报告和通报，提出合理化意见和建议30余条。并采取会前视察、会中议政、会后质询的办法和现场听取汇报、现场研究对策、现场解决问题等方式，确保委员提出的意见和建议有针对性，办理单位解决民生问题有实效性。

讲民主、结友谊，搭建桥梁创和谐。我们通过召开茶话会、联谊会等形式，不断加强同各民主党派、工商联、人民团体、无党派人士和社会各界人士的联系、交流与沟通，成功举办了纪念人民政协成立60周年座谈会。我们先后与河南、河北、山东、内蒙、陕西、新疆等地政协以及省内右玉、左权等县（市）政协开展了联谊交流。为弘扬爱国主义精神，建立爱国主义教育基地，我们多次与县民政等部门联系沟通，在东峪修建了武士敏纪念碑，在东乌岭修建了抗日纪念碑。通过广泛交流、增进友谊，为创建和谐沁水凝聚了人心，增强了合力，营造了良好的大联合大团结氛围。

四年来，我们坚持把创新机制作为政协自身建设的重要举措，完善制度，强基固本，为开创政协工作新局面提供了强大动力。

创新机制，政协“三化”建设取得了新突破。我们坚持以制度建设为核心，不断探索和创新政协工作新机制。四年来，建立和完善了专题协商、民主评议、政情通报、民情征集、调研视察、委员联系、委员履职、表彰奖励、社情民意征集日、社情民意例会、媒体公示通报、专委会述职等12项制度；健全和完善了提案办理工作承诺答复、跟踪督办，社情民意工作上下联动、骨干带动等11项工作机制，逐步使政协工作走上了规范化、制度化、程序化建设轨道，有力地保证了政协事业健康有序开展。

创新载体，委员队伍建设取得了新成效。我们坚持以队伍建设为根本，不断创新活动载体，充分发挥政协委员的主体作用。四年来，借助专委会这个重要平台，先后在委员中组织开展了“五个一”、“民生服务年”、“结对帮扶”、“送温暖献爱心”、“百日调研”、“优秀政协委员”评选、“改革开放30年亲历记”征文等一系列活动。通过搭建各种活动平台，委员履职的使命感和责任感进一步增加，作用得以彰显，广大委员通过自己的实际行动，为政协组织增了光添了彩。

创新方式，机关效能建设取得了新进展。我们坚持以机关效能建设为重点，努力提高政协机关工作水平。四年来，紧紧围绕创建“学习型、服务型、创新型、和谐型”政协机关目标，不断创新工作方式方法，转变工作作风，开展了“争创科学发展好机关”、“争当科学发展好干部”活动，举办了沁水解放光复纪念日活动，建成开通了“沁水县政协网”，充分利用互联网开展建言议政，促进工作，进一步展示了政协机关的新形象，体现了政协机关的新风尚，扩大了政协的社会影响力。

同时，我们坚持以精品文史奉献社会为宗旨，不断拓展文史工作新领域。按照抓重点、创特色、出精品的要求，四年来，先后编辑出版了《沁水历代文存》、《烽火沁南》、《沁水史话纵横》、《赵树理轶事辑》、《热血献闽疆》、《沁水碑刻蒐编》、《沁水历史人物辑》、《沁水县志三种》、《沁水县志逸稿》、《沁水县政协志》等十部力作，累计652万余字，发行3万多册，充分发挥了文史资料存史、资政、团结、育人的作用，为服务我县经济社会发展和构建和谐社会做出了积极贡献。

各位委员、同志们：

四年来，我县政协工作取得了新的成绩，人民政协事业得到了新的发展。这些成绩的取得，归因于中共沁水县委的正确领导和县人民政府的大力支持；归因于政协各级组织、各参加单位和广大委员的团结奋进；归因于社会各方面和人民群众的热忱关心。在此，我谨代表七届政协常委会，向县委、县人大、县政府，向各民主党派、各人民团体和各族各界人士，向一切关心和支持我县政协事业发展的同志们、朋友们，致以崇高的敬意和衷心的感谢！

二、四年来的工作体会

（一）以事业为重，坚持与县委同心，与政府同步，政协工作才能有位。中国共产党是建设和发展中国特色社会主义事业的领导核心。人民政协在中国共产党的领导下，不断推进民主政治建设，是历史的选择、人民的选择，也是人民政协产生、存在、发展的依据和保证。七届政协自觉接受县委领导，认真贯彻县委重大决策，做到了始终与县委保持同心，与县政府同步。实践证明：只有坚持和依靠党对政协工作的领导，团结才有核心，民主才有方向，才能把县委的主张转化为全体政协委员的自觉行动，人民政协事业才能蓬勃发展。

（二）以大局为重，把政协工作与中心工作紧密结合起来，政协工作才能有为。以经济建设为中心，加快社会主义现代化建设，实现中华民族的伟大复兴，是党和国家的中心任务，也是政协工作必须服从的大局。实践证明：人民政协只有围绕发展的大局来确定工作思路，只有善于从县委、县政府的中心任务上来把握大局，只有善于从人民群众的呼声和意愿中来维护大局，坚持关注发展，献计发展，服务发展，致力发展，才能在促进发展的大局中立身，在服务发展的大局中立位，才能真正发挥政协的优势，体现政协的特色，展示政协的作为。

（三）以团结为重，凝聚各界人心，增强政协亲合力，政协工作才能有力。大团结、大联合是人民政协的象征。组织上的广泛代表性、政治上的广泛包容性，决定了人民政协在实现大联合、增强大团结方面具有独特优势和重要作用。实践证明：人民政协只有坚持突出团结和民主两大主题，充分发挥自身特点和优势，才有最广泛的统一战线，才有最广泛的民主，才能在促进发展、构建社会和谐、推进民主政治建设中发挥政协的职能作用，也才能把全县各方面的智慧和力量凝聚起来，形成共谋发展的强大合力。

（四）以创新为重，勇于实践，拓展履职空间，政协工作才能有效。创新是一个民族的灵魂，是一个国家兴旺发达的不竭动力，也是人民政协事业常做常新、生生不息的源泉。七届政协紧跟时代步伐，坚持在实践中不断创新，形成了全委会整体协商、常委会专题协商、主席会重点协商、专委会对口协商的新格局；探索创新了以会议协商、议政发言为重点，以反映社情民意为主要内容的议政形式；实施了民主监督与党的纪律监督、法律监督、行政监督和舆论监督相结合的民主监督方式。实践证明：人民政协必须坚持与时俱进、与事俱进、与世俱进，在工作中勇于实践，不断开拓创新，才能在履职上有新的突破，政协事业才能实现新跨越。

（五）以委员为重，打造坚强过硬的队伍，政协事业才能有成。加强自身建设，是人民政协强基固本的重要举措。在以参加党派、组成界别、政协委员和政协机关“四位一体”的自身建设中，活动是手段，制度是保证，委员是主体。七届政协从自身实际出发，通过狠抓委员队伍建设和机关自身建设，进一步增强了委员履职的责任感和使命感，提升了履职综合效能和履职水平，真正发挥了委员履行职能的主体作用。实践证明：人民政协只有不断加强自身建设，充分发挥委员的主体作用，体现整体优势，形成工作合力，政协才能有所作为，政协事业才能不断推向前进。

在肯定成绩总结经验的同时，我们还应清醒地看到政协工作中存在的不足和问题，还存在一些亟待加强和改进的方面。履行职能的渠道仍需要进一步拓展，民主监督的实效仍需要进一步探索，委员主体的作用仍需要进一步提升，调研成果的转化仍需要进一步加强等等。真诚希望广大委员提出意见和建议，共同把政协工作做得更好。

三、今后工作建议

“十二五”时期，是沁水在新的历史起点上加快转型跨越发展的关键时期，也是人民政协工作乘势而上、开拓进取的重要时期。中国共产党沁水县第十二次代表大会对沁水今后五年的发展作出了重要部署，明确提出了建设“三晋十强县”的奋斗目标和“1356”转型跨越发展的总体思路，八届政协要紧紧围绕县委的决策部署，紧扣转型跨越发展的大局，认真履行政协职能，主要围绕以下四个方面做好政协工作。

（一）围绕干部入民心，转变作风，深入调研，建务实之言。

干部入民心，政协就是要委员入民心，政协工作者入民心。深入基层、深入群众，了解民情，听取民意，开展专题调查研究工作，既是政协和委员履职的一项基础性工作，也是委员深入民心，掌握实情，建言献策，改进工作作风的一条有效途径。“十二五”时期，县政协、广大政协委员都要围绕转型跨越发展这一主线，坚持“少而精”、“专而特”的原则，精心选择调研课题，真正深入下去，开展深入细致的调查研究，对发现的问题，要吃透情况，找准症结，提出切实可行的意见和建议。广大政协委员还要利用贴近群众、贴近基层、贴近现实的优势，不断增进同本界别群众的联系，积极做好反映社情民意工作，力求在摸清民意、集中民智的前提下，为县委、县政府建务实之言。

（二）围绕工作入名次，抓住重点，开展协商，立发展之论。

工作入名次，政协就是要抓住事关全县转型跨越发展的大事和民生重大问题，积极开展协商议政，为县委、县政府提出科学的、切合实际的、带有方略性的思路和主张。就我县“十二五”时期农业稳县、能源富县、旅游活县“三大战略”的实施，要开好全委会，进行集中协商，并组织好大会议政发言；对我县重大工程建设项目、招商引资、旅游开发等“六大重点”，要开好政协常委会，开展专题协商，切实为发展建言立论。政协委员作为各条战线的代表、各行各业的骨干，是推动转型跨越发展的重要力量。要做到工作入名次，就要牢记委员的职责使命，既要在政协工作中积极履职，竭诚为转型跨越发展建言献智；又要在本职岗位上争先进、争名次，带头为推动转型跨越发展贡献力量。

（三）围绕产品入名牌，服务中心，参政议政，献转型之计。

产品入名牌，政协就是要立足县委、县政府的中心工作，为挖掘我县资源优势和产业特色，打造一批全省、全国叫得响的知名品牌，建转型之计，献长远之策。县政协要充分利用委员提案、建议案等有效履职形式，在强力推进工业新型化、农业现代化、城镇特色化等“五化建设”中，献良策，进诤言。要通过视察调研、咨询论证、提出提案，广泛表达民意，充分维护民利，就要做到知政知要、知情知底，思发展大计、想转型大事、议跨越大政。要充分发挥委员的视察监督作用，对落实强农惠农政策，增加农民收入以及人民群众关注的教育、医疗、养老等民生问题，要善于监督、敢于监督、勤于监督，要找准问题“症结”，做到监督有针对性，意见有可行性，对重大决策充分论证、重点问题重点研究、重大项目重点监督、重要难点重点解剖，真正使人民政协民主监督发挥应有的作用。

（四）围绕幸福指数入名首，增进团结，凝聚力量，谋民生之策。

幸福指数入名首，政协就是要把调动各方积极性和主动性、凝聚社会各界智慧和力量作为履职的切入点，把关注民生、为民谋策、为民尽力作为履职的落脚点。自觉担当起增进团结、凝聚力量的重任，坚持“民主协商、平等议事、求同存异、体谅包容”的原则，把全县广大社会主义劳动者的力量真正凝聚起来，把各党各派的智慧最大限度地挖掘出来，把各族各界人士的潜能尽可能地发挥出来，积极投身到建设“三晋十强县”实践中去。主动配合党委和政府共同做好新形势下的人民群众工作，把群众的愿望和呼声搜集起来，反映上去，了解民情、体察民意、关心民苦，努力做好协调关系、化解矛盾的工作，做好解民忧、排民难、顺民心的工作，做好促民和、促稳定、保民安工作，真心实意为群众办好事、办实事。着力改善民生、关心群众生活，常怀民生之事，这是人民政协的立业之本，也是我们的兴业之道。

各位委员、同志们！

人民政协的事业光荣而神圣，人民政协的工作任重而道远。让我们高举中国特色社会主义伟大旗帜，以邓小平理论和“三个代表”重要思想为指导，以科学发展观为统领，深入贯彻县十二次党代会精神，在中共沁水县委的坚强领导下，围绕中心、服务大局，积极履职、开拓奋进，为谱写我县人民政协事业新篇章，为实现建设“三晋十强县”宏伟目标而努力奋斗！

关于2010年国民经济和社会发展计划执行情况与2011年国民经济和社会发展计划草案的报告

——在沁水县第十五届人民代表大会第一次会议上

（2011年6月27日）

沁水县发展和改革局局长　刘家育

各位代表：

受县人民政府委托，现向大会报告2010年国民经济和社会发展计划执行情况与2011年国民经济和社会发展计划草案以及《沁水县国民经济和社会发展第十二个五年规划（草案）》的编制说明，请连同《规划（草案）》一并审议，并请县政协委员和其他列席人员提出意见。

一、2010年国民经济和社会发展计划执行情况

过去的一年，在县委的坚强领导下，在县人大和县政协的监督支持下，全县上下深入贯彻科学发展观，坚决落实中央、省、市各级的重大决策和部署，积极应对各种困难和挑战，既努力保持经济平稳较快发展，又在加快经济发展方式转变上求突破。经过大家的共同努力，我县各项工作取得新成就，产业结构调整迈出新步伐，重点工程建设实现历史性突破，社会事业全面进步，节能减排任务全部完成，城乡居民收入较快增长，改革开放不断深化，全面完成了年度和“十一五”目标任务。

各项主要经济指标继续保持平稳较快增长。

——全县地区生产总值完成100.1亿元，增长14.2%；

——财政总收入完成22.2亿元，增长14.01%；一般预算收入6.2亿元，增长18.18%；

——城镇居民人均可支配收入达到13365元，增长12.83%；

——农村居民人均纯收入达到5059元，增长15.73%；

——社会消费品零售总额达到11亿元，增长23.04%；

——全社会固定资产投资总额完成56.9亿元，增长23.18%；

——全县新增就业岗位4000个；

——规模以上工业增加值完成32.7亿元（法人在地），增长36.4%；

——民营经济增加值完成35亿元，增长17.04%；

——居民消费价格总水平涨幅为2.2%；

——县城空气质量二级以上天数达到356天；

——人口自然增长率为0.09‰。

重点工程项目建设顺利推进。

2010年，全县共铺开重点工程50项，概算总投资196.6亿元，当年安排投资38.2亿元，实际完成投资38.36亿元。

基础设施建设重点工程25项，概算总投资19亿元，当年安排投资10.8亿元，实际完成投资10.66亿元。梅杏大道、滨河南路、碧峰公园、阳翼高速互通连接线、坪曲线道路改造、文化长廊及环境整治、绿化、士敏公园等8项工程完成建设并投入使用；县社会福利中心、湾则水库、郑村煤矿沉陷区肖庄移民点、农产品批发市场、限价房、教育园区、清洁能源工业园区、嘉峰煤电工业园区、中下路、县城垃圾处理场、中小学校舍安全、县城集中供暖、树理文化广场、公安业务用房、县医院综合住院楼、北坛幼儿园、土沃110KV输变电等17项工程完成年度目标任务。

生产性建设项目25项，概算总投资177.6亿元，当年安排投资27.4亿元，实际完成投资27.7亿元。易高二期、顺泰技改、和瑞瓦斯发电、兰金瓦斯发电、顺世达铸业、亿豪铸业、丰田食品、佳诚建材、和盛建材等9个项目完成目标任务，达到试生产条件；沁城煤矿、平山煤矿、山西能源、靓豹服饰、三都古城、柳氏民居、历山旅游、中电明秀等8个项目进展顺利，完成年度计划；中村、坪上、胡底、郑庄四座煤矿，华凯、五里庙、南京中油恒然煤层气液化以及欣荣合成油等8个项目完成前期工作。

各位代表，过去的一年，我们圆满完成了预期的各项经济指标和项目建设任务，实现了“十一五”的精彩收官，同时也为我县“十二五”时期转型跨越发展奠定了坚实的基础，创造了良好的条件。

二、“十二五”规划（草案）的说明

“十二五”时期，是全面建设小康社会的关键时期，同时也是我县深化改革开放、加快转变经济发展方式，加快经济转型升级，实现跨越发展的攻坚时期，如何抓好这五年的发展，制定一个顺应时代要求、符合县情实际的“十二五”规划，尤为重要。根据县委“十二五”规划建议，我们在深入调查、反复研究、理清思路、科学决策，形成广泛共识的基础上，编制完成了“十二五”规划（草案）。

今后五年发展的指导思想是：坚持以邓小平理论和“三个代表”重要思想为指导，深入贯彻落实科学发展观，以党的建设为统领，以转型跨越为主线，以改革开放为动力，运用经济、社会、生态、政治、党建“五大规律”,围绕建设“三晋十强县”这一目标，大力实施农业稳县、能源富县、旅游活县“三大战略”，强力推进工业新型化、农业现代化、特色城镇化、城乡生态化、党建科学化“五化建设”，倾力狠抓项目建设、招商引资、旅游开发、全民创业、农民增收、民生改善“六大重点”，着力加强民主法治和精神文明建设，努力加快各项社会事业发展步伐，全力打造干部入民心、工作入名次、产品入名牌、幸福指数入名首的新沁水。

今后五年发展的原则是：科学发展、转型发展、创新发展、争先发展、高效发展、绿色发展、共享发展、和谐发展。

今后五年发展的目标是：经济平稳快速发展，经济结构调整取得重大进展，城乡居民收入普遍较快增加，社会建设明显加强，改革开放不断深化，人民物质文化生活明显改善，全面建设小康社会的基础更加坚定。

今后五年发展的任务是，到2015年，主要经济指标翻番。

——全县生产总值达到300亿元，年均增长25%以上；

——工业增加值达到210亿元，年均增长23%以上；

——财政总收入达到60亿元，年均增长22%，其中一般预算收入达到16亿元，年均增长20.9%；

——城镇居民人均可支配收入达到30000元，年均增长17.6%；

——农民人均纯收入达到11000元，年均增长16.8%；

——全社会固定资产投资总额五年累计达到1000亿元，年均增长46%；

——社会消费品零售总额达到22亿元，年均增长14.9%。

三、2011年国民经济和社会发展计划

2011年是实施“十二五”规划的开局之年，也是全面推进我县转型跨越发展的关键一年，因此，做好今年的工作意义重大。围绕县十二次党代会确定的“1356”发展战略，本着实事求是、积极进取、切实可行、留有余地的原则，确定2011年全县经济社会发展主要预期目标如下：

——全县地区生产总值120亿元，增长13%以上；

——财政总收入25.8亿元，增长16%，其中一般预算收入7.19亿元，增长15.5%；

——城镇居民人均可支配收入14750元，增长10%；

——农村居民人均纯收入5820元，增长15%；

——社会消费品零售总额12.8亿元，增长16%；

——全社会固定资产投资总额72亿元，增长25%；

——全县新增就业岗位3500个；

——规模以上工业增加值40亿元（法人在地），增长16%；

——民营经济增加值44亿元，增长25%；

——居民消费价格总水平涨幅控制在4%以内；

——万元规模以上工业增加值能耗完成市控目标；

——县城空气质量二级以上天数达到330天以上；

——人口自然增长率完成市控目标。

2011年，初步建议安排重点工程项目45项，概算总投资325亿元，当年安排投资29亿元。

基础设施建设项目20项，概算总投资12亿元，当年安排投资5.3亿元（县政府投资4.6亿元）。其中交通道路2项：沁东线杏峪至张马段公路，概算投资27129万元，当年投资4430万元，完成1公里隧道建设任务；张峰水库至北湾段公路，概算投资1964万元，完成工程建设。县城建设8项：城市绿道建设，概算投资8500万元，当年投资2100万元，完成亮化任务；南山公园一期，概算投资1800万元，完成工程建设并交付使用；县城和特色城镇规划，概算投资734万元，完成县城总规修编、控规编制及端氏、嘉峰特色城镇控规编制；第二水厂，概算投资2448万元，完成工程建设，达到试生产条件；梅苑小区，概算投资4000万元，年底完成2栋12层底商住宅楼建设工程；县城集中供暖，概算投资7510万元，当年投资1910万元，完成工程建设；垃圾处理场，概算投资2750万元，完成工程建设；树理文化广场，概算投资2676万元，完成工程建设。社会事业5项：教育园区，概算投资24823万元，当年投资7823万元，二中具备开学条件，完成风雨操场、图书楼、龙港初中等土建主体工程；北坛幼儿园，概算投资1170万元，当年投资370万元，完成工程建设；县医院综合住院楼及地下停车场，概算投资2231万元，当年投资931万元，完成工程建设；社会福利中心，概算投资1629万元，当年投资299万元，完成工程建设并投入使用；公安业务楼，概算投资3499万元，当年投资1499万元，完成工程建设。服务业1项：嘉峰煤层气物流园区，概算投资9583万元，当年投资5000万元，完成办公楼、综合楼、停车场等部分工程。农林水利4项：固县河截潜流一期，概算投资1452万元，完成一期工程建设；张峰水库水源，概算投资9500万元，当年投资3000万元，完成3个泵站建设及设备购置；胡底集中供水，概算投资1259万元，当年投资1000万元，完成6个水池、20公里主干输水管线及提水泵站建设；绿化工程，概算投资5395万元，完成734.5公里乡镇通道、100个村镇、5000亩宜林荒山的绿化及39635亩经济林建设和360株古树名木保护任务。

生产性建设项目25项，概算总投资313亿元，当年安排投资23.7亿元。其中煤炭项目8项，概算投资237亿元，当年投资9.3亿元：沁城煤矿完成建设并试生产；平山煤矿完成建设任务；鑫基、胡底、郑庄、东大四矿完成工业广场及当年的矿井建设任务；里必煤矿力争开工建设；龙港群矿现代煤炭加工综合利用配送中心，完成前期并开工建设。煤层气项目7项，概算投资26.2亿元，当年投资3.8亿元：新奥煤层气液化项目完成设备安装；华凯煤层气液化项目完成主体工程建设；五里庙、南京中油煤层气液化项目完成前期并开工建设；香港赢懋、北京商络数据煤层气液化项目完成前期工作；山西能源世行贷款煤层气示范项目完成液化厂建设。电力项目3项，概算投资32.3亿元，当年投资8.7亿元：中电明秀120兆瓦瓦斯发电项目完成建设并试运行；华电沁水风电一期项目、沁城热电联供项目完成前期工作。旅游项目4项，概算投资6亿元，当年投资7000万元：历山旅游区完成景区、服务区基础设施建设；湘峪三都古城完成古城抢救性修复一期工程；柳氏民居完成游客接待中心、服务中心等基础设施建设；张峰水库沁湖庄园旅游度假区完成前期并开工建设。装备制造项目1项，晋城欣荣合成油铝合材生产线项目，概算投资10亿元，当年投资3000万元,完成前期并开工建设。农业项目1项，柿庄镇食用菌工厂化生产项目，投资2939万元，完成厂房建设和设备安装。建材项目1项，佳诚年产1.5亿块煤矸石烧结空心砌块生产线，概算投资1亿元，当年投资5000万元，完成生产车间建设及部分设备安装。

2011年国家、省、市在我县投资在建和即将开工的项目23项，估算总投资233亿元，当年安排投资76亿元。其中，续建项目9项：沁高高速，张峰水库，金鼎煤机制造，兰花玉溪煤矿，嘉南铁路，郑村移民，沁城小区限价房，端氏—嘉峰特色城镇化建设，山西省沁水盆地南部煤层气直井开发示范工程。新开工项目11项：沁水220KV输变电，土沃110KV输变电，农网升级改造，农村公路改造，寺河瓦斯发电，蓝焰煤层气抽采，晋煤集团寺河矿扩建，兰花180万吨甲醇、60万吨稀烃，端氏煤矿选煤厂，山西省压缩天然气有限公司输气管道及LNG加气站，中石油郑庄9亿方煤层气产能建设。前期项目3项：鲁能电厂，端氏发煤站铁路专用线延伸扩建，沁城煤矿铁路专用线。

各位代表，项目是发展的载体，抓项目就是抓机遇、抓发展，就是抓转型、抓跨越。因此，新的一年，我们必须坚定不移地实施项目带动战略，以项目建设为突破口，推动经济社会的全面发展。

为确保上述目标任务圆满完成，重点采取以下措施。

1、以项目建设为载体，推动经济总量大提升。

坚决按照省委、省政府确定的“四位一体”原则即统筹做好重点项目储备、重点项目签约、重点项目落地和重点项目工程建设四个阶段工作的总体要求，抓好项目各个阶段的工作，切实做到“确保投产一批，加快续建一批，开工建设一批，深化前期一批，谋划储备一批”；创新项目投资工作机制。围绕我县产业特点和资源优势，谋划建设一批市场前景好，投资回报率高，能拉长产业链条、扩大产品规模、形成产业集群的新项目、大项目、好项目；继续加大重点工程的协调服务力度。改进服务方式，开辟绿色通道，简化办事程序，提高办事效率，变逐项审批为并联审批，变等待申请为上门对接，真正做到一切为了项目建设，一切服务项目建设，一切保证项目建设；加大项目稽查力度，努力提高项目建设的质量和效益；千方百计争取中央和省、市各级资金，为项目建设提供强有力的资金支持。

2、以农民增收为抓手，促进城乡统筹大发展。

落实已有的强农惠农政策，制定实施新的惠农措施。加强农田水利等基础设施建设，改善农村生产生活条件。支持农产品加工龙头企业和农民专业合作组织发展，提高农业产业化水平。大力兴办劳动密集型企业，为农民就业创造机会。加大对农民的培训力度，提高农村劳动力的就业能力。完善农村养老、医疗等社会保障制度建设，解除农民后顾之忧。健全以工补农、以煤补农、以城带乡的体制机制，在全社会形成支农、助农、兴农的良好氛围。

3、以结构调整为重点，实现转型发展大跨越。

继续做大做强煤炭产业，推动发展煤化工、煤转电、煤转油、新型建材等新兴产业；做优做长煤层气产业，推动发展煤层气发电、煤层气压缩、液化、利用等项目，延长产业链条；积极鼓励和支持煤炭资金注入文化旅游、生态农业、物流商贸等非煤产业，不断提高非煤产业在全县经济总量中的比重；大力发展名牌、有机特色农业，让品牌农业真正成为农业增效、农民增收的有效途径；大力倡导低碳经济、循环经济、绿色经济，促进全县经济由单一结构向多元结构转变、由高碳经济向循环经济发展、由粗放增长向绿色转型迈进。

各位代表，转型跨越，时不我待；滚滚潮流，催人奋进。让我们在县委的正确领导下，在县人大和县政协的监督支持下，深入贯彻落实科学发展观，以县十二次党代会精神为统领，解放思想，转变作风，开拓创新，锐意进取，为建设“三晋十强县”而努力奋斗！

关于沁水县2010年预算执行情况和2011年预算草案的报告

——在沁水县第十五届人民代表大会第一次会议上

（2011年6月27日）

沁水县财政局局长 霍树宾

各位代表：

我受县人民政府委托，向大会报告全县2010年预算执行情况和2011年预算草案，请予审议，并请县政协委员和其他列席人员提出意见。

一、“十一五”财政工作简要回顾和2010年财政预算执行情况

“十一五”以来，我县财政工作在县委的坚强领导下，在县人大、县政协的大力支持和监督指导下，坚持以科学发展观为统领，围绕改革发展稳定大局，以保工资、保增长、保民生为己任，以转方式、调结构、促发展为重点，克难攻坚、锐意改革、科学理财、求实创新，在财政收支、支持经济、保障民生、精细管理等方面取得了一系列显著成效。

——财政收支规模连创新高。五年来，全县财政收支连年保持高位增长，财政总收入年均递增34.2%；一般预算收入年均递增31.29%，预算支出年均递增25.46%。

——财政保障能力实现新突破。较好地保证了干部职工工资、津贴补贴按月按时发放，保证了政权建设和机关正常运转，保证了民生工程、重点项目、城市建设、招商引资，促进了社会和谐稳定。

——财政支持经济成效明显。新驻企业鳞次栉比，产业结构日趋合理，工业强县前景初露端倪，新兴财源培植初具规模。

——财政精细管理效益凸显。预算执行控管有力，财政改革稳步推进，富民举措开花结果，公共财政普惠民生。

2010年，财政总收入累计完成222 276万元，占年初预算的103.53%，占人大批准调整预算的100%，比上年增长14.01%，增收27 310万元。一般预算收入累计完成62 286万元，占年初预算的109.03%，占人大批准调整预算的100.09%，比上年增长18.18%，增收9583万元。

2010年，经第十四届人民代表大会第四次会议审议通过的全县预算支出为62 802万元，在年度预算执行过程中，由于上级专项资金下达，财政预算收入超收，以及市人民政府转贷我县地方政府债券资金情况，报经县十四届人大常委会第30次会议批准，全县一般预算支出由62 802万元调整为90 442万元，比年初预算调增27 640万元。增加的支出主要用于：改善民生；支持教育、卫生事业发展；法定支出依法增长和保障县里确定的重点项目资金需要。

2010年，全县一般预算支出执行为100 327万元，占人大批准调整预算的110.92%，比上年增长25.62%，增支20 459万元。全县地方财政一般预算收支平衡情况是：一般预算收入62 286万元，返还性收入-6923万元，财力性转移支付收入14 345万元，专项转移支付收入21 690万元，转贷财政部代理发行地方政府债券收入3000万元，调入资金4560万元，上年结余收入3775万元，当年财力102 733万元，一般预算支出100 327万元，收支相抵后，年终结余2406万元，其中：结转下年使用的支出2390万元，净结余16万元。

2010年全县基金收入完成22 897万元，占调整预算的102.21%。全县地方财政基金预算收支平衡情况是：基金预算收入22 897万元，加上上级补助收入3916万元，上年结余20 853万元，构成基金预算收入总计47 666万元。基金预算支出18 664万元，加上调出资金4560万元，构成基金预算支出总计23 224万元，收支相抵后，年终结余24 442万元，全部为有项目结转的下年支出。

各位代表，2010年全县预算执行情况良好，集中表现为：财政实力明显壮大，保障能力显著增强，人民生活明显改善，财政调控效果进一步显现，财政管理水平稳步提升，依法理财机制不断完善，推动科学发展的作用更加明显，为我县"十二五"期间转型跨越发展奠定了坚实的基础。

（一）凝心聚力抓财源，全力以赴推转型。

壮大财源提升财力。充分利用国家财税政策，优化提升传统煤炭产业，深入推进煤矿企业兼并重组整合、大力扶持煤层气产业规模化、集约化发展和煤气电一体化发展，实现煤炭工业和新兴产业高效、安全发展，财源造血功能持续提升。加强征管集聚财力。认真落实收入征管目标责任制，加强财政、税务部门协调配合，采取以票控税、以查促管、以绩考核等有效措施加强收入征管，财政收入实现新突破。创新机制拓宽财力。积极开展中小企业信用担保，促进中小企业经济发展。扶持经济发展方式转变项目20个，带动项目投资8.5亿元。争取资金增加财力。争取国家"扩大内需"项目资金5798万元，积极支持农村基础设施建设、基层医疗卫生、病险水库和生态建设项目。

（二）加大支出调结构，集中财力保民生。

不断优化财政支出结构，严格控制一般性支出，集中财力办好惠民实事，切实做到顺民意、解民忧、增民利。认真落实各项强农惠农政策。全年共兑付粮食直补、退耕还林、天然林保护、良种补贴、农机具购置补贴、农资综合补贴及家电下乡、汽车摩托车下乡、燃油价格补贴等资金4512万元；加大教育投入。生均公用经费比上年提高100元。投资2.33亿元，完成新建7所学校，改扩建21所学校，校舍建设面积达到11万平方米；加大医疗卫生投入。落实城镇居民基本医疗保险资金148万元，全年共为参合农民报销门诊、住院费用2412万元，有效缓解了农民群众"因病致贫、因病返贫"状况；全面保障廉租住房建设。全年支出廉租住房保障资金668万元，发放廉租住房货币补贴63万元；加快推进社会保障体系建设。共发放机关、事业单位养老金6228万元；企业养老金4034万元；城市低保金726.28万元；农村低保金 854 万元；农村医疗救助金 145 万元；城市医疗救助金 66.27 万元；农村五保供养资金 168.19 万元；农村社会养老金 1475.1 万元；大力支持重点项目建设。筹措资金 4.3 亿元，集中保障县委、县政府确定的 50 项重点工程和 40 件为民办实事项目，维护了社会稳定，促进了全县经济社会的协调发展，全县 21 万人民群众共享公共财政阳光。

（三）创新思维促改革，科学理财强管理。

深化国库集中支付改革。完成会计集中核算转轨工作，全县行政事业预算单位全部实行国库集中支付。不断提高财政资金拨付效率，全年共支付 10.3 亿元；全面推进乡财县管改革。14 个乡镇全部纳入乡财县管，累计支付金额 2.9 亿元；稳步推进财政投资评审工作。完成评审资金 4.8 亿元，审减资金 4215.81 万元，审减率达到 8.8%；扩大政府采购规模。完成采购金额 3520.67 万元，节约资金 299.24 万元；加强国有资产管理。完成了相关数据的更新，实现了动态监管；加大财政监督检查。开展了“小金库”专项治理，有效查处和遏制了挤占、挪用和截留资金行为，进一步提高了财政监管水平。

在看到成绩的同时，我们也清醒地认识到当前财政运行中仍然存在一些突出问题，主要是：财源结构单一的现状并未根本改变，社会事业发展及重点项目建设资金供需矛盾突出，财政资金绩效评价体系建设有待进一步完善等，这些问题我们将在今后工作中积极采取措施努力加以解决。

二、2011 年全县预算（草案）

今年，全县预算草案编制的指导思想是：**围绕全县“1356”发展战略，以更宽的理财思路支持经济发展方式转变、以更强的筹资力度支持社会事业和重点项目建设、以更多的有效措施做大财政蛋糕、以更大的资金投入改善民生事业、以更高的目标要求推进财政科学精细化管理，为建设“三晋十强县”提供坚实的财力保障。**

根据上述指导思想，我们提请审议的 2011 年预算草案如下：全县财政总收入安排 257 900 万元，比上年增长 16%，一般预算收入安排 71 967 万元，比上年增长 15.5%，一般预算支出安排 85 683 万元。

2011 年全县财政一般预算收支平衡情况是：县级一般预算收入 71 967 万元，加上税收返还和经常性一般转移支付 3671 万元，全县当年地方留成财力 75 638 万元，加上上年结转支出及上级预分配专项转移支付 10 045 万元，当年财力为 85 683 万元，安排一般预算支出 85 683 万元，收支平衡。（主要支出项目安排情况见附表 1）

在今年预算安排上，为了提高预算编报的完整性和科学性，财政对可预见但不确定性支出以及上级预分配专项资金做了预留，对业务量不确定的业务费用和新增、特定的项目支出做了考虑，这样便于在年度预算执行中根据相关单位的业务完成情况以及项目的实施进度据实安排支出，避免财政资金的浪费，提高资金使用效率，加强财政的监督职能。

以上全县预算的安排，是综合考虑各方面因素后作出的，一些重点支出项目都达到或略高于法律法规的要求标准，对于促进这些工作意义重大，但由于财力有限，还不能满足一些部门的资金需求。

2011 年县级基金预算收入安排 19 659 万元，加上上年结余 24 442 万元，构成基金预算收入总额 44 101 万元，按照收支平衡、专款专用原则，安排 2011 年基金预算支出 44 101 万元，收支平衡。

基金预算支出按照与基金预算收入相对应，专款专用的原则进行安排。（主要支出项目安排情况见附表 2）

三、突出重点，求真务实，确保完成2011年财政预算任务

（一）生财有道，加快经济发展方式转变。

按照以煤为基、多元发展的转型思路，落实积极的财政政策，充分发挥财政资金“四两拨千斤”的作用，进一步培植和丰富财源，大力支持煤炭行业转型升级，加快推进煤层气产业建设，加快培育一批以煤炭、煤层气、现代煤化工、煤气电一体化、新型建材和冶铸制造为支撑的主体财源；科学安排投资导向，发挥资金的引导、激励、扶持作用，重点支持现代物流业、文化旅游业、特色农业和民营经济发展，全面培育新的税收增长点，促进全县经济社会转型跨越发展。

（二）用财有度，推进民生改善和社会事业发展。

优化财政支出结构，按照新的“五个全覆盖”总体部署，进一步加大“三农”投入力度,大力推进村级公益事业建设“一事一议”财政奖补工作，加快水利基础设施建设步伐，不断改善农村基础设施条件。加大教育投入，完善义务教育经费保障机制,对高中（职中）阶段学生实行两免一补，完成农村义务教育债务化解工作。加大医疗卫生投入，巩固和完善基本医疗保障制度，不断提高城镇居民医保和新农合筹资标准。加大困难群体的帮扶力度，大力支持保障性住房建设。加大对环境保护和生态建设的投入，努力提升全县人民的幸福指数。

（三）理财有方，完善公共财政运行机制。

坚持勤俭办事，科学管理，着力在集中财力办大事上下工夫。严格控制行政成本，压缩一切不合理支出。稳步提升生产性项目在重点建设项目中的投资比重。深入开展党政机关公务用车问题和清理规范庆典、研讨会、论坛等活动两项专项治理，确保取得实效。严格控制公务接待和消费标准。确保在弘扬优良传统、净化财政支出、集中财力办大事上取得实质性的效果。

（四）管财有效，提高科学化精细化管理水平。

进一步加强预算编制管理，切实加强预算执行力度，提高预算的完整性和透明度，深化财政预算公开，加强地方政府性债务管理，做好基础管理和乡镇财政建设工作。强化绩效目标管理，不断完善部门绩效自评和重点项目评价。严格财政监督管理，重点对财政支持的民生工程、转型跨越发展重点建设工程进行跟踪问效，深入推进“小金库”专项治理。扎实推进“金财工程”建设，努力开创财政工作新局面。

各位代表，新的征程，新的跨越。我们坚信，在县委的正确领导下，在县人大、县政协的监督指导下，在全县人民的大力支持下，我们一定能圆满完成本次人代会确定的各项财政目标任务，在建设干部入民心、工作入名次、产品入名牌、幸福指数入名首的“三晋十强县”征途中作出新的更大的贡献！

附件 1

沁水县 2011 年一般预算支出预算表（草案）

单位：万元

预 算 科 目	年 度 预算数	用 途	备注
一般预算支出合计	85 683		
一、一般公共服务	11 268	满足人员公用需求，保证党政机关正常运转、招商引资	
二、公共安全	4368	确保政法部门履行职责需要，维护社会稳定	
三、教育	22 671	保障教育事业发展，教育基础设施建设改善等	
四、科学技术	874	支持科技环保项目开发，促进科技成果转化	
五、文化体育与传媒	731	支持文体中心建设、改善基层文化体育设施	
六、社会保障和就业	15 419	用于城乡最低生活保障制度、民政抚恤、促进就业再就业、人才储备及引进等社会保障	
七、医疗卫生	4588	支持公共卫生设施建设、继续完善新型农村合作医疗制度等	
八、节能环保	1692	用于环境保护事务运转、污染治理、污水处理等	
九、城乡社区事务	1152	用于城乡社区管理事务，城乡社区公共设施和环境卫生支出	
十、农林水事务	9575	用于农业、林业、水利、扶贫、农业综合开发等	
十一、交通运输	407	用于交通事业管理运转和乡村公路养护等	
十二、资源勘探电力信息等事务	1094	用于安全监管部门和中小企业发展，鼓励企业自主创新	
十三、商业服务业等事务	222	用于商业和旅游事务发展	
十四、金融监管等事务支出	86	用于农村信用社营业税的返还	
十五、国土资源气象等事务	1843	用于国土资源规划管理、矿产资源补偿和气象服务	
十六、住房保障支出	186	用于廉租住房保障	
十七、粮油物资管理事务	230	用于粮油事务管理，储备粮油利息费用等	
十八、储备事务支出	100	用于储备粮油利息费用	
十九、预备费	1170	用于不可预见的支出，增强突发事件的保障能力	
二十、国债还本付息支出	92	用于财政部代理地方政府发行债券的付息还本	
二十一、其他支出（类）	7915	用于政府委托代建还本付息，中央扩大内需项目县级配套、援疆支出、工业园区建设等	

附件2

沁水县2011年基金预算支出预算表（草案）

单位：万元

预 算 科 目	年 度 预算数	用 途	备注
基金支出合计	44 101		
一、社会保障和就业	727	用于安排残疾人就业保障金	
残疾人就业保障金支出	727		
二、城乡社区事务	27 298	用于城乡基础设施建设及新农村建设等	
国有土地使用权出让金支出	21 143		
城市公用事业附加支出	167		
国有土地收益基金支出	4568		
农业土地开发资金支出	1420		
三、农林水事务	127	用于封山育林和森林植被恢复	
林业	127		
四、资源勘探电力信息等事务	9539	用于治理煤炭开采所造成植被破坏，产煤地区转型和重点接替产业发展等	
建筑业	2		
山西省煤炭可持续发展基金支出	9537		
五、其他支出	6410	用于稳定市场价格和农业生产资料补贴等	
其他政府性基金支出	6410		

沁水县人民法院工作报告

——在沁水县第十五届人民代表大会第一次会议上

（2011年6月28日）

沁水县人民法院院长　祁连关

各位代表：

现在，我代表县人民法院向大会报告工作，请予审议，并请县政协委员和列席会议的同志提出意见。

过去四年工作回顾

县十四届人大一次会议以来，县法院在县委的坚强领导下，在县人大及其常委会和上级法院的监督指导下，在县政府、县政协及社会各界的关心支持下，认真贯彻党的十七大精神，深入贯彻落实科学发展观，忠实履行宪法和法律赋予的职责，紧紧围绕全县经济社会发展大局，大力加强审判、执行工作和自身建设，各项工作取得新进展。

一、认真履行审判职责，保障经济社会和谐发展

执法办案是人民法院的第一要务。四年来，县法院紧紧围绕市委、县委的重大决策部署，立足审判，发挥职能，主动服务，积极作为，全力化解社会矛盾，推进全县经济社会和谐发展。四年共受理案件3569件，审（执）结3429件，结案率96.07%。其中2010年受理案件842件，审（执）结815件，结案率96.79%。

（一）依法惩治犯罪，维护全县社会和谐稳定。县法院始终把维护全县社会稳定作为首要任务，坚持“严打”方针，突出打击重点。依法严惩杀人、抢劫、强奸、绑架、盗窃等严重危害人民群众生命健康和财产安全的暴力犯罪，审结169件，判处罪犯327人，其中判处十年以上有期徒刑的45人。特别是公开审理董沁军、赵褂强故意杀人和李抗隆等18人重大抢劫、盗窃案件，取得了很好的社会效果。依法严惩贪污、贿赂、挪用公款等国家工作人员职务犯罪，审结43件，判处罪犯48人，持续推动全县反腐败斗争的深入进行。严格贯彻宽严相济的刑事政策，四年对237名具有自首、立功等法定从轻、减轻情节及偶犯、初犯、未成年人犯罪和情节轻微的被告人依法适用非监禁刑，减少社会对抗，促进社会和谐。注重对52件因家庭、邻里等民间纠纷引发的轻微刑事自诉案件的审理，重视160件刑事案件被害人及其亲属获得民事赔偿的合理诉求，积极做好对依法被判处缓、管、免人员以及刑释解教人员的跟踪帮教工作，向有关发案单位和部门发出司法建议75份。四年共审结刑事案件574件，判处罪犯916人，结案率99%。2010年审结刑事案件126件，判处罪犯200人，结案率99.2%。

（二）**发挥调节职能，促进经济又好又快发展。**充分发挥司法的规范、引导、调节作用，为我县经济社会转型跨越发展保驾护航。依法审结借款合同、买卖合同等商事案件438件，标的3032万元，为企业和金融机构挽回经济损失2000余万元；依法审理劳动争议、劳资纠纷类案件83件，切实维护劳动者合法权益；妥善审结农村土地承包、土地流转、山林权属等涉农纠纷案件78件，依法保障农村集体利益和农民权益；妥善审理医疗、工伤、交通事故引起的人身损害赔偿案件122件，依法保障受害人获得赔偿；妥善审理婚姻家庭、相邻关系等案件363件，依法促进家庭和睦、邻里和谐；妥善审理房地产纠纷案件25件，保障人民群众安居乐业。特别是审理了在全县有较大影响的首例因国家淘汰落后产能而引起的补偿、奖励资金分配案，引导当事人从无序的群体上访转入正确的诉讼渠道，并取得了满意的社会效果。四年共审结民商事案1937件，结案率96.94%。2010年审结496件，结案率97%。

坚持监督、支持与保护并重的原则，依法化解行政争议。四年共审结行政案件13件，审查行政非诉执行案件68件，结案率100%。

（三）**加大执行工作力度，维护法律权威和尊严。**执行是法院工作的难点，也是人民群众关注的热点。为加强执行工作，我院实行分管院长负责、执行局长协调、执行人员包案责任制。既强调充分运用强制执行措施，又严格强制执行措施的审批程序。所有执行案件结案力求达到思想工作到位、强制措施到位、执行程序到位、执行效果满意。四年来依法对126名有履行能力而拒不履行义务的被执行人采取强制措施，充分保障权利人的合法权益。2010年执行干警一行四人五天辗转三千四百公里，对躲避到青海省天峻县的被执行人据某依法采取强制措施，敦促其履行判决确定的义务。开展集中清理执行积案专项活动，积极向县委、县人大常委会专题报告清理积案工作情况，积极寻求辖区乡镇党委、政府和有关部门支持，集中优势警力，执结了一批“钉子案”、“骨头案”，并对执行不能的特困户予以适当救助。2010年清理执行积案26件，执结标的632万元。执行员郭贵文被省委政法委、省高级人民法院授予“全省集中清理执行积案先进个人”，我院被省高级人民法院授予“2010年度无执行积案先进法院”。四年共受理执行案件914件，执结837件，执行标的3360余万元。2010年受理执行案件214件，执结204件，执行标的1070万元。

（四）**积极清理信访积案，努力化解涉诉信访矛盾。**成立涉法涉诉信访积案领导组，定期召开信访案件分析会议，设立信访接待窗口，畅通信访渠道，强化诉讼引导、法律释明、说服教育，促使息诉罢访。2010年我院对历年越级重复信访案件进行了排查，确定9件重点案件，通过艰苦细致扎实的工作已全部结案。刘丑胜、高军被县委表彰为“维稳暨信访工作先进个人”，我院被县委表彰为“维稳暨信访工作先进集体”。

二、积极推行便民措施，提升司法服务水平

为积极回应人民群众对司法的关切和期待，我院探索和推行了一系列便民、利民、为民举措。

立案调解。抽调富有调解经验的法官，对一些诉讼标的小、法律关系明晰、被告方便传唤的案件，进行立案调解。四年立案调解107件并在调解后一周内执结，方便了群众诉讼，减少了当事人诉累。

举证指导。开庭前，法官组织双方当事人指导举证，告知举证内容及举证应备的法律要件，指导当事人提高诉讼能力，尽量降低诉讼风险。

重调息诉。探索“5831”调解经验，构建贯穿立案、审判、执行全过程，覆盖刑事、民事、行政、执行各领域的调解、协调、和解工作机制。四年民商事案件调解撤诉1087件，调撤率56%。2010年民商事案件调撤288件，调撤率60%。

巡回办案。法官走出法庭，贴近群众，深入到案件发生地用喜闻乐见的群众语言开庭调查、释法答疑、裁决纠纷，巧解恩怨。中村法庭走进农家院里公开审理土地承包经营权纠纷案件，赢得了纠纷发生地群众的赞扬。

判后释法。主审法官在案件宣判后用通俗易懂的语言向当事人释明法庭认定事实的依据和适用法律的理由，回答当事人提出的问题，解决当事人对判决存在的疑惑，促使当事人正确理解法院作出的裁判，增强当事人对判决的理解和认同，预防和减少当事人盲目上访。

案件回访。为考量办案的实际效果和当地群众对案件审理的满意程度，主审法官或审判庭对所审的民生案件进行回访，院领导对疑难复杂并有重大影响的民生案件重点回访。2011年春节前夕，我院开展了一次案件集中回访和节前送温暖活动，对17户困难当事人给予经济救助。

司法救助。四年对参加诉讼的“低保人员”、“五保户”、“特困户”、没有固定生活来源的残疾人、孤儿以及人身损害赔偿等案件的101名当事人缓、减、免收诉讼费118622元，占收取诉讼费用的10%。

法律服务。印制《农村常用法律知识问答》等宣传资料，在中村、土沃等地开展法律知识培训，送法进乡村、社区，向群众宣传林权改制、重点工程拆迁所涉及的法律、政策规定，满足人民群众对司法的需求、关切和期盼。

三、大胆创新法院管理，全面提升审判质量

2007年初，院党组确立了“一年强基础、两年谋突破、三年上台阶”的工作目标，提出了“因事设岗、定岗定责，权责明确、绩效互动，健全制度、督察并用，案结事了、彰显法威”32字工作方针，探索了一系列创新法院管理和提升审判质量的举措。

实行绩效考核。遵循审判规律，结合法院实际，我院率先在全省法院系统实施了绩效考核。全院分四个序列、两大类别对干警的德、勤、能、绩进行全面考核。运行四年来，极大地调动了干警工作积极性，营造出良好的工作氛围，有效地提高了审判质效。

裁判文书改革。在裁判文书后标注校对人姓名，提高法官责任意识，增强裁判文书的严谨性；裁判文书后链接裁判所依据的法律条文、司法解释及公布的赔偿标准，既是对判决依据的释明，又是对法官裁判的业内约束；裁判文书首页中央烫印国徽，统一胶装印制，凸显法律的权威与尊严。

开展案件评查。制定案件质量标准，成立案件质量管理办公室，所审案件随结随评，并逐月在《审判月报》上通报评查结果。对通报案件质量有瑕疵的案件，责成办案庭室及相关人员进行整改和反思，院考核办按照案件质量标准和考核办法进行处罚。四年共向相关庭室发出整改意见293条。

推行两报制度。《审判月报》每月编发一期，公布我院前一个月的绩效考核结果，展现全院干警“公正司法、一心为民”的精神风貌，已编发47期。《部门工作周报》

每周都在法院显要位置张贴，展示各部门及工作人员的工作业绩。

积极探索法院审判和政务管理创新，改变了法院和法官形象，推动了法院工作的科学发展，开创了三晋法院管理先河。省内外三十余个兄弟法院先后派人来我院考察、学习，省高级人民法院党组书记、院长左世忠同志对我院的做法给予高度关注和评价。

四、努力强化队伍建设，确保公正廉洁司法

加强队伍建设是做好各项工作的前提。我院以社会主义法治理念教育、学习实践科学发展观、“人民法官为人民”主题实践和创先争优等活动为载体，全面加强队伍建设，推动法院工作科学发展。

（一）抓机关党建，提升司法能力。坚持以党的建设促进队伍建设，重点抓班子，突出抓制度，着重抓作风，采取多种形式，开展党建活动，全力构建以党组为核心、党支部为主体、党小组为支撑的法院党建工作体系。积极组织岗位练兵、审判研讨、经验交流、办案能手竞赛和裁判文书评比等活动，选派优秀法官参加上级法院举办的审判业务和技能培训，努力提升法官的司法能力。四年来，我院党员情系群众、甘于奉献，成为法院工作的中坚，广大干警的楷模。延淑芳被市委、市政府授予“劳动模范”，赵沁斌被省高院推荐为“全国法院党建工作先进个人”。

（二）抓廉政建设，树立司法公信。认真学习《廉政准则》，举办廉政知识竞赛，建立廉政档案，进行廉政谈话。组织干警学习弘扬右玉精神，开展司法领域突出问题专项治理，突出重点岗位、重点人员的教育、管理、监督、检查。严格执行“五个严禁”，树立法官公正廉洁办案形象。四年全院没有发生违法违纪现象。李书义被评为“全省法院系统纪检监察工作先进个人”，我院被县委表彰为“党风廉政建设优秀单位”。

（三）抓作风养成，培树法院精神。我院以“加强责任敬业，维护法院荣誉”、“严肃审判纪律，改进工作作风”等一系列纪律作风整改活动为载体，教育干警转变作风、严谨务实，牢固确立“群众利益无小事”、“细节决定成败”的理念。四年来，全院干警弘扬“珍惜荣誉、勤勉敬业，严谨务实、团结奋进”的法院精神，在各项工作中坚持以人为本，民生最大，从细微入手，从细节做起，取得了一个个成绩，摘取了一项项殊荣，赢得了群众的信任，赢得了社会的赞誉。

（四）抓文化育院，培育文明理念。建立院史陈列馆、荣誉室、干警训练馆、图书阅览室等活动场所。编撰院志、制作反映争创全国优秀法院奋斗历程的视频短片和画册《足迹》，编印反映“十一五”丰硕成果的《奋进中的沁水法院》一书。排练文艺节目分别与检察院、财政局筹办文艺晚会，经常举行演讲会、红歌会比赛，邀请市纪委领导、县委党校老师作专题讲座，倡导干警爱读书、读好书，营造浓郁的法院文化氛围，陶冶干警情操，激发工作热情，提升干警的责任感、使命感、尊荣感。

（五）抓基础建设，强化政务保障。配备电脑、速录机，筹备数字法庭，增加警务用车和安保设备，投资300余万元新建嘉峰、中村法庭，有力地改善了审判工作环境。完善各项制度，统筹做好司法警察提押、值庭、押解、机关安保和司法政务等后勤保障工作，为审判执行工作提供了强有力的政务保障。

五、自觉接受人大监督，不断改进法院工作

县法院始终把接受人大监督作为推进人民法院工作科学发展的强大动力。一是不断增强人大意识，坚持重大事项、重要工作向人大常委会报告，认真执行县人大及其常委会关于法院工作的决议、决定，年初将全年工作向县人大常委会及全县人民作出承诺，年底对照承诺内容报告完成情况，经县人大常委会组成人员和部分代表测评，在一府两院20多个被测评部门中，我院连续四年名列前茅。二是认真办理县人大常委会交办的案件，四年办理人大常委会交办信访案件18件，全部在规定期限内办结并及时反馈。三是切实加强与人大代表的沟通联系，主动邀请代表参加法院工作座谈会，旁听重大案件审理，虚心听取代表对法院工作的意见和建议。

同时我院认真接受人民政协的民主监督，及时向县政协委员会通报法院工作情况，积极征求政协委员意见。依法接受检察机关的法律监督，与县检察院共同出台了《关于民事行政案件执行监督的若干意见》，加大了民事行政案件执行的监督力度。四年审结检察机关对生效裁判提出的抗诉案件3件。接受新闻媒体和社会各界的监督，民意沟通机制进一步完善。

勤勉敬业风清正，精耕细作果实丰。四年来，县法院涌现出一批优秀干警，先后有三十多人次受到市级以上表彰，其中祁连关被省劳动竞赛委员会荣记个人一等功；潘建明荣获“全国优秀人民法官”、全省“十佳杰出政法干警”荣誉称号和省“五一劳动奖章”。我院也先后被县委授予“红旗单位”、“突出贡献奖”，被市精神文明指导委员会连续两次授予“文明和谐单位”，被市委、市政府授予“模范单位”、“和谐机关标兵”，被省高级人民法院授予“全省优秀法院”并荣记集体二等功，被省劳动竞赛委员会授予“五一劳动奖状”，被最高人民法院授予“全国优秀法院”。

各位代表，这些成绩的取得是县委正确领导，县人大及其常委会和上级法院依法监督指导，县政府、县政协及社会各界关心支持的结果！在此，我代表全院干警向关心、理解、支持人民法院工作的各位代表、委员和社会各界人士表示衷心的感谢！

我们也清醒地认识到县法院的工作与县委和全县人民的新要求、新期盼相比，与面临的新形势和新任务相比还有很大差距。少数案件的质量和效率还有待提高，执行难的问题仍然存在，对新类型疑难案件的研究和探索有待加强，法官队伍年龄老化的问题日益显现。这些问题和困难，我们将采取有力措施，努力加以解决。

今后五年工作建议

今后五年，县法院工作的总体思路是：**在县委的坚强领导下，在县人大和上级法院的监督指导下，紧紧围绕县委“1356”转型跨越发展的总体思路，坚持“三个至上”指导思想，忠实履行审判职责，不断提高审判质效，统筹抓好各项工作，努力培养一支作风优良、清正廉洁、公正高效、文明司法的审判队伍，为打造干部入民心、工作入名次、产品入名牌、幸福指数入名首的“三晋十强县”提供坚强有力的司法保障。**围绕总体思路，重点做好以下五方面工作。

一、在全力服务转型发展上有新成效。

深刻认识司法审判工作与促进全县经济社会发展之间的密切联系，积极开展前瞻性研究，提出司法对策建议，突出审判工作重点，及时正确审理转型发展中出现的重大复杂新类型案件，妥善应对《国有土地上房屋征收与补偿条例》实施后人民法院所面临的新挑战，妥善处理好与产业结构转型、特色城镇化建设、节能减排和生态环境保护、区域创新体系建设等密切相关的案件，依法支持改革，保护创业，制裁侵权，惩罚犯罪，保障我县经济社会转型发展顺利实现。

二、在维护社会和谐稳定上有新作为。

着眼全县转型跨越发展中出现的新情况，找准影响全县社会和谐稳定的新问题，不断探索化解社会矛盾、推进社会管理、提高司法公信力的新举措，以优良的审判质效，全力为实现“三晋十强县”营造和谐氛围。继续坚持宽严相济刑事政策，配合相关部门开展对社会治安重点地区的排查整治，积极参与特殊人群帮教管理工作，有效惩处、预防和减少犯罪。继续完善多元纠纷解决机制，及时把各类矛盾解决在基层、消化在萌芽状态。

三、在保障和改善民生上有新贡献。

坚持司法关注民生、审判贴近百姓，进一步落实司法为民的各项措施。依法妥善审理好消费、住房、医疗、劳动就业、社会保障、食品安全等领域的案件，审慎处理在推进城镇化进程中发生的土地征收、房屋拆迁等行政争议，切实加强对弱势群众的司法救助，着力解决群众反映突出的执行难问题，使各类当事人平等地获得司法保护，更加真切地感受到司法的温暖。

四、在改革创新工作机制上有新突破。

进一步加强审判管理，提升整体审判水平，健全司法公开、司法民主机制，更加主动地接受人大和社会各界监督，确保司法公正。进一步完善协调联系机制，在靠前解决矛盾纠纷的同时，及时对审判过程中发现的问题提出风险告知和司法建议，保证司法服务的效果。建立集立案、办案、审批、查询、监督于一体的司法办案管理监督系统，抓紧专网传输系统和网络安全项目建设，完成数字法庭工程。积极推进裁判文书上网、庭审同步录像、诉讼档案电子管理等工作，真正把信息化与公开化、内部管理与外部监督有机结合起来，实现司法管理监督全程化、实时化、公开化，对内增强司法管理的刚性制约，对外增强司法监督的实际效果。

五、在提升队伍素质上有新举措。

继续围绕抓党建、严管理、促审判工作主线，认真开展“发扬传统、坚定信念、执法为民”主题教育实践活动，扎实推进创先争优活动，突出抓好法院精神文明建设。引导干警从小事做起、从点滴做起，培养与人民群众血肉联系的深厚感情；教育干警坚守良好的道德准则和职业操守，做到文明接待、文明办案、文明办事、文明司法。通过创建文明法院活动，让人民群众切身感受到沁水法院文明司法带来的新变化、新感受。继续推进学习型法院建设，重点抓好全员培训、岗位练兵和法院文化建设，提升司法公信力，改进司法作风，树立良好形象。继续以确保公正廉洁司法为目标，毫不松懈地抓好反腐倡廉建设，努力打造一支过硬的人民法官队伍，努力争创省级文明和谐单位。

各位代表：沁水“十二五”发展的美好蓝图已经绘就，我们决心在县委的坚强领导下，在县人大及其常委会和各位代表的监督下，认真贯彻落实本次大会决议，珍惜荣誉，勤勉敬业，严谨务实，团结奋进，不断取得新的更大的成绩，为实现“三晋十强县”的宏伟目标提供坚强的司法保障和优质的法律服务。

〔有关文字说明〕

“三个至上”：即党的事业至上、人民利益至上、宪法法律至上，是2007年12月，胡锦涛总书记在全国政法工作会议代表和全国大法官、大检察官座谈会上的讲话中提出的要求，是新时期人民法院工作的指导思想。

“5831”调解经验：即“五心”、“八法”、“三大机制”、“一个效果”。“五心”法官调解要有爱心、耐心、信心、诚心、公心。“八法”法官调解要采用心理抚慰、过错剖析、分头调解、亲情融化、巧借外力、冷热并用、内外结合、法律宣传与道德舆论威慑相结合方法。“三大机制”立案调解长效机制、法官调解激励机制、人民调解与诉讼调解相衔接机制。“一个效果”法律效果与社会效果有机统一的审判效果。

“省高级人民法院党组书记、院长左世忠同志对我院的做法给予高度关注和评价”指：2008 年 10 月 24 日，左世忠同志在我院经验材料上批示：“沁水法院的经验较好地回答了人民法院如何实现和服务科学发展观的问题，较好地回答了人民法官如何树立正确的政绩观、自我约束、全面发展、司法为民、提升公信的问题。请研究室和新闻中心进一步总结和宣传沁水法院的经验，不断推进全省法院学习和实践科学发展观活动的深入进行。”

沁水县人民检察院工作报告

——在沁水县第十五届人民代表大会第一次会议上

（2011年6月28日）

沁水县人民检察院代检察长　申中华

各位代表：

现在，我代表县检察院向大会报告工作，请予审议，并请县政协委员和列席会议的同志提出宝贵意见。

四年检察工作回顾

县十四届人大一次会议以来，我院在县委和市检察院的领导下，在县人大及其常委会的监督下，在县政府、县政协以及社会各界的支持下，坚持以科学发展观统领检察工作，紧紧围绕建设“和谐沁检、业务沁检、阳光沁检、效能沁检”工作思路，充分履行法律监督职责，各项检察工作全面健康协调发展，为我县经济社会又好又快发展作出了积极贡献。

一、以和谐创环境，以服务促发展，“和谐沁检”建设有新作为

坚持履职与服务并重，助推经济发展。坚持把检察工作摆到经济发展的全局中来谋划，出台了《服务和谐沁水建设》、《服务新农村建设》、《服务煤层气产业发展》三个意见，充分运用惩治犯罪、化解矛盾、维护稳定职能，在关注保障民生、服务新农村建设、服务企业发展等方面进行了积极的实践，有力地促进了全县经济平稳较快发展。

坚持查办与预防并重，创优发展环境。在县委支持下，成立了沁水县预防职务犯罪工作领导组，形成了预防职务犯罪的社会化大格局。开展了“进农村、进企业、进机关、进社区”百日宣讲活动，有效地预防了各类职务犯罪。采取与相关部门签署预防工作具体办法、深入发案单位开展预防调查、推行行贿犯罪档案查询等形式开展多渠道预防，营造了廉政勤政的良好氛围。

坚持维权与维和并重，畅通诉求渠道。始终把维护社会和谐作为工作的出发点和落脚点，坚持检察长接待日、联动接访和预约接访，积极化解社会矛盾。修建阳光检务大厅，实行“一站式”接访，引导群众依法维权、理性维权。四年来共受理群众来信来访216件，均做了合理分流、妥善处理。省院王建明检察长作出重要批示，对我院抓源头、清积案、建机制的做法给予了充分肯定。

二、以办案保稳定，以监督护公正，“业务沁检”建设有新举措

四年来，始终把维护社会稳定作为首

要任务，充分发挥检察职能，积极参与“平安沁水”创建活动。

（一）依法打击各类刑事犯罪，全力保障社会和谐稳定

坚持“严打方针”与“宽严相济”政策相结合，四年来，共依法批准逮捕各类犯罪343件571人，提起公诉486件808人。一是突出打击重点。对杀人、抢劫、强奸等暴力犯罪，以及“两抢一盗”等严重影响正常社会秩序的侵财性犯罪和危害公共安全犯罪进行严厉打击，有效维护了社会安定。李跃鹏危害公共安全案、王栋故意杀人案、李抗隆等十余人团伙盗窃、抢劫、掩饰隐瞒犯罪所得案等一批恶性案件的犯罪嫌疑人得到了严厉惩处。二是注重执法效果。认真落实宽严相济刑事司法政策，出台了《办理轻微刑事案件工作规范》、《未成年人犯罪案件亲情会见制度》、《办理公诉案件适用刑事和解的若干意见》等规定，对犯罪嫌疑人主观恶性不大、认罪态度较好、自愿赔偿并取得被害人谅解以及未成年人犯罪等轻微刑事案件，依法从宽处理。四年来共不批捕26人，不起诉14人，对189名被告人提出从轻、减轻处罚的量刑建议。三是探索刑事制度改革。与县法院联合在全省首家出台了《刑事案件量刑建议工作暂行规定》，提出的量刑建议，法院采纳率达到90%以上。出台了《附条件不起诉规定》、《附条件逮捕实施办法》等制度，节约了司法资源，提高了诉讼效率，提升了案件质量。

（二）依法惩治职务犯罪，全力促进廉政勤政建设

充分发挥侦查一体化优势，抓准重点、热点开展攻坚，四年来，共立查职务犯罪案件49件54人，其中贪污贿赂案件33件38人，渎职侵权案件16件16人。通过办案，为国家挽回经济损失500余万元。侦查工作呈现四大特点：一是树立精品意识，办案数量质量稳中求升。每年查办案件均稳定在12件左右，没有出现大起大落现象，立案后提起公诉46件51人，法院全部作出有罪判决。其中有四起案件分别被省、市院评为精品案件。二是坚持重点攻坚，大要案比率较高。立查的33件贪污贿赂案件有29件为大要案，大要案比例达到87.8%。立查副处级干部职务犯罪案件2件，科级干部职务犯罪案件11件。三是明确侦查方向，查处民生领域犯罪取得成效。坚持围绕大局抓办案，关注民生抓办案，共查办涉及教育、国土、农机等民生领域犯罪案件34件36人，煤焦领域犯罪案件6件6人，司法领域犯罪案件2件2人。四是注重深挖细究，查处窝案串案效果明显。共查办农村干部系列案4件5人，民爆行业系列案5件5人，农机中心系列案3件3人，粮油中心系列案5件5人，土地征用补偿款系列案4件7人，查一案带一片效果较为明显。

（三）依法履行诉讼监督职责，全力维护司法公正

按照依法、坚决、准确、有效的监督原则，认真履行宪法和法律赋予检察机关的法律监督职能。一是强化对侦查活动的监督，共向侦查机关发出《要求说明不立案理由通知书》16份，公安机关立案7件；追捕追诉漏犯25人，追诉漏罪10条，改变侦查机关定性29条，全部被法院采纳。二是强化对审判活动的监督，共提出刑事抗诉2件，立案审查民行申诉案95件，向市检察院提请抗诉14件，建议提请抗诉4件，法院再审后改判4件。办理支持农民工起诉案件3件，非法采矿刑事附带民事诉讼案件3件，保护了国家、社会公共利益和弱势群体合法权益。三是强化对刑罚执行和监管活动的监督，把纠防超期羁押作为监督重点，《六项措施严防变相超期羁押》的经验被高检院转发全国监所系统交流；加强对特殊人群的帮教管理，对全县248名监外执行罪犯进行跟踪考察，防止了脱管、漏管问题的发生。

三、以公开促公正，以公正赢公信，“阳光沁检”建设有新实效

立足工作实际，依托“阳光便民、阳光维权、阳光办案、阳光监督、阳光宣传”机制，不断增强检察工作透明度，切实保障人民群众的知情权、参与权、监督权。

畅通维权渠道，确保执法文明规范。全面履行检察环节的各项告知义务，保障当事人诉讼权利。公诉部门成立了未成年人刑事犯罪检控组，对未成年人犯罪案件，一律由女检察官办理，增强柔性执法；监所部门实行《在押人员约见检察员制度》，加强对在押人员的教育、感化和挽救，减少了社会对抗，促进了良性回归。

探索阳光办案，提高执法公信力。从有利于案件依法、高效处理角度出发，不断增强办案的公开性、民主性。自2007年起，对不起诉、不批捕、举报人不服不立案决定等案件一律实行公开审查听证，保障当事人的合法权益。

加强阳光监督，促进自我完善。自觉接受人大监督，认真落实《重点工作承诺制度》，邀请人大代表观摩庭审活动，推动执法规范化建设；虚心接受社会监督，举办了两届“阳光检务日”活动，邀请各界人士“零距离”视察检察工作；主动延伸检察触角，在全省检察系统首家成立了乡镇检察联络站，采取以“镇”带“乡”的方式，构建起覆盖全县的检察服务网络。

四、以规范求效率，以素质塑形象，“效能沁检”建设有新提高

坚持把“效能”建设作为重要抓手，依托“素质、管理、执法、廉政、保障”五项效能机制建设，不断提升“四化”工作水平。

队伍专业化水平进一步提高。以检察实务培训为重点，坚持举办每季一期的检察论坛，提升队伍“软实力”；积极开展岗位练兵、业务交流、观摩庭审等活动，增强干警的履职能力和业务水平；全院95%以上的干警通过了全国计算机和普通话等级考试，干警国家司法考试通过率在全市名列前茅，先后有三名干警被评为全省检察机关“办案能手”。

管理科学化水平进一步提高。着眼于检察队伍长效机制建设，形成了涉及检务督察、办案保密、车辆安全、绩效考核等机制，率先对司法警察实行编队管理，开展了纪律作风整顿活动，全院干警纪律作风明显好转，遵章守纪自觉性明显提高。

执法规范化水平进一步提高。成立了案件管理中心，实现了对办案活动的全程管理、过程控制和动态监督；推行“一案三卡”，对自侦案件进行回访考察；坚持年度案件评查，强化对重点执法岗位、执法环节、执法人员的监督；认真落实职务犯罪案件审查逮捕上提一级、讯问职务犯罪嫌疑人全程同步录音录像等制度，规范了执法行为，提高了办案质量。

保障现代化水平进一步提高。在基础建设方面，新建的办案区、视频会议室、检委会会议室、体能训练馆，为办公办案提供了有力保障。在信息化建设方面，先后完成了侦查指挥系统、多媒体示证系统等十大办案平台的优化升级，实现了信息化建设全覆盖。在检务装备方面，更新了办公办案用车，配备了科技含量较高的硬件设备，保障现代化水平明显提高。

各位代表，过去的四年里，我院班子精诚团结、干警勤奋敬业，各项工作成绩斐然：四年来，共有140名（次）干警、96个（次）集体受到高检院和省、市、县级表彰，我院先后被最高人民检察院授予“一级规范化检察室”，“全国检察机关文明接待室”荣誉称号；反贪、反渎、民行、纪检工作受到省院表彰；被市委市政府表彰为“和谐机关”，被晋城市劳动竞赛委员会授予“五一劳动奖状”称号，被市院授予集体三等功，连续三年被县委县政府表彰为“红旗单位”。

这些成绩的取得，是县委正确领导、县人大依法监督的结果，是县政府、县政协以及社会各界鼎力支持的结果。在此，我代表县检察院全体干警向各位代表、委员表示诚挚的感谢和崇高的敬意！

回顾四年的工作，我们也清醒地认识到，检察工作与时代发展的要求和人民群众的期望还有一定的差距：一是检察工作服务大局的方法、措施还有待进一步丰富；二是队伍的整体素质还需要进一步提升；三是创新意识、创新能力不够突出，有影响的亮点工作还需要进一步挖掘；四是信息化运用水平还需要进一步提高。这些问题，我们将采取更加有效的措施加以解决。

今后五年检察工作建议

各位代表，今后五年是全县抢抓机遇，发挥优势，实现率先发展的五年，也是我院立足新起点，迈向新目标，谋求新发展的关键时期。县检察院工作的总体思路是：**深入贯彻落实科学发展观，全面履行法律监督职责，深化三项重点工作，认真贯彻省、市检察工作科学发展五年规划，紧紧围绕县委“1356”工作部署和市检察院“五抓”工作要求，以“五个树立”助推沁水检察工作全面健康协调发展，为沁水在“十二五”时期实现“干部入民心、工作入名次、产品入名牌、幸福指数入名首”的“三晋十强县”战略目标创造良好的法治环境。**

根据这一总体思路，今后一个时期我们将重点抓好以下五方面工作：

一、保障全县转型跨越发展，在服务大局中树业绩

认真贯彻县委十二次会议精神，深刻把握全县经济形势及其对检察工作提出的新期待、新要求，立足检察职能，牢固树立大局观念和服务意识，自觉把检察工作放在全县工作全局中谋划和推进，以工作赢支持，以发展谋定位，为全县改革发展创造良好的社会环境。一是发挥检察职能，充分运用打击、预防、监督、保护等职能作用，加强对破坏换届选举、妨害县委“1356”各项工作措施落实等犯罪的打击力度，切实保障干部转变作风，经济转型发展。二是延伸检察职能，畅通信访渠道，做好群众来信来访和“12309”举报受理工作。继续深化检务公开和检察长接待日制度，依法妥善解决涉检信访，确保息诉罢访、案结事了，最大限度地化解矛盾纠纷，减少不和谐因素。三是履行职能，认真落实《服务和保障新农村建设》、《服务煤层气企业发展》等意见，继续加大查办涉农职务犯罪力度，依法妥善处理涉及农民工权益的案件，促进农村改革发展。认真开展走访企业、联系企业、服务企业活动，为企业发展提供法律服务。

二、提升执法办案能力，在法律监督中树权威

要将“执法办案”作为检察机关的第一要务，扎实做好检察环节关系和谐稳定、关系民生、关系司法公正的各项工作，着力保障和改善民生，维护社会公平正义。

（一）依法打击刑事犯罪，提升维稳防控工作能力

突出打击严重刑事犯罪，促进社会稳定。要积极参与严打整治斗争，严厉打击杀人、涉枪涉爆涉毒、拐卖妇女儿童等严重影响群众安全感的犯罪，依法打击涉众型经济犯罪、多发性侵财犯罪和制售假冒伪劣食品药品犯罪。要深化打黑除恶专项斗争，严肃查处黑恶势力“保护伞”，对黑恶势力犯罪案件、重大恶性案件及其他社会影响重大的案件，依法快捕快诉，坚决遏制严重刑事犯罪蔓延。

积极参加社会治安综合治理，促进社会和谐。要加强对重点地区、重点类型刑事犯罪和重点行业、领域职务犯罪的分析，有针对性地提出消除隐患、强化管理、预防犯罪的建议，促进社会治安防控体系建设。要进一步完善宽严相济刑事政策的工作机制，协同有关部门认真开展社区矫正法律监督、特殊人群帮教管理等工作，着力化解矛盾纠纷，修复社会关系，增进社会和谐。

（二）深入查办和预防职务犯罪，提升服务经济建设能力

突出查办重点，力求“有的放矢”。从关注保障民生角度出发，重点查办社会保障、文化教育、食品药品安全、征地补偿等侵害群众切身利益的职务犯罪案件，确保各项惠民政策落到实处；严肃查办危害民生民利的渎职侵权犯罪案件，深入开展打击侵犯知识产权和制售假冒伪劣商品专项行动；依法查办领导机关和领导干部中的贪污贿赂、失职渎职案件，群体性事件和重大责任事故背后的职务犯罪案件，官煤勾结、权钱交易特别是为违法采矿充当“保护伞”的职务犯罪案件；继续集中查办商业贿赂犯罪案件，整顿和规范市场秩序，为沁水经济发展提供良好的法治环境。

讲究方式方法，确保“三效合一”。要正确把握和处理维护社会和谐、促进经济发展与反腐败的关系，严格区分经济纠纷与经济犯罪、工作失误与渎职犯罪的界限。要坚持文明执法，人性化办案，充分尊重犯罪嫌疑人及其亲属的合法权益，充分考虑发案单位正常的工作和经营秩序，讲究执法方式方法，慎重采取强制措施，最大限度地减少执法办案可能带来的负面影响，做到办案服务发展，办案促进发展，确保案件实现法律效果、政治效果和社会效果的统一。

重视犯罪预防，做到“标本兼治”。认真落实预防职务犯罪例会制度和年度报告制度，坚持自侦查办、预防跟进、联合治理、确保效果，认真剖析发案原因、总结发案规律、查找管理漏洞、发出检察建议、督促整改落实。开展系统预防，达到“查办一案、预防一片”的效果。继续抓好行贿犯罪档案查询工作，共建“不能犯”的监督机制。不断加大预防宣传力度，丰富宣传内容，扩大宣传范围，依托检察宣讲团深入厂矿、企业、机关、学校举办法制讲座，增强国家工作人员廉洁自律的主动性、自觉性。

（三）强化诉讼监督，提升维护公平正义能力

要在强化诉讼监督工作薄弱环节上下工夫，依法监督纠正各种执法不严、司法不公问题，努力提高监督水平，提高执法公信力。

侦查监督既要监督有案不立、有罪不究、以罚代刑的问题，又要监督插手经济纠纷、违法立案的问题，要加大跟踪监督的力度，强化对严重违反诉讼程序、侵犯人权问题的监督，坚决纠正滥用和随意变更强制措施的现象。深入开展对行政执法机关移送涉嫌犯罪案件专项监督活动。

刑事审判监督要注重对职务犯罪案件、经济犯罪案件量刑失衡问题的监督，加大对枉法裁判和违反诉讼程序导致判决不公案件的监督力度。正确把握抗诉条件，增强抗诉的准确性和及时性，提高抗诉质量和效果。

监管场所监督要加强对超期羁押、体罚虐待被监管人等侵权行为的监督，维护在押人员合法权益。加强社区矫正法律监督，规范监外执行检察工作，有效预防和减少脱管漏管。依法查办监管人员职务犯罪，提高监所检察工作水平。

民事行政监督要着力构建以抗诉为中心的多元化监督格局，重点办理涉及民生领域的民事行政申诉案件，加大对人民群众反映强烈的裁判不公案件的监督力度。

三、增强检察工作发展活力，在改革创新中树品牌

改革创新是检察工作发展的不竭动力。要坚持宪法对检察机关的职能定位，顺应沁水转型发展态势，着力打造更具沁水特色、更具活力的检察品牌，努力实现自身的科学发展。

深化体制改革，进一步探索乡镇检察联络站和案管中心工作。要进一步拓宽检察服务范围，推进检力下沉，加强对乡镇检察联络站工作的调研和完善，畅通群众诉求渠道，加强对基层组织及其工作人员的监督，为新农村建设提供司法保障；要进一步加强案管中心工作，实现“源头控制、全程管理、动态监督、案后评查、综合考核”的工作目标。

扩大公益诉讼范围，全力保护国家、集体和社会公共利益。加强对民行部门办理公益诉讼的实务研究，探索建立《公益诉讼人制度》，对国有资产流失、重大环境污染或不正当竞争等涉及国家利益、损害公共利益的案件提起诉讼；探索对侵害弱势群体如抚养、监护、遗嘱等案件的公益诉讼，维护社会和谐。

立足检察职能，积极探索社会管理创新机制。要坚持实体和程序监督并重，继续加强对不起诉案件公开审查听证、不批捕案件“双向说理”、轻微犯罪案件快速办理、刑事和解机制、量刑建议的完善和推广，增强执法透明度，切实维护当事人合法权益。要积极推行未成年人犯罪案件社会调查、分案起诉、回访帮教等制度，探索建立未成年人初犯、偶犯免除前科报告义务制度。要积极探索刑事被害人救助工作，制定《刑事被害人困难救助实施细则》，建立刑事被害人困难救助基金账户，切实保障刑事被害人合法权益，促进社会和谐稳定。

四、保障检察权依法行使，在监督制约中树公信

坚持把强化自身监督放在与强化法律监督同等重要的位置，自觉接受外部监督，不断强化自身监督。一是依法接受人大监督。自觉把检察工作置于人大的监督之下，加强与人大机关及其代表的联系、沟通，加强人大对检察工作的有效监督。二是认真接受民主监督。高度重视政协组织的协商视察活动，认真接受政协的民主监督。三是广泛接受社会监督。继续举办“阳光检务日”活动，增进检民联系，自觉接受社会各界监督；落实人民监督员制度，做好对不批捕、不起诉、不立案案件的理由阐述，认真释疑解惑，防止和减少涉检信访的发生。四是着力强化内部监督。认真落实检务督察、廉政风险防控机制，加强对执法办案的过程控制和质量管理；认真开展案件评查、精品案件评选工作，促进公正执法；提高办案区管理和应用水平，确保执法办案工作依法、安全、文明、规范。

五、立足可持续发展，在队伍建设中树形象

队伍建设是检察工作永恒的主题，也是检察事业可持续发展的根本保证，要以公正廉洁执法为核心，持之以恒地抓紧抓好。

坚持政治立检，深入开展教育活动。坚持抓党建带队伍，围绕“恪守检察职业道德、促进公正廉洁执法”要求，认真开展“发扬传统、坚定信念、执法为民”主题教育实践活动，进一步筑牢“立检为公、执法为民”思想根基，努力践行“忠诚、公正、清廉、文明”的检察职业道德。

坚持人才兴检，认真抓好教育培养。以“创建学习型检察院，争当学习型检察官”活动为载体，鼓励干警参加在职学历教育和各类业务培训，组织开展岗位练兵、案例分析、业务对抗赛等活动，不断提高专业技能和执法办案能力。更加重视对青年干警的培养、教育和管理，设立“检察长专项奖励基金”，推进“351人才培养工程”,大力培养业务骨干,着力培养一批“业务尖子”、“办案能手”、“优秀公诉人”等人才。

坚持文化育检，提升检察工作文化底蕴。依托检察文工团，精心组织独具检察特色的文体活动；依托检察实践团，精心组织干警到革命老区、厂矿企业参观考察，开阔视野；继续主办检察年刊，举办书法绘画摄影展，举办检察论坛，提升干警人文素质，促进检察事业可持续发展。

坚持科技强检，提升检务保障水平。要扎实做好驻所检察室监控联网建设，搞好检察专线网改造，完成核心机房建设、涉密信息系统分级保护工作，为办公办案提供高效安全的网络保障；要加强侦查信息化建设，配备测谎仪、便捷式审讯系统、秘密侦查设备等高科技装备，提高检察工作科技含量。

各位代表，站在新的历史起点，检察工作将更加任重而道远。我们将在县委和市检察院的正确领导下，在县人大及其常委会的有力监督下，恪尽职守，真抓实干，切实担当起维护社会和谐、维护公平正义的重要使命，努力推动沁水检察工作平稳健康协调发展，为绘就沁水“三晋十强县”宏伟蓝图作出新的更大的贡献！

大事记

2010 年沁水县大事记

1月

6 日—7 日 省委巡视组马景龙一行在沁水县嘉峰镇嘉峰村、港华煤层气公司、柳氏民居、教育园区、梅杏两河治理、玉龙隧道等地对全县 2009 年的各项工作进行实地调研。

12 日 晋煤集团胡底公司胡底矿井及选煤厂扩建项目开工奠基。

12 日 国土资源部经济研究院院长姚华军一行在沁水晋煤瓦斯发电有限公司调研。

13 日 沁水县第三批深入学习实践科学发展观活动领导小组第三次（扩大）会议召开。县委书记、县深入学习实践科学发展观活动领导小组组长常国荣作重要讲话。市委学习实践活动巡回检查组组长张志文，县领导常广智、邹树琦、史小林出席会议。县深入学习实践科学发展观活动领导小组成员、各乡（镇）党委书记、各工委书记，县学习实践科学发展观活动各指导检查组组长参加会议。

13 日 山西省共青团系统集中观摩沁水汇报会在沁水中学图书馆举行。团省委书记刘润民，团市委书记石云峰，县领导常国荣、常广智、邹树琦、张号、李玉山参加汇报会。

14 日 县委统战部和县工商联在郑庄镇联合举办“新晋商百企联百户感恩行动”启动仪式。

14 日 中嘉曲堤煤业 30 万吨 / 年机械化改造项目竣工验收转产。

21 日 市委常委、统战部长李治国率领市委、市政府督察考核组莅临沁水县，对全县 2009 年主要工作完成情况进行督察考核。

22 日 市委常委、纪委书记于若洁在沁水县调研反腐倡廉建设情况。

2月

1 日 县经济和商务局举行成立挂牌仪式。

2 日 沁水县食品药品监管局划归沁水县属地管理，食品药品监督管理系统机构编制人员交接仪式在沁水宾馆举行。

2 日 市委常委、副市长赵学梅莅临沁水县调研森林防火工作。

3 日 县交通运输局举行成立揭牌仪式。根据《沁水县机构改革方案》，撤销县交通局，组建县交通运输局，履行原县交通局职责和指导城市客运的职责。

5日 市委常委、纪委书记于若洁，市委常委、统战部部长李治国在沁水县走访慰问部分特困企业、困难职工、困难劳模、贫困户、五保户和革命伤残军人。

22日 市委常委、组织部长范丽霞一行在嘉峰镇政府、港华煤层气有限公司、郑庄镇河头村、县委组织部、育才园区、龙港镇杨河社区等地调研第三批学习实践科学发展观活动。

3月

2日 县委中心组集中学习《中国共产党党员领导干部廉洁从政若干准则》、中央和省委贯彻落实《廉政准则》电视电话会议精神，并对全县学习贯彻《廉政准则》进行安排部署。

3日 全县农村工作暨2009年度总结表彰大会在沁水会堂召开。大会表彰奖励了全县各行各条战线上涌现出来的201个先进集体和261名先进个人。此次总结表彰会议上，县委、县政府对"关注民生特别贡献奖"获得者沁和能源集团有限公司、晋煤集团寺河矿、晋煤集团沁秀煤业有限公司各奖10万元；"经济建设特别贡献奖"一等奖获得者秦小胜（原县劳动和社会保障局局长）、李伟（县农业委员会主任）、王锁奎（晋煤集团沁秀煤业有限公司总经理）、王保玉（沁水蓝焰煤层气有限责任公司总经理）、李世奎（沁水县顺世达铸业有限公司总经理）各奖一枚价值4.5万元由150克黄金制作的奖牌；"经济建设特别贡献奖"二等奖获得者王余屯（县国税局局长）、焦建国（县林业局局长）、曹国堂（郑庄镇河头村党支部书记兼村委主任）、霍国安（沁水县湾则水电有限责任公司董事长）、李保民（沁水县宝胜建材市场总经理）各奖一枚价值3万元由100克黄金制作的奖牌。这样的重奖开创沁水县奖励先河。

3日 沁水县2010年经济工作会议召开。

4日 全县党风廉政建设干部大会暨县纪委十一届五次全会召开。县委常委、纪委书记张俊明作了题为《推进制度建设、狠抓工作落实、全面开创党风廉政建设和反腐败斗争新局面》的工作报告。会议期间，县委书记常国荣与各乡（镇）党委书记、各工委书记签订《2010年度落实党风廉政建设责任制目标责任书》。

4日 省委统战部副部长李云平在沁水县督察指导统战工作。

4日 全县深入学习实践科学发展观活动总结大会在碧峰会议厅召开。

6日 沁水宾馆取得沁水县首家"3星级旅游饭店"资格证书。

8日 沁水县纪念"三八"国际劳动妇女节100周年暨表彰大会在碧峰会议厅召开。会议表彰2009年度全县涌现出来的"三八"红旗集体、先进基层妇女组织、爱岗敬业模范等十大系列典型。

9日 沁水县举行全国基层农技推广体系改革与建设示范县项目启动仪式。沁水县列入国家级基层农技推广体系改革与建设示范项目县，是山西省20个示范县之一，是晋城市唯一的示范县。

18日 沁水县革命遗址普查工作会议召开。

23日 县旅游文物局举行成立挂牌仪式。新成立的旅游文物局在原旅游局的基础上新增文物管理、保护、开发职能。

26日 省民政厅专项资金执法检查组对沁水县救灾款、救灾捐赠款物和优抚事业经费的使用情况进行检查。

28日 省、市工商局对沁水县"沁河牌苹果"、"海水"两件商标进行省级著名商标初级认定。

4月

2日 农业部农机化司副司长刘恒新带领农业部春季农业生产督导组一行莅临沁水县督导春季农业生产工作。

2日 沁水县举行农村沼气服务设备发放仪式。为农民群众发放100余万元的沼气服务设备，包括抽渣车38辆、三轮车23辆和检测仪器23套。

2日 沁水县举办由县委组织部、县中小企业局设立的“沁水县大学生村干部创业基金”发放仪式。为大学生村官创业代表嘉峰镇永安村大学生村官赵鹏、端氏镇端氏村大学生村官郭军利、固县乡云首村大学生村官王兵兵分别发放20 000元、10 000元和5000元的扶持资金。

7日 全市党校工作暨沁水现场会召开。市委书记张茂才、省委党校副校长郭成文出席会议。县委书记常国荣作工作经验交流发言，会议对全市党校工作先进县、先进县级党校、优秀教师进行表彰，对9名特聘市委党校客座教师颁发证书。

7日 市学习实践科学发展观巡回检查组一行莅临沁水县督察学习实践科学发展观活动难点村和后进村的整顿情况。

12日 县人大常委会举行第26期法制讲座暨代表培训会，特邀省委党校教授呼旭光做《强化人大代表意识，提高代表履职能力》专题讲座。

12日—14日 中国人民政治协商会议第七届沁水县委员会第四次会议在沁水会堂召开。会议应到委员163人，实到156人。会议听取讨论政协常委会2009年工作报告和县政协七届三次会议以来提案办理工作报告。列席了沁水县十四届人民代表大会第四次会议，听取和讨论了政府工作报告和其他相关报告。会议审议和通过政协沁水县第七届委员会第四次会议政治决议、政协七届常委会工作报告决议和提案办理工作情况决议。表彰奖励2009年度社情民意工作先进个人。

13日—15日 沁水县十四届人民代表大会第四次会议在沁水会堂召开。会议应到代表162人，实到156人。会议听取和讨论了《政府工作报告》、《沁水县2009年国民经济和社会发展计划执行情况与2010年国民经济和社会发展计划草案的报告》、《沁水县2009年预算执行情况和2010年预算草案的报告》、《沁水县人大常委会工作报告》、《沁水县人民法院工作报告》、《沁水县人民检察院工作报告》。以举手表决的方式，审议通过相关报告的决议。会议对2009年优秀乡镇人大工作者、优秀人民公仆和办理人大代表建议先进单位进行表彰奖励。

15日 沁水县福利服务中心举行开工奠基仪式。

15日 省农业厅巡视员田伟莅临沁水县调研基层农技推广体系和沼气项目建设。

16日 沁水县召开新农村建设推进会暨沁和能源新农村建设帮扶基金发放仪式。沁和能源向农委捐赠资金1000万元，向40个受助村发放2010年捐助资金200万元。

16日 沁水县中小学校舍安全工程领导组会议召开。

20日 沁水县粮食行业协会成立。

20日 市委常委、政法委书记原国政莅临沁水县，调研社会矛盾化解、社会管理创新、公正廉洁执法“三项重点工作”。

20日 副市长王树新在沁水县督察煤矿资源整合和安全生产工作。

21日 涉嫌故意伤害致人死亡犯罪嫌疑人常峰逃亡20年后被沁水民警押解回沁。

26日 沁水县农产品批发市场工程举

行奠基仪式。

29日 沁水县煤炭和煤层气工业局举行揭牌仪式。

30日 沁水县召开迎接省三类城市语言文字工作评估动员会。

5月

5日 沁水县劳模宣传月启动仪式暨“劳动颂歌”文艺晚会在沁水会堂举行。

6日 全市乡镇检察联络站工作现场会在沁水县召开。

9日 县长常广智主持召开第38次县政府常务会议，专题研究校园安全工作。

10日 县委书记常国荣主持召开县委常委会议，研究讨论《中共沁水县委常委会任免干部票决办法（试行）》（讨论稿）。

11日 晋城市银龄活动暨“开发式扶贫助老”在沁水县南大村举行启动仪式。

12日 沁水县乡镇纪检监察装备赠送暨挂牌仪式在嘉峰镇政府举行。省纪委常务副书记刘巩，市委书记张茂才，市委常委、纪委书记于若洁等省市领导出席。

13日 沁水县在沁水中学、示范初中、城镇初中和职业中学举行第一批校园警务室挂牌仪式。

18日 沁和能源集团南凹寺煤业有限公司30万吨/年机械化改造项目竣工验收。

18日 沁水县文史博物馆新馆落成开馆暨晋城市博物馆送陈列展览下基层开展仪式在县文史博物馆举行。

19日 沁水县农村基层组织推行“四议两公开”（党支部会提议、“两委”会商议、党员大会审议、村民代表会议或村民会议决议；决议公开、实施结果公开）工作法会议召开。

20日 市政协主席师建平，副主席申会、王陆升一行在沁水县调研经济社会、教育事业发展及政协工作。

20日 沁水县率先在全市实行常委会任免干部票决制。县委常委以无记名投票方式，决定拟任科级干部的任免事项。

20日 沁水县沁花蜂业公司、丰田食品公司两企业参加重庆第十三届“渝洽会”，与参会的6家客商签订销售协议，成交总额达7300万元。

20日 郑村镇举行湘武公路改造工程开工仪式。

21日 沁水县乡镇纪检监察组织建设工作会议召开。会议任命刁春艳等14人为乡镇纪委副书记，并发放乡镇纪检监察公务车辆和装备。

21日 沁水县举办第18期干部教育专题讲座，特邀中共中央党校党建部刘玉瑛教授为全县干部作了“十七届四中全会精神解读”专题讲座。

21日 全市司法警察训练部署动员大会在沁水召开。

25日 副市长李章宏在沁水一中检查指导高考备考工作。

26日 市委书记张茂才莅临沁水县就苏庄乡脱贫致富问题进行调研。

28日 沁水县农村基层组织推行“四议两公开”工作法培训会在沁水会堂召开，特邀河南省邓州市委组织部副部长张有印作农村基层组织推行“四议两公开”工作法专题辅导。

6月

2日 副市长焦光善一行在沁水县杏河流域部分河段、张峰水库等地调研防汛工作。

3日 沁水县大学生村干部自行车发放仪式在碧峰会议厅前举行。

4日 沁水县举行纪念“六·五”世界环境日暨整治违法排污企业保障群众健康环保专项行动启动仪式。

10日　山西省副省长刘维佳在龙港镇梁庄村杏河河道、湾则水库、龙港镇柿园村、丰田食品有限公司等地，就农业产业化、水利项目建设、防汛工作以及林改工作进行实地调研。

11日　全市统计系统基层基础工作建设现场会在沁水县召开。

18日　2010年建筑工程安全生产应急救援预案演练在教育园区举行。县住建局、安监局等单位及项目建设的负责人、质监、监理、农民工组成的救援队等近百人参加此次演练。

20日　省卫生县城检查团一行莅临沁水县，就市容环境、单位和社区卫生等系列创卫工作及清洁工程实施情况进行全面检查，沁水县通过创建省级卫生县城检查验收。

24日　省政协副主席令政策在柳氏民居调研文化旅游开发情况。

25日　郑庄镇、十里乡两个检察联络站挂牌成立。

29日　市政协主席师建平，市委常委、军分区司令员朱晓东在郑村镇夏荷村、常店村、轩底村看望和慰问优秀基层党支部书记和困难党员。

30日　县公安消防大队应急救援大队举行揭牌暨授旗仪式。

30日　沁水县纪念建党89周年暨开展创先争优活动与学习型党组织建设动员大会在沁水会堂召开。

7月

3日—4日　省委书记袁纯清在嘉峰镇对山西易高煤层气公司和晋煤集团寺河瓦斯发电厂进行调研。省委常委、秘书长高建民参加调研，市委书记张茂才、市长王茂设，县委书记常国荣、县长常广智等市县领导陪同调研。

6日　山西沁和能源中村煤业有限公司90万吨/年兼并重组整合项目开工。

12日　县人大常委会举办第27期法制讲座，特邀省委党校法学教研部徐晓兰副教授对《政府信息公开条例》进行解读。

12日　市委副书记冯建平在阳翼高速公路施工工地和教育园区建设工地进行调研。

13日　和谐沁水建设推进会暨表彰大会在碧峰会议厅召开。会上，县委书记常国荣与部分责任单位签订《沁水县2010年度构建和谐社会工作目标责任书》。会议听取了市级和谐乡镇标兵郑村镇、十里乡关于推进和谐社会建设工作的经验介绍，对全县和谐创建活动先进集体和家庭进行表彰。

14日　山西·晋城道德模范基层巡讲沁水报告会在碧峰会议厅召开。县四班子有关领导，县直副科以上单位一把手，各乡镇宣传委员，省、市、县级文明和谐村党支部书记，各社区党支部书记参加会议。

15日　沁水县争创省级“双拥模范县”六连冠暨庆“八一”系列活动动员部署会召开。

19日　县委组织部率先在全县党委部门建立起新闻发言人制度，对组织工作的重大决策、重点工作和重要活动通过新闻媒体向社会发布。县委组织部新闻发言人郭斌就深化干部人事制度改革、村级组织活动场所建设、四议两公开等问题回答市、县记者的提问。

20日　中村煤矿绿色企业挂牌仪式举行，这是沁水县第二家荣获山西省企业环境行为绿色等级荣誉的企业。

21日　全县第六次人口普查工作会议召开。会上，丁李伟与各乡镇签订《沁水县第六次人口普查目标责任书》。

21日　沁水县创建国家级创业型城市动员会召开。

21日　省新闻出版局局长林玉平，市委常委、宣传部部长康吉仁在沁水县专题调研农家书屋建设情况。

22日　晋城市大学生村干部工作经验交流会议在沁水县召开。

22日　晋城市人才工作专题部署会议在沁水县召开。市委常委、市委组织部部长范丽霞出席会议并讲话。

22日　晋城电视台《行风大家谈》栏目组走进沁水县并录制节目。本县各乡镇国土所负责人以及各乡镇的村民代表参加节目录制。

27日　沁水县事业单位分类改革暨岗位设置管理工作动员大会在龙港镇会议室召开。

28日　市委常委、统战部部长李治国一行在岳城煤矿、张山煤矿、寺河煤矿等地调研全县煤矿企业兼并重组整合工作。

29日　沁水县庆“八一”国防形势报告会举行，特邀中国人民解放军国防大学教授孟祥青作了国防形势辅导报告。

30日　沁水县医药卫生体制改革工作会召开。

8月

2日　市委常委、副市长贾联亭在郑村镇半峪村调研煤矿采空区地质灾害防治工作。

5日　市委常委、宣传部部长康吉仁在张峰水库、窦庄古村落、郭壁古建筑群和湘峪三都古城等地调研沁水县旅游文化产业发展情况。

6日　全县农村党风廉政建设暨廉政风险预警防控工作推进会在碧峰会议厅召开。

10日　市人大常委会副主任廖军带领“晋城环保行”记者团一行莅临沁水县采访调研环保工作。

10日　省委宣传调研组在县宣传文化中心、文体广电新闻出版局、郑庄镇、嘉峰镇等地调研基层宣传思想文化队伍建设情况。

17日　副市长李章宏带领市校安工程领导组相关成员单位负责人在沁河小学、嘉峰镇潘庄小学、端氏中学、教育园区等项目学校检查中小学校舍安全工程建设进展情况。

18日　郑村镇煤矿采空沉陷区移民安置工程和寄宿制中心小学奠基仪式举行。

19日　县长常广智会见北京商络数据系统有限责任公司总经理武少松一行，双方就煤层气液化、农产品开发等项目进行深入交谈。

19日　省公安厅刑侦总队在沁水县召开武军团伙系列盗窃案件串并工作会议，省公安厅刑侦总队三支队支队长康永源出席会议。全省6个地市12个县刑侦部门负责人参加会议。

23日　市委副书记冯建平莅临沁水县，对全县和谐社会建设工作进行专题调研。

26日　全县2008—2009年度精神文明建设先进典型命名表彰暨经验交流大会在沁水礼堂召开。全县28个文明和谐单位、4个文明和谐乡镇、3个文明和谐社区、29个文明和谐村、10个文明和谐家庭、15个文明和谐创建优秀领导干部、16个文明和谐创建优秀工作者受到表彰奖励。

27日　全县创先争优活动暨基层党组织换届选举工作会议召开。

30日　沁水县道路交通安全管理委员会成立，14个乡镇依托乡镇安监站，全部建立乡镇安全委员会。

30日　沁水县政府投资审计服务中心更名为沁水县投资审计中心，升格为副科级全额预算事业单位。

9月

2日 全县农村集体资金资产资源监督管理工作动员会召开。

3日 沁水县公安业务技术用房举行奠基仪式。

7日 省军区副司令何永才少将在沁水县调研国防后备力量建设情况和人武部党委班子建设情况。

7日 县政协举办第10期时空论坛。特邀上海复旦大学研究生毕业温州模式研究专家、高级经济师、高级经营师、民进中央经济委员会副主任、中国中小企业协会和世界经贸联合促进会副会长、温州中小企业发展促进会会长、温州管理科学院院长、教授周德文作了题为《温州模式与民营经济发展》的专题报告。

13日 由县委和谐办主办，沁和公司协办的“和谐文化大讲堂”第一期专题讲座举行，特邀和谐中国网总编、北京师范大学兼职教授、《弟子规》现代修订者、和谐中国书画院院长李耀君同志作《用道德力量缔造和谐人生建设和谐企业》专题讲座。

14日 县委和谐办举行向东关小学赠送《弟子规现代修订版》仪式。仪式上县委和谐办向东关小学赠送1500本《弟子规现代修订版》，并代表“和谐中国网”授予龙港镇东安社区“全民学习《弟子规》示范社区”牌匾。

14日 晋城市第四届农民运动会闭幕，沁水县以9金、5银、5铜、总分131分的成绩获得县（市、区）团体总分第4名、金牌总数第4名的好成绩，获得第四届农民运动会“道德风尚奖”和“开幕式演出优秀组织奖”。

15日 柳氏民居文化旅游节开幕暨国家4A级景区揭牌仪式在西文兴村举行。

16日 县长常广智带领县部分企业及单位负责人参加第三届中国（太原）国际能源产业博览会开幕式。签约项目6个，引资额16.79亿元人民币（折2.46亿美元）。

19日 市委书记张茂才莅临沁水县梅杏通道及河道治理工程、碧峰公园开发工程、教育园区项目工地、丰田小杂粮食品公司等地进行调研。

19日 沁水县道路交通事故纠纷人民调解委员会成立。龙港镇、端氏镇司法所设立两个工作站。

20日 市委常委、副市长贾联亭带领市住建、规划、园林等部门负责人在嘉峰、端氏、郑庄以及县城等地调研全县特色城镇化建设情况。

27日 晋城市“十里八香杯”第二届公益文化广场舞蹈大赛在十里乡文化广场举行。

27日 十里乡综合文化站建成挂牌。

27日 沁水县特殊教育学校举行开工奠基仪式。

10月

8日 省政协副主席刘滇生莅临沁水县进行专题调研。

9日 山西保利平山煤业股份有限公司90万吨/年兼并重组整合项目开工。

13日 固县乡综合文化站建成挂牌。

15日 市委副书记冯建平一行在沁水县易高煤层气有限公司和蓝焰煤层气公司就做大做强煤层气产业进行调研。

15日 2010晋城产业项目香港合作推介会在香港九龙香格里拉大酒店举行，沁水县共签约项目5个，引资额32亿元。

15日 省第六次全国人口普查领导小组副组长、省统计局局长杨文章一行在沁水县督导调研人口普查工作和统计基层基础建设。

17日 市委常委、副市长贾联亭一行莅临嘉峰、端氏、胡底等乡镇调研全县城乡环境整治工作。

18日　在北京第二届中国低碳旅游建设峰会上，沁水县被评为“中国低碳旅游县”，柳氏民居景区被评为“中国低碳旅游示范区”。

20日　县人民医院综合住院楼奠基开工。

20日　市委书记张茂才、市长王茂设一行莅临沁水县督察指导全省项目观摩准备工作。

21日　副市长王树新在沁水县调研煤层气产业发展情况。

22日　市委副书记冯建平一行在沁水县就煤层气产业发展进行调研。

25日　阳城至翼城高速公路竣工通车。终结沁水无高速历史。

26日　全市特色城镇化建设现场会在沁水会堂召开。市长王茂设代表市委、市政府向沁水县颁发300万元特色城镇化建设奖励资金。

28日　省公路局局长戴飞带领省公路局有关处室负责人在沁水县进行综合调研。

30日　张村乡综合文化广场举行落成仪式。

11月

1日　市委常委、常务副市长郭长青，市政协副主席王克平一行莅临沁水县调研2010年工作目标任务进展情况。

1日　县城安装的8处交通信号灯，端氏、嘉峰中队辖区建立的9个治安卡口系统和3个交通信号灯投入使用，结束沁水县无红绿灯的历史。

2日　全市重特大道路交通事故评析会在沁水县公安局交警大队召开。

3日　沁水县举办第19期干部教育专题讲座。特邀中国人民大学博士生导师、国家高级心理咨询师孙健升教授就《领导干部的阳光心态》作专题报告。

9日　共青团沁水县第十五次代表大会在碧峰会议厅召开。

9日　县人大常委会举办第29期法制讲座，特邀省委党校张路副教授做《贯彻省委袁书记讲话精神 推动山西转型发展跨越发展》的专题讲座。

12日　山西煤炭运销集团峪煌煤业有限公司兼并重组整合项目开工。

13日　土沃乡敬老院暨残疾人抚养中心举行剪彩仪式。

15日　县公安局举行县看守所对社会开放活动启动仪式和首次开放日活动。

16日　沁水县举办第20期干部教育专题讲座。特邀中央党校党建部博士生导师张希贤教授就《十七届五中全会精神解读》作专题讲座。

16日　中国县域经济发展中心主任康猛、全国工商联副主席王治国、中央宣传部新闻局副局长尚墨玲等国家和省、市、县领导在沁水县柳氏民居调研旅游文化产业发展情况。

16日　山西中电明秀沁水120兆瓦瓦斯发电项目举行开工奠基仪式。

18日　沁水县组织“五五”普法总结验收考试。

21日　嘉峰商贸城、永安公园、五里庙村级组织活动场所、嘉峰村文化长廊、粱圪坨移民新村、李庄村文化广场、豆庄新型建材厂、潘庄居民住宅楼八大工程举行竣工剪彩仪式。

25日　第十届全国县域经济基本竞争力评选结果揭晓，沁水县以全国县域经济基本竞争力第449位跻身“中部百强”第100位。

25日　县人民法院中村法庭举行落成剪彩仪式。

26日 中国摄影家协会会员、太行摄影家联谊会副主席、沁水县委常委、宣传部长张桂春的《国家级自然保护区——历山》组照获得第八届《影像中国》艺术类一级收藏奖。

29日 沁水县治理非法超限超载车辆工作领导组办公室举行挂牌仪式。

12月

2日 全市农廉网建设工作推进会在沁水县召开。省纪委常委张秀萍，市委常委、市纪委书记于若洁出席会议并讲话。

8日 县城玉龙隧道竣工通车。

9日 沁水县第21期干部教育专题讲座在龙港镇会议室举办。特邀北京中医药大学基础医学院副院长、博士生导师李峰教授为全县广大干部职工作“我的健康我做主”主题讲座。

9日 土沃乡塘坪村加地利肥料厂举行投产剪彩仪式。

9日—10日 市委常委、市纪委书记于若洁在郑庄镇河头村开展下乡住村活动。并深入扶贫攻坚联系点龙港镇青龙村进行调研。

13日 沁水县“和谐文化大讲堂”第二期专题讲座在沁水会堂举行，特邀清华大学社会学系教授、博士生导师孙立平同志作《利益关系调整与实现科学发展》专题讲座。

14日 省民政厅厅长周明定带领省双拥模范县检查组一行在县民政局、教育园区、县光荣院、消防支队等地进行详细检查和验收。

18日 市委书记张茂才、市长王茂设带领市观摩检查组莅临沁水县对贯彻落实十七届五中全会精神和省市领导干部大会精神，推进转型发展、跨越发展的重点工作和项目进行观摩检查。

18日 全市重点工作集中检查总结会在沁水县寺河煤矿召开。市委书记张茂才，市长王茂设出席会议。

18日 县卫生局党委成立。

20日 山西省晋城交通运输执法局沁水分局挂牌成立。

21日 副市长李章宏带领发改、教育、畜牧等市直帮扶单位，在沁水县帮扶联系点十里乡调研扶贫攻坚工作。

21日 柿庄镇综合文化站举行落成剪彩仪式。

21日—23日 省、市语言文字委员会评估组团对沁水县国家三类城市语言文字工作进行评估验收并通过。

24日 沁水县首家非银行金融机构华银小额贷款有限公司正式成立。

24日 省公安厅厅长杨司在县公安局业务技术用房工程建设工地、公安交警大队、龙港镇中心派出所、沁水中学警务室等地进行实地视察指导。

26日 省农业农村工作目标责任考核组一行在武安养羊场、李庄文化广场、郑庄兽医站、国华移民新村等处进行实地检查。

27日 由县委宣传部、团县委、教育局、县关工委、妇联、新华书店等单位联合举办的中华魂《中国精神颂》主题教育读书活动“人口计生杯”演讲比赛在碧峰会议厅举行。东关小学的李茂然、端氏小学的王婧娟、城镇初中的王然、沁水中学的崔馨丹获得一等奖。

30日 由省政协社会法制委专职副主任傅银瑜带队的省政风行风评议工作考核组一行就沁水县政风行风评议工作检查考核。

本年 沁水财政总收入累计完成222 276万元，首次突破20亿元。全县生产总值为100.1亿元，首次突破百亿元大关。

（张丽霞）

党 派

中国共产党沁水县委员会

【概况】 2010年，县委坚持以科学发展观为指导，全面贯彻落实党的十七大和十七届四中、五中全会以及省、市领导干部大会精神，按照“三转三化三提高”的总体要求，团结带领全县人民，解放思想、抢抓机遇，凝聚共识、扎实苦干，全力推进转型发展、跨越发展，着力保障和改善民生，切实加强党的建设，圆满完成全年和“十一五”目标任务，各项工作均取得新进展、新成效。

一、积极转变经济发展方式，不断推动经济平稳较快发展

一是大力推进新型工业化，产业结构调整步伐加快。着力改造提升传统产业，大力发展新兴产业，全年完成工业增加值32.7亿元，同比增长36.4%。进一步加快推进煤炭资源整合和企业兼并重组，协调各方利益关系，大力支持大中型矿井建设，企业主体到位后的复工复产、改造建设、矿井关闭等工作有序开展。全力做大做优煤层气产业，煤层气的抽采、压缩、液化、输送、发电以及综合利用等全面发展，易高、蓝焰、顺泰等一批煤层气企业不断壮大，沁水县成为全国最大的煤层气开发利用基地。发展旅游产业，成功举办柳氏民居文化旅游节，柳氏民居被评为4A级景区，中下旅游公路加快建设，历山“二次开发”和三都古城等景区、景点建设稳步开展。

二是加快推进农业现代化，新农村建设成效明显。认真落实粮食直补、农机具补贴、良种补贴等各项强农惠农政策，全年粮食产量达13.14万吨，创历史新高。畜牧、蚕桑、蔬菜、林果四大农业特色产业稳步发展，畜牧业重点完善100个养羊园区的设施配套建设，全年羊群饲养量29.7万只；蚕桑业建设温控大棚120栋，全年产茧量达到130万公斤；绿色农产品基地建设进一步推进，申报认证的无公害农产品产地面积达到33万亩；丰田食品、沁花蜂业、源通饲料等一批“农”字号龙头企业和农民专业合作社不断壮大，带动作用明显加强。加快推进新农村建设，“四化四改”（街道硬化、村庄绿化、环境净化、路灯亮化，改水、改厨、改圈、改厕）和“五个一工程”（每个行政村有一个科技文化活动室、一个标准化卫生计生所、一个休闲健身活动场所、一个便民连锁店、每个中心村一个标准化小学）建设任务基本完成，以20个省级重点推进村和25个县级试点村为抓手，开展农村基础设施建设和环境综合整治工作，广大农村发生新变化、焕发新面貌。

三是积极推进改革开放，招商引资成绩喜人。充分发挥资源优势，以企招商、以商招商，先后召开煤炭行业、煤层气行业、电力行业项目对接座谈会，组团参加中博会、港洽会、福州推介会等各类招商洽谈活动，加大招商引资力度，全年共签约项目11个，项目投资额50.11亿元，引资额48.79亿元。注重规划发展工业园区，大力推进沁水新能源产业工业园建设，努力为项目入园、集约发展创造条件，优化环境。积极发展壮大民营经济，建立工业技术进步和转型发展基金，举办民营企业人才招聘会，以奖代补发放民营企业发展基金320万元。

四是加强环境保护和节能减排，城乡生态环境持续改善。坚持沿路增绿、空地建绿、拆墙透绿、近山植绿，投资8000多万元，大力实施“六大造林绿化”（交通沿线荒山绿化工程、通道绿化工程、城市绿化工程、环城绿化工程、矿企绿化工程、村镇绿化工程）工程，不断加快林业生态县建设步伐，全年造林面积达到2.38万亩，全县森林覆盖率达到48.4%。切实加强节能减排，发展低碳经济，加快淘汰落后产能，对全县11家重点耗能工业企业加强节能监测和目标考核，全县万元GDP综合能耗、工业增加值能耗、二氧化硫排放量、化学需氧量排放量4项约束性指标，实现逐年下降，“十一五”节能降耗目标任务圆满完成。持续实施“蓝天碧水”工程，全年县城空气质量二级以上天数达到356天，空气质量明显改善。

二、着力保障和改善民生，扎实推进“和谐沁水”建设

一是农村“五个全覆盖”超额完成。村级卫生室、村通广播电视工程，2009年提前完成。村通水泥（油）路实现全覆盖，通车里程达1226公里；中小学校舍建设，全年新建学校7所，改扩建学校21所，建设总面积达11.4万平方米；农村饮水安全工程，全年建成164处，解决2.58万人的饮水安全问题，全县农村面貌和农民生活质量得到有效改观。

二是健全就业和社会保障体系。不断加强职业技能培训，开发公益性岗位，全年新增城镇就业人数4024人，转移输出农村剩余劳动力9100余人，城镇登记失业率控制在1.9%以内。完善城镇职工社会保险制度，做好城镇居民基本医疗保险工作，全面推行新型农村社会养老保险，实现城乡养老保险、医疗保险全覆盖。更加关注弱势群体，健全社会救助体系，社会福利事业、残疾人事业、老龄事业和慈善事业加快发展，农村低保、城镇低保做到应保尽保。积极推进经济适用房、廉租房、限价房等保障性住房建设，加快康居示范工程进度，有效缓解城镇低收入家庭的住房困难。

三是统筹推进各项社会事业。教育事业进一步发展，投资2.56亿元的校舍安全改造工程进展顺利，义务教育阶段公用经费“城乡同标准”全面实现，教育教学质量稳步提升，并通过国家三类城市语言文字工作评估验收。在三级医疗卫生机构达标的基础上，乡镇卫生院和村级卫生室实现全覆盖，新农合参合率和疾病防疫防控能力有了很大提高。人口和计划生育工作扎实开展，人口目标责任制得到全面落实。大力发展科技事业，全年科技投入达1105万元，科技信息网络建设步伐加快，科技成果转化和知识产权保护工作取得新的成效。

四是持续强化安全稳定工作。多次召开会议，对不同时期和敏感节点的安全生产和信访稳定工作，及时进行安排部署。坚持严格落实安全生产责任制，在重点行业、重点领域大力开展安全生产隐患排查治理专项行动，全县无重大生产安全事故发生。进一步加强社会治安综合治理，加快社会治安防控体系建设，全面落实校园安全保卫工作，坚持不懈地开展严打整治斗争，刑事案件呈明显下降趋势，社会治安秩序明显好转。高度重视信访工作，不断规范信访秩序，组织开展矛盾纠纷排查调处专项行动，认真解决一批群众反映强烈的热点、难点问题，信访总量同比大幅度下降。

三、加强民主政治建设和精神文明建设，努力巩固安定团结的良好局面

推进民主法治建设。支持人大及其常委会依法履行职能，加强法律监督和工作监督。支持和保证人民政协积极履行职能，组织政协委员围绕中心工作进行协商讨论、献计献策。进一步巩固和发展爱国统一战线，全面贯彻党的民族宗教政策和对台政策。支持法院、检察院依法独立办案，大力开展“五五”普法宣传,扎实推进“法治沁水”建设。贯彻执行中央和省、市有关规定及要求，完成县政府机构改革任务，全面启动事业单位分类改革，乡镇机构改革也正在积极稳妥的扎实推进。充分发挥工会、共青团、妇联、工商联等人民团体的作用，大力支持国防和驻县部队现代化建设。

强化宣传思想工作。深入宣传贯彻党的十七大和十七届四中、五中全会精神，开展形势政策宣传教育，大力推进各级党委中心组理论学习经常化、制度化。牢牢把握新闻舆论的主动权和主导权，进一步加强对重大主题、重点工程和重要活动的宣传报道，有效引导社会热点问题和突发公共事件报道，为推进全县转型跨越发展，提供强大的精神动力、思想保证和舆论支持。

开展精神文明创建活动。进一步巩固、完善、提高文明和谐县城创建成果，对2008年—2009年全县涌现出的11个省级、70个市级、105个县级文明和谐创建先进集体和个人进行表彰和奖励，17个道德模范受到省、市表彰，营造出浓厚的文明和谐创建氛围。强力推进农村精神文明建设，农村文化阵地得到加强，一批农村文化广场、文化长廊相继建成，丰富和活跃了人民群众的文化生活。

四、全面加强和改进党的建设，为转型跨越发展提供坚强保证

一是加强领导班子和干部队伍建设。认真落实《党政领导干部选拔任用工作条例》，在全市率先实行常委会任免干部票决制，先后4次对机构改革后政府职能单位班子和县纪检干部队伍，进行调整补充，提拔182人，交流47人，免职30人。进一步完善综合目标考核机制，将年度目标责任考评、领导班子和领导干部考评、党风廉政建设考评相互衔接，统筹安排，构建“三位一体”考评体系，实现考事、评人和用人相结合。不断深化干部人事制度改革，进一步加强人才队伍建设。

二是加强基层党组织建设。精心实施党建工作五大工程，强化基层党组织阵地建设，全县新、改建村级组织活动场所102个，实现村级组织活动场所全覆盖。全面推行“四议两公开”工作法，有效改善农村基层民主政治建设。切实加强支部书记队伍建设，完成基层党组织换届选举工作。做好大学生村干部工作，改善农村两委班子队伍结构。发挥农村党员干部现代远程教育优势，提高培训力度和质量。

三是加强反腐倡廉建设。严格执行党风廉政建设责任制，贯彻《党员领导干部廉洁从政若干准则》，从严落实领导干部任前廉政谈话、个人重大事项报告、述职述廉等制度，领导干部从政道德素质和廉洁自律意识明显增强。加强对重大决策部署贯彻落实情况的监督检查，扎实开展煤炭领域反腐败专项斗争和工程建设领域突出问题专项治理，深入推进农村党风廉政建设，坚决查处违纪违法案件，对43名党员干部进行责任追究。引深学习“右玉精神”，大力开展“五治五督”作风整顿活动，机关作风和干部作风明显改进。

五、高度重视县委常委会自身建设，不断提高领导能力和水平

县委常委会深刻认识到，推进沁水转型跨越发展，必须切实加强自身建设。坚持用党的最新理论武装头脑，把学习党的最新理论成果作为一项责任和任务来对待，作为一种能力去培养；认真贯彻民主集中制，严格执行重大事项协调机制和常委会议事决策规则，充分调动和发挥常委一班人的工作积极性和主观能动性；坚持不懈抓好勤政廉政建设，县委常委带头坚定信念、带头提升修养，带头廉洁从政、依法用权，努力为全县党员干部作出表率；切实加强总揽全局、协调各方的能力，注重发挥县四大班子的整体作用，四大班子心往一处想，劲往一处使；注重充分调动各方面的积极性，较好发挥工会、共青团、妇联等群团组织桥梁纽带作用。

（霍高刚）

【工作亮点】 一是深入贯彻落实全省、全市领导干部大会精神，在全县上下掀起推进转型跨越发展的热潮。把学习贯彻落实省委书记袁纯清同志的重要讲话精神，以及省、市领导干部大会精神，作为一项重要政治任务，相继召开县委常委会议、县委中心组会议和全县领导干部大会，认真学习、传达、贯彻；县委先后发出两个文件，就进一步更新思想观念、创新工作思路、推动全县转型跨越发展，提出明确的要求和具体的措施。在此基础上，汇编了贯彻省、市领导干部大会精神《学习读本》，印发1000余册，迅速在全县掀起“学讲话、促转型、谋跨越”的热潮。二是大力实施重点工程和重大项目带动战略，经济发展保持强劲势头。全年安排实施省、市重点工程34项、县级重点工程和项目50项（其中18项列入省市重点工程），完成投资57亿元。特别是大力实施的教育园区、县城限价房、湾则水库等25项基础设施项目建设，以及易高煤层气液化二期、亿豪铸业年产10万吨铸管、和盛新型建材年产6000万块煤矸石烧结砖等25项生产性项目建设，拉动了全县经济社会发展。2010年，全县生产总值突破百亿元大关，达100.1亿元，增长14.2%；财政总收入完成22.2亿元，增长14%；城镇居民人均可支配收入达到13 365元，增长12.8%；农民人均纯收入达到5059元，增长15.7%。三是坚持工业化、城镇化、生态化一同推进，进一步加快全县城乡一体化发展步伐。围绕“建设生态化公园式县城和沁水新能源产业工业园区、舜王坪生态旅游区”这个“一城两区”战略重点，在先后完成县域城镇体系规划、县城总体规划、端氏嘉峰特色城镇规划等规划编制的基础上，建成县城规划和端氏嘉峰特色城镇规划两个展馆，组织相关人员先后赴天津、大同、长治等地参观学习城镇建设与管理经验，启动实施梅杏大道续建工程、碧峰公园、滨河南路、阳翼高速两条连接线、县城南街通道等城镇重点工程建设，大力开展县城街景改造和乡村环境综合治理，城乡面貌大为改观。城镇化建设工作得到社会各界的广泛好评。四是深入开展创先争优活动和积极推进学习型党组织建设，各级党组织的生机与活力持续增强。在开展创先争优活动方面，组织全县628个基层党组织、1.2万余名党员开展“凝心聚力促发展，真抓实干当先锋”主题实践活动，全县各级党组织切实加强领导和指导，注重典型培树，有效推动创先争优活动的深入扎实开展。在推进学习型党组织建设方面，紧紧抓住各级党委中心组和党政领导班子这个龙头，明确“八个一活动”（每天学习一小时，每周集中学习一次，每月读一本好书，每季度开展一次专题报告或接受一次党课教育，每半年撰写一篇理论调研文章，每年参加一次培训活动，每年组织一次学习测试或学习竞赛活动，每年举办一次学习成果展览）、“九个有标准”（有一个明显的室牌、有一面规范的党旗、有一套健全的制度、有一套党员集中学习桌椅、有一套完整的电教设备、有一组实用的文件资料柜、有一套内容比较丰富的党员学习教育资料、有一套齐全的档案资料、有一条创先争优的主题标语）和“十佳典型培塑”的具体要求，并不断完善配套，促进了学习型党组织建设工作的规范化、制度化、标准化。五是认真学习贯彻党的十七届五中全会、省委九届十一次全会和市委五届六次全会精神，科学谋划全县的“十二五”发展。围绕制定全县“十二五”规划《建议》，深入学习党的十七届五中全会和省、市全会精神，研究把握省、市的总体发展思路和翻番战略要求，认真谋划全县未来5年的发展方向和蓝图。县委、县政府领导班子成员深入基层一线，并多次召开专题会议，听取社会各界、各条战线、各个方面的意见和建议，明确县委“十二五”规划《建议》的指导思想和主要内容，增强了前瞻性、引领性、科学性和指导性。

（霍高刚）

【秘书工作】 全年完成县委各类典型材料、理论文章、领导讲话以及各类文件、通知、汇报等综合文稿180余件，计50余万字。订阅《学习与研究》、《秘书工作》等秘书理论业务知识刊物，完成《中办通讯》的征订工作，受到上级表彰。

（霍高刚）

【信息工作】 及时准确采写、上报各类信息，全年编发《沁水信息》500余条，被省、市委办公厅采用70余条。全年信息积分排名在全省、全市位居前列。

（霍高刚）

【督察工作】 围绕县委中心工作和全县经济社会转型跨越发展大局，对省、市委重大决策部署主动督察，对县委确定的大事要事、领导批示等事项进行跟踪督察。全年组织各类督察20余次，承办督办批件8件，编发《督察通报》8期。

（霍高刚）

【政研工作】 深入开展调查研究，组织开展全县领导干部“百日大调研”活动，评选出12个组织奖、98篇获奖文章。开展科级领导干部调研约稿活动，编发《沁水政研》15期，完成《晋城工作》发行情况调研工作。深入基层调研全县农村安全饮水情况，配合市委政研室对冬季民用煤供应情况进行调研，为领导决策提供第一手资料。

（霍高刚）

【机要保密工作】 坚持24小时值班制度，做到全方位、全天候值班，顺利完成机要电报和文件的传递、办理和归档工作，全年未发生一起失泄密事件和电报传办延误事件。2010年2月，县委机要保密室被省委机要局授予“全省党政密码工作先进单位”荣誉称号。

（霍高刚）

【会务接待工作】 完成40余次大中型会议和多次小型会议的会务工作任务。全年接待上级部门领导检查、观摩、考评、指导等各类活动80余批，1200余人次。接待服务做到节俭而隆重、俭朴而大方、热情而周到，各项费用支出全部在财政预算控制范围内。

（霍高刚）

【对台工作】 加强涉台教育宣传和台属联络交流、帮贫解困工作。广泛深入学校、农村、企业等地宣传党的各项对台方针政策。认真做好台胞接待和春节、中秋节的台属慰问工作。

（霍高刚）

【“610”工作】 以创建“无邪教”乡镇、村、社区为抓手，开展形式多样的反邪教宣传警示教育活动和广泛深入的调查摸底大行动，全年发放各种反邪教宣传资料2.5万余份。对全县防范邪教领导组成员、各乡镇党委书记、村支部书记、各派出所所长等进行集中培训。把反邪教工作纳入社会治安综合治理工作中，保证全县的政治安定和社会稳定。

（霍高刚）

【综合协调工作】 一是搞好纵向协调。在协调县委领导活动方面，坚持原则性和灵活性相结合，主动抓好督察落实。在协调四大班子领导活动方面，加强联系，做到事前有计划、有方案，确保领导活动心中有数、忙中有序。二是搞好横向协调。搞好县直七大口之间的协调，利用发文、明传电报、会议通知等多种形式，及时做好传达反馈工作。加强对党群口工作的组织协调，各单位的综合治理和矛盾调解工作得到切实加强。三是搞好内部协调。切实加强办公室内部科学管理，做到合理分工、责任到位，确保县委各项工作的高效有序运转。

（霍高刚）

【自身建设】 完善实施《办公室工作规则》，形成以制度约束人、用机制管理人的工作格局。合理确定分工，实行任务量化、分解到人，理顺工作关系，加强任务衔接。健全单位内部科室工作目标考核制度，细化单位内部科室责任，使办公室工作进一步规范化，工作水平和服务质量得到明显提高。加强干部职工的理论学习、党性锻炼和人格修养，同时创造条件，主动帮助干部职工解决实际困难。对办公室工作人员，有针对性地分期分批进行业务培训，重点培养干部职工的实际工作能力和应对突发事件的能力，有效地提高办公室的工作效率。始终坚持民主集中制原则，重大事项集体研究、民主决策，全方位征求意见，自觉接受党员、干部和人民群众的监督。在日常工作中，办公室领导除完成各自工作之外，还主动深入信息调研、督察督办、办文办会等具体环节指导各项工作，办公室工作作风进一步好转。执行《廉政准则》和廉洁自律的各项规定，模范遵守各项监督制度，不断加强党性修养，反对讲排场、摆阔气，努力在办公室营造反腐倡廉的浓厚氛围。

（霍高刚）

名称：中国共产党沁水县委员会
地址：县城西街99号
电话：0356-7022443
邮编：048200

纪检监察工作

【查办案件】 全年共受理群众信访举报71件次，与上年同期持平。共查结案件19件，其中大要案7件；给予党政纪处分43人（党纪处分33人、政纪处分16人、双重处分6人）。

（常　江）

【党风廉政建设责任制落实】 制定《关于全县党风廉政建设和反腐败工作任务的分解意见》，将60项反腐倡廉工作任务分解到15位县委、县政府领导，明确牵头单位和配合单位，层层签订目标责任书，形成“横向到边、纵向到底”的责任网络。坚持把党风廉政建设责任制与反腐倡廉各项工作督察、领导班子和领导干部考核、干部评议和述职述廉相结合，严格实行日常检查、半年督察和年度考核。全年开展不定期检查5次，抽查县直单位187个次，对14个乡镇和32个牵头单位进行重点督察。对检查中发现的工作滞后、解决问题不及时、履行责任不到位的3个单位下达督察督办通知书。并对3个单位实行“一票否决”，对失职渎职的8名党员干部进行责任追究。

（常　江）

【教育监督】 组织全县30名处级干部按期参加全市廉政教育培训班。举办全县科级干部《廉政准则》培训班，570余名科级干部分3期进行集中轮训。在电视台、政府网等媒体分别开办廉政教育专栏，刊播各类专题内容120余篇次。加大信息编发和新闻宣传报道力度，信息采用量位居全市6县（市、区）前列，被市纪委授予“纪检监察信息工作先进单位”；新闻报道稿件被中央和省、市级媒体采用百余篇，其中有5篇被《中国纪检监察报》刊登；组织编印《沁水县领导干部廉洁从政工作手册》；向各单位赠送廉政台历和读本1800余册。严格执行党内监督制度，同新任领导干部任前廉政谈话230余人次；同下级党政主要负责人谈话6人次；开展诫勉谈话9人次;受理个人重大事项报告19人次;开展述职述廉290余人次。严格制止假日不正之风，开展明察暗访和监督检查40余次。严格执行公务消费公示制度，部署开展“节、减、降”厉行节约廉政教育活动，公务支出费用比上年同期平均下降9个百分点。全面开展廉政风险预警防控工作，梳理职权1568项,绘制办事流程图860个，查找廉政风险点4600个。继续坚持联合监督机制，开展3次联合执法检查。继续开展廉政监督进社区活动，加大对领导干部8小时外的监督。

（常　江）

【监督检查】 督促国土部门对82处地质灾害隐患点和中小学周边地区进行排查，对9处不达标准的坑口进行填埋，严肃查办易鑫驾校违法占地案。督促环保部门对10余个工地扬尘污染进行治理整顿；对机动车尾气污染实行定期检测和环保标志制度；对医疗废弃物实行定点收集、统一处置；组织环保和自来水公司等部门按国家标准对县城饮用水源地设置警示标志65套。参与调查安全生产责任事故3起。开展“小金库”专项治理。对县委政府重点工程跟踪问效，保证工程顺利实施。配合市纪委对落实“五个不准”（不准上班时间未履行请假手续擅自离刚，不准上班时间打牌、下棋、打麻将玩游戏和电脑游戏等，不准上班时间到茶社、歌厅、洗浴场所等休闲娱乐场所活动，不准利用工作之便吃拿卡要，不准参与赌博）情况进行突击检查，对上班时间在茶社、洗浴中心、歌厅等休闲娱乐场所玩乐的5名公职人员进行严肃处理，给予党内警告两人、行政记过3人。开展“五治五督”纪律作风大整顿，成立7个督察组，对全县各单位开展监督检查和明察暗访30余次，对25个问题单位和上班脱岗、玩游戏的36名工作人员进行公开曝光和严肃处理。加强行政效能建设，受理行政效能投诉8件，办结8件。严格落实“四牌”（工作牌、职责牌、去向指示牌、办事指南牌）和首问负责、限时办结、AB角互补等制度，加大监督察处和问责追究力度，办事效率逐步提高，机关干部作风有明显改进。

（常　江）

【纠风行评】 推行教育经费拨付使用明白卡制度，全县无一起教育乱收费现象发生。纠正医药购销和医疗服务中的不正之风，严格执行药品集中招标采购制度，县直医疗单位参加全市药品集中招标采购510种，让利社会348万元。治理公路“三乱”（乱设站卡、乱罚款、乱收费）力度，明察暗访18次，纠正问题15个，训诫7人。加大农民负担定点监测，发放监督卡5万余份。开展规范行业协会与市场中介组织专项整治活动，制定中介机构管理暂行办法，建立中介机构库管理制度和中介机构准入备案、自律、政府监管和“黑名单”制度等。加大对“四项资金”（社保基金、住房公积金、扶贫资金、救灾资金）的监管力度，开展专项检查两次。配合市电视台录制行风建设专题节目，现场解决各类问题30多个。开办《来自重点工程的报道》栏目，实行“公开承诺——跟踪报道——排队曝光”机制。出台《部门行业办事行为不良记录》规定，制定“十要、十不准”（办事内容要事先公开。凡未经公开的办事事项不准强求或盲目让群众进行办理；办事程序要简化，减少中间环节。不准擅自增加办事程序、办事条件和办事人义务；办事制度要管用有效。要严格执行首问负责、限时办结、服务承诺、过错责任追究等制度。不准借故种种理由，把制度当摆设，任意设置障碍，伤害群众感情，损害群众利益；办事场所要整洁有序。摆放工作人员去向牌，岗位职责牌，佩戴上岗证。不准随意离岗、串岗、缺岗；办事工作人员要着装整齐、热情服务、言谈举止文明。不准恶语伤人，不理不睬，叼烟闲侃、上网打游戏，严禁中午和上班时间饮酒；对符合规定条件的办事事项要及时、认真受理。不准故意刁难，推诿扯皮，增设门槛，附加任何条件。对办理事项时限和必备材料要一次性告知。不准在承诺期内不予办理，拖延办理或长期办理未果；办事收费项目、标准、范围、依据要在收费场所或其他媒介进行公布或公开。不准在群众不知情的情况下强行收费；办事部门行业及其工作人员要廉洁从政。不准向办事人乱摊派，购买指定产品，接受有偿服务或者索取、收受办事人财物以及谋取其他利益；办事工作人员要顾全大局，维护社会稳定。不准与群众发生冲突，激化社会矛盾，造成不良影响）行为准则。继续实行“三通一优惠”制度（沁水办事直通卡、外来务工人员子女上学一费通、外来车辆一卡通、沁水县创优发展环境优惠政策一百条）和“115”工程（每个参评单位帮助一个贫困村、联系一个困难企业、救助5个贫苦户），共向48个贫困村资助帮扶资金148万元。探索推行“县城向乡镇下移、机关向基层下移、领导干部向一般职工下移”的政风行风评议方法，联合条管单位开展明察暗访30余次，有力地推动政风行风的明显好转。

（常　江）

【制度改革】 积极推进惩防体系制度建设，先后清理制度400余项、制定完善180余项，编印《沁水县惩防体系制度汇编》。继续深化行政审批制度、干部人事制度、财政体制、投资体制、司法体制和金融体制改革。推进行政审批制度改革，清理精简项目395项；督促行政审批中心提高服务功能，实行预约服务、“五零”（服务零距离、流程零障碍、质量零差错、受理零推诿、办事零投诉）服务和急办事项24小时服务，建立代理协调服务和窗口办件流程五件管理、五制办理等制度，推进部门内部审批流程再造和集中审批、网上审批。推进干部人事制度改革，率先实行干部任免票决制，对233人次进行严格监督。推进财政体制改革，国库集中支付中心拒付各种不合规支出1386万元。全县14个乡镇全部纳入“乡财县管中心”管理，拒付不合理支出430余万元。完善财政投资评审工作程序，评审项目64个，审减资金4215.81万元，审减率为8.8%。完善建设工程招投标、经营性土地使用权出让、政府采购和产权交易制度。规范县综合招标投标交易中心运行程序，所有交易项目全部纳入管理，各种交易程序全部实行电子监察，专家评委实行随机抽取，交易过程做到公开透明。全年监督公开招投标133项，成交金额7.9亿元，工程建设一项就节约资金1411.59万元。加强对政府采购的监管，44个采购项目共节约资金137.76万元。督促财政部门对公房出租实行单种招标管理，公房出租金额达到75.72万元。

（常　江）

【农村党风廉政建设】 全面实行村级重大事项“5+2”（村支部或村委提议、村“两委”商议、乡镇党委审核、党员大会或党员议事会审议、村民会议或村民代表会议决议、决议公开、实施结果公开）决策程序，组织编印《村级事务“制度＋流程＋科技”工作指南》1000余册。规范14个农村会计服务中心正常运行，牵头组织对39名农经人员进行轮岗交流。出台农村集体资金资产资源管理暂行办法，制定完善《乡村小型工程建设招投标管理办法》。加强农廉信息化网络建设，县乡村累计投入500余万元，打造公开、办事、诉求、三资监管、宣教和监察六大网络服务平台，建成一个县乡村三级互联互通互动的阳光农廉网。对农村党员干部进行经常性教育，发放《民情日记》1000本，举办培训班40期，培训乡村党员干部4800余人次。发挥群众的民主监督作用，组织开展农村干部勤廉双述、民主评议等活动。实行县纪委、农廉办、信访局涉农信访沟通协调机制，共排查矛盾纠纷隐患480余件，解决280余件。各乡镇监察室共排查信访积案66件，已解决17件；对44项扩大内需项目和65项乡镇重点工程开展监督检查，取得明显成效。

（常　江）

【煤炭领域反腐败专项治理】 坚持催缴欠款资金、查处案件、完善制度、煤矿安全整治、煤炭资源整合和煤炭企业兼并重组监督检查五措并举，深化煤炭领域反腐败专项斗争工作。全年共收缴采矿权价款26 963.22万元，全县累计查缴资金价款67 270.78万元。督促涉煤部门建立健全各项制度20项，重点建立完善“三权制衡”（将公路营业站的业务经营权、管理验票权、监督稽查权进行分离，实行分岗分治，相互制衡）机制配套制度、中介机构监管制度和稽查处罚管理制度等。继续加强监督检查，保证了煤炭资源整合和煤矿企业兼并重组工作健康有序进行。

（常　江）

【工程建设领域专项治理】 严格实行政府性投资项目管理办法、监督办法、竣工验收办法和“一账一单一手册”（排查台账、项目清单、监督检查手册）、“一卡两书”（廉政谈话卡、廉政承诺书、廉政合同书）制度，对2008年以来的195个工程项目进行摸底排查，对45个政府性投资项目、8个扩大内需项目和26个校安工程进行重点检查，发现问题205个，督促整改155个，整改率达到75.6%。累计收缴擅自变更容积率罚没金25.37万元。全年共查结工程建设领域案件3起，给予党政纪处分12人，组织处理14人。

（常　江）

名称：中国共产党沁水县纪律检查委员会

地址：县城西街99号

电话：0356-7022515

邮编：048200

组织工作

【创先争优活动】 组织全县627个基层党组织和1.2万余名党员以“凝心聚力促发展，真抓实干当先锋”为主题深入开展创先争优活动。各级党组织先后成立领导机构，确定主题载体，加强宣传，开展岗位承诺，加大指导检查，抓实领导点评。先后组织开展多种形式的活动，激发起党员干部围绕中心工作，立足本职岗位，创先进争优秀的干劲，涌现出一批创先争优的先进典型。

（胡张进）

【领导班子和干部队伍建设】 先后4次对机构改革后的政府职能部门副职和纪检干部进行调整配备，一批年轻有为的干部走上领导岗位，极大地改善领导班子结构，增强领导班子活力。完成2009年113个科级领导班子和525名领导干部考核工作。将年度目标责任考评、领导班子和领导干部年度考核、党风廉政建设考核有机结合起来，形成三位一体的年度目标责任考核体系，实现考事、评人与用人的有机结合。坚持办好“两月一讲”干部教育专题讲座，聘请中央党校、中国人民大学等院校多名教授前来沁水县进行讲学。制定出台《科级领导班子和领导干部日常考核办法》，严格执行《科级领导干部请销假制度》、《干部工作日志制度》、《党政领导干部谈话工作暂行规定》、《关于科级领导干部任职试用期实施办法》等有关规定，加强对领导班子和领导干部的日常监督和管理。规范因私出国（境）证件的审批程序，加大干部离任审计力度，对21名领导干部离任经济责任审计。

（胡张进）

【干部人事制度改革】 制定《沁水县委常委会任免干部票决办法》，率先在全市六县（市、区）开展县委常委会任免干部票决制。建立股级干部竞争选拔机制，在组织部、住房保障和城乡建设管理局、卫生局、审计局等单位率先开展中层干部竞争上岗活动，为规范股级干部管理进行了有效探索。选派6名优秀年轻后备干部到信访部门挂职锻炼，增强年轻干部深入基层解决复杂问题的能力。

（胡张进）

【公务员管理】 完成党群系统3个参照管理单位14名工作人员的信息审核、登记备案工作。对政府系统16个参照管理单位的35名科级干部进行信息审核。对党群系统2009年招录公务员进行考察，对5名试用期满的2008年乡镇录用公务员进行补充登记。开展从优秀村干部中考录乡（镇）公务员和事业人员工作，新录用乡镇公务员和事业单位工作人员22名。对干部调整中26名符合调任条件的科级干部按照《公务员调任规定（试行）》进行上报审批。

（胡张进）

【推荐选拔优秀人才工作】 在全县8名市委联系的高级专家中开展《奉献者之歌——省、市委联系的高级专家创新创业事迹荟萃》典型事迹征集活动，进行市委特聘专家申报评选、高层次人才引进和开发项目择优资助活动的调查、评审、推荐工作，完成全县联系优秀人才的前期准备工作，初步拟定《沁水县委关于推荐选拔联系优秀人才实施方案》和《关于开展推荐选拔乡镇党委联系优秀人才工作的指导意见》，对煤炭、煤层气、煤化工、卫生、科研、教育等部门引进高层次人才进行摸底调查。

（胡张进）

【基层党组织建设和党员队伍管理】 全县199个机关、企事业单位党组织进行换届选举。在全县农村推行“四议两公开”（四议：党支部提议、“两委”商议、党员大会审议、村民代表会议或村民会议决议，两公开：决议公开、实施结果公开）工作法，建立健全村民自治机制，实现农村的事由村民自己议、自己管、自己办。推进农村党员干部现代远程教育工作，开展“星级”站点评选活动，评选星级站点180个。拍摄制作《乡镇书记谈“四议两公开”》、《青春的足迹》大学生村官专题片和大学生村官之歌《我们》MTV，农村党员干部现代远程教育工作在全市名列前茅。按照“三推五审四公示”（三推：由群众推荐确定优秀村民、由党员推荐确定入党积极分子、由党员票决确定发展对象，五审：审政治、审结构、审素质、审材料、审表现，四公示：确定入党积极分子公示、确定发展对象公示、确定预备党员公示、预备党员转正公示）做好发展党员工作，先后对356名新发展党员、500余名建党对象和1.2万余名党员进行集中培训和轮训。发挥不同岗位党员先锋模范作用，在机关事业单位开展党员先锋岗活动，中小学校开展党员示范班组活动，农村无职党员开展“设岗定职”服务承诺活动，企业厂矿开展党员岗位练兵和劳动竞赛活动。分期分批对全县336名农村两委主干进行集中培训；落实村干部“一定三有”（定职责立规范，工作有合理待遇，干好有发展前途，退后有一定保障）激励保障机制，明确和细化村支部书记工作职责。投资2000余万元，新建和改扩建64个村级组织活动场所，为每所新建村级组织活动场所补助资金9.4万元；健全完善村级组织活动场所功能活动室，制定出台村级组织活动场所管理使用制度，发挥村级组织活动场所服务功能。继续实施以“联村联户、帮建帮扶”为载体的城乡结对帮扶活动，全县116个基层党组织和596名副科级以上党员领导干部为所联系的贫困户协调解决资金170余万元，为基层解决问题1189件，送去致富信息880余条。推进机关党建规范化建设，机关党建工作初步实现活动场所标准化、制度建设系统化、组织活动经常化、台账资料模式化、电教设备现代化的“五化”目标。组织开展非公有制经济组织党建工作，对非公有制经济组织发展党员实行计划单列，全县规模以上非公有制经济组织建立党组织19个，扩大党组织在非公有制经济组织的覆盖面，增强党在非公有制经济组织的影响力。

（胡张进）

【大学生村干部管理】 对94名服务期满的大学生村干部和全县大学生村干部进行聘期考核与年度考核。鼓励支持大学生村干部干事创业，设立大学生村干部创业基金，为3名有创业项目的大学生村干部发放创业基金3.5万元。先后举办学习党的十七届四中全会精神和袁纯清书记讲话精神培训班。组织50余名大学生村干部赴运城农学院进行基层农机体系改革培训。筹集资金13万元为全县187名大学生村干部每人配备一辆自行车，改善大学生村干部工作环境。编撰《媒体聚焦沁水村官》、《在希望的热土上》、《大学生村官风采》系列丛书，整理规范近年来大学生村干部档案资料150余套（册）。2010年7月22日，全市大学生村干部工作经验交流会在沁水县召开，受到与会领导和兄弟县（市）的高度评价。

（胡张进）

名称：中国共产党沁水县委员会组织部
地址：县城西街99号
电话：0356-7022213
邮编：048200

宣传工作

【理论学习】 健全完善学习制度、领导干部理论考试制度、党政主要负责同志定期讲党课制度。为县、乡党委中心组连续推荐3批学习书目，给县委中心组成员订阅8大类600多本学习书籍。各级领导干部撰写调研报告300多篇，在中央和省、市级媒体发表理论文章50多篇。开展“八个一”主题实践活动、“我的读书生涯”好书读讲活动和“读好书促发展”征文活动，各级党组织通过多种方法、利用多种阵地进行学习，县、乡、村理论报告员深入基层开展宣讲,激发学习热情。广泛开展“百佳典型”评选活动，先后培树学习型机关30个、学习型农村党组织60个、学习型党员120个、学习型领导干部30个、学习型“两新”（新经济组织、新社会组织）党组织3个、学习型社区两个，14个党组织的典型经验被省市媒体刊登。县级新闻媒体开辟“全县党组织学习在行动”专题专栏，编发简报4000多期。全县学习型党组织建设的典型经验在全市进行交流，并在全省学习型党组织建设简报上刊发。

（刘晋鹏）

【舆论引导】 围绕科学发展转型跨越发展、创先争优活动暨学习型党组织建设、特色城镇化建设、跻身“中部百强县”等重大主题，组织县级新闻媒体开辟《深入学习贯彻袁纯清书记重要讲话精神推动沁水转型跨越发展》、《转型跨越发展跻身中部百强》、《扎实推进学习型党组织建设》、《深入开展创先争优活动》等专题专栏，在《太行日报》推出10个专版，在《山西日报》推出《更新观念完善思路奋力推进沁水转型发展跨越发展》、《跨越之路——沁水县转型跨越发展纪实》、《山水·园林·生态·宜居——沁水县特色城镇化建设掠影》等6个专版，编印《跨越之路》宣传图书，制作播放《跨越之路》专题片和幻灯片，在阳翼高速公路、端润一级路、中木亭连接线等主要路段设置大型广告牌。通过多种形式的主题宣传，“转型跨越发展”、“三转三化三提高”、“沁水精神”成为领导干部逢会必谈的主题词和广大干部群众的热议话题，为省委督察全市重点工作和全市特色城镇化建设沁水现场会营造浓厚的舆论氛围，受到市委、市政府领导的会议表扬。在策划主题宣传的同时，健全完善新闻发言人制度，确定政府新闻发言人。成立县网络新闻宣传管理中心，配齐配强人员，组织编发舆情信息50余期，删除有害信息1000余条，发布积极健康信息8000余条。县电台、电视台在市级发稿800余条，在六县区分别排第一和第二名。中央电视台对全县招商引资进行宣传报道，《大公报》推出《沁水，突围金融危机困境，转型低碳经济模板》专版，县政府网与新华社山西频道实现网群链接。中国摄影出版社出版《国家级自然保护区——历山》画册，2011年1月市委、市政府举行画册首发式。《人民画报（外文版）》刊发《柳氏民居组照》。《历山组照》荣获第八届《影像中国》全国摄影艺术大展一级收藏奖。

（刘晋鹏）

【精神文明建设】 举办抗日战争胜利65周年系列纪念活动，山西电视台对活动进行宣传报道，开展思想政治工作调研和推荐基层思想政治工作典型案例活动，10篇文章入选《晋城市思想政治工作创新研究》，5篇文章获市级奖励。开展“文明和谐十大创建活动”和“我们的节日”、志愿者服务等五大主题活动，编发《“讲文明、树新风”礼仪知识读本》，开辟“文明连着你我他”电视专栏，文明礼仪知识得到广泛普及。参与省、市第三届公民道德建设先进典型人物和“2010年感动晋城人物”评选活动，涌现出王怀政、田树海、李峰、郭海燕等一批道德模范。宣传文化中心、南阳、柳氏民居等6处被命名为市级爱国主义教育基地。以特色城镇化建设为契机，不断加大文明和谐县城创建基础建设力度，“人文”、“生态”、“宜居”特色进一步突出，县城服务功能不断完善，人居环境逐渐优化，城镇化管理水平显著提高。开展“十星级”文明户、乡村好人、特色家庭评选、文明和谐单位与新农村建设重点村结对帮建活动，为共建村投入财物累计达60余万元。先后涌现出省、市、县级文明和谐单位53个，文明和谐乡镇9个，文明和谐村44个，文明和谐社区6个，省级文明和谐风景旅游区1个，受市表彰的乡村好人15名，特色家庭15户，县级文明和谐家庭10户。

（刘晋鹏）

【文化宣传及市场治理】 以春节、元宵节等节庆日为契机，组织开展传统民间文艺展演、歌咏比赛、文艺晚会、“全民健身日”等群众性文化活动，在十里乡举办“十里八香杯”全市第二届公益文化广场舞蹈大赛暨第四届赵树理文化艺术节。参加山西省文化产业（产品）展销会晋城现场会，展品剪纸、筷子、山核桃工艺和展区分别获得优秀奖。中村镇、嘉峰镇、柿庄镇、十里乡、固县乡、胡底乡、樊村河乡的文化站投入使用，其他乡镇正在完善配套。三晋出版社出版长篇小说《忘了归来》，短篇小说《煤球独奏曲》获首届全国小说笔会三等奖，散文《不了的情》、《我的小山村》，《历山组照》、《柳氏民居组照》获市第七届优秀文艺作品奖。实施“文化低保”和“文化补贴”工程，送戏下乡 204 场，送电影下乡 4236 场，建立农民农家书屋 130 个，发放购书补助卡 3200 多张、惠及低保人口 3200 余人。开展文化市场专项治理行动和“绿色书签行动 2010”签名活动，集中销毁盗版音像制品 1200 余张（盘）、盗版及非法书报刊 2000 余册。

（刘晋鹏）

名称：中国共产党沁水县委员会宣传部
地址：县城西街 99 号
电话：0356-7022243
邮编：048200

统战工作

【非公有制经济统战工作】 与县人力资源和社会保障局、总工会、科教局、民营企业管理局举办“沁水民营企业招聘周”活动，签订用工意向 100 余份，为非公经济提供人才服务。开展“三送两帮一引导”（三送：送法律、送政策、送技术，两帮：帮助企业解决实际困难、帮助企业提高合心竞争力，一引导：引导非公企业健康成长）活动，引导非公企业调整产业结构，转变发展方式，实现转型发展，科学发展。全市光彩事业促进会成立时，沁水县 11 名非公经济人士参与，并出资 230 余万元，吕中楼、霍向阳、王华 3 名同志当选市光彩事业促进会副会长；宋栓虎当选常务理事；宋抗替、李刘强、杨国强等 7 名同志当选理事。同时，非公经济人士自发参与捐资助学、扶贫济困、新农村建设等各类公益事业，沁和煤业用 40 万元设立“沁和圆梦”和“沁和育才”公益助学项目；兰金选煤“金秋助学”捐款 10 万元；华昱工贸出资 200 余万元救助端氏村老、弱、病、残等困难村民，清理河道、村容改造等投资 100 余万元，为村民提供近 200 个就业岗位。开展兼职副会长届中述职评议和工商联常委对驻会领导干部的考评，提高工商联领导班子整体水平。完成工商联班子执常委的届中调整工作，补选 4 名县工商联执委。

（王　磊）

【党外人士工作】 按照“高素质、专业全、数量足”的原则，对党外人士数据库进行调整补充，形成梯队结构、知识结构较合理的党外后备干部队伍。在民主党派干部培养教育中召开一次恳谈会，一次履职情况座谈会，向组织递交一份思想汇报，到民主党派成员领导干部所在单位进行一次走访的教育培养工作机制；在无党派领导干部中召开一次恳谈会，一次履职情况汇报交流会，一次参政议政评议会，向组织递交一份思想汇报，到无党派人士所在单位进行一次考察走访的培养工作机制，通过机制的建立和实施，在全县党外干部中形成争先创优的良好局面。加强与县委和组织部门的举荐力度，全县安排党外干部 6 名，调动了党外干部的工作热情。

（王　磊）

【海外统战工作】 利用重大传统节日，对侨眷、侨属进行走访慰问，在送温暖的同时，及时了解侨眷和海外侨胞的诉求，为侨眷解决生产、生活中的各类困难。邀请加拿大华侨景建国和王红霞回沁水，就加拿大可借鉴的经济社会，文化教育等情况为沁水作了主题报告，并将加拿大开设“祖父母班”之亲情教育孙子女的理念引进沁水。同时，与海外社团加强联系和交流，邀请海内外侨界人士30余人次回沁观光考察。收集整理编辑《海外游子的夜梦与情思》一书，摘录沁水近40年的海外书信。

（王　磊）

名称：中国共产党沁水县委员会统战部

地址：县城西街99号

电话：0356-7022363

邮编：048200

老干部工作

【老干部基本情况】 2010年，全县有老干部1960人，其中离休干部93人，退休干部1867人。在离休干部中，享受副司局级医疗待遇的24人，正副处级待遇的41人，行政机关34人，事业单位34人，企业单位25人。在退休干部中，享受副厅级待遇的1人，任过正副处级实职的20人，科级227人，行政机关604人，事业单位1123人，企业单位140人。全县离退休干部中党员845人。

（景伟霞）

【老干部政治待遇】 在离退休干部党组织和党员中深入开展创先争优活动。以“争先进、创五好、保晚节、作奉献”为主题，以“建阵地、抓学习、促活动、比作为”为载体，以创建支部班子好、党员队伍好、组织设置好、活动开展好、群众反映好的“五好”离退休干部党支部和学习活动好、教育后代好、发挥作用好、保持本色好的“四好”老干部为目标创先争优活动。开展推进学习型党组织活动。全年组织老干部政治学习26次，参加老干部达3500多人次，保证老干部基本政治待遇的落实。

（景伟霞）

【老干部生活待遇】 对全县1960名离退休干部进行慰问。要求全县各级各单位在重大节日期间要做好走访慰问老干部的工作，“七一”、中秋节、重阳节等重大节日走访慰问困难老党员老干部60多人次。通过举办茶话会、座谈会向老干部通报全县政治、经济形势，使老干部了解全县各项工作，并一如既往地关心支持县委县政府的工作。6月7日—16日，组织老干部到上海世博园、福州、厦门、武夷山等地参观疗养，11月3日参观全县的特色城镇化建设。组织对全县离休干部和县处级以上退休干部进行健康体格检查，并建立健康档案，促进老干部的健康长寿。

（景伟霞）

【老干部发挥作用】 组织部分德高望重的老领导积极参政议政、调查研究，成为县委政府不可缺少的参谋助手。组织老干部参加行风评议、党风廉政建设、重点工程督察等方面工作，收到良好的效果。在创先争优和推进学习型党组织建设活动中，老干部担任全县10个检查指导组的组长，负责全县各乡镇及各单位的检查指导工作，老同志们认真负责，受到县委的表扬。组织老干部深入到老区村展开调查研究，为沁水的老区发展引资金、谋发展，为老区建设种植业、养殖业、公路建设等项目争取资金300余万元。建立14个乡镇老科协联系点，随时为农民提供技术服务。实行农业技术承包，帮助果农、牧农人均增收600元。农民技术培训1500余人次，发放资料2000余份。组织老干部发挥“五老”（老干部、老战士、老教师、老专家、老模范）优势，对青少年进行社会主义核心价值体系教育，帮助青少年树立正确的世界观、人生观、价值观、荣辱观。组织各乡镇成立老干部督导组，督促乡镇的重点工程建设和新农村建设，组织引导全县近千名离退休干部参与农村种植、养殖、加工业等，有800余名离退休干部参与县、乡、村的社会服务工作。

（景伟霞）

【老年大学和活动中心工作】 对县城老干部活动中心进行修整，坏、旧器材进行及时的维修和更换，活动中心大院和老干部门球场进行规范化、安全化、便利化整修。乡镇、社区老干部活动室达标创优工作进展有序，龙港镇杨河社区、郑庄镇、端氏镇、嘉峰镇、郑村镇等5个乡镇被市委老干部局命名为"先进老干部活动室"。开展多种形式的文体娱乐活动，丰富老干部精神文化生活。元宵节，组织130多人的老干部宣传队，宣传和弘扬实干、争先、创新、和谐的新时期沁水精神；"七一"，组织100余名老干部党员合唱团参加"党在我心中"歌咏比赛；重阳节，组织老干部门球、台球、象棋等比赛，举办老干部书画作品展览，500多名老干部举行激情演唱会。县老年大学被省委组织部、省委老干部局命名为"老年大学示范校"。

（景伟霞）

名称：中国共产党沁水县委员会老干部局

地址：县城新建西街1027号

电话：0356-7068551

邮编：048200

网址：www.qslgj.cn

党校工作

【干部和教师培训】 全年累计举办培训班6165人。主体班次干部培训3146人，其中培训党员280人；培训农村（社区）两委主干290人；培训大学生村官182人；培训入党积极分子364人；培训科级领导干部572人；公务员普通话培训1191人；培训新任科级干部267人。教师培训1026人，其中新任教师岗前培训193人；中小学班主任培训633人；小学教师进行英特尔未来教育培训200人。先后3次组织全县中小学教师进行全市统考和继续教育考试。"国培计划"山西省中小学教师辅导工作有序开展。7月"教育技术能力培训基地"顺利通过验收。在完成主体班次干部培训的同时，逐步加大对外培训力度，与县社、民政局、人力资源和社会保障局、农机局、公安局、农业开发局等10余个单位合作，举办培训班1993人。

（李建斌）

【函授教学和管理工作】 坚持"三严"（严格考勤、严肃纪律、严格管理），狠把"三关"（抓教学关、考试关和毕业关），按质按量完成党校函授教学管理工作，确保党校函授学历教育平稳过渡。教师函授招收小学教育、汉语言文学等专业学员37名，在教学和管理方面做到严谨科学，学员出勤率和毕业率双双达标。2010年，党校、进修校向社会输送合格大专生58人、本科生42人。

（李建斌）

【师资队伍建设】 2010年，党校新进研究生1名、本科生两名，进修校调入和分配专业教师4名。两校教师总量分别达到14名和12名，规模比较适当，老、中、青梯次基本形成。加大人才培养力度，采取集中学习老师讲、观看录像写心得、外出培训增知识、实地考察开眼界等手段，在职工中开展礼仪知识、普通话训练、业务技能及形势教育。派骨干教师到北京、西安、太原等地高等院校学习取经。组织中层干部赴孝义市委党校和右玉县参观考察，学习先进经验，亲身感受"右玉精神"的实质所在。

（李建斌）

【文明和谐校园创建工作】 强化组织领

导，做到有人管、有安排、有落实。营造浓厚的宣传氛围，通过召开会议、悬挂标语、印发《文明手册》等形式，宣传创建活动目标、内容、任务和意义，提高广大教职工对开展创建活动的认识。加大教学工作力度，落实培训任务，用实际工作来检验创建活动成效。狠抓教职工队伍建设，在转变工作作风、提高思想政治素质、职业道德水平和教学能力上下工夫。改善办学条件，全年累计投资50万元，加大设施改造力度。充分发挥支部、工会作用，积极开展演讲赛、读书赛和文体活动，建立起了和谐的人际关系。加强社会治安综合治理工作，安装防控设施，强化防范措施，确保全年安全无事故。

（李建斌）

【党风廉政建设】 扎实开展贯彻实施《廉政准则》活动，提高对执行《廉政准则》的认识，从思想上筑牢拒腐防线。加强内部监督，在重大决策上，大到重大建设项目，小到各项支出，都适时召开校委会研究，保证领导班子成员依纪依法依规定公道办事。加强民主监督，通过定期召开班子民主生活会和党员组织生活会，开展批评与自我批评，对在工作中存在的问题，不回避、不护短，时时提醒，坚决纠正，做到防患于未然。加强社会监督，坚持实行校务、财务公开。通过采取各种监督形式，紧紧抓住重点领域和关键环节，建立起比较完善的反腐倡廉监控机制。

（李建斌）

【全市党校工作会议在沁水召开】 2010年4月7日，全市党校工作会议在沁水召开。参加这次会议的有市委主要领导、各县（市、区）委书记、副书记、党校常务副校长、市直综合部门和企业、院校党组织负责人以及全县各乡镇书记和县直各工委的书记，共计120余人。会前，市委副书记冯建平率各位领导莅临党校进行参观指导；会上，市委书记张茂才、省委党校副校长郭成文、县委书记常国荣分别作了重要讲话。这次会议起到"两推进一提高"的作用。"两推进"是推进其他各县（市、区）学习沁水党校的先进经验；推进党校基础设施配套建设再迈新台阶。"一提高"是提高沁水党校的知名度，扩大沁水党校的影响力。

（李建斌）

名称：中国共产党沁水县委员会党校
地址：县城新建西街1730号
电话：0356-7068602
邮编：048200

党史工作

【编写《抗战时期沁水人口伤亡和财产损失课题调研成果》】 年内完成资料征集，整理工作，并编写一稿，全书共600多页。主要内容为相关档案资料的影印件，1000多份证人证言，为全县进行爱国主义教育提供生动教材。

（王必胜）

【编写《中国共产党沁水县历史记述（1949—2009）》】 年内初稿基本完稿。全书约90余万字，是对新中国成立以来沁水县重大党史文件的集中编写。

（王必胜）

【全县革命遗址普查工作】 与有关部门、各乡镇密切的协调和努力，积极的沟通和指导，完成资料征集、照片处理、文字编撰等工作。从80多处遗址中，选出34处有重要意义的革命遗址、省级文物保护单位两处、市级文物保护单位3处、县级文物保护单位5处。这次普查工作，填补了全县在革命遗址研究方面的空白，为全县发展红色旅游业提供了重要参考。

（王必胜）

名称：中共沁水县委党史研究室
地址：县城西街99号

电话：0356-7029109
邮编：048200

县直机关工委工作

【**创先争优活动**】 2010年6月全县基层党组织开展创先争优活动，县直工委专门成立领导组，围绕全县大局和县委的中心工作，突出“为科学发展创先进，为沁水崛起争先锋”这一主题开展创先争优。把基层党组织和党员作为活动的主体,坚持“四个注重”，切实发挥基层党组织的战斗堡垒作用。把创先争优活动与基层党建工作责任制相结合；把创先争优活动与学习全省领导干部大会精神相结合；把创先争优与学习弘扬“右玉精神”相结合；把创先争优活动与城乡环境整治相结合，以此推进活动深入开展。利用各种媒体对活动开展情况及活动中涌现出来的典型进行宣传报道，并制定悬挂各种标语，形成学习先进、崇尚先进、争当先进的良好风气。将活动中的好经验、好做法以制度方式固定下来。工委机关人员实行定点包口根据各基层党组织的特点和党员分布情况，分类进行检查指导，11月组织30个单位的组织委员赴太原等地参观学习，确保活动扎实开展。

（卢沁燕）

【**学习型党组织建设**】 机关工委坚持从机关实际出发，以大力推进学习型党组织建设为抓手，要求机关党组织推行党员学习“六个一”（精读一本好书，记好一本学习笔记，撰写一篇学习心得，上交一篇调研文章，进行一次党性剖析，开展一次谈心活动）制度、执行县委建设学习型党组织活动领导组办公室“八个一”（每天学习一小时，每周集中学习一次，每月读一本好书，每季度开展一次专题报告或接受一次党课教育，每半年撰写一篇理论调研文章，每年参加一次培训活动，每年组织一次学习测试或学习竞赛活动，每年举办一次学习成果展览）制度及县直工委推行的“六统一”（统一学习笔记，统一学习记录，统一学习资料，统一学习制度，统一支部书记上党课制度，统一展示学习成果）制度，采取抓重点带动学习，抓培训规范学习，抓制度强化学习的办法，把理论武装做细做实，各支部普遍做到集中学习与分散学习相结合，理论学习与业务学习相结合，学习讨论与专题辅导相结合，观看影视教育片与书面测试相结合。通过一系列方式方法，机关党员干部自主学习意识增强，理论水平和业务能力有新的提高，逐步在机关上下形成学习的风气，研究的风气，探索的风气，实践的风气，机关党员干部的创新进取能力进一步增强。

（卢沁燕）

【**党员教育管理**】 严格执行一年一度的民主评议党员制度，要求各支部把“三会一课”（党员大会、支委会、党小组会、上党课）制度落到实处，通过党员大会、支委会、党小组会加强对党员的教育管理，采取定期不定期督促、指导基层党组织的活动,检查落实“三会一课”制度的执行情况，及时帮助、分析问题，有针对性地开展教育与管理，督察、指导率达到85%以上。

（卢沁燕）

【**基层组织阵地建设**】 把基层组织阵地建设作为考核项目之一，统一制定标准，要求做到“八有”目标。80%以上的支部建立标准化的支部活动室，50%以上的支部配备电教设备，部分支部还建立健身房，文体活动室等，使基层组织的阵地建设得到加强，营造一个良好的教育活动环境。

（卢沁燕）

【**支部规范化管理**】 3月，召开县直机关党建工作会议。县直各党委、总支、支部书记共计130余人参加会议，会上通报2009年机关党建工作，对2010年机关党建工作进行部署。开展对县直机关114个党组织考评检查，指出存在问题，提出加强支部规范化建设的新要求，组织编写、设计、印制“支部建设规范化资料”一套16簿册，并统一刻制公章，使支部从“三会一课”到各项制度得到有效落实，基层党建各项活动得到规范。继续建立党建联系点，培树典型，以点带面，促进县直机关党建工作平衡发展。在总结经验，巩固成绩的基础上，加大重点联系力度，确定党建工作联系点，重点联系，分类指导，共同探索党建工作新路子，有效地促进党建工作的均衡发展。

（卢沁燕）

【党员队伍基础管理】 组织召开县直机关各基层党组织党务干部培训会，对党员的档案整理、信息采集的填写工作进行培训，工委对所辖的基层党组织及每名党员的详细资料进入微机管理，使党员日常管理进入正规化。

（卢沁燕）

【党费收缴】 统一印制党费收缴登记簿，建立个人台账，明确党费收缴制度，要求基层党组织在党费收缴中做到台账、票据、花名册“三对口”,进一步规范党费收缴制度。

（卢沁燕）

【党员发展工作】 按照新时期党员发展的“十六字”（坚持标准、保证质量、改善结构、慎重发展）方针，严执行发展党员“三推五审四公示”（三推：由全体干群推荐本单位非党人员中的优秀员工或先进工作者，在本单位的先进工作者或优秀员工中由党员投票推荐入党积极分子，在本单位入党积极分子中由党员票决发展对象；五审：审政治、审素质、审结构、审材料、审表现；四公示：确定入党积极分子公示，确定发展对象第二次公示，确定预备党员第三次公示，预备党员转正第四次公示）制度，发展新党员45名,其中非公经济人士两名，审批预备党员转正54名。采取“三结合”（同本单位业务工作及本人的工作岗位相结合，同集中统一培训工作相结合，同集中组织实际锻炼相结合）的办法做好入党积极分子培养工作。通过工作中培养集中系统学习、大型主题实践锻炼，使180余名入党积极分子得到党性锻炼。

（卢沁燕）

【调研工作】 通过深入调研，共完成调研文章3篇，其中张旭明撰写的《关于县直机关党组织规范化建设探讨》在中共晋城市委主办的晋城工作刊登。

（卢沁燕）

【换届选举工作】 县直机关工委下辖114个党组织，除两个党委不到换届时间外，112个党组织需要换届，完成换届党组织90个，占总数的80.3%。

（卢沁燕）

【开展评先表彰活动】 坚持民主集中制的原则，结合检查考评情况，广泛征求意见，自下而上的评选，工委会议讨论，向县委推荐表彰先进基层党组织8个，优秀党务工作者及优秀共产党员6名。县直工委表彰先进基层党组织30个，优秀党务工作者30名，优秀共产党员153名。

（卢沁燕）

【庆“七一”活动】“七一”前夕组织六大口及老干局党委党员干部举办“党在我心中”大型歌咏比赛活动，并在各基层党组织中开展“十个一”（认真开展一次党建工作“回头看”活动，认真开展一次评比表彰活动，积极参加县委组织的各大口庆“七一”歌咏比赛活动，过好一次专题组织生活会，上一堂高质量的党课，开展一次慰问贫困党员活动，向流动党员发放一封慰问信，开展一次党员承诺主题实践活动，进一步增强党员意识，开展一次集中宣传报道基层党组织创先争优先进典型活动，组织一次“缅怀革命先辈、弘扬沁水精神”

为主题实践活动）活动纪念建党89周年，使“七一”活动生动活泼，氛围浓烈，体现党组织的生机和活力。

（卢沁燕）

【反腐倡廉建设】 健全完善机关党风廉政建设工作责任制，实行“一把手”负总责，分管领导具体负责，层层鉴定责任状，形成层层抓党风廉政建设网络。开展“廉政准则”学习活动，增强广大党员党风廉政建设，做到“五十二”不准。以弘扬“右玉精神”为主题，开展“五治五督”（治学督能、治懒督勤、治奢督廉、治浮督责、治庸督绩）大力开展机关作风纪律整顿，工作作风明显转变，重塑机关良好形象。

（卢沁燕）

名称：中国共产党沁水县直属机关工作委员会

地址：县城西街99号

电话：0356-7022622

邮编：048200

信访工作

【信访案件】 2010年，县信访局共受理群众来访326批次2329人次，与2009年相比分别下降31%和17%，其中集体访112批次1929人次，占总量的35%和83%，与2009年相比分别下降12%和16%；个体访214批次400人次，占总量的66%和17%，与2009年相比分别下降38%和23%。重复访119件次，重访率为37%。赴京访5件5人，比2009年分别下降73%和89%。赴省访7批27人，比2009年分别下降36%和55%。赴市访10批184人，比2009年分别下降9%和上升23%。

（赵李鹏）

【信访渠道】 在“畅通、有序、务实、高效”的信访渠道上，注重信访接待、矛盾隐患排查、信访值班、信息沟通和研判分析等常规工作环节，力求做到上下通达。坚持预防为主的原则，定时进行隐患集中排查，重大活动和会议前夕重点排查，发现问题及时着手解决，把握信访工作的主动权。完成中央、省、市、县四级“两会”和国庆节、十七届五中全会及县各项重大活动、重要会议期间的信访值班任务，并按照省、市安排参加全省统一的驻京轮流信访值班。对已发生的赴京非正常上访和赴省上访人员及时的劝返接回。全年编发信访信息25期，信访要情快报8期。

（赵李鹏）

【乡镇信访服务中心建设】 2010年6月23日，省信访联席会议召开，印发《关于进一步推进信访服务中心建设的通知》，要求现有条件好和进度较快的市、县建立信访服务中心并投入使用；在以群众工作统揽信访工作的探索实践中，乡镇信访服务中心建设坚持“以人为本”理念，提供人性化关怀，保障群众信访诉求表达“零障碍”。11月，在龙港镇、嘉峰镇建立乡镇信访服务中心，为群众搭建起“一条龙”服务，“一站式”解决问题的多功能一体化综合型服务平台。80%以上的矛盾隐患和信访问题都在中心得到妥善化解，外出信访量明显下降，成效显著。

（赵李鹏）

【信访工作例会】 信访联席会议实行每月召开一次信访例会研究分析和安排信访工作，由各乡镇和单位汇报本月信访工作情况。会上确定本月的重点案件，实行县级领导包案，落实责任单位。对于疑难重点信访案件由县包案领导牵头，县联席会议召集，涉案单位参与进行调查研究，制定解决办法，并由县委督察室和县信访局组成联合督察组，进行跟踪督办直至问题解决。2010年先后召开信访工作例会16次，先后有30余件重点信访问题得到解决。

（赵李鹏）

【陪访工作】 为杜绝越级非正常上访的发生，对一时解决有困难的问题和那些执意要求到县或上级部门上访的人员，由各级包案的或主要的领导干部陪同其到县或上级有关部门“上访”。通过陪访变堵为疏，切实维护信访人员的合法权益，从而减少发生缠访、闹访和越级非访现象。全县各级领导干部共陪访 19 件次，典型的有县委副书记邹树琦陪同畜牧未“三定”（定编制、定岗位、定人员）人员到北京“上访”和土沃乡党委书记郝天亮陪同上访老户席洪秀到县里“上访”，全县越级非正常上访比上年下降 55%。

（赵李鹏）

【“信访矛盾纠纷化解”工作】 坚持县级一月一排查、乡镇一周一排查、村级每天一排查，不走过场，不留死角。全县排查出信访矛盾纠纷隐患 230 件，化解 211 件，办结率达 91%。在巩固 2009 年积案化解活动的基础上，由县联席会议对全县的信访重点难案进行交办同时落实县级包案领导。全年县四班子 25 位主要领导共分解“钉子案”31 件，办结率达 85%。采取一般督办和重点督办、全面督办和个案督办、定期督办和专项督办、明察暗访和全程跟踪督办相结合的方式，促成“事要解决”的效果。全年收到上级交办信访问题 7 件办结回复 7 件，上报办结率达 100%。在各类会议和活动期间均做到“早晚有见面，出行知去向”。完成市信访工作考核指标、实现重大活动和会议期间“零上访”目标。

（赵李鹏）

【完善体制机制】 重点健全完善信访源头预防评估、矛盾纠纷排查化解、信息报送反馈处理、领导干部包案处理信访案件等制度，先后下发《在全县范围内开展矛盾纠纷大调研、大排查、大化解活动方案》、《关于进一步化解信访积案确保社会稳定的通知》、《关于对 2010 年乡镇信访工作进行督导的通知》、《关于对疑难信访问题实行县级领导包案的通知》、《沁水县“三无乡村”建设考核办法》等文件，通过一系列制度、办法、通知的创新，促进了信访工作的规范化，提高信访工作效率。

（赵李鹏）

【县委书记谈信访活动】 4 月 18 日，在县委外宣办、县广电局及部分信访群众的相互配合和共同努力下，完成县委书记谈信访活动。节目现场接到畜牧兽医“三定”人员和都双桃的来电，表示对常书记亲自解决困难的感谢，现场并接听解决曹小芳等 3 名信访群众来电。

（赵李鹏）

【年度目标责任考核】 根据沁办发〔2010〕59 号《关于印发〈各乡（镇）和县直部门单位 2010 年度目标责任考核指标〉的规定》要求，确定信访工作的考核指标有三项：进京非正常上访不超过 7 人次；赴省集体访不超过 4 批次；赴省赴京信访总量（包括交办的信件）不超过 41 件批次。以上三项指标全部完成考核任务，其中赴京上访情况在全市发生最少，受到市委市政府表扬。

（赵李鹏）

名称：中共沁水县委沁水县人民政府信访局

地址：县城西街 99 号

电话：0356-7022496

邮编：048200

机构编制管理

【人员编制和领导职数】 按照“有增有减、总量控制、通盘考虑、统一平衡、保证重点、适当调整”的原则，科学合理核定人员编制。对机构未作调整的部门，编制数原则上维持不变，对于涉及职能调整划转的单位，按“人随事走”的原则同时划转编制和人员，确保机构改革后编制和实有人员不突破总量。全县政府工作部门行政编制453名，其中公安、司法专项编制198名，地方行政编制255名。另外按照有关规定和全县机构设置实际情况，核定机关工勤编制60名，占机关行政编制的13.2%。全县实有人员465名，其中行政人员413名，工勤人员52名。行政、工勤人员分别空编39名、6名。规范领导职数，共核定各工作部门领导职数109名，其中正职25名，副职67名，行政技术职务13名，其他4名。另外，对职数有专门规定的公安、司法机关，按规定核定内设机构领导职数51名；对经济和商务局、教育局、卫生局、公安局4个部门设有党委（工委）的核定专职党委副书记各1名，共4名。各工作部门共核定领导职数164名。

（丁　玲）

【机构编制管理】 2010年，县编办按照机构编制管理的各项规定，坚持机构编制集中统一管理和三个一"（编办一家承办，编委主要领导一支笔审批，编委一家行文）审批制度，严格控制行政编制和事业编制。全年接收机构编制申请36项，编办上会审核36项，报请市编制部门批复20项。全年增加机构11个，提升规格9个，机构更名8个，加挂牌子两个，核定和增加编制56个，核定和增加职数16个。

（丁　玲）

【政府机构改革】 贯彻执行中央、省、市有关政府机构改革的规定和要求，2010年12月底正式组织实施，完成制定方案、机构撤并、班子配备、印章启用、"三定"（定主要职责、定人员编制、定内设机构）印发和人员定岗工作。改革中，撤并机构4个，其中合并机构3个，人事局和劳动局合并为人力资源和社会保障局，文化体育局和广播电视局合并为文体广电新闻出版局，农业局和新农村建设领导组办公室合并为农业委员会；撤销机构1个，科技教育局。新组建机构2个，教育局和科学技术局。组建更名3个，交通局更名为交通运输局，城乡建设局更名为住房保障和城乡建设管理局，经济贸易局（商务局）更名为经济和商务局。成建制转事业机构1个，扶贫办。调整设置挂牌机构8个，政府办挂县人防办、外事侨务办、应急办牌子，发展和改革局挂物价局牌子，经济和商务局挂粮食局牌子，农业委员会挂县委农村工作领导组办公室牌子，卫生局挂食品药品监督管理局牌子，安全生产监督管理局挂煤炭和煤层气工业局牌子。"三定"规定核定各政府工作部门内设机构131个，比2002年改革时的111个增加20个。经过改革，全县设置工作部门23个，另外监察局、民族宗教事务局列入政府序列，不占政府机构个数。

（丁　玲）

【事业单位分类改革】 深入开展调查研究，对全县事业单位的机构、经费、编制、实有人员、职能、职数、人员工资、机构运作等状况进行详实的分类摸底。对县直事业单位进行模拟分类，做到底子清楚，为制定改革实施意见提供可靠依据。7月27日召开全县事业单位分类改革动员大会，印发《关于全县事业单位清理规范和分类改革的实施意见》。结合实际，重点对一些涉及撤销、合并、转制及单位情况较复杂的部门进行分类指导。根据规定，对66个（含直属机构27家）部门291家单位进行审核，并形成清理规范意见。

（丁　玲）

【乡镇机构改革】 根据中央、省、市关于全面推进乡镇机构改革的有关规定和要求，深入调研，摸清底数。围绕转变乡镇政府职能、理顺县乡职责关系和赋予乡镇必要的财政和事权等多方面，着重从乡镇人口、生产总值、财政收入、辖区面积以及乡镇现有机构、人员、编制、职责等多层面进行广泛调研，进行翔实的分类摸底，为制定改革方案提供可靠的依据。广泛征求意见，制定改革方案。结合本县实际，研究拟定《沁水县乡镇机构改革方案》，并按程序上报市委、市政府，并批复。待领导确定后，适时组织实施。

（丁 玲）

【事业单位年检和网上登记工作】 根据市局统一部署和安排，全面贯彻《事业单位登记管理暂行条例》、《实施细则》及有关事业单位登记的规定和要求，并对各单位事业单位进行年度检验。2010年，登记法人事业单位183个,除18个新登记单位外，应进行年度检验的事业单位153个，全部为网上年检，年检合格率为100%。变更登记100个单位142项，补领证书1个，应进行注销登记的5个，注销登记1个。

（丁 玲）

【政策法规宣传】 将中央、省、市有关机构编制的方针、政策、会议精神及时向编委领导汇报，充分认识加强机构编制工作的重要意义，增强编制意识和依法行政能力，提高执行机构编制工作有关政策和规定的自觉性。积极发挥参谋和助手作用，及时和领导沟通，为开展好机构编制工作和加强机构编制管理营造良好的氛围。开辟宣传阵地，利用各种媒体广泛宣传有关机构编制管理的法律、法规，切实提高全社会对机构编制管理工作的认识，使机构编制的政策规定公开化、透明化。及时转发省、市有关文件，尽早把机构编制政策规定交给群众，并积极采取有效措施，将有关规定落到实处。

（丁 玲）

【电子政务建设】 按照要求对沁水县机关、事业单位使用的《机构编制管理证》进行年度审核校对，做到随动随纠，保证各单位“机构、编制和实有人员”等内容的实效性和准确性。申请建成县编办网站，并注册政府专用网站域名。从机构改革、行政体制改革和机构编制日常管理等方面宣传沁水县的机构编制工作，成为社会各界了解机构编制工作的重要窗口，也是机构编制系统推行电子政务的重要途径。加强网站维护与管理，研究制定《沁水县编办网站维护管理规定》。对网站的主要功能、组织结构、职责和分工、发布流程等提出明确要求，对各类信息库进行统一建设和整理。并按规定程序充实栏目内容，力争实现“机构编制信息资源化、管理现代化、办公自动化和政务电子化”的系统整体性功能。

（丁 玲）

名称：沁水县机构编制委员会办公室
地址：县城西街99号
电话：0356-7025206
邮编：048200
网址：http://www.qsxbb.gov.cn

保密工作

【保密检查与管理】 以规范保密工作为突破口，以行政检查为手段，对全县各有关单位和涉密单位进行多次保密检查，强化监管，有效确保了保密工作的规范化进行。积极主动与教育部门和招生办等有关单位密切合作，加强对国家统一考试的监督管理，确保全县高考、中考、会考工作的圆满完成。加强信息系统和信息设备保密管理，强化网络窃密泄密防范。在全县开展党政机关网络信息保密工作专项检查，组织填写《党政机关保密检查情况登记表》，督促有关单位及时整改检查中发现的问题，为党政信息网络系统安全运行提供保障。

（霍高刚）

【保密宣传与教育】 以新修订的《中华人民共和国保密法》实施为契机，采取多种形式，大力宣传保密法律法规，宣传党和国家关于保密工作的方针政策，重点抓好领导干部、高涉密人员和国家公务员的保密教育。为进一步配合学习宣传工作，2010年6月25日，组织开展全县保密承诺书签订人员知识竞赛活动，全县各级党政机关和涉密单位签订保密承诺书的人员共计1600余人参加，增强了全县涉密人员的保密意识和保密观念。

（霍高刚）

【队伍建设】 针对全县的涉密人员普遍存在的保密专业技术学习不够、不熟悉保密防护技术、没有掌握必要的技术检查技能等问题，主动更新知识、拓宽知识面，打牢业务素质基础。组织全县涉密人员观看山西省高技术窃密泄密演示，进一步提高涉密人员信息化条件下保密工作水平，提高自身保密业务工作能力。结合创先争优活动的深入开展，强化政治学习和思想教育，不断加强密码保密队伍的思想政治建设和业务素质建设。完善选人用人机制，配齐配强保密干部队伍。

（霍高刚）

名称：沁水县保密局
地址：县城西街99号
电话：0356-7022641
邮编：048200

和谐工作

【概况】 中共沁水县委构建社会主义和谐社会领导组办公室成立于2007年1月，编制6个，现有6人。内设综合办公室、调查研究室、督察指导室。职责：负责组织、协调、指导、推动各乡（镇）和县直各部门落实构建社会主义和谐沁水的各项任务、措施；研究构建社会主义和谐沁水的相关政策、规划和重大措施的督办任务；承担对各乡（镇）和县直各部门构建社会主义和谐沁水工作的考核任务。按照构建社会主义和谐社会“二十八字方针”（民主法治、公平正义、诚信友爱、充满活力、安定有序、人与自然和谐相处）的总体要求和省、市、县关于构建社会主义和谐社会的总体部署，围绕全县构建和谐社会“一争三抓两突破”（“一争”就是争创全市构建和谐社会先进县，“三抓”就是抓宣传营造氛围、抓民生办好实事、抓创建树好典型，“两突破”就是在提升服务水平上求突破、在创建方式方法上求突破）的工作思路和“四年四大步，五年大变样”的工作任务，全力推进和谐社会建设各项工作任务的落实，为全县经济社会又好又快发展做出应有的贡献。

一、统揽全局、科学谋划，形成构建和谐沁水建设的良好运行机制。通过广泛征求各级各部门的建议，研究出台《沁水县2010年度和谐社会建设工作要点》，召开和谐沁水建设推进会对全县2010年和谐社会建设工作进行全面的安排部署。层层签订《沁水县2010年度构建和谐社会目标责任书》，把构建和谐社会工作落实到责任单位、责任人，形成抓落实的工作体系，压力层层传递，责任层层落实。组织开展和谐沁水建设大调研活动，从新农村建设、教育均衡发展、创业就业、医疗健康、社会保障、住房安居、公共文化、生态环境和基础设施建设、社会平安、特色城镇化建设、移民安置、“三务”公开、社区规范化建设、和谐创建等14个方面对影响全县社会和谐的突出问题进行调研，调研报告26篇，对调研出的问题召开专题研讨会。深入和谐社会建设各责任单位，定期召开协调会议和工作例会，研究部署工作中存在的问题，形成和谐社会建设的长效机制。督促检查，对各乡镇、各单位的和谐创建开展情况、“五个全覆盖完成情况”惠民网络建设进展情况、和谐集体和家庭的挂牌情况、“五有五上墙”基础创建情况，督察考核、打分排队，并下发督察通报，对成绩突出的单位予以表彰，对排名靠后的给予通报批评。通过专题研讨，广泛征求意见，拟定《沁水县“十二五”期间和谐社会建设总体思路》，为全县“十二五”期间的和谐社会建设工作指明方向。同时，关注民生，狠抓八大惠民服务网络建设，取得显著成效。

二、开展和谐联创活动，努力营造共建共享和谐社会建设的浓厚氛围。7月份组织召开和谐沁水建设推进会暨表彰大会，对2008年和2009年度评选产生的154个先进集体和17 152个家庭进行表彰，同时，组织32个和谐创建标兵单位制作64块版面，组织7个和谐标兵单位在会上做了口头和书面经验交流，激发基层的工作干劲。开展“和谐典型提升推广年活动”，对各类和谐建设典型进行全面性的扶持引导、重点性的规范指导和针对性的创新提升，发挥典型引路的作用，推广先进典型在和谐社会建设中的好经验、好做法，使全县和谐集体和家庭在2010年底达到80%以上。开展2010年度和谐先进集体和家庭申报、推荐、评选活动，评选产生和谐乡镇4个、和谐村34个、和谐社区两个、和谐校园9个、和谐企业6个、和谐机关7个、和谐家庭1505个。同时，向市委和谐办推荐各类和谐创建标兵31个。开办和谐文化大讲堂。组织主办，沁和能源公司赞助协办，每季一讲。共举办两期。开展和谐文化宣传年活动，通过印制发放宣传资料，建立和谐宣传专栏，悬挂宣传标语，编写工作简报，在全县各个村庄的醒目位置和公路两侧刷写固定的宣传标语，在县电视台滚动播放有关和谐社会建设公益广告，在县政府网络开辟“和谐沁水建设访谈录”专栏，在报纸上刊登构建和谐社会先进事迹，利用重大节假日组织开展群众文化宣传活动等方式在全县进行宣传，在全县营造浓厚的和谐社会建设氛围。向机关单位、农村、学校赠送《弟子规》5000余册，引导开展中华优秀传统文化和伦理经典学习教育活动。

（谭李巧）

名称：中共沁水县委构建社会主义和谐社会领导组办公室

地址：县城新建西街669号

电话：0356-7025983

邮编：048200

政权 政治协商

沁水县人民代表大会常务委员会

【概况】 2010年，县人大常委会共召开常委会会议8次，听取审议“一府两院”工作报告6个、听取“一府两院”工作报告17个、审议意见转达书3个，决定任免县政府工作部门负责人21名、任命县人大常委会办公室主任1名、任命县人民陪审员27名；开展执法检查7次，专项视察3次，大型调研1次；组织各类会前调查视察12次，大规模集中培训代表1次；召开乡镇人大工作会议3次；组织常委会组成人员外出考察学习1次；举办法制讲座4期；办理代表建议、批评和意见90件；召开信访联席会议2次，受理群众来信65件，来访200余人次；完成《沁水县十四届人大》（三）的编印和《人大工作巡礼》电视专题片的制作；人大宣传信息工作经考核连续两年蝉联全省第一。

（王旭东）

【经济运行全程监督】 县人大常委会领导带队，吸收部分人大代表全面了解、集中听取县发改、财政、审计、统计、国税、地税及龙港、中村、端氏、嘉峰10个单位的上半年工作汇报，深入全县14个乡镇对其经济运行情况和重点工程进展情况进行调查视察、督促指导。常委会第28次会议专题听取县政府关于2010年上半年经济运行情况的通报，听取和审议县政府关于2009年财政决算与2010年上半年财政预算执行情况的报告、关于2009年预算执行及其他财政收支审计工作的报告，书面听取与全县经济社会发展密切相关的县国土资源局等21个单位的工作报告，针对存在的问题，提出建设性的意见和建议，建议县政府：一要加快经济发展方式转变，培育新的经济增长点，下大力气解决全县经济结构单一的问题；二要把统筹城乡发展，特别是统筹农村之间的发展摆在更加突出的位置，大力度、快速度推进社会主义新农村建设；三要树立可持续发展的理念，加大监管力度，全面提升旅游、煤层气等新兴产业，大力发展民营经济，着力优化财源结构；四要强力推动重点工程建设，着力改善人居环境，全力迎接全市特色城镇化建设现场会在沁水县的召开；五要优化发展环境，加大招商引资力度，将政府职能切实转变到经济调节、市场监管、社会管理和公共服务上来。会后常委会下达审议意见转达书，并跟踪监督，听取整改反馈报告，收到比较好的效果。

（王旭东）

【重点工程跟踪监督】 7月，县人大常委会组织部分市、县人大代表实地对全县的

17 项重点工程进行视察调研、现场点评，对 14 个乡镇的重点工程进行观摩指导，针对存在的问题，要求县政府要做到“七个坚持”即：坚持量力而行、尽力而为，集中财力办大事的原则；坚持决策的科学性、民主性、预见性的有机统一，避免重复建设和半路下马；坚持现场办公、跟踪督察与项目法人定期汇报相结合的工作机制；坚持属于政府财政性投资要按期足额到位；坚持把重点工程放在重点突出位置，加强领导、精心指导、强化督导，一年至少要进行逼开工、催进度、看效果三次大型督察，确保重点工程有力推进；坚持建管并重，让重点工程长期发挥作用，体现价值，得到认可；坚持及时交付使用、结算审计、公开于众，法律程序不走捷径，让群众明白，让干部清白。常委会第 29 次会议又听取重点工程进展情况的报告，突出要求县政府：一要尽快建立健全考核评价机制，抓督察、保质量、抢工期、促进度，确保重点工程开局良好，进展顺利，收场精彩；二要总结经验，汲取教训，认真谋划好 2011 年乃至“十二五”期间的重点工程项目，早准备、早动手、早考虑，打破常规，超前运作，主动对接，强力推进，确保 2011 年乃至“十二五”期间的重点工程如期完成。

（王旭东）

【民生实事专项监督】 坚持把关注民生、保障民生、改善民生放在首位。一方面督促县政府在年初编制预算时，大幅提升与民生工作密切相关的教育、卫生、文化、社会保障和就业、城乡社区事务和环境保护等项目的预算支出；另一方面对全县教育事业、集体林权制度改革、农业综合开发、土小企业整治、保障性住房建设等工作专题视察、听取报告、提出建议。特别建议县政府：一要把教育放在优先发展的战略地位，抓宣传、抓布局、抓管理、抓师资、抓安全，大力实施“科教兴县”和“人才强县”战略；二要彻底改变全县“大林业、小产业、低收入”的状况，做到“一推、二强、三注重”，即：推进集体林权主体改革；强化矛盾调解，强化配套措施；注重植树造林，注重林业规划，注重护林防火。三要摸清底数、扩大宣传、强化管理、公平分配，确保全县保障性住房真正用于解决中低收入家庭的住有所居问题。县政府高度重视，认真采纳，促进一大批民生实事的有效解决。为加快全县特色城镇化建设，常委会对端氏、嘉峰特色城镇总体规划给予高度关注和大力支持，在认真调研、初审的基础上，审议通过规划报告，作出决议，有效地发挥人大在推动全县经济和社会事业平稳较快发展中的重要保障作用。

（王旭东）

【法制宣传】 坚持每季一期的法制讲座和干部任前法律知识考试，先后就关系人民群众切身利益的热点问题、工作推进的难点问题和社会关注的焦点问题，举办《法治社会下的纠纷化解机制》等 4 期法制讲座；组织“两院”和政府工作部门负责人收听收看《山西省实施监督法办法》电视电话会议，并作了安排部署；坚持在每次执法检查前，召开动员大会，学习宣传法律、法规，使执法检查的过程成为法制宣传教育的过程，增强广大干部的民主法制意识和学法用法的自觉性，营造了依法治县的良好氛围。

（王旭东）

【执法检查】 县人大常委会突出对《中华人民共和国食品安全法》、《中华人民共和国人口与计划生育法》、《中华人民共和国刑事诉讼法》等法律法规的执法检查，督促整改执法检查中发现的问题，保证法律、法规的有效实施。特别是针对全县存在的县、乡两级计生队伍力量不足，流动人口计生管理手段单一，政策外生育、非婚生育、早婚早育现象、社会抚养费征收、计生服务等问题，督促县政府认真贯彻落实《人口与计划生育法》，抓住人口出生率、符合政策生育率、二孩符合政策生育率、政策外出生社会抚养费征收这4项指标，强化宣传，加大投入，专项治理，统筹解决人口问题，保证法律法规的有效实施。

（王旭东）

【公正司法工作】 县人大常委会在对“公检法”进行案件评查、督促其建立健全案件评查长效工作机制、任命的法、检两院35名干警述职测评的基础上，针对群众反映执行难问题，听取县法院执行工作情况报告；对学习贯彻《山西省人大常务委员会关于加强人民检察院对诉讼活动法律监督工作的决定》安排部署；特别是贯彻执行《中华人民共和国刑事诉讼法》的情况进行执法检查，提出具体要求“公检法”：一要提高认识，努力做到法律至上、人民至上、党的事业至上；二要细化执法责任，规范执法行为，将《刑事诉讼法》扎实地落实到各个工作环节；三要积极探索新形势下有效进行工作衔接配合的好办法，做到坚持正确导向，统一执法尺度，严格依法办事，实现政治、法律和社会效果的有机统一；四要加强队伍建设，优化队伍结构，为维护社会公平正义、促进社会和谐稳定作出应有贡献。

（王旭东）

【人事任免】 县人大常委会按照《沁水县人大常委会人事任免办法》的规定，严把“五关”，坚持任前考察、闭卷法律考试、主任会议听取汇报、常委会议听取和审议拟任人员提请报告和供职报告、票箱表决、颁发任命书、任后就职宣誓等任免程序，深化“一次分解、两次承诺公示、层层把关承诺内容，两次重点跟踪督察，年终述职测评”的承诺公示监督，承诺单位在县人大常委会上报告承诺公示完成情况、递交单位年度工作总结，交账测评，扩增人大代表参评人数，提高承诺公示监督的透明度，对评出的优秀人民公仆进行表彰，对未完成承诺任务的单位限期整改完成。加强对人大选举和任命干部的监督管理，增强领导干部的公仆意识、责任意识、廉政意识，一方面和县政协、纪检委出台的联合监督办法，把重点工作承诺公示监督和对责任人的管理有机结合，同安排、同检查、同交账、同测评；另一方面，特邀省委党校徐晓兰、张路教授就《政府信息公开条例》和《贯彻落实袁纯清书记讲话精神 推动山西转型发展跨越发展》作了专题讲座；配合省、市人大常委会对《山西省预防职务犯罪工作条例》的学习宣传贯彻执行情况进行专项检查，加大预防职务犯罪工作力度，加强对广大干部的教育和保护，推动了反腐倡廉建设。

（王旭东）

【乡镇人大工作】 坚持对乡镇人大工作进行台账管理，百分考核，在围绕百分考核提出“四有”（有作为才有地位、有创新才有活动、有宣传才有影响、有实绩才有作为）、“四转变”（被动向主动转变、表面向深层转变、随意向计划转变、守旧向创新转变）、“四原则”（坚持民主集中制原则、严格依法办事原则、服从服务于大局原则、注重工作实效原则）及处理好“五个关系”（与同级党委的关系、与本级政府的关系、人大主席与主席团的关系、人大工作与代表活动的关系、县乡两级人大的相互关系）的基础上，完善考核办法，创新考核方式。将各乡镇人大全年工作重点在《今日沁水》进行公示，对照内容，逐项测评，缺项扣分，促使乡镇人大依据法律法规自加压力、自定任务、创造性地开展工作；通过超篇加分，上不封顶的办法，加大宣传工作的考核力度；突出量化、动态考核，年中、年末分别由县人大常委会领导组织常委会组成人员和人大代表对乡镇人大工作进行测评打分，并以两个10%进入年终考核总分。对前5名，通报表扬，前两名的，在下一年的人代会上表彰，从而推动全县乡镇人大工作持续开展，继续走在全市、全省的前列。6月，对各乡镇人大的全年工作安排、当前工作进展及代表小组活动室建设情况，进行现场观摩指导、测评打分，随后下发文件，提出要求，强化指导，进一步促进乡镇人大工作的规范化、制度化运转。落实《县人大常委会组成人员与乡镇人大工作联系制度》，通过邀请乡镇人大主席参加调查、视察、执法检查和评议等活动，提供《人民代表报》、《晋城人大》、人大常委会的自办刊物等学习资料，举办定期、不定期的培训和法制讲座，提高乡镇人大主席的政治思想理论水平和依法履职能力。同时，包乡镇的常委会领导和组成人员参加乡镇人大有关活动，加强与乡镇人大的日常联系，帮助乡镇人大解决工作中的实际困难和问题，促进乡镇人大工作顺利开展。

（王旭东）

【代表工作】 落实代表活动经费，实行专户管理，专款专用，督察指导，确保代表活动经费真正用于代表。坚持为每位人大代表订阅《人民代表报》、《晋城人大》等报刊资料，县人大常委会编印的《沁水人大信息》、全年工作资料汇集、全年工作要点、承诺公示监督工作重点等资料都及时发至代表手中，帮助代表了解全局情况。坚持对代表进行集中培训的同时，指导、督促、委托各代表小组对代表进行分组培训，提高代表的履职能力。加强人大代表和人民群众的联系，县人大常委会坚持由领导带队，深入各乡镇零距离与代表接触，听取代表意见和建议，激发代表的履职热情。常委会除委托各乡镇组织辖区内的县人大代表就地视察外，重点围绕县委中心工作、人民群众关心的问题，围绕法律、法规的正确实施，组织代表进行专题视察、执法检查，引导代表就关系全县经济社会长远发展和社会民生的热点、难点问题开展专题调研，提出议案和建议，发挥代表在推动全县经济又好又快发展、保持社会和谐稳定中的重要作用。同时，坚持邀请代表列席常委会会议，参加县人大常委会组织开展的工作评议、承诺公示测评等工作，并将代表的会议发言、建议意见及时整理，印发代表和有关单位，并使之规范化、制度化，扩大代表的参加人数，特别是在承诺公示测评上，增加到30名，代表在县人大常委会会议上发表来自于基层、来自于群众的意见、建议，拓宽代表履职渠道。按照《关于代表建议提出和处理办法的实施意见》要求，完善工作机制，促进制度落实，确保办理质量。县人大常委会在集中转办的基础上，选择30件事关全县经济发展、社会稳定和人民群众普遍关注的重点建议，实行副县长领办制，并在新闻媒体进行公示，接受群众的监督。先后组织有关代表深入8家重点建议承办单位加强沟通、跟踪督促，19家重点建议承办单位，专题调研、检查指导。代表建议办理满意率、见面率和办结率达到3个100%，有力地保护和增强了代表依法履职的积极性和责任感。

（王旭东）

【沁水县第十四届人大常委会第二十三次会议】 2010年1月19日召开。会议经常委会全体组成人员的认真审议表决，决定任命王家鸿同志为县经济和商务局局长；马国华同志为县教育局局长；武耀俊同志为县科学技术局局长；李二民同志为县人力资源和社会保障局局长；谭爱国同志为县住房保障和城乡建设管理局局长；段国英同志为县交通运输局局长；李伟同志为县农业委员会主任；柴粉香同志为县文体广电新闻出版局局长；车功强同志为县民族宗教事务局局长。

（王旭东）

【沁水县第十四届人大常委会第二十四次会议】 2010年3月5日召开。会议决定免去：王军战同志县人大常委会办公室主任职务；免去原红伟同志县发展和改革局局长职务；免去张赛文同志县司法局局长职务；免去李涛云同志县环境保护局局长职务；免去刘家育同志县水务局局长职务；免去焦建国同志县林业局局长职务；免去尹青怀同志县人口和计划生育局局长职务。会议决定任命：刘家育同志为县发展和改革局局长；常万和同志为县司法局局长；张爱民同志为县环境保护局局长；李涛云同志为县水务局局长；刘建国同志为县林业局局长；王军战同志为县人口和计划生育局局长。会议还表决通过关于接受王军战同志因工作变动辞去县十四届人大常委会委员职务请求的决定。

（王旭东）

【沁水县第十四届人大常委会第二十五次会议】 2010年3月17日召开。会议听取和审议县政府关于县十四届人大三次会议代表建议、批评和意见办理情况的报告，形成相应的审议意见；听取县政府关于审计工作报告审议意见的反馈报告、关于预算执行情况报告审议意见的反馈报告、关于网吧治理工作报告审议意见的反馈报告、关于公安工作报告审议意见的反馈报告；听取县人民法院、县人民检察院、县政府工作部门负责人关于对县人大常委会承诺公示监督工作重点完成情况的汇报并进行书面测评；会议还对纪念地方人大设立常委会30周年系列活动进行总结表彰。

（王旭东）

【沁水县第十四届人大常委会第二十六次会议】 2010年3月25日召开。会议审议通过县人大常委会代表资格审查委员会关于代表变动及补选代表资格的审查报告，县人大常委会关于召开县十四届人民代表大会第四次会议的决定，县十四届人民代表大会第四次会议日程，县人大常委会向县十四届人民代表大会第四次会议所作的工作报告，县人大常委会关于表彰优秀乡镇人大工作者和优秀人民公仆的决定，县十四届人民代表大会第四次会议关于代表提出议案截止时间的决定，县十四届人民代表大会第四次会议的各项建议名单，县十四届人民代表大会第四次会议选举办法。会议听取和审议县政府关于阳翼高速沁水中木亭和尧都互通连接线工程项目建设资金有关问题的报告。会议认为，阳翼高速公路连接线的建设，对进一步改善全县人民群众生产生活条件、完善路网结构、优化投资环境、加快县域经济发展有着重要意义。举手表决通过县人大常委会关于阳翼高速沁水中木亭和尧都互通连接线工程项目建设资金列入政府预算的决议，要求县政府财政部门要按照《预算法》等相关法律法规的规定，对批准列入政府预算的建设资金，实施全程监督，做到专款专用，不得挤占挪用，确保建设资金安全高效运转，及时发挥作用。

（王旭东）

【沁水县第十四届人大常委会第二十七次会议】 2010年5月25日召开。会议根据县人大常委会主任潘庆云的提请，任命窦沁太同志为县人大常委会办公室主任；根据县人民法院常务副院长侯有政受祁连关院长的委托所作的提请报告，任命王东旗等27名同志为人民陪审员。

（王旭东）

【沁水县第十四届人大常委会第二十八次会议】 2010年8月19日召开。会议听取常广智县长关于2010年上半年经济运行情况的报告，听取并审议通过县政府《关于沁水县县级2009年财政决算和2010年上半年财政预算执行情况的报告》、《关于沁水县2009年预算执行和其他财政收支的审计工作报告》；听取县政府关于全县土小企业整治情况的报告、县法院关于执行工作情况的报告、县人大常委会教工委关于《中华人民共和国食品安全法》执法检查情况的报告。

（王旭东）

【沁水县第十四届人大常委会第二十九次会议】 2010年11月26日召开。会议听取、审议和通过县政府关于县十四届人大四次会议代表建议办理情况的报告，下达审议意见书；听取、审议和通过县政府关于《端氏嘉峰特色城镇总体规划（2010—2030年）》的报告，作出关于批准《端氏嘉峰特色城镇总体规划（2010—2030年）》的决议；听取县政府关于2010年重点工程进展情况的报告、关于教育事业发展情况的报告、关于集体林权制度改革工作的报告、关于农业综合开发项目实施情况的报告、县人大常委会法工委关于《中华人民共和国刑事诉讼法》执法检查情况的报告、县人大常委会教工委关于《中华人民共和国人口与计划生育法》执法检查情况的报告、县政府关于保障性住房建设情况的报告（书面）、县政府关于落实县人大常委会《关于我县2009年财政决算和2010年上半年财政预算执行情况报告审议意见》的反馈报告（书面）、县政府关于2009年预算执行和其他财政收支审计整改工作的反馈报告（书面）。

（王旭东）

【沁水县第十四届人大常委会第三十次会议】 2010年12月24日召开。会议听取和审议批准县政府《关于2010年财政预算调整方案的报告》，并作出相应的决议。会议要求：县人民政府及其财政部门要严格按照县人大常委会批准的预算调整方案，管好用好预算调整资金，加强跟踪监督检查，防止损失浪费现象发生，特别是地方政府债券资金，要严格按规定用途使用和适用范围编制预算，认真落实责任，控制债务风险，使其发挥最大的效益。

（王旭东）

名称：沁水县人民代表大会常务委员会

地址：县城新建西街669号

电话：0356-7022533

邮编：048200

沁水县人民政府

【概况】 2010年，县人民政府在县委的坚强领导下，在县人大和政协的监督支持下，坚持以科学发展观为指导，以加快转变经济发展方式为主线，着力推进产业结构调整，全面提高经济增长的速度、质量和效益，群策群力促转型、一心一意谋跨越，全县经济社会呈现出平稳较快发展的良好态势。

一、经济持续较快增长，综合实力显著提升。全年地区生产总值突破百亿元大关，达到100.1亿元，比上年增长14.2%；规模以上工业增加值完成32.7亿元，增长36.4%；财政总收入完成22.2亿元，增长14%，其中一般预算收入完成6.2亿元，增长18.2%；农民人均纯收入完成5059元，增长15.7%；城镇居民人均可支配收入完成13365元，增长12.8%；社会消费品零售总额完成11亿元，增长23%；全社会固定资产投资总额完成56.9亿元，增长23.2%。圆满完成全年及“十一五”经济社会发展目标，首次入围“全国县域经济基本竞争力中部百强县”。

二、加快转变发展方式，结构调整迈出新步伐。坚持“以煤为基、以煤兴业、多元发展”的转型思路，煤炭企业兼并重组整合工作取得阶段性重大成果，东大、里必、郑庄、胡底、玉溪等大型现代化矿井建设进展顺利。煤层气产业发展迅速，落地企业达到30多家，年抽采量18亿立方，加工转化5亿立方，瓦斯发电装机容量16.6万千瓦，成为沁水县又一支柱产业。旅游开发步伐加快，建成4A级景区1处，2A级景区两处。现代煤化工、煤气电一体化、新型建材等新兴产业和物流、商贸等现代服务业都有新的进展和突破。

三、统筹城乡协调发展，特色城镇化跨上新台阶。确立“一城两区”（以县城为中心，发展以端氏嘉峰为核心的沁水县新能源产业工业园区和以下川舜王坪为龙头的生态低碳旅游区）特色城镇化发展新思路，县城建设按照“一心四团、三河五园”（为以县城总体规划确定的县城中心区、永宁组团、杏河组团、新城组团、东安组团；为梅河、杏河、县河，碧峰山公园、石娄山公园、玉皇山公园、龙岗山公园、树理文化公园）的规划，先后完成梅杏大道、滨河南路、阳翼高速互通连接线、碧峰公园等多项市政工程；加快推进以“六个片区”（郑庄、胡底、端氏、嘉峰、郑村工业片区和煤层气产业片区）为组团的新能源产业工业园区和以历山舜王坪为龙头的生态旅游区建设，“一带两廊”（一带：指沁河滨水景观带，两廊：榼山——嵬山生态廊道和潘河生态廊道）成效显现。10月份，全市特色城镇化建设现场会在沁水县召开。

四、重点工程强力推进，项目建设取得新成效。全年实施省、市重点工程34项，县级重点工程50项，总投资256.6亿元，当年安排投资61.1亿元，实际完成投资61.6亿元，超额完成年度投资计划。特别是实施了教育园区、普通限价房、通道工程等基础设施项目，以及易高煤层气液化二期、世行贷款煤层气开发利用、中电明秀瓦斯发电等生产性项目，对巩固应对金融危机成果发挥了重要作用。

五、扶持发展民营经济，招商引资取得新突破。高度重视发展民营经济，建立工业技术进步和转型发展基金，发放民营企业发展基金320万元，民营经济实现增加值35亿元，上缴税金10.5亿元。认真贯彻省委袁书记“招大商、大招商”的要求，先后参加中博会、能博会、港洽会、福州项目推介会等招商引资活动，签约项目11个，引资48.8亿元，是“十一五”时期招商引资成绩最好的一年。

六、持续推进节能减排，生态环境有了新改善。强力推进节能减排，圆满完成“十一五”节能减排指标。继续实施“蓝天碧水”工程，县城空气质量二级以上天数达到356天，是历年来最好的一年。大力实施“造林绿化”工程，投资8000万元，完成环县城绿化6119亩，荒山绿化1万亩，园林村绿化300亩，宽带林建设117公里，植树造林2.2万亩，全县森林覆盖率达到48.4%，林木绿化率达到57.3%，县城绿化覆盖率达到46.1%。

七、切实保障改善民生，广大群众得到更多实惠。千方百计抓好事关民生的教育、医疗、住房、就业、供水、供电、供气、供热等工作，努力解决群众关心、关注的热点、难点问题。“五大惠民”（坚持优先发展教育、积极抓好创业就业、提高社会保障水平、大力发展医疗卫生事业、推进保障性住房建设）工程深入推进，“五个全覆盖”（村村通水泥（油）路工程，中小学校舍安全工程，县、乡、村三级卫生服务体系，广播电视，农村安全饮水）工程提前完成。与此同时，老龄、人武、计生、审计、统计、广电、气象、档案、妇女儿童、残疾人等各项社会事业都得到长足发展，全县上下政治安定、社会稳定、人民安居乐业。

（宋燕飞）

【文秘工作】 一是加强调查研究，积极建言献智。准确把握和深刻理解上级方针政策，广泛征求、收集和整理各乡（镇）、各部门以及人大代表、政协委员、社会各界的意见和建议，草拟完成《经济工作意见》、《政府工作报告》；以改善和保障民生为重点，征求社会各界的意见，认真研究筛选，提出2010年全县重点工程项目草案和为民办实事项目草案；在煤炭资源整合、校舍安全工程、特色城镇化建设、节能减排、“十二五”规划等涉及全县经济社会发展的方方面面向领导提供大量有价值的建议。二是抓好信息编报，服务领导决策。制定出台沁水县人民政府办公室《关于进一步加强政务信息工作的通知》，建立覆盖全县各乡（镇）和部门的信息员报送队伍，确保政务信息收集编报的准、快、新、实，及时让政府领导了解全县经济社会发展的进程和动态，为政府领导科学决策起到参谋作用。全年编发《政务信息》340条，其中被省、市采用102条（次）。三是树立精品意识，提高办文质量。组织起草、审核县政府和县政府办公室下发的各类文件350余件，按程序送阅和处理上级来文以及各乡（镇）和县直部门的请示报告近千件；组织起草各类讲话、文稿60余万字，有10余篇在市级以上刊物登载或获奖。四是扎实推行政府信息公开。按照省、市工作部署，组织各乡（镇）、各单位编制发布2009年度政府信息公开年报，县政府信息公开平台总计主动公开各类信息2224条，确保人民群众的知情权，提高政府工作的透明度。

（宋燕飞）

【综合协调工作】 一是加强四班子之间的协调联系。县政府重大决策和主要活动，通过电话征求意见、发放征求意见卡、召开协调通气会等方式，主动把县政府工作置于县委的统一领导、县人大的法律监督和县政协的民主监督下，确保各项决策的科学性，有效避免四班子之间各项活动的冲突和“撞车”，保证全县工作的整体协调推进。二是加强县政府班子成员之间的协调联系。主动协调政府班子成员的关系，使政府工作建立在相互配合、相互理解、相互支持的基础上。同时，严格控制全县性会议，大力精简办文办事程序，尽力将县政府领导从烦琐的事务中解脱出来，有更多的时间谋大略、干大事，保证县政府工作的高效运转。三是加强与各乡镇、各部门之间的协调联系。针对各乡（镇）、各单位在工作中遇到的困难和问题，协调安排县政府领导深入基层调查研究，寻求解决问题的办法和措施，召开各类协调会、座谈会、现场办公会150余次，协调解决大小事务300余件，使各乡（镇）、各单位在工作中遇到的矛盾和问题得到及时有效化解。四是突出抓好政务活动的组织协调。筹备组织省、市四大班子重点工作观摩、全市特色城镇化沁水现场会、郑庄煤矿、胡底煤矿、中电明秀开工奠基以及省市政府、人大代表、政协委员检查、视察和调研等活动，组团赴长治襄垣学习取经、梅杏大道竣工通车剪彩等活动，并组织召开县政府常务会议12次，县长办公会议14次，各种座谈会、汇报会、现场办公会、电视电话会议100余次，做到方案具体，组织严密，没有出现任何失误。五是搞好政务接待工作。对上级部门、周边市县来人来客，搞好服务，积极宣传全县的方针政策和发展环境，树立地方政府谋求发展的良好形象，赢得各级领导和兄弟市县的好评。六是认真搞好信访接待工作。始终坚持“群众利益无小事”的原则，由专门的副主任协助县政府领导和信访部门负责接待群众来信来访，协助有关部门妥善处置房屋拆迁、劳动保障、移民搬迁、供水供气供暖等为重点的一批来信来访，拉近和融洽干群关系。七是妥善处置突发事件。始终坚持政务值班24小时不断档，确保上下联系畅通，信息传递及时，妥善处置易高煤层气有限公司冷箱局部燃烧事故、坪曲线交通事故、金峰桥坍塌事故等突发事件，并做到信息及时、准确上报。

（宋燕飞）

【督察督办工作】 及时印发《沁水县人民政府2010年工作目标责任分解的通知》，将政府工作报告所确定的各项工作任务进行细化量化，明确责任单位、工作目标和时限要求。针对2010年全县重点工程、实事项目多的实际情况，成立以县委常委、常务副县长郭沁林为组长的督察工作领导组，领导组由1名副主任负责、3名科级干部配合，下设3个督察工作小组，由办公室6名秘书人员具体负责。同时，根据督察工作需要，随时抽调办公室分管其他工作的班子成员参与督察工作，加强对督察工作的组织落实。围绕县政府各个时期的工作重点，坚持定期督察、跟踪督察、专项督察、突击检查等方式，全程跟踪督察县政府各项工作目标任务的落实完成。对重点工程、实事项目，采取“一周一汇报，半月一推进”的督察办法，尤其在安全生产、护林防火等工作中，协助政府领导深入基层督察指导，进一步明确工作责任，落实各项防范措施，确保全县的安全稳定。在督察过程中，把督察与调研有机结合起来，坚持在督察中发现问题、分析问题、反馈问题、解决问题，特别是对领导重视、群众关心、社会关注的重点工程和实事项目，主动协调政府领导深入工程现场或召开重点工程建设推进会等形式，通过充分协调，既维护群众利益，又确保各项工程建设的顺利推进。同时，把督察结果通过新闻媒体向社会公开，主动接受社会监督；通过《政务督察》进行通报，鼓励先进，鞭策后进，增强各部门单位的责任意识。先后组织重点督察10次，一般专项督察21次，机动性督察上百次，按时办结省、市政府的交办事项，督促办理市长热线67件；督促完成县政府确定的各项目标任务，协调落实县政府常务会和县长办公会决定的有关事项，确保政令畅通，促进工作落实。

（宋燕飞）

【建议和提案办理】 对代表建议和委员提案进行认真梳理和归类，按照建议和提案的性质、内容和单位工作职能，确定主办单位和协办单位，明确办理标准、时限和要求，并明确1名副主任和3名工作人员具体组织落实此项工作。县政府专门召开常务会议，专题研究部署办理工作，要求各承办单位要提高认识，明确责任，协调配合，确保办理工作取得实效。5月14日，县政府召开办理建议和提案工作交办会，对代表建议和委员提案的办理方式、落实措施提出明确要求。继续坚持“四定”（定领导、定专人、定时间、定质量）、“四见面”（县政府有关领导专门召开办理工作会议和各承办单位一把手见面，提出办理工作的具体要求；各承办单位答复完毕后，和县政府分管领导见面，进一步征求意见；各承办单位和人大代表见面征求代表意见；在法定时限内办理完毕后，县政府召开常务会议，和各单位一把手见面，研究进一步解决的办法）、“三签字”（承办单位一把手办理把关签字；县政府分管领导对办理结果审查把关签字；县人大代表对办理结果满意程度签字）、“五注重”（注重时效性、注重政策和客观实际性、注重协调性、注重针对性、注重规范性），完善办理工作制度，做到交办准确规范、格式要求规范、办理环节规范、督察督办规范，并通过《政务督察》对办理工作情况适时通报，经常电话催办、发文督办、上门协办，形成有布置、有督办、有检查的工作落实机制。主动参与代表建议和委员提案办理工作，定期了解办理工作进度，先后多次组织有关人员深入办理单位指导督促办理工作，听取办理工作情况汇报。各承办单位将办理工作作为“一把手”工程，通过印发《办理工作手册》等形式，细化办理任务，明确办理时限，落实工作责任。对一些好的做法和经验，通过电视台、政府网站、今日沁水等媒体进行宣传报道，增强办理单位的责任意识，促进“提”、“办”双方的良性互动，鞭策承办单位抓紧落实。截至年底，所有代表建议和委员提案全部办理完毕，90件代表建议，办结率100%，见面率100%，代表的满意和基本满意率100%；有56件得到解决或基本解决，占总数的62.2%；有33件正在解决或列入规划解决，占总数的36.7%；有1件因条件限制或其他原因需待以后逐步加以解决，占总数的1.1%。79件委员提案，办结率100%，见面率100%，委员的满意或基本满意率100%；有11件得到解决或基本解决，占总数的13.9%；有65件正在解决或列入规划解决，占总数的82.3%，有3件因条件限制或其他原因需待以后逐步加以解决的，占总数的3.8%。

（宋燕飞）

【法制工作】 贯彻落实《国务院关于加强市县政府依法行政的决定》精神，加强全县执法队伍自身建设，推进依法行政。开展执法案卷评查工作，清理规范性文件29件，对全县383名行政执法人员证件进行审核注册。在“五五”普法总结验收之际，组织全县1000余干部职工进行集中学习和考试，进一步提高干部职工的法律水平和法制意识。

（宋燕飞）

【外事工作】 对《归侨侨眷权益保护法》进行普及宣传，增强广大人民群众，特别是广大干部职工保护归侨侨眷合法权益的法制观念。同时，结合全县经济发展的需要，坚持“有保有压”的原则，对全县党政机关和事业单位领导干部因公出国（境）考察和交流活动严格审核把关，避免和杜绝盲目出国、搭车出国、照顾出国和公费旅游出国。全年派出因公出国（境）考察人员5人，根据出访任务为每个人都编制出访计划，做到任务明确，身份真实，材料完整。

（宋燕飞）

【人防工作】 坚持“长期准备、重点建设、平战结合”的方针，按照“年轻化、知识化、专业化”的原则，对全县的人防专业队伍进行重组，确保人防专业队伍满编。开展防空警报试鸣活动，确保防空警报战时拉的响、用得上。审批人防工程项目4项，征收人防工程易地建设费37万元。

（宋燕飞）

【对外事务】 太原办事处从大局出发，主动取得北京公安、信访值班部门的支持，和县信访局上下联动，及时、有效的稳控处置全县赴京、省上访人员，做到每个人、每件事及时、妥善处理，圆满完成任务。完成市、县两级上报下传、稳控、处置、汇总，两大接济中心人员交接等工作。2010年，处理两次未成形集体上访人员23人（县畜牧局14人、端氏曲底村9人）。赴京正常上访5件5人，比2009年分别下降73%和89%；赴省上访7批27人，比2009年下降36%和55%。继续保持全县赴京非正常“零上访”的记录。同时，北京信访值班工作，按照省、市、县要求，执行日值班、周值班、月值班制度。服从省、市总调动，参与全省、市、县稳控任务，无一次失误。

（商沁艳）

名称：沁水县人民政府办公室
地址：县城西街99号
电话：0356-7022944
邮编：048200

人武工作

【战备训练】 重点是按照省军区、军分区战备建设要求，以“上级放心、基层满意、自身过硬”为目标，重新修订各种应急作战预案，补充配备应急作战和指挥保障器材。基础训练阶段，坚持科学组训、严密组织，在军分区组织的比武考核中，取得两个单项第一、两个单项第二、一个单项第三，总评第三的好成绩。在年度军事训练考核中，取得总评第二名的好成绩。在国防后备力量整组中，结合村级组织场所建设，对部分基层武装部和民兵连部的资料进行规范统一。结合应急维稳任务需要，把应急分队纳入县应急救援大队，定期协调林业局、水务局等单位委派教员进行有针对性训练，确保了常备民兵应急分队能够在关键时刻拉得出、用得上、起作用。9月，在军分区组织的精细化管理现场会上，分队以严整的军容、过硬的作风展示了沁水民兵分队的良好形象。

（延跃军）

【队伍建设】 采取人员集中办公的办法，由副部长抓组织、抓落实，政工科长领头搞写作、搞协调，极大地调动了大家的工作积极性。在上级机关组织的晋城集训会议、网上战役演习和参加激情广场等活动中，都积极主动参与。结合“每月一讲”活动，鼓励大家进行学历和能力升级，为全体干部、职工每人购发一套《读点经典》，结合每天的交班会开展“学习一个观点，联系一种现象，感悟一个道理”的读书研讨活动。2010年，机关有两名干部在攻读研究生学历，1名干部在进行本科自考，5名职工顺利通过晋升职称培训考核。全年累计在市以上网络、报刊等刊稿36篇。

（延跃军）

【基层建设】 按照省军区、军分区党委“坚持重心下移、重抓基层，始终把工作重心放在基层，把主要精力用在抓基层打基础练内功上”的指示要求，着力在理顺专武干部进出渠道、提升民兵干部建设质量上下工夫。根据专武干部队伍建设实际，选拔两名优秀大学生充实到专武干部队伍，新调整两名武装部长，平职交流1名武装部副部长。各乡镇的专武干部全部配齐，平均年龄34岁。结合每个行政村配备一名大学生村官的实际，持续开展“把大学生村官培养成带动民兵基层建设的骨干，把民兵连（营）长培养成带动新农村建设的标兵”的“双培双带”活动，《华北民兵》给予重点报道。

（延跃军）

【机关安全工作】 按照精细化管理和北京军区《十项治理检查验收》要求，突出抓“两节”、“两会”、“五一”的安全稳定工作，狠抓人车枪弹密的管控。开展以“严正思想风气、严格履职尽责、严明遵章守纪、严整军容风纪”为主要内容的作风纪律教育整顿。坚持做到“日清查、周检查、月分析、季教育”，每日都要清查安全隐患，每周五下午组织一次安全检查，每月进行一次安全形势分析，每季搞一次安全稳定教育，努力做到事事讲安全、时时讲安全、处处讲安全，实现了安全发展。特别是结合上级组织的“百日安全评比竞赛活动”、“十项治理”、“条令学习月”等，对照制度法规，认真整改落实，进一步强化党委机关和干部职工的法制意识和安全观念。

（延跃军）

【军民融合发展】 按照省军区、军分区党

委关于加强军民融合式发展的指示精神，积极组织驻沁部队和广大民兵预备役人员融入地方建设开展工作。一年来，先后出动民兵5000人次投身端润路“文化长廊”建设、特色城镇化现场会期间的道路绿化和卫生整治，8次组织民兵应急分队参加森林抢险任务，为百名贫困生送去近4万元的助学金和学习用具。为确保蝉联省级双拥模范县“六连冠”，积极开展国防形势报告会、“军事日”活动、国防在我心中演讲赛、退伍军人风采报道等活动，协调沁河能源公司出资100万元，在主要交通要道建立醒目的国防标语和广告牌，进一步营造浓厚的双拥氛围。沁水县创建“省级双拥模范县”和“双拥共建”活动中央电视台军事频道给予重点报道。县长常广智被省委、省政府、省军区表彰为“关心支持武装工作的好领导”。

（延跃军）

【综合保障能力】 按照省军区、军分区后勤应急保障要求，狠抓后勤“双配套”建设，在军分区组织的国防知识竞赛、“精细化管理”现场会和执行应急维稳等任务中，保障及时，作用明显。为改进后勤保障方式和管理手段，坚持开源与节流并举，从严控制招待经费、预算外经费以及机关办公经费等使用开支，提高了经费使用效益。结合机关办公楼与家属楼在一起的实际，持续开展“争创节约型科室、争当节约型家庭”活动，坚持从日常生活入手、从点滴小事抓起，培养干部职工勤俭节约良好习惯，较好形成了“人人想节约，家家要节约”的良好氛围。

（延跃军）

名称：中国人民解放军山西省沁水县人民武装部

地址：县城新建西街205号

电话：0356-7022482

邮编：048200

机关事务管理

【办公室工作】 全年起草各类文件、材料100余件。每天为机关上下大院打扫卫生两次，上下大院6幢办公楼和常委住宅楼每天专人打扫，并定期消毒，灭虫。报刊收发上，做到当天的报刊、信件当天处理。沁水会堂、碧峰会议厅、人大政协楼会议室、劳动保障局四楼会议室4个会场服务各种会议220余次，没有出现任何失误，赢得省、市、县领导和参会人员的好评。同时完成省管理局莅临沁水考察“省机关后勤先进集体”任务、完成“五五”普法验收、文化和谐县城验收、五一劳动节《铁锤魂》节目会演、单位参照公务员管理、临时工缴纳养老保险等事宜。

（牛玮玮）

【财务管理】 完成2009年度财政财务支出决算和2010年财政财务预算任务；完成四班子和30多个单位400余名干部职工和90余名离退休人员的工资调整和发放；完成各类月报、季报、年报工作和西苑小区财务收支决算。按照国库集中支付的有关规定，规范采购行为，严格实行购物申请制度，确保各类用款计划的合理性、合法性，把好各类支出关。组织全县公共机构节能统计人员网络编报系统培训。

（牛玮玮）

【基建管理】 对碧峰会议厅内后形象墙进行装修改造。对人大政协机关大院环境治理以及碧峰会议厅内部改造的各项工程资料进行归档、完善。完成县纪检委对政府性投资工程验收检查。对机关上下大院及原财政局、政务大厦的办公用房情况进行详细的摸底登记，对县卫生局等单位的办公用房做了相应的调整，有效的缓解机关各单位办公用房紧张的局面。为迎接全市特色城镇化建设现场会的召开，对机关南楼、人大政协机关办公楼外墙进行墙面氟碳漆改造，并安装LED电子显示屏。

（牛玮玮）

【安全保卫工作】 坚持领导带班制，做到每天24小时有人在岗（包括双休日和节假日），加强夜间巡逻，并明确责任要求，对进出的人员和车辆进行登记管理。和机关上下大院40多个单位签订安全责任书。配合信访部门，妥善处理来访302次，来访人员1981余人，做到安全保卫无事故。加强车辆管理，制定车辆停放管理制度，对停车场地进行画线，确保车辆停放有序。

（牛玮玮）

【物业监管工作】 对机关大院的供电系统进行10千伏两路线路改造，实现24小时双回路切换供电模式。完成2010年“两节”亮化和八音会等演出活动的灯光、音箱保障。配合相关科室保证省、市、县各类大小活动10余次和碧峰会议厅前的卫生清洁，为机关水电暖的正常供应提供后勤保障。

（牛玮玮）

【供暖工作】 重点做好集体供热的前期准备工作，供暖科人员，对机关上下大院、西苑小区及县处级领导住宅楼的室外主管道进行更换和改造，保证办公楼和住宅区供暖效果。保证机关开水供应。

（牛玮玮）

【膳食管理】 在就餐环境上想方设法，结合实际进行改造，利用假期加班加点施工，大小灶就餐环境进一步改观。在就餐花样上，强化服务，粗粮细做，精心调制，探索食堂化管理，机关干部进餐满意率不断提高。为有效整合资源，对机关食堂管理人员进行相应调整，提高炊事人员的工作积极性。

（牛玮玮）

【车辆管理】 完成县委政府组织的多次大型会议、活动、考察、调研用车任务以及文化下乡活动出车任务，做到全年安全行驶无事故，受到领导和用车户的高度评价。供暖期间，完成煤炭拉运任务，保证锅炉的正常运转和冬季供暖任务的完成。

（牛玮玮）

【人大政协楼综合管理】 人大政协办公楼综合管理任务重、头绪多，涉及安全保卫、环境卫生、车辆管理、报刊发放等。坚持强化服务，精心组织，科学安排，配合相关科室完成人大政协办公楼和西楼改造，接待大小会议70多次，24小时值班守岗，做到安全无事故。强化车辆管理，保证车辆停放有序和卫生清洁的工作环境。

（牛玮玮）

【小区服务】 加强西苑小区的后勤服务和安全保卫工作，安装小区监控器，确保小区无盗、抢现象的发生。在加强小区绿化美化和卫生管理方面也取得明显成效。尤其是红白理事会成立并以其良好的服务，受到干部职工及用户们的好评。

（牛玮玮）

【党建工作】 按照县委的统一部署和要求，把开展创先争优活动作为首要政治任务，建立领导小组，设立办事机构，制定活动方案，7月9日，召开创先争优活动动员大会。开展专题讲座1次，学习交流1次，编发简报14期，开办学习专栏9期，理论测试1次。先后被《今日沁水》和电视台报道5次。通过登门拜访、召开座谈会、发放问卷调查表、征求意见函、设立征求意见箱、设立热线电话等形式向广大干部职工征求意见，先后征求37个单位意见。随后，召开专题民主生活会，制定整改措施，明确努力方向，形成高质量的分析检查报告。针对自身建设、房管服务、安全保卫、队伍素质、作风建设等方面存在的问题以及群众关心的热点问题和影响管理局发展的突出问题，制定整改方案。对创先争优活动中形成的政策、方式、方法，以制度的形式固定下来，共制定完善10章制度。对照查摆出来的突出问题，坚持立说立行，边整边改，干部群众对整个创先争优活动的满意率达到100%。

（牛玮玮）

【公共节能】 11月22日，召开全县公共机构节能工作会议，通报《公共机构节能条例》实施以来全县公共机构节能工作开展情况，并对下一步工作进行安排部署。通过信息网、电视台、报纸进行宣传，发放传单2000余份，教育干部职工把勤俭节约当作促进社会发展、建设文明机关、提高个人素质的大事来对待，从我做起，从现在做起，从一点一滴做起，形成“崇尚节约、反对浪费”的良好氛围。根据机关运转的实际，出台《沁水县公共机构节水、节电和节约燃料管理办法》和《沁水县公共机构节能工作考评办法》，将节约目标分解落实到机关各单位，纳入日常管理和工作考核中，做到层层有责任，逐级抓落实。

（牛玮玮）

名称：沁水县人民政府机关事务管理局
地址：县城西街99号
电话：0356-7022701
邮编：048200

人社工作

【机构改革】 2009年12月31日，县人事局与劳动和社会保障局合并，设立沁水县人力资源和社会保障局（简称县人社局）。正科级建制，编制16名，工勤人员编制3名。3个党支部。内设9个股室：办公室、财务审计股、公务员及企事业单位管理股（县军队转业干部安置办公室）、劳动保障监察股、信访仲裁管理股、工资福利和离退休管理股（县机关事业单位工资制度改革领导组办公室）、专业技术人员管理股、人力资源管理和培训股、社会保障股。职责：依法行使人力资源和社会保障工作的监督、检查、组织、管理和指导；拟定全县人力资源市场发展规划和人力资源流动办法，指导人力资源市场建设；贯彻执行劳动人事争议仲裁制度和劳动关系政策；负责就业、失业、社会保险基金等管理及农民工综合性政策和规划工作；负责统筹机关企事业单位人员和公务员的管理工作；贯彻执行军队转业干部安置政策和负责军队转业干部安置落实；负责开展全县人力资源和社会保障工作的对外交流与合作。

（李国伟）

【就业和再就业】 确立政策扶持、创业带动、技能推动、市场牵线“十六字”促就业方针。落实国家促进就业再就业各项优惠政策，为547名实现自谋职业的下岗失业人员发放社会保险补贴112.2万元。继续降低失业、工伤、医疗、生育4项保险费率，减征保险费1009.88万元。以创建国家级创业型城市为契机，力推“企业发展促就业、事业空岗推就业、全民动员保就业”的创业之风，迎造全县良好的创业氛围。指导筹备成立沁水县创业就业培训协会，实现SYB（创办你的企业）培训270人，实现创业58人，创业带动就业828人。开展实用技能培训2000人，实现就业再就业1553人。依托人力资源市场，组织开展“2010春风行动”、“民营企业招聘周”、“富士康科技集团新项目用工专项招聘”等各类专场招聘活动，提供就业岗位1083个。全年实现新增城镇就业岗位4024个，下岗失业人员再就业705人，对就业困难人员实施就业援助175人。转移输出农村剩余劳动力9100余人。城镇登记失业率控制在1.9%。

（李国伟）

【社会保险费征缴】 全年各项社会保险费共征缴20 197万元，其中企业养老保险参保职工11 526人，完成全年任务的103.5%（非公经济及灵活就业人员参保5057人，完成全年任务的101.1%）；征缴养老保险费9100万元，完成全年任务的121.3%。机关事业养老保险参保5505人，完成全年任务的101.9%；征缴养老保险费7016万元，完成全年任务的167.1%。失业保险参保14 521人，完成全年任务的113.4%；征缴失业保险费593万元，完成全年任务的197%。城镇职工基本医疗保险参保20 948人，完成全年任务的108%（困难企业职工参保2264人，完成全年任务的80.3%）；征缴基本医疗保险费2817万元，完成全年任务的160%。城镇居民基本医疗保险参保13 500人。工伤保险参保人数17 332人，完成全年任务的102%（农民工参保11 102人，完成全年任务的100.9%，非公经济参保5048人，完成全年任务的101%）；征缴工伤保险费566万元，完成全年任务的141.5%。生育保险参保8158人，完成全年任务的102%；征缴生育保费105万元，完成全年任务的78.9%。

（李国伟）

【社会保险金发放】 全年各项社会保险金共支付11 831.9万元，其中为4543名离退休及遗属人员发放养老金9404万元，为符合条件的262名失业人员发放失业保险金86.3万元，为157名工伤职工支付工伤伤残津贴247.6万元，为82名生育职工支付生育费52万元，医疗保险共支付1939万元（个人账户共22万人次的参保职工支付门诊费用1056万元，统筹基金为2522名住院职工支付住院费用883万元），城镇居民医疗保险为196名患病居民报销药费103余万元。并筹措资金为全县184名离休干部、老红军、二等乙级以上伤残军人报销医药费105万元。

（李国伟）

【新型农村社会养老保险工作】 2009年11月11日，沁水县被批准为国家级新型农保试点县后，出台《沁水县新型农村社会养老保险实施方案》和《沁水县新型农村社会养老保险工作实施办法》等一系列配套政策。投资100万元建成全省唯一的县乡村三级联网信息网络系统，投资15万元建成高标准档案室。完成登记参保9.6万人，征缴养老保险费1400万元，成为全省8个保费征缴超千万元县之一，为2.26万名60周岁以上农村老年人发放养老金1475.1万元。

（李国伟）

【国有和集体困难企业参保】 由困难企业以资产抵押、县财政先期垫付资金为困难企业职工补缴单位部分养老保险费，并解决这些企业中未参加养老保险职工的参保问题，共有1291人参加或补缴养老保险，补缴养老保险费3176.8万元。在全市率先、也是唯一的一家解决这一“老大难”问题。

（李国伟）

【公务员管理】 转发晋城市人力资源和社会保障局《2010年度加强市级行政机关公务员管理工作重点的通知》，从纪律作风、行政能力、思想道德、廉洁自律、绩效考核等方面加强对全县公务员的管理。对档案局等15个参照《公务员法》管理的单位工作人员进行登记及建立信息系统工作。组织县粮食局机关3名同志参加公务员过渡考试。对县公安局118名警务人员进行职务套改。出台《沁水县公务员普通话培训与测试工作实施方案》，分3批对全县将近1200名公务员和窗口单位工作人员进行普通话培训和水平测试。同时，还通过开展推广普通话宣传周、演讲赛等活动，在全县营造推广普通话、使用规范字的良好氛围。召开全县事业单位分类改革暨岗位设置管理工作动员会，全面启动事业单位岗位设置管理工作，进展顺利。

（李国伟）

【专业技术人员管理】 重新组建沁水县中学教师初级专业技术职务评审委员会等4

个评委会。共评审初级资格280余人，向省评委、市评委推荐高中级专业技术人员30名。审批享受岗位津贴专业技术人员123人。组织并落实专业技术人员的职称英语、计算机模块和经济系列资格考试报名的有关事宜。

（李国伟）

【人才开发】 全年报批全民所有制事业单位聘用制干部130人。接收大中专毕业生439人，其中硕士3人，本科121人，专科249人，中专66人。新增储备大学生162人（非师范类90人，师范类72人），发放储备大学生补贴321.48万元。选拔享受县政府特殊津贴优秀乡土人才30名。

（李国伟）

【工资管理】 积极探索机关事业单位收入分配制度改革，完成义务教育阶段学校绩效工资改革。顺利实施公共卫生与基础医疗卫生事业单位绩效工资，对全县40个公共卫生与基础医疗卫生事业单位720人的收入和支出情况进行核查，并将核查结果上报上级主管部门。按规定为到龄的158人办理干部职工退休手续。根据考核审批大中专毕业生转正定级38人。理顺全县畜牧兽医站在职人员工资65人，退休人员37人，每月财政拨付资金约15.6万元。完成晋升工资7102人，人均月增资28元。审批义务教育奖励性绩效工资和事业单位人员临时补贴，提高公务员津贴补贴。积极推进企业工资集体协商制度，严格执行最低工资标准，对全县20多家企业执行工资指导线情况进行备案和上报，促进企业职工工资正常合理增长。开展20个工种的工人技术等级考核晋升报名工作，共463人，其中技师225人，高级工95人，中级工86人，初级工57人。组织参加山西省首届机关事业单位汽车驾驶员技能大赛，取得市里第一名、省里第八、第九名的优异成绩。

（李国伟）

【劳动监察】 全面落实工资保证金制度，依据《沁水县工资保证金管理暂行办法》，出台《贯彻落实〈沁水县工资保证金管理暂行办法〉实施细则》，进一步明确各部门的职责分工，规范缴费行为。依规对38户建筑施工企业催缴工资保证金1129.5万元。组织开展农民工工资支付、清理整顿人力资源市场秩序、劳动用工、最低工资标准执行情况等6次专项执法检查，累计检查用人单位124户，涉及职工1.6万余人。对19户劳动用工手续不完善、存在违规行为的用人单位依法下达责令改正决定书，责令限期整改。督促用人单位补签劳动合同2300余份，清理社会保险欠费50余万元。受理群众举报拖欠工资案件9起，全部运用简易程序现场给予解决，为260名农民工追发工资163万元。

（李国伟）

【人事劳动争议信访和仲裁】 用人单位劳动合同备案36家，职工总数7621人，新签订劳动合同4577人，未到期人数3044人，其中地面企业24家1800人，新签订劳动合同1413人，劳动合同未到期387人。煤炭企业12家5821人，新签订劳动合同3164人，劳动合同未到期2657人。纠正违法合同180余份。集体合同备案7份。劳动用工备案32个单位8703人，其中煤炭企业11个单位7520人，地面企事业单位21家1183人。接待群众来信来访409人次，其中涉及农民工343人，集体信访15起，结案率达100%。受理劳动争议案件35起，处理33起（其中调解28起，撤诉1起，裁决4起），正在调查处理2起，结案率为94%。

（李国伟）

【军转工作】 落实解困政策，建立“温馨服务卡”，对全县困难企业军转干子女就业问题进行深入细致的摸底调查。根据上级文件规定，为全县军转干补发2009年、

2010年生活困难补助17.0376万元，发放工资91.4万元。为28名企业军转干部进行健康体检。

（李国伟）

【乡镇公共服务建设】 本着就近、便利、节约、高效的原则，在人口相对集中，交通相对便利的乡（镇）设立6个基层中心所，将业务全面覆盖和延伸。投资100多万元，对6个乡镇中心劳动保障事务所进行网络建设和基础设施建设，实现中心所的机构、人员、经费、场地、工作、制度“六个到位”。并对基层工作平台人员进行办事程序、业务流程、规章制度和相关政策方面的业务培训。

（李国伟）

名称：沁水县人力资源和社会保障局
地址：县城西街99号
电话：0356-7022392转8000
邮编：048200

档案工作

【档案征集接收工作】 2010年，馆藏91个全宗档案资料，共计6.9万余卷（册），其中包括革命历史资料43种220卷（册），县委、县政府及其下属工作部门、直属单位文书档案24 665卷，专业档案4680卷，照片档案两册，实物档案142件，资料10 100册。改制、破产、关停7家国有企业档案资料25 286卷（册）。所有档案资料全部装盒保管、档号排列有序、卷内目录完善，卷盒均有检索标志，达到整齐、合理、科学，已逐步规模化、标准化、系统化，为以后档案的进一步科学化、信息化管理奠定基础。微机录入馆藏档案案卷目录84个全宗15 943条，卷内目录两个全宗231卷3884条。设施设备齐全，配置有密集架320组，防磁柜1套，目录柜4套，年均接待查阅利用600余人次，利用档案资料1000余卷（册）。

（何桂梅）

【档案管理和服务工作】 坚持以热情、优质、高效的服务理念和工作态度，认真做好档案服务利用工作，为每一位利用者排忧解难。接待查阅人员500人（次），调卷1500卷（册）；认真做好馆藏档案的抢救、保护及鉴定工作。对国家重点档案710卷进行及时抢救，抢救率达100%，其中革命历史档案166卷1661件，明清档案4件，土地证274卷33 405件，革命历史资料41种209卷（册），常委会记录57本。对1980年文书档案进行开放鉴定，共计784卷，其中控制卷为241卷，鉴定率达100%，并制定鉴定计划、开放公告，形成鉴定分析报告。按计划接收文书档案进馆，共接收1个单位永久、长期档案36卷2169件；建立健全档案的接收、保管、整理、编目、保密、利用、统计、鉴定、安全保卫等各项管理制度，严格做好库房安全工作，未发生安全事故和失密事件。

（何桂梅）

【现行文件接收工作】 全年接收现行文件800余份，接待利用者50人次，发挥现行文件利用中心服务社会的窗口作用，加强与县民政局、人社局等20个涉民单位的重点沟通，并按要求及时接收现行文件。

（何桂梅）

【业务指导】 加强14个乡镇档案室和村级建档工作，对全县14个乡镇林权改革档案进行指导，配合县林业局完成以嘉峰镇、胡底乡、十里乡、苏庄乡、张村乡为试点的林权改革档案建档工作。完善全县9个社区档案工作管理体制，积极指导社区低保、医保、劳动力、再就业等建档工作。组织基层档案人员学习国家档案局“8”号令，加强检查指导，明确归档范围和工作要求，对13个单位的《文件材料归档范围和保管期限表》制定工作进行调研和指导，并到市局报批。深入机关单位进行业务指导，老干部局和社会保险事业所两个单位档案管理达到省三级标准，累计达省一级标准的有12个单位，达省二级标准的有16个单位，达省三级标准的58个单位，总共达标单位达到86个。对县科教局的各村级学校改造工程和县污水处理厂的项目建档工作进行业务指导。

（何桂梅）

【馆库建设】 2010年8月，县人大院西楼作为档案局新的档案馆，该楼一层为框架式钢筋水泥结构比较适合做档案库房。建筑面积为1270平方米，使用面积为1155.1平方米，其中一层建筑面积为423平方米，使用面积为385平方米。容量可满足10年的需求。并向县财政争取专项资金50.4173万元用于改造库房和购置档案密集架178组。2010年12月搬迁。

（何桂梅）

名称：沁水县档案局
地址：县城西街99号
电话：0356-3256695
邮编：048200

行政审批工作

【行政审批管理】 对全县具有行政审批职能单位开展“三清理”（行政许可主体、行政许可事项、规范性文件清理）、“四废止”（凡是违反《行政许可法》超越职权设定行政许可的文件立即废止；凡是未经法律、法规授权实施行政许可的文件废止；凡是没有法律、法规、规章的规定，实施行政许可的文件废止；凡是以行政机关内设机构名义实施行政许可的文件立即废止）。在前6批精简368项的基础上，2010年第7批取消27项，调整6项，共取消395项，占全县所有审批项目709项的55.71%。全县保留行政许可审批实施主体单位39个，规范保留行政审批服务项目总数376项，其中保留行政许可项目268项，非行政许可项目108项，便民服务项目17项。县行政审批中心对这些项目全部逐项进行梳理、核实、登记和分类、公布。全年累计受、办理各类审批事项及证照19 292件，其中即办件17 409件，承办件1883件，同比增长57.8%；平均日办件84件，按期办结率达99.99%。

（胡小聪）

【机关建设】 制定一系列便于操作、考核的工作规章。全年对进驻窗口单位办理行政许可档案进行检查，提出合理化建议10余件，纠正问题20余处，联合监察、法制等单位对进驻单位进行两次检查，纠正不合理办理程序15处。11月，沁水县阳光农廉网开通，实现县、乡、村审批办事“一网通”，通过办事指南平台使全县网络农户和乡村服务点都能够及时查询到服务事项的流程、时限、所需材料、政策依据、收费标准、办理动态等内容，群众办事更加快捷便利，审核审批更加规范。大厅每个窗口设有热线电话，方便没有网络的农户咨询。制定并落实《党风廉政建设责任制责任目标》，开展推进惩防体系制度建设、创先争优活动、推进学习型党组织建设、规范化党支部建设等活动。

（胡小聪）

名称：沁水县行政审批中心
地址：县城西街511号
电话：0356-7025291
邮编：048200
网址：www.qsxzsp.cn

地方志工作

【《沁水百科全书》和2008年《沁水年鉴》发行工作】 两书的发行范围由往年的县直机关单位扩大到乡村、学校、厂矿、企业等。全年向县委、人大、政府、政协四班子领导及各部门各单位领导送书800余册，有效服务县委和政府的各项工作。

（李燕妮）

【2009年《沁水年鉴》完成编印任务】 坚持"重质量、创精品"的编志原则，按部类将稿件分解到人头，从资料收集、整理汇编、统稿改编、到编辑校对每一项工作都一包到底，做到职责清楚，任务明确，奖惩分明，保证年鉴编纂工作的顺利开展。在稿件征集方面严把质量关。限定稿件征集时间，要求各单位指定专人撰写稿件，交稿时必须领导签字，加盖单位公章方可收稿，稿件完成后在每一个条目后署撰稿人姓名，以提高基层供稿人员的责任意识，从源头上把好所征资料的质量关；在整理汇编中严把史实关。要求每人将征回的稿件进行初步的编辑整理，对涉及的相关统计数字进一步查对核实，确保事实清楚，数字准确，资料真实可靠；在统稿编审中严把文字关。指定专人多次进行统稿编审，反复修改，力求年鉴资料语句通顺，表述准确，不出差错；在稿件付印过程中严把校对关。每人对所包部类稿件负责，校对结束确认无误后签名付印。通过采取以上措施，年鉴的质量大大提高。2009年《沁水年鉴》的编印任务圆满完成。

（李燕妮）

【部门志、专业志、乡村志编纂管理】 2010年，沁水《政协志》、《财政志》、《公安志》、《审计志》、《地名志》、《工会志》、《沁水革命老区志》、《五里庙村志》、《蒲池村志》、《中村村志》、《郭壁村志》、《张峰村志》、《永安村志》开始编纂。主要是加强对编志单位的业务指导和出版评审。深入正在修志的单位走访座谈，了解修志动态，帮助提供业务书籍，督促指导修志工作，对一些修志过程中可能遇到的原则性问题提出具体的指导意见和建议。对《沁水政协志》稿件评审，就稿件中存在的问题提出修改意见和建议，并对修改后的审定稿进行审查审批，成为继《沁水军事志》、《长畛村志》后第三部经地方志部门审查批准出版的志书。同时，主动和修志单位修志人员经常保持联系，掌握进度，了解情况，及时为修志单位提供服务。

（李燕妮）

【志书收集工作】 配合省、市地方志部门，为山西省地方志30年成果展收集沁水县部门志、专业志、乡村志、家谱等资料60余册，展示沁水30年来的修志成果。

（李燕妮）

【志书交换与服务】 同兄弟县、市地方志部门加强交流和联系，与兄弟县、市交换、赠送志书100余册，单位所有志书资料免费向社会提供咨询和查阅服务。

（李燕妮）

【参公管理工作】 按照市、县相关部门要求，前半年完成机构和人员的资料审核、报送和公示等工作，8月，转入参照公务员管理系列，11月完成部分参公人员的工资套改。

（李燕妮）

名称：沁水县地方志编纂委员会办公室
地址：县城新建西街669号
电话：0356-7022749
邮编：048200
网址：http://www.qsdfz.com

国有资产经营管理

【国有资产经营情况】 2010年，国有资产经营公司实现股权持股收益2.13亿元，收回持股分红8125万元，实现资产经营收入13.65万元，资产租赁收入51.78万元，并足额上缴财政。8个地面改制企业留守处全年实现资产租赁收入16万元，处置闲置资产实现资产变现收入 3.5 万元，以上两项共计实现财政收入 19.5 万元。

（崔小瑛）

【国有资产监管】 2010 年底沁和能源公司累计上缴税金 19.4 亿元，企业净资产 32.8 亿元。累计实现持股收益 5.12 亿元，收回分红款 11 125 万元。通过强化国资经营管理、盘活存量资产、进行资产处置变现、租赁经营等形式累计实现财政收入 208.8 万元，其中资产处置变现 133.5 万元。保障了国有资产的安全经营、可持续发展。

（崔小瑛）

【制度建设】 新制定《集中学习期间考勤制度》、《领导干部调研制度》、《党务公开制度》、《公务消费制度》等，并在原有制度的基础上修订和补充完善《各项规章制度的监督奖惩办法》、《领导干部个人重大事项报告制度》等多项规章制度，以及《党风廉政目标责任制》、《2010 年党风廉政建设责任制责任分解》等相关配套机制，强化廉政监督和惩处力度。并对《廉政准则》、《关于党员干部报告个人有关事项的规定》等廉洁自律相关内容进行宣传教育。通过全方位贯彻落实政策、措施，全体党员干部和职工都鸣起警钟，遵纪守法意识普遍得到增强。

（崔小瑛）

名称：沁水县国有资产经营公司
地址：县城梅杏北路 59 号
电话：0356-7022746
邮编：048200

电子政务工作

【电子政务信息】 2010 年，网站累计发布信息 2511 条，其中沁水政务 683 条、晋城政务 465 条、国内国际新闻 675 条、沁水热点 336 条、重大事件 44 条、政府公告 39 条、政务公开 70 条、地方动态 23 条、经济热点 15 条、最新文件 8 条、学习型党组织 15 条、创先争优 24 条、特色城镇化建设 13 条、人口普查 101 条；在线视频播出《沁水新闻》240 余次，对全县各项大型活动进行专题报道，对县领导参加的重大活动及时跟踪报道，对市长热线答复及时更新发布。全年开设 2010 年两会专题、贯彻袁纯清书记视察晋城讲话精神专题、建设学习型党组织专题、创先争优活动专题、特设城镇化建设专题、第六次全国人口普查专题、沁水双拥专题等。全年《晋城在线》采用信息 400 余条，被《晋城在线》授予十佳网站建设进步奖。

（侯冠群）

【网络维护】 在原有接入单位的基础上对部分单位的网络进行改造，同时针对各单位网络中存在的各种问题，及时派出专业人员进行维护，全年累计维护 500 余次，确保各单位的网络通畅，提高政府大院各单位及周边部分单位的办公互联和互联网的使用率。

（侯冠群）

【电子政务建设】 利用现有的网络安全设备对各大主流媒体、网络游戏等进行阻断，成功地对一些入侵行为进行阻断和告警，加强网络行为的监控和审查功能，加大对网络病毒的查杀工作力度，使网络运行更加稳定，网络维护更加方便，网络安全性进一步提高。在加固网络的同时，加强制度建设和网络安全检查的力度。

（侯冠群）

名称：沁水县信息中心
地址：县城西街 99 号
电话：0356-7021727
邮编：048200

中国人民政治协商会议沁水县委员会

【参政议政】 政协七届四次全会期间，围绕《县政府工作报告》，针对全县实现转型发展、建设文化强县、推进金融与地方经济和谐发展、农民增收、创业就业等全局性问题进行议政发言，并就全县发展低碳绿色经济的思路、建设文化强县的措施、金融支持地方经济发展的办法以及开展全民创业、建设专业村带动农民增收的对策集中协商、建言立论，提出意见和建议35条。围绕编制全县“十二五”发展规划，筛选具有全局性、宏观性和战略性的重大课题，就全县经济社会发展、基础设施建设以及和谐社会建设等方面，深入调研，政协十八次常委会议进行专题协商，形成《关于编制沁水县“十二五”规划的若干建议》，共计66条，涉及农业、工业、文化、教育、卫生、水电路等基础设施建设等各个方面。围绕发展绿色、低碳经济，加快全县经济结构调整，赴山东德州、河北保定等地进行实地学习考察，借鉴利用自然资源发展低碳经济的经验、做法，在政协十六次常委会进行专题讨论，提出以低碳理念为引导，加快发展循环经济、积极推进结构转型、强制进行节能减排、走绿色发展的思路及六方面对策建议。围绕推进文化强县、大力发展文化产业进行专题调研，并召开文化产业调研座谈会，在征求各方面意见的基础上，政协十七次常委会议进行专题协商讨论，形成《关于对我县文化产业发展情况的调研报告》，提出全县“十二五”时期文化产业发展的指导思想、原则、发展导向和实施好“十个一”重点工程以及七条保障措施。加强同民主党派、人民团体、工商联和广大委员以及社会各界人士的联系、沟通、交流，为他们参政议政创造条件，通过召开民情征集会、政情通报会、提提案、反映社情民意等多种形式，充分表达人民群众的意见和建议，全年提出意见和建议100余条，为全县经济社会发展提供智力支持。

（郜晋龙）

【民主监督】 借助县政协网站，运用建议案、提案等形式，将广大委员反映的、群众普遍关注的教育、医疗卫生、劳动就业、社会保障、农民增收等16件民生问题作为重点提案，多渠道、多形式、多层次加大监督力度，及时将办理落实、反馈进展情况予以公布，提高政协民主监督的透明度，增强民主监督执行力。全年收集提案226件，同类提案合并后169件，审查立案处理81件。截至年底，解决或基本解决14件，正在解决的64件，受条件所限不能及时解决的3件，转为社情民意或建议办理52件，不予立案36件，其中《关于理顺我县医药管理体制实行药品专供的建议案》，县政府高度重视，并在强化医药市场管理、完善监管和医药流通保障体系等方面积极采取措施加以落实。有关促进老区重点村发展、保障未成年人利益、大学生创业就业、司法救助、发展服务业等提案得到较好落实。坚持把关注民生政策的落实、民生问题的改善和民生事业的发展作为监督的重点，发挥委员视察作用。先后组织委员对滨河南路、高速公路连接线、梁庄文化广场、育才园区、玉龙隧道、碧峰公园、树理广场、文化展厅等全县重点工程建设情况进行视察，通过现场听取汇报、现场研究对策、现场解决问题等方式，提出意见和建议，真正使民主监督在促进全县经济社会发展、确保社会和谐稳定、保障改善民生上发挥作用。

（郜晋龙）

【社情民意】利用《社情民意》这一通道，抓住经济社会发展和民众关心的热点问题，及时编发上报社情民意。全年收集社情民意186条，编发上报115期140条，其中《关注校园安全问题》、《完善野生动物损害补偿机制》被全国政协采用；《问政于民贵在民意能否实现》、《应关注贫困残疾人无力承担医疗费用》等48条信息被市政协采用；《农民看病贵、看病难问题需持续关注》等信息被市政府有关领导批示，并责成有关部门落实办理，促使有关民生问题得到有效解决。同时，利用县政协网站和《今日沁水》“民意直述”专栏，多渠道、多层次广泛听取社会各界和人民群众的意见和呼声，做到让委员知情参政、知情议政，发挥委员贴近基层、贴近群众的优势，针对群众普遍关注的热点、难点、焦点等问题，协助党委、政府做好排忧解难、化解矛盾工作，把一些突出性问题解决好，把苗头性问题解决在萌芽状态，促进和谐沁水建设。

（郜晋龙）

【文史资料】11月，沁水《政协志》经评审、修改、定稿后，交付山西人民出版社出版印刷。《沁水县政协志》是首部反映县政协发展历程的史志，集真实性、准确性、价值性、可读性于一体。该志共12章120万字，全面客观地记载县政协自1984年成立以来26年的主要工作成绩和重要活动，为社会各界了解和研究县政协的历史提供系统的丰富的资料。对广大人民群众进一步认识和了解沁水政协有着重要的现实意义，对于今后从事政协工作的同志借鉴历史，思考未来，探索政协发展规律，启迪政协工作思路也有着重要的历史意义。

（郜晋龙）

【联谊交流】2010年，先后有内蒙古自治区包头市土默特右旗政协对全县液化气项目进行交流考察，与城区政协进行交互视察，与山东德州、河北保定、陕西渭南市华县、新疆等地政协开展联谊交流。并通过举办新年茶话会、联谊会等形式，不断加强同民主党派、工商联、人民团体、无党派人士和社会各界人士的联系、交流与沟通，凝心聚力，共同为推进和谐沁水建设营造良好氛围。

（郜晋龙）

【自身建设】按照建设创新型政协组织的要求，创新工作机制和活动载体，提升履职能力和服务水平。推进制度化、规范化、程序化建设。继续以健全和完善常委会工作、专委会工作、提案工作和社情民意工作机制为重点，加大提案和社情民意工作跟踪督办、反馈考核制度，并补充完善各项规章制度，使各项工作做到有章可循、有据可依，为履行政协职能、提高工作效率创造条件，有效激发工作热情和活力。围绕“立足岗位争先进，科学发展我先行”主题，组织引导机关广大党员和干部职工开展“亮牌示岗”、“岗位奉献”、“情系民生”、“服务群众”等一系列实践活动。围绕民生关注的问题，组织党员领导干部深入基层、调查研究，广听民意、广集民智，撰写出高质量调研报告，有两篇获得优秀成果奖。先后组织开展“争创科学发展好机关”、“争当科学发展好干部”活动、“送温暖献爱心”、“扶贫帮困”等活动，展示政协机关的新形象。组织离退休老干部外出学习考察、实地调研视察，激发他们为全县经济社会建设发挥余热的热情，增加了政协的亲和力和感应力。政协机关组织协调、参谋助手、服务保障的作用得到充分发挥，为促进政协事业的发展提供有力保障。

（郜晋龙）

【政协第十三次常委会会议】2010年1月

14日在县政协四楼会议室召开，会议讨论《关于赴浙江省四市县考察全民创业和中小企业融资情况的报告》。听取县委办公室、县政府办公室对政协七届三次会议以来提案办理情况的汇报。听取县政协各专委会主任工作述职报告。

（郜晋龙）

【政协第十四次常委会会议】 2010年3月30日在县政协四楼会议室召开，会议听取县政府办公室王江龙副主任关于《政府工作报告》的起草情况说明。审议通过《政协第七届沁水县委员会常务委员会工作报告》（讨论稿），《政协第七届沁水委员会常务委员会关于七届三次会议以来提案工作情况的报告》（讨论稿），《县政协常委会2010年工作要点》（讨论稿），通过《关于召开政协第七届沁水县委员会第四次会议的决定》（草案）及全委会议有关议程、日程等有关事项，通过《关于表彰2009年度社情民意先进个人的决定》（草案）和《关于增补王保玉等3名同志为七届县政协委员的决定》（草案）。

（郜晋龙）

【政协第十五次常委会会议】 2010年4月14日在河源宾馆会议室召开，会议审议通过政协第七届沁水县委员会第四次会议提案审查情况的报告（草案），审议通过政协第七届沁水县委员会第四次会议政治决议（草案），审议通过政协第七届沁水县委员会第四次会议关于常务委员会工作报告的决议（草案），审议通过第七届沁水县委员会第四次会议关于七届三次会议以来提案工作情况报告的决议（草案）。

（郜晋龙）

【政协第十六次常委会会议】 2010年7月8日在县政协四楼会议室召开，会议听取蔺杰副主席对县政协关于赴山东德州等地考察低碳经济的情况通报，听取县煤炭和煤层气工业局副局长王强对全县煤层气产业发展情况的通报。

（郜晋龙）

【政协第十七次常委会会议】 2010年10月29日在县政协四楼会议室召开，会议听取张书元副主席对文化产业调研情况的通报，并安排"十二五"规划建议调研工作。

（郜晋龙）

【政协第十八次常委会会议】 2010年12月17日在县政协四楼会议室召开，会议听取县委办公室、县政府办公室就县政协提案办理情况进行通报和县政协副主席张书元、任振奎、蔺杰分别对"十二五"规划建议调研情况的通报。

（郜晋龙）

名称：中国人民政治协商会议山西省沁水县委员会

地址：县城新建西街669号

电话：0356-7022203

邮编：048200

网址：http://www.qszxw.gov.cn

群众团体

总 工 会

【工会组织情况】 2010年，全县新组建工会组织66个，发展会员4380人。截至2010年底，全县有工会组织420个，会员32 850人，其中农民工会员7575人。为解决基层工会星级建设的资金瓶颈，对全县14个乡镇工会和沁和能源所属企业工会实行以奖代补的办法一次性下拨37万元经费，使基层工会规范化建设迅速发展。全年收缴工会经费达到520万元。

（王 波）

【信息工作】 全年编发《沁水工会信息》95期，在各级新闻媒体发表150余条，其中省级以上发表95条，创历年新高。

（王 波）

【举办职工职业技能大赛活动】 2010年7月至10月举办沁水县职工职业技能大赛，在煤炭、电力、金融3个行业中比赛11项，李凌等10名选手荣获一等功，张建峰等9名选手荣获二等功，张利军等8名选手荣获三等功；组织工作优秀的单位授予“优秀组织奖”。选拔优秀选手参加晋城市第二届职工职业技能大赛。

（王 波）

【推进创建“工人先锋号”活动】 沁水县供电公司客户中心、沁水中行营业部、端氏煤矿综采队等6家获得县级“工人先锋号”；侯村煤矿运输队、县建筑公司第一施工队等4家获得市级“工人先锋号”；沁泽焦化炼焦车间获得省级“工人先锋号”。

（王 波）

【个人和集体获奖情况】 2010年，33名个人和8个集体被评为各级劳模。涌现出全国劳动模范1名、全国先进工作者1名，山西省模范单位（集体）1个、山西省劳动模范3名，晋城市模范单位（集体）7个、晋城市特级劳动模范2名、晋城市劳动模范26名。

（王 波）

【维护职工权益工作】 全年开展职业介绍323人。以“平等协商集体合同活动月”为契机，签订集体合同102份，签订率达95%以上，覆盖企业170家，覆盖职工20 318人，从源头上维护职工的劳动经济权益。依法落实职工民主政治权利，坚持定期召开职代会，对柿庄镇一条街区域性职代会、龙港镇建材行业职代会进行规范。全年受理劳动争议案8起，协调基层工会全部解决。帮助农民工讨薪120万元。先后举办养羊、煤炭、建筑、家政等专业培训班，培训农民工2246人。在建筑、煤炭、私营企业、城建、家政等行业帮助农民工就业320人。

（王 波）

【"两节"送温暖活动】 2010年，县工会发放帮扶慰问金和实物共29万元，为245名困难职工送去帮扶资金近10万元，对47家企业1597名困难职工发放慰问金(品)18.7万元，其中为377名农民工发放送温暖资金33 825元。

（王　波）

【"金秋助学"活动】 为103名困难职工子女发放助学金16.1万元，其中为22名农民工子女发放救助金4万元。

（王　波）

【职工大病医疗互助】 第三期职工大病医疗互助受理申请补偿职工242人，对185人发放补偿金48万元，其中为4名农民工补偿38 823元。第四期职工大病医疗互助参加单位125个，职工18 383名，收缴互助金919 150元，较上期提高2%。

（王　波）

【救助工作】 全年救助农民工406人，资金达118 648元。对全县1761户困难职工建立电子档案，实行网络化、动态化管理。

（王　波）

名称：沁水县总工会
地址：县城新建西街83号
电话：0356-7022935
邮编：048200

团　县　委

【共青团沁水县第十五次代表大会】 2010年11月9日，中国共产主义青年团沁水县第十五次代表大会在碧峰会议厅召开。107名代表出席。县四大班子领导以及共青团沁水县第十四届委员会常委出席会议。会议选举吴海军、冯志刚等33人为团县委委员，选举吴海军、冯志刚、王俊锋、豆军胜、柴林霞、肖志红、成贞、张鹏、王卫东为团县委常委，选举吴海军为团县委书记，冯志刚为团县委副书记。

（王俊锋）

【沁水县青年联合会一届一次全委会】 2010年11月9日，沁水县青年联合会一届一次全委会召开。来自公共管理、政法、科教文卫新闻、农水林牧、财税工交企业5个界别的60名委员出席。会议选举产生沁水县青年联合会第一届委员会常委、主席、副主席。县委副书记邹树琦同志任名誉主席，团县委书记吴海军任主席，南征、冯志刚、李勇、史俊兵、刘沁峰、冯立康任副主席，常沁芳、李胜利、张东卓、崔娜、窦晋阳、田东亮、李娜、王华、郭兆定任常委。

（王俊锋）

【青少年思想政治教育】 2010年，全县各级共青团、少先队组织以重大节庆日为契机，开展革命传统教育、"歌唱祖国庆六一"、"红色传递"、统一升国旗、规范创新少先队入队仪式等活动，加强青少年爱国主义教育。利用青少年入学、入队、入团等时机，开展党史、革命史、团史、队史教育。在西南旱灾、玉树地震发生后，组织团员青年、少先队员参与抗旱救灾活动中，募捐捐款44 393.6元。组织开展"十大杰出青年"、"十大青年创业明星"等评选活动，选树典型，发挥带动作用。通过开展主题团（队）日、"青年月"、文化节、成人仪式等一系列活动，使广大青少年的思想道德素质得到提高。

（王俊锋）

【基层组织建设】 按照省委组织部、团省委的要求，11月，县、乡、村三级团组织集中换届，三级团干部的年龄结构、知识层次得到优化，全县251个行政村中有194个村由大学生村干部担任团支部书记。在人社局、广播电视台成立团组织。在27家"两新组织"（新经济组织、新社会组织）

中建立团组织。通过“推优入党”活动，8名“两新组织”优秀团员青年加入中国共产党。

（王俊锋）

【少先队辅导员推荐聘任工作】 联合县教育局在全县开展少先队辅导员推荐聘任工作，共聘任总辅导员19名、大队辅导员11名，中队辅导员237名，志愿辅导员45名，确定少先队工作联系人63名，建立了一支素质高、能力强的少先队辅导员队伍。

（王俊锋）

【青年就业创业工作】 在世纪先锋成立沁水县青创中心。全年为382名创业青年发放小额贷款1802.1万元，带动288人就业。新建一个青年创业就业见习基地，可提供10个见习岗位。组织260余名“两后生”(初中、高中毕业后未能继续升学的贫困家庭富余劳动力）、返乡农民工、未就业大学生开展技能培训。向深圳、珠海等地输出农村剩余劳动力300余人。

（王俊锋）

【青少年维权】 加强青少年公共服务中心建设。开展“青少年与代表委员面对面”活动，形成具有代表性、普遍性的青少年诉求提案3件、调研文章5篇。联合有关部门，开展法制宣传、网吧、校园周边环境专项整治等活动，努力净化青少年成长环境。开创一项活动推动维权发展之路。由沁和能源举办“沁和爱心助学”活动，在每年20万元资助金额的基础上，2010年增至40万元，分设“沁和育才”和“沁和圆梦”两个项目。其中“沁和育才”项目资助总金额20万元，重点资助被全县直属高中录取的贫困学生和在读高中贫困学生，共有135名学生受助；“沁和圆梦”项目资助总金额20万元，重点资助全县被二类本科以上高校录取的贫困学生，共有58名学生受助。动员社会各界公益事业人士加入“青春联盟爱心行动”，继续资助5名孤儿，每人2500元。在沁水中学新建共青团支持农村青年书屋1个，捐赠图书2万册。帮助两名患大病青少年申请山西健康希望工程“德伟爱心基金”。

（王俊锋）

名称：中国共产主义青年团沁水县委员会

地址：县城新建西街669号

电话：0356-7022253

邮编：048200

妇　联

【妇女创业就业】 联合县人社局开展毛线手工编织技能、山野核桃手工艺品制作和养猪知识等培训，为推动妇女创业就业奠定基础。2010年，全县举办培训班20期，培训妇女1000余人次。引导广大妇女积极创业，组织妇女大力发展种殖养殖。培树程琴琴、陈抗利、李红霞、付秋萍等一批种殖养殖典型，通过典型带动，促进妇女就业创业。全县妇女饲养牛存栏达到4530头，10头以上的达到20户；养猪存栏达到42 873头，50头以上达到100户；养羊存栏20万只，30只以上的达到910户；养鸡存栏44万只，500只以上达到80户。支持下岗女工高淑贞创办沁水县爱心家政服务公司，共安置下岗工人37名。组织优秀创业女性参加全市妇女创业就业成果展暨创业就业工作推进会，利用展台和展板，展示全县妇女的创业成果，其中核缘工艺厂利用山野核桃制作的工艺品成为这次参展的一个亮点。10月28日召开全县妇女创业就业工作推进会，5位创业典型进行经验交流，各乡镇也通过展台和展板，展示妇女的创业就业工作成果。

（李香莉）

【庆“三八”活动】 3月8日召开庆“三八”表彰大会。表彰“三八红旗集体”、“优秀妇女工作者”、“文明和谐家庭”等10个系列100名先进典型。联合县纪检委召开庆“三八”家庭助廉座谈会，发放家庭助廉倡议书，进行“当好家庭守门员，争做合格廉内助”签名活动。组织全县副科以上女领导干部开展联谊活动，开展千名妇女登山健身活动。各乡镇妇联及县直妇委会也结合实际，以召开表彰会、座谈会、联谊会、文艺联欢会、登山等不同形式，开展庆祝活动。

（李香莉）

【“和谐家庭”创建活动】 县妇联把和谐家庭创建作为妇女参与和谐社会建设的重要切入点，在全县继续开展“尊老敬老好儿女、和睦恩爱好夫妻、教子有方好父母、互敬互让好婆媳、团结互助好邻居”的五好活动。2010年，创建县级“和谐家庭”1500户，全县50%以上家庭达“和谐家庭”标准。

（李香莉）

【“平安家庭”创建活动】 完善“平安家庭”创建机制，明确创建任务和具体要求，开展“不让黄、赌、毒进我家”、“预防艾滋病、健康全家人”和以“四防（防拐卖、防盗窃、防抢劫、防隐患）、“四无”（无毒品、无赌博、无暴力、无犯罪）”为主要内容的宣传活动，发放宣传资料3000余份。对部分平安家庭进行检查验收，并对创建中存在的问题进行深刻剖析，为“平安家庭”的创建奠定基础。

（李香莉）

【妇女维权信访工作】 发挥妇女法律援助中心、12338妇女维权热线、妇女维权合议庭妇联陪审员的作用，推动社会化维权体系建设。关注基层妇女，开展《妇女权益保障法》、《婚姻法》等法律宣传教育，提高妇女法律素质。2010年，县妇联设立宣传点15个，发放宣传资料1万余份，接待咨询人数500余人。同时，做好妇女信访工作，完善妇联系统信访网络机制，引导妇女通过合法渠道表达诉求，热情接待来信来访人员，及时化解各种家庭矛盾，2010年，全县各级妇联接待来信来访90余人次，结案率达90%以上。

（李香莉）

【推动“两规”如期达标】 协调各成员单位，加大对《妇女发展“十一五”规划》、《儿童发展“十一五”规划》的监测评估工作，妇女及儿童规划的73项可量化指标达到目标要求，部分指标接近省、市标准。联合妇幼院、总工会开展妇女病“两癌”普查，共普查妇女4000余人。利用县委调整干部的有利时机，向县委领导及组织部门反映情况，推荐女干部，有34名妇女干部得到提拔重用，组织部分村妇代会主任参加省、市培训。

（李香莉）

【关注弱势妇女儿童】 开展帮扶贫困村妇代会主任活动及关爱贫困儿童活动，共帮扶资金1万余元。并向省妇女儿童工委争取，为县妇幼院、医院等单位配备“母亲健康快车”5辆。

（李香莉）

名称：沁水县妇女联合会
地址：县城新建西街669号
电话：0356-7022945
邮编：048200

科　协

【科普惠农】 以科普惠农服务站、农科110服务体系、农村网络文化服务站合一为总抓手，发挥科协的人才、科技、信息资源优势和移动公司的信息通道、网络资源优势，全面提升“三站”为新农村建设服务的水平。加强全县198个村的科普惠农信息栏管理，适时更换，使广大农民群众及时看到新的农科信息，结合实际，指导生产。科普惠农服务站依托乡镇农科站，两块牌子，一套人马，以站管员，不定期适时召集科技信息收集会，开展技术咨询，了解农村所需的生产资料和技术难题，组织技术人员走乡串户开展技术服务。2010年又确定两个乡镇三站合一的试点。通过“三站合一”等措施，使全县的科普惠农工作深入到千家万户。

（张　迪）

【科普宣传】 利用科技之春宣传月、科技活动周、全国科普日，深入到农村、企业、校园，并走上街头宣传农业科技知识、节能减排、健康知识和防震减灾等内容。发放各种科普宣传读物2.5万份，展出各类科普展板挂图1000余块。开展读科技书、上科技网、看科教电影等活动，形成全民学科学，用科学的氛围。结合环境整治和文明创建活动，倡导科学生活方式，提高百姓生活品质，以综合活动室为科技文化宣传阵地，深入开展村级科普教育培训活动，每个乡镇必须创建2个以上科普村。

（张　迪）

【基地创建】 以科普示范基地的创建为依托，大力开展新技术、新品种引进试验和示范推广，建成10个县级科普示范基地，蜂业公司养蜂科普示范基地等4个基地被命名为市级科普示范基地，通过科普示范基地的带动和辐射，为全县农业产业结构的调整发挥独特的作用。

（张　迪）

【科技培训】 采取定期不定期的方式组织开展各类实用技术培训，共举办各种培训50多期，参加各种形式培训的农民群众达3500人次，农村干部达270余人，实际解决和解答农民在生产中的技术难题200余项，有力助推全县农民的增产增收。

（张　迪）

【学会工作】 健全组织体系，推动学会事务管理制度化、规范化。加强技术交流和学会之间的交流，科技人员送科技下乡达50余次，赠送科技图书等1万余册。并及时将广大科技人员的意见和要求反馈到县委、县政府。

（张　迪）

【青少年科普】 开展青少年科技创新等科技实践活动，通过活动，涌现出一批优秀的科技创新人才和优秀的科技辅导员，为全县青少年科技创新打下基础。加强科普进校园活动，展开“禁毒防艾，保障安全健康”、“青少年科技创新”科普宣传，展出展板12块，科普宣传挂图20多幅，发放“拒绝毒品，珍惜生命”小册子500多份，其他科普资料2000多份，13个学校2000余名学生参加活动，为广大农村中小学生提供一个学习科学知识的平台，增强广大中小学生的科技创新意识和科技创新能力。

（张　迪）

名称：沁水县科学技术协会
地址：县城新建西街669号
电话：0356-7022623
邮编：048200

残　联

【康复救助工作】 2010年，对329名贫困残疾人给予康复救助，救助资金49.14万元，其中省政府为民办实事康复救助项目：为5名贫困听力残疾儿童免费佩戴每人5000元的助听器，为5名贫困残疾儿童每人救助5000元用于康复训练；市政府为民办实事康复救助项目：为8名贫困听力残疾儿童免费佩戴每人4000元的助听器，为8名贫困听力残疾儿童每人救助2000元用于康复训练，为6名贫困肢体残儿童每人救助2000元用于康复训练，为5名贫困智力残儿童每人救助2000元用于康复训练；县政府为民办实事康复救助项目：对150名各类贫困残疾人给予康复救助，救助资金共33.04万元。为两名残疾人家庭大学生和12名身患残疾的中学生发放助学金1.6万元。为8名聋哑儿童发放电脑和生活用品，价值1万元。为120名肢体残疾人发放辅助器具，价值1.5万元。

（时沁峰）

【就业工作】 和有关单位协调，建立残疾人就业信息渠道，将残疾人的个人基本情况及时反馈给用人单位，使残疾人能够得到准确的信息。全年有20名农村残疾人找到适合自己的工作岗位。举办各类培训4次，培训人数达200余人，投入培训资金20余万元。特别是在沁水希望电脑培训部举办的第七期残疾人计算机培训班，培训残疾人学员42人,使原来没接触过电脑的，现在可以初步掌握使用电脑，为他们以后的工作奠定良好的基础。投资15万元在中村镇石务村发展残疾人核桃种植业，选用优质核桃苗，不用嫁接，3年挂果。项目占地总面积150亩，集中安排残疾人从业15人。

（时沁峰）

【就业保障金征收情况】 2009年12月出台《关于印发沁水县残疾人就业保障金征收管理办法》，与县地税局、县工商局协商，制定征收保障金的工作流程，2010年3月15日聘用牛庆东等4名残疾人进驻各工商所，开展残保金的代征工作。工商部门登记注册的工商户共有3759户，除22户残疾工商户，实际征缴2936户，代征残保金315 250元。地税部门代征残保金的企业162个，在职职工10 407人，其中嘉峰地税所51户，在职职工6834人；地税一所64户，在职职工1125人；端氏地税所39户，在职职工1099人；郑村地税所6户，在职职工177人；中村地税两户，在职职工1172人；共征缴残保金150余万元。

（时沁峰）

【基层组织建设】 9月1日，召开“县残联基层残疾人组织规范化建设推进会”，会议安排各乡（镇）、村（社区）的工作任务和时限要求，对残疾人专职干事和委员的招聘作了具体规定，并下发至各乡（镇）。11月4日，在土沃乡召开村专职委员座谈会，确立典型。12月，土沃乡率先建成全县第一个规范化的基层组织，为沁水县残疾人基层组织规范化建设树起榜样。

（时沁峰）

【帮扶工作】 开展“献爱心 送温暖”走访慰问活动。共慰问贫困残疾人480户，发放面粉1000斤、食油1000斤、大米600斤、慰问金12万元，让残疾人感受到社会主义大家庭的温暖，营造出全社会关心帮助残疾人的良好氛围，唤起全社会对残疾人的关爱。

（时沁峰）

【危房改造工作】 3月，下乡调查，按照“贫中选贫”、“危中选危”的原则，见人、见房、见证，现场测量、拍照、登记，“三级”（县、乡、村）公示无异议后，最后确定危改对象71户，其中新建户41户、改造户13户、置换户17户，签订责任书、协议书，开始施工。10月竣工验收，并悬挂“国家彩票公益金资助”标志，12月将救助资金发放到每个残疾人手中。危房改造工程完成投资227.5万元，其中改造户各乡（镇）、村委（社区）以及民政部门累计完成142万元，中残联、省政府、市政府、县政府四级补助85.5万元，其中中残联国家彩票公益金14.6万元，省政府补助金28.9万元，市政府补助金21万元，县政府补助金21

万元。

（时沁峰）

【第二十次“全国助残日”捐赠活动】 5月21日，第二十次“全国助残日”捐赠仪式在碧峰会议厅举行，县委书记常国荣、县长常广智等四班子领导出席捐赠仪式并为全县贫困残疾人进行爱心助残捐款。此次活动为两名残疾人家庭大学生和12名身患残疾的中学生发放助学金1.6万元；为8名聋哑儿童发放电脑和生活用品，为肢体残疾人发放辅助器具120余件，价值1.5万元。

（时沁峰）

【第二代《残疾人证》核发工作】 在2009年集中换发的基础上精心安排、严格把关、多措并举、加速推进，杜绝“人情证”、“关系证”、“照顾证”，对登记在册的行动不便的重度残疾人上门服务。2010年，办理残疾证6319人，发放证件6132人，其中肢体残3861人，视力残疾1061人，听力残疾395人，言语残疾286人，智力残疾547人，精神残疾157人，多重残疾12人；一级924人、二级1064人、三级1375人、四级2956人。

（时沁峰）

【新农保代缴工作】 根据省市残联精神，出台《沁水县新型农村养老保险工作实施办法》，文件规定对重度贫困残疾人（一、二级）由县财政代缴每人每年200元的养老保险金，对轻度贫困残疾人（三、四级）由个人缴纳200元，县财政补贴50元。2010年，符合参保条件（具有第二代残疾人证）的5741名残疾人全部参保，其中重度贫困残疾人1791人，轻度贫困残疾人3950人。

（时沁峰）

【“阳光家园计划”】 根据市残联《晋城市“阳光家园计划”（智力、精神和重度残疾人托养服务项目实施办法）的通知》，县残联下发关于申报《“阳光家园计划”（智力、精神和重度残疾人托养服务项目）对象》的通知，要求各乡（镇）严格按照申报条件、工作程序和要求展开摸底调查工作。通过筛选后，确定40名托养服务对象，其中土沃乡机构托养15人，胡底乡机构托养5人，全县居家托养20人，人均补助1057元，共42 280元。

（时沁峰）

【康复中心】 2008年4月开工，建筑面积2876.99平方米，地下一层，地上五层，为砖混结构形式，2009年11月完成主体工程，2010年投资188万元进行室内外装饰，室内全部采用无障碍设施，8月竣工。

（时沁峰）

名称：沁水县残疾人联合会
地址：县城西街99号
电话：0356-7022758
邮编：048200

工　商　联

【参政议政】 组织非公经济人士中的县人大代表、政协委员和县工商联副主席及部分常委，履行政治协商、参政议政、民主监督的职能，围绕全县非公经济发展中出现的新情况、新问题，以及影响全县和谐稳定的一些深层次的问题，开展调查研究，积极寻找对策，写出针对性较强的提案、议案30余件，反映社情民意20余件。撰写《深入开展创先争优活动》、《以创先争优活动为动力、促工商联工作上水平》、《以科学发展观促进沁水经济转型发展》等论文10余篇，引起有关部门的高度重视，受到社会的好评。

（李兰成）

【“三送两帮一引导”活动】 “三送”即为

非公企业送政策、送法律、送信息；“两帮”即帮助非公企业解决实际困难，帮助企业内强员工素质、外强企业核心竞争力；“一引导”即引导非公经济健康发展和非公经济人士健康成长。为了开展好此项活动，县工商联引导非公企业调整产业结构，转变发展方式，实现转型发展，科学发展。在非公企业中涌现出一批转型发展的先进典型，如兰金瓦斯发电有限公司的瓦斯发电项目、丰田食品有限公司的小杂粮食品加工项目、华昱工贸公司成立的小额贷款中心和物流运输项目等都受到上级有关部门和领导的充分肯定。5月与县人力资源和社会保障局、县总工会、县科教局、县民营企业管理局举办“2010年沁水民营企业招聘周”活动，为高校毕业生就业搭桥，为民营企业招聘人才服务，此次活动签订用工意向100余份。按照全国工商联的要求，对2009年度上规模民营企业经营情况开展调研摸底，沁和能源有限公司全国排名1132位。

（李兰成）

【“双帮双扶”活动】 引导非公经济人士参与光彩事业和社会公益事业，通过开展“联村联户、帮建帮扶”和“新晋商感恩行动”等活动，非公经济人士自觉投身光彩事业、公益事业，主动承担社会责任，积极参与新农村建设，在招工就业、资金扶助、扶贫济困等方面取得一定的成绩。丰田食品公司作为全县农业产业化龙头企业，累计投资1800万元兴建新的厂区，并对机械设备进行改造与引进，逐步形成“企业＋基地＋农户”的运作模式，带动1.2万户、12个乡镇农业产业化的发展，为农民增收800万元。同时帮助修路、修校、资助贫困生，共5万余元，深受乡亲们的好评；华昱工贸有限公司救助端氏村老、弱、病、残等困难村民200余万元，清理河道、村容改造等投资100余万元。同时为村民提供近200个就业岗位；百姓家电经理张建军连续7年在“八一”节期间，向驻沁武警官兵送家用电器和防暑用品。在元旦春节，开展“新晋商感恩行动”活动，组织非公经济代表人士，向全县“三老人员”（老红军、老八路、老党员）送去米、面、油、衣服及慰问金。对中村镇上峪村的贫困户郑会德、郑九叶走访慰问并送去慰问金；同时，出资2000元资助该村组织活动阵地建设。2010年全县非公经济人士累计投资光彩事业、社会公益事业及支持新农村建设达3000余万元。特别是7月份，晋城市光彩事业表彰大会上，全县非公企业和非公经济人士捐款230万元，名列全市榜首。

（李兰成）

名称：山西省沁水县工商业联合会

地址：县城新建西街669号

电话：0356-7022763

邮编：048200

文　联

【书画展览】 6月，邀请市文联《太行文学》编辑部3位老师召开文学创作座谈会，就全县文学创作现状、文学人才培养、文学作品及文学创作体会等和文学爱好者进行交流；7月，组织县书法美术协会精心创作各类作品50余件，送市参加庆祝“七一建党89周年书法、美术、摄影展”。同时组织县书法、美术协会为沁水县柳氏民居景区申报国家4A级景区进行美化装饰工作；9月，承办“纪念抗战胜利65周年书画展”，展出书画作品80余幅，这次书画展起到良好的爱国主义教育作用；11月，协办山西省文化产业（产品）展销会晋城现场会沁水展区的布展工作，全县的剪纸、竹筷、核桃等手工艺术品参展。晋城市承办的第八届《影像中国》全国摄影艺术大展上，张桂春的作品《国家级自然保护区——历山》获得“靓丽晋城类”一级收藏奖，张太如的作品《与世界接轨》获得“靓丽晋城类”三级收藏奖。民间手工艺创作者李保珠的竹筷工艺品参加上海世博会山西馆的展出。龙港镇农民牛广兴，先后加入山西省作家协会、山西省音乐家协会、中国群众文化学会。

（吴　鹏）

【文学刊物】《沁河浪花》坚持办刊方针，宣传沁水、弘扬“沁水精神”、宣传“社会主义核心价值体系”、“创先争优活动”以及“四议两公开工作法”等。2010年编发4期，刊登各类题材文学、美术、摄影作品150余篇，为全县广大文学爱好者提供学习、展示的平台，培养了一批本土文学创作人才。5月，沁水县作家张莉萍的长篇小说《忘了归来》在三晋出版社出版发行。9月，文学爱好者张洪科的短篇小说《煤球独奏曲》荣获《小说选刊》首届全国小说笔会短篇小说三等奖。潘保安、牛广兴、张莉萍、李旭霞等人的作品在《山西文学》、《黄河》、《太行文学》等省、市有较大影响的刊物发表。

（吴　鹏）

【赵树理逝世40周年纪念活动】 2010年9月21日，组织省、市、县、镇、村有关人员在尉迟村举行纪念赵树理逝世40周年祭奠活动，仪式上省文联、省作协、中国赵树理研究会、晋城市委宣传部、晋城市赵树理研究会、沁水县委县政府、沁水县委宣传部、沁水县文联、嘉峰镇党委政府等单位敬献花圈，与会人员追忆赵树理的高尚人品和文品，表达对大师的怀念，以此来缅怀人民作家赵树理，进一步继承和弘扬树理精神。

（吴　鹏）

名称：沁水县文学艺术工作者联合会
地址：县城新建西街669号
电话：0356-7022456
邮编：048200

政　法

政法综治工作

【概况】 2010年，全县政法工作按照“围绕一个中心、强化三个推进、开展八项活动”的工作思路，紧紧围绕县委、县政府中心工作和重大决策，深入推进社会矛盾化解、社会管理创新、公正廉洁执法三项重点工作，以平安建设为载体，以排查化解矛盾纠纷为主线，以社会治安重点地区排查整治和校园安全工作为重点，全面落实社会治安综合治理各项措施，为维护全县社会和谐稳定，促进经济转型跨越发展营造了良好的社会环境。

（王沁保）

【社会治安状况】 1月—11月，全县共发各类刑事案件442起，同比减少357起，下降44.7%；八类重大刑事案件共发13起，同比减少10起，下降43.5%；县城共发各类刑事案件124起，县城发案数占刑事案件总数由上年40%下降为26.8%；全县共发各类火灾事故23起，同比减少10起，下降30%；共立盗窃案件340起，占刑事立案总数的73.4%，同比减少200起，下降37.03%。抢夺案件4起，同比减少12起，下降75%。诈骗案件35起，同比减少43起，下降50.58%。毒品犯罪案件5起，同比减少9起，下降64.3%；全县共发各群体性事件7起，同比减少7起，下降50%。

（王沁保）

【刑事侦破工作】 公安机关把加强刑事侦查工作作为加强公安机关战斗力的核心要素来抓，不断加强对刑侦工作的领导，科学指挥，周密部署，实现了刑侦工作新飞跃。2010年，公安机关共追捕网上逃犯144名，创历年新高，连续十年保持命案全破的水平。特别是沁水县历史遗留4起命案追逃案件成功告破3件，3名在逃十多年、二十年的犯罪分子被缉捕归案，极大地震慑了犯罪分子的气焰，《法制日报》刊载了沁水县追逃工作的成功经验。

（王沁保）

【“六级六步”大调整工作体系】 “六级六步”大调解工作体系初步建立，专业性、行业性、区域性调解组织日趋健全。“六级”大调解网络，即成立晋城市社会矛盾纠纷大调解工作领导组；各县（市、区）成立社会矛盾纠纷大调解工作领导组；各乡镇（街道）成立社会矛盾纠纷大调解工作领导组；各村（居）委设立人民调解委员会，对一般性矛盾纠纷进行调解；各村（居）民小组、社区设立矛盾调解小组，对较小的矛盾进行调解；每十户村（居）民、社区居民都确定一名人民调解纠纷信息员，对发生的纠纷和矛盾进行快速反映。“六步”即六个大调解步骤：由村（居）民人民调解信息员将发生的矛盾和纠纷迅速反馈到村民小组；由村（居）民小组对纠纷进行调解；由村调委会对村（居）民小组调解不了的纠纷进行调解；由乡镇（街道）大调解工作领导组办公室对村调委会调解不了的纠纷和矛盾进行人民调解；由乡镇（街道）大调解工作领导组办公室对涉及政策法规等方面的矛盾纠纷进行行政调解；由乡镇（街道）大调解工作领导组办公室对涉法涉诉矛盾纠纷进行司法调解。

（王沁保）

【“大调解”工作】 积极构建政法、综治、维稳、信访部门综合协调，有关部门、单位各司其职，社会各界广泛参与，人民调解、行政调解、司法调解既充分发挥作用又相互协调配合的“大调解”工作体系。国家安全人民防线建设、综治信息员队伍建设得到有力推进，有效地应对全县大开发、大发展、大跨越形势下矛盾易发、多发的困难局面。2010 年，共组建专业性调解组织 7 个，行业性调解组织 4 个。全县共有人民调解委员会 269 个，综治信息员 298 名。政法各单位把调解优先原则放到执法办案工作的首要位置，最大限度地减少不和谐因素。县法院采取全程、全员、全面的“三全”调解思路受到省委、市委政法委的推广。

（王沁保）

【矛盾纠纷排查调处工作】 坚持把矛盾纠纷排查调处工作摆在首要位置，工作中采用“四先四早”，即：预警在先，苗头问题早消化；教育在先，重点对象早转化；控制在先，敏感时期早防范；调解在先，矛盾纠纷早处理。基本实现发现得早，化解得了，控制得住，组织得好的工作要求。

（王沁保）

【书记大接访活动】 坚持开展县、乡书记大接访活动，建立书记、县长接访日，县四班子领导轮流在县信访局接访，面对面接待群众上访，对上访案进行登记造册，定期回访。各乡镇、政法各单位坚持每天有一名班子成员坐镇接访，认真落实“半月一排查、一月一报告、一季一分析、半年一总结”制度，筑牢了维护稳定的第一道防线，把矛盾纠纷和各种不稳定因素解决在基层，消灭在萌芽状态中。

（王沁保）

【校园安全保卫工作】 根据中央综治委 5 月 3 日综治维稳会议要求，从 5 月 4 日起，全县各级各类学校、幼儿园全部落实安全措施，做到学生上下学期间见警察、见警车、见警灯的工作要求。根据县委、县政府要求，5 月 24 日—28 日，县综治委抽调县纪检、宣传、人事及公、检、法、司、教育等有关部门领导带队，县综治办、教育局、公安局抽调 24 名工作人员组成 8 个检查组，对全县 14 个乡镇、县直 35 个单位开展社会治安重点地区排查整治情况和各级各类学校的安全保卫工作进行为期一周的高规格、大范围的排查整治检查活动。全县共存在校园安全隐患 9 大类 112 条，整改 7 类 84 条。县政府投资 500 余万元，为学校、幼儿园购置防护器械。全县学校、幼儿园共成立保卫组织 17 个，配备专职保卫人员 39 人，兼职 54 人，成立校园警务室 10 个，招聘校警 144 名，9 月开学正式上岗，学校安全机构、保卫机构得到建立，未发生涉校安全事故。

（王沁保）

【执法规范化建设】 2010 年，政法各单位认真落实中央关于严格、公正、文明和理性、平和规范执法的工作要求，加大执法规范化建设力度，在加强执法培训、严格执法考核、强化责任追究的基础上，重点加强网上执法、网上办案建设，建立信访接待窗口，对办案区与办公区进行有效分离，开展案件评查、复核工作，县检察院成立案件管理中心，办案安全得到充分保障。

（王沁保）

【开展主题实践活动】 县法院开展“人民法官为人民”的主题实践活动，县检察院开展“恪守检察职业道德，促进公正廉洁执法”主题实践活动，县公安局开展警营文化周和警务开放日活动。通过一系列的活动，进一步密切了政法机关同人大代表、政协委员、新闻媒体、人民群众的沟通和联系，取得了人民群众的信任与支持。

（王沁保）

【预防职务犯罪工作】 县检察院在14个乡镇建立检查工作联络站，组建预防职务犯罪宣传报告团，深入机关、厂矿、企业和农村进行宣讲，收到良好效果。共立查职务犯罪案件11件15人，其中大案8件，贪污贿赂案件9件13人，渎职侵权案件两件2人，移送起诉11件14人。

（王沁保）

【矛盾纠纷实行量化考核】 县综治委要求乡镇每月解决不少于3起矛盾纠纷，村每月解决不少于一起矛盾纠纷，县综治办建立乡、村两级解决台账，有效推动基层矛盾纠纷解决的数量和质量。全县各级各类调委会共调解案件1100件，调解成功1078件，成功率达98%。

（王沁保）

【重点整治工作】 4月21日召开全县社会治安重点地区排查整治工作会议，县综治委、县公安局联合下发集中开展排查整治工作实施方案。成立领导机构，明确部门职责。县综治委成立以县委常委、政法委书记、综治委副主任柴守瑛同志为组长，县委常委、副县长张号为第一副组长的排查整治工作领导组。在认真梳理全县排查整治重点的基础上，县综治委确立35个成员单位作为县直单位的排查整治主体。公安机关高度重视，主动出击，多措并举，在全县开展以“大排查、大整治、大防范、大会战”为主要内容的重点地区排查整治工作，共整治治安乱点14个，废品收购站3个。全县共排查20次，发动干部8722人，发动群众86 706人，组织工作组434个1208人，排查突出问题80起，整治76起。排查出的问题主要表现在九个方面：移民搬迁问题、林权改制问题、干群关系问题、企地关系问题、流动人口问题、煤矿地质塌陷导致的房屋裂缝问题、煤矿资源重组改制的遗留问题、土地承包问题、财务管理问题。市综治委把嘉峰至端氏一级路交通秩序问题作为市拟挂牌点，县综治委把端氏镇东山村、柿庄镇寺岭村、海江村、胡底乡玉溪村、郑村镇北落村、阳翼高速周边村民的纠纷问题作为县里的拟挂牌点。本着“谁主管谁负责”的原则，凡上报到县以上的问题，第一责任人均为党委书记、乡镇长，直接责任人为党委、政府的分管领导。

（王沁保）

【对重点人员的管控】 对全县243名重点人口、205名监管对象、5名肇事肇祸精神病人、249名刑释解教人员进行管控，严格落实管控措施，严防其漏管失控。

（王沁保）

【对特种行业、废品收购行业的管理】 对159家洗浴、歌舞厅等单位进行备案登记，依法查封取缔5家，处罚网吧、旅馆63家，取缔5家，共查封网吧6家，歌舞厅11家。

（王沁保）

【对危化物品的管理】 全力清查收缴各类非法枪支弹药和爆炸物品，严防其流入社会。全年共收缴炸药3067公斤，猎枪两支，雷管4815枚，子弹307发，六四式手枪弹夹1个，管制刀具32把。

（王沁保）

【反邪教工作】 由县委组织部抽调18名政

法、宗教等工作人员到各乡镇开展排查摸底工作。

（王沁保）

【社区矫正试点工作】 全县共接收15名矫正对象，矫正对象表现良好，积极接受矫正，无重新违法犯罪倾向。

（王沁保）

【看守所综合治理工作】 6月4日，县政法委、综治办召开看守所工作协调会议。通过与卫生部门沟通，解决了看守所医护人员问题。在看守所安全防范工作上，县检察院加强驻所检察室规范化建设，利用《监所检察管理软件系统》对在押人员羁押期限届满情况进行预警提示，保持了超期羁押零记录。对看守所监管执法情况开展专项检查，自行查监129次，联合查监77次，发书面建议18份，发纠正违法通知书3份，办理初查案件12件，办理控诉案件1件，审查起诉又犯罪案件1件。

（王沁保）

【司法领域突出问题专项治理工作】 县政法委成立司法领域突出问题专项治理领导机构，出台实施方案，政法各部门建立健全解决司法领域突出问题的工作制度和责任分工，把防范涉案人员非正常死亡、加强办案场所建设放到政法工作的重要方面，加强教育、学习、管理等各项基础性工作，确保了执法办案的严肃性、公正性、安全性。

（王沁保）

【综治工作中心建设】 加强乡镇综治信息中心和信息员队伍建设，各乡镇均成立综治信息中心，全县共确定综治信息员298名。综治工作中心指挥能力、协调能力、处置突发事件的应急能力都有所增强，各项工作制度进一步健全，初步形成社会矛盾联调、治安问题联治、邪教活动联防、社会管理联抓、便民实事联办的工作局面，努力实现小事不出村、大事不出乡（镇）、矛盾不上交、不激化。

（王沁保）

【涉法涉诉信访积案办理和案件评查工作】 6月12日，县政法委召开政法机关涉法涉诉信访积案攻坚大会战和案件评查工作动员会，对全县的涉法涉诉信访积案攻坚大会战和案件评查工作进行安排部署。上级交办涉法涉诉案件在2009年底前都已办结，按照市政法委要求上报涉法涉诉信访案件10件，其中涉法信访1件，已息诉罢访，执行案件9件，执结4件，终止执行5件。在案件评查方面，共成立评查机构10个，邀请人大代表、政协委员和社会资深法律工作者9名，9月底全部完成案件评查任务。经过严格考核，层层筛选、单位推荐和公示，产生政法工作3个十佳先进典型，一大批政法综治维稳工作先进集体和先进个人受到县综治委的肯定和表彰。

（王沁保）

【县委常委会议专题研究政法综治维稳工作】 2010年2月2日、4月1日两次专题研究政法干部配备问题。3月2日、4月7日、5月10日、11月17日四次专题研究政法、综治、维稳、安全、信访等工作。10月20日对综治目标责任制考核进行研究。

（王沁保）

【政法综治维稳工作会议】 3月4日，县委、县政府召开全县政法综治维稳工作会议，对2010年全县政法综治维稳工作进行认真安排部署，提出明确要求，并同各乡镇党委、政府、县直七口负责人、政法机关负责人签订《社会治安综合治理及平安建设目标责任书》。3月24日和27日，县委政法委、综治办分别召开各乡镇党委副书记、公安派出所长专题会议，及时传达重点地区排查整治会议精神，安排部署全县社会治安重点地区排查整治工作。5月11日，县委、县政府召开综治维稳校园安全工作会议，对全县学校安全工作做了动员部署。

县政府印发《关于加强学校、幼儿园安全工作的意见》，县综治办、教育局联合下发《关于聘任法制副校长的通知》。

（王沁保）

【宣传工作】 在综治宣传月活动中，县综治委印发《山西省社会治安综合治理条例》5000份，发到全县各个机关、企业、厂矿、学校和各行政村、驻沁单位。综治办、公安局联合印发重点整治宣传资料、校园安全宣传资料7种14万份，发到全县各居民户。依据省、市“五五”普法依法治理工作检查验收指导标准，结合全县实际，制定下发《沁水县“五五”普法检查验收工作方案》和《考核标准》。组成5个检查组对全县各乡镇、机关单位、企业、学校进行检查,组织开展“五五”普法考试,“五五”普法规划确定的各项目标任务圆满完成。

（王沁保）

【平安建设】 以推进社会矛盾化解为主题，进一步巩固平安乡村创建成果，在建立健全县、乡、村三级排查整治网络上有新发展。根据全县煤层气企业不断增多、壮大的现实，着力开展平安企业创建活动。按照上级要求，认真落实农村平安互助工程，2010年，全县完成平安互助210个村，占全县行政村总数的88%。开展平安市场、平安医院、平安旅游、平安景区等创建活动。加大科技防范力度，全年安装摄像头798个，智能交通卡口9个。

（王沁保）

【队伍建设】 全年共组织政法机关班子成员集中学习两次，召开政法工作例会3次，组织到基层调研4次。县委、县政府加大从优待警工作力度，为法院、检察院、公安局30人解决职级待遇问题。

（王沁保）

名称：中共沁水县委政法委员会
地址：县城西街99号
电话：0356-7028894
邮编：048200
网址：www.qszf.org.cn

公安工作

【对敌斗争】 国保大队对建队以来的所有业务档案进行认真细致的归类整理，并建立发展各类信息员××个，收集情报信息403条。同时，严密防范和打击“法轮功”等邪教组织的捣乱破坏活动，收缴“法轮功”宣传资料41份。

（韩江鹏）

【矛盾纠纷化解工作】 以开展社会治安重点地区排查整治工作为载体，争取党委、政府支持，加强与综治、司法部门的沟通联系，建立责任明晰、运转协调的矛盾纠纷分流移送、联动调处机制，共排查化解企业改制、拆迁征地、劳务纠纷、移民补偿等方面的矛盾纠纷8类289起，整改落实群众反映强烈的问题90余件，妥善处置群体性事件7起。

（韩江鹏）

【情报研判工作】 建立以指挥中心为中枢，各部门全部参与的情报信息报送、分析研判机制，共编发《警情快报》171期，编发《沁水公安信息》332期367条，撰写调研文章7篇，为局党委和县委、县政府科学决策提供了依据。同时全力封堵互联网上的各类反动信息，网监工作为全市第二。

（韩江鹏）

【重点人员管控】 治安大队和各派出所对排查出的243名重点人员、201名监管对象逐一落实管控措施。对摸排出的5名肇事肇祸精神病人进行危险性评估鉴定，确定风险等级。集中遣送5名缅甸籍“三非”人员。对3名越级赴京上访人员给予行政拘留处罚。刑侦大队对全县117名吸毒人员的基本信息进行核对。

（韩江鹏）

【刑事案件侦破】 破获“3·3”刘建国故意杀人案、“7·27”倪慧明故意杀人案、“8·9”绑架案，打掉专门盗窃超市财物、流窜作案68起、涉案金额150余万元的特大犯罪团伙，砸汽车玻璃盗窃车内财物犯罪团伙和专盗偏远村庄农民财物犯罪团伙，破获王香萍系列诈骗案和曲堤村村干部挪用资金案，连续11年实现命案无积案。同时采取政策规劝、特情贴靠、发函协查等方法，抓获在逃12年、20年的命案逃犯，抓获外省命案逃犯、省厅督捕逃犯等各类网上逃犯共144名，其中利用省厅动态管控平台抓获逃犯32名。2010年，全县共立刑事案件514起，破230起，破案绝对数360起，抓获犯罪嫌疑人173名，打掉犯罪团伙6个，刑侦工作为全市第三，主要业务工作数据排名全市第二。

（韩江鹏）

【治安防控】 以“发案少、秩序好，人民群众满意、党委政府放心”为目标，因地制宜，因情施策，构建集约化、全方位、立体式的治安防控网络。大力开展治安防范宣传，共设置电子显示屏7块、设置宣传板报和警情通报栏20个，利用大走访、开展专项行动等时机向群众发放宣传资料6万余份，特别是治安大队专门印制包括防诈骗、防盗窃、防双抢、防火灾等内容，贴近实际、通俗易懂的防范漫画手册和扑克，发放到广大居民手中。紧紧围绕重大安保工作，不间断地开展巡逻防范工作，全县刑事案件发案数与上年同比下降40%。治安大队、刑侦大队和各派出所在全县开展社会治安重点地区排查整治行动，共整治治安乱点14个。在全县推行警务区、警务室、警务联络站和警务直通车四种警务工作模式，其中嘉峰所的农村警务区、龙港所的校园警务室、土沃所和中村所的旅游景点警务区、苏庄所的警务联络站、张村派出所的警务直通车等，运作良好，成效明显。交警大队在出入县境各主要路口建成9个智能卡口，同时组织治安、刑侦、交警、巡警和各派出所民警密切配合，不定期设立治安卡点，对过往车辆和人员进行严格盘查检查，全力提升防控水平。龙港所在辖区旅馆业、歌舞厅、网吧内安装视频监控探头298个，且监控探头全部接入派出所，实现对重点防范部位的全覆盖，进一步增强了防控能力。全年共查处治安案件3499起，处罚违法人员3906人，其中行政拘留506人。

（韩江鹏）

【人口普查登记】 治安大队和各派出所以第六次全国人口普查户口整顿工作为契机，按照村不漏户、户不漏人、人不漏项的要求，采取“切地块、画地图、查房子、数人头”的方法，对全县所有人口逐户逐项进行普查登记，切实摸清人口底数，排查登记常住人口207 058人，暂住人口12 674人，出租房屋1232户，户政管理工作为全市第三。全年共受理审批出国131人、出境476人，入境137人次，出入境管理工作为全市第一。

（韩江鹏）

【校园安保工作】 在龙港、端氏、嘉峰等乡镇建成10个规范化、标准化的校园警务室，在全县130个中小学校和幼儿园开展矛盾纠纷大排查和安全隐患大整改，排查化解矛盾纠纷26起，整改各类隐患20处。建立健全中小学校和幼儿园保卫组织35个，充实保卫人员325名，为全县各校园招聘专职保卫人员144名，选聘61名民警担任全县各校园的法制副校长和交通安全辅导员，为各校园配备灭火器、应急灯、橡胶警棍、强光手电等设备。

（韩江鹏）

【治爆缉枪工作】 采取广泛宣传、强化培训、完善设施、全面清缴等措施，扎实开展治爆缉枪专项行动，自编的安全自律“五字歌”和安全防范提示语做法被省厅治安总队转载，组织全县所有涉爆人员开展集中培训4次，对9个民爆物品储库进行改建，共收缴、销毁炸药3067千克，雷管4815枚，子弹407发。

（韩江鹏）

【行业管理】 加强对旅馆业、网吧等的管理，在全县102家旅店、宾馆全部安装旅馆业信息系统，共处罚旅馆、网吧63家，取缔5家。强化报备行业规范管理，重点对旅馆、洗浴、歌舞娱乐场所、按摩足疗场所、废旧金属收购业、二手手机收购业、机动车修理业、报废机动车回收等行业进行清理整顿，查封歌舞娱乐场所包间13个、练歌城1家、网吧5家，规范报备特殊行业159家。联合银监部门对全县38个三级营业网点进行安全评估，发现整改安全隐患40处。

（韩江鹏）

【交通消防管理】 投资100余万元对坪曲线、沁东线、端润一级公路及县城街道的交通标志标牌、警示灯、减速带等交通安全设施进行安装更新，成立交通事故人民调解委员会，对10起交通事故进行调解。全年共发生交通事故92起，死亡29人，受伤111人，直接经济损失172 953元，除受伤人数同比上升6.73%外，事故起数、死亡人数和直接经济损失分别同比下降8%、17.14%、51.62%，交通管理工作全市第二；成立消防安全委员会、应急救援大队和消防志愿者大队，在全县组织开展火灾隐患排查整治行动，努力构筑社会消防安全“防火墙”工程。共检查消防单位253家，发现火灾隐患203处，责令停产停业9家。全年扑救火灾23起，抢救被困人员34人，挽回经济损失111.2万元。

（韩江鹏）

【硬件建设】 9月3日，公安业务技术用房奠基并开工建设；投资100余万元为各科室、所、队配备电脑、数码相机、数码摄像机、打印机、警务通和执法记录仪；投资100万元完成嘉峰、郑庄350M集群基站建设；将无线图传标清设备更换为高清设备；三级网由8M扩容为100M，完成龙港所和交警大队四级网的扩容改造；投资20余万元建成网上督察系统，投资110万元建成集接处警、网上调度、通信调度、数字录音、信息处理于一体的110接处警系统；投资396万元建立集指挥调度、卡口拦截、车流检测、超速抓拍、数据传输、情报研判于一体的智能化交通管理信息中心，在县城新安装交通信号灯4处。同时针对县城东部地区工矿企业集中和机动车流量大的特点，采取和公路沿线企业共建双赢的模式，投资230余万元建立智能卡口系统9个，设置交通信号灯3个；投资92万元配备消防车、冲锋舟等一大批救援器材。

（韩江鹏）

【基础业务工作】 根据县委要求，县维稳办设在公安局，日常工作由国保大队牵头负责，建立健全各项维稳工作制度台账；治安大队对各派出所、警务区门牌标识、版面制度、档案台账全部进行规范统一，标准，做到规范整洁、整齐划一；警务保障室将全局固定资产全部录入资产管理信息系统，做到一物一卡、一物一档，同时通过会计电算化，完成会计记账工作的正常衔接，实现会计集中核算向国库集中支付转轨；刑侦大队对全县11家易制毒化学品使用单位全部建立档案，实行动态跟踪管理；郑庄所、胡底所被省厅评定为二级公安派出所，二级以上公安派出所数量占派出所总数的50%。（韩江鹏）

【采集录入信息】 共采集录入案事件信息5176条，基层基础信息291 251条，情报线索158 356条，采集捺印指纹信息2760枚，提取现场指纹信息110枚，采集DNA信息600条，刑事技术工作为全市第二。全局14个派出所中，龙港所、嘉峰所案事件信息录入数最多，樊村河所、胡底所案事件信息录入率最高；郑庄所、端氏所情报线索录入数最多，郑庄所和土沃所情报线索人均采集数最多；龙港所、端氏所基层基础信息录入数、人均采集数全部靠前。

（韩江鹏）

【信息应用】 刑侦大队利用采集的指纹信息直接破案3起，利用DNA信息破获故意杀人案1起；张村、中村、土沃3所联合研发了人口管理、场所管理、情报信息、基础台账全部在网上查询、网上管理的公安综合应用管理系统，并在全局进行推广；交警大队在全县所有公路客运车辆、煤层气运输车辆全部安装GPS定位系统。

（韩江鹏）

【执法管理体系建设】 组织派出所专职法制员开展7期跟班培训。组建执法讲师团和执法服务队，深入各执法办案单位开展以“举办一期法制讲座、点评一个典型案例、指导办理一起疑难案件、走访一名案件当事人”为内容的“四个一”执法服务活动。建成执法档案管理系统，为全体民警建立电子执法档案。严格执行“未经网上流转、未在办案区办理的案件一律不予审核、审批”的硬性规定，实行刑事、行政案件的网上流转、网上办理。

（韩江鹏）

【解决执法突出问题】 以开展纪律作风教育整顿活动为契机，继续落实案件四级审核把关和“日审、月评、季查、年考”考评机制。全力整改执法活动中存在的执法不公、执法不严的问题，年内共审核刑事案件104起158人，未发生一起行政败诉和国家赔偿案件。

（韩江鹏）

【场所建设】 按照“实际、实战、实用”的原则，投资366.3万元，合理分区、科学施建，高标准、高要求、高质量完成执法办案场所硬件建设，改建、扩建房屋158间，新增录音录像设备140套。

（韩江鹏）

【强化执法监督】 开展涉案人员非正常死亡集中整治活动，对采取刑事拘留、传唤等措施的153名人员进行廉政监督备案登记，对6名因患病等原因变更强制措施的犯罪嫌疑人实行动态监管，全年未发生1起涉案人员非正常死亡事件。

（韩江鹏）

【警民关系建设】 继续开展“警民恳谈”、“警营开放日”、“警民相约警务室”和向人大代表、政协委员、辖区群众报告工作活动，开展看守所、拘留所对外开放日活动，加强与群众的交流和沟通，听取群众呼声，了解群众疾苦，满足群众需求，为群众办实事、解难事230余件。大力开展“文明窗口”创建活动，创新服务模式，出台《简化户口管理十项措施》、《户口办理指南》、《便民服务措施》等一系列便民举措，发放《温馨提示单》、《防范五字歌》等宣传资料两万余份，代办户口569个，上门办户送证3585个，为外来暂住人口集中登记办证5627人次。

（韩江鹏）

【队伍建设】 严格教育，强化管理，全力打造政治坚定、业务精通、纪律严明的公安队伍。深入开展创先争优、学习右玉精神、学习十七届五中全会精神等活动，大力弘扬“忠诚党的事业、履行为民职责、维护公平正义”的新时期人民警察精神，使队伍始终保持坚定的政治立场和执法为民的政治本色。认真组织学习《廉政准则》

和《公安机关人民警察纪律条令》,开展“五治五督”教育整顿活动、队伍隐患排查和纪律作风整治专项行动，强力解决队伍中存在的态度蛮横、故意刁难、吃拿卡要等问题，转变了队伍作风。扎实开展警车和涉案车辆专项整治，对全局警车实行派车单制度，严把“进、停、出”三关，对涉案车辆进行严格管理，同时开展“警车瘦身”计划，全局148辆警车缩减到53辆。举办第二届警营文体周、“十佳女民警、十佳好警嫂”等活动。为25名中层领导解决正、副科级职级待遇问题，将10名优秀民警选拔到中层领导岗位。开展民警心理健康宣传月活动，先后两次聘请心理辅导专家开展心理疏导专题讲座。严格落实民警年休假、年体检、大病医疗互助、意外伤害保险制度，继续推行民警生日慰问、红白喜事祝贺慰问、民警子女考录大学、家属生病探望和民警法定工作日之外加班发放补贴等制度，为户口协管员办理医疗保险，为宣化小区公安局住宅楼55户居民办理房产手续。全年办理民警维权案件7起，刑事拘留4人，治安处罚6人，有力地保障了民警的合法权益。

（韩江鹏）

案例举要

【破获一起历时12年的命案积案】 1998年7月14日中午，沁水县嘉峰地税所副所长董雪峰在郑村镇枣坡沟煤矿拉煤时与该煤矿工人陈启恩发生争执厮打，陈启恩手持匕首向董雪峰连捅数刀，致董雪峰重伤，后经抢救无效死亡。案发后，犯罪嫌疑人陈启恩潜逃。多年来，县公安局多次组织警力外出追捕，但一直未取得突破性进展。2009年初，局长苗晋军、政委张治中专门组织刑侦民警召开会议，对命案积案侦破工作进行部署，要求采取措施对历年来的命案积案逐一攻坚，争取全部破获。同时将“1998·7·14”陈启恩故意杀人案列为年内重点督办案件，并成立以副局长邵宝贵为组长的专案组，对此案展开侦破。2009年3月，专案组民警杨育明等人远赴浙江省温州市平阳县，对犯罪嫌疑人陈启恩的社会关系特别是近亲属进行摸排调查。但由于陈启恩的户口已被注销，给调查走访带来较大难度。后经不懈努力，专案组民警了解到陈启恩已结婚，便通过采取技术手段对陈启恩妻子的通话信息进行分析研究，发现其与内蒙古自治区阿拉善盟一手机号码联系频繁。为此，专案组民警杨育明等人又远赴内蒙古阿拉善盟进行走访调查，但由于线索意外中断，案件侦破陷入困境。2009年11月，专案组民警发现陈启恩妻子与内蒙古自治区阿拉善盟另一手机号码联系频繁。经过2个多月的秘密监控，2010年1月6日再次远赴内蒙古自治区阿拉善盟开展缉捕工作。1月8日中午在当地警方的大力配合下，在阿拉善盟左旗古拉本镇一煤矿内将潜逃12年的犯罪嫌疑人陈启恩（男，现年30岁，浙江省平阳县南雁镇浦岭村人，在逃人员编号为：T140521001000200711000２）抓获，1月10日将其押解回沁，一起历时12年的命案积案成功侦破，已被县公安局依法执行逮捕，案件正在进一步审理之中。

（韩江鹏）

【潜逃20年的命案逃犯常峰落网】 1991年9月19日晚8时，犯罪嫌疑人常峰与其友席崔军、张会晶、郑武在行走至县城电业局附近路段时，与受害人田建宁相撞并发生口角，常峰用随身携带的匕首将受害人田建宁捅伤致死，案发后犯罪嫌疑人常峰潜逃。20多年来，县公安局从未放松对犯罪嫌疑人常峰的缉捕工作，多次组织民警外出抓捕，但始终未果。从2010年1月份起，县公安局“1991·9·19”专案追逃工作组民警千方百计地搜集常峰的点滴线索，确定其暂住在北京市房山区。由于犯罪嫌疑人常峰已改名为陈晋锋，为确保抓捕工作万无一失，追逃工作组民警迅速赶赴北京，精心制定抓捕方案，4月16日下午3时在北京警方的大力协助下，在北京市房山区将潜逃20年的犯罪嫌疑人常峰抓获。

（韩江鹏）

名称：沁水县公安局
地址：县城新建西街659号
电话：0356-7027510
邮编：048200

检察工作

【打击刑事犯罪】 全年共受理提请批准逮捕案件67件109人，经审查，批准逮捕63件104人，同比下降41%和43%；不批捕4人，不捕率为3%。受理移送审查起诉案件117件205人，经审查，提起公诉113件197人，同比下降21%和25%；不起诉两人，不诉率0.1%。出台《办理公诉案件适用刑事和解意见》、《附条件不起诉规定》，推行《附条件逮捕实施办法》。修订完善量刑建议制度，向县法院提出量刑建议197条，采纳181条，采纳率达到91.9%。

（李 莉）

【预防职务犯罪】 成立沁水县预防职务犯罪工作领导组，实行预防职务犯罪工作一票否决制，形成预防职务犯罪的社会化大格局。加强对全县民生工程、基础设施、生态环境建设等重大工程和项目资金使用的监督，深入经管站、电管站、地税所等基层站所开展预防调查，努力做好公共资金使用、公共资源配置、公共项目实施等重点领域和环节的预防职务犯罪工作，保障政府投资安全。向有关单位提供行贿档案查询87次，努力从源头上遏制和减少职务犯罪。检察宣讲团开展“进社区百日宣讲”活动，深入县城各社区进行预防职务犯罪知识宣讲。“举报宣传周”活动期间，依托联络站深入全县14个乡镇进行宣传。

（李 莉）

【查办职务犯罪】 全年共立查职务犯罪案件11件15人，其中贪污贿赂案件9件13人，渎职侵权案件两件2人。自侦工作呈现四个特点：一是办案数量、质量稳定。立查的11起案件全部侦查终结并移送审查起诉，提起公诉11件14人，法院作出有罪判决11件14人。二是大要案比率高。立查的9件贪污贿赂案件有8件为大要案，大要案比例为88.9%。立查科级干部职务犯罪案件3件。三是重点突出。把侦查重点放在保障群众利益上，11起案件有7起为涉及民生案件。四是办案效果较好。在办案中注重尊重维护当事人的合法权益，慎重选择办案时机，切实做到办案不忘大局、不忘服务、不忘稳定、不忘民生。

（李 莉）

【安全办案措施】 完善机制确保安全、规范办案，制定完善《办案安全实施细则》、《办案安全防范预案》等一系列规章制度，明确办案人员和司法警察的职责。进一步完善办案程序，明确案前初查、案中侦查、监督，案后回访等案件流转程序，确保办案安全。办案期间，医生随时候诊，保障证人、犯罪嫌疑人的合法权益。强化监督消除安全隐患，实行全封闭办案，所有办案干警统一在单位就餐住宿，通讯设备统一封存。每案设立安全督察员，纪检组对办案安全、办案纪律及执法情况进行全程跟踪监督，确保依法办案、安全办案。加强装备提升保障能力，建成设备配套、功能齐全的全封闭办案工作区，为办案安全提供有力保障。对自侦案件全部实行全程同步录音录像，将资料进行同步存储，确保文明办案。

（李　莉）

【刑事诉讼监督】 全年共向侦查机关发出《提供法庭审判所需证据材料意见书》26份，提前介入侦查8次。开展“对公安派出所刑侦队的执法办案情况”专项检查活动，推动侦查机关规范执法。加强对有罪不究、以罚代刑等问题的监督，纠正漏捕1人，追诉漏犯1人，追诉漏罪两条，改变侦查机关定性5条，全部被法院采纳。

（李　莉）

【刑罚执行监督】 加强驻所检察室规范化建设，利用《监所检察管理软件系统》对在押人员羁押期限届满情况进行预警提示，保持超期羁押零记录。对全县248名罪犯进行全面调查，监督职能部门加强监管和帮教。开展专项检察15次，自行查监140次，联合查监96次，发书面建议22份，发纠正违法通知书3份，与在押人员谈话145次，上法制课43次，办理初查案件14件，办理又犯罪案件1件。

（李　莉）

【民事行政监督】 全年共受理民行申诉案件31件，立案审查民行案件4件，向市院提请抗诉3件，市院采纳两件，终止审查1件。办理支持农民工起诉案件3件，非法采矿案刑事附带民事诉讼案件1件，督促起诉24件，有效保护了当事人的合法权益和国家利益。

（李　莉）

【维稳工作】 以开展排查化解涉检信访矛盾工作为重点，深入排查，了解各类矛盾、潜在问题和社会动态，及时掌握信息和动态，服务领导决策。完善接访机制，出台《预约接访制度》，举报人可实行点名即时接访和预约接访，切实把社会矛盾化解工作细化到执法办案的各个环节。推行信访风险评估预警机制，对容易引发涉检信访的案件进行信访风险评估，划分风险等级，增强处理涉检信访的主动性。率先在全市检察机关成立集案件查询、控告申诉接访、律师会见阅卷接待、检察长接待等职能于一体的“阳光检务大厅”，充分发挥“阳光接访、信访处置、民生服务”三个平台作用，进一步拉近检民距离，增强检察工作透明度和公信力，在促进社会矛盾化解、推动社会管理创新方面取得明显成效。开通“12309”举报热线，畅通人民群众反映问题的渠道。全年共受理群众举报、控告和申诉37件，均做了合理分流、妥善处理。省院王建明检察长对县检察院抓源头、清积案、建机制的做法作出批示，充分肯定了县检察院推进社会矛盾化解工作。

（李　莉）

【对特殊人群的帮教管理】 积极探索社区矫正试点工作，依托检察联络站探索“检察院——派出所——社区居委或村委会”三级监外执行罪犯监管检察新模式，加强对社区矫正、暂予监外执行罪犯管理等各执法环节的法律监督，配合有关部门加强对刑释解教人员等特殊人群的帮教管理，提升服务管理水平。

（李　莉）

【社会治安综合治理】 认真落实检察环节社会治安综合治理措施，参与社会治安防控体系建设，积极做好预防未成年人犯罪和失足青少年帮教工作，配合有关部门对治安重点地区进行集中整治。

（李　莉）

【素质效能建设】 举办沁水检察论坛5期，邀请市院公诉处处长段瑞敏、民行处副处长楚洪林等领导到院授课，为干警学习交流搭建平台。加强学习交流和岗位练兵，贯彻执行周一业务学习、周五理论学习制度，组织干警参加省市县组织的各类培训60人（次），组织法警开展体能技能训练，培养干警的理性思维、理论素养和实战能力。有4名干警通过司法考试。

（李 莉）

【管理效能建设】 对警车实行“瘦身”，明确警车配备、使用范围后，对现有16辆警车中的8辆重新喷漆后改挂地方牌照。对干警实行严格教育、严格管理、严格监督。开展纪律作风整顿活动，每周由院领导带队对机关工作纪律执行情况和检风检纪进行督察，对发现的问题及时进行通报。重视干警的发展进步，分两次提拔副科3名、股级干部12名。面向社会公开招录10名临时司法警察，同时将分散于科室的法警实行统一编队管理，积极探索警务、勤务分工履职又协调配合的管理模式，实行法警“统一管理、统一使用、统一培训、统一考评”。5月26日，全市司法警察训练部署动员大会在县检察院召开，县检察院《编队管理促规范，警勤联动保安全，着力发挥司法警察职能作用》工作经验被市院以文件形式转发。

（李 莉）

【执法效能建设】 成立案件管理中心，健全案件管理机制，逐步建立程序与实体并重的案件动态管理体系，提高案件管理科学化、执法规范化水平。建立办案流程监督管理机制，对所办案件全部实行网上录入、网上管理、网上监督、网上考核，实现对办案活动的流程管理、过程控制和动态监督。建立检察人员执法档案制度、自侦案件跟踪回访制度和执法办案责任制、安全事故、涉检信访等责任倒查追究制度，加强对执法办案活动的事前、事中、事后监督和过错责任追究。以开展自侦案件扣押冻结款物专项检查、刑事审判法律监督专项检查、“百万案件”评查等活动为抓手，进一步落实和完善执法责任制、错案责任追究制及执法监督制约机制。

（李 莉）

【廉政效能建设】 组织开展“恪守检察职业道德、促进公正廉洁执法”主题实践活动、警示教育活动和“反特权思想、反霸道作风”专项教育活动，增强干警的职业道德意识，筑牢公正廉洁执法的道德底线，维护和树立忠诚、公正、清廉、文明的检察职业形象。组织干警学习《廉政准则》，观看警示教育片，增强廉政观念。组织中层以上干警进行述职述廉，接受全院干警评议，筑牢思想道德防线。强化内部管理，层层签订《党风廉政建设责任状》，并将管理延伸至“八小时以外”，注重对干警严教育、严管理、严监督，改进执法作风和工作作风。

（李 莉）

【主动接受监督】 在“举报宣传周”和“阳光检务周”活动期间，邀请部分省、市、县人大代表、政协委员、人民监督员对检察工作进行视察，参与举报宣传。人代会期间，由院领导带队分赴各代表团与人大代表和政协委员进行面对面的沟通和交流，听取他们对检察工作的意见和建议。邀请人大代表观摩庭审，推动执法规范化建设。并自觉将检察工作置于党委的绝对领导和人大的监督之下，及时汇报检察工作的重大事项、重要部署。邀请人大代表、政协委员和人民监督员组成评查组，参与“百万案件评查”活动，对县检察院办理的案件进行抽查，确保案件质量。

（李 莉）

【完善制度】 落实职务犯罪案件审查逮捕上提一级制度、讯问职务犯罪嫌疑人全程同步录音录像制度和对职务犯罪案件立案报上一级检察院备案，撤案、不起诉报上一级检察院批准等制度，确保规范办案。

（李 莉）

【监督检查】 纪检组全程介入自侦办案，变事后监督为事前、事中监督，从源头上确保办案安全和干警公正文明执法。继续突出对重要岗位和执法办案一线人员的监督，认真落实“一案三卡”制度，确保干警廉洁执法。

（李　莉）

【检务公开】 进一步充实公开内容，除法律规定保密外，能够公开的一律向社会公开，通过落实权利义务告知制度、编印检务公开资料、开展举报宣传周、组织阳光检务周活动等形式，增强检察工作透明度。

（李　莉）

【乡镇检察联络站工作】 进一步加强乡镇检察联络站建设，在原有6个检察联络站的基础上，增设郑庄、十里两个联络站，并根据8个乡镇检察联络站地理分布情况，采取以“镇”带“乡”的方式，将乡镇检察联络站工作拓展到全县14个乡镇，消除检察服务的“盲区”，形成覆盖全县的检察服务网络。依托联络站，探索延伸法律监督触角，实现检力下沉，开展巡回检察服务农村工作，更好地服务基层发展稳定。市院充分肯定县检察院的乡镇检察联络站工作，在沁水召开全市乡镇检察联络站工作现场会，县检察院《延伸检察职能，打造四个平台，全力构建县乡村三级检察服务网络》工作经验被省院全文转发。

（李　莉）

【基础建设】 建成技术标准高、设备配套全、安全保障强的办案工作区，通过省院验收并投入使用，为县检察院实现安全办案、规范办案提供有力保障。新建成视频会议室、检委会会议室、阳光检务大厅、法警体能训练馆，并配备相关先进设备，为干警工作、学习、训练以及来访群众接待提供温馨、舒适的环境。

（李　莉）

【信息化建设】 新建的侦查指挥中心具有审讯监督、审讯指挥和证据固定三大功能，安全监控系统进一步优化升级，实现无盲区监控。

（李　莉）

【检务装备】 添置并更新消防器材，邀请县消防大队对干警进行消防知识学习和实战演练，从消防器材配备到相关人员的防火技能均具备扑救初期火情的条件和能力。更新办案用车4辆，为干警更新检察制服，配备部分电脑、打印机，对机关大院进行绿化和亮化，优化了办公环境。

（李　莉）

案例举要

【路青（化名）等6人伪造及倒卖伪造有价票证案】 2008年6月，路青多次从王重处购买假《山西省煤炭运销总公司省内工业用煤调运单》10余本及假印章数枚交给王磊，王磊填盖后以每吨50元的价格将假单卖给王华，王华以每吨53元的价格卖给陈树，陈树以每吨80元～105元的价格卖给运煤客户，并以每车付原军300元～400元送站钱的方式让原军负责送车过煤站，同时原军也从陈树处购得假单向运煤客户出售。截至2008年9月1日，上述被告人共向运煤客户出售假单279份，非法获利50多万元。破案后已追缴赃款313 900元。另追加侦查机关遗漏的路青、王重买卖国家机关证件罪的犯罪事实各1起；追加起诉侦查机关遗漏的构成帮助毁灭证据罪的犯罪嫌疑人1名。本案是晋城市首例倒卖假煤票案，造成煤管费损失上百万元，6名被告人分别被判处两年至五年不等有期徒刑。2010年3月，该案被晋城市人民检察院评为精品案件。

（李　莉）

名称：沁水县人民检察院
地址：县城新建东街2599号
电话：0356-7062173
邮编：048200

审判工作

【审判执行工作】 全年受理各类案件842件（含旧存27件），审（执）结815件，诉讼案件结案率97%，执行案件执结率95%。

（倪翔云）

【严惩严重刑事犯罪】 全年受理刑事案件127件,审结126件,结案率99%。坚持“严打”方针不动摇，始终把侵犯人身安全的抢劫、强奸、故意伤害以及盗窃等多发性侵财犯罪作为打击重点。严惩严重危害人民群众生命健康和财产安全的暴力犯罪48件90人。依法判处贪污、贿赂、挪用公款等国家公职人员职务犯罪12件15人。贯彻“宽严相济”的刑事政策,对初犯、偶犯、未成年人、过失犯罪等罪行较轻且确有悔罪表现的45案64名被告人,依法适用缓刑。重视伤害案件被害人及其亲属获得民事赔偿的合理诉求，累计判决赔偿被害人损失100余万元。

（倪翔云）

【民事审判】 全年审理民商事纠纷496件（含旧存13件），结案率97％。4月，审理首例因国家淘汰落后产能而引起的补偿、奖励资金分配案，引导当事人从无序的群体上访转入正确的诉讼渠道解决纠纷。审理借款合同、买卖合同等商事案件69件，标的520万元，为企业和金融机构挽回经济损失230余万元。审理劳动争议、劳资纠纷等案件6件，保护劳动者合法权益，优化企业用工环境。审理土地、林权纠纷29件，妥善审理离婚、抚养、赡养、继承等婚姻家庭案件168件。

（倪翔云）

【行政案件审理】 坚持维护、监督与支持并举，通过采取法律宣传、协调疏导等措施，有力指导行政执法机关依法行政，减少了行政诉讼案件的发生。通过开展阳光审判，将案件的每一环节、每一过程都置于社会各界的监督下，有效提升了行政案件的质效。全年审结行政案件5件，结案率100％，审结案件实现零错案、零投诉、零上访。

（倪翔云）

【创新执行工作机制】 先后选派执行法官9人次参加省、市法院组织的执行业务培训，建立以制度管权、管事、管人，相互制约、相互协调的执行运作机制,制定《执行案件流程管理制度》，落实执行案件告知制度，推行阳光执行，公开重大执行信息。

（倪翔云）

【依法采取强制措施】 运用法律赋予的查封、冻结、扣押、划拨、搜查、拍卖、变卖等强制措施，对32名有履行能力而拒不履行、转移藏匿财产、妨害执行的被执行人，依法采取强制措施，促使一批案件得以执行。5月下旬，县法院执行干警一行4人辗转3400公里，对躲避到青海省天峻县的沁水县郑庄镇郑庄村被执行人琚某采取强制执行措施。

（倪翔云）

【积极争取各界支持】 及时主动向县委、县人大报告执行工作中的重要情况和遇到的困难。10月，专题向县人大常委会报告执行工作。积极寻求辖区乡镇党委、政府和有关部门的支持，在各方的配合下，县法院执结了一批“钉子案”、“骨头案”。全年执结214件，执行标的1015万元，执结率达95%。

（倪翔云）

【信访积案化解】 县法院专门成立集中清理涉法涉诉信访积案活动领导组，通过信访案件分析会议，对排查出的9件执行信访案件，制定预案、包案到人、细化责任，加大处理力度，全部妥善处理。对两件上访案件，通过说服教育和密切注视上访动态做好稳控工作。院、庭领导坚持“六亲自”，助推信访矛盾化解。“六亲自”即：亲自接待信访当事人、亲自倾听上访人陈述、亲自听取案件承办人汇报办理情况、亲自查阅案件材料、亲自出面组织协调、亲自督促检查。全院接待立案、咨询、信访当事人共1200余人次，院领导接待来访群众260余人次，当场说服息诉40余人次，并对20余个当事人反映的问题按规定交办或转办。

（倪翔云）

【创新“5831”调解模式】 “5831”调解模式，即“五心”、“八法”、“三大机制”、“一个社会效果”的调解模式。“五心”要求审判人员在调解案件过程中，要具备爱心、耐心、信心、诚心、公心；“八法”在调解中注重运用心理抚慰、过错剖析、分头调解、亲情融化、巧借外力、冷热并用、内外结合、法律政策宣传与道德舆论威慑相结合的八种调解方法；“三大机制”即立案调解长效机制、注重调解激励机制、人民调解与诉讼调解相衔接的诉讼调解机制；“一个效果”凸显法律效果与社会效果有机统一的审判效果。通过“5831”调解模式，全年民商事案件调撤288件，调撤率60%。刑事附带民事及自诉案件调解41件，调解率为98%。执行和解40件，占执行结案20%。

（倪翔云）

【全面推行举证指导】 在以往探索的基础上，全面推行庭前指导举证，彻底改变和解决诉讼中当事人不知开庭程序、举证意识不强、诉讼能力不高的现状和困难，全年经庭前举证指导后，原告撤诉131件，取得了很好的社会效果。

（倪翔云）

【设立立案联络点和巡回法庭】 贯彻《最高人民法院关于建立诉讼与非诉讼调解衔接工作机制的若干意见》，方便偏远地区人民群众参加诉讼，县法院与县司法局联合制定《关于在偏远乡镇设立立案联络点和巡回法庭的实施意见》，首次在土沃乡设立立案联络点。

（倪翔云）

【推行马锡五审判模式】 马锡五审判模式指的是法官深入群众，走上田间地头，为人民群众解决法律纠纷。县法院倡导法官到一线审判执行，一线宣讲法律，一线提供服务。要求法官贴近基层，贴近群众，贴近一线。县法院基层法庭法官走进农家院里公开审理案件5件，用通俗易懂、喜闻乐见的语言向群众释法答疑，解决纠纷，解答群众提出的问题和疑惑。民事、执行一线法官深入到纠纷发生地进行调查取证135件次，变法官坐堂问案为深入实地调查，全面了解纠纷发生的经过和群众的呼声，促进案件公正、合法、合理的解决。

（倪翔云）

【实施司法救助】 对“低保人员”、“五保户”、“特困户”，没有固定生活来源的残疾人、孤儿以及人身损害赔偿案件的受害人等6名经济确有困难的当事人缓、减、免收诉讼费共计14 650元，对1名困难当事人给予资金救助。

（倪翔云）

【特殊人群帮教管理】 认真贯彻“教育、感化、挽救”方针和“教育为主、惩罚为辅”司法原则，利用判后释法、执行告知、定期回访，做好对依法被判处缓、管、免人员的跟踪帮教工作，帮助他们改过自新，回归社会，防止重新犯罪。

（倪翔云）

【社会治安综合治理】 深入开展“打黑除恶”、“扫黄打非”等专项整治行动，选派两名干警全年参加县反邪教督察、宣传活动，对郑庄、嘉峰两镇近50个村进行宣传教育。选派两名法官参与全县学校安全检查整治工作，促进社会治安防控体系建设。

（倪翔云）

【司法建议】 依托审判工作，从各类案件的审判、执行中，及时发现可能影响社会稳定的苗头性、倾向性问题，积极向有关部门提出司法建议。全年共发出加强和改进社会管理的意见建议4件。

（倪翔云）

【司法公开宣传活动】 在沁水法院网报道法院公开活动动态，确定11月1日为县法院公众开放日，印制《法律宣传手册》1000册、《农村常用法律知识问答》5000册以及《诉讼服务指南》、《关于公开审判的管理规定》宣传资料等在县城进行法制宣传。在土沃乡政府所在地对辖区村委人员进行法律培训，向群众发放诉讼指南、讲解诉讼流程、阐释法律规定、评析经典案例，向广大群众普及法律知识。

（倪翔云）

【自觉接受监督】 主动向人大常委会报告工作，认真执行常委会决议，积极办理人大交办的案件，专题报告执行《刑事诉讼法》和民商事案件执行情况，教育和引导法官自觉接受人大和社会各界人民群众的监督。邀请部分县人大代表、政协委员召开座谈会，倾听群众呼声，征求代表委员对法院审判管理工作的意见和建议。邀请县人大代表、政协委员、企事业单位领导及社会各界人士旁听开庭审理刑事案件。

（倪翔云）

【案件评查】 通过制定案件质量评查标准，使案件评查制度化。把已审结或执结的案件全部纳入案件评查的范围，做到不遗漏一案。在评查的内容上，既包括实体、程序，也包括案件庭审质量、裁判文书制作、档案装订等多个方面案件，使案件评查范围全面化。专人负责评查工作，并对评查工作进行考核，使案件评查责任具体化。每月在院审判月报上通报评查结果并进行奖惩，使案件评查奖惩制度化。全年评查案件916件（含旧存335件）。对20件重大疑难案件及群众反映强烈的信访案件进行评查，并落实整改。

（倪翔云）

【完善考评体系】 进一步完善考评内容，将调解案件的自动履行率、申诉信访率纳入考评体系，加大执行标的到位率、执行申诉率在考评中的权重，使考核指标全面反映执行工作水平。加强对审判、执行工作的动态分析，强化对审限内结案，建立收结案动态平衡机制。强化院、庭长的管理职责，加强对审判、执行部门司法效果评价，促进县法院审判、执行工作整体发展。

（倪翔云）

【教育培训】 选派两名初任法官参加初任法官培训，37名工作人员参加全县公务员普通话培训等。选派12名法官参加省市法院组织的《中华人民共和国侵权责任法》和有关业务培训。

（倪翔云）

【岗位比武】 开展司法警察演练，书记员岗位技能比赛，评选办案能手、调解能手、爱岗敬业、优秀法律文书标兵等活动，将干警工作量化并进行技能评比，以练促学，树立法院干警良好形象。

（倪翔云）

【陪审员工作】 认真组织圆满完成第二届人民陪审员换届选任工作，制定《人民陪审员管理办法》，对人民陪审员的管理机构、选用方法、庭审合议、考核奖励及责任等方面作出规定，将人民陪审员参审率及参审效果纳入县法院绩效考核范围。全年27名人民陪审员参与审理刑事、民事、行政案件50余件，占各类案件的10%。

（倪翔云）

【文化建设】 积极探索法院文化建设新思

路，提炼出“严谨务实，团结奋进”的县法院文化精神。在建立院史陈列室、定期编辑出版《审判月报》后，又制作反映县法院5年来争创全国优秀人民法院并取得丰硕成果的大型画册《足迹》，将年度标兵的模范事迹展现在法院显要位置，举办“健康与美”演讲比赛，排练文艺节目，组织干警进行蓝球训练，参加市中院组织的演出和比赛，邀请县委党校老师讲解“国家工作人员心理健康问题浅析”，倡导读书治学的良好风尚，激发干警工作热情，舒缓干警工作压力，提高干警的人文素养和个人修养。

（倪翔云）

【司法警务和政务保障】 通过建章立制，司法警察的提押、值庭、押解、机关安全保卫和司法政务人事、政工、日常事务、档案管理、后勤保障等工作制度化、规范化，为审判一线发挥了强有力的保障作用。县法院新增公务用车7辆，为干警更换微机20台，筹备数字法庭建设项目，组织干警进行身体常规检查，保障了审判执行工作的顺利开展。

（倪翔云）

【中村人民法庭竣工入住办公】 11月25日，县法院举行中村人民法庭落成剪彩仪式。该项目占地1800平方米，建筑规模732平方米，概算投资86万元。经过一年的艰苦努力，现已竣工并投入使用。

（倪翔云）

案例举要

【董某某、赵某某故意杀人案】 被告人董某某，男，37岁，沁水县人，农民，住沁水县嘉峰镇某村。被告人赵某某，女，34岁，沁水县人，农民，住沁水县嘉峰镇某村。被害人赵某，男，42岁，沁水县人，农民，住沁水县嘉峰镇某村，系被告人赵某某的丈夫。被害人赵某系被告人赵某某父母的养子，两人从小以兄妹相称，长大后应父母之命两人结婚，结为夫妻，共同生活。2007年5月，赵某、赵某某家修房子时找来被告人董某某施工，此后董某某与赵某某逐渐发展为情人关系。被告人董某某与赵某某为了达到共同生活的目的，多次密谋用下毒或者捂口鼻闷死的方式杀死赵某，使外人难以知道真正的死亡原因，而由赵某某对外宣称赵某意外死亡。案发后经鉴定，赵某的伤情达轻伤标准，被告人董某某也到公安机关投案。被害人赵某向县法院递交刑事附带民事诉讼后，要求被告人董某某赔偿经济损失，办案人员多次组织被告人亲属和被害人进行调解，被告人董某某的家属尽己所能赔偿被害人6000元，被害人申请撤回附带民事诉讼。此案公开宣判，判处被告人董某某有期徒刑11年零6个月，判处被告人赵某某有期徒刑11年。两被告人认罪伏法，均未上诉，被依法送往监狱服刑。此案于2011年2月被沁水县社会治安综合治理委员会评为“十佳精品案件”。

（吴　鹏）

【工伤事故损害赔偿纠纷一案】 该案系维护工人合法权益的典型案件。1994年原告潘某到被告某煤业有限公司处上班，1998年10月4日因工受伤，后被认定为工伤。2003年4月22日晋城市中级人民法院作出（2003）晋市法民终字第132号民事判决书，判决被告每月支付其613.8元伤残抚恤金、272.8元护理费，直至其死亡。2005年至今，晋城市劳动和社会保障局、晋城市财政局多次对伤残津贴和护理费进行调整，随着消费水平的逐步提高，原告的伤残抚恤金和护理费已经不能满足实际消费支出，原告请求增加伤残抚恤金和护理费。法院经审理认为：原告在被告处上班过程中受伤，并被认定为工伤，被告应依工伤的相关规定向原告支付相关费用。在晋城市中级人民法院对原告的工伤待遇作出判决后，晋城市劳动和社会保障局、晋城市财政局先后4次对工伤职工的伤残津贴、生活护理费标准进行调整，调整范围均为按月领取伤残津贴、生活护理费的工伤职工及因工死亡职工供养亲属抚恤金的人员，根据（2003）晋市法民终字第132号民事判决书的判决，被告系按月支付原告的伤残津贴和生活护理费，原告实际也是按月领取伤残津贴和生活护理费，因此原告的请求正当，依法应予支持，被告应按调整后的标准向原告支付伤残津贴和生活护理费，2009年10月前欠发的应予补发。以后如国家对工伤职工的伤残津贴和生活护理费的标准有所调整，被告应依调整后的标准向原告支付。原告的医疗费和交通费，被告应予支付。宣判后，双方当事人均未上诉。

（崔俊豪）

【维护农民工合法权益案】 申请人杨某某与被执行人山西沁水某公司（以下简称公司甲）劳动争议纠纷一案，沁水县劳动争议仲裁委员会于2009年8月3日作出(沁)劳仲裁字第200931号仲裁裁决书，并发生法律效力。申请人于2010年4月19日向县法院申请执行，申请执行标的额为169 953.82元。县法院于同日立案执行。4月22日依法向被执行人送达执行通知书，责令其限期履行。但被执行人属于整合矿井，无履行能力。经执行人员调查，被执行人属于山西某集团晋城沁水有限公司（以下简称公司乙）兼并企业。5月12日，县法院向公司乙送达协助执行通知书，依法裁定扣留公司甲应得的收入款169953.82元。2010年11月3日，公司乙将该款交至县法院，执行人员及时将该款交给申请人。

（李　剑）

名称：沁水县人民法院

地址：县城新建东街2529号

电话：0356-7062395转8063

邮编：048200

网址：nixiangyun@163.com

司法行政

【普法宣传】 利用各种节佳日，组织宣教、公证、律师和法律援助等工作人员走上街头、深入乡镇，集中开展法律宣传活动，同时，宣传矛盾纠纷大排查、大调处、维护社会稳定的典型事例。开创独具特色的流动“篮球法制文化广场”新型普法模式，即以农村文化休闲广场为载体，利用农村庙会、赶集等重大节日期间人群聚集的良好时机，深入乡村一线，将普法活动贯穿于篮球友谊赛的全过程。全年共悬挂宣传横幅132条、展出法律宣传展板50块、设置固定宣传标语270条，设置法律咨询台132个，现场解答群众法律咨询1.5万余人次、发放宣传资料5万余份、法律书籍3万余册。

（杨林丽）

【“五五”普法总结验收工作】 4月组织召开依法治县领导组工作会议，安排部署全县“五五”普法依法治理自查自验和迎接省、市总结验收工作。结合全县实际，制定下发《沁水县“五五”普法检查验收工作方案》和《考核标准》。6月份，县依法治县领导组分五组对全县各乡镇、县直单位、行政村和乡镇企业等100个单位的普法依法治理工作进行检查验收。组织工会、审计局、林业局等30个单位，通过版面，全方位、多角度充分展示全县“五五”普法取得的成果。组织全县公务员、参照公务员管理人员以及乡村“两委”干部参加全省“五五”普法总结验收考试，全县参加考试的人员1500余人。12月8日，晋城市政协副主席、依法治市领导组副组长王陆升同志带领市“五五”普法检查验收组莅临沁水县，对全县的“五五”普法依法治理工作进行全面检查验收，通过召开座谈会、听取汇报、实地查看等方式充分肯定沁水县的“五五”普法工作并给予高度评价。

（杨林丽）

【依法治理工作】 年初，制定出台《沁水县依法治县工作目标责任分解意见》，使各单位职责明确，推进了依法治县进程。4月召开“法治乡镇”建设动员会，安排部署“法治乡镇”建设启动工作，全县14个乡镇全面启动“法治乡镇”建设。继续深入开展“民主法治村”创建，深化农村基层民主法治建设，推进全县村级依法治理工作。

（杨林丽）

【社区矫正工作】 全县共接收16名矫正对象，均表现良好，积极接受矫正，无重新违法犯罪倾向。为确保世博会期间社会稳定，县司法局对矫正对象开展针对性的矫正，局长亲自带队深入龙港和柿庄司法所耐心指导社区矫正工作，召开社区矫正工作座谈会，并同矫正对象谈心，详细了解他们的生活状况和思想动态，与他们签订《遵纪守法保证书》，发现有重新犯罪苗头，及时上报，及时处理，确保矫正对象不出任何问题。为进一步加强对社区矫正对象的管理和矫正，同监管帮教人员签订《世博会期间监管帮教责任书》和《社区矫正监管书》。为加强社区服刑人员法律文书的有效衔接，专门制定适用于县司法局和各基层司法所的通知书送达和回执制度，确保上下信息畅通。同时，县司法局积极组织全县司法助理员参加市司法局组织的社区矫正工作培训班。

（杨林丽）

【人民调解工作】 大调解组织已经形成一个“横向到边，纵向到底，依托基层，多方参与”的县、乡、村、组、户五级民调信息网络。沁水县共有人民调解委员会276个，其中乡镇调委会14个，村（社区）调委会251个，企业调委会4个，专业性调委会7个，调解员2174名，调解信息员6257名。12月15日，对全县14个乡镇的司法助理员、村级调委主任、区域性、专业性、行业性调委会主任共350余人举办为期3天的《中华人民共和国人民调解法》培训。2010年，全县各级调解组织共调解矛盾纠纷1228件，成功1203件，调解率达100%，成功率达98%，真正发挥了人民调解“第一道防线”的作用。

（杨林丽）

【安置帮教工作】 设立县安置帮教工作领导组，各乡镇安置帮教工作领导组，乡镇辖区内各村民委员会、社区居委会同时成立安置帮教工作组织，形成横向贯通、纵向联合的三级帮教安置工作网络。沁水县共有安置帮教工作机构269个，乡镇安置帮教工作组织机构14个，村（社区）251个，企事业单位4个。全县各级安置帮教组织积极探索，大胆实践，建立完善安置帮教工作各项制度。对无家可归、无业可就、无亲可投的“三无”人员和在排查中发现有重新违法犯罪倾向的人员进行重点帮教。为他们解决实际困难，使他们走上自食其力之路。2010年，回归刑释解教人员44人（刑释39人，劳教5人），全部签订帮教协议，建立帮教档案，落实帮教措施，维护了社会稳定。

（杨林丽）

【法律援助】 健全法律服务和法律援助网络，形成大服务格局。拓宽法律援助申请渠道，扩大援助面，将外来人口聚集地纳入援助联络点。各乡镇挂牌成立法律援助工作站，各行政村（社区）都设立法律服务和法律援助联络点，确定一名联络员，基本形成中心—乡镇法律工作站—农村法律援助联络员—基层法律援助信息员的全方位法律援助网络，把法律援助延伸到全县各个角落。2010年，共办理援助案件60件，解答法律咨询400件，接待法律咨询1300多人次，代书120份。挽回经济损失300万元，避免经济损失500万元。

（杨林丽）

【公证工作】 加强对公证人员的业务素质培训，规范办证程序，严把公证质量关口，大力开展一站式服务，2010年共办理各类公证128件，其中民事公证83件，经济公证45件，无一起投诉案件发生。

（杨林丽）

【律师工作】 加强《律师法》的宣传，完善律师管理制度，健全档案，规范执业行为，2010年，担任法律顾问两家，承办刑事辩护案件18起，代理民事诉讼17件，行政案件1件，代书57份，接待群众法律咨询上千人次，无投诉案件发生。

（杨林丽）

【司法所建设】 按照《关于加强司法行政基层基础工作的实施意见》的要求，实现司法所装修、办公家具、电脑、交通工具（摩托车）、工作器材“五个统一配套”，为司法所配置电脑6台、打印机6台，摩托车3辆，汽车1部。为司法所充分发挥人民调解、法制宣传、法律服务等各项职能提供了坚实的物质保障。

（杨林丽）

名称：沁水县司法局
地址：县城新建西街669号
电话：0356-7029504
邮编：048200
网址：www.qssfj.com

经济管理

发展改革管理

【“十二五”规划编制】 2010年3月，县发改局启动“十二五”规划编制工作。成立了以县长为组长的规划领导小组，召开全县规划编制工作会议，确定行业规划课题。经过多次深入县直相关部门、企业和乡镇调研，广泛听取各方的意见和建议。加强与驻县大型企业的沟通联系，积极谋划出一批重大项目。经认真征集，筛选出沁水县“十二五”期间的续建和拟建项目238项，总投资1390亿元，其中亿元以上项目83项，总投资1346亿元。并积极与市发改委各专业科室进行衔接，力争沁水县的重大项目能进入省、市项目库。至年底“十二五”规划前期的33个行业规划课题定稿，规划《纲要》初稿基本完成，正在征求意见。

（王锁庭）

【调查研究】 紧紧围绕县委、县政府发展战略和经济运行中的热点、难点问题，深入开展调查研究。积极开展对全县城镇化发展的课题研究。同时，为推进沁水县由主要依靠消耗煤炭资源的工业经济向服务型经济转变，在对全县服务业发展的环境条件、发展目标、发展重点以及亟待解决的主要问题等深入研究的基础上编制完成《沁水县服务业发展规划》，为加快全县城镇化和现代服务业发展提供了决策依据。

（王锁庭）

【重点工程建设】 一是做深做实项目前期工作。作为争项引资的牵头部门，县发改局坚持把争取项目资金作为工作的重中之重。为保证项目的投资效益，要求各项目单位必须按规定程序进行运作，做好项目建议书或可研报告。相关人员深入到项目现场进行督察，对前期工作做的不扎实的，督促其补充完善，确保上报项目的规范运作。二是多途径全方位争取项目资金。坚持抓大不放小，小项目由局分管领导牵头，股室负责，重大项目由局主要领导亲自挂帅，全局共同攻坚。截至年底，和项目单位共同从发改系统争取国家、省、市投资项目35项，争取资金5859.83万元，其中：天然林资源保护35万元、农村饮水安全472万元、生猪标准化养殖60万元、县医院综合住院楼1200万元、农村沼气服务网点45万元、农村小水电338万元、农产品加工60万元、现代农业40万元、新农村建设45万元、巩固退耕还林成果317.2万元、国有林场棚户区改造46万元、公安局看守所200万元、基层派出所67万元、端氏敬老院100万元、梅河流域以工代赈170万元、丰田公司系列营养复合粉

150万元、农村公路1303万元、县城集中供热625万元、旅游开发376.63万元、农产品批发市场建设150万元、商品连锁店建设55万元、老年公寓5万元。三是积极鼓励和引导民间资本投资。通过政府鼓励和引导，全县有柳氏民居开发有限公司、历山旅游开发有限公司、沁乐家园、国强商贸、中科久泰等一大批民营企业投资基础设施、新兴产业和社会公共事业，涉及旅游文化产业、城市建设、养老服务等领域，其中：旅游文化产业投资约7677万元，主要包括湘峪三都古城、柳氏民居开发、历山旅游、张峰水库等旅游景区；养老服务行业及城市建设投资约4000万元，主要包括：夕阳红老年公寓、双缘养老院、垃圾处理场等。四是强力推进重点工程建设。始终把抓投资、保增长与调结构、促转型、惠民生结合起来，进一步增加投资总量，大力优化投资结构。在保证质量的前提下加快建设进度，抓住施工的黄金季节，倒排工期，科学衔接，全力抓好重点工程项目建设。同时，为确保重点工程建设顺利推进，牵头组织和参与多次单项重点工程协调会，全面协调工程推进过程中出现的困难，及时解决工程建设中出现的“瓶颈”问题。2010年，全县共安排重点工程50项，概算总投资196亿元，计划完成年度投资38亿元。其中基础设施重点工程25项，概算总投资19亿元，当年安排投资10.8亿元，年底完成投资10.66亿元，完成率98%。梅杏大道、滨河南路、碧峰公园、阳翼高速连接线、坪曲线道路改造、文化长廊及环境整治、绿化、士敏公园8项工程完成建设并投入使用；县社会福利中心、湾则水库、郑村煤矿沉陷区肖庄移民点、教育园区、农产品批发市场、限价房、清洁能源工业园区、嘉峰煤电工业园区、中下路、县城集中供暖、中小学校舍安全、县城垃圾处理场、树理文化广场、县公安业务用房、县医院综合住院楼、北坛幼儿园、土沃110千伏输变电17项工程完成年度目标任务。生产性建设项目25项，概算总投资177.6亿元，当年安排投资27.4亿元，实际完成投资27.7亿元，完成率100.2%。2010年，共参与煤炭企业座谈会、煤层气企业座谈会、中电明秀120兆瓦气源协调会等多次会议，并认真贯彻落实会议精神，为企业排忧解难，加强与上级部门沟通协商，使各个项目尽快完成前期审批手续，早日开工建设，投产达效。截至年底，有9项完成目标任务投入试运行，8项完成年度计划，8项完成前期工作。同时，积极服务省市重大项目建设。2010年沁水境内的16个省市重点工程项目全部完成前期工作，完工3个，开工建设5个，完成投资19.5亿元。

（王锁庭）

【政府项目投资监管】 一是严格项目监管。配合上级有关部门开展了6次重大稽查活动，对扩大内需项目、专项治理工作以及第一批市级服务业发展引导资金项目进行稽查，有效规范项目的招标投标、建设实施、工程质量和资金使用等行为，加强各级监督部门的协调沟通和合作，扩大稽查影响力。二是严格项目审批程序。按照有关企业投资项目核准、备案的规范要求和国家的产业投资政策，规范企业投资行为。认真贯彻实施《行政许可法》，有效实施行政许可，严格实行重大项目跟踪服务和“一站式”审批制度，规范窗口服务程序和行为，保证行政审批工作的有效开展。三是有效规范政府投资管理。继续强化投资的宏观管理，密切关注投资环境、投资政策和投资形势的变化，重点就全县各行业投资情况和存在的倾向性问题、热点问题和苗头性问题进行研究，提出对策建议。严把政府投资项目的审批关，在对项目审批过程中，严格实行专家论证制度，保证项目的科学决策性；严格控制工程概算，提高项目的投资效益。受理政府投资项目审批和企业投资项目备案工作，及时在承诺期限内办结，共审批项目54个，备案27个。

（王锁庭）

【服务民生工程】“校安工程”进展顺利。2010年全县“校安工程”涉及规划新建改造项目26校所，改造面积11.4万平方米，概算投资2.56亿元。按照“特事特办，高效推进”的要求，简化办事程序，缩短审批时间，积极服务项目建设，所有项目开工建设，年底完成全部改造任务；医疗卫生体系建设方面，县医院、两个中心乡镇卫生院争取到的国债资金全部到位，两所中心卫生院竣工投入使用，县医院综合住院楼开工建设，所有村级卫生室投入使用。农村饮水安全方面，投资1276万元的全县164处饮水工程全部完工并投入使用。

（王锁庭）

【循环低碳经济发展】沁水县循环经济发展规划已经市发改委批复，和瑞、兰金瓦斯发电完成设备安装，中电明秀瓦斯发电开工建设。生态环境综合治理工作稳步推进，全县文化长廊及综合治理工程顺利实施，梅杏两河治理基本完成，环城绿化、乡村绿化、公路沿线绿化、高速路连接线绿化全面完成。沁水县沁河流域端氏、嘉峰段生态环境综合治理规划已上报，待批复后，即可实施。县城污水处理厂投入运营，垃圾处理场开工建设。同时，大力推进全县煤层气产业一体化发展。华凯、五里庙、南京中油恒燃煤层气液化项目正在按程序积极推进。

（王锁庭）

名称：沁水县发展和改革局
地址：县城西街99号
电话：0356-7022453
邮编：048200

审计管理

【审计成果】2010年，县审计局坚持“依法审计、服务大局、围绕中心、突出重点、求真务实”的工作方针，共完成八大类56个审计项目，查出各类违纪违规及管理不规范金额99 673.98万元，决定处理处罚金额44 860.63万元，归还原渠道资金1471.84万元，上缴财政3443.21万元，调账处理43 288.84万元，核减工程投资240万元，对31个单位处以罚款47.1万元，19个单位给予“警告”。

（宋宁宁）

【预算执行审计】坚持以规范预算管理，提高财政资金使用效益为目标，以预算执行审计为主线，以财政支出为重点，全年对以财政局为主的12个单位进行了审计或延伸审计。通过审计，揭示了沁水县在预算管理及财政财务管理方面，存在着批复预算不符合规定，办理无预算和超预算拨款，违规调整预算，财政收入管理不够严谨，部分财政支出不实，国有资产使用不合理，扩大开支范围，提高开支标准，滞留专项资金，以及部分单位会计基础工作仍不规范等问题。共查出违纪、违规及管理不规范问题金额85 439.35万元，决定处理处罚金额40 687.98万元。

（宋宁宁）

【财政决算审计】完成对张村乡和固县乡两个乡的财政决算审计。查出滞留财政资金、扩大开支标准、违规使用专项资金、自行设立财政收入项目等8个方面的问题，查出违纪问题金额960.18万元，决定处理处罚金额358.08万元，对两个被审计单位处以罚款3.5万元。通过审计，客观反映了乡镇财政财务管理状况，揭示了管理中存在的问题，并针对性地提出整改建议，为县委、县政府加强乡镇政府的管理提供了科学依据，促进了沁水县财政体制改革和新农村建设的健康发展。

（宋宁宁）

【专项审计调查】继续贯彻“加强能力建设，提高审计质量，依法为民护财”的审计工作理念，进一步把审计工作的着力点放在促进和谐社会、关注民生利益的问题上来，组织完成对全县社保基金征收管理使用情况（包括养老保险基金、失业保险基金、医疗保险基金、工伤保险基金、生育保险基金）和全县保障性住房建设资金使用情况两项审计调查项目外，还超额完成对2009年地方政府债务、节能和淘汰落后产能循环经济专项资金管理使用和效益情况、中央扩大内需新增投资项目实施情况、污水处理厂建设和运营情况的审计调查。查出违规违纪金额13 564.78万元，揭示了各类专项资金在管理、拨付和使用等环节中存在的突出问题。

（宋宁宁）

【政府性投资审计】完成对固县、土沃两乡初中校舍安全工程的跟踪审计；政府机关宿舍楼和人大、政协机关大院环境治理工程竣工结算审计；樊村河通乡油路工程项目竣工结算审计、瑞杏大桥竣工结算审计5项政府性投资审计项目。还超额完成国土资源局东楼土建及装修工程、土沃乡定中公路路面工程、中村国土所办公楼改造工程、嘉峰明德小学综合教学楼工程、西关庙修缮工程5项建设项目的竣工结算审计。通过审计发现建设领域存在的建设程序不规范、工程管理不严格，以及多计工程款、漏缴税金等违纪违规问题。共查出违纪违规金额788.68万元，核减工程价款240万元，节约了财政资金，促进了规范，提高了效益。

（宋宁宁）

【专项资金审计】完成对全县中小学校舍安全工程跟踪审计；对全县村级组织活动场所建设项目跟踪审计；对全县城市、农村最低生活保障金、福利彩票公益金分配管理使用情况审计；对全县土地开发整理专项资金审计等4项专项审计，增加完成水资源费专项审计。通过审计，揭示了沁水县存在多发放低保金、因指标限制致使农村低保享受面过窄、低保政策宣传不到位而导致城市居民低保政策意识淡薄等问题；土地开发整理工作中未按规定使用土地出让金665.51万元、土地开发整理项目变更手续不完善、项目资料管理不规范等问题，为规范各项工作提供了参考数据。

（宋宁宁）

【经济责任审计】完成21个离任科级领导干部的经济责任审计，查出违规违纪金额4103.38万元，决定处理处罚金额2334.02万元，对10个单位给予“警告”。在审计中，把领导干部任期内经济目标完成情况、重大事项集体决策情况、内部控制制度的建立情况、遵守财经法纪情况等作为审计重点，注重揭示体制和制度方面的问题，注重揭露权力运行中存在的普遍性、深层次问题，力求为县委选拔任用干部和县委、县政府加强经济管理提供可靠的决策依据。

（宋宁宁）

【金融审计】根据省审计厅安排，采取聘用外单位人员参与审计的组织方式，完成对固县、城关、郑庄、中村、十里5个农村信用社2008年至2009年资产、负债、损益审计，查出了有关单位在业务经营、信贷资产管理、财务管理方面存在的以贷还贷、以贷结息、化整为零放贷、违反贷款用途放贷、贷款质量不真实、无质押物发放质押贷款、存款账户透支、少计利息收入、多计营业费用、私存私放、资产不实、支出不实、账表不一、账实不符14个方面的问题，涉及违纪违规金额3546.76万元。在审计中，以农村信用社财务收支真实性审计、信贷资产质量审计、经营合法合规性审计为重点，注重发现和揭示基层农村信用社在基本建设、不良资产处置方面是否存在商业贿赂问题，是否存在违规经营、损失浪费等问题，并深入开展了对农村信用社服务“三农”情况的调查。

（宋宁宁）

【其他审计事项】 根据上级审计机关的安排，对玉树地震救灾资金物资募集、分配和管理情况进行全过程跟踪审计，确保抗震救灾资金、物资的安全完整使用。根据县政府安排，完成对沁水县驻北京办事处的清产核资审计，为驻京办事处的规范管理提供了参考依据。

（宋宁宁）

【机构变更】 2010年8月30日，经晋城市编办主任办公会议研究同意，沁水县机构编制委员会批复：沁水县政府投资审计服务中心更名为沁水县投资审计中心，同时升格为副科级全额预算事业单位，核定编制8名，其中副科级领导职数1名。

（宋宁宁）

名称：沁水县审计局
地址：县城新建西街200号
电话：0356-7022975
邮编：048200
邮箱：s13753665692@163.com

物价管理

【价格调控】 紧紧扣住与通胀紧密相关的商品房、农产品和公共产品价格三项重点，加强管理和调控。从严管理政策性住房价格。对凡是享受政府优惠政策的住房（经济适用房、集资建房、各种安置房和廉租房）实行销售价格审批制度；完善商品房价格形成机制。在商品房的建设、销售和物业管理中，实行成本监审和价格认证机制，完成康馨家园、月亮湾和沁园3个小区，总价8741.5万元的价格认证。充分发挥价格调节基金的调节作用，2010年，共使用县级价格调节基金170万元，分别用于春节期间面粉、猪肉、蔬菜补贴供应，和补贴储备化肥利息等费用；发挥农本调查作用，通过开展成本分析、收益比较，引导农民合理调整种植结构，稳定农副产品市场价格；加强价格监测，及时预警预测。在10月份农副产品出现上涨情况后，物价局及时增加小杂粮等监测品种，实行一日一测，认真做好市场重要商品的价格监测预警工作。扎实开展调定价准备工作。先后对县内燃气、集中供热和污水处理等价格成本进行调研，向县政府及市物价局提出制定相关价格的意见和请示；加大价格成本监审工作力度。坚持每调必审的原则，认真对燃气、物业收费、幼儿园收费价格进行成本调查，核减定价成本571万元。全县居民消费价格指数累计上涨2.2%，实现全年3%的控价目标。

（王燕燕）

【收费年审】 全年对全县141个收费单位的执收行为进行严格审验，其中：行政性收费单位97个，经营性服务收费单位44个，年审收费额46 814.16万元（行政性收费40 757.18万元，经营性服务收费6056.96万元）。年审中收回《收费许可证》4个，发现有问题单位9个，违价金额55.27万元，全部进行了严肃查处。

（王燕燕）

【收费清理】 根据省里取消的34项行政事业性收费进行核对，共涉及沁水县6个单位6项收费，均及时核销；根据市局要求对1995年12月31日前行政事业性收费方面的文件和2003年12月31日前的经营服务性收费文件进行清理，并及时上报需要保留、规范、废止的收费项目；对涉企收费进行全面清理，规范对企业的收费行为，维护企业合法权益，优化沁水投资环境。

（王燕燕）

【规范价费】 围绕增收减负主题，组织开展涉农涉企、行业协会中介组织收费和交通运输专项检查，着力促进经济发展；围绕节能减排主题，组织开展电力、成品油、天然气价格和收费专项检查，促进经济结构调整；围绕社会关注热点问题，组织开展教育、医药、物业收费专项检查，促进社会和谐发展。共组织3个检查组，出动300余人次，共查处违法案件36件，查处违法金额35.92万元，实行经济制裁金额35.92万元，其中：退还用户1.75万元，没收违法所得12.44万元，罚款20.73万元，全部上缴财政。围绕促进内需增长，加强对日常市场巡查和特殊节日期间市场价格监管，在春节、“五一”、“中秋、国庆”期间，抽调大量人员，出动检查人员60人次，对粮油、副食品价格等与群众生活息息相关商品的明码标价情况进行检查，查出违法案件2件，罚款金额1200元，维护了市场公平交易。

（王燕燕）

【价格举报】 依托“12358”举报电话和县乡村三级价格监督网络，共受理群众咨询43件，举报案件11件，立案查处11件，退还消费者18.3079万元，全部办理结案。从举报情况来看，举报的热点主要集中在物业、供热、煤层气、医疗收费等方面。

（王燕燕）

【价格监测】 准确完成常规监测任务，首次完成农户存粮、农户种植意向、农资购买等常规调查网上直报工作，针对绿豆等小杂粮价格的突发上涨情况，主动增加该监测品种，针对农副产品价格上涨形势，实行一日一测，一日一报，及时上报沁水县市场价格变动趋势。

（王燕燕）

【价格认证】 2010年先后完成育英学校、钰坤公司、煤层气公司入户费和供热公司等定价收费成本的监审和认证工作，进一步拓宽了价格鉴证工作领域，更加规范了政府价格行为。全年共受理各类物品价格鉴定认证案件124件，鉴定总额8823.5万元。其中，涉案鉴定67件，鉴定金额14.3万元；非涉案物品鉴定12件，鉴定金额21.6万元；交通事故鉴定40件，鉴定金额46.1万元；价格认证5件，认证金额8741.5万元。

（王燕燕）

【价格服务】 进一步推进“价格服务进万家”活动。张贴新的价费公示牌300张和700个“12358”举报电话牌，建立价费调解和举报室30个，发展联络员50名，拓展价格工作领域，真正实现了政策透明、行为规范、监督有力的目标；扎实开展创建“省级价格诚信单位”评选活动。先后评选出二轻商场、宏盛商行、三利实业有限公司3家单位参加山西省价格诚信单位的申报考核。加大差别价格政策实施力度，对端氏永青矿机公司现行的差别电价政策给予理顺，支持企业发展壮大；坚决落实国家取消100项行政事业性收费的政策，切实减轻企业负担，优化投资环境，促进全县招商引资工作；落实县曲堤灌溉泵站享受水价补贴政策，该站农业浇灌水价执行到每立方米0.25元的标准。

（王燕燕）

【信息工作】 充分利用《沁水价格信息》、政务信息公开平台、沁水阳光农廉网公开价格信息、发布重要通告，客观分析价格变动趋势，正确引导社会舆论。利用5·12价格法宣传日和12·4法治宣传日，宣传党和国家的价格政策，引导经营者加强价格自律，倡导社会诚信。共上报《沁水价格信息》32期34条，通过政务信息公开平台发布价格信息15条，通过沁水阳光农廉网发布价格信息 2 条，被各级各部门采用 10 条。

（王燕燕）

【煤炭价格稽查】 物价局煤炭稽查队克服全县煤炭企业资源整合的不利形势，全年稽查上缴煤炭稽查管理费和水资源补偿费 175 万元。

（王燕燕）

名称：沁水县物价局
地址：县城西街 99 号
电话：0356-7022635
邮编：048200

工商行政管理

【市场监管】 2010 年，县工商行政管理局认真履行监管职责，组织开展了以流通环节食品安全监管为重点的十项执法行动。一是提升食品市场监管水平。推行食品电子监管台账和“一票通”制度。安装食品电子监管台账经营户 5 户，实行“一票通”食品批发户和供货商 51 户。开展食品安全放心示范店创建活动和食品流通许可证发放。共建设食品安全示范店 223 户，创建率达 95%，发放《食品流通许可证》172 户。其中，个体工商户 156 户，营业单位 16 户。开展流通环节食品安全专项整治工作。加强对地沟油、乳制品市场、重点食品以及季节性、节日性食品的监管。查处食品违法案件 50 件，案值 3.25 万元，罚没金额款 4.5 万元。二是开展保护知识产权，打击商标侵权专项执法行动。查处商标侵权案 41 起，罚款 50 900 元，没收侵权商品价值 97 800 元。三是开展广告市场专项整治行动。重点加强电子显示屏广告监管，共查处违法广告案件 35 起，结案 30 起，罚款 69 620 元。四是开展打击合同欺诈专项行动。以营造诚信体系，构建和谐社会为目标，规范合同管理，监督合同履行，共查处违法案件 11 起，罚没款 22 800 元。五是开展查处非法拆解、回收、拼装报废汽车专项行动。检查汽车修理行业 32 户，汽车配件经销行业 50 户。六是开展打击传销专项执法行动。一方面，加大宣传力度，在全县 14 个乡镇宣传《禁止传销条例》和《直销管理条例》，发放宣传资料千余份，提高群众防范和抵制传销的能力。另一方面，动员全社会力量群防群控，深入开展创建“无传销社区、村镇、院校”活动。七是开展查处无照经营专项执法行动。查处无照经营案件 46 起，罚款 84 480 元。八是开展红盾护农专项执法行动。查处农资违法经营案件两起，罚款 1300 元。九是加大治理超限超载力度。查处取缔非法储售煤场 4 户，责令整改两户，罚没款 376 000 元。 十是积极配合有关部门维护社会和谐稳定，开展网络市场监管、整治校园周边环境、扫黄打非等专项行动。检查网吧 19 户，严格执行“先证后照”，实名登记制度，基本达到规范要求。与此同时，加强中介机构管理，建立了从业准入机制，行业自律机制，监管机制和诚信评价及“黑名单”机制四项长效机制，维护了市场经济秩序，受到市纪检部门肯定。截至 11 月底，共查处各类违法违章案件 176 件，罚没款 1 193 415 元，总案值达 300 万元，其中万元以上大要案 25 起，罚款 983 720 元。案件数量与去年同期相比降低 12%，罚没款比去年同期增长 22.5%，总案值比去年同期增长 191.2%。特别是治理超限超载工作力度大，罚没款达到 37.6 万元。

（张　莉）

【企业注册登记管理和服务】 着力服务于“煤化工、煤层气、高新技术、电力产业、机械制造、农副产品、现代服务和煤炭产业延伸转化”八大产业。主要做法：一是助力重点工程、重点项目，促进转型发展。对县政府的重点建设项目和重点企业实行一对一跟踪服务，做到“开绿灯、保畅通”，给企业发展营造宽厚的环境，使“中电明秀、山西能源、华凯、南京中油恒燃”等一大批民营企业落户沁水、建设沁水、繁荣沁水、造福沁水。二是帮助企业融资。开展股权质押登记帮助企业融资，成功办理首笔股权出质登记业务，为晋城欣荣合成油有限公司融资7000万元。深入开展“创建信用商户，评定信用市场”活动，积极拓展中小企业信用贷款和信用融资渠道,把“创建信用商户,评定信用市场”活动扩大到沁水县邮政储蓄银行、沁水县联社等金融单位。11月底，共评定信用商户534户，为484户商户发放贷款，融资2342万元，办理抵押登记3起，实现资金融通5172万元。三是规范企业登记。以规范企业登记文书、前置审批和企业住所等为重点，认真落实企业登记“三个统一”、“五个规范”的要求，重新印制登记文书，依法落实登记要求，规范登记行为，提高工作效率。四是认真落实优惠减免政策，支持大中专毕业生、退伍军人等就业再就业。11月底,全县各类企业发展到1251户，新发展160户，注册资金46.71亿元；个体经营户发展到5197户，从业人员7652人，注册资金20 187万元；私营企业发展到753户，从业人员7142人，注册资本201 396.5万元。

（张　莉）

【商标注册登记管理】 一是推荐龙头企业参加山西省著名商标评选活动。三利实业有限公司的“海水”商标和郑庄沁河农场的“沁河”商标被评选为山西省著名商标。二是积极培育农产品商标，促进农业增效、农民增收和农村发展。全县共有农产品注册商标39件，其中山西省著名商标4件。三是全面推进行政指导，实行“六书一表”指导制度，即商标注册、变更、续展、备案、提示、法规告知建议书“六书”和企业商标使用情况登记表“一表”制度，加快商标兴县工程的实施。四是举办沁水品牌展示活动暨山西省著名商标企业奖励仪式，24家知名企业参加展示活动，两家山西省著名商标企业获得奖励，提升了企业产品的知名度，营造了品牌兴企的良好氛围。11月底，全县共有注册商标71件，新申请注册商标8件，山西省著名商标发展到6件，其中新认定山西省著名商标两件，重新认定山西省著名商标两件。

（张　莉）

【“五农”工程】 在“红盾护农”方面，查处无照经营农资案件两起，罚款1300元；在“商标兴农”方面，积极开展“服务到农家”送法下乡活动，加大商标法律法规宣传力度；在“合同助农”方面，加大力度服务订单农业发展，对8户涉农龙头企业实行农业订单；在“经纪人活农”方面，积极支持大学生村官兴办农业专业合作社，促进农村经济的发展；在“经济组织强农”方面，设立农民专业合作社登记窗口和绿色通道，农民专业合作社发展到313户，新发展102户，出资总额25 801.8万元。

（张　莉）

【消费者权益保护】 紧紧围绕“消费与服务”年主题组织3·15纪念活动，召开消费者代表座谈会，举办新闻发布会，组织宣传咨询活动，开展送法下乡，深入7个乡镇50多个行政村向农民提供法律咨询。努力做到消费维权进农村、进社区、进商场超市、进学校、进景点，共设立消费维权站点137个，做到投诉不出村、社区、商场超市、学校、景点，及时维护了消费者的合法权益。进一步规范12315值班制度和12315消费者申投诉举报处置回访告知制度。按照“有问必答、有诉必接、有案必查、有假必打、有查必果”原则，加强值班工作，确保投诉热线畅通不断，及时解决每起投诉。以电视机、洗衣机、电冰箱、食品、服装等大宗商品家电下乡为重点，开展农村市场专项检查，查处假冒伪劣商品价值1.8万元。截至11月底，共接受消费者咨询21件，查办申诉案件58件、举报案件33件，为消费者挽回经济损失3万余元。

（张　莉）

【信息化工作和信用体系建设】 以综合业务软件为基础，以网络应用为依托，开展岗位培训，提高应用率，实现全员学习，全面应用。理清数据逻辑关系，补录、纠正各类市场主体数据 9135条，补录案件200余件。通过后台数据监控、上机操作、机纸档核对等办法，保证综合业务软件各模块全面应用。2010年，在全县金融、保险、通信、石油类企业推行网上年检，全县121家企业有48家企业进行网上年检，大大缩短了企业年检时间，提高了办事效率。继续开展“重合同守信用企业”争创活动，5户企业被认定为市级重合同守信用企业，两户企业被认定为省级重合同守信用企业。

（张　莉）

名称：沁水县工商行政管理局
地址：县城新建东街278号
电话：0356-7022982
邮编：048200

质量技术监督管理

【年度目标任务完成情况】 2010年，县质监局共检测计量器具5146台/件，完成抽检计划61批/次，代码办证580份，年检1350家。其中检测压力表1436台，光干涉甲烷测定器1025台，衡器71台，燃油加油机172枪，天平20台，催化燃烧式测定器2097台，电能表13台，血压计24台。抽检煤炭73批/次，预制构件19批/次，黏土红砖16批/次。

（丁海燕）

【六大工程】 一是质量振兴工程。积极开展质量信誉等级企业评定工作，通过A级评定企业3家、AA级评定企业3家，AAA级企业1家；按期对获工业生产许可证的5家企业进行监管，帮助1家塑料门窗生产企业取得《工业生产许可证》。在3·15、质量月等活动日，组织开展大型现场宣传咨询、名优产品展示活动及质量专家“企业行”活动，活动中向消费者发放惠农知识手册500余份，识假辨假等宣传单4000余份，现场接待消费者咨询上百人次，同时，出动宣传车辆进行流动式宣传。二是安全健康工程。以公共场所、食品生产、煤层气企业特种设备的使用登记、定期检验、安装、维护、保养、作业人员持有效证件上岗作业等情况为重点进行一次全面检查，切实加强有效监管，确保食品企业、危化品企业和在用特种设备安全运行；建立企业质量档案，实行动态监管制度。对辖区内两家液化气生产企业、1家物流有限公司及石油公司多家站点进行调查摸底，登记备案；落实监管责任，实行区域监管制度，建立监管责任制度，区域监管责任人员要对本区域的危化品使用企业实行一对一的定点联系。三是市场优化工程。重点开展食品、农资、建材、特种设备等专项执法打假工作，严厉查处坑农害农的违法行为。共出动执法人员260余人次，查处各类违法案件12起（特种设备案件11起，其他案件1起），其中立案案件6起，罚没款7万元。四是标准兴县工程。为迎接国家级农业标准化优质肉羊养殖示范区项目建设工作考核验收，在示范区项目建设工作汇报、园区各项建设资料、影像资料等方面进行了大量准备工作，得到验收组高度评价，顺利通过国家级农业标准化优质肉羊养殖示范区项目建设工作考核验收，并完成省级农业标准化虹鳟鱼养殖示范区项目阶段性检查验收；在山西沁水新奥燃气有限公司开展标准研讨，先后动员和组织山西易高煤层气有限公司嘉峰液化气、山西沁水顺泰能源发展有限公司参与了起草制定企业标准工作的座谈会；以3.15活动为契机，开展“标准进企业保发展”活动，与企业签订“特种设备使用单位法人代表安全承诺书”；积极参与源通饲料公司饲料系列标准审定工作，要求企业按时按规定进行备案。五是计量惠民工程。牵头组织开展能源计量专项检查、农资计量器具专项检查、煤矿用强检计量器具专项检查，全年共检查农资销售商店和门市部9家，检查化肥7批/次，农药种子等农资36批/次。对辖区内22台用于贸易交易的汽车衡和4台用于治理超限超载的汽车衡进行了检查；帮助源通饲料有限公司开展在用计量器具的检定，接受治超站计量器具使用中的投诉一个，并及时进行妥善处理；“5.20世界计量日”，在社区显著位置开设咨询宣传服务活动，向社区群众发放各种资料1200余份，使群众了解到与自己日常生活密切相关的“民用四表”、血压计、度盘秤等计量知识；依照质监部门在节能减排工作中的职责，牵头对沁水县重点节能减排单位进行能源计量专项整治，各企业能源计量器具配备率达到92%，检定合格率达到100%，并完善了企业能源计量器具档案。六是基层质监工程。召开基层质监站有关人员会议，对2010年各项工作进行安排部署；组织对基层有关人员进行相关知识的培训。

（丁海燕）

【食品健康安全工程】 多次召开全县食品生产加工企业质量安全工作会议，对食品生产企业进行质量安全知识、食品安全法等法律法规的宣传。为全县25家食品生产企业及小作坊建立翔实的电子和纸质质量档案，同时，把普查建档工作与加强区域监管等工作有机结合起来，通过认真普查，摸清了全县食品企业的底子和现状。根据企业情况，实行分级管理和分类帮扶，对已获证企业进行巡查，对无证企业或未申请取证生产企业依法进行查处，限定销售区域。帮助两家食品生产企业取得食品生产许可证，与25家企业签订食品安全责任书和承诺书。

（丁海燕）

【特种设备安全】 辖区内共有特种设备使用单位53家，设备已注册795台，其中锅炉75台，压力容器603台，电梯37台，起重机械57台，厂内机动车辆23台。对使用特种设备的企业进行安全生产大检查。共出动执法人员200余人次，检查辖区企业54家，设备600余台，下达安全监察指令书12份，年底全部整改到位。全年共签订安全目标责任书及安全运行承诺书53份，落实特种设备单位主体责任安全承诺书51份。通过新闻报道、悬挂横幅、组织培训、设立咨询台等形式。共下发安全条例、特种设备安全知识宣传单及相关法规知识小册700余份。结合沁水实情确定境内10家煤层气开采企业为监察重点，加大了对重点监控单位在用特种设备监督监察管理。截至年底，以上重点被监控单位在用特种设备共600台，其中锅炉17台，压力容器564台，电梯1台，起重机械18台。以上设备均已办理使用证并在有效检验范围内运行。

（丁海燕）

名称：沁水县质量技术监督局
地址：县城新建西街1503号
电话：0356-7098315

邮编：048200
网址：http://www.sxqszj.gov.cn/zj/

统计管理

【人口状况】 2010年末，全县户籍人口204 684人，其中农业人口161 663人，非农业人口43 021人，男103 948人，女100 736人。全年出生人口1832人，出生率为8.95‰；死亡人口3615人，死亡率为17.66‰；自然增长率为-8.71‰。

（牛冰洁）

【统计报表和调查】 一是高质量完成国民经济核算等22个专业的常规年报工作任务。在业务报表工作中，注重抓好对基层统计报表的审核把关，注重年度、季度、月度间的数据衔接，注重抓好统计台账、原始记录的完善。以全国统计执法大检查为契机，加大查处各类统计违法案件力度，重点检查了68家单位，对其中存在统计违法行为的3家单位进行处罚，予以通报，责令改正，达到"惩防并举，教育为主"的目的，提高了统计数据质量。二是各项统计调查任务圆满完成。先后完成限额以下贸易餐饮业调查、能源监测调查、妇儿两纲监测调查、第二次全国R&D资源清查、城镇住户抽样调查和居民消费价格指数调查、全市文化产业发展状况调查等多项统计专项调查。三是加强对重点行业的监测和方法制度的改革。联合县发改局加强对投资项目的跟踪监测，特别是对亿元以上大项目和全县重点工程项目实行动态管理；联合县经济和商务局、安监局切实加强能源生产和消费统计；认真做好种植业抽样调查工作，按照调查方案要求，全县抽中10个村、100户作为种植业调查样本，选聘10名素质较高的辅助调查员，进行业务培训，使新网点顺利运行；积极推进全县"三上企业"（规模以上工业企业、限额以上批发零售住宿餐饮企业、资质以内的建筑业企业和房地产开发企业）及劳资企业实现通过国家企业统计"一套表"平台报送，有效解决了基层统计报表种类多、乱的问题，减轻了基层报表负担，提高了统计工作效率。

（牛冰洁）

【统计"双基"建设】 先后投入近30万元改善"硬件"设施，其中县局投资7万元购置投影设备、数码相机、摄像机、电脑、档案柜及文化长廊建设；筹资14万元使全县乡镇统计工作站实现办公自动化，投资3万元为每个乡镇统计站配置档案柜、数码相机等办公设备。争取县编委为统计部门增加编制4名，充实统计队伍。同时，制度建设、业务建设、法制建设和统计创新等方面也得到加强。5月17日和10月27日省统计局下发《关于全省乡级统计机构基层基础工作达标验收情况的通报》和《关于2010年第一批县级统计机构基层基础建设达标验收结果的通报》，沁水县、乡两级统计机构全部验收达标。先后迎接省统计局杨文章局长、卢建明副局长、朱小琪纪检组长等领导莅临沁水检查指导，对沁水县"双基"一些好的做法和取得的成果给予充分的肯定。6月11日，晋城市组织市、县两级百余名统计业务骨干在沁水县召开"双基"建设现场会，晋城市统计局党组决定在全市统计系统开展向沁水县统计局学习活动，沁水县成为全市统计"双基"建设样板单位。

（牛冰洁）

【统计服务】 重点对养羊、夏粮生产、节能减排、煤层气开发、投资等党政领导和社会公众普遍关注的热点、难点、焦点问题展开调研，认真分析，撰写《对我县养羊情况的调查报告》等6篇统计分析，并将其中的一些重要情况及时以《统计专报》的形式直接报送县委、县政府主要领导，为领导决策提供统计依据。全年编印《沁水统计》11期，发布网络信息和快报分析208条，其中被中国统计信息网采用2篇，省局网站采用31条,市级网站采用188条，沁水政府信息网采用20条，网络信息成为县统计部门主要的信息发布方式。同时，全力做好“两会”信息咨询和统计服务工作。精心组织编印《数据沁水2009》一书400余册，发放到人大代表和政协委员手中，为他们全面了解、掌握和解读全县经济社会发展状况，更好地发挥参政、议政职能提供了重要依据，受到“两会”代表、委员的一致好评。

（牛冰洁）

【沁水县第六次全国人口普查】 一是领导高度重视。县政府先后安排普查工作经费和普查人员工资共110万元；县委组织部下文抽调187名大学生村官担任普查指导员；11月2日，市委常委、常务副市长郭常青和县委、县政府主要领导亲自入户督导普查登记工作。各乡（镇）普查领导小组组长均由乡（镇）政府一把手担任。二是宣传到位。在整个普查登记过程中，县统计局以“网页上有专栏、报纸上有报道、电视上有飘字、街道上有标语、公路上有广告、宣传中有表演”的“六有”方式进行宣传。期间共出动宣传车辆5辆，发放宣传资料和公开信两万余份，张贴普查公告和宣传画700余张，悬挂普查横幅30余条，制作发放人口普查宣传伞2000余把，印制全国人口普查条例3000张，在主街道上制作宣传灯箱48个，在公路干线旁树立长13米、高6米的大型广告牌1块，表演宣传节目20余场次。县电视台每天滚动播放宣传标语和口号、公益广告和宣传片，县政府信息网、《今日沁水》报开辟有普查宣传专栏。三是人员到位。全县271名普查指导员和979名普查员主要由大学生村官、村会计、老普查人员和一部分责任心较强的村级党员组成，另外，针对沁水县大中型企业人户分离、流动人口多等特点，在企业中选用一部分熟悉情况、责任心强的人员担任普查员。此外，县统计局在普查中采取层层签订责任状、包乡镇（社区）责任制、分片搞好培训和加大重点区域查遗补漏力度等措施在实践中也都取得很好效果。经过全体人员共同努力，高质量完成全县第六次全国人口普查登记、审核、快速汇总、编码等任务，成为晋城市首家完成光电录入的县。经统计，截止2010年11月1日零时，沁水县常住人口213 022人，66 937户，其中：男112 632人。

（牛冰洁）

名称：沁水县统计局
地址：县城西街99号
电话：0356-3255056
邮编：048200
网址：http://www.qstjj.cn/

统计调查

【概况】 2010年，沁水调查队认真贯彻落实“三个提高”（努力提高统计能力、提高统计数据质量、提高统计工作公信力）的工作方针和山西调查总队的工作部署。以确保统计调查数据质量为基本要求，狠抓实时监控系统建设和数控制度体系建设。完成农村住户、农产量、农作物播种面积、农民工监测、畜禽监测、农村固定资产投资、农产品价格和中间消耗等八个专业的调查和报表任务。被山西调查总队表彰为“2010年度全省统计调查工作红旗单位”和“2010年度全省报表工作先进单位”。被沁水县委、县政府表彰为“服务地方经济发展先进集体”。

（丁榜军）

【基层基础建设】 按照山西调查总队的要求，对全县8个住户调查点和24个农产量调查点的基础工作进行了严格把关。严把调查过程检查指导关，严把调查程序管理关，严把调查数据审核关，严把数据质量评估关。通过严把“四关”，强化了基层基础规范化建设，全面提高了统计调查数据质量。

（丁榜军）

【优质服务】 全年编撰统计调查分析和经济、工作类信息128条，被省总队内网采用39条。组织开展沁水县经济形势分析座谈会，为全县经济发展提供了参谋作用。

（丁榜军）

名称：国家统计局沁水调查队

地址：县城西街99号

电话：0356-3255003

邮编：048200

网址：http://www.qsdcd.com/

财税　金融

财　政

【财政收入】 2010年，全县财政总收入累计完成222 276万元，占年度预算的103.53%，同比增长14.01%，增收27 310万元。一般预算收入累计完成62 286万元，占年度预算的109.03%，同比增长18.18%，增收9583万元。分征收系统看：国税系统完成158 974万元，占年预算的101.56%，比上年增长13.15%，增收18 473万元；地税系统完成53 419万元，占年预算的103.93%，比上年增长10.55%，增收5099万元；财政系统完成9883万元，占年预算的146.2%，比上年增长60.83%，增收3738万元。分收入项目看：工商税收完成49 020万元，占预算104.11%，比上年增长10.57%，比同期增收4686万元；耕地占用税和契税完成767万元，占预算109.57%，比上年同期增长46.93%，增收245万元；行政性收费收入完成2763万元，占预算的107.09%，比上年同期增长15.32%，增收367万元；罚没收入完成2291万元，占预算121.86%，比上年增长49.54%，增收759万元；专项收入完成8329万元，占预算143.23%，比上年增长49.69%，增收2765万元。

（王　伟）

【财政支出】 2010年，全县一般预算支出执行为100 327万元，占年预算的159.75%，比上年同期增长25.62%，增支20 459万元。其中：一般公共服务累计执行为13 340万元，占年预算的158.72%，比上年增长25.15%，增支2681万元；公共安全累计执行为5883万元，占年预算的200.65%，比上年增长7.08%，增支389万元；教育累计执行为22 713万元，占年预算的114.52%，比上年增长17.79%，增支3431万元；科学技术累计执行为1167万元，占年预算的162.99%，比上年增长62.31%，增支448万元；社会保障和就业累计执行为15 680万元，占年预算的144.53%，比上年增长9.62%，增支1376万元；医疗卫生累计执行为6455万元，占年预算的262.29%，比上年增长34.93%，增支1671万元；农林水事业累计执行为15 397万元，占年预算的207.09%，比上年增长29.23%，增支3483万元；城乡社区事务累计执行为5012万元，占年预算的480.08%，比上年增长292.48%，增支3735万元。

（王　伟）

【支持重点工程建设】 紧紧围绕县委、县政府确定的50项重点工程和40件为民办实事项目，在财力紧张的情况下，积极筹措资金保证各重点项目的顺利实施，共筹措资金39 750万元，其中：高速公路互通工程12 939万元，梅杏大道工程1220万元，滨河南路工程4826万元，育才园区工程1766万元，县城集中供热工程2300万元，社会福利中心工程900万元，其他工程15 799万元。

（王　伟）

【农村义务教育经费拨付情况】 2010年，全县对农村义务教育阶段补助公用经费核定标准为：小学生560元/生，初中812元/生。全年共拨付各学校公用经费1618.15万元，其中县级安排资金130.97万元。拨付寄宿生生活补助146.88万元，其中县级安排资金22.5万元。拨付校园安全整治资金256.85万元。拨付课改专项资金496.56万元。拨付教育城域网建设专项资金131万元。校舍安全工程完成新建学校7所，改扩建学校21所，校舍建设面积达到11万平方米，总投资为2.33亿元。其中上级部门投入资金889万元，县级财政安排762万元，县级通过其他渠道又筹措资金1.76亿元，其他3999.3万元。对校舍安全改造资金实行专户存储，封闭运行，分账核算。按进度拨付，建立项目档案，确保资金安全、合理、高效运行。

（王　伟）

【农村社会养老保险发放】 紧紧抓住国家和全省农村社会养老保险工作试点县的有利时机，推动农村社会养老保险工作的顺利开展，累计为22 577名60周岁以上老人发放养老金1475.1万元。

（王　伟）

【新型农村合作医疗补偿】 全年共为参合农民报销门诊、住院费用2412万元，其中门诊195 700人次，补偿469万元；住院10 627人次，补偿1943万元，有效缓解了农民群众“因病致贫、因病返贫”的状况。

（王　伟）

【城镇居民基本医疗保险补偿】 全年共为504人补偿医疗费用148万元，人均补偿2936元。

（王　伟）

【各项社会保障支出】 为1987名机关、事业、离退休人员干部职工发放养老金6228万元；为2593名企业离退休人员发放养老金4034万元；为1654户3186人城市低保对象发放低保金726.28万元；为8845户9525名农村低保对象发放低保金854万元；为484名农村贫困对象发放农村医疗救助金145万元；为52名城市贫困对象发放城市医疗救助金66.27万元；为651户661人农村五保供养对象发放供养资金168.19万元。

（王　伟）

【积极筹资全面保障廉租住房建设】 全年累计支出廉租住房保障资金668万元，其中为166户412人发放租赁补贴63万元（人均住房建筑面积15平方米，人均租赁补贴标准每平方米3元），支出廉租房工程款205万元，支付购买廉租住房资金400万元。

（王　伟）

【拨付计划生育工作资金】 2010年，共拨付计生政策奖励补助资金590.60万元，其中县级安排资金210.76万元；村级计生服务员报酬补助61.37万元，其中县级安排资金47.87万元；农村及流动人口计生避孕节育技术服务补助资金24万元；县级安排其他人口与计划生育事务160万元，确保了计划生育工作开展的资金需要。

（王　伟）

【推进村级组织活动场所建设】 围绕“资金足额配套、使用合规高效、监督全面到位”的原则，拨付村级组织活动场所专项资金207.4万元，其中县级安排资金94.7万元，并积极会同审计部门对项目资金进行监督检查，提高了资金的使用效率，促进了建设工程的顺利实施。

（王 伟）

【移民扶持资金拨付】 全年共拨付扶持资金280.29万元,全部通过“三晋惠农一本通”储蓄存折发放到移民手中，同时拨付水库移民项目扶持资金18.2万元，从根本上杜绝后扶资金被截留、挪用、挤占现象的发生。

（王 伟）

【确保政法机关人均公用经费】 2010年，共安排公检法司部门公用经费849.9万元，其中公安人均27 000元/年，法院人均31 000元/年，检察院31 000元/年，司法局22 000元/年。对2008年—2009年政法机关经费保障情况进行统计、软件系统填报工作，借助信息化手段，取得较为准确的数据指标。

（王 伟）

【矿山环境恢复治理保证金管理】 认真贯彻落实矿山环境恢复治理保证金和煤矿转产发展资金的试点政策，深入各征收单位了解情况，指导、监督地税部门和煤炭开采企业及时足额监交、储存矿山环境恢复治理保证金。2010年，累计收取矿山环境恢复治理保证金3000.9万元。

（王 伟）

【节能减排投资】 2010年，节能投资方面争取中央、省、市资金666万元，县配套资金150万元，其中节能资金255万元，淘汰落后产能资金411万元。争取上级减排资金500万元，用于县城污水处理厂。县本级财政安排2000万元，用于县城集中供热工程。

（王 伟）

【贯彻落实国家各项涉农补贴政策】 通过“一卡通’的形式，将2010年补贴资金2111万元，其中粮食直补291万元（小麦114万元，玉米177万元），综合直补1820万元（小麦584万元、杂粮1236万元）及时下达到农户手中，圆满完成“直补”、“综补”工作任务。同时完成2010年畜牧业发展风险扶持资金项目的县级验收工作。

（王 伟）

【规范农业生产发展资金管理】 充分利用中央财政现代农业生产发展资金，会同县农委在5个乡镇对6万亩农田实施玉米秸秆直接还田、机深耕（松）、增施有机肥等三项技术改造。积极配合有关涉农部门及时安排气象监测、生产救灾、防汛抗旱、森林防火和动物疫病防治等应急防控资金，筑起农业安全生产的绿色屏障。

（王 伟）

【做好财政支农项目库建设】 围绕县委、县政府2010年确定的农业重点工作，根据大力发展“特色、高效、生态、安全”现代农业的要求，形成一批具有较强市场竞争力的优势产业，经过认真考察，选择基础条件较好的4个项目单位共争取财政补助资金123万元。

（王 伟）

【“家电下乡”和“汽车摩托车下乡”】 按照上级财政部门的统一安排，将全县家电下乡由财政审核拨付方式提升为签约经销商垫付的方式，极大地提高了补贴效率，全年共下拨家电下乡补贴资金15批，资金总额达到254.82万元，涉及补贴农户8638户/次，分别较上年增加149.59%和147.07%。汽车摩托车下乡共下拨各类补贴资金290.5万元，补贴车辆1202台。

（王 伟）

【做好全县部门预算编制规范工作】 不断增强预算的透明度和约束力，全县178个预算单位全部纳入部门预算，部门预算批复率达100%。

（王 伟）

【加强票据年检和资金管理】 对全县县直行政事业单位的票据进行年审和新版票据的换发，共年检单位125个，年检通用票据3种，专用票据24种，年检各种票据2858本，年检金额86 083.28万元，全部上缴指定专户或金库。

（王　伟）

【开展“小金库”专项治理】 对“小金库”治理中发现的带有普遍性、倾向性的问题，建立健全财务监督管理制度，进一步提高行政事业单位收支监管水平，基本实现标本兼治的目标。

（王　伟）

【财政系统内部监督检查】 对资金管理股（室）的检查面达到100%，对乡（镇）财政的检查面达到25%，跟踪监督各项财经法规的执行和落实情况，严明财经纪律，严肃查处以权谋私、违反财经管理规定的人或事。

（王　伟）

【组织会计从业资格考试】 2010年是山西省全面推进无纸化考试改革的第一年，共组织175人参加会计从业资格理论考试。组织100多人在希望电脑学校参加会计电算化考前培训。对87名会计从业资格考试参考人员进行珠算等级鉴定考试。

（王　伟）

【加强行政企事业单位资产管理】 组建和完善行政事业单位资产管理系统。在2007年资产清查的基础上，将全县行政事业单位的国有资产进行清册登记，共完成161户行政事业单位的资产数据录入，实现相关数据的更新和资产的动态管理，圆满完成全年工作任务。对企业申报的资产损失和资产减值情况批复处理，共处置3笔，批复1笔，涉及资金5000余万元，同时参与对发电厂的停用、报废资产的公开拍卖工作，评估价30万元的资产拍出120万元的高价。下发企业留守处经费及工资35万余元，拨付企业改制资金3525.15万元。

（王　伟）

【中介机构和行业协会规范执业专项整治】 把中介机构和行业协会规范执业专项整治工作与开展“小金库”治理、收支两条线检查、财政票据年检三项工作紧密有机结合起来，通过开展专项整治工作，进一步规范行业协会服务和收费行为，确保中介机构和行业协会健康发展。

（王　伟）

【公房出租管理】 会同县纪检委、政府采购中心修订公房出租单种招标管理模式，根据单位房屋情况和市场购买力情况协议出租、公开定价等办法来出租单位公房。2010年，共对县直3家单位到期的公有房实行协议出租、公开定价，共出租房屋48间，共计702平方米，出租金额为75.72万元，确保国有资产保值增值。

（王　伟）

【企业网上直报和调研工作】 加强经济活动的分析和经济信息工作管理，继续做好全县24户规模以上企业的网上直报工作，并在此基础上将全县37户国有集体企业纳入直报范围，确保了网上直报工作的良性运行，为领导决策提供了快捷、准确、详细可靠的基础资料。根据上级安排，对耕地占用税立法的有关情况、商品储备情况和对企业所得税税源情况进行调研。

（王　伟）

【岗位轮换】 按照“公开、公平、公正”的原则，通过公开推荐、自我推荐、局党支部讨论研究、上级党委批准等程序，对业务股室人员进行大范围调整，中层干部轮岗率达到90%，一般干部职工轮岗率达到85%，通过此次轮岗和调整，进一步增强了财政队伍的科学化、规范化和制度化管理水平；进一步促进工作作风转变和工作效率的提高。

（王　伟）

【宣传工作】 全年共编发《沁水财政》150期，分别被国家级报刊采用8篇，财政部采用6篇，省财政厅采用9条，被市财政局采用16条，被市级报刊采用50条，被县级报刊采用45条。

（王　伟）

名称：沁水县财政局
地址：县城西街511号
电话：0356-7022411
邮编：048200
网址:http://www.qscz.gov.cn/
邮箱：w55555mine@qq.com

国库集中支付

【国库集中支付管理】 定期搞好财政收支日报、旬报和月报工作，细化收支分析，2010年，国库集中支付中心共订制记账凭证58本、总账36本、直接支付申请73本。同时，提出从票据审核入手，规范支出手续，对不合理的开支坚决予以抵制，对不符合规定的报销单据一律予以退回，特别是在专项资金支付管理中，切实按照专款专用的原则，严格审查票据，完善手续。对于界限模糊的支出项目，一定要寻根找源，准确定性，并经有关领导审批后才能予以支付，做到查漏补缺，防微杜渐。对全县各项重点工程进行一项一档式管理。对手续不全的项目进行规范和完善，严格按合同进度控制资金的拨付。对政府重点工程资金的使用进行有效监督，使各项工程能够合法、合规、节约、有序的进行。对全县各行政事业单位的人员工资、工程支出和政府采购等实行直接支付。根据县财政局制定的《沁水县会计集中核算向国库集中支付转轨的实施方案》，积极和各预算单位完成对账工作，确保了会计集中核算向国库集中支付转轨工作的顺利完成。2010年，累计支付26 806笔，支付金额103 476.77余万元，拒付各种不合法、不合理、不合规支出950余万元，极大地规范了各预算单位的财务管理，提高了资金使用效益，受到了上级领导的高度评价和社会各界的一致好评。

（王　波）

名称：沁水县国库支付中心
地址：县城西街511号
电话：0356-7023909
邮编：048200

财政投资评审

【概况】 县财政投资评审中心2005年4月筹建，2006年5月正式批准成立，为副科级全额事业单位。主要职责：负责财政性资金投资项目的概算、预算、决算的评审和项目财务决算、竣工决算的审核，并出具评审报告；对预算标底、工程合同进行评审，前移评审关口加大事前控制；对工程形象进度、隐蔽工程进行评审，加大事中控制；对工程设计变更、预算追加进行评审，控制工程造价规模；对工程结算进行评审，保证工程造价的客观真实性；坚持“先评审后组织施工”、“先评审后拨款”的原则，堵塞资金使用上的“跑、冒、滴、漏”和工程设计中心“高估、冒算”现象。

（申李凯）

【财政投资评审项目和资金】 2010年，评审中心在投资控制、项目管理、预算管理等方面发挥重要作用。全年共评审各类大中型基本建设项目64个，完成送审金额47 936.94万元，审定金额43 721.13万元，核减4215.81万元，核减率8.8%。其中针对2010年校安工程送审投资额15 702.29万元，审定金额13 816.7万元，审减金额1885.59万元，审减率12%。

（申李凯）

【财政投资评审管理】 对每一个评审项目，都严格执行项目评审预案内部审议制度和项目评审专家论证会材料内部审议制度，认真把好评审预案审议关、项目评审专家论证关和项目评审质量稽核关。严格推行“谁评审谁负责、谁失误谁担责”的项目评审责任追究制度，明确财政评审人员在项目评审中的权利、义务和责任，增强责任意识和质量意识。始终牢记“大局意识、服务意识、责任意识”，努力研究探索“和谐评审、科学评审”的科学评审观，突出财政投资评审的公共性、公平性、公正性、客观性、科学性、规范性、合理性。

（申李凯）

名称：沁水县财政投资评审中心

地址：县城西街511号

电话：0356-7025742

邮编：048200

乡财县管

【概况】 乡财县管中心2009年9月成立，副科级全额事业单位，核定编制11名，内设办公室、核算部、支付部，具体办理乡镇财政资金拨付、财务核算业务。“乡财县管”是在坚持财权和事权相统一，预算管理权、资金使用权和财务审批权不变的前提下，以乡镇独立核算为主体，实行“预算共编、账户统设、集中收付、票据统管、采管统办、县乡联网”的财政管理方式。

（赵艳芝）

【乡财县管工作】 先后完善出台《沁水县乡财县管报账细则（试行）》等一系列管理制度，明确规定：对乡镇的每笔收入，一律填写收入报账单，由核算部审核其拨款单（或进账单）、收据、申请报告以及相关文件是否齐全，才能入账；对每笔支出先由核算部审核人员对原始凭证的真实性、合法性、和完整性审核，同时查询单位资金余额是否足够，审核单位填制的报账单是否齐全，并签署审核意见，然后再由分管领导复核签字。对不真实、不合法、不准确、不完整的原始凭证不予受理。最后由支付部根据审定的支付金额经行支付。截至2010年12月底，办理业务3483笔，累计支付金额29 371万元，拒付不合理支出520万元，监督交税31.2万元。

（赵艳芝）

【沁水县全面推进乡财县管工作会议】 8月26日在碧峰会议厅召开，全县14个乡镇的乡（镇）长和财会人员参加，对已经实行乡财县管改革的6个乡镇，进一步规范和完善；对未纳入核算的8个乡镇，要求做好对账、结账、财产清理工作并编制移交清册进行移交。会后，各乡（镇）迅速组织力量，进行全面清理，做到账账、账实、账款、账表、账证“五相符”，年底全县14个乡镇全部纳入中心管理。

（赵艳芝）

名称：沁水县乡财县管中心

地址：县城西街511号

电话：0356-7025636

邮编：048200

政府采购

【政府采购金额和采购范围】 2010年，为全县39个行政事业单位提供采购服务，组织实施各种形式的集中采购活动48次。其中公开招标12次、询价招标11次、竞争性谈判5次、单一来源20次。全县政府采购预算金额3921万元，实际采购金额3606万元，节约金额315万元，节约率8%。其中协议供货采购预算金额1502万元，实际采购金额1426万元，节约金额76万元，招标采购预算金额2218万元，实际采购金额2035万元，节约金额183万元，汽车保险采购预算金额201万元，实际采购金额145万元，节约金额56万元。政府采购范围进一步扩大。在政府采购原有的办公自动化、电器、家具、医疗设备、农业设备的基础上政府采购范围延伸到电子工程及工程监理等领域。11月4日，对沁水县行政事业单位二期“协议供货”进行公开招标，二期协议供货的展开，使全县协议供货更加合法化、规范化。

（卢超刚）

【政府采购程序】 在接受采购单位的委托后，首先是要科学选择采购方式。公开招标是政府采购的主要方式。因特殊情况需要采用公开招标以外的采购方式时，在采购活动开始前必须报政府采购监督管理部门以及纪检监督部门批准。对技术复杂、专业性强的采购项目在制作标书过程中实行专家论证制度。对评标专家实行微机化随机抽取制度。坚持“三公开”原则，即坚持做到采购信息公开、采购程序公开、采购结果公开。不封闭信息，不设置门槛，不优亲厚友。

（卢超刚）

名称：沁水县政府采购中心
地址：县城西街511号
电话：0356-7022973
邮编：048200

国家税收

【税收收入】 2010年，县国税局共组织税收收入78 143万元，占市局下达计划的115.94%，比上年完成数增长25.24%，绝对额增收15 800万元。其中组织县财政总收入77 588万元，占县政府年初分配计划的115.63%，绝对额超收10 488万元；占县政府追加计划的106.91%，绝对额超收5018万元；比上年完成数增长24.57%，绝对额增收15 304万元。

（廉建明 任 利）

【强化税源管理】 认真清理达标未认定企业，督促18户小规模纳税人办理认定一般纳税人手续。强力做好漏征漏管户清理工作，共清理83户漏征漏管户。加大财务信息采集率达100%。

（廉建明 任 利）

【重点项目税源监控管理】 将全县投资千万元以上的建设项目纳入税源监控范围，按区域将监控责任落实到征收单位，明确监控职责、监控标准、监控内容和责任追究。

（廉建明 任 利）

【纳税评估】 2010年，共对73户次企业进行日常纳税评估，评估入库税款221万元，其中增值税入库40万元，企业所得税入库171万元；2010年企业所得税汇算清缴的纳税评估，共有304户企业进行纳税申报，评估企业44户，其中评估正常的8户，发现存在问题的36户，补缴企业所得税14万元，调整所得额428万元，罚款0.6万元。

（廉建明 任 利）

【企业所得税汇算清缴】 共对311户企业进行汇算清缴，较上年同期增加50户，其中亏损户13户，亏损面为4.18%.（上年同期为12户，亏损面为4.6%），纳税所得额为零的户数为81户,较上年同期增加18户，赢利户为217户，较上年同期增加32户。

（廉建明 任 利）

【执法督察自查】 6月，对2007年1月1日至2010年6月30日的执法行为进行自查，共查出5类问题，涉及两户企业，评估入库税款283万元。

（廉建明 任 利）

【配合市局完成重点督察】 7月，市局重点督察小组对县国税局2007年至2010年6月的执法行为进行重点督察，共检查出县国税局48类问题，涉及企业两户，查补税款1.7万元，督察工作结束后，县国税局及时对发现的问题进行补正，对相关责任人进行相应的处罚，保障了执法督察落实到位。

（廉建明　任　利）

【依法行政工作】 成立沁水县国税局依法行政工作领导小组，由县局局长担任组长、主要领导为副组长、相关部门负责人为成员，把依法行政工作作为一项硬性指标，纳入年度税收目标管理责任制进行考核。领导干部带头学法，组织干部集体学法，使全局干部依法行政观念大为增强。完善各种制度，先后制定行政执法评议考核制度、税收执法检查管理制度等，对每月执法行为出现的差错，从严考核，不徇私情，逐渐减少错误发生数，实现了税收执法数据“零差错”；制定限时办结制度，对相关业务需求实施限时办结，全面提升工作效能。

（廉建明　任　利）

【税收专项检查】 主要是对药品经销行业、煤炭运销行业、商贸流通企业以及3年以上未检查过的一般纳税人企业进行重点检查，截至11月底，共检查23户，结案21户，查补税款123.36万元，加收滞纳金30.53万元，加收罚款72.08万元。认真抓好2010年市级以上重点税源户的自查。组织所辖省、市级重点税源户52户进行认真自查，企业自查税款792.35万元，加收滞纳金1.30万元，累计查补收入793.65万元，全部入库。

（廉建明　任　利）

【发票专项整治】 按月向市稽查局报送沁水县打击发票违法犯罪活动工作情况表。5月，和县公安、地税部门联合对全县商业销售、餐饮娱乐等行业的发票使用情况进行突击检查。结合专项检查，对煤炭运销行业接受运输发票的日常检查。

（廉建明　任　利）

【金税工程协查】 认真做好金税工程的协查工作，回复率100%，同时也发函两起案件到外地进行协查，取得良好效果。

（廉建明　任　利）

【纪检监察管理信息系统推广和应用】 4月1日，纪检监察管理信息系统试运行上线，上线后对2009年度和2010年一季度党风廉政建设报表进行补录，对中层以上19名干部廉政档案全部录入系统，录入数据准确及时，经过两个月的运行，6月1日，该系统正式上线。

（廉建明　任　利）

【税法宣传】 围绕税法宣传主题，与沁水中学联办“税收 发展 民生”主题征文活动；结合工作实际，组织税收管理员到刘芳商贸、万晟商贸等家电下乡企业宣传国家家电下乡政策，了解企业发票使用情况和销售情况，并向群众宣传国家家电下乡补贴的政策；到顺泰能源、新奥燃气等新投资的煤层气加工企业宣传新的《增值税暂行条例》及其实施细则，共同了解探讨固定资产抵扣进项税的相关问题；到和瑞新能源、寺河电厂等瓦斯发电企业宣传国家资源综合利用企业的税收优惠政策和关于中国清洁发展机制项目实施企业有关企业所得税政策。

（廉建明　任　利）

名称：沁水县国家税务局
地址：县城新建东街1328号
电话：0356-7025155
邮编：048200

地方税收

【组织收入】 2010年，县地税局共组织入库各项收入54 195万元。其中税收收入35 109万元，占年计划的100%，同比增长1.19%，增收412万元；教育费附加1459万元，占年计划的113.54%，同比增长22.09%，增收264万元。煤炭可持续发展基金 13 520 万元；其他非税收入完成 4107 万元。

（乔凌云）

【企业所得税管理】 对 2010 年企业所得税征收方式鉴定进行评审，共评审 137 户，其中查账征收 130 户、核定征收 7 户。2010 年企业所得税汇算清缴 106 户，其中查账征收 98 户、核定征收 8 户，汇算清缴税款 1200 余万元。

（乔凌云）

【个人所得税管理】 共受理年所得 12 万元以上纳税人自行纳税申报 176 人，占目标任务的 220%，占同期的 212.05%。申报年所得额 3497.77 万元，应纳税所得额 3229.64 万元，申报应纳税额为 524.19 万元，人均应纳税 2.98 万元。

（乔凌云）

【核查行政事业单位个人所得税扣缴情况】 对 38 户行政事业单位进行个人所得税扣缴情况核查。重点对 2008 年、2009 年的扣缴情况进行核查。经核查，应缴税款为 51.45 万元，实缴税款 51.36 万元，自行补缴税款 0.38 万元。

（乔凌云）

【汇算清缴土地增值税】 对已完工的房地产企业进行汇算清缴。全年共入库土地增值税 50.17 万元，占计划任务 40 万元的 125.43%。

（乔凌云）

【清缴煤炭可持续发展基金】 对全县 6 座生产矿井和 10 户煤炭经销、使用单位的煤炭可持续发展基金进行检查。共清缴欠缴基金 10.07 万元，清缴漏缴基金 135.88 万元，加收滞纳金 4.62 万元。

（乔凌云）

【落实税收优惠政策】 全年共审核残疾人减免税 13 人，免征或减半征收 6 户残疾人生产经营税款 1.85 万元，7 人减半征收工资薪金个人所得税。 （乔凌云）

【加强煤炭企业监控】 针对全县煤矿企业兼并重组整合情况，开展摸底调查，及时并掌握辖区内煤矿企业兼并重组情况，并将基本情况登记《煤矿企业兼并重组动态监控台账》；在“纳税服务网站”中开通“税收管理服务动态”专栏，便于纳税人及时掌握、了解；与各煤矿兼并重组整合主体签订委托代征税款协议书；成立煤矿兼并重组税收管理领导组，对煤矿兼并重组中出现的新问题、新情况，开展专题研讨。10 月 8 日，端氏一纳税人主动到县地税局申报纳税 2000 万元，这是县地税局自监控管理以来，个人在煤矿企业股权转让最大的一笔税款。

（乔凌云）

【拓展全员讲评质效】 三季度，在“三员”（管理员、登记员、征收员）工作讲评的基础上扩展到全员工作讲评。成立专门的领导小组专项具体负责此项工作，而且规范“必须课目”，全员讲评成为每月一次必不可少的“必备课目”。

（乔凌云）

【机房建设】 主要是对各基层节点的机房进行标准化建设，为各基层节点安装防静电地板、烟火报警器、空调和防盗门窗等硬件设备。直属一分局机房标准化建设完成，其他机房正在逐步改进中。10 月下旬，机房建设工作在全市地税系统机房建设推进会上进行了经验交流。

（乔凌云）

【开展“三级评价”岗位风险】 根据税务人员执法岗位风险性，建立税收执法风险特征库。按公共职责、税务登记、账簿凭证管理、纳税申报、税款征收等 11 类税收执法行为梳理评定 75 个税收执法风险点，并列出每个风险点的风险描述、风险后果及依据，用于风险教育和问题警示，有效指导和规范工作行为。风险级别用罗马字母“Ⅰ”、“Ⅱ”、“Ⅲ”来表示，对可能引起刑事责任和行政赔偿等严重后果的风险点确定为“Ⅲ”级风险点；对可能引起行政责任等严重后果的风险点确定为“Ⅱ”级风险点；对其他发生的可能性和频率比较高，但不足以导致刑事责任、行政责任等严重后果的风险点确定为“Ⅰ”级风险点。在风险识别和定位的基础上，在全局上下推行税收执法人员自我评价、基层单位负责人评价、全局统一评价的“三级评价法”，加强对潜在风险的预见和评价，全面实施风险防范管理。

（乔凌云）

【建立纳税服务网】 4月2日，正式启动、运行“纳税服务网”，利用这一网络平台进行涉税信息发布、税收政策法规和征管制度宣传查询、涉税公开及税务咨询服务等纳税服务。全年，网站访问流量达12 314余人（次）。

（乔凌云）

【建立纳税服务体系】 为所有税务干部印制“纳税服务卡”，为税企之间搭建一座便捷沟通的桥梁。组织开展“街头送税法”、“重点工程送税法”、“重点税源送税法”、“税法进校园”、“税法进超市”等多项丰富多彩的税收宣传活动。召开了一次面向服务行业纳税人的“纳税服务现场答疑会”，对1468户（次）纳税人及社会各界人士进行面对面的税法宣传。印制3000册宣传“纳税服务网站”的宣传资料和“建筑业纳税人办税指南”等专题宣传资料，充实了办税服务内容。

（乔凌云）

【建立纳税服务保障】 向全社会及纳税人发放、收回500份《纳税服务满意度调查问卷》，1059人（次）通过纳税服务网站参与县地税局的纳税服务、信息公开满意度调查，满意度达97.7%。特邀全县16家煤矿企业兼并重组整合主体的老总及财务负责人，组织开展了一次“优化服务·共谋发展”的煤矿企业兼并重组整合税企座谈会。深入企业和纳税人中间对89户(次)纳税人进行回访，广泛征求意见建议。

（乔凌云）

【开展专项税收检查】 开展普通发票专项检查，共处罚款48 100元，入库23 100元；开展全县建筑行业税收专项整治，检查建筑行业企业8户，共计检查32户，查补入库税款327.24万元，加收滞纳金96.22万元；开展“两税”专项检查，共检查纳税户12户，涉及纳税项目26个，契税征收入库203.64万元，耕地占用税征收入库346.50万元；开展建筑安装、销售不动产单张发票在50万元以上大额发票的检查。

（乔凌云）

【税收专项稽查】 全年共完成稽查收入1260.11万元，其中查补入库税款327.24万元，自查查补收入623.02万元，加收滞纳金96.22万元。罚款208.09万元，其他5.54万元，是计划收入任务的两倍多。

（乔凌云）

【开展煤焦领域检查】 按照省、市县煤焦领域反腐败专项斗争领导组的文件精神，采取有力措施加强煤炭行业欠缴税（费）清缴。清缴欠缴税（费）户12户，清缴欠税158.69万元，加收滞纳金60.78万元。

（乔凌云）

【纳税评估】 历年以煤矿企业纳税评估作为重心，由于煤矿企业兼并重组整合，县地税局结合税源特点，转变工作方向，将企业所得税管户及煤层气管户的纳税评估作为全局2010年纳税评估工作的重点评估对象。其他各税务所也分别对各自辖区内的重点纳税企业进行纳税评估。

（乔凌云）

【有效规避执法风险】 对税收征管8类行为、58个环节的188个风险节点进行梳理、归纳，做了近200条风险描述，指出风险预警级别以及风险责任和后果，对存在的风险进行具体描述，明示存在的风险责任及后果，并对承担执法风险的岗位和负有连带责任的监督人予以明确，进而有利于帮助税干有效防范和化解税收执法风险。

（乔凌云）

【预防职务犯罪活动】 与县检察院沟通联系，设立协调联络长效机制。认真开展预防职务犯罪教育活动，组织全体干部观看一次警示教育片，进行一次“廉政风险”主题教育活动，开展了党组书记、局长以预防职务犯罪为主题的党课，组织副股、所级以上人员参加市局组织“一法一则”培训等活动；结合反腐倡廉工作实际，及时更新廉政文件园地。8月27日，省局预防职务犯罪行动组对县地税局开展预防职务犯罪工作取得成效给予充分肯定。

（乔凌云）

【开展廉政风险排查】 按照县政府关于开展廉政风险预警要求，对全体税干岗位职责进行重新梳理，按照税收管理权和行政管理权的147个工作点，对照各自的岗位职责按照行政许可、行政处罚、行政征收、行政审批等“十项权力”进行梳理，撰写权力运行自查报告，填写职权目录表，由监察室初审，分管领导和纪检组长签字后上报县惩防办。8月11日—20日，由每位税干和单位对照梳理后的职责，采取自己找、群众帮、领导提和集中评等多种方式，深入查找岗位风险及表现形式，并对查到的风险点自评等级。在评估定级和自查自评的基础上，每个人根据风险发生机率以及可能造成后果等，对查找到的风险进行等级审定，填写定级表。通过廉政风险排查，使每位税干和股室所对自己从事的岗位职责及存在风险有了明确的认识，促进了预防反腐败工作。8月27日，省、市推进预防职务犯罪工作行动组一行在县地税局指导、验收工作，对县地税局预防犯罪工作给予充分肯定。

（乔凌云）

【第四届工会委员会召开】 4月23日，县地税局召开全体职工换届选举大会，选举产生第四届工会委员会，选举产生新一届工会委员，选举产生第四届工会委员会委员、经审委员会委员和工会主席。

（乔凌云）

【开展“全员读书”活动】 2010年，县地税局通过“读一本好书”、“办好一个专栏”等活动，开展廉政文化进机关、进家庭活动，丰富了干部职工业余文化生活，开展积极向上的文体活动，激发干部职工干事创业的热情。全年有14名干部在市局《开卷》刊物上发表读书体会，有两名税干在省局读书活动中，读书体会被采用。

（乔凌云）

【税收宣传】 全年共编辑35期，编发信息220条，其中被国家税务总局网站采用两条，省委、省政府采用3条，市委、市政府采用9条，省地税局采用38条，市地税局采用68条。在《消费日报》、《山西日报》、《山西经济日报》、《先锋队》、省电视台、《太行日报》、《今日沁水》上宣传县地税局典型事迹50余篇。

（乔凌云）

名称：沁水县地方税务局
地址：县城新建西街110号
电话：0356-7022406
邮编：048200
网址：www.qsdsj.gov.cn
邮箱：qsds2406@163.com

中国人民银行沁水县支行

【认真贯彻执行国家货币政策】 结合沁水县实际，制定出台《关于金融支持沁水经济加快转型发展的指导意见》，引导金融机构合理把握信贷投放节奏，确保贷款投放平稳。截至 2010 年 12 月底，全县金融机构存款达成 816 572 万元，较年初增加 183 526 万元，增长 28.99%，贷款余额达 213 538 万元，增加 49 280 万元，增长 30.01%。重点支持辖内重点骨干企业和“三农”发展。围绕全县经济转型发展，支持煤炭企业在兼并重组基础上做大做强，着力支持煤矿技术改造、产业升级和煤炭企业转产，促进煤炭产业的可持续发展，国有商业银行为煤炭企业发放贷款达 14.54 亿元，其中为沁和能源集团有限公司发放贷款 10.14 亿，农村信用社为沁城煤矿发放贷款 1500 万元；引导金融机构加强对煤层气开发利用、文化旅游、高新技术和现代服务业的信贷支持，县建行为和瑞新能源开发有限公司发放 1 亿元贷款；督促银行业金融机构完善信贷管理制度，继续加大对有市场、有技术、有发展前景的中小企业的信贷支持力度，县工行发放小企业贷款 1040 万元，农信社发放小企业贷款 4500 万元；鼓励和引导农村金融机构在大力发展小额信贷的基础上，研究推出适合农村、农户特点的金融创新产品，切实发挥金融在社会主义新农村建设中的服务作用，县农村信用联社以沁水县兰金选煤有限公司仓单为质押物为其融资 1000 万元贷款，拓宽企业融资渠道。

（陈志俊）

【引导辖内农村信用社开展五项工程】 农村信用工程建设：创建 98 个信用村，贷款余额达 17 159 万元，其中信用户贷款余额达 13 776 万元；创建 11 个信用市场，共评定信用商户 768 万元，授信总额 5002 万元，贷款余额达 3110 万元。基地建设工程：支持 5 个优势农畜产品基地（园区），贷款余额 774 万元；支持 256 户规模经营户，贷款余额 11 112 万元。龙头带动工程：重点支持 15 个具有带动作用的农业龙头企业，贷款余额 3328 万元，带动农户数 1589 户。“三社联动工程”：支持 10 个农民专业合作社，贷款余额 386 万元，服务农户数 1180 户。青年创业工程：支持 376 名农村青年创业，贷款余额 1717 万元。

（陈志俊）

【企业贷款卡行政许可工作】 做好企业贷款卡行政许可工作，提高贷款卡的年审率。全年，办理企业贷款卡 23 户，年审企业贷款卡 59 户。

（陈志俊）

【日常账户管理】 严格开户资料真实性、完整性的审查，对非预算单位专用存款账户、一般存款账户实行备案制度，进一步规范银行账户开立、使用行为。全年共开销各类账户 840 余户，共年检核准各类人民币账户 1835 户，年检率达 85%。

（陈志俊）

【财税库银横向联网工作】 加快财税库银横向联网进程，国税部门签约率达 71%，9 月 3 日，地税部门也通过横向联网电子缴税。

（陈志俊）

【金融知识系列宣传培训活动】 分别在春节、元宵节、3·15 消费者保护日、5 月 15 日和 12 月，开展 5 次大规模、不同形式的反假货币宣传和打击防范经济犯罪联合执法宣传活动，打击制贩假币行为，维护了人民币合法信誉；组织全辖各金融机构 4 月份、7 月份开展“国债宣传月”、“反洗钱宣传月”活动；组织辖内各金融机构深入企业、农村、学校、商业网点等开展“信用关爱日”、应收账款质押登记公示系统及融资租赁登记公示系统、征信知识宣传周活动，组织辖内金融机构开展农村支付服务业务集中宣传活动，发行“信合通”等服务“三农”经济发展的银行卡 1.6 万多张，向全县 3 万多群众宣传普及金融资金支付结算知识，通过系列宣传培训活动，进一步提高了辖内公众金融知识，培育了良好的金融环境。

（陈志俊）

【沁水县金融业职工职业技能大赛活动】 2010年11月3日至4日，组织举办沁水县金融行业职工职业技能大赛决赛，大赛分预赛和决赛两个阶段，比赛先后共有560余名参赛选手分别参加反洗钱知识（笔试）、点钞识假、计算器翻打传票三项专业的技能竞赛，共有9名选手分别获得3个专业的一、二、三名；3个单位分别获得团体第一、二、三名，5个单位获得优秀组织奖。

（陈志俊）

【综治平安建设】 加强对安全保卫设施的投入，对支行报警设施、消防器材进行维修和更换，确保其性能良好，正常运转；强化安全教育和培训，通过职工大会、部（室）务会、个人自学等形式，对员工进行消防、保密、计算机、社会治安形势案件等教育，提高全员的安全意识和防范意识，加强对支行、各部室印章、计算机、保密文件和资料、票证等重要物品和贵重物品的管理，防范各种业务操作风险；以维护稳定工作为重点，进一步引深“平安单位”建设，深入开展矛盾纠纷排查调处工作，做好要害人员年度政治思想审查工作和要害人员谈话工作，从道德品质、工作水平、防范能力等方面做好害岗位人员的审查工作，将各种不和谐、不稳定因素及时消除在萌芽状态。

（陈志俊）

【应急管理】 分别在3月、9月、10月，组织开展国库TBS、消防、人民币银行结算账户系统突发事件的应急演练，根据《中国人民银行应急预案评估工作暂行办法》、《全省人民银行系统应急预案评估工作实施方案》和市中心支行应急预案评估工作实施方案及其他规范性文件，规范有序地开展应急预案评估工作，提高了全行干部职工应急能力。

（陈志俊）

【开展业务风险实时审计监督工作模式】 县支行本着“防风险、增效益、保安全，促履职”的原则，成立支行风险防范责任制领导组，多次召开行长办公会议，对开展县支行业务风险防范工作进行研究，并制定业务风险防范实施方案。从风险分类排查、业务监督检查、信息反馈上报三个阶段具体实施。在风险分类排查阶段，由支行纪检监察审计室牵头，各部（室）配合，对支行各岗位、各业务风险点进行认真排查，并按资金类、信息类、综治类以及其他重大风险类进行分类，绘制《各专业岗位操作流程和风险提示图》34套，排查风险点225个。同时，为明确责任，根据风险的级别程度，对风险点实施“三级”管理，制定《风险点监督检查责任分解表》，将225个风险点按风险程度划分为“Ⅰ级”风险点36个、“Ⅱ级”风险点70个、“Ⅲ级”风险点119个；在业务风险监督检查阶段，制定县支行重大风险实时审计监督管理办法，办法规定：行长及分管领导定期对“Ⅰ级”风险点进行监督检查，部室负责人定期对“Ⅱ级”风险点进行监督检查，“Ⅲ级”风险点由岗位人员（或复核人员）进行管理和控制。设立《监督检查登记簿》、《内控风险评价报告表》明确相应的检查频率和检查报告内容，明确风险防范工作的标准、时间和责任人，努力实现重大风险点在事前、事中得到防范；信息反馈上报时，支行纪检内审部门定期对日常监督检查、非现场审计、现场跟踪审计等资料进行审核、分析、整理，对于发现的问题及时督促整改，建立《问题监督台账》和《问题整改跟踪卡》，并分析存在问题的形成原因以及存在问题难以整改原因，提出内控制度的缺陷与修订完善的意见和建议，形成审计报告，在报送县支行领导的同时，报送市中心支行内审科。在此基础上，还建立责任追究办法、资料报送办法等一整套管理制度。

（陈志俊）

【利用小额批量工具开展行政村“村干部工资”国库直接支付工作】 县支行充分履行经理国库职能，拓宽国库服务范围，通过主动协调、精心调研，确立利用批量工具开展“村干部工资”直接支付项目，联合县财政局制定《沁水县村干部工资批量工具直补实施方案》、《村干部工资补贴资金业务操作规程》，组织农村信用社为全县336位村干部开立个人结算账户，协调农村信用社对收款人账号、户名、开户行行号等相关基础信息进行认真核实，财政部门开具村干部工资汇总拨款凭证，连同批量支付工具转换生成的“PAS”文件送达人民银行国库，国库部门通过内部往来将资金发送到中心支库，同时将加密文件通过内部网络专用通道发送到市中心支库；市中心支库对收到的内部往来报文和加密电子文件进行相应的账务处理，导入加密电子文件，发送小额贷记批量包，将款项汇划至村干部银行卡，实现了336位村干部工资直接拨付。10月28日，在晋城中心支库的指导下，利用批量支付工具，通过中心支库小额支付系统，成功将67.6万元村干部工资拨付到336位村干部手中。批量工具直接支付后，补贴资金直接由国库通过批量工具拨至最终收款人账户，到账时间由原来的10多天缩减到几分钟，实现了村干部工资发放“零在途”，架起了国库与农村直接联系的桥梁。

（陈志俊）

【支持组建小额贷款公司】 2010年中央一号文件提出“有序发展小额贷款组织”。为认真贯彻落实中央一号文件精神，推动民间借贷合法化、规范化、透明化，加快发展新型农村金融组织，为县域经济发展提供资金支持，县支行积极推动设立小额贷款公司。一是对设立小额贷款公司的可行性进行调查研究；二是对小额贷款公司有关知识进行系统学习；三是广泛开展宣传和引导活动。县支行遵循“扶持引导、稳健发展”的原则，对有意从事小额贷款公司的投资者给予力所能及的信息帮助，并进行相关业务指导。四是积极支持组织筹备。全县共有3家有资金实力的民营企业家分别提出书面申请，县支行积极向县政府进行汇报，组织成立以分管副县长为组长的“沁水县小额贷款公司组建领导组”，经领导组对申报人相关情况详细的调查了解和对申报材料的真实性进行审查后，沁水县华银小额贷款有限责任公司符合组建条件，拟推荐该公司注资3000万元人民币作为沁水县小额贷款公司的试点对象上报市中心支行，11月18日得到晋城市政府的获批，准许成立小额贷款公司，12月24日正式挂牌开业，缓解了中小企业和民营经济融资难问题。

（陈志俊）

【社会信用体系建设】 按照“政府主导、职能部门推动、金融机构配合、企业和农户积极参与”的总体思路，积极开展中小企业、信用乡镇（村、户）等级评定工作。成立县政府分管副县长任组长，县政府办相关负责人、各职能部门负责人为成员的沁水县社会信用体系建设工作领导小组。利用沁水电视台、《今日沁水》等新闻媒体，广泛开展诚实守信宣传教育活动。协调召开沁水县社会信用体系建设活动推动会，明确各成员单位职责和工作要求。充分发挥农村信用社、政府部门和基层村民自治组织的合力，形成“三位一体”的管理模式。同时，积极推动中小企业信用档案建设，全年对入库的中小企业进行两次数据更新，共更新中小企业户数达446户，保证了中小企业数据库信息的时效性。

（陈志俊）

【人民币管理和反洗钱工作】 建立流通人民币监测网络，及时了解市场上流通人民币分券别需求情况。一年来，为客户调剂零辅币500余万元，兑换残损币200余万元，广大群众及企事业单位对金融机构的现金服务满意度明显提高，流通中的人民币整洁度大幅提高。认真贯彻落实晋城中支新修订的《晋城市内部控制制度规范指引》，指导金融机构进一步完善反洗钱内控制度，积极配合开展全市金融机构反洗钱大检查。

（陈志俊）

【调整金融机构人民币存贷款基准利率】 2010年10月19日，中国人民银行决定，自2010年10月20日起上调金融机构人民币存贷款基准利率。金融机构一年期存贷款基准利率分别上调0.25个百分点，存款由现行的2.25%提高到2.50%，贷款由现行的5.31%提高到5.56%，其他各档次存贷款基准利率据此相应调整；2010年12月25日，中国人民银行决定自2010年12月26日起上调金融机构人民币存贷款基准利率。金融机构一年期存贷款基准利率分别上调0.25个百分点,存款由现行的2.50%提高到2.75%，贷款由现行的5.56%提高到5.81%，其他各档次存贷款基准利率据此相应调整。

（陈志俊）

【金融统计调查研究工作】 依法加强统计管理，组织辖内金融机构对房地产贷款、助学贷款、涉农贷款等专项统计进行重点自查和2010年金融统计制度全面自查。一年来，编发上报的政务信息被中共中央办公厅（国务院办公厅）采用1条、人总行采用5条、天津分行和太原中支采用44条、省委、省政府采用18条，市中心支行采用112条，情况通报采用4期，经济金融动态被市中心支行采用4条。此外，结合全县经济金融发展实际和货币政策实施的重点环节，开展消费信贷、新农村建设、农村金融体系改革发展等重点调研，全年共有8篇调研文章被省级期刊采用，为上级行和地方政府科学决策提供了参考依据。

（陈志俊）

【金融稳定工作】 县支行充分发挥金融稳定工作协调机制的作用，加强与有关部门的沟通和协调，定期交流和分析辖区金融业风险状况，完善金融风险预警监测系统。对农业银行股份制改革后的运行情况及面向“三农”的市场开拓情况进行跟踪监督监测。继续开展农村信用社票据兑付后的经营状况和后续监测。深入研究农业发展银行的业务范围、风险控制和信贷资产质量等问题，做好农业发展银行改革前期调研工作。加强对地方法人金融机构和重点行业的风险监测预警工作，不断完善监测台账，积累数据材料。县支行被太原中心支行授予2010年度“山西省金融稳定工作先进集体”，成为晋城市辖区唯一获此殊荣的县级支行。

（陈志俊）

【建立农村地区假币预警监测网络】 针对农村地区不同时期假币收缴情况，县支行确立建立农村地区假币预警监测网络创新项目，在农贸市场、集镇超市以及现金流量较大的乡镇企业设立假币监测点，并对不同时期、不同情况实行动态管理，定期分析研究和部署该监测点的反假货币工作，建立了一个由重点联系人和网络成员组成的，覆盖农村地区的信息畅通、反应快速、合作有力的反假货币预警监测网络。

（陈志俊）

名称：中国人民银行山西省沁水县支行
地址：县城新建东街808号
电话：0356-7022255
邮编：048200

晋城银监分局沁水监管办事处

【**加强高级管理人员监管**】 对辖内4名新任农村信用社高管人员进行任职前的考试、监管谈话、考核，并对其报送有关资料进行审核，同意其任职。

（廉海卫）

【**严格机构管理**】 对辖内农村信用社机构整合进行初审，经过充分论证和走访，初步同意信用联社的申请，共撤销4个营业网点。对辖内农村信用社两个营业网点因装修需临时变更营业场所情况进行实地考察，临时营业场所符合有关安全、消防规定，初步同意其临时变更营业场所，上报分局审批。

（廉海卫）

【**现场检查**】 按照“合理安排检查任务，高效整合监管资源，严格规范检查程序，高度重视检查效果”的检查原则和人力集成原则，完成对辖区农村信用社房地产等过剩行业及信贷资金违规流入股市和楼市的检查、农村信用社行政许可事项实施办法执行情况的检查、农村信用社贷款新规执行情况和邮蓄银行贷款新执行情况的检查，共投入340个工作日，检查金额36 480万元，检查有关报告、档案、资料650份，提出监管建议18条。配合县公安局完成对银行业机构网点的安全评级工作。两人次分别参加省局组织的对晋商银行“三项业务”、运城市平陆农村信用合作联社新增贷款的大型检查，1人次参加分局组织的对阳城、沁水营业场所安全检查，圆满完成检查工作任务。

（廉海卫）

【**加强非现场监管**】 坚持现场检查和非现场监管的有机统一、协调配合。充分运用非现场监管数据，及时计量和评估信用社的现有风险，确定需高度关注的高风险问题。继续做好辖区农村信用社非现场监管工作，通过按月、季严审各类报表的数据，全面真实反映信用社各项指标。加强监管评级，不断建立健全风险管理体系。年初对辖内农村信用2009年评级为5B级，11月份按照分局要求依据农村信用社9月底数进行预评为5A级。

（廉海卫）

【**建立监审联动制度**】 为充分发挥人力集成效应和利用现有的监管资源，与辖内银行业金融机构达成共识，建立监审联动制度，在加大监管的同时，充分利用其内部内审部门功能，使外部监管与内部审计有机结合起来，提升监管效能。要求其在进行内部审计的同时及时将有关情况进行反馈，充分发挥监管者与被监管者两方面的积极性，以达到促进制度改进，稳健经营的目的。

（廉海卫）

【**案防工作**】 2010年2月5日，县银监办召开由各行、社、邮政各网点、基层信用社负责人近百人参加的全县银行业金融机构防控治理工作会议，与各银行业金融机构负责人签订案件防控目标责任书，确保案防工作落到实处。为确保案防攻坚目标的实现和落实，切实解决案防工作当前存在的突出问题，积极督促所辖金融机构严格按照活动要求制定相应的活动方案，并对其每个阶段执行过程进行全程跟踪，不定期对其进行督察，对检查中出现的一些问题及时通报到相关单位及负责人，督促其限期整改，确保各个环节工作的正常进行。辖区银行业金融机构继续保持“零”案件目标。

（廉海卫）

【**实施“三个办法一个指引”**】 中国银监会发布的《流动资金贷款管理暂行办法》和《个人贷款管理暂行办法》这两个办法

与之前已经施行的《固定资产贷款管理暂行办法》和《项目融资业务指引》并称“三个办法一个指引”。为加强对“三个办法一个指引”的宣传培训和组织推动力度，紧密结合本地实际情况，将实施工作列入重要工作议程，组织各行主要负责人等集中开会宣传贯彻银监会出台的“三个办法一个指引”重要精神，与大家进行联系、沟通，并积极督促其制定“三法一指引”活动办法，对所辖机构的从业人员进行宣传贯彻学习，组织开展各项贷款新规宣传活动。同时，县银监办成立督察组，3月19日—23日对辖内各类银行业的14个机构进行“三法一指引”贯彻落实的督察。

（廉海卫）

【加强对不良贷款的监测和考核】 动态跟踪各类贷款间的迁徙情况，全面反映不良贷款形成和变化趋势，有针对性地及时提出防范各类风险的对策措施。年底辖区各大型商业银行的不良贷款继续保持为零；农村信用社不良贷款实现双下降。

（廉海卫）

【对大额超比例贷款进行预警】 根据银监会的有关要求，及时对各金融机构大额贷款进行风险提示和预警，确保银行机构的稳健运行。及时召开农村信用社2009年度审慎监管会议，针对大额贷款超比例等情况，定期约见信用社理事会和高级管理层成员，进行审慎谈话两次，对辖内信用社下发预警通知书两份。

（廉海卫）

【舆情监测及应对工作】 针对辖区部分金融机构金融服务质量存在的问题，及时约见有关领导进行监管谈话，指导其加强正面宣传，提升舆情应对能力，全面掌握舆情动态，避免形成不利的舆论氛围。

（廉海卫）

名称：中国银行业监督管理委员会晋城监管分局沁水办事处

地址：县城新建东街808号

电话：0356-7022373

邮编：048200

中国工商银行股份有限公司沁水支行

【业务经营情况】 截至2010年底，沁水工行各项存款余额达成151 108万元，时点较年初净增37 648万元，其中公司存款余额较年初减少122万元；机构存款余额较年初净增36 083万元；储蓄存款时点较年初净增1681万元，较同期增长880万元，定期储蓄存款较年初增加3132万元，活期储蓄存款较年初减少1451万元股集团。各项贷款余额达成15 253万元，较年初增长1923万元，其中完成贸易融资8460万元（累计2.4亿元），小企业贷款770万元（累计1040万元），个人消费贷款100万元（余额97万元）；中间业务收入实现420万元，较同期增加134万元，人均中间业务收入11万元。实现拨备前利润3370万元，较同期减少1410万元，人均创利91万元，创历史新高。在全市率先办理第一笔资金信托理财6000万元，累计办理保业务2.4亿元，办理结构性存款3亿元，完成黄金销售价格9.6公斤，完成代理银条销售6.85公斤。

（郭建锋）

【提升精细化管理水平】 通过进一步完善和修订经营绩效考核办法，统筹兼顾，结合工作效率、制度执行及产品营销业绩，将基础管理工作与员工绩效收入紧密结合，全面实施“匹配绩效+产品计价+日常工作记分”的综合考核机制，进一步提升制度执行力，充分调动全行各个层面的工作积极性，最大限度地激发员工潜能。同时，加强经营成本核算，大力落实精细化管理，大兴节俭办行之风，对差旅费、水电费、电话费等管理办法进行修订和重申，落实到细处，落实到小处，节约每一张纸、每一度电、每一滴水，有效防止费用的“跑、冒、滴、漏”，促使员工养成节俭做事的良好习惯，齐心推动全行实现效益最大化。

（郭建锋）

【增强优质服务】 加强网点功能整合，实施业务分层、功能分区，客户分流的服务举措，进一步提升服务档次，增强对客户的吸引力。同时，整合服务资源，加强网点服务管理，着力推进“大堂经理甄别引导 + 客户经理专业理财 + 柜员高效办理”的“一条龙”服务，着力为中高端客户特别开辟“绿色通道”，进一步优化客户结构，提升客户满意度和综合贡献度。2月份和6月份，先后召开两次优质客户座谈会，认真征求客户意见和建议，随后，根据客户提出的意见或建议进行改进。

（郭建锋）

【拓展优质客户市场】 把握县域经济发展重点，搞好市场细分，通过完善首席客户经理制，增配个人、机构客户经理和大堂经理，配套实施产品计价考核办法，促进全行形成“高端营销 + 阵地（网点）维护 + 全员参与”的组合营销机制，不断巩固存量客户，拓展增量客户，深度挖掘客户需求，将资产负债业务、代理产品、理财业务、银行卡、网上银行、手机银行、品牌金及国内保理业务等进行打包出售，进一步扩大营销成果，实现“1+1>2”的发展目标，推动了各项业务的均衡发展。

（郭建锋）

【实施以资产业务带动全盘发展战略】 通过创新融资模式，累计为沁和能源集团有限公司办理保理业务 17 000 万元。重新展开对玉溪煤矿贷款评级授信的审报工作。同时，加大中小企业信贷业务发展，参加沁水县组织的中小企业银企洽谈会，与顺世达铸业有限公司、沁泽焦化有限公司、丰田食品有限责任公司签订合作意向书，为中小企业做大做强提供必要的资金支持。为小企业永德园林公司发放贷款 270 万元，为靓豹服饰有限公司发放贷款 500 万元。

（郭建锋）

【企业文化建设】 进一步完善全行沟通制度，出台实施行长接待日制度、节日座谈制度，多渠道倾听群众心声，广泛征求意见和建议，做到经营管理、业务发展群策群力。完善员工大事走访制度，促进员工日常走动交流。针对改革发展中员工的思想波动，大力加强全行改革发展形势、目标及政策的宣传教育，增强员工的认同感。大力倡导积极健康的工作氛围和生活氛围，关心职工健康，每年组织职工进行体检。同时，开展形式多样的文体活动，在沁水县总工会和人民银行组织的职业技能大赛中，银行业三项竞赛内容县工行夺得两项第一、一项第三，并获得两个县级一等功，申报 1 个省级一等功。

（郭建锋）

【安全防范工作】 坚持将风险防控工作作为“抓稳定、促发展”的基本前提，通过加强员工思想教育和反面警示教育，推进员工行为动态排查工作，开展“内控文化建设深化年”和“案防攻坚年”活动，全面加强业务规范管理和对重点部位、重点人员、重点时段的防范，切实将案件防范工作落实到位。同时，认真落实内控案防履职报告制度、案防形势分析会议制度、员工行为动态分析会议制度，邀请县人行、银监办主管领导参加支行案防分析会议形成制度，促进与监管部门的合作与交流，进一步放宽工作视野，总结学习他行案防工作经验，有针对性地开展案防工作，确保了稳健经营、安全发展。

（郭建锋）

名称：中国工商银行股份有限公司沁水支行

地址：县城梅杏北路 80 号

电话：0356-6248602

邮编：048200

中国建设银行股份有限公司沁水支行

【业务经营情况】 截至 2010 年底，沁水建行全口径存款余额为 146 240 万元，同业存款余额 114 万元，一般性存款余额 146 126 万元，较年初新增 42 379 万元，其中企业存款余额为 125 164 万元，较年初新增 38 100 万元，占市分行核定计划的 254%，新增当地占比 48%；储蓄存款余额为 20 962 万元，较年初新增 4279 万元，占市分行核定计划的 106.98%，新增当地占比 17%。各项贷款余额为 87 551 万元，较年初新增 36 981 万元，新增当地占比 93%。共回收各类贷款利息 4648 万元，利息实收率达到 100%。中间业务收入完成 640 万元，占市分行核定计划的 64.78%。实现利润 4211 万元，占市分行核定计划的 120.62%。

（厉惠芳）

【市场营销】 年初制定总体目标，把负债业务当作一项重要的业务指标来抓，目标明确，责任到人，把负债业务纳入营销人员和部门负责人的立项工作目标进行管理，并与工资挂钩，强力推进。积极落实国家宏观调控政策要求，加大贷款营销力度，调整贷款投向扩大贷款规模，带动对公存款业务和结算业务的稳步增长。在抓好代理基金、保险，电子银行，人民币结算等传统业务基础上，创新业务品种，重点拓展国际信用证、资金监管、百易安等新业务，拓宽了增收渠道。深入开展“开户增存”活动，结合县域有限的客户资源，经常与县委、县政府及发改委、工商、税务等有关职能部门沟通，捕抓项目信息，争取客户资源，适时制定激励措施，扩大营销成果。在营销新客户的同时，大力对老客户进行挖潜工作，经常深入走访和了解企业，加强与客户联系，不断巩固银企关系。在全面深入推进负债业务发展的过程中，作好柜面服务工作，重点营销批量业务、电子银行业务和服务中高端客户工作，坚持存款业务日报制，由营业部负责人每天对负债业务和进度计划进行统计和通报，营造“人人争先”良好工作氛围和团队意识，充分调动全员业务营销主动性和创造性，有力地促进县建行存款业务发展并实现重大突破。

（厉惠芳）

【案件风险防范及安全工作】 2010 年，县支行案件防控、安全保卫工作严格按照上级行的安排部署，狠抓各项规章制度的贯彻落实，切实提高制度的执行力。在各项工作中，始终坚持以“预防为主，防控结合，综合治理，谁主管，谁负责”的原则，坚持从人防、物防、技防、整章建制、队伍建设等方面入手，构筑安全保卫工作管理体系，筑牢安全保卫工作的基础，通过制度约束和检查督促，进一步增强员工的安全防范意识、责任意识，使安全管理工作真正落到实处，确保了全行各项业务的稳健经营和健康发展。为切实加强安全教育管理工作，支行把增强员工的防范意识，提高防范技能，提升防范水平，放在十分突出的地位，重点围绕防抢劫、防盗窃、防诈骗、防火灾的应知应会知识等内容，对网点员工进行应急教育和防范技能的模拟演练，增强了员工的防范意识，提高了防范能力。针对社会治安形势的不断发展变化，结合近年来银行案件日趋频繁的严峻局面，及时收集整理相关文件、案情通报、案例剖析等资料，认真组织大家利用班后周会、早上晨会进行教育学习培训、突发事件应急模拟演练，针对自身的安全防范工作进行分析研究，查找工作中存在的薄弱环节、隐患漏洞，不断完善案件防控措施。对前台员工的安全防范技能教育培训，主要侧重学习相关规章制度、禁止性规定和基本防范技能，掌握正确的操作程序和工作流程以及发生紧急情况时的应急处置措施、各种自卫器材、110联网报警、电视监控装置的操作使用，有效地提高了全员安全防范工作的能力。

（厉惠芳）

名称：中国建设银行股份有限公司沁水支行

地址：县城新建西街638号

电话：0356-7022897

邮编：048200

中国农业银行股份有限公司沁水县支行

【业务经营情况】 截至2010年底，沁水农行储蓄存款较年初增加5068万元，有效贷款扩张两亿元，中间业务创收137.64万元，经营利润达1149万元。

（燕建忠）

【内控管理】 从易到难，分步实施，重点推进业务流程标准化，岗位职责明晰化，操作行为规范化，制度执行精细化。全体员工内省自律，执行力和细节意识明显增强，内控管理进一步强化。在2010年内控评价中得分91分，是全市农行系统唯一的农村一类行。

（燕建忠）

【支持"三农"工作】 准确把握"面向三农"的市场定位，始终坚持"服务到位，风险可控，发展可持续"的原则，明确支持三农的着力点。知农、爱农、惠农，广泛深入农村，推广惠农卡5000张，授信跟进，为67户农民办理小额农贷，金额达334万元。

（燕建忠）

【案件专项治理】 始终坚持标本兼治本为先，内外并举内为先，开展形式多样的案防教育，扎实开展员工行为排查、案件隐患排查、火灾隐患排查。构建立体化的监督网络，促进了各项案防措施的落实。继续保持了安全无事故的可喜局面。

（燕建忠）

【网络建设与服务】 对所有网点进行净化、美化、亮化，更换新的办公设施。投资50余万元，对端氏分理处进行装修改造，实现功能分区，客户分流。在全体柜员和全体员工中进行文明服务标准化培训导入。在端氏分理处安装ATM取款机一台。在广大客户中推广个人手机银行3903个；个人网上银行1104个、企业网上银行15个；个人短信通1037户、企业短信通20户；个人电话银行3903个、企业电话银行14户；特约商户5个；转账电话140部，有效地提升了网络化服务水平。

（燕建忠）

【队伍建设】 选派重要岗位员工参加上级行组织的培训，认真坚持周二学习日制度，自行组织以会代训、远程导学、岗位练兵等多种形式的教育培训。在沁水县银行业技能大赛活动中，县农行柜员元野同志荣获反洗钱笔试第二名、县工会特记个人二等功。县农行获优秀组织奖。

（燕建忠）

名称：中国农业银行股份有限公司沁水县支行

地址：县城步行街70号

电话：0356-7022643

邮编：048200

中国农业发展银行沁水县支行

【业务经营情况】 截至2010年底，沁水农业发展银行各项存款日均余额1928万元，占市分行下达任务的103.88%；不良贷款余额228万元，较年初下降两万元；各项贷款应收利息202万元，实收利息89万元，利息收回率为44.06%；完成代理保险保费389 540元，实现手续费收入50 166元，占市分行下达任务的100.33%；累计实现收入476万元，累计各项支出527万元，收支相抵净亏损51万元，比上年亏损数92万元减亏41万元，较市分行下达亏损任务56万元减亏5万元。

（郭刘勇）

【财务监督管理】 坚持加强会计工作基础建设，严格会计业务岗位规程，建立严密岗位职责，规范岗位操作，以量化细化考核为重点，强化责任，狠抓落实，做到有章必循，相互制约，确保会计工作精细化管理的顺利实施，有力促进了全行依法合规经营，业务顺利开展。

（郭刘勇）

【档案管理】 组织档案管理人员认真学习《中华人民共和国档案法》、《中华人民共和国保守国家秘密法》等有关档案方面法律法规。健全和完善档案的信息化管理，并将档案工作纳入全行长期工作计划重点，确定档案管理工作的地位。建立档案管理各项规章制度及各环节岗位责任制度，明确分管领导和档案管理工作人员的责任。进一步加强档案管理人员的业务培训，强化档案管理人员的业务技能和工作水平，为实现档案管理网络化、标准化、科学化、规范化做好基础性工作。

（郭刘勇）

【案防和安全工作】 通过不断完善制度，落实责任，严密防范，齐抓共管，杜绝案件的发生。坚持以“预防为主、标本兼治”的方针，层层签订安全保卫责任书，重点加大案件防范和安全检查力度，达到了安全无事故的目标。

（郭刘勇）

【信贷管理】 强化信贷制度和操作流程的贯彻落实；强化准政策性贷款管理，严格执行贷款专户管理、贷款支付、库存监管、贷款回笼、收贷收息等有关规定，切实落实好收贷贷款额度双限控制、大额收购贷款核准等管控措施，最大限度地控制和降低信贷风险；强化信贷重点环节管理，严把贷款准入关，落实贷款发放条件，未经落实不提请上级行签批。认真落实贷款资金支付管理的各项规定，严格信贷、会计审核审查，大额支付跟踪检查，有效防止转移贷款用途的事故发生。

（郭刘勇）

【粮棉油收购资金供应与管理】 始终把支持粮棉油收购作为业务工作的重中之重，认真贯彻执行国家粮棉油收购政策和调控政策，及时足额供应政策性收购资金，确保全县粮棉油储备的增储、轮换和粮油收储计划的顺利实施。

（郭刘勇）

【项目贷款申报工作】 为支持县域经济发展，全行把沁水县盛融投资有限责任公司15 500万元农村基础设施（路网）中长期贷款申报工作作为首要任务，12月10日前完成申报工作，12月23日被省分行贷审会审议通过。

（郭刘勇）

【企业文化建设】 坚持做到六个结合，即：开展企业文化建设与开展内控和案防制度执行年活动相结合、与发挥视觉作用和展示企业形象相结合、与规范企业行为和维护员工合法权益相结、与献爱心和进行救灾助困活动相结合、与廉政教育相结合、与发展业务支持新农村建设相结合。

（郭刘勇）

名称：中国农业发展银行沁水县支行
地址：县城新建西街276号
电话：0356-7028713
邮编：048200

中国银行股份有限公司沁水支行

【负债业务明显增强】 截至2010年底，沁水中行全辖人民币两项存款余额为97 834万元，较年初增加19 836万元，完成市分行年计划的112.07%，环比增加7048万元，增幅7.56%，新增额在17家市辖经营机构中排第四位。其中企业存款余额为59 975万元，较年初增加13 906万元，完成市分行年计划的115.89%，环比增加5909万元，增幅10.32%，在17家市辖经营机构中排第二位；储蓄存款余额为37 859万元，较年初增加5930万元，完成市分行年计划的104.03%，环比增加1139万元，增幅3.17%，在17家市辖经营机构中排第四位。

（陈春云）

【贷款业务势头良好】 紧密关注当前煤炭企业并购贷款的有关项目，抓机遇，确保煤炭企业并购贷款取得预期效果。高度重视授信存量客户中下游企业及相关产业短期资金需求，争取合作机会，进一步调整和优化授信结构。加强项目贷款营销和储备，重点把中电明秀和国投能源里必煤矿等企业作为重点营销目标，制定切实可行的营销计划，达成一定的合作意向，在县中行开立相关基本账户。大力做好存量贷款的维护工作，给沁秀公司发放贷款1亿元。千方百计发展好个贷业务，通过“直客式”营销，先后为晋城华洋“康馨家园”住房项目发放零售贷款430万元。

（陈春云）

【中间业务呈现多元化产品发展趋势】 为进一步确保中间业务的快速发展，根据市分行的相关考核方案，制定各项业务竞赛的实施方案，积极利用省市分行中间业务的优惠激励措施，网银、银行卡、代理保险、第三方存管和企业客户多项中间业务超额完成计划任务指标。

（陈春云）

【强化内控防案能力】 2010年是省银监局确定的“案防攻坚年”和省分行确定的“制度执行年”，按照活动内容和要求，制定和完善具体实施方案和组织机构。认真做好银监会“防范操作风险13条、省局“八项制度”和分局案件防范“55”条的贯彻落实，切实把案件防范和风险管控贯穿到各项管理的每个环节，促使全行干部员工做好每一件事，彻底消除违反“双十禁”制度和12项屡查屡犯以及重大违规行为的发生。持续深入加强合规警示教育引导，坚持学习“一周一案”、“安全保卫相关通报案例”、“风险提示”，重点把新线系统风险防范46条和10条禁止类操作行为作为重点学习内容，不断提高员工的按规操作意识和自我防范能力。严格落实《中国银行山西省分行内控合规指引》的要求，做好“十必做”的各项内容，加强对日常业务的检查指导、风险提示、监督制约等工作，有效杜绝违规现象的发生，业务差错率明显降低，内控防案考核水平得到明显提高。

（陈春云）

【实施全面绩效管理】 对机构网点及负责人实行与绩效相挂钩的考核措施。全面推行产品定价和全员营销考核。严格落实市分行万元工资含量和产品定价考核办法，通过全员营销系统平台，对每个网点和员工业务完成和营销情况按月进行通报排名，及时考核兑现，体现多劳多得，激发员工争做业务、提高产品销售的主动性。行领导和部门负责人通过不同形式和场合及时将考核情况进行反馈，并和员工进行沟通与交流，肯定成绩，寻找差距，弥补不足，推进了各项工作任务的顺利完成。

（陈春云）

【加强文明优质服务管理】 按照“结合实际、落实规范、典型引导、创建品牌”的战略发展要求，深化总行“文明优质服务指引”和“柜台文明优质服务规范”以及5S现场管理的落实，进一步完善制定县中行《文明优质服务考核检查办法》和《文明优质服务实施细则》，通过规范服务流程，提升服务素质，完善服务标准，注重服务品质，讲究服务效率，进一步提升县中行服务声誉。根据市分行要求，在全行开展“服务无投诉月”活动，按照《文明优质服务神秘人管理办法》的具体内容和检查通报，进一步完善相关服务软硬件设施，制定服务投诉的各类应急预案，强化柜台服务操作人员服务技能和意识的学习教育，进一步规范服务操作流程和服务技巧，杜绝了服务投诉的发生。

（陈春云）

【顺利实现IT蓝图上线】 集中一切力量和资源，做到职责分明，分工明确，措施到位。广大员工充分利用业余时间，进行上机演练和理论学习，上机测试和理论考试均达到100%。在每一项工作任务实施过程中，行领导以身作则，率先垂范，带头做好蓝图值班和签到工作，机关和基层网点紧密配合，互通信息，加班加点，按照演练的时间进度和质量要求，认真地完成每一项工作任务，确保了蓝图的顺利上线。

（陈春云）

名称：中国银行股份有限公司沁水支行
地址：县城新建西街138号
电话：0356-7022250
邮编：048200

沁水县农村信用合作联社

【业务经营情况】 截至2010年底，全县农村信用社各项存款余额达成14.33亿元，较年初净增3.01亿元；各项贷款余额达成6.62亿元，较年初净投放9641万元，存贷比例达成46.20%，累计发放各类贷款50 552万元，累计收回各类贷款40 912万元；各项收入达到7409万元，其中清收贷款利息5664万元，实现经营利润1745.61万元，历年亏损挂账全面弥补；五级分类不良贷款较年初净压2890万元，较年初下降8.53个百分点。

（贺 雷）

【农村信用社改革】 进一步完善法人治理结构，建立健全高效运行机制。明确理事会、监事会、经营层的职责边界、工作内容和运行机制，保证各自在职权范围内充分履行职责，真正起到决策、监督、执行相互制衡的三权分立运行作用。对联社各部门进行调配，增加3部两个直属中心，分别为：党群工作部、个人客户部、风险与合规管理部、资金清算中心、现金管理中心；改革平均主义，严格绩效考核。推行按效计酬，打破分配上的平均主义，使员工工资分配与经营效益、个人贡献相结合，实施薪点制工资分配制度改革。以绩效挂钩为手段，落实目标考核制度。拟定沁水县信用联社《2010年经营目标绩效考核办法》、《企业年金制度》，对全辖16个信用社1个营业部，进行绩效考核，季度对各信用社进行兑现，并下发专题通报，使考核真正体现按劳计酬的分配原则，充分调动了员工的工作热情和积极性。

（贺 雷）

【营销管理】 变被动为主动，抓住一切有利时机营销客户。制定绩效考核管理办法，把包社任务完成情况与个人收入相挂钩，强化联社部室与信用社的帮促作用。利用财税库银横向联网之机，新增130多个企业及个体工商户落户信用社。打破旧观念，提出“以贷引存”，全员营销的新思路。加强督察，深入基层帮助解决实际困难。一次性协调嘉峰尉迟煤矿归还旧贷790万元。开展全员银行卡宣传活动，截至12月底，共发行信合通银行卡4951张，卡存款余额达成2407万元。同时，积极开展理财业务，为闲置资金寻找出路，专门成立资金清算中心，不断对同业存放款项市场、同业拆借市场、货币市场、票据市场、理财市场进行了解、分析、对比，本着收益最大化的原则，合理利用闲置资金，全年收入约950余万元。

（贺 雷）

【信贷管理】 大力开展“三收”（收储、收贷、收息）竞赛。专门制定业务指标完成情况考核办法，对信用社分类进行考核；全力推进中小企业评级授信工作。对万志物流、兰金选煤等140家的优良法人客户进行调查、摸底、筛选，对目标客户评级授信，综合授信14 900万元，吸引华昱、宇峰等多家优质企业客户；创新贷款方式。与山西兰金选煤有限公司签订现货质押融资合作协议，以场地中的原煤作为质押物申请1000万元贷款；开辟以“法人客户联保”为主要形式的联保贷款新模式。由沁水县宇峰工贸有限公司等3家企业组建县联社第一个联保体，共为其授信879万元；积极参与社团贷款，向沁城煤矿投放贷款1500万元，晋城市九鼎置业发放贷款300万元，向福盛钢铁有限公司投放1000万元。同时，借助小额信用平台，不断加大安贷保等中间业务营销力度，累计核对报送代理安贷宝业务5592笔，保费达成59.15万元，占市办全年任务45万元的131%，实现中间业务收入12.85万元，占市办全年任务9万元的143%，完成代理车辆保险3.91万元，实现中间业务收入0.3万元。

（贺 雷）

【不良贷款清收】 一是打包清收历年旧贷，以打包处置方式收回不良贷款230户，504笔，263.91万元，收回利息95.09万元；以缓息还本的方式清收处置不良贷款33户，78笔，104.92万元，收回利息8.18万元。二是责任清收内部员工不良贷款。对职工本人不良贷款888 400元，涉及责任人7人；职工家属不良贷款503 778.24元，涉及责任人8人，仅有5人未收回。三是全面清收5000元以下贷款。制定出台《沁水县农村信用社全面清收小额不良贷款攻坚活动实施方案》，在全县进行张榜公布，实行认领清收17户，2.11万元；组团承包清收4458户，716.46万元。四是重点清收煤炭资源整合贷款。清收尉迟实业总公司（尉迟煤矿）贷款600万元，收回贷款195万元，收回夏荷煤业利息20万元，收回郑嘉煤业利息34万元，收回中村下峪煤矿利息1.4万元。五是全力清收公职人员贷款。积极与县委、县政府进行沟通，召开全县清理公职人员贷款专项会议，清收公职人员贷款95万元，对没有还贷的人员纪检部门进行电话催收。

（贺 雷）

【支农惠民】 截至12月底，全县累计发放支农贷款50 553万元。金融服务农户数达55 554户。重点支持15个具有带动作用的农业龙头企业，贷款余额达成 3328 万元，带动农户数达到 1589 户。年检、提升 98 个信用村，贷款余额达成 17 143 万元；年检、提升 11 个信用市场，贷款余额达成 3110 万元；重点支持 5 个优势农畜产品基地（园区），贷款余额达成 774 万元；重点支持 261 户规模经营户，贷款余额达成 1111.8 万元。重点支持 10 个农民专业合作社，主要向合作社成员及服务对象发放贷款，贷款余额达成 386 万元，服务农户数 1180 户；重点支持 15 个供销社（流通企业），贷款余额达成 369 万元。支持 382 名农村青年创业，贷款余额达 1743.8 万元。

（贺　雷）

【信贷达标】 制定信贷管理工作达标实施方案。对 20 个达标单位，详细确定达标时间、达标内容，分步骤实施。根据全县信贷业务品种，详细制定各信贷品种的操作样本。规范信贷岗位设置，调整持证人员上岗。对部分信用社持证人员的不足，达不到办理信贷业务操作人员的信用社，及时在全辖内进行合理的调整。统一要求客户经理包片分工，加强信贷业务贷后管理责任。对客户经理进行按社保片分工，通过规范移交，既可以查询到每位客户经理的工作业绩，又可以规范贷后管理及工作责任。

（贺　雷）

【合规建设】 启动风险管理 5 年规划，推进完善合规建设。明确 5 年规划指导思想、目标和原则，科学制定中长期风险管理机制建设规划。主要措施有推行经营机制改革、推进考核机制建设、完善法人治理、强化监事会监督、规范股本金结构、建设风险管理文化、强化监督检查、推行“接管式”稽核、建立健全内控制度、加大合规培训和安全保卫硬件投入、健全案件查处协调机制、加强科技人员队伍建设，提高科技素质和水平；建立合规年金考核制度。每月按工资总额 5% 提取合规年金，构建以绩效激励为主体的薪酬激励机制，改变过去单一、分散、重罚轻奖的规模考核，配套各部门综合经营考核体系，形成以效益为中心的绩效考核机制；建立合规问责制度。除对人员进行问责外，还要对制度层面进行问责，进而进行制度改进，研究产生案件的根源，分析问题发生在哪个环节，建立有效的问责制度，领导者的运营决策失误、风险管理不足、不良贷款增加、人事安排不力等方面都应该承担责任。

（贺　雷）

【防案控险】 始终坚持“预防为主、单位负责、突出重点、保障安全”的方针，紧紧围绕保稳定、保安全、促发展这个中心，以实现全辖“零发案”为目标，以创建“安全达标年”为载体，以强化内管防范风险为重点，通过发挥事后监督、安全守押等功能，构建防案控险保护伞，保障了全辖农村信用社各项经营活动的正常运行，实现了全年无案件无事故的总体目标。

（贺　雷）

【财务管理】 进一步做好财务会计规范化管理工作。对会计基本规定、会计核算质量、会计报表质量、计算机管理、联行及结算管理、会计档案管理、信用社网点管理及其他、会计经营管理等八个方面进行规范；加强财务会审，规范操作行为。每月组织各社会计主管对当月传票、账簿、账表等会计凭证进行交叉会审，对会审中发现的问题进行全县通报，并限期整改，对一些好的经验和做法在全县推广学习，根据每次会审中发现的问题，财务科对每位业务经理及会计主管建立个人问题台账，并根据整改情况进行核实销账；加强授权管理。进一步完善相关手工授权制度，加强授权管理监督，通过制定出台《沁水农村信用合作联社手工授权管理办法》、配置专职授权柜员、加强对授权柜员的管理、加强对授权柜员的监督四个措施，解决实际授权操作中遇到的难题，进一步防范了操作风险；加强费用管理，强化内部财务管理。坚持“以收定支，先收后支；比例控制，超支自付；严格审批，先批后用”的管理原则，严格控制费用增长；加强重要空白凭证管理，确保重要空白凭证使用安全无事故。

（贺　雷）

【网点整合及建设】 对当地人口逐年减少、农户收入偏低、金融业务萎缩、业务发展前景不佳的机构进行撤并1个信用社，3个信用分社；对辖内服务农村人口下降的1个网点进行临时停业；对临时停业到期后仍不适应市场的网点进行更名迁址。对城关社、桥东社、胡底设、联社营业部进行装修改造，对嘉峰社营业办公大楼进行招标建设。

（贺　雷）

【宣传工作】 全年共编制《工作周报》47期，《沁水信合》简报60期，在《山西信合》、《21世纪金融》、《山西日报》、《山西经济日报》、《太行日报》等媒体发表各类宣传稿件100余篇。

（贺　雷）

【队伍建设】 加强班子建设，强化沟通协作，工作不等不靠，真正做到思想上合，工作上分，目标上合，责任上分的良好工作氛围。对15个信用社主任进行轮岗，新提拔3名后备填充到一线管理队伍。对各信用社业务经理、主管会计进行竞聘。经过报名、资格审查、演讲、民主测评、组织决定等程序，竞聘机关部门正职12人，副职5人，信用社业务经理11人，主管会计17人。关爱职工生活，为职工开办人生意外伤害保险，职工婚、丧、住院补助，生日送上购书卡等一系列暖心工程。

（贺　雷）

名称：沁水县农村信用合作联社
地址：县城新建东街866号
电话：0356-7026692
邮编：048200

中国人寿保险股份有限公司沁水县支公司

【保费收支情况】 2010年，沁水人寿保险股份有限公司公司实现总保费7128.74万元。个险实现总保费394.77万元，其中10年期以上267.83万元、10年期以下交126.94万元。中介部实现趸交保费4020万元，期交保费260万元。团险渠道实现保费325万元，其中意外险80万元，健康险180万元，学生险35万元，小额保险25万元，小额信贷5万元。短险赔案115起，赔款金额26.34万元。长期寿险赔案105起，赔款金额23.68万元。团补14起，赔款金额14万元。B柜面保全全年生存给付金53.6万元，满期给付257万元。全年派发红利31.7万元。

（王珍珍）

【队伍情况】 2010年，公司个险在册代理人210人，其中农村代理人129人，县城代理人81人。新增40人，脱落35人。全辖共有营销服务部12个，新筹建收展部1个。中介部，拥有客户经理17人，理财经理13人，新增7人。

（王珍珍）

【经营监管与服务】 进一步加强团队管理，严格执行考核制度。强化全员服务意识，完善售后服务体系。加大宣传力度，保险下乡服务，赔款上门，现场理赔。全年坚持2000元以上赔款全部由公司专车上门理赔，并同时召开小型产品说明会。全年城乡理赔现场会、产说会召开80余场。加强风险管控，提高监管职能。进一步改进销售督察工作，结合预警系统中各项预警指标，分析公司在销售人员队伍管理及风险防范中存在的缺陷和问题重点督导检查，发现违规问题及时查处。按季度评选出信用品质优秀的营销员进行奖励。

（王珍珍）

【教育培训】 利用早会对营销员进行技能技巧及职业道德方面的培训。外聘讲师进行风险教育及销售模式的培训。选送主管及各类营销人员参加省市公司的提升培训。响应市公司送训制，新人参加市公司新摸班培训，集中新人参加县公司组织的岗前培训及代理人考证辅导。加强对组训人员的培训。在借鉴省市公司《组训管理办法》的基础上出台《沁水公司组训管理办法》，明确规定组训的基本要求、工作考核与发展方向。在日常管理中，积极选派组训参加上级公司组织的培训，利用本公司的组训例会对组训人员进行培训，并定期对组训进行考核。

（王珍珍）

【销售队伍建设】 在个险队伍建设上，积极稳妥推广总公司新版基本法，提高制度化经营水平，加强队伍基础管理，保障主管和营销伙伴利益，增强队伍发展的动力；在银保队伍建设上，按照“高起点、高素质、高绩效”的标准，以基本法推广和管理系统上线，大力提升银保队伍的素质和能力；在团险队伍建设上，积极推进团队转型。在重点地区加快客户服务专员队伍建设，规范服务项目、流程和制度，同时加大市场化管理和激励力度，提高队伍的实战水平和销售产能；在收展队伍建设上，积极稳妥推进队伍的转型升级，由“收展并举”的服务型队伍向“以收为主”的销售型队伍转型。

（王珍珍）

名称：中国人寿保险股份有限公司沁水支公司

地址：县城新建东街58号

电话：0356-7022683

邮编：048200

中国人民财产保险股份有限公司沁水支公司

【保费收支情况】 2010年，中国人民财产保险股份有限公司沁水支公司实现保费收入1487万元，完成年计划的99.3%，同比增长229万元，同比增幅17.9%。实收保费完成1521万元，完成年计划的100.7%，同比增长296万元。全年已结案件2597件，案件处理率102.57%，简单赔付率42.31%，综合赔付率64.43%，全年无客户升级投诉。

（李 波）

【内控管理】 公司专门出台《严格规范承保单证的通知》，严把承保质量关，加强承保风险管控。制定《理赔管理制度》，严把理赔关。提高现场勘查率，确保第一现场率和第二现场率达到100%。加强理赔关键环节管控，特别关注受损关键部件的定损、报价、核损，每个流程、各个环节都有承办人的时限要求和质量要求，尤其对修理厂代索赔行为严格禁止。根据理赔中心的工时费标准，下浮40%确定本公司的标准，在全体定损员中统一工时费和喷漆标准，不准人情定损。严把费用关，推进财务预算管理，严格费用管控。同时，加强应收保费管控，减少资金风险。

（李 波）

【创新考核机制】 先后出台并完善《业务绩效考核基本办法》、《在编员工内勤岗位职责及考核办法》、《劳务派遣人员定岗定责及年度考核办法》、《营销管理制度》和《理赔管理制度》等制度，初步建立一套经营管理方面的考核机制。在业务激励制度体系中，根据业务性质不同，将其划分为基础、维护、分散业务三类，并制定不同业务的激励办法，纠正不合理的激励。在《在编员工内勤考核激励办法》中，将变动工资部分的70%与本职工作挂钩、30%与业绩挂钩。各岗位按月归纳履职情况，由全员进行服务评价，确定本职工作完成情况，根据评价结果按不同比例发放变动工资。在《劳务派遣人员定岗定责及年度考核办法》中，对所有劳务派遣用工实行定岗、定责、定报酬，双向选择。劳务报酬分为基本报酬、业绩挂钩、服务考核三部分。其中服务考核部分按照不同岗位确定相应的比例，根据经理室、部门经理、销售人员对其服务进行评价，从而确定不同的报酬。在营销激励方面，取消营销员月补助和会议津贴。改进激励办法，变人人激励为重点激励，鼓励大家争做营销精英。同时，采取日张榜、周例会、月讲评等措施，及时通报业务进度。

（李　波）

【创新服务方式】 在公司推出“短信联接你我心”的服务举措，接到报案由客服部向所属业务员进行通报，由业务员及时向客户短信（公司设定标准格式）问候，并帮助客户处理事故和协助查勘人员索取理赔手续，赔案付款完成后，再由业务员及时向客户短信（公司设定标准格式）通知。

（李　波）

名称：中国人民财产保险股份有限公司沁水支公司

地址：县城新建东街830号

电话：0356-7026083

邮编：048200

中国人寿财产保险股份有限公司沁水县支公司

【概况】 中国人寿财产保险股份有限公司沁水县支公司经中国保监会批准，于2009年1月24日成立。公司秉承“成己为人，成人达己”的企业文化核心理念，遵循“诚信为本、稳健经营”的企业宗旨，恪守“创新、拼搏、务实、奉献”的企业精神。2010年配有承保、理赔服务人员15人，销售团队36人，还有中国人寿寿险公司200余名互动销售人员。公司主要经营企业财产保险，家庭财产保险、工程保险、责任保险，机动车保险、货物运输保险、航空航天等特殊保险、短期健康保险、人身意外伤害保险等业务。2010年，公司实现保费收入816万元，其中车险804万元，非车险12万元。全年赔款支出316万元，赔付率为52%。

（张　静）

【营销管理】 一是抓业务，主要抓保险核心业务和非保险的核心业务，非保险核心业务主要是指资金运用，提高资金的经济效益。二是抓队伍，主要抓好管理队伍和销售队伍，打造了一支“懂专业、善管理、讲诚信、重操守，政策水平高，团队意识好”的专业队伍，通过制度宣导与合规培训，完善针对不同层次、不同岗位人员的培训体系，有效实现经验共享和知识转移。三是促进互动业务的稳定发展。主要是做好与寿险公司领导和各营销主管的沟通工作，得到寿险各级领导的大力支持，为公司业务的持续、稳定发展打下扎实的基础。四是提升企业品牌、展示企业形象。五是以服务赢得市场。深入落实服务先行的理念，开展以快捷理赔为主题的“绿色保险”

客户服务活动，只要接到案件，无论事故大小，无论白天黑夜，始终坚持派人及时赶赴第一现场进行查勘，及时给予理赔。严格按照快速赔付流程为客户提供力所能及的方便和服务。

（张 静）

名称：中国人寿财产保险股份有限公司沁水县支公司

地址：县城新建西街 584 号

电话：0356-7022112

邮编：048200

中国大地财产保险股份有限公司沁水营销服务部

【保费收支】 2010 年，中国大地财产保险股份有限公司沁水营销服务部完成保费收入 260 万元。其中机动车辆险保费 160 万元，人身险保费 80 万元，财产险保费 20 万元。全年赔款支出 96 万元，简单赔付率 37%。

（张维斌）

【营销管理】 加强内部管理，结合公司实际，针对内部存在问题，完善健全出台内部各项管理制度，通过制定制度，严格落实制度，用制度来管理人和约束人，进一步规范员工行为。切实把政治理论和业务知识学习放在首位，要求员工参加省市公司组织的学习培训活动，并要求员工结合自己工作岗位，自学保险专业知识、保险法律法规。加强原有客户续保服务工作，经常与客户进行沟通和联系，提前告知客户续费，确保客户不流失。抓好车行合作业务，积极开展与山西机电车险业务合作，山西机电共完成保费 15 万元。为确保学生平安保险及时续保，公司早动手、早安排、早部署，积极和教育局沟通联系，争取工作支持，共完成保费收入 20 余万元。

（张维斌）

【加强承保和理赔服务】 一年来，先后对 150 个新老客户进行回访，虚心听取他们的意见，不断完善制度，改进工作作风。在理赔查勘方面，只要接到报案，无论事故大小，无论白天黑夜，始终坚持派人及时赶赴第一现场进行查勘，及时给予理赔。

（张维斌）

【加强反洗钱和内控制度建设】 认真贯彻落实中国保监会和山西保监局关于进一步规范财产保险市场秩序工作精神以及中国人民银行关于保险公司开展反洗钱工作有关规定及要求，按照省、市公司要求，坚持依法合规经营，加强反洗钱工作，进一步完善相关制度，严格承保操作，规范经营，从严要求，做到标本兼治。

（张维斌）

名称：中国大地财产保险股份有限公司晋城中心支公司沁水营销服务部

地址：县城新建西街 1523 号

电话：0356-7098516

邮编：048200

农　业

农　委

【生产指标完成情况】 2010年，全县粮食总收获面积达46.26万亩，其中夏粮面积13万亩，秋粮面积33.26万亩。全年粮食产量达13.14万吨，创历史新高。小麦收获面积13万亩，比上年的12.28万亩增加0.72万亩，亩产小麦210.3公斤，比上年189公斤增产21.3公斤，增11.4%，总产小麦2734.2万公斤，比上年2318.6万公斤增加415.6万公斤，增17.9%。玉米生产面积24.17万亩，总产9097.2万公斤，平均亩产376.5公斤，总产比历史最高的2008年的7872.8万公斤增加1224.5万公斤，增幅达15.6%，亩产比2008年的318公斤增加58.5公斤，增幅达18.4%。小杂粮落实面积9.09万亩，总产1339.4万公斤，平均亩产147.3公斤，其中谷子产量0.43万吨，同比增16%，豆类产量0.54万吨，同比增38%。油料种植面积达1.5万亩，比上年增15%，总产130.9万公斤，平均亩产88.3公斤，油料品种优质率达93%，商品转化率达78%，加工转换率达63%。棉花播种面积0.28万亩，比上年0.33万亩减少0.04万亩，总产32.7万公斤，比上年12.3万公斤，增加20.4万公斤，增幅达165.9%。麻类播种面积234亩，比上年195亩增加39亩，增20%，总产1.17万公斤，比上年增加0.17万公斤。蔬菜种植面积达到2.8万亩，总产量达到4.8万吨，设施蔬菜（日光温室大棚）新增面积152亩，总产量达760吨。全县农民人均纯收入达5058元，同比增16%。

（杨娅丽）

【基层农技体系改革与建设】 2010年，沁水县被列为基层农技推广体系改革与建设项目示范县。农委承担关键技术的引进、品种的试验示范、农作物有害生物及农业灾害的监测、病虫害和植物疫情处置、农产品生产过程中的标准化推广和质量安全检查，监测农业资源、农业生态环境和农业投入品使用监测、农业公共信息和农民教育培训服务等公益性服务，为新农村建设和现代农业发展提供技术支撑。全县乡镇农技推广机构按照现行的行政区域进行规范，每个乡镇设立一个农业技术推广站，共设置14个，每个农技推广站设编2名～3名，全县总设置编制为30名。截至年底，安排到岗人员27名。为规范人员管理，全面推进岗位责任制度，建立健全绩效考评机制；为创新技术服务方式，围绕现代农业发展要求和农民需求，全面推行以农技人员包村联户为主要模式的工作责任制度，逐步形成农技人员抓示范户、示范户带动辐射户的农业技术推广工作新机制；为加快知识更新速度，采取异地调研、集中办班和现场培训等方式对乡级农技人员积极开展各种业务知识培训，同时分期分批派农技人员到高、中等农业院校、科研室所进行专业研修，造就一批综合能力强的农技推广骨干人才。通过一系列措施，逐步形成“专家—农技人员—科技示范户”的科技成果转换快速通道，实现专家成果与农民科技需求的有效对接。

（杨娅丽）

【种粮大户补贴兑现及奖补】 年内，对2009年全县210亩以上种粮大户的粮食作物播种面积进行核实，并按每亩20元的补贴金额发放到种粮大户手中，累计拨付资金108 726元，涉及7乡12村16户，总面积达5436.3亩，完成2009年种粮大户扶持资金的兑现；全省首次安排3000万元资金对全省种粮大户进行奖补，对凡是2008年、2009年连续两年个人承包或租种耕地种植粮食作物在300亩以上且取得未来3年承包权的种粮大户，均可以先建后补方式按照种植面积享受3万元～15万元的奖补，2010年沁水县有3户可享受13万元奖补的种粮大户。

（杨娅丽）

【粮食播种面积核实】 年内，对2010年粮食播种面积进行核实，共核实全县小麦补贴面积125 059.32亩，玉米补贴面积264 605.76亩，谷子补贴面积24 412.34亩，薯类补贴面积2673.61亩，杂粮补贴面积64 513.56亩。

（杨娅丽）

【良种补贴兑现】 在2009年良种补贴发放的基础上，按照玉米、小麦每亩补贴10元，棉花每亩补贴15元的标准，通过“一卡通”的形式，将补贴资金发放到在农业生产中使用农作物良种的农民手中，累计拨付资金3 843 788.2元，实现小麦、玉米、棉花三种主要农作物全县良种补贴全覆盖，涉及面积383 858.2亩。

（杨娅丽）

【物化补贴发放】 2010年，对于全县遭遇历史同期少见的持续低温、降雪霜冻等自然灾害，及时按每亩8元的标准下发由市、县两级财政负担的叶面喷肥“活力久久”2800余箱，使全县12.37万亩受灾农作物生长状况进行有效改善，并按照晋农财发【2010】81号文件精神，下发小麦弱苗施肥补贴农业生产救灾资金43.66万元。

（杨娅丽）

【测土配方施肥工作】 2010年，测土配方施肥工作在两个万亩示范区、5个千亩示范片和10个百亩示范方的基础上，以点代面，辐射推广。全年完成玉米测土配方施肥面积15万亩，配方肥施用面积6万亩，施用配方肥2400吨，亩节省不合理化肥(折纯）3.5公斤，总节肥525吨，亩平均增产39.6公斤，总增加产量5490吨，亩均增收节本74.8元，总增收节本1122万元。

（杨娅丽）

【玉米高产创建】 年内，在柿庄镇安排万亩玉米高产示范片，面积10 100亩，涉及5个村，980户。经测产，示范区平均亩产611.6公斤，比上年同一地块亩增产238公斤。示范片玉米总产达到617.7万公斤，创效益1111.9万元，比上年增432.7万元。同时带动周边1.5万农户增收204万元，平均每户增收136元。

（杨娅丽）

【油料区域建设】 将龙港、樊村河、张村、郑庄、端氏等7乡镇划为重点油料乡镇，共种植油料0.9万亩，总产101.7万公斤，平均单产113公斤。重点建设两个百亩标准化技术示范点和1个500亩优质油料生产示范片。

（杨娅丽）

【无公害水果标准示范园建设】 按照无公害水果标准化生产示范园建设标准，建成标准化示范园3处，其中南大苹果园区200亩及南郎苹果园区300亩，峪里梨园100亩，共600亩无公害水果示范园。示范园生产无公害水果91.8万公斤，总收入431.1万余元，比普通果价每公斤高出1.5元～2元。在其辐射带动下，南郎村960亩果园，2010年总产水果140万公斤，总收入达420万元。仅果品一项人均收入1万元，占农业总收入的95%。

（杨娅丽）

【农资打假专项治理行动】 针对种子：重点查处假劣种子，经营应当审定而未经审定的种子，包装标签品种介绍与审定公告表述不符等违法行为；针对农药：重点查处假劣农药，无标签，擅自修改标签，扩大适用范围，标签不符合规定，以肥冒药及五种高毒农药行为；针对化肥：重点查处包装标识不规范，有效成分不足等行为；对全县所有农资经营单位进行全面检查，针对2010年种子市场较乱的情况，严格检查种子标签，处理1起种子包装不规范案件，下达责令整改通知书6份。同时建立经营户农资经营档案，完善进销台账、索证索票两项制度，对全县34家农资经营单位建立诚信档案，通过一系列的措施，杜绝假冒伪劣农药在全县市场销售。

（杨娅丽）

【农业信息工作】 根据农作物长势，结合农时，农民需求，及时通过编写信息将情况反映出来,分别利用《农业科技与信息》、《沁水县政府信息网》以及《太行农网》发布，共编报农业工作动态信息65条，同时，通过邮件及时发送到市农业局综合科、市场信息科及沁水报社。

（杨娅丽）

【农作物病虫草鼠防治】 全县发生面积28.7万亩次，防治面积26.5万亩次，占发生面积的93%。其中小麦病虫发生面积10.5万亩，防治面积9.4万亩；玉米春播土壤处理3.8万亩。

（杨娅丽）

【有害生物监测和防控】 针对郑庄南郎苹果棉蚜的发生，积极采取有效措施，统防统治，最大限度遏制苹果棉蚜的扩散；针对农区鼠害活动范围大，单家独户灭鼠难的特点，采取“建立示范、辐射带动”的办法，在樊村河乡建立鼠害统防统治示范片5600亩，农户数300亩，辐射带动全县统一灭鼠工作的开展，灭鼠效果平均达85%，挽回粮食损失70.05万公斤。

（杨娅丽）

【农业实用技术培训】 全年开展技术培训2000余次，培训核心农户1000户，带动1万余户。组织100名指导老师进行有机旱作农业培训（包括传统旱作栽培技术和现代旱作栽培技术），完成旱作农业3万亩，机械化保护性耕作技术1万亩，培训农户1000户，带动3000户，有效的指导农民走适合全县农业客观规律的旱作之路；对玉米、小麦、瓜、菜等地膜、秸秆覆盖技术进行培训，覆盖面积达5.67万亩，其中地膜覆盖玉米3万亩，小麦0.07万亩，棉花0.4万亩，马铃薯0.6万亩，花生0.2万亩，瓜菜1.1万亩，秸秆覆盖0.3万亩；组织省、市、县专家对全县10 100亩高产创建项目农户进行重点培训，包括配方施肥、良种选用、精量播种、化学除草等实用技术培训，实施的万亩高产田平均亩产611.6公斤，比未实施地块平均亩增产238公斤，百亩高产田平均亩产680公斤，十亩攻关田平均亩产736公斤；重点对中村、龙港、端氏3个镇的805户退耕还林户和广大农民进行粮、棉、油、菜间套种等10多种技术培训，共完成模式化栽培3万亩；对沼气服务体系技工集中培训3次，实地指导沼气用户500余次，发放安全宣传资料53

套，安全使用须知5000余份，沼气用户安全手册3000余册，全年通过各种形式共培训546期次，印发资料1.5万余份，培训学员达3.2万人次。

（杨娅丽）

【农业实用技术推广】 全年推广地膜覆盖、精量半精量播种、模式化栽培、立体种植等技术，其中地膜覆盖技术全县推广8万亩次，主要运用于玉米、小麦、蔬菜、棉花等作物，通过覆盖，粮食亩产增产150公斤左右，蔬菜200公斤以上；精量半精量播种技术全县推广30万亩，主要运用于小麦、玉米等作物，此技术的运用使亩均节约种子4公斤，亩增产30公斤；模式化栽培技术全县推广4.5万亩，主要运用在玉米，经推广亩均产530公斤，比未推广地块亩增110公斤，增26.1%，特别是樊村河乡卫村的300亩玉米通过采用该技术，亩均产达637公斤，比未实施地块增161公斤，增33.8%；立体种植技术推广两万亩，主要实施于水浇地或沟坝地上，以种植粮食为主，搭配蔬菜、瓜类、油料等其他作物，通过实施，亩增产150公斤以上，亩增收入200余元。

（杨娅丽）

【新农村建设】 年内，完成《沁水县县域社会主义新农村建设总体规划》的编制工作，经专家评审，《沁水县社会主义新农村建设总体规划》定稿。新农村建设推进村“四化四改”、“五个一工程”任务基本完成，20个省级重点推进村的街巷硬化、亮化、绿化、净化工作全部达标。除部分村无标准化小学外，科技文化活动室、卫生所、便民连锁店、休闲建设广场全部配置齐全。并以20个省级重点推进村和25个县级试点村为抓手，开展农村基础设施建设和环境整治工作。全年清理垃圾4万方，粉刷主要通道墙面10万平方米，新建护坡、护墙、花墙、护坝和治理污水沟80余处，完成村庄绿化25个，植树300余万株，完成街巷硬化20万平方米，75个村完成亮化任务，新建农村饮水安全工程40处，解决48个自然庄8000多人的吃水问题。新建和改建卫生厕所220个，新建公厕15个，新建垃圾堆放点70个。

（杨娅丽）

【完善农村沼气服务网点配套设施】 全年，组织采购秸秆揉丝机12台、灶具530套、脱硫器530台、三轮车53辆、抽渣车53辆、各种配套工具53套配备到各服务网点，使全县沼气秸秆气用户享受到更加优质和便捷的服务。

（杨娅丽）

【农业野生植物调查工作】 全年完成全县4个乡镇10个行政村的农业野生植物调查工作，初步摸清在沁水县境内分布有野生沙棘、野生大豆、野生党参、野生冬虫夏草等国家保护植物。

（杨娅丽）

【农区环境安全普查】 全年对14个乡镇175个行政村基本农田及农产品产地一般农区环境进行安全普查。初步摸清沁水县境内农产品产地以及农产品污染暂无污染情况，为进一步开展产地划分提供依据，为农产品产地安全管理奠定基础。

（杨娅丽）

名称：沁水县农业委员会
地址：县城新建东街1250号
电话：0356-7023035
邮编：048200

林　业

【造林绿化】 以身边增绿为重点，按照“大栽树、栽大树、多树种、高档次、宽林带、大骨架”的要求，高标准完成沁端、端润一级公路绿化升级及50米~100米宽林带建设、阳翼高速路及互通连接线绿化117公里，杨树宽林带建设0.4万亩，栽植杨树、油松等各类花草灌木230余万株；以玉皇山、石娄山、龙岗山、碧峰山为重点，完成环县城绿化0.35万亩，栽植各类树木40余万株。以建设沁水至嘉峰绿色文化长廊为主线，多渠道融资6000余万元，建成一大批像嘉峰村、尉迟村等有品位、有规模、有特色的村级生态文化广场，建成占地160余亩的端氏氏敏公园，3公里的中村至张马景观公路。全县园林村绿化面积达到20余万平方米，栽植各类树株550余万株，28个村达到园林村建设标准。在土沃、张村等乡镇，大力发展以核桃为主的经济林，建设面积0.92万亩。积极鼓励群众大力培育林木培育，建成百亩以上的种苗基地6处，带动辐射周边群众，为生态县建设奠定了坚实的苗木基础。在郑庄、端氏、固县、柿庄、十里等乡镇，完成退耕荒山造林0.3万亩，退耕后续产业造林0.11万亩；天然林保护工程封山育林0.5万亩。全年完成造林2.38万亩，占市下达造林任务1.66万亩的143%，绿化道路242公里，新育苗木0.26万亩，新发展经济林0.92万亩。

（原国胜）

【集体林权制度改革】 2010年，继续加大集体林权制度改革工作力度，继续采取林业局领导包片、股（室、队、站）包乡镇的办法，标准不降、力度不减，全面深化、完成集体林权制度改革试点工作任务。全县除15个村没有林地，9个社区林地不纳入林改范围，全县涉及林改行政村227个，涉及林地146.23万亩。截至年底，完成林改确权村225个，完成确权面积137.42万亩，产权明晰率为94.1%。在确权的林地中，林改前确权的林地面积28.38万亩，此次林改确权面积109.04万亩，其中家庭承包40.99万亩，联户承包54.60万亩，家庭承包率为87.7%；股份制经营1.35万亩，占1.2%；集体保留12.10万亩，占11.1%。除2个村因纠纷导致暂停外，其余225个村林改主体工作全部结束。10月11日，全市林改通报会中沁水县两项指标位列全市第一。

（原国胜）

【木材采伐管理】 严格执行采伐限额管理，做到阳光操作，规范木材采伐指标发放程序，坚决遏制异地采伐、超强度采伐、超限采伐现象，2010年采伐林木蓄积量508.3立方米，无违规现象发生。

（原国胜）

【林地管理】 组织执法人员认真开展征占用林地的清理整顿，进一步加大林地管理和执法力度，规范林地征占用审批程序。全年申报征占用林地3宗，使用林地面积3585亩，办理临时征占用林地两宗，使用林地面积22.5亩。

（原国胜）

【森林防火工作】 坚持“以人为本、安全第一、预防为主、积极消灭”的方针，认真落实行政首长负责制，层层签订森林防火责任状，把森林防火工作落实到山头、人头，确保不发生大的森林火灾，不发生大的人员伤亡事故。以宣传《森林防火条例》为契机，不断提高全民森林防火意识。组织开展大型森林防火集中宣传5次，印刷《封山禁火令》5000份、宣传年历两万份发到各乡镇、林场，宣传信封5000个；防火办利用短信平台，群发森林防火短信近10万条；县防火办与教育局在全县中小学校中广泛开展“小手牵大手，筑牢防火墙”活动，印发《致学生家长的一封信》两万份，书写防火宣传标语1000余条，悬挂横幅300条，彩旗2000面，刷新永久性宣传牌240块，出动森林防火宣传巡逻车120余台次，召开各类联席、联防会议50

余次。严格执行野外生产用火申报、审批制度，切实落实好呆、痴、聋、哑和精神病人的专项责任制，明确监护人，并签订监护责任书。特别是对重点地段、重点林区加强巡山、值班制度，对进入林区人员严格实行登记制度。严格实行生产性用火审批和风险抵押金制度，生产性用火得到规范。切实抓好森林防火专业队和半专业队建设，加强专业队伍扑火技能训练，提高森林防火扑救能力。全年分4次在城东、城西分别对扑火专业队伍、护林员进行业务培训和扑火演练，参加人员600余人次；多方沟通，解决编制，配备人员，新组建森林公安派出所。对各乡镇护林员、管护员进行整顿，重新核定管护面积，增加工资，落实待遇。在经费十分紧张的情况下，想方设法争取上级支持，争取防火指挥车两辆，防火运兵车1辆，并多方筹资90余万元，建成面积100余平方米的森林防火视频监控、指挥中心。购买森林防火宣传喇叭50余套，防火服200余套，新配备灭火机具50台，远程车载中转电台两部。各乡镇、林场也都落实并增加森林防火经费，增加森林防火物资储备。县委、县政府主要领导高度重视森林防火工作，多次下乡入场检查森林防火值班、野外用火、护林员到岗等情况；防火指挥部办公室和县委、县政府督察室组成督察组，采取明察暗访的形式，对各乡镇、林场的防火值班、专业队伍建设、防火物资储备、野外火源管理等各项措施的到位情况进行督促检查、评比排位，确保各项防火措施的到位。进一步加大对火灾肇事者的打击力度，全年查处野外违章用火32起，行政处罚29人，罚款5000余元，行政拘留14人。年内，未发生大的森林火灾和毁林案件。

（原国胜）

【林业有害生物防治工作】 一年来，加强预测预报，强化造林苗木产地检疫工作，重点抓好杨树溃疡病、杨毒蛾、油松毛虫、白蚁和红脂大小蠹的除治工作，完成杨树溃疡病防治0.22万亩、杨毒蛾防治0.06万亩、油松毛虫防治1.46万亩、白蚁防治0.3万亩、红脂大小蠹发展0.3万亩，分别完成木材、苗木、种子的调运、产地检疫及复检300立方米、600余万株、100余吨，有效地遏制疫情的扩散蔓延。

（原国胜）

【生态公益林管理】 对6.67万亩列入中央、省、市补偿生态公益林建设的乡镇、林场进行全面清理，使列入补偿的公益林均落实到山头地块，及时下发中央、省、市级生态公益林补偿资金20余万元，维护林农利益。

（原国胜）

【林政资源管理】 整合林政资源管理股、木材检查站、森林公安派出所、乡镇林业工作站、林政稽查队单位执法力量，强化源头管理，在抓好木材检查站固定检查的同时，充分发挥林政稽查队流动检查的作用，重点在张村、土沃、端氏、东山、必底、固县、十里等主要交通路口，加大林区公路巡查力度，严厉打击采挖大树、盗伐滥伐、无证加工（经营、运输）、非法收购等各种破坏森林资源违法犯罪行为。全年查处各类林政案件8起，挽回经济损失3.8万元。

（原国胜）

【林业宣传】 投入上万元配备摄影、摄像、投影机。强化宣传队伍。建立健全宣传激励机制，将宣传工作列入年终考核内容。重点向国家林业局网站、山西林业厅网站、《山西林业》、《晋城绿色快报》、沁水县政府网、《今日沁水》等新闻媒体、网站报送林业新闻、信息、简报、图片等70余条，采用45条，采用率实现历史性突破，在省、市林业系统及全县各机关单位中排位明显上升。

（原国胜）

名称：沁水县林业局
地址：县城花园路548号
电话：0356-7022601
邮编：048200

水　　务

【指标完成情况】 2010年，全县新增节水面积1000亩，占年计划1000亩的100%；改善水地面积3500亩，占年计划2000亩的175%；完成水土流失初治面积2.1万亩，占年计划2万亩的105%；解决2.59万口人的饮水安全问题，占年计划2.45万口人的106%；成鱼捕捞260吨，占年计划200吨的130%；完成年供电量1500万千瓦时，占年计划1300万千瓦时的115%；征收水资源费4500万元，占年计划3500万元的129%；征收水保治理补偿费200万元，占年计划200万元的100%；征收河道工程维护管理费20万元，占年计划20万元的100%。

（田兴盛）

【湾则水库工程】 湾则水库工程是晋城市实施兴水战略“四供八库”工程“八库”之一，也是沁水县重点工程之一，位于郑庄镇湾则村，是县河上唯一的一座控制性工程，控制流域面积410平方千米，总库容1432万立方米，设计水头22米，引水流量6.1立方米/秒，装机容量1000千瓦，需完成各种工程量27.93万方，2009年技施设计总投资9669.08万元。在县政府和上级主管部门的大力支持下，累计争取资金8249.1万元，其中：中央投资414万元，省投资1775万元，县投资6060.1万元。2010年，积极争取县政府到位资金3016万元，截至年底，完成各种工程量27.6万立方米，其中砂卵石开挖15.5万立方米，混凝土浇筑4万立方米，浆砌块石8.1万立方米，完成总工程量的98.8%，累计完成投资9212.3万元，主体工程基本完成。

（田兴盛）

【蒲峪水库除险加固工程】 此工程列入全国第四批除险加固工程项目，大坝安全鉴定为三类坝，初设通过省厅审查批复，成立蒲峪水库除险加固工程建设领导组，年底进入工程招投标阶段。

（田兴盛）

【农村饮水安全工程】 该工程被县政府确定为为民办实事项目和农村发展项目，年初，根据农村饮水安全工程规划，承诺新建农村饮水安全工程47处，解决55个自然庄，1万口人的饮水安全问题，总投资538万元。按照省委、省政府承诺“农村饮水安全全覆盖”，对1995年以来国家没有安排过投资且存在饮水安全问题的村庄在2010年全部安排解决的新要求，水务局积极组织技术人员入村实地普查，争取国家补助资金，落实农村饮水安全工程139处，涉及140个自然庄、24 492口人，1817头大牲畜饮水安全问题，总投资1219万元。截至9月底，全县农村饮水安全全覆盖工程提前超额完成并投入运行，共建设农村饮水安全工程164处，涉及141个自然庄、24所学校、24 492口人、1014名师生，1817头大牲畜饮水安全问题，完成各种土石方量26.8万方，投工9.4万工日，完成投资1329万元。

（田兴盛）

【县城滨河南路输水工程】 完成县重点工程县城滨河南路输水工程建设，铺设管道DN300球墨铸铁管6300米，累计投资360万元。该工程可解决沁水县廉租房、王庄小区、东汉小区、杨河小区、南坡小区以及国华沁城煤矿、里必煤矿等工矿区和生活区生活饮用水和生产建设用水。

（田兴盛）

【县城工农业生产建设用水和居民生活用水供应】 利用5处机井泵房和杏河1#、2#深井优势分时段、分地段向用户加压供水，力保县城用户供水水压的稳定和供水高峰期的用水需求，全年供水总量达95万立方米，平均日供水量2600立方米，最高日供水量达3000立方米，水源水和管网水水质综合合格率达99%以上，各项水质指标均符合国家饮用水卫生标准，确保了县城工农业生产建设用水和居民生活用水的供应。

（田兴盛）

【小区供水工程建设】 针对新增用水户800余户，完成龙港镇安置楼、沁园小区、新城社区、房产公司新建住宅小区、东关街、糖酒公司新建住宅小区等10余个小区供水工程建设，铺设DN100–DN300以上供水管道8000米，铺设供水支管线2300米，完成供水生产总产值160余万元。

（田兴盛）

【供水设备配套安装】 完成杏河1#、2#深井、梅河3#、4#深井供水设备的配套安装工作，使4眼深井作为县城供水的备用水源可及时向县城调度供水。

（田兴盛）

【抢修维护】 2010年，县城施工地段较多，使县城供水主管道被损坏、断裂事故时有发生，水务局及时组织人员抢修维护供水主管网20余处，为用户支管网修漏230余处，复接安装各类水表220块，检修管道阀门200余人次，回复市长信箱函两件，处理及时率100%，抢修及时率100%。同时，对取水计量设施进行维修，对原来安装的远程监控计量装置进行全部更新。

（田兴盛）

【治理龙港镇青龙沟淤地坝工程】 该工程量5989立方米，投资82.26万元，库容6.74万立方米，可拦泥3.27万立方米，可淤地0.9公顷。年底，工程全面完成。

（田兴盛）

【治理龙港镇尧都淤地坝工程】 该工程量53822立方米，总投资1 23.45万元，总库容13.4万立方米，可拦泥7.3万立方米，可淤地1.73公顷。年底，工程基本结束。

（田兴盛）

【巩固退耕还林成果水利项目】 2010年巩固退耕还林成果水利项目在固县乡和土沃乡实施，完成河滩地土层加厚200亩，旱坪地灌溉2500亩，修建U型渠14 284米，治理面积180.01公顷，完成投资216万元，其中中央投资108万元。

（田兴盛）

【农业节水工程】 主要工程包括固县乡高村村小型农田水利工程和青龙、中韩王、上杨庄、孔峪、双塘5处节水灌溉工程，动用各种土石方工程量4.2万方，投工1.58万个，完成投资185.3万元。年底，工程全面完成。新增节水面积1000亩，改善水浇地面积3500亩。

（田兴盛）

【防汛工作】 召开全县防汛工作会议，与14个乡（镇）、28个成员单位签订防汛目标责任状，下发一系列防汛文件，储备防汛应急物资铅丝20吨，铁锹400把，铁镐200把，编织袋6万条，救生衣30套；以6月13日“安全生产咨询日”活动为契机，加大宣传力度，印刷各种防洪宣传单2万张，防洪宣传手册2000册，宣传画1000张，深入到14个乡（镇）、社区进行宣传，并在县电视台24小时滚动播放防洪警示语；7月2日，在山泽水库开展防撤抢演练，由县防汛抗旱指挥部组织，县水务局、县应急办、县武装部、端氏镇政府等单位300余人参演，通过演练，达到以点带面的效果，确保遇到突发性洪水时，防能防得住，撤能撤得好，抢能抢得出。

（田兴盛）

【抗旱工作】 1月—10月份全县降雨量519毫米，比2009年偏多150毫米，降雨时空分布比较均匀，十大河流水量基本达到正常的年份，地下水位普遍上升2米～3米，全县没有发生大面积的严重旱情。针对局部地区出现不同程度的轻旱，受旱面积5万亩，启动各类水利设施100余处，灌溉面积2.5万亩。

（田兴盛）

【河道管理】 对柿庄河、胡底河、郑村河、杏河、县河部分地段设障单位下达防汛令，责令清除河道障碍物，完成疏浚河道10公里，清障30余万方，修建堤防两千米，多方投资400余万元。对全县27家非法采砂户进行全面检查整顿，确保河势稳定，行洪畅通。

（田兴盛）

【柳庄河道治理工程】 该工程被县政府确定为为民办实事项目，建设内容为对杏河五柳庄段河道场地清理、河道清障、修建防洪堤、修建连接桥及过水路面。河道治理长度为1050米，河道宽度为16米，修建堤防2100米，工程量10万方，总投资883万元，设计防洪标准为五十年一遇标准。年底，完成河道开挖任务，连接桥工程开工建设。

（田兴盛）

【杏河防汛工程】 该工程被县政府确定为为民办实事项目，建设内容为河道清障、扩宽河道、加固防洪堤、修建过水路面。河道治理长度2962米，河道宽度为45米。工程量19万方，总投资1430万元，设计防洪标准为五十年一遇标准。年底，完成主体工程。

（田兴盛）

【曲堤水电站改建工程】 曲堤水电站被列为沁水县“十一五”电气化骨干电源工程，2008年4月开工建设。主要建设内容是更新改造4台500千瓦水轮发电机组及电气设备；改造渠道1500米；电站自动化改造。工程总投资866万元。2010年，主要完成3×500千瓦水轮发电机组及附属设备、综合自动化保护装置招投标和设备订货，完成渠道改造300米，共计完成投资100万元。

（田兴盛）

【佛圪嘴水电站小水电代燃料项目】 2009年4月，省水利厅以晋水电〔2009〕245号文正式批复佛圪嘴水电站为全国小水电代燃料工程，项目批复总投资878万元，其中电站更新改造投资783万元，项目区投资95万元，施工总工期为两年。主要建设内容是改造两台800千瓦机组及其配套设备、引水渠道维修改造及项目区建设等。2010年主要完成垫方渠道防渗加固450米，引水渡槽内部防渗加固1000平方米，渡槽排架基础加固处理31节，引水隧洞钢筋混凝土加固12米及洞内清渣100米，1#、2#水轮发电机组及电气设备拆除，高压设备及水轮发电机组订货、验货、安装，完成投资226万元。

（田兴盛）

【水产品质量安全工作】 水务局作为县水产品质量安全监管部门，积极配合省、市有关部门全面开展各项工作，圆满完成水产品质量安全检测工作，在2010年的水产品药残快速检测中，沁水县的检测范围包括全县所有养殖户，检测合格率达到100%。

（田兴盛）

【水产养殖示范场创建工作】 沁水县太行渔业有限公司里必渔场和隆泰养殖有限公司两个单位同时被列为山西省省级水产健康养殖示范场创建单位，县水务局积极按照《山西省2010年水产健康养殖推进行动实施方案》的具体要求，开展各项创建工作，年底，创建工作全面完成，各项考核内容达到要求。

（田兴盛）

【沁水县隆泰养殖有限公司建设】 沁水县隆泰养殖有限公司是沁水县2010年新建的一家以养殖鲟鱼为主的大型水产养殖场，总占地面积10亩，养殖水面7.5亩，总投资260万元，年初水务局帮助其完成可研性报告，初步设计等项工作，并为其联系鲟鱼苗种，共投放鲟鱼7万尾，虹鳟鱼苗1万尾。年底，养殖场进入正常生产阶段。

（田兴盛）

【太行渔业有限公司虹鳟鱼产品深加工工作】 完成太行渔业有限公司虹鳟鱼产品深加工期的前期工作，共投资150万元，完成加工房800平方米，加工设备进入安装调试阶段。

（田兴盛）

【水资源征费稽查队成立】 根据省编委晋编字〔2006〕37号《关于规范市县水资源管理机构职能和人员编制的通知》、市编办晋市编办字〔2008〕234号《关于成立市县水资源管理费稽查机构的通知》及晋市编办字〔2009〕46号文件，经研究，2009年4月30日成立水资源征费稽查队，与水资源管理委员会办公室实行“一套人马两块牌子”，副科级建制，其预算性质由自收自支改为全额预算，实行收支两条线，同时核定事业编制16名，其中副科级职数1名。办事机构设在县水务局，具体负责处理有关水资源管理的日常事宜。

（田兴盛）

【水资源费征收】 对所有生产煤矿产煤排水量按产煤量进行足额征收，年底，征收水资源费4500万元。并对2009年征收不足部分进行追缴，共追缴回1500万元。

（田兴盛）

【地下水位统测工作】 对赵庄岳城深井、嘉峰武安观测孔、嘉峰鹿底观测孔、端氏双宫水井、郑庄中乡观测井、郑庄东大观测井、郑庄孔必观测井、自来水公司水井、土沃深井进行两次统测。并对嘉峰鹿底观测孔进行维修。对所有观测孔在每月1号、11号、21号进行实测。确实掌握地下水位变化情况。

（田兴盛）

【河道枯水和丰水流量监测工作】 为及时掌握各河流枯水、丰水流量及水质动态，对全县十大河流12个断面进行两次流量监测和水质监测。

（田兴盛）

【开展节水型社会建设】 年内，大力开展节水型社会建设，寺河煤矿取得“全国节水先进单位”称号，自来水公司和张峰水库取得“晋城市节水亲水单位”称号。

（田兴盛）

【水法律法规宣传】 在“世界水日”和“中国水周”组织宣传车进行为期一周的水法律法规宣传，印发《中华人民共和国水法》、《取水认可和水资源费征收条例》等水法规单行本1万本，印发宣传资料3万张。

（田兴盛）

名称：沁水县水务局
地址：县城梅杏北路108号
电话：0356-7022147
邮编：048200

畜　牧

【生产指标完成情况】 2010年，全县肉类总产量完成7070吨、蛋产量3510吨、奶产量410吨，较上年年末分别增长8.27%、14.52%、30.16%；生猪存栏47 974头、出栏62 047头，较上年年末分别增长11.9%、10.38%；牛存栏5035头、出栏2371头，较上年年末分别增长11.15%、4.68%；羊群存栏209 337只、出栏128 941只，饲养量达到33.8万只，较上年年末增长3.6%；鸡存栏463 768只、出栏239 190只，较上年年末分别增长5.08%、5.87%；兔存栏25 580只、出栏48 748只，较上年年末分别增长149.8%、127.69%；蜂存栏17 056箱，蜂蜜产量430吨，与上年持平。

（赵青云）

【园区配套建设】 完善全县100个养羊园区的设施配套。确保每个养羊园区有30亩人工草地，有饲草机械加工设备和青贮池，有防疫室，有改良点，有科学的生产经营方式，使园区养殖效益有质的突破；完成2009年度省级养羊标准化规模健康养殖小区建设项目，改扩建标准化圈舍8000平方米，兽医室、改良室等附属建筑410平方米，完成投资310万元；申报山西省2010年规模健康养殖项目和山西省2010年巩固退耕还林成果草食畜棚圈建设项目，同时选出16个养羊园区、两个养牛园区和一个养蜂协会，按要求向省畜牧兽医局进行申报；为提高养羊园区科学管理水平，共组织培训60课时，培训养羊户3000人（次），印发养羊技术资料3000余份。

（赵青云）

【动物疫病防控】 全年完成牲畜口蹄疫免疫193 247头，高致病性禽流感免疫372 979羽，高致病性猪蓝耳病免疫37 550头，猪瘟免疫37 550头，鸡新城疫免疫372 979羽，免疫率均达到100%。消毒圈舍27 121个，消毒面积达134.3万平方米。检测高致病性禽流感1512份、鸡新城疫1512份、牛口蹄疫144份、羊口蹄疫288份、猪瘟352份，合格率分别为94.4%、97.9%、93.8%、95.1%、96%，全部超过规定标准。同时，对150头奶牛进行布病平板凝集试验和结核皮下变态反应，结果全部为阴性。以村为单位建立电子和纸质档案，对全县的养殖小区全部实行养殖档案管理，对部分散养户发放新的户口簿，实现免疫动物、免疫耳标、免疫证、户口簿、IC卡、档案管理六统一。实行疫情排查、巡查制度。全面落实动物防疫、动物免疫和动物疫情排查巡查工作，对全县的动物防疫免疫工作进行督察。县局领导累计督察28人次，中心站及兽医人员督察及交叉检查2008人次，村级防疫员免疫及疫情排查4016人次。

（赵青云）

【动物检疫工作】 全年完成畜禽产地检疫103 626头（只），屠宰检疫8853头（只），运输检疫81 056头（只），检出病畜禽23头（只），立案查处违法案件两起，产地检疫回收率、屠宰检疫出证率、市场产品检疫持证率均达到100%。开展了内容丰富的“八个一”宣传活动，共出动宣传车9辆，人员85人，深入规模养殖场、肉类经营摊点等，共发放宣传资料2800余份，刷写固定标语8条，悬挂宣传条幅8条。完善各项规章制度，实现规范检疫、规范制度、规范档案、规范书证、规范考核5个规范化管理。对全县定点屠宰场、肉食经销店铺等经营场所进行了检查，检查肉类经营摊点450个（次），检查畜禽产品1026.1吨。办理动物防疫条件合格证90份。开展调运监管专项检查。加强生猪调运经纪人监管、严格落实责任制、严厉打击违法违规行为，狠抓流通环节监管，做到早动手、早部署、早落实，从源头阻止沁水县重大动物疫病的发生。

（赵青云）

【畜禽改良工作】 在全县增设10个人工输精站，并配备全套器材。完成肉羊改良62 820只（其中人工授精5750只，受胎5232只，受胎率达到91%），调换种公羊653只。继续推广西门达尔、夏洛莱、皮埃蒙特等优良品种，共完成黄牛改良2459头。完成瘦肉型肉猪人工授精12 476头（次），全县所有的规模养猪场都实现品种优良化。同时规范养殖场档案管理。

（赵青云）

【饲料安全和草地建设工程】 在全县范围内开展以“抓规范、促执法、打禁药”为主题的饲料质量安全整治行动，共进行饲料质量安全监测15批次，合格率达到100%。完成16个饲料经营企业的资质审查工作。对全县范围内的27个品牌饲料实施品牌饲料销售准入制。同时，加大草地建设力度，完成草原防火物资站建设项目的建设工程，建设面积403平方米（其中物资库房322平方米，值班室25平方米，车库56平方米），购置仪器设备31台（套），完成投资137.2万元。在全县养殖园区和养殖大户中推广人工种草、改良草地和青贮秸秆，种植紫花苜蓿和高粱草3万亩，改良草地55万亩，青贮秸秆30 536立方米。

（赵青云）

【政策性扶持资金足额到位】 2009年“11·11”雪灾，全县死亡畜禽26 312头（只），经济损失达400万元。2010年5月，按照山西省晋农财发〔2010〕8号《关于2009年暴雪灾害死亡畜禽补助资金发放办法的通知》文件精神，全局迅速行动，在7个工作日内，以“一折通”的形式，将省、市、县下达的暴雪灾害死亡畜禽补助资金共计48.7197万元，全部发放到受灾户手中。同时，对2009年度县级验收合格的养殖园区发放县级“畜牧发展风险基金”306万元，并配合市级“畜牧发展风险基金”验收工作组对全县的“畜牧发展风险基金”项目户进行验收，兑现市级“畜牧发展风险基金”306万元。对全县2010年的“畜牧发展风险基金”申报户进行严格验收，有112户符合扶持条件，兑现2010年县级“畜牧发展风险基金”349.5万元。

（赵青云）

【畜牧宣传工作】 编发畜牧信息42期，被各类媒体采用24篇（次），其中被省级新闻媒体采用8篇，市级2篇，县级14篇。

（赵青云）

【基础建设】 完成县动物疫病防控中心大楼主体工程建设，新建6个基层畜牧兽医站，配套办公设施300台（套），全部投入使用。

（赵青云）

【基层队伍管理】 解决基层队伍的工资待遇问题，把基层人员工资待遇同县局人员一样全部纳入县财政预算管理，充分调动干部职工的工作积极性。制定实施《基层畜牧兽医中心站管理办法》和《基层畜牧兽医中心站考核办法》，规范日常管理，量化工作任务，实行千分制考核，严格奖惩兑现。基层队伍管理机制日趋完善。

（赵青云）

名称：沁水县畜牧兽医局
地址：县城新建东街829号
电话：0356-3257006
邮编：048200

农　机

【农机装备】 2010年，全县农机总动力达到31.57万千瓦，比2009年增长1.85万千瓦，增幅6.2%；拖拉机拥有量达到12 743台，比2009年增长278台，增幅2.2%；配套农机具达到1.55万台件，比2009年增长1580台，增幅11.3 %；联合收获机达到92台，其中玉米收获机达到60台，增长62%。农机经营总收入达到6900万元，较上年增长900万元。

（苗艳霞）

【农机化作业】 全年完成机耕面积35万亩，机播面积25.8万亩，机收面积16.78万亩，机械化肥深施13.5万亩，精少量播种6万亩，全县农机化综合作业水平达到58%。在春耕、春播、“三夏”、“三秋”等关键重要农时农业生产中，累计投入各类农业机械3000余台（次），提供技术服务300余人（次）。

（苗艳霞）

【农机购置补贴】 2010年，落实国家、省、市、县四级财政购机补贴资金429.95万元，分别为258.15万元、28.77万元、27.57万元、115.46万元，共补贴机具843台（套），其中大中型拖拉机43台，手扶拖拉机235台，玉米收获机22台等，拉动农民投资1100余万元。在农机购置补贴过程中严格规范补贴操作程序，坚持“公平、公开、公正”的原则，遵守“三个绝不能”（绝不能在思想和工作上有丝毫麻痹、绝不能在措施和操作上有丝毫疏漏、绝不能在政策落实中有丝毫走样）、“三个严禁”（严禁采取不合理之处保护本地区落后生产能力、严禁强行向购机农民推荐产品、严禁借国家扩大农机具购置补贴之际乱涨价）、“八个不得”（各级农机化主管部门不得指定经销商、不得违反规定程序确定补贴对象、不得将国家和省级支持推广目录外的产品纳入补贴目录、不得保护落后强行向农民推荐补贴产品、不得向农民和企业以任何形式收受任何额外费用、不得以任何理由拖延办理农民购机补贴手续和补贴资金结算手续、不得委托经销商代办代签补贴协议或机具核实手续、不得以购机补贴名义召开机具展示会、展销会、订货会）、“十不准”（不准向购机农民或生产企业、经销商收取违规费用、不准违反规定程序确定补贴对象、不准与生产企业、经销商串通谋取非法利益、不准委托他人替补贴协议签字人签字、不准虚报补贴资金使用进度，扰乱工作秩序、不准以任何理由拖延办理农民购机补贴手续、不准委托经销商代签代办补贴协议或机具核实手续、不准为未经现场核实的机具办理核实签字手续、不准弄虚作假套取国家补贴资金、不准以任何理由搭车收费）的补贴纪律，确保农机购置补贴政策的有效落实。

（苗艳霞）

【农机燃油补贴】 全年落实县级燃油补贴资金43.8万元，享受补贴的拖拉机和联合收割机共1054台。补贴对象是农机部门在册登记，2010年度检验合格。补贴标准：50马力（含50马力）以上的拖拉机及联合收割机每台800元；25马力（含25马力）至50马力拖拉机每台500元；20马力至25马力拖拉机每台300元；手扶车每台200元。补贴方式是采取“直通车”的方式，直接将补贴金额打到农机户的账户。

（苗艳霞）

【机械化保护性耕作项目】 全年，实施机械化保护性耕作面积7.5万亩，其中高标准面积1.5万亩，辐射面积6万亩。全年举办培训班4期，培训机械化保护性耕作专业技术人员和农机管理人员2500余人（次），印发教材和学习资料5000多份。建设集中连片的机械化保护性耕作示范区14个，辐射到全县14个乡镇100个行政村。为项目区农民增收800余万元。

（苗艳霞）

【农机深松整地项目】 按照集中连片，整体推进的原则建立龙港、郑庄、端氏、固县、柿庄、张村、土沃、苏庄8个示范区，完成深松整地面积1万亩，每亩按照补贴30元的标准补贴到农机户和农机合作社。经测算，实施机械深松整地的土地亩均增产100元～150元左右，为项目区农民增收100余万元。

（苗艳霞）

【农机新技术推广】 玉米机械化收获技术：全年新购置玉米联合收获机22台，其中玉米专用6台，补贴额度达到60%。9

月29日，在固县乡召开“玉米机收暨深松整地观摩培训”现场会，通过现场演示观摩，农民群众对玉米机械化收获有了进一步的认识，全年完成玉米机收面积3.8万亩，其中项目区883亩按每亩补贴20元的标准，补贴1.77万元，全县机收水平达到15%，比上年提高10个百分点。机械化秸秆还田技术：完成秸秆综合利用技术14.71万亩，争取县财政机具补贴资金9万元，为小麦联合收割机和小麦、玉米互换割台联合收割机免费配备50余台秸秆粉碎抛撒机（切碎器）。同时争取到省级农机科技推广工程项目资金5万元，在郑庄镇初步建设1万亩高标准农作物秸秆机械化综合利用技术示范区，辐射面积达两万亩，有效地改善了土壤结构，减少了森林火灾的发生。其他农机化新技术：全年完成牧草生产机械化技术6万亩，优质小杂粮机械化生产技术6.5万亩，设施农业示范推广技术400亩，中药材生产机械化技术300亩。

（苗艳霞）

【农机安全监理】 成立工作领导组，实行正职监管，副职分管，科室具体抓的工作机制，与各乡（镇）签订农机安全生产责任状14份，与农机户签订安全责任书3000余份，签订安全承诺书720余份，初步形成“上下联动，齐抓共管”的良性局面。深入乡村田间地头和电话预约检验，开展年检审验工作。严把上户关、办证关、检验关，并做好交强险工作，使机车的参保率达到100%。投入经费两万余元，购置农机监理装备，加强农机监理三项建设。完善农机事故处理制度，健全农机事故预防体系。与交警部门联合开展拖拉机违章载人专项整治活动，查处纠正拖拉机违章行为。优化县、乡（镇）、村、户四级农机安全管理网络。2010年，新建农机安全示范乡镇两个，农机安全示范村5个，办理拖拉机上户300台，联合收割机上户22台，检验各类农业机械967台，培训各类农机操作手400余人，未发生一起农机责任死亡事故。

（苗艳霞）

【农机社会化服务体系】 4月16日，在郑庄镇南大村举办全省农机社会化服务体系暨沁水县机耕道路现场会。全省11个地市分管局长、站长，部分县农机局长及“亮点”农机专业合作社社长等100余人参加会议；积极培育农机专业合作社，重点发展“二忠”、“民信”和“军雷”3个“亮点”合作社；培育农机大户9个，规范农机维修网点18个，示范典型5个。

（苗艳霞）

【农民职业技能培训】 2010年，举办培训班6期，培训各类农机操作手2000余人，有力地提高沁水县农机作业服务队伍的整体素质，促进农村劳动力的转移步伐，为农民增收，农村发展输送一批生力军。

（苗艳霞）

【信息宣传报道】 2010年，在各级电视台报道18次；在国家、省、市、县各级报纸、杂志和网站上发表48篇。完善和巩固农机系统的“阳光农廉网”建设工作，同时通过“阳光农廉网”，把农机部门的工作职责、办事项目、工作流程和强农惠农政策等发布给广大农民，并设专人管理、答复农民咨询、处理农民投诉。

（苗艳霞）

名称：沁水县农机局

地址：县城新建西街1730号（党校五楼）

电话：0356-7022631

邮编：048200

蚕　　桑

【指标完成情况】 2010年，春、夏、秋、晚秋四季养蚕24 529张，产茧130万公斤，比计划增10万公斤，增8.3%，比上年增19.9万公斤，增18.1%，蚕茧收入3909万元，比去年增收1592万元，增58.7%；植桑192万株，其中春季植桑136万株、冬季植桑56万株，新建桑园2400亩。育优种桑苗25万株；推广小蚕温湿自控棚120栋，新增活动大棚45栋，推广优良折蔟18万片；发放原种100张，生产普种两万张。

（盖云凌）

【桑树资源管理】 全年对全县桑树资源进行全面管理，针对2009年严重干旱造成桑树枝条稀少发芽率低和开春持续寒冷时间长的现象，组织技术人员分成四个技术小组，深入四大片区重点乡镇重点村，开展培训抓点活动，对不同类型不同树龄的桑园采取相应的技术手段，提高枝条的发芽率和树势养成，桑树产量得到普遍提高，为全年蚕茧产量的完成打下一个良好的基础。

（盖云凌）

【开展“四送”活动】“四送”即:送政策、送信息、送技术、送物资。送政策，将县委、县政府大力发展蚕桑的惠农政策宣传到家喻户晓；送信息，将茧丝绸市场行情及时送到蚕农之中；送技术，召开各种技术培训会300余场次，受训人员达8000余人次,发放技术资料1万余份,将科学管桑、规范化养蚕技术送到田间地头、送到蚕室；送物资，为蚕农提供价值30余万元的蚕药蚕具，深受广大蚕农欢迎。

（盖云凌）

【原种生产工作】 为稳定原蚕点的生产，采取对原种款适当减免，提高毛种收购价格，无偿提供消毒药剂等有效措施，使原种饲养张数达到预期的目的。为严把蚕种质量关，在每一个原蚕点上派专人进行蹲守，严格养蚕制种期间的各项技术标准，对蚕期、蛹期及时进行预防检查和淘汰工作，对制种期的母蛾镜检严格把关。对蚕种的催青发放工作更是细致规范操作，抽调技术人员，每天24小时轮岗值班，对胚胎发育，温湿度进行观察记载，保证蚕种的实用孵化率达98%以上。

（盖云凌）

【基地建设】 春蚕饲养期间，组织各乡镇技术人员和养蚕大户50余人，在张村乡胡家沟村召开小蚕温湿自控共育现场会，该技术得到大家的一致认同，现场会之后，在县蚕桑服务中心的扶持和帮助下，胡底乡松山腰村率先投资20万元，购置小蚕育棚10栋，新建固定大棚10栋；土沃乡南阳村养蚕大户李志勤，投资5万元购标准大棚5栋，修建简易蚕室100平方米，购简易大棚5栋，小蚕育棚3栋，土沃乡后马元村李光明投资4万多元，修建蚕室50平方米。

（盖云凌）

【蚕桑生产新技术推广】 为加快推广速度，每推广温湿自控小蚕共育棚一栋中心给予500元的补助，全年共推广小蚕共育棚120余栋。同时狠抓塑料折蔟的推广，在上年推广15万片的基础上，2010年又购回3万余片，全县优良蔟具的使用率达到60%以上，蚕茧质量得到明显提高。引进新蚕品种“野三元”试养获得成功，为大面积推广提供可靠的依据。

（盖云凌）

【技能培训】 全年，结合市、县科技周活动、新型农民培训，选拔出具有多年基层工作经验的农艺师，从桑树栽植技术及树型培养，小蚕共育、大棚养蚕及折蔟上蔟技术，桑树资源管理及桑树病虫害综合防治，规范化养蚕技术，消毒防病及蚕病综合防治等方面进行详细系统的传授。共组织大规模培训10余场，受训蚕农达500余人次。

（盖云凌）

名称：沁水县蚕桑服务中心
地址：县城新建西街1675号
电话：0356-7098105
邮编：048200

蔬菜生产

【指标完成情况】 2010年，全县蔬菜种植面积达2.8万亩，和上年比较基本持平；蔬菜总产量达4.8万吨，比上年略有增长；设施蔬菜新增面积152亩，总产量达760吨。

（郭建林）

【日光温室建设】 新建日光温室32亩，主要分布在龙港镇青龙村、河渚村，郑庄镇北湾村、土沃乡西阳讪村及大青蔬菜种植专业合作社等。

（郭建林）

【春秋大棚建设】 新建春秋大棚120亩，主要分布在郑庄镇孔必村、端氏镇中韩王村、恒丰食用菌合作社、建华食用菌合作社等，设施蔬菜面积达到152亩。

（郭建林）

【无公害蔬菜生产组装配套技术推广】 重点推广无公害蔬菜生产组装配套技术面积达5000亩，主要涉及龙港、郑庄、端氏、嘉峰、固县5乡（镇）20个村。引进蔬菜新品种5个，种植面积达3600亩。主要品种有津优系列黄瓜、新一代豆角、西红柿、辣椒、茄子，通过一系列实用技术的推广应用，不仅提高蔬菜的产量和品质，而且大大提高蔬菜的科技含量，增加菜农的收入。

（郭建林）

【蔬菜科技服务工作】 应菜农、乡村、合作社等的联系和要求，定时定点组织蔬菜专题技术培训，现场解难答疑。结合农时季节不定时下乡主动指导，搞好蔬菜的茬口安排、品种选择、病虫害防治。热情接待上门咨询的菜农，帮助解难答疑、分析生产形势，提供产销信息。发放技术资料、宣传推广当前蔬菜的新技术、新品种。全年共组织技术培训16场，发放宣传资料600余份，受益菜农240余人次。

（郭建林）

名称：沁水县人民政府蔬菜生产办公室
地址：县城花园路765号
电话：0356-7025343
邮编：048200

扶贫工作

【争取上级各类扶贫资金情况】 2010年，争取上级各类扶贫资金668.1万元，其中扶贫移民202万元，科技及劳动力培训25万元，安全饮水99万元，以项代奖40万元，龙头企业贴息13.5万元，农业专项扶贫60万元，教育扶贫及种草养畜18.6万元，市产业扶贫资金210万元。

（窦富强）

【扶贫移民工程】 县委、县政府把移民扶贫工程列为2010年为民办实事的重点工程之一，2010年完成投资1620万元，建成移民住宅162座，建筑面积29 200平方米，完成162户，500人的扶贫移民任务。2009年全县172户、600人的扶贫移民全部入住。

（窦富强）

【整村脱贫工程】 2009年启动实施的中村镇北岭、土沃乡上沃泉、端氏镇必底、十里乡沙庄四个村，按照一年规划起步、两年全面实施的步骤，坚持公告公示、阳光扶贫；群众参与、自主管理；任务分解、责任到人的方式，发挥资源优势、走因地制宜大力发展种养业脱贫之路。项目计划投资260万元，其中省扶贫资金85万元，项目规划打坝造地300亩，栽桑200亩，种植优质核桃620亩，养羊300只。经过两年的实施，完成投资285万元。四个项目村共打坝2200米，造地267亩，栽桑200亩，种药材100亩，栽优质核桃1042亩，新增养羊140只。新建支部室、卫生所4个，群众活动场地两个，健身器材两套，绿化、硬化街道4800平方米，通过实施整村脱贫工程，4个贫困村基本实现整村脱贫目标。

（窦富强）

【产业扶贫工程】 全县28个村共选择26个产业开发项目，两个人畜吃水工程，上半年全部完成规划编制和项目前期准备工作。下半年28个村全部启动实施并完成扶贫项目。产业扶贫项目种植核桃1650亩，经济林840亩，建大棚11栋，新增水地350亩，新增养羊1380只，养猪3400头，养牛60头，养蜂420箱。

（窦富强）

【劳动力转移及培训工程】 沁水县培训基地采取先与用工单位签订转移安置合同，需什么专业，培训什么岗位的方法，使培训安置具有针对性、目的性，把培训工作落到实处。上半年全县共完成培训17期，486人次，转移就业373人，占年计划培训486人的100%。科技培训坚持农民需要什么就培训什么的原则，举办绿色栽培技术、种殖养殖实用等技术培训，共举办各类培训18期，培训1836人次。

（窦富强）

名称：沁水县扶贫开发领导组办公室
地址：县城西街99号
电话：0356-7022753
邮编：048200

农业综合开发

【农业基础设施建设】 2010年6月前，投资532.27万元，综合运用水利、林业、农业、科技等措施，实行山、水、田、林、路综合治理，完成2009年端氏镇上韩王、下韩王、横头、下沟4村土地治理续建项目，并通过省市农发部门的检查验收。通过治理改造，项目区新增和改善节水灌溉面积5400亩，年新增粮食生产能力52.2万公斤，蔬菜生产能力45万公斤，农民人均增收327元，比上年增长11.7%。2010年土地治理项目总投资515万元，改造中低产田面积4400亩，涉及端氏镇杏林、东山和胡底乡李庄3个村，7月，按期组织实施，截至年底，完成项目工程量的65%，完成投资271.58万元，占总投资55.2%。

（孙　睿）

【产业化经营项目】 2010年，先后完成2009年国家、省、市产业化经营续建项目各1个，完成总投资782.39万元，其中，投资571.2万元完成固县乡兴盛农牧林发展有限公司年出栏两万头优质商品瘦肉猪养殖基地扩建国家项目，使该公司年总收入达到1576.8万元，年实现纯利润260万元；投资146.19万元完成樊村河乡鸿远林木种植专业合作社2000亩仁用杏种植基地扩建省级项目，苗木成活率达到85%以上；投资65万元完成十里乡十里八香农产品开发有限责任公司小杂粮生产基地建设市级项目，建设小杂粮基地近1000亩，开发十里八香农产品5大系列，带动502户农民人均增收796元。2010年鸿达蜂业专业合作社年养殖1.5万群蜜蜂扩建国家项目基本完成，总投资245.38万元，该社通过生产加工，开发蜂蜜产品3个系列9个品种，带动蜂农300余户，户均增收2500元。

（孙　睿）

【科技推广项目】 2010年，先后完成国家科技推广项目两个，总投资47.5万元，其中投资21.5万元完成2009年郑庄镇东大村大青蔬菜生产专业合作社300亩无公害蔬菜生产基地续建项目，修复日光温室大棚30栋，发展露地蔬菜200余亩，年产无公害蔬菜3000余吨，社员户均增收5000余元；投资26万元完成端氏镇马寨村农丰红薯种植专业合作社千亩优质高产红薯栽培生产项目，通过推广工厂化育苗、测土配方等技术，亩产红薯达到3000公斤，比项目实施前亩增210公斤，增长7%，仅此一项，农民人均增收562元。通过抓科技，促调产，项目区共新增和改善蔬菜种植面积1210余亩，红薯栽植面积1000余亩，占改造面积的25.4%，比治理前的300亩增加6.4倍，粮经作物种植比由原来的96.6 ∶ 3.4调整到现在的74.6 ∶ 25.4。种植品种由单一的白菜种植发展到现在的豆角、萝卜、西瓜、辣椒、土豆、西红柿、优质红薯等10余个品种，亩均收入达到4000余元，仅调产一项农民人均增收458元。

（孙　睿）

【机关建设】 机关党支部把推进惩防制度体系建设作为一项重要工作来抓，成立惩防制度建设领导小组，抽调专人编制《沁水县农业综合开发惩防体系制度建设汇编》，建立和完善机关各项规章制度16条，项目工程各项管理制度15条，进一步充实和完善惩防体系制度，同时，对潜在的风险预警进行查找定级，为消除为政不廉现象提供制度保障。认真贯彻落实党政正职领导“五个不直接分管”和“末位表态”制度，制定出台具体实施办法，着力加强对主要领导干部的监督，保证决策的民主性、科学性和公开性。形成“正职监管、副职分管、集体领导、民主决策”的权力约束机制，有效遏制党员领导干部违规违纪情况发生。

（孙　睿）

名称：沁水县农业综合开发办公室
地址：县城西街99号
电话：0356-7088757
邮编：048200

农村集体经济管理

【农廉公开监督网络体系建设】 积极落实县纪委《关于在全县建立阳光农廉网络公开监管体系工作方案》精神，把阳光农廉公开监管网络体系与农经管理网络体系建设结合起来，9月底前，完成县乡（镇）两级服务大厅建设、硬件设备安装和软件调试。聘请中农信达公司软件专家对县乡（镇）两级农经管理人员、电脑操作员进行技术培训。10月份，完成农经管理网、农村信息资源共享平台、农廉工作平台各类信息资料的录入工作。11月份，协助县纪委指导完成县直26个涉农单位农廉室建设，在251个行政村建立农廉公开查询点。实现县级服务大厅与14个乡（镇）服务大厅、26个县直涉农单位农廉室，251个行政村农廉查询点和60个视屏会议室的联网。从而使之成为一个左右相通、上下互联，集农廉公开监督、农村经济管理、涉农政策信息咨询于一体，覆盖全县农村，惠及每个农民，引领农村经济发展，实行民主公开监督，扩大对内服务，对外信息交流的信息平台，成为农村经济管理和农廉公开监督信息化，经常化的有效载体。同时，认真执行县纪委制定的网络公开各项制度。对县直26个涉农部门的工作职责、办事流程、执法程序、政策法规、办事结果等；乡（镇）村两级的概况、组织机构、人员分工、干部承诺、重大决策；各乡（镇）

有关站所的职责、办事程序、办事结果；农民群众普遍关心的党务、村务、财务，全面及时公开。极大地方便广大群众的查询，进一步扩大群众对农村“三务”的知情权、参与权、监督权。12月2日，全市阳光农廉网暨农村集体“三资”管理现场会在沁水县召开。

（崔燕燕）

【业务培训】 全年，对基层干部培训两次；8月初，与县财政局一起组织对乡（镇）代理中心会计和农村助理会计374人进行培训，重点讲解农村会计委托代理制规范化建设和民主理财、农村财务审计、财务公开制度；9月份，结合农经网建设，先后3次对各乡（镇）农村会计代理服务中心主任、会计、电脑操作员进行培训，系统培训农廉公开各项制度、会计电算化知识和网络公开操作技术，培训达300余人次；组织各乡镇纪委书记、经管站长60余人先后赴新绛、永济、长治等地参观学习，及时借鉴外地有益经验。

（崔燕燕）

【农村“三资”管理】 县农经局以县委办、政府办名义起草《沁水县农村集体资金资产资源管理实施意见》和《沁水县农村集体资金、资产、资源暂行管理办法》，以县三资办的名义起草《沁水县关于对农村集体“三资”监督管理的实施方案》，使“三资”管理有章可循、有规可依。全年组织乡村两级会计，开展资金、资产、资源管理情况调查，基本摸清农村资金、资产、资源的底子，截至10月底，共清查资金399 904 739元，资产363 152 423元，资源1 067 667亩。并对农村“三资”建立台账，列表造册，由各乡（镇）农经站在网上进行公开。

（崔燕燕）

【审核工作】 各乡（镇）农村会计代理中心，严格审核，拒付不合理开支76笔，其中一笔拒付8万元。

（崔燕燕）

【农民负担监督管理】 建立农民负担监督管理监测制度。根据不同区域、不同产业特点，建立以龙港镇为主的商贸区农民负担监测点，以郑庄、柿庄、十里为主的农业区农民负担监测点，以端氏、嘉峰镇为主的工矿区农民负担监测点，通过实行监测点制度，为建立农民负担监督管理长效机制提供有益探索。全县严格执行涉农收费项目文件审核制、农民“负担监督卡”制、涉农价格税费公示制、村级公费订阅报刊限额制和农民负担案（事）件责任追究制“五项制度”，有效地遏制农民负担的反弹，确保全县无一起因加重农民负担问题引发的案（事）件的发生，有效地维护全县农村和谐稳定。

（崔燕燕）

【各项惠农资金监管工作】 会同农业、财政等有关部门，对2009年、2010年粮食直补和2009年村级转移支付资金到位及使用情况进行专项检查。全县2009年和2010年，共发放粮食直补资金和良种补贴资金4174.35万元，其中2009年发放粮食补贴资金2062.87万元，2010年发放粮食补贴资金2111.48万元，两年均通过“惠农一卡通”及时足额发放到农民手中，无截留、挪用等侵害农民利益现象。2009年全县拨付村级转移支付资金1076万元，当年及时足额到位，且专款专用，使用合理，无侵占和私分现象，确保了各项惠农资金和村级转移支付资金足额到位。

（崔燕燕）

【土地承包合同管理】 针对农户承包土地中出现的具体问题，对丢失土地承包经营权证的农户，通过调查核实，出具证明，核对档案，予以补证，共办理补证11户，涉及4镇6村70.46亩土地。

（崔燕燕）

【协助调处土地纠纷】 截至11月份，共接访群众土地承包档案查询89件；全年共调解土地纠纷20起，涉及龙港、郑庄、端氏、嘉峰、郑村、胡底等14个乡（镇）。2010年4月8日，对端氏镇梁山村村民于战强申请要求“农经局对以上地块的承包使用权进行确认”一案进行实地调处，基本上达到群众的满意。

（崔燕燕）

【调研工作】 根据省、市农业部门的安排，对农村机动地情况、维护农村妇女土地承包权益情况、农村土地流转及规模经营情况等进行实地调研，全县留有机动地的村数62个，预留机动地面积4891.5亩，发放承包期限1年—3年的机动地1022.9亩，发放承包期限3年以上的机动地259.8亩，2010年全县无一起侵害农村妇女土地承包权益的案件。

（崔燕燕）

【农民专业合作社】 2010年，全县新建农民合作社86个，全县合作社累计发展数315个，注册资本14 123.7万元；入社社员3420人，带动农户13 645户，其中命名为省级示范合作社的2个，市级示范合作社的10个，县级示范合作社的20个。

（崔燕燕）

【农经统计工作】 据10月份统计预测，全县2010年度农村经济总收入可达到298 500万元，比上年增加29 534万元，增长11%。农民人均纯收入达到4852元，比上年的4370元增加482元，增幅11%。

（崔燕燕）

【调整交流部分基层农经工作人员】 针对个别乡镇农经站出现的一些问题，县农经局协同组织、纪检、人事等部门先后对各乡镇农经站的17名人员进行调整交流和轮岗，通过调整大大调动了基层农经干部的工作积极性，规范了乡镇农村会计服务中心人员的从业行为，加强了乡镇经管队伍建设，确保了乡镇农村会计服务中心工作规范运行。

（崔燕燕）

【建起县、乡、村三级“三资”监管中心】 落实市纪委《关于进一步推进全市阳光农廉网建设工作的实施方案》文件精神，协助县纪委投资200余万元建起县、乡、村三级“三资”监管中心，给中心配备电脑、显示屏、打印复印一体机等硬件设施，确保全县的“三资”工作顺利开展。

（崔燕燕）

【宣传工作】 全年编发农经信息13期。《开启村财管理阳光之门》一文被农业部农村经营管理司采纳刊登，《推行财务委托代理促进农村和谐发展》一文被全省农经工作典型材料汇编采纳。

（崔燕燕）

【沁水县农经工作总结表彰会议】 2010年3月18日，全县农经工作会议召开。各乡镇纪检书记、全县农村会计委托服务中心人员共计80余人参加会议。会议对2009年涌现出来的8个农经工作先进集体和12个先进个人进行表彰奖励，副县长李玉山与各乡镇签订2010年度农经工作目标责任书，并对2010年度全县农经工作做总体安排，明确全县以“抓队伍、强素质、树典型、保稳定”为重点，规范农村财务管理，创新农村经营体制，强化农民负担监管，提升农业产业化发展水平，全面推进农经工作再上新台阶。

（崔燕燕）

名称：沁水县农村集体经济经营管理局

地址：县城新建东街1250号（县农委大厦三楼）

电话：0356-7029161

邮编：048200

邮箱：qsjgj111111@163.com

网址：http://qs.jcsnlw.com/

气　　象

【气候评价】 2010年年平均气温10.6℃，较历年偏高0.2℃，较去年偏低0.4℃。年总降水量537.3mm，较历年偏少74.3mm，较去年偏多99.2mm，属轻旱年份，本年2、4、7、8月为降水偏多月，其余月份都偏少。全县降水时空分布严重不均，8月18日—23日出现了连续降水天气，总降水量为68.7mm，为2010年最大降水过程。2010年11月3日至2010年12月31日长达59天片雪无降。2010年日照总时数为2463.1小时，比历年平均值偏少156.9小时，比去年偏多41.8小时。全年无霜日183天。冬季：气温偏高，降水偏多，强冷空气影响次数较少，暖冬现象出现，人们几乎无过冬的感觉，同时高温加重了旱情，冬小麦严重受害，森林火险等级上升。霜期为161天，出现在2009年10月14日至2010年4月2日。最大冻土深度为52cm，出现在1月27日和28日。春季：气温偏高，降水偏多（3月—4月份降水偏少，5月降水偏多），日照不足。总降水量为123.5mm，与历年同期相比偏多17.6mm，与去年同期相比偏多8.6mm。春季第一次大于15毫米的降水出现在4月20日。本季最长连续降水出现在5月26日至5月29日，总降水量23.7毫米。对春播及冬小麦生长提供了有利条件。但冬春的连续干旱对大秋作物的播种及冬小麦的收成造成不可挽回的损失。夏季：6月—8月气温略偏高，降水量为347.3mm，与历年同期相比偏多11.2mm，与去年同期相比偏多185.9 mm，日照不足。七、八月降水偏多，特别是八月下旬沁水县部分乡镇遭到暴雨、大风、冰雹等强对流天气的袭击，造成大片农作物受灾。秋季：9月—11月气温偏高，降水偏少，降水量为87.0mm，与历年同期相比偏少45.4mm，与去年同期相比偏少40.9mm。日照充足。

（张　燕）

【气象文化建设】 提出“用心工作争一流，用情服务求满意”的气象工作口号，广泛开展规范化服务，树立规范化文明服务理念，赢得社会对气象服务工作的认可。积极参与省、市组织的《气象灾害防御条例》、《山西省气象灾害防御条例》知识答题、“切实抓好反腐倡廉制度建设，不断提高制度执行力”知识竞赛、“弘扬气象工作者优良传统与作风”征文和演讲比赛、2010年气象学会学术论文交流等活动。

（张　燕）

【安全生产工作】 制定完善安全生产管理制度及隐患排查治理制度；各项工作制定相应的安全应急处置预案；完善安全管理机构，明确安全监管责任；做到气象特种作业人员持证上岗；为人工影响天气作业的火箭架、炮弹和氢气瓶建设了专用库房；制定和完善人工增雨、防雷安全检测、施放氢气球等安全管理制度和作业操作程序。

（张　燕）

【监测网络】 年内，完成测报基数9227.5个，其中：观测基数1981.7个，操作基数4210.8个，发报基数1905.0个，报表基数1130.0个，错情率均为0.0‰，实时资料及时上传率99.6%，按时上报，出门合格，无使用任何超检仪器；安装完善测站标牌、中心地理标志；积极与城建、规划部门联系气象探测环境保护专项规划工作，按要求完成。

（张　燕）

【天气预报服务】 全年共发布专题与专项、长中期等公益以及决策服务天气预报70多期，共计3000余份，充分利用手机短信平台，将临近预报、短时预报、雨情、墒情等信息及时传递到各位领导手中，大大减少气象灾害给全县造成的经济损失，24小时、48小时预报准确率分别为87%、80%。春播期专题预报，预报春季首场≥15mm的降水将出现在4月20—21日，实况4月20—21日降水量为38.2mm。1月中旬过程预报，旬末有小雪；2月上旬过程预报，旬末有小到中雪；3月上旬过程预报，3日全县有小雨夹雪，7日前后有零星小雨；4月中旬过程预报，11日全县有小雨；5月中旬过程预报，13—14日全县有小雨;5月下旬过程预报，旬末有小雨，以上预报都于实况相符。

（张　燕）

【气象行政执法】 全局科技服务人员能够全面履行《气象法》、《山西省气象条例》、赋予的各项行政管理职能，4月—10月对全县各行各业100多家单位、企业的防雷设施进行全面细致的检查，对不符合标准的单位下发整改通知和建议，杜绝安全隐患和漏洞。

（张　燕）

【人工增雨工作】 严格执行《人工影响天气管理条例》的有关规定，抓住有利时机，分别于4月19日及5月26日，利用有利天气条件，成功组织实施两次人工增雨作业，共发射增雨火箭弹100多枚，增雨效果明显，为缓解春旱、粮食增产、农民增收起到了决定性作用。

（张　燕）

【地方气象建设】 在杏峪、王寨两地新建两个四要素自动气象站，区域自动气象站总数达15个；在郑村镇11个行政村试点安装农村大喇叭气象灾害防御预警设备；在14个乡镇全部安装大屏幕气象预警显示屏；在各行政村及各行各业聘请气象灾害义务信息员或宣传员200余名，每人配备气象信息专用手机1部，能够使气象信息尽快传递到社会各界及广大民众中去，充分发挥了气象预报消息树和发令枪的作用，最大限度地减轻气象灾害对工农业生产及人民生命财产造成的损失。

（张　燕）

名称：沁水县气象局
地址：县城龙岗路龙岗小区27号
电话：0356-8086134
邮编：048200

“农字号”企业

【山西丰田食品有限责任公司】 丰田公司成立于2000年11月,位于沁水县梅苑社区，总占地1.1万平方米，其中建筑面积3500平方米，总资产3600万元，其中固定资产1200万元。是1995年省级扶持的第一批农业产业化龙头骨干企业。公司下设综合办、财务科、销售科、项目办、基地办、企管办、市场办、信息办8个科室，共有员工261人（包括基地管理人员）。逐步建立和完善杂粮、木耳、猴头、核桃、七须黄花菜等生产基地，种植面积共计10.6万亩。分布于沁水境内12个乡镇，67个行政村，带动农户1.2万户，4.2万人。同时挂靠多所大专院校和食品科研单位，以科学的质量管理，先进的生产检测设备，先后开发黑色杂粮系列产品，袋装小杂粮系列食品，土特产系列食品，山菊茶系列食品等绿色食品，公司生产的猴头、黑木耳、核桃、黄花菜、玉米糁、小米、大豆、绿豆8个产品获得中国绿色食品发展中心绿色食品认证，野生黑木耳、野生猴头菇被中绿华夏有机中心认证为有机食品。

（王廷廷）

名称：山西丰田食品有限责任公司
地址：县城龙港镇梅苑社区
电话：0356-7025258

邮编：048200

【沁水县源通饲料有限公司】 沁水县源通饲料有限公司成立于2002年3月，是沁水县唯一一个集畜禽饲料加工、销售、饲料原料贸易及畜禽技术服务为一体的科技民营企业，同时也是晋城市唯一一家预混合饲料生产企业。公司位于龙港镇辛家河村，占地1万余平方米，原始注册资本329万元，公司下设办公室、财务统计室、销售部、品管部、技术服务部、原料贸易部等。现有员工35人，其中高级配方师2名，畜牧兽医专业技术人员15名，初级专业技术人员5名，辅助人员13名。公司拥有国内先进的年单班产1万吨浓缩饲料生产线和0.5万吨预混料生产线及年产1万吨膨化颗粒饲料生产线各一条。主要开发生产猪、鸡、牛、羊、兔五大系列46个品种的“祥牛”牌系列饲料，年产销量达1万余吨，2010年，实现销售收入2500余万元，实现利税50余万元。产品除供应本县市场外，主要销往长治、临汾、运城、晋城、河南豫北等地区。2002年“祥牛”牌系列饲料获山西省首届民营企业交易会“优质产品奖”；2003年获得省科技厅“民营科技企业”和县科教局“民营科技企业先进集体”奖，被省消协誉为“诚信单位”；2004年被晋城市人民政府授予“饲料生产先进单位”；2005年被省工商联和省民营科技促进会授予“山西省优秀民营科技企业”；2006年“祥牛”品牌获山西省“著名商标”；2007年获“山西省十大科技创新企业”称号；2008年被山西省质监局授予“质量AA级”企业，被沁水县人民政府授予“农业产业化建设”先进集体和“最具成长性”先进企业；2009年被晋城市产业化领导组授予“市级农业产业化龙头企业”，被沁水县委、政府授予“农业产业化先进集体”和“全民创业先进单位”；2010年被山西省质监局授予“质量信誉AAA级”企业，被晋城市委、市政府授予“农业产业化”先进企业，被晋城市政府授予“诚信企业”，被沁水县委、县政府授予“科技工作先进集体”称号。

（范志忠）

名称：沁水县源通饲料有限公司

地址：县城龙港镇辛家河村

电话：0356-7601060

邮编：048200

邮箱：qsyuantong@163.com

网址：www.sxqsytsl.com

【沁水县太行渔业有限公司】 沁水县太行渔业有限公司成立于2003年8月，位于沁水县龙港镇里必村，公司下设一个苗种繁育基地，一个商品鱼养殖基地，占地面积20亩，养殖水面16亩，公司为了提高虹鳟鱼养殖标准化水平，建立健全企业标准化体系，在沁水县质量技术监督局和沁水县水务局的大力支持下，圆满完成山西省标准化养殖示范区项目，并将公司的《无公害虹鳟鱼标准化养殖技术规程》作为推荐性地方标准，并予以发布。公司的虹鳟鱼通过无公害水产品产地认定的产品认证。2010年投放鱼苗10万尾，销售商品鱼5万公斤，完成总收入200余万元，实现利税50万元。

（贾登峰）

名称：沁水县太行渔业有限公司

地址：沁水县龙港镇里必村

电话：0356-6945315

邮编：048200

【山西圣康蜂业有限公司】 山西圣康蜂业有限公司成立于2008年6月，是由以蜂农为主的农民集资入股组建的集蜜蜂养殖、蜂产品加工、销售于一体的规范化专业蜂业公司。公司位于县城杏园社区，占地面积2200平方米，建筑面积1200平方米，拥有年净化浓缩蜂蜜1000吨的现代化蜂蜜加工生产线一条、建成蜂蜜标准化生产的质量检测中心、蜂产品优质高产研发中心和蜜蜂文化科普教育培训中心。公司采取公司 + 蜂业专业合作社 + 蜂农 + 蜜蜂养殖基地的产、供、销、加一条龙经营模式，以公司蜂农品加工厂为依托，吸收全县100余户蜂农近万箱蜜蜂组建了沁水县最大的养蜂专业合作社——沁水县鸿达蜂业专业合作社，以合作社为依托，建成公司可靠的优质蜂蜜源生产基地，蜂蜜质量实施溯源管理，确保原料质量。2010年公司购销蜂蜜350吨，加工蜂蜜60吨，实现利税20万元。鸿达蜂业专业合作社101户蜂农养蜂6500箱，蜂农生产蜂蜜320吨，户均养蜂收入2万元以上。

（王三红）

名称：山西圣康蜂业有限公司
地址：县城杏园社区
电话：0356-7029580
邮编：048200

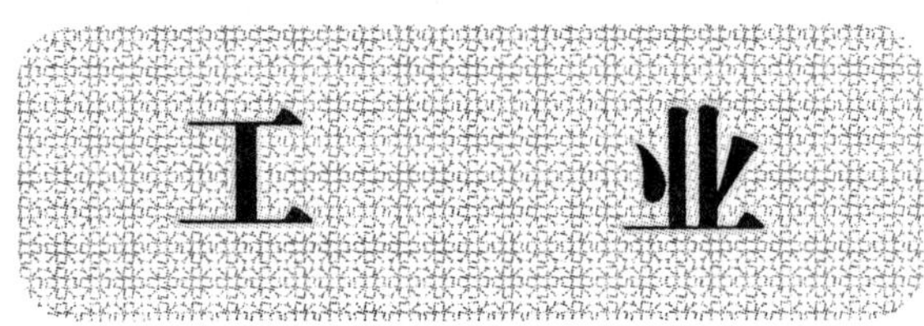

工　业

经济和商务管理

【概况】 沁水县经济和商务局，隶属沁水县人民政府，正科级行政单位，是负责全县经济和商务管理的工作部门。单位原名沁水县经济贸易局，根据政府机构改革方案，2010 年 2 月 1 日挂牌成立沁水县经济和商务局。局机关内设 8 个股室：办公室、经济运行与评价股、投资规划与技术创新股、电力交通能源股、企业改革管理股、市场监管股、市场和商贸流通股、经贸工委办公室。现有人员 35 名，其中公务员 26 名，工勤人员 4 名，专业技术人员两人，工人 1 人，临时工两人。拥有固定资产 137.63 万元。

（常浩亮）

【主要经济指标】 2010 年，全县规模以上企业完成工业增加值 32.7 亿元，同比增长 36.4%；实现销售收入 67.62 亿元，同比增长 54.67%；实现利税 25.96 亿元，同比增长 135.6%；实现利润 18.92 亿元，同比增长 161.67%。万元 GDP 综合能耗 1.03 吨标煤，同比下降 9.84%，5 年累计下降 25.1%。社会消费品零售总额完成 11.0032 亿元，同比增长 23%；外贸进出口总额完成 607 万美元，比计划 50 万美元增长 11.44 倍。

（常浩亮）

【重点项目建设】 一是优化提升煤炭产业。围绕以煤为基、多元发展，积极研究对策，分解目标任务，知难而进，一矿一策，集中突破，全力协调推进煤炭企业兼并重组工作，在各方面的共同努力下，整合、关井工作取得了较大的进展，煤矿数量由 44 座减少到 21 座，核定产能规模由年产 1517 万吨提高到 1755 万吨，井田面积提高到 169.43 平方公里，原煤产量达到 536 万吨，同比增长 7.2%。郑庄、胡底、玉溪等在建矿井和里必、东大等前期筹备矿井进展顺利。二是做大做强煤层气产业。协调推进煤层气产业规范发展、安全发展、做大做强。全县煤层气开采、加工企业 20 余家，总投资 100 亿元，年抽采量达到 13.5 亿立方，加工转化能力达到 5 亿立方，输送 6.1 亿立方。全年煤层气产业实现工业增加值 5 亿元，同比增长 44.1%。特别是新奥、易高、顺泰、华凯等煤层气公司，在一期项目建成投产的基础上，积极筹资 4.6 亿元投资建设二期工程，为本县新一轮煤层气产业的发展提供了有力支持。三是加快发展电力产业。依托丰富独特的优势资源，充分发挥新能源的引擎作用，重点抓了中电明秀、和瑞新能源等瓦斯发电项目。和瑞新能源投资 4.5 亿元建设的 45 兆瓦瓦斯发电项目开始调试，中电明秀120兆瓦瓦斯发电项目也于11月16日奠基开工，全县瓦斯发电装机容量达到16.6万千瓦，全面支撑了沁水县的产业转型、经济跨越。四是加快发展装备制造业。重点发展精密铸造业，实现精密化、标准化、规模化发展。顺世达、亿豪铸业一期年产5万吨铸管项目已经建成，二期工程也在紧张建设中。五是积极发展新型建材业。重点发展以煤矸石、粉煤灰、工业废渣为原料的新型水泥和新型墙体材料，变废为宝，综合利用。佳诚、和盛年产6000万块煤矸石烧结砖项目建成，瑞泽、龙翔两个同样规模的项目也将建成，届时我县的煤矸石烧结砖年产量将达到3亿块。与此同时打好农副产品加工转化攻坚战，重点扶持干果、小杂粮和中药材等产业做大做强。全县已初步形成以煤炭、煤层气两大产业为主体，以装备制造、电力、焦化、新型建材、农副产品加工为补充的新型工业体系，工业的生产、效益、结构和竞争力变得更强更优，发展后劲更加充足。

（常浩亮）

【节能减排工作】 一是分解任务，明确目标。出台了《沁水县关于确保完成“十一五”节能减排目标实施方案》，将全年的能降耗目标进行分解，落实到每户企业，形成层层抓落实的运行机制。二是创新方法，加大监管。局班子成员每人联系两户重点耗能企业，采取因企制宜、分类指导的办法加强对企业用能的指导和监督。加强了对全县11家重点耗能工业企业的节能监测和目标考核，在做好淘汰落后产能工作的同时，把好新上项目用能审计和节能监察关口，严格控制高耗能高污染行业过快增长。三是强化宣传，舆论引导。组织开展了以“节能攻坚全民行动”为主题的宣传活动，发放节能宣传册2000余册、节能减排倡议书300余份，接待群众咨询800余人次。并深入学校、企业、机关等单位宣传节能理念，普及节能方法，营造出浓厚的节能减排社会氛围。

（常浩亮）

【安全生产工作】 一是建立和完善安全生产例会制度、安全检查工作制度、事故灾难应急救援预案等13项安全规章制度。二是认真开展冶金、有色、建材等行业企业安全生产专项整治工作。出台了《沁水县冶金有色建材等行业安全生产专项整治工作方案的通知》，对全县的冶金建材行业企业进行了全面的排查，其中冶金企业3户，建材企业27户。并于9月13日—15日，配合省专项整治联动检查组对本县部分冶金、建材企业进行了专项检查，检查组对沁水县冶金、建材行业的专项整治工作给予了97分的高度评价。三是认真开展“安全生产月”和“安全生产年”活动，加强对地面工业和商贸流通企业的安全检查。制定了切实可行的活动方案，深入顺世达、亿豪铸业、佳城新型建材厂等企业开展安全生产大检查，查找出安全隐患78处，下达限期整改通知书63份，并对整改情况进行全面的跟踪监督。通过采取一系列措施，实现了全年全系统安全生产无事故的良好局面。

（常浩亮）

【市场建设】 一是进一步加大成品油、酒类等市场监管力度，强化市场整顿工作。开展生猪定点屠宰安全生产大检查、酒类批发企业专项整顿等专项整治行动，全年出动联合执法14次，出动执法人员100余人，检查酒类批发零售企业和个体户905户，查处酒类违法案件15起，市场秩序得到有效净化。二是开展“万村千乡”市场工程建设。完成两个配送中心，新建和改造“万村千乡市场工程”农家店15个；投资1600万元新建和扩建沁乐家园、嘉峰龙腾商行两个配送中心，新增营业面积7000

平方米。全县累计建成配送中心4个，农家店（便民店）271个，覆盖了全县14个乡镇，251个行政村。三是实施家电下乡和大力开展家电以旧换新等惠民工程。全年累计备案各类网点23家，销售家电下乡产品10 111台，销售金额2262万元，兑现补贴数量26 913台，补贴金额727.7万元，使广大农民受益。四是狠抓商品流通市场的整治和规范监管工作。加强对酒类、肉类和成品油市场的执法检查，牵头组织有关部门深入集贸市场、商场超市、定点屠宰场等企业开展综合执法行动，严厉打击制售假冒伪劣商品等不法行为，市场秩序明显好转。

（常浩亮）

【保障民生】 一是积极帮助企业办理技改投资项目备案，通过沟通上下，协调相关单位，为5家企业争取市转型发展专项帮扶资金共500余万元。二是为保证全县农民和中小学校温暖过冬，及时制定供煤工作方案，同供煤企业多次接洽，多次协商，办理供煤相关手续，疏通运煤通道，为学校、医院、农村、敬老院和老弱病残、边远山区等弱势群体协调解决冬季用煤7万余吨，圆满完成供煤工作任务。三是积极开展社会捐助帮扶活动，全年助残和“一对一”帮扶农村和困难家庭捐款14 000余元。

（常浩亮）

名称：沁水县经济和商务局
地址：县城新建西街248号
电话：0356-7022585
邮编：048200
网址：www.qsjsjgov.cn

二轻企业

【主要经济指标】 2010年，全县二轻企业工业总产值同比增长31%，工业增加值同比增长468%，工业销售产值（现价）同比增长31%，转型发展项目企业当前创税54万元。

（李志伟）

【领导信访责任制】 总公司和各科室、各企业层层签订责任状，做到责任到人，工作到位。前半年共接待上访职工300余人次。尤其是“两节”期间，按照分工，由总公司领导带队和各科室深入基层，逐个排查，对重点事、重点人，记录入档，采取一事一策，特事特办的方法，主动上门座谈沟通，耐心细致的做思想工作，把问题和矛盾解决在基层，在县文体广场改造中，拆迁涉及总公司原下属单位安装公司，公司地处黄金地段，地理位置优越，主营业务汽车二级维护及修配信誉好，业务量大，街面房收入也相当可观，职工对拆迁抵触情绪非常大。为顺利完成拆迁工作，多次召开职工会进行协调处理。采取逐个谈话的方式做职工的思想工作，经过不懈努力，按期完成了拆迁任务。二轻系统未发生一起越级上访事件，受到县委、县政府的表彰。

（李志伟）

【解决职工困难】 一是落实解困资金30余万元解决了职工“两节”生活困难。二是配合民政部门完成二轻200余户低保户的复核工作，做到应保尽保。三是积极帮助困难职工再就业，帮助下岗职工享受国家优惠政策。四是根据沁劳社字〔2010〕67号文件精神，积极争取资金近300万元，为120余名未参加医疗保险人员进行了参保。筹资80万元为到龄人员及时办理了退休。至年底全系统12户企业全部参加社保，参保人数达到90%以上。

（李志伟）

【重点工程建设】 塑料厂职工住宅楼2010年6月份交付使用，80余户无房户困难职工喜迁新居。沁水县二轻玻璃厂利用闲置场地，充分发挥闲置资产价值与沁水县永新安装有限公司联营新上树脂锚杆、锚固剂技改项目已完成立项、环评、能评等前期工作，并列为沁水县转型发展项目之一，国家安监局对其产品进行抽样，随机验收，并颁发安标证。项目总投资1800万元，已完成1200万元，项目投产后，预计年可新增销售收入2400万元，年可实现利税300万元，可重新安排下岗职工80余人。二轻玻璃厂利用闲置厂房新组建的盛宏冷冻食品有限公司2000吨气调保鲜库一期工程投入运行，达到保鲜能力1200吨，二期工程有序推进，累计完成投资800万元，整体工程进展顺利。工房改造、厂房等设施基本完成。

（李志伟）

【企业改革】 一是营造改制氛围，稳步推进改革。按照“统筹兼顾，全盘考虑，有序推进，逐步退出”的办法，在确保“集体资产不流失，职工权益有保障，联社资产能增值，债权债务不悬空”的原则下，重新拟定集体企业改制方案，使之更切合实际，更具有可操作性。其次在全系统广泛宣传改革，营造改革氛围，把企改方案（讨论稿）公布于众，做到家喻户晓，让大家主动参与到企业改制中，让职工由怕改革、不改革，转变为想改革，盼改革，为企业改制打下了坚实的思想基础和群众基础。二是摸清底子，为改革提供决策依据。对所属企业人、财、物进行认真摸底调查，对企业不良资产进行处置剥离，对债权债务进行核实清理，为企业改制提供科学的决策依据。三是有序推进企业改制，确保改制成功。在反复征求意见、集体酝酿讨论的基础上，将王庄铁厂、轻工制品厂、塑料厂、经理二部、安装公司5户企业列为首批改制对象。年底完成对4户企业的资产清理，人员身份、工龄确认和补偿金测算，并制定了首批企业改制方案。经职工大会讨论通过，经县改革领导组审批，改革进入倒计时，待批复资金到位后即可实施。安装公司通过资产整合、业务对换的方式进行改制。

（李志伟）

【安全运行工作】 一是全面实施安全生产目标化管理，严格落实安全生产责任制，层层签订安全责任状，坚持“谁主管，谁负责”的原则，坚决执行“三不”生产，“四不放过”原则，从严查处各种违规、违章行为，使各项行之有效的管理制度落到了实处。二是强化安全技术培训工作，提高员工综合素质。充分利用各级部门的培训机会，对二轻企业的人员进行培训，提高从业人员操作技能，确保持证上岗，同时狠抓安全生产法律法规的学习，增强职工的法律意识。三是强化安全监管，确保职工生命财产安全。筹措资金，完成对塑料厂、轻工厂、玻璃厂等危房较严重的企业进行彻底维修改造。全系统未发生一起因危房倒塌造成的事故。四是以安全生产月活动为契机，大力宣传安全文化。在全国安全月活动中，全系统大力营造“关注安全，关爱生命”的氛围，积极开展宣传教育活动，在活动期间各企业在醒目处张贴安全生产标语，在各生产车间、工地悬挂安全生产条幅。二轻系统保持了7年安全生产无事故的纪录。

（李志伟）

名称：沁水县二轻企业总公司
地址：县城新建西街652号
电话：0356-7023544
邮编：048200

安全生产监督管理

【安全生产】 2010年，全县发生各类安全生产事故123起，死亡31人，其中交通事故92起，死亡29人；煤矿1起，死亡2人；消防事故29起，森林火灾1起，均无人员伤亡；其他行业无死亡事故。

（翟广林　孔小拽）

【监管煤矿及煤炭经营】 山西省煤矿安全管理体制调整后，沁水县县境内共有煤矿30座，其中县监管煤矿14座，其中生产矿井5座（侯村、端氏、永安、南凹寺、曲堤煤矿），规划建设矿井9座（永红、峪煌、平山、中村、九鑫5矿开工建设，鹿台山煤业开工报告上报市局等待批复，其余3矿正在办理相关手续）。2010年，全县煤矿生产原煤535.94万吨，超额完成年计划480万吨，同比增加35.93万吨，增幅7%。完成工业总产值30.64亿元，同比增加63%。实现销售总产值30.64亿元，同比增加60%。

（翟广林　孔小拽）

【煤层气开发利用及加工转化】 全县煤层气开发利用企业10家，其中抽采企业5家，登记煤层气区块5个，面积1493.2平方公里，施工煤层气抽采井2568口，投入运行井1583口。煤层气加工转化企业5家，其中压缩煤层气企业两家，压缩规模达到日处理能力10万立方米；液化煤层气企业3家，日处理煤层气90万立方米。除国家西气东输管网以外，在全县境内有煤层气管道输送项目已投产运行3个，年输送量6.1亿立方米。2010年，全县煤层气开采企业开采煤层气13.5亿立方米，销售煤层气9.3亿立方米，煤层气开采、压缩、液化企业完成工业总产值16.4亿元。

（翟广林　孔小拽）

【煤矿建设】 全县规划建设矿井9座，设计建设总规模720万吨/年，其中开工矿井5座，永红煤矿120万吨/年机械化升级改造项目竣工验收；峪煌煤业45万吨/年建设项目完成主体工程建设；平山煤业90万吨/年建设项目完成井底车场及主要巷道维修，进入二期工程建设；九鑫煤业60万吨/年建设项目、中村煤业90万吨/年建设项目开工建设。

（翟广林　孔小拽）

【质量标准化矿井建设】 2010年全县建成一级安全质量标准化矿井3座（侯村、永安、端氏煤矿），二级质量标准化调度室矿井2座（侯村、端氏煤矿）、安全高效矿井1座（侯村煤矿）。侯村、永安、端氏3矿累计投资9200余万元，用于采、掘、机、运、通、地测防治水、安全管理、企业管理形象等方面改造建设，并顺利通过市煤炭工业局验收。

（翟广林　孔小拽）

【瓦斯治理示范矿井建设】 2010年列入规划的永红、端氏煤矿累计投资9500余万元，用于瓦斯治理示范矿井工程建设。两座矿井和瓦斯治理工程体系示范县建设均顺利通过市煤炭工业局验收，等待省煤炭工业厅考核。

（翟广林　孔小拽）

【煤矿企业兼并重组】 针对整合双方对资产评估预期值差距较大，全县关闭矿井数量多、规模大，煤矿所在地供气、福利等民生稳定问题错综复杂等情况，多次召开推进会、协调会，研究对策，分解目标任务，集中突破。全县煤矿企业重组整合协议签订率、主体企业实质性进驻接管到位率均达到100%，证照换发到位率达到90.5%。在资产评估和资金补偿方面，全县涉及资金补偿的23座煤矿，均得到部分补偿，共补偿资金10.27亿元。全县应关闭24座煤矿，其中张山煤矿所有井筒设计利用不关闭，实际关闭23座煤矿（尉迟、祖河、明阳、西港、龙都、半峪、金合城、前平、武安、丰源、盈盛、侯村郑嘉、湘峪宏泰、湘峪凯安、上半峪、夏荷、南河滩、长畛、嘉峰、五里庙、金达山、西城、雨沟）。重组整合后全县压减淘汰落后生产能力555万吨/年，矿井平均生产能力由整合前的33万吨/年提升到80万吨/年，煤炭资源采区回采率将由整合前的60%提高到75%以上。

（翟广林　孔小拽）

【瓦斯抽采利用】 全县管辖范围内建有瓦斯抽放系统的矿井共抽放瓦斯纯量2.5716亿立方米，累计瓦斯利用量为7125.18万立方米，利用率为28%，其中民用瓦斯利用量为3138.78万立方米，瓦斯发电利用量为3986.4万立方米，累计发电9966万度。

（翟广林　孔小拽）

【瓦斯等级鉴定】 全县具备鉴定条件的有7座生产、建设矿井，按要求完成井下瓦斯和二氧化碳涌出量鉴定，其中煤与瓦斯突出矿井两座，高瓦斯矿井4座，低瓦斯矿井1座。鉴定矿井中最高绝对瓦斯涌出量107.79立方米/分（沁和能源集团有限公司永红煤矿），最高相对瓦斯涌出量188.66立方米/吨（沁和能源集团有限公司永安煤矿）。各项鉴定资料已全部上报省、市煤炭管理部门。

（翟广林　孔小拽）

【“三大监控系统”建设】 “三大监控系统”即煤矿安全监测监控系统、井下作业人员管理系统、产量远程监控系统。为建立数字化、标准化、可视化的煤矿安全生产监控指挥平台，办公楼一楼安装新型煤矿安全监管系统。2010年10月，实现设备联网运行。全县10座矿井完成瓦斯监控系统升级改造和人员管理系统升级改造。升级改造后，全县煤矿“三大监控系统”符合国家新版标准，上线率达到100%，监控值机人员持证上岗率达到100%。

（翟广林　孔小拽）

【安全生产承诺】 全县11座煤矿、36家危险化学品生产经营企业、128家烟花爆竹经营企业、1家民爆企业法定代表人签订《安全生产承诺书》，督促中小企业、经济和商务、交通运输、住房和城建、教育、公安消防、电力、水利、农机、旅游等部门组织本行业领域生产经营单位法定代表人签订《安全生产承诺书》，全县14个行业生产经营单位签订《安全生产承诺书》1309份。

（翟广林　孔小拽）

【安全生产专项整治】 全县各行业部门检查企业671家，一类、二类企业检查率均达到100%，三类企业检查率达到85%。在煤炭行业深入开展打“三非”（非法建设、非法生产、非法经营）、反“三违”（违章指挥、违章操作、违反劳动纪律）、治“三超”（超人员、超能力、超强度）活动，坚决打击重生产建设轻安全、重经济效益轻安全等冒险行为，规范煤矿安全生产建设秩序；在危险化学品、煤层气行业，对无安全审核的煤层气钻井实施关闭，对两家试生产到期的煤层气压缩企业停产整顿，对4家新建加油站要求其做出不非法违法生产建设承诺，对34家正常生产、经营企业加强日常监管。

（翟广林　孔小拽）

【煤层气行业管理】 2010年4月29日，沁水县煤炭和煤层气工业局挂牌成立，增设煤层气行业管理股和煤层气安全监察站，并对全县境内抽采、加工转化、运输、管道输送4类煤层气行业摸底建档工作，完成全县境内5家煤层气勘采企业、5家加工转化企业、两家管道运输企业登记建档，23家煤层气运输企业331辆牵引车、377辆槽罐车备案审查，10家煤层气企业生产运行情况统计上报。实施园区带动战略，绘制煤层气产业分布图，筹建煤层气产业园区和煤层气科技服务中心，完成产业园区控制性详细规划评审稿和煤层气科技中心建设项目立项、规划、环评、初设。加强煤层气生产经营秩序监督检查，督促、指导、服务煤层气企业安全、规范、有序发展。

（翟广林　孔小拽）

【安全生产执法】 2010年6月，提出2010年安全监管执法计划初稿。8月，形成相对完善的煤炭、非煤、危化行业执法计划。9月，按照执法计划正式开展执法活动。在煤炭、非煤矿山、危险化学品等行业以及职业卫生方面开展执法检查，计划检查391次，实际检查397次，下达执法文书459份，发现隐患843条，并全部整改。

（翟广林　孔小拽）

【安全宣传教育】 组织各乡（镇）、各涉安单位学习国务院《关于进一步加强企业安全生产工作的通知》、省政府出台的12个行业118条安全生产具体规定，编印宣传手册1300余本。结合"安全生产月"和安全生产宣传教育行动，开展咨询日、手机短信宣传、典型案例警示教育、电视公益广告宣传、应急预案演练周、安全文化进企业、进校园、进乡村、进家户等活动。组织各煤矿开展安全知识竞赛、"白国周管理法"报告会、安全生产大讨论等活动，在全社会营造"人人懂安全、事事讲安全、处处抓安全"的良好氛围。

（翟广林　孔小拽）

【安全技术培训】 投资50余万元对安全生产技术培训中心校舍进行装修改造，建立安全文化宣传长廊，局培训中心达到"三级安全培训机构"资质标准。先后组织开展煤矿防治水专题培训，非煤矿山、危险化学品、机械、轻工等行业领域从业人员安全培训。2010年培训煤层气企业从业人员458人，危险化学品企业从业人员260余人，煤矿特种作业人员756名，培（复）训、再培训煤矿安全管理人员228人，培训煤矿从业人员5041人次，培训煤矿新工人1107人。

（翟广林　孔小拽）

名称：沁水县安全生产监督管理局
地址：县城新建东街498号
电话：0356-7021915
邮编：048200

电力供应

【主要经营指标】 年计划供电量33 223万千瓦时，完成35 911.41万千瓦时，同比增长23.02%，完成计划108.09%。年计划售电量30 000万千瓦时，完成32 474.90万千瓦时，同比增长27.27%，完成计划108.25%。年计划线损率9.7%，完成9.57%，同比升高1.88%，比计划降低0.13%。电费上缴率完成100%，预交电费2632.49万元，预交电费率134.23%。年计划平均电价608.02元/千千瓦时，完成594.15元/千千瓦时，同比增长14.81元/千千瓦时，比计划降低13.87元/千千瓦时。安全长周期记录6604天，未发生各类安全事故。

（景　鹏）

【重点工程建设】 一是投资637.5万元服务于沁水的重点工程建设。二是完成投资61.1万元进行高速公路沁东连接线重点工程建设；完成投资318.9万元进行高速公路沁西连接线重点工程建设；完成投资94万元进行迎宾路10千伏改线重点工程建设；完成投资133.3万元进行梅杏大道北线线路改线重点工程建设；完成投资30.2万元进行碧峰广场修建用电重点工程建设。三是投资3030.4万元全面推进10项惠民工程建设。投资302万元对农村10千伏供电线路进行大修改造；投资 90 万元更换全县城乡用电变压器 20 台；投资 50 万元对嘉峰电厂用电环境进行改造；投资 2367 万元在全县城乡进行 10 千伏及以下配网改造；投资 145 万元进行移民新村用电改造工程建设、进行新农村亮化和电气化村工程建设；投资 45 万元对曲堤村进行中低压线路改造；投资 9.8 万元对端氏缫丝厂进行用电线路和用电环境改造；投资两万元，对土沃乡帅家村进行供电线路改造；投资 14.6 万元在杨河社区新上 250 千伏配电变压器；投资 5 万元对土沃乡南阳村供电线路改造。四是争取各种资金 3.1 亿元，不断加速沁水电网建设与改造。投资 7000 万元新建土沃 110 千伏输变电工程；投资 3000 万元新建沁东 110 千伏变电站（先建 35 千伏变电站）；投资两亿元，新建郑庄 220 千伏变电站；投资 180 万元进行土沃 10 千伏接续线工程建设；投资 682 万元对杏峪 35 千伏变电站进行增容改造；投资 307 万元对胡底 35 千伏变电站进行增容改造等。

（景　鹏）

【安全生产】 安措计划完成率 100%、反措计划完成率 100%、全员培训率 100%、特殊作业人员取证率 100%、新进人员三级安全教育率 100%；全员累计完成各培训学时为 9653 学时，培训 658 人次，人均完成培训学时 99.5 时 / 人。认真开展隐患排查，全面加强交通安全管理，开展“三个不发生”百日安全活动和安全大检查活动，充分把安全大检查活动的开展与各项工作相结合，对 13 个班组、11 座变电站、51 个现场、14 条 35 千伏线路、37 条 10 千伏线路，开展全方位的安全大检查，全面进行隐患治理和整改。坚持开展安全性评价、风险管理、应急管理。配电营业、变电运行技术比武、安全月活动取得实效。

（景　鹏）

【生产管理】 一是全面落实安全生产责任制，切实加强“两票三制”管理和工作现场的安全管理，圆满完成春检、迎峰度夏、秋检等工作任务。完善应急预案和风险辨识管理，认真开展迎峰度夏联合反事故演习。继续开展红旗线路、红旗台区创建工作。二是积极进行电网规划、电网建设扎实推进；负责参与 35 千伏杨庄变电站的建设、验收和投运工作；配合巨能公司积极完善拉动内需工程建设；结合用户工程完善 35 千伏中村、土沃站主供电源工程；配合金峰变电站 35 千伏张峰间隔投运。三是主、农网大修、技改工程严格执行工程进度；配合进行五柳庄主变大修、西围墙改造；完成中村、土沃 35 千伏站地面硬化和环境整治；完成潘庄变电站 2 号主变大修工作；更换 35 千伏线路标示牌 438 余块；完成调度主站自动化系统前置部分的扩容改造等，设备、线路运行稳定、供电可靠性进一步提高。

（景　鹏）

【资产经营】 坚持以经济效益为中心，深化企业经营管理，全面进行“五集”管理，每月召开经营分析例会，认真分析在资产经营中存在的问题和需要解决的问题，出台管理办法，指标细化到人，确保全年各项指标完成。国网营销自动化 7 月份顺利上线运行，综合自助收费终端重新安装调试，11 月 10 日开始正式收费；根据省、市文件精神，强化高危重要用户的用电检查和安全管理；对资源整合的煤矿进行供电线路拆除；开展查处窃电、节能降损专项活动；积极进行关口电能表周期校验、大用户表计周期校验和表计轮换等工作。

（景　鹏）

【文明创建】 文明和谐创建，坚持“六抓一创、实施七大工程”，积极开展创建活动。5 月 25 日，沁水县委常委、宣传部部长张桂春，带领县委、人大、政府、政协四大班子领导，来沁水供电支公司调研文明和谐创建工作。一致认为：沁水供电支公司的文明和谐创建工作，领导重视、措施得力、基础扎实，硬件基础好、软件基础实、档案资料全、活动多、特色多、亮点多，全县第一。在7月份召开的全县文明和谐创建推进会上，沁水供电支公司作为全县的先进典型在会上进行交流。2010年实现了2个中心、7个供电所9个服务窗口文明创建“满堂红”。

（景　鹏）

【行风评议市县先进】8月份邀请沁水县委、人大、政府、政协和客户代表，到基层站所进行调研；9月份基层站所组织召开座谈会，开展面对面对话，广泛征求各方面的意见和建议，进一步推动优质服务工作。12月25日，沁水供电支公司作为沁水县的政风行风评议先进典型单位，晋城市政风行风评议考核检查组对沁水供电支公司的政风行风评议工作进行检查指导。12月27日，沁水县政风行风评议考核检查组，对沁水支公司进行一年一度的政风行风评议工作考核检查，通过考核检查，沁水供电支公司为沁水县、晋城市的先进典型单位。12月30日，山西省政风行风评议考核检查组，在晋城市政风行风评议考核检查组、在县委常委、常务副县长郭沁林、县委常委、纪检书记张俊明等的陪同下，对沁水供电支公司的政风行风评议工作进行检查指导，要求把沁水供电支公司在政风行风评议中的创新工作做法，在全市、全县推广。

（景　鹏）

名称：山西省电力公司沁水供电支公司
地址：县城西街360号
电话：0356-2169221
邮编：048200

煤炭运销

【主要指标】全年完成公路运量167.97万吨，同比增加9.39万吨 占年度考核指标223万吨的75.32%。其中出省完成120.82万吨，同比增加49.71万吨，占年度考核指标147万吨的80.19%。出市工业完成22.67万吨，同比下降28.58万吨。占年度考核指标46万吨的49.28%。市内工业完成24.49万吨，同比下降11.73万吨，占年度考核指标30万吨的81.63%。完成铁路运量14.02万吨，同比增加2.9万吨，占年度考核指标9万吨的155.78%。完成资源采购量376万吨，同比增加132.3万吨，占年度考核指标244万吨的154.1%。完成承运配送量74.6万吨,同比增加10.2万吨，占年度考核指标64万吨的116.6%。自产煤炭量1.3万吨，同比减少8.4万吨，占进度指标9.13万吨的14.24%。完成多种经营收入512万元，同比减少两万元，占年度考核指标500万元的102.4%。实现销售收入15亿元，同比增加3亿元，占年度考核指标130 420万元的117%。净资产收益率16.66%；流动资产周转率2.44次；成本费用利润率4.58%；资本保值增值率104.75%；管理费用较上年降低11.3%；全年预计清收旧欠较上年降低比率9 %。实现税收6906万元。上缴县政府预算外资金1580万元。按时足额上缴煤炭市场调解资金、管理费、服务费、各项利润、股利4143.5万元。按时足额上缴出市工业用煤营销净利润400.66万元。

（马瑞明）

【资源整合】一是成立以经理、书记为组长，抽调纪检办、经理办、安监部、财务审计部、人力资源部等有关部室业务骨干组成资源整合推进组，根据资源整合工作需要，下设规划设计、资产财务、商务谈判、政策合同等专业工作小组，聘请晋城长宇律师事务所，煤矿专业人士组成专家组，加强对资源整合工作统一部署、统一协调。对资源整合的每一项工作都倒排进度，责任到人，经常督促，有力保证资源整合工作有效、有序开展。二是与被整合丰源煤业、恒利煤业、盈盛煤业、保昌煤业4矿的资产评估前期工作和资产转让初步协议签订工作已完成，并上报上级公司进行审核；已实质接管各矿；整合资金补偿陆续展开，各矿的注销工作也在积极进行中。三是鑫基煤业作为晋城公司4+5重点推进矿井，细化目标任务、明确进度要求。5月份完成11个钻孔的钻探任务；9月10日完成先期开采地段8平方公里的三维地震勘探；地质报告瓦斯涌出量预测拿到省厅批文；地面固定抽采系统工程初步设计通过省评审中心评审。环评报告、安全专篇正在编制；土地征用方案，先期供电规划已上报当地相关部门，施工队伍的招标工作正在进行，煤矿开工建设筹备工作稳步推进。四是严格落实《安全生产管理法》，切实加强3项重点工作和5项管理制度建设，建立矿长负责的安全责任体系，总工程师为核心的技术管理体系，加大了隐患排查和专项整治力度，认真落实矿长带班下井制度,开展了“安全生产年”活动，着力抓好专项整治和隐患排查治理。全年共发现查处安全隐患270余条，及时得到整改，保证了全年安全无事故。

（马瑞明）

【公路销量】 一是主动和政府协调沟通，县长办公会议纪要第3号进一步巩固了县煤运运销在全县地方煤炭采购和销售中的主体地位，为保障企业经济发展提供了强有力的政策支持。二是推进驻矿销售与管理，加强洗、选煤场提销货规范化管理，与此同时，通过完善强化合同票据管理、定量限时供应、月末运量核对分析会等措施，尽最大努力实现工需民燃用煤、电厂用煤和上站煤的合理有序运作，全程全面掌控煤源，严防国家税费流失，实现公司利益最大化。三是与各地方生产煤矿签订公路采购合同，并采取有效措施确保合同兑现率。在县政府和煤炭局的大力支持下，促成全县唯一生产主体沁和能源公司1/3公路销售量的落实，取得晋煤集团岳城煤矿公路年销售30万吨的保证。四是在公路营业站点通过完善机制、人员配备、建立配套管理制度上进一步深化“三权制衡”管理体制。完善重点岗位人员管理制度。全面启动网络机打票工作。对公路营业站213名干部职工进行了易站交流，交流率达100%。深刻汲取“5·12假销售票案”教训，对公路站点合同、票据管理全面整改。扎实开展公路营业站“百日站点”整治，加强公路营业站点纪律作风建设，严肃查处违规违纪行为。共查处违规违纪21起，处理违规违纪人员59名，罚款10余万元。净化职工队伍，提升站点管理水平，树立公司良好形象。

（马瑞明）

【铁路经销】 一是年初与各煤矿签订采购合同12万吨，为铁路经销提供运力保障。二是经多方努力，被铁路部门连续停运9个月的沁水发煤站于年初重新开通运营。三是强化目标管理，多方争取货源，并指定专人落实煤炭销售票工作。四是降本增效，牢固树立“省下的就是挣下的”经营理念，想尽一切办法节约开支，降低成本。全年发运量14.02万吨，超额完成市公司下达任务指标。

（马瑞明）

【物流产业】 一是对在煤矿求购需求的用户，先行和三产公司商定运作方式和物流服务费标准后，根据用户需求由用户预付所有相关费用包括货款和运费由沁水煤运鸿达公司、沁水煤运樊庄经销处对用户进行配送服务。三产公司以物流服务方式收取每吨5元～10元的服务费以增值税票结算。二是用户将货款交付公路公司，三产公司为用户提供物流服务，双方协商确定服务费或运费标准，另行支付三产公司，以运输发票或普通发票结算。三是公路公司预收部分用户运费以往来形式向车户支付运费，形成可调度车辆为200辆左右，固定有50部左右的车辆可随时调配使用，并与沁和能源各煤矿、晋煤集团岳城煤矿和省劳改局沁城煤矿建立稳定的供需关系。全年完成物流经销量63.8万吨，实现利润180.4万元。

（马瑞明）

【乌金宾馆】 一是通过精细化管理，专注地做好每一件事，在每一个细节上精益求精、力争最佳。二是积极开展转变工作作风，加强工作效能建设活动，努力提升优质服务水平。三是强化制度建设，明确岗位职责，实行目标考核，起到了“以制度管理人，以奖罚激励人”的良好效果。四是通过财务、成本核算、严格采购审批制度、加强职工教育引导等措施积极开展节能增效。全年完成营销收入512万元，上缴税金32万元，上缴公司利润28万元。

（马瑞明）

【樊庄经销处】 面对货源组织困难、用户少且需求量小的不利局面，樊庄经销处领导主动作为，通过走访煤矿、煤场和用户，积极争取煤源合同和采购合同，全力做好市场开拓工作；继续深化预算管理和挖掘内部潜力，开展降本增效工作；竭诚为用户提供优质货源，在各个环节提供良好的服务。全年完成煤炭物流经销量19.6万吨，实现销售收入14 910.2万元，实现利润100.4万元，圆满完成公司下达的任务指标。

（马瑞明）

【鸿达公司】 鸿达公司紧紧围绕物流配送总体目标，继续与沁和能源集团各矿及县内各煤场保持良好的业务关系，保证了货源的稳定。在稳定原有用户的基础上，积极与对口适销的省内外用户建立供需关系，与省内晋丰煤化工、翼城众联、市内天泽化工进行点对点配送，并与河南登封、济源三星建立配送业务。同时主动向上级主管部门征求政策支持和业务倾斜，取得煤炭销售票领取资格，开辟新的经销增收领域。全年共完成物流配送量44.23万吨，实现经济效益80万元。

（马瑞明）

【规范人事管理处】 根据集团公司要求，对职工个人、工资等有关信息实现网络化管理。对公司符合本年度晋升薪级的215名正式职工的工资标准进行了审批，4月份给予补发。完成14名工人技术等级人员的工资兑现和工资套改工作。职工劳动合同签订率达100%。足额上缴了职工各项社会保险，职工社会保险参保率100%。对外出培训一年的24名职工子弟和5名正式工重新安置上岗。积极创新人事档案管理，使档案管理制度化、规范化。

（马瑞明）

【财务审计管控】 参与煤炭资源整合评估、审计、商务谈判等工作，尤其是在整合资金方面，与市公司加强沟通、积极争取，并严格按资源整合有关文件和会议精神进行支付，全力保障资源整合整体推进工作。规范日常财务审计管理工作，经费支出同比减少2.1万元。加强“小金库”治理工作，严格自查自纠，确保取得实效。

（马瑞明）

【绩效管理体系】 公路营业站点考核实行月考核、季总结、年排队；煤炭资源整合、煤矿筹建、安全生产、物流配送等工作按进度、按时间、分阶段进行考核。同时对不易考核的项目进行综合考评，严格按考核兑现职工绩效工资，绩效考核更具科学性和操作性。

（马瑞明）

【和谐企业建设】 一是上缴职工大病医疗互助金 22 750 元；为 211 名职工进行健康体检，建立健康档案；在 20 个基层点开展“关爱职工·夏送清凉”活动；为患病职工家属捐款 31 060 元。二是开展“颂歌献祖国”主题活动和“庆华诞、抒真情”诗歌、散文征文活动；“五一”、“五四”期间，开展特色志愿活动，纪念世界地球日；组织 60 余名青年团员参观赵树理文化展厅；在九九重阳节公司党总支对 23 名退休老干部、职工家中进行慰问。三是开展“爱心、助残”公益事业。为希望小学、聋哑学校捐资 7 万元。助残、帮扶等爱心捐助 4.3 万元，受到社会广泛赞誉。

（马瑞明）

名称：山西煤炭运销集团晋城沁水有限公司

地址：县城新建东街 750 号

电话：0356-7027288

邮编：048200

网址：www.qsmygs.com

中小企业服务工作

【主要经济指标】 2010 年，民营经济增加值完成 351 152 万元，同比增长 17.04%；民营经济总产值完成 796 569 万元，同比增长 17.02%；营业收入完成 684 213 万元，同比增长 19.81%；工业总产值完成 604 712 万元，同比增长 14.01%；工业增加值完成 262 696 万元，同比增长 14.03%；民营经济上缴税金 105 058 万元，同比增长 16%，圆满完成了市、县下达各项主要经济指标的目标任务。

（侯沁峰）

【重点项目建设】 一是佳诚新型建材有限公司年产 6000 万块煤矸石、页岩烧结砖项目，完成投资 2100 万元，4 月 12 日投入运行。二是和盛新型建材有限公司年产 6000 万块煤矸石烧结砖项目，完成投资 1100 万元，7 月 10 日投入试生产。三是天勤建材有限公司年产 7200 万块煤矸石、页岩烧结砖项目，完成投资 1600 万元，7 月投入试生产。四是复昶工贸公司年产 90 万吨水泥粉磨站项目，完成投资 2800 万元，于 7 月底投入试运行。五是华昱工贸 30 万方商品混凝土项目，完成投资 5000 万元，8 月份投入运行。六是兰金瓦斯发电有限公司一期 6000 千瓦发电项目，完成投资 3378 万元，设备调试、线路架设已全部完成，2011 年一季度可并网发电。七是亿豪铸业有限公司年产 10 万吨球墨铸管项目，总投资 6000 万元，一期 5 万吨铸管项目完成投资 3000 余万元，11 月份投入试运行。八是加地利肥料厂年产两万吨有机肥项目，完成投资 300 余万元，12 月投入了试运行。九是顺世达铸业有限公司 15 万吨球墨离心铸管项目，总投资 1.12 亿元，累计完成投资 8200 万元，一期 5 万吨铸管生产线生产正常，318 立方米高炉 5 月 1 日投入生产，二期工程土建、厂房已完成，正在进行设备安装和调试，预计 2011 年 6 月投入生产。十是靓豹服饰有限公司 4000 绪自动缫丝重组改选及蚕桑基地建设项目，完成投资 3800 万元，厂房维修和设备安装基本结束。十一是丰田食品有限公司两万吨杂粮营养复合粉项目，完成投资 600 余万元，厂房建设已完成，部分生产线投入试生产，预计 2011 年 12 月完成全部项目并投产。十二是沁乐家园有限公司树理文化广场地下商城，完成投资 6000 万元，主体工程基本完成。

（侯沁峰）

【非煤矿山安全监管】 2010 年继续深入开展非煤矿山安全生产专项整治，加强非煤矿山日常监管，一是落实安全目标责任，与各乡（镇）和非煤矿山企业层层签订了年度安全目标责任状。二是制定出台了《全县非煤矿山安全生产隐患排查专项行动和安全生产大检查工作方案》，全年共排查企业 115 家次，发现安全隐患 218 条，当场整改 123 条，限期整改 95 条，下达整改通知书 37 份，停产停工通知 22 份，均已整改完毕。三是强化安全教育，编写了非煤矿山安全知识读本，组织培训、复训各类人员 428 人次，确保从业人员做到持证上岗。四是形式多样深入开展“安全生产月”活动，共出动车辆 12 台次，悬挂横幅 3 条，张贴标语 30 余条，散发传单 3000 余份。“事故应急救援演练周”期间，组织企业举行各类事故应急救援演练 10 场，极大地提高了企业和广大从业人员应对各类突发事故的能力。实现了全年安全生产无事故。

（侯沁峰）

【营造发展氛围】 一是及时召开系统工作会议，认真传达贯彻全市民营经济工作会议和全县经济工作会议精神，对节后复工复产和年度各项工作做安排部署。二是召开全民创业推进会，采取以奖代补的方式对沁水县顺世达铸业有限公司等 16 个全民创业先进单位进行重奖，共发放中小（民营）企业发展基金 320 万元，全民创业和民营经济工作在全县上下逐步形成共识。

（侯沁峰）

【调产转型发展】 一是继续实行重点调产项目局领导和股室联系制度，全程跟踪服务，帮助协调解决建设中遇到的问题和困难，确保了重点项目建设顺利实施。二是向省、市财政和中小企业局申报扶持项目 25 个，并积极协调争取上级专项扶持资金，以缓解民营企业发展中存在的资金难题。

（侯沁峰）

【调研规划工作】 一是多方调研后，制定了《沁水县墙体材料革新与建筑节能 2010 年—2015 年发展规划》，积极鼓励支持发展以页岩、煤矸石、粉煤灰、矿渣为原料的烧结砖、空心砖、水泥砌块等产品，到 2015 年，原则上不再保留实心黏土砖企业。二是对中小企业、民营经济投资项目和“十二五”规划项目进行了摸底调查，充实了中小企业项目库，完成民营经济“十二五”规划的编制。全年共形成各类调研报告 10 余篇，为领导决策和下一步有针对性的解决问题提供了依据。其中《创新体制机制 促进经济发展》、《创优八大环境 助推民企发展》、《激活全民创业潜力 实现民营转型跨越》分别在《今日沁水》、《沁水政研》、《晋城中小企业与民营经济》、《晋城工作》、《晋城经济》得到发表。

（侯沁峰）

【创业服务】 一是通过调查摸底，筛选出 100 个具有示范和带头作用的创业项目编撰《100 个创业项目推荐书》向政府各部门、金融机构及社会各界进行推介，积极推动全民创业。二是邀请原农业部全国乡镇企业家培训中心副主任顾品教授在碧峰会议厅举办了“沁水县转型发展与全民创业辅导讲座”，积极引导和激发已关闭五小企业主再次创业的热情。三是联合县人力资源和社会保障局举办了民营企业人才招聘会，帮助 10 家民营企业招聘各类专业技术人员 99 人。四是先后组织民营企业参加了广州中小企业博览会，福州 APEC（亚太经合组织）技展会等经贸洽谈会。五是狠抓企业征信和诚信建设，2010 年，有 5 家企业被评为晋城市“诚信企业”，有 5 家企业进入全市民营企业 50 强。六是协助组建了沁水县第一家小额贷款公司“华银小额贷款公司”，已挂牌运作，为解决中小企业融资难问题起到了积极的作用。

（侯沁峰）

名称：沁水县中小企业局

地址：县城新建西街 1055 号

电话：0356-7068225
邮编：048200

旗舰企业

【寺河煤矿】 山西晋城煤业集团寺河煤矿是一座新兴崛起的现代化矿井。1996 年动工建设，2002 年 11 月 8 日投产，矿井设计生产能力 400 万吨 / 年。下设 46 个科室，其中井下一线单位 15 个，二线单位 8 个，地面辅助及管理科室 23 个。截至 2010 年底，在册正式职工 4537 人，临时工 938 人，总共 5475 人。通过技术改造和扩建，2005 年达到 1080 万吨，成为晋城煤业集团首个千万吨级矿井，步入国家特大型矿井行列。矿井井田南北走向长约 12 千米，东西倾斜宽约 23 千米，面积达 230 平方千米，地质储量达 15 亿吨。井田位于太行山南端西侧，沁水盆地南缘。工业场区位于沁水县嘉峰镇工矿区，占地 66.7 万平方米。东依端（氏）润（城）公路，向北 10 千米接曲（沃）辉（县）公路，向南 15 千米与晋（城）阳（城）高速公路相连；西侧紧邻侯（马）月（山）铁路，距侯月铁路最大编组站——嘉峰车站 1 千米，距亚洲最大火力发电厂——大唐国际发电公司阳城电厂不足 20 千米，均有铁路专用线直接相连，交通十分便利。2010 年，原煤百万吨死亡率为 0.08；原煤产量 1226 万吨，同比增加 24 万吨，增长 2%，完成全年计划的 103.03%；全年商品煤总外运量 1394 万吨，其中本矿商品煤外运量 1119 万吨，同比增加 72 万吨，增长 6.88%，完成全年计划的 103.23%；销售收入 60.54 亿元，同比增加 6.32 亿元，增长 11.66%；完成全年计划的 105.53%；与 2005 年相比，增加 26.58 亿元，年平均增长率 15.65%。

（李　斌）

名称：山西晋城煤业集团寺河煤矿
地址：沁水县嘉峰镇寺河煤矿
电话：0356-3698328
邮编：048205

【沁和能源】 沁和能源集团有限公司，成立于 2001 年 12 月。位于沁水县嘉峰工矿区，是一家集煤炭开采、销售、洗选加工、铁路运输、煤炭转化、能源开发、金融投资等综合业务于一体的中外合资企业，是晋城市地方骨干煤炭企业之一。集团业务涉足煤炭、煤转化两个能源板块和金融 1 个非煤板块，现有 8 座生产矿井、两个发电厂、1 个煤炭集运站和 1 个焦化厂，均地处全国最大的煤田——沁水煤田腹地，资源优势突出，主要产品为优质无烟煤和优质型焦。煤炭年生产能力 675 万吨，年洗选能力 200 万吨，铁路年发运能力 400 万吨，焦炭年生产能力 60 万吨。现有总资产 66 亿元，职工 7500 余人。专业技术人员 1139 人。全年完成生产原煤 312.85 万吨，生产焦炭 9.97 万吨，实现销售收入 23.2 亿元，上缴税金 3.99 亿元。

（王　想）

名称：沁和能源集团有限公司
地址：沁水县嘉峰工矿区
电话：0356-7069516
邮编：048205
网址：www.china-qinhe.com

【沁秀煤业】 山西晋煤集团沁秀煤业有限公司（简称沁秀公司）成立于 2003 年，是山西晋城无烟煤矿业集团有限责任公司的控股子公司，公司注册资本 85 429.05 万元，公司经营范围包括煤炭生产、矿井建设、瓦斯综合利用、餐饮住宿、业务培训、摊位和房屋租赁、劳务输出，经销矿山机电、以及材料配件等。公司机关设 13 个部（室），分别为综合办公室、人力资源部、计划财务部、监审部、党工部、工会、保卫部、供应部、销售部、技术部、安全监察部、基建后勤部和资源整合办公室。下辖2个分公司、2个控股子公司、2个参股公司、1个代管单位。沁秀公司坚持以煤为主，瓦斯抽采利用为辅，兼顾其他产业。煤炭主业主要为岳城矿井，产能核定为150万吨/年。瓦斯抽采利用方面，岳城矿瓦斯抽采能力为8500万方/年；寺河北区瓦斯抽放工程井（曲堤井）瓦斯抽采能力为1.2亿方/年；多经产业主要为凤凰实业公司，后勤服务方面主要是凤凰润宁分公司。截至2010年底，公司资产总计28.52亿元。在册人数共计4669（含凤矿借调441人）人，其中井下岗位1111人、辅助岗位574人、地面岗位2984人。2010年，生产经营总额14.5亿元，完成计划的103.6%；原煤产量完成157.4万吨，完成计划的100.3%；掘进进尺完成14 035米，完成计划的109%；瓦斯抽放进尺完成94.5万米，完成计划的127.7%；瓦斯抽放量完成2.1亿立方米，完成计划的103.8%；商品煤销量完成152.5万吨，完成计划的100.7%。

（李刘鹏）

名称：山西晋煤集团沁秀煤业有限公司
地址：沁水县滨河北路沁园小区
电话：0356-3637947
邮编：048200

【晋煤瓦斯发电】 沁水晋煤瓦斯发电有限公司，是晋城煤业集团全资子公司。2009年7月5日投产。公司设立综合办公室、生产技术部、安全监察部、财务部、计划统计部、审计监察部、人力资源部、物供管理部8个部室，热机、电气两个车间；党支部，工会、团支部等党群组织机构齐全。有职工222人。该公司作为瓦斯发电的窗口单位，受到了国内外关注。瓦斯发电产业品牌已经在业内树立，形成了经过实践检验的一系列管理标准、技术标准和操作规程，成为目前世界上装机容量最大的联合循环发电与供热的示范项目。2010年“低浓度瓦斯发电技术研发应用”成果荣获山西省“科技优秀项目奖”、“科技奉献企业奖”2010年，经营总额完成2.93亿元，较集团公司下达年度预算指标增加3356万元，增长12.96%。实现利润6303万元，较集团公司下达年度指标增加1417万元，增长29%。完成发电量9.12亿度，较上年8.09亿度多发1.03亿度，增长12.64%。完成产值28334万元。

（霍富强）

名称：沁水晋煤瓦斯发电有限公司
地址：沁水县嘉峰镇
电话：0356-3623854
邮编：048205

【中国石油华北油田煤层气分公司】 中国石油华北油田煤层气分公司成立于2006年5月29日，矿权区域跨越山西晋城、长治、临汾3个地级市9个市县，是集煤层气勘探、开发、生产、外销、科研、新技术推广于一体的大型企业。公司秉承中国石油“奉献能源、创造和谐”的使命，积极开展煤层气勘探开发，于2009年9月15日，在沁水盆地南部建成中国第一个数字化规模化煤层气示范工程。示范工程建年产能6亿立方米，建成1座年处理能力10亿立方米的煤层气处理中心，配套建成6座煤层气集气站，形成了完善的煤层气集输系统，并与西气东输管道对接，实现了规模外输。公司在日常生产管理中坚持“环保优先、安全第一、质量至上、以人为本”的理念，实现了安全环保、清洁生产，树立了重安全、讲环保的良好企业形象。

（张劲松）

名称：中国石油华北油田煤层气分公司
地址：晋城市文博路969号
电话：0356-2280379
邮编：048000

商业 旅游

商业集团总公司

【概况】 沁水县商业集团总公司下设14个基层单位（其中包括已改制企业3个）。截至2010年底,全系统共有在职人员541名，离退休人员217名。资产总额3462.6万元，其中固定资产964.6万元。负债总额6392.1万元，其中各类应付款项4789.8万元。主要承担着国有资产监督，经营管理，职工劳动保障，综合治理，信访维稳以及城镇居民肉食保障供给等职能。

（高承斌）

【国有资产监管】 针对国有商业资产长期得不到及时维修、维护，资产闲置浪费严重的问题。2010年共计筹集资金60余万元，对星火市场进行规模维修改造，新增营业面积200平方米，租赁收入由原来的每年23万元增加到50余万元，实现收入翻番，效益倍增，同时提供近50个就业岗位，社会效益也很明显。为规范财务行为，总公司财务股对所属11个独立核算企业进行内部审计。通过审计，有效杜绝企业财务收支漏洞，做到开源节流、增收节支。为规范企业资产租赁行为，对各企业所有未被长期出租的房屋全部实行一年一租，并全部使用总公司统一印制的合同文本，采取公开竞价、协商议价等办法确定租赁价格，并报请总公司批准执行，彻底杜绝低价长期出租、人情出租和同地不同价等不合理行为。规范了企业房屋租赁行为，杜绝了各类违规操作。仅此一项租赁收入较上年同比增幅8%，年净增收入15万元。

（高承斌）

【职工劳动保障】 针对全系统未参加或中断参加养老保险人员的参保问题，按照县劳动保障局转发沁劳〔2009〕第62号文件精神，对未参保或中断参保的194人，在全额收缴个人应缴部分的基础上，2010年3月份，在县政府的支持下，采取企业资产抵押的方式向县财政借资488.7万元，为这部分中断或未交养老保险人员建立养老保险账户，理顺养老保险关系，解决了职工的后顾之忧；针对商业企业因长期拖欠社保资金数额巨大，职工到龄退不了休的问题，筹资93万元，解决了31名到龄人员的退休问题；针对全系统大部分职工未参加医保，职工看病难、看病贵问题，各企业为200余名职工参加社区居民医保，为下岗职工看病就医提供了保障；各级工会为近200名下岗职工缴纳职工大病互助金1万元，有效缓解了职工的实际困难。

（高承斌）

【维稳工作】 商业企业普遍经济效益差，遗留问题多，尤其涉及职工利益的问题解决不好极易引发群体上访事件。为此，总公司高度重视，并积极采取一系列防范措施，成立商业系统矛调领导组，设立矛调办，具体负责接待企业职工的来信来访。并与各企业负责人签订《商业系统社会治安综合治理目标责任书》，对维稳工作做了详细安排。为把矛盾解决在萌芽状态，总公司领导经常深入基层了解民情，及时解决职工反映的一些突出问题。一年来，系统未发生一起群体上访事件。

（高承斌）

【猪肉市场供应】 为确保猪肉市场供应充足，并确保人民群众吃上“放心肉”，总公司克服资金困难、仓储能力差等不利因素，严格按照程序和有关规定，积极组织货源，采取集中屠宰和外埠调肉的办法，确保节日猪肉市场供应不断档、肉源充足、卫生安全。春节共计完成20万公斤的猪肉供应。采取政府补贴、统一限价（每公斤20元）、敞开销售的办法，确保肉价稳定。采取和经营户签订供肉协议的办法，确保了市场供应点的全覆盖。

（高承斌）

名称：沁水县商业集团总公司
地址：县城西街54号
电话：0356-7022262
邮编：048200
邮箱：qssyzgs@163.com

招商引资

【概况】 沁水县招商局成立于2009年5月，其前身为沁水县经济协作服务中心，由原食品办、经济协作办、工业局合并在一起，为正科级事业单位，全额预算。下设办公室、招商股、综合股、经济协作股、食品工业股、信息管理股。主要负责全县的招商引资和技术引进，指导企业涉外经营等工作。

（张　鹏）

【招商引资】 2010年，县招商局紧紧围绕年度工作目标，创新招商方式，加大引资力度，积极组织参加中博会、煤博会和港洽会等招商引资活动。收集整理70个项目纳入项目库，建立沁水招商网站。全年共签约11个项目，项目投资额50.11亿元，引资额48.79亿元，其中在第三届中国（太原）国际能源产业博览会上签约6个项目，项目投资总额18.11亿元，引资额16.79亿元。分别为山西沁水盆地南部煤层气直井开发示范工程项目，投资额和引资额均为1亿元;年产15万吨铸爱项目，投资额1.12亿元，引资额0.5亿元；新型墙体材料合作项目，投资额1.2亿元，引资额0.7亿元;山西能源煤层气投资控股有限公司沁水煤层气液化金融合作项目，投资额和引资额均为13.5亿元；县城垃圾处理厂建设项目，投资额0.34亿元，引资额0.14亿元；沁龙湖卧龙湾景区开发项目，投资额和引资额均为0.95亿元。在2010晋城产业项目合作（香港）推介会上签约5个项目，项目投资额和引资额均为32亿元。分别为亚美大陆煤层气有限公司投资的马必煤层气勘探开发项目，引资额20.5亿元；新奥煤层气公司投资的新奥扩大产能改造项目，引资额1.5亿；南京中油恒燃石油燃气股份有限公司投资的中油恒燃煤层气液化（LNG）项目，引资额5亿元；中国联盛投资集团公司投资的顺泰煤层气液化（LNG）二期项目，引资额两亿元；香港赢懋煤层气公司投资的赢懋煤层气液化(LNG)项目，引资额3亿。项目资金累计到位23.51亿元，排名全市第一。在参加这些招商引资洽谈会的同时，县招商局还积极与当地商会进行沟通协商，为全县企业搭建平台，使沁水县沁花蜂业的荆条蜂蜜、丰田食品的土特产和小杂粮等系列绿色农产品成功打入当地市场，扩大了沁水县的对外开放知名度。

（张　鹏）

【建立健全招商引资机制】 为了全面、准确、及时掌握全县招商引资成果和外来资金及自行签约项目的资金到位和使用情况，组织人员深入企业调研，掌握第一手资料，为县委、县政府和宏观决策部门提供科学依据。借助县统计局培训统计员的机会，对各项目企业进行培训及学习。同时，加强与县发改委、县经商局、县统计局等相关部门的联系，实现信息共享、资源共享。

（张　鹏）

【食品工业】 2010年，县招商局抓住市科技研究所副所长程跃虎在沁水县对食品企业“十二五”发展规划进行调研的契机，组织有关人员深入到沁花蜂业有限公司、丰田食品有限公司和源通饲料有限公司等企业进行实地考察，并提出相应的指导性建议。

（张　鹏）

名称：沁水县招商局
地址：县城新建西街248号
电话：0356-7022404
邮编：048200

供销合作

【概况】 2010年，沁水县供销社有所属公司10个，基层中心供销社4个，干部职工822名，离退休人员245名，1月底，对未改制的17家企业283名职工进行身份置换，拥有资产总额6289万元，资产负债6001万元，其中银行借款2303万元。主要经营食盐、鞭炮、棉花、农资、废旧物资等专营商品。截至年底，全县有网点258个，日用品配送中心1个，农资配送中心3个。

（史胜强）

【经济指标完成情况】 2010年，全系统完成商品购进总额5979万元，同比增长20.42%，其中农副产品购进总额609万元，同比增加108万元，占计划101.5%；商品销售总额6038万元，同比增加20.69%，占计划的100.63%；农业生产资料供应完成2108万元，同比增加31.67%，占计划的105.4%；日用消费品零售额完成3930万元；实现利润21.8万元。

（史胜强）

【企业改制】 2010年经沁水县企业改革领导组同意，县供销社从1月份开始，严格按照改制程序，对未改制的3个直属企业和14个基层社进行改制，283人进行身份置换。多方筹集资金1700多万元，补交2009年12月31日以前欠社会劳动保险事业所养老保险费700多万元；偿还欠职工多年的工资、自己垫缴的养老保险费、供养人员遗属补助金等500多万元；兑付职工身份置换补偿费360多万元。解决了职工的后顾之忧，使职工老有所养，老有所依，病有所医。

（史胜强）

【基层供销社整合重组】 为认真贯彻落实国务院〔2009〕40号文件和省政府〔2010〕23号文件精神，“加快推进按经济区域调整基层社建制步伐，改造建设一批辐射带动能力强的基层社”，“加快建立现代企业制度，提高社有企业市场竞争能力”的要求，经县社党总支、理事会、监事会会议研究，经县企业改革领导组办公室同意，决定对现有基层供销社进行整合重组。撤销原21个基层供销社，组建4个中心供销社，即：沁水县龙岗中心供销社，下设杏峪分社、王寨分社、樊村分社、郑庄分社、王必分社、苏庄分社；沁水县端氏中心供销社，下设必底分社、潘庄分社、郑村分社；沁水县中村中心供销社，下设下川分社、土沃分社、张村分社；沁水县固县中心供销社，下设柿庄分社、十里分社、东峪分社、胡底分社、樊庄分社。

（史胜强）

【直属企业整合重组】 对原有9个直属企业，按照现代企业制度进行改制，组建有限责任公司规范运行。成立沁水县社有资产管理中心，对全县供销社改制后的资产进行统一管理、统一经营、统一核算，确保社有资产保值、增值；成立沁水县健民盐业有限公司，承担原县盐业公司和副食果品公司业务；成立沁水县万家乐农产品有限责任公司，承担全县农产品公司和棉麻公司业务；成立沁水县新庆再生资源回收利用有限公司，对全县再生资源形成回收、分拣和加工利用一体化经营体系，实现再生资源产业化经营、资源化利用和无害化处理；成立沁水县新合作农资配送有限公司，逐步建立统一配送、统一品牌、统一价格、统一服务的农资经营服务新体系，全面提升农资经营能力和服务水平；成立沁水县康丰蜂产品有限公司，承担原县蜂蜜食品加工厂业务；按现代企业制度规范沁水县烟花爆竹有限公司；保留沁水县财贸招待所。

（史胜强）

【农资供应】 2010年，农资配送中心有连锁直营店14个、连锁加盟店64个，农业生产资料流通协会有单位会员28个、个人会员40个。县生产资料公司依托新合作农资配送中心、固县农资配送中心和农业生产资料流通协会加强农资供应，提高网络覆盖面。2010年供应各种化肥1.5万余吨，农药28万公斤，农膜10万公斤，种子20万公斤，为备足货源，年累计筹集资金1300万元，冬储化肥1.2万吨，春耕时期积极备耕，全力服务春耕生产，把储备库变成农民的自选超市，采取开库直供、让利销售、送货上门等方式为农民提供周到服务，同时，大力推广农作物新品种，对全县14个乡镇的152名农资经销商和种粮大户进行良种推荐及病虫害防治技术、种植技术推广培训。通过强化服务，完善农资网络，有效地满足了全县农业生产的需要，发挥了农资主渠道作用，维护了农资市场秩序，保护了农民生产的积极性。

（史胜强）

【农副产品购销】 县社领导班子把构建农副产品现代购销网络作为调研课题，深入基层对农副产品现代购销网络建设进行调查研究，抓紧农副产品批发市场建设前期工作，积极上项目，争资金，争取沁水县农副产品批发市场项目早日开工建设，充分利用农副产品流通协会和供销社多年为农服务所积累的经验、人才、资产、设施等方面的资源，把资源优势转化为服务优势，为促进农副产品现代购销网络建设创造条件。

（史胜强）

【日用品消费配送及市场整治】 县农产品公司依托新合作日用消费品配送中心，加大配送力度，对全县251个行政村256个便民店进行配送，实现零距离销售，同时，加大仓库改造力度，对年久失修的仓库进行维修改造，增加营业面积1000余平方米，增加库容4000余立方米。县盐业公司，对全县所有门店进行食盐配送，配送率达100%。2010年8月13日，在端氏镇端氏村举行“食盐安全示范村”挂牌仪式，开展食用加碘盐知识宣传活动，提高人们健康用盐意识，自觉抵制私盐、假冒伪劣食盐，净化了全县盐业市场。县烟花爆竹有限公司，对全县174个零售网点进行配送，圆满完成2010年县城元宵节烟火晚会烟花燃放任务；为了整顿烟花爆竹市场，一方面做好经营户经营许可证换发工作，另一方面积极配合安监、公安等职能部门开展市场整治活动，始终保持市场“打非”的高压态势，共出动检查车辆120余台次，检查人员600余人次，端掉非法储存窝点9个，查扣非法运输车辆4台，没收非法经营的各类烟花180多件，移送公安部门处理6起，严厉打击非法经营活动，净化了全县烟花爆竹市场。

（史胜强）

【再生资源回收】 县废旧物资回收公司以再生资源流通协会为平台，充分利用协会20个集体会员、31个个体会员和公司的3个回收网点，开展废旧物资回收，发展再生资源回收利用网络，6月份公司新班子上任后，加大再生资源回收市场规范整治力度，改革经营方式，努力开拓市场，积极发展经营网店，新发展经营网点5个。全年共收购调运废钢铁2200吨，黄板纸1300吨，废塑料225吨。

（史胜强）

【“新网工程”】 2010年，全系统农副产品市场购销网络发展行业协会（沁水县农副产品流通协会）1个，其中单位会员10个、个人会员42个；农业生产资料现代经营服务网络发展连锁配送中心两个、连锁直营店14个、连锁加盟店64个、农资流通行业协会（沁水县农业生产资料流通协会）1个，其中单位会员28个、个人会员40个；日用消费品现代经营网络发展县级配送中心1个、超市1个、乡（镇）级超市14个、村级农家店256个，设烟花爆竹零售网点174个；再生资源回收利用网络建有端氏、嘉峰、沁水3个回收网点、行业协会（沁水县再生资源流通协会）1个，其中单位会员20个、个人会员31个。严格按照“新网工程”专项资金申报办法，申请专项资金补贴，2010年申报“沁水县日用消费品现代经营网络”、“沁水县日用杂品配送中心”两个项目，国家财政和省供销社专项资金补贴到位200万元，严格按照“新网工程”专项资金管理办法和各项规定，按照项目实施方案组织建设，做到专款专用，按时保质、保量完成各项工程建设任务。投资200余万元对土沃供销社、张村供销社、废旧公司、农产品公司、盐业公司的仓库、营业网点进行改建和改造，当年开工、当年竣工，当年投入使用。

（史胜强）

名称：沁水县供销合作社联合社
地址：县城西街54号
电话：0356-7022242
邮编：048200

粮食管理

【粮食调控】 细化完善粮食应急预案，对粮食收购资格进行再次认定、重新审核，对全县粮食收购市场进行摸底检查，核定最高库存量。尤其是在春节期间，投放大米50万公斤，面粉50万公斤，食用油10万公斤，对全县居民实行粮油补贴供应，补贴金额30余万元，有效地抑制了粮油市场价格上涨，保证了粮食市场供应，维护了粮价基本稳定。同时，积极引导多元粮食主体从事粮食购销活动，全年收购农民余粮3500万公斤，增加了农民收入。购进面粉600万公斤、大米500万公斤、食油250万公斤，保证了全县居民消费需求。通过一系列的方法和措施，进一步强化了对全县粮食市场的调控力度，维护了粮食市场正常的经营秩序。

（贯　鹏）

【粮食市场监管】 全年执法检查50余人次，检查企业300余家，对“放心粮油工程”经销网络进行全面检查3次。夏秋两季粮食收购期间，会同工商、质检等部门对全县粮食市场进行联合执法检查，促进了粮食流通市场正常有序。2010年，全县共有20家粮食收购企业依法拥有粮食收购资格证，其中年检收购资格证18家，新增粮食收购企业两家，依法注销3家。

（贾　鹏）

【安全储粮】 严格按照“存好粮、存优粮、存新粮”的原则，顺利完成500万公斤小麦的轮换任务。新轮换入库的粮食数量真实，质量完好。新粮入库后，为进一步加强管理，根据省、市粮食部门开展“示范站（库）”建设的部署和要求，建立健全安全储粮责任制度，完善“一符六无”粮仓考核办法，建立完整的粮情档案和粮食质量档案，采取以中草药防虫为主的科学储粮具体措施。全年库存粮食安全，资料规范。

（贾　鹏）

【粮食行业发展】 盘活有效国有资产，吸纳粮食经纪人、社会粮食企业参与，进一步提高企业的经济效益。建立完善的内部控制制度，规范企业的经营行为。针对国有粮食企业经营欠佳的状况，投资300余万元完成“金穗源”综合市场的改扩建项目。精心编撰详细的《沁水县粮食行业第十二个五年发展规划》，确定粮食行业快速协调发展的总体工作发展蓝图。由粮食经纪人、粮食工作者等300余人组织成立“沁水县粮食行业协会”，协会征集各类稿件，发布购销信息，指导企业健康有序地开展经营。

（贾　鹏）

【“放心粮油工程”建设】 2010年，完善改造提升13个骨干示范店，建成87个经销店（点）。经省、市相关部门验收，合格率100%。圆满完成放心粮油建设各项任务。为了将此项工作进一步引向深入，配送中心草拟出台“以奖代补”的配送销售办法，共投入资金20余万元，有力地促进了配送中心与销售网点的长期、持续合作，进而提高了配送中心粮油产品的市场占有率。这一做法，得到省、市、县有关领导的好评，先后被中国粮油网、《中国粮油市场报》、《太行日报》进行刊登转载与交流。2010年，配送中心配送销售量达455.1万公斤，实现利润17.22万元。

（贾　鹏）

名称：山西省沁水县粮食局
地址：县城梅杏南路60号
电话：0356-7022521
邮编：048200

物资管理

【民爆管理】 对企业各科室人员进行岗前培训，实行持证上岗，杜绝无证上岗现象；对民爆库房值班人员进行充实，对关键岗位实行承诺制；对炸药库房及公司办公出入口，均安装可视探头进行全天监控；针对民爆公司业务不景气的状况，通过压缩经费开支，扩大收入渠道，增进经济效益，保障职工工资、福利的正常发放和“五险一金”的正常缴费，保证公司正常业务开展。2010年，因整个民爆行业受煤炭资源整合的影响，销售大幅下滑，各项经济指标全部下降，年销售炸药825吨，雷管93万发，销售总额1005万元，上缴税金25万元。

（柳旭东）

【农产品批发市场一期工程建设】 物资总公司承建的“农产品批发市场”工程是沁水县的一项“惠民工程”，也是“市重点工程”之一。该工程于2010年6月15日开工兴建，严格遵守工程建设的相关法律法规，工程所有项目全部按规定程序实行公开招标、阳光作业、严禁暗箱操作。在施工过程中，严把工程质量，坚决抵制不正当行为。同时，加强资金管理，专款专用，封闭运行，最大限度发挥资金效益。督促施工单位严格按照合同规定的时间倒排工期，确保工程施工进度。年底，一期工程完成主体建设任务，总建筑面积5600平方米，其中地下室2400平方米，地上一层、二层3200平方米；工程累计完成投资1328万元。

（柳旭东）

【综合治理】 加强思想政治工作，党员领导干部包企业、包重点上访户，责任到人，认真做好职工的思想工作。以构建和谐企业、和谐家庭为重点，在广大干部、职工中开展广泛宣传教育活动；健全组织机构，落实目标责任制，遵循“谁主管，谁负责”、“安全自查、隐患自除、责任自负、追踪监督”的原则，同企业签订信访工作，综合治理，安全保卫工作责任书，采取事事把关，专人负责，责任追究的管理办法，从而有效地增强了领导干部的责任心；坚持预防为主的方针和加强督察、重点排查的方法，深入企业、重点户做工作，把矛盾消灭在萌芽状态；关心职工生活，为企业职工办实事。主要对下属5个困难企业94名职工欠缴养老金个人部分进行收缴，共缴纳个人养老金67.8万元。对下属困难企业到龄退休职工通过抵押企业固定资产的办法，向财政申请借款9万元，为3名退休人员办理退休手续。对下属5个困难企业89名职工进行个人信息登记，并进行医保信息联网，确保了物资系统全年无事故，无越级上访，集体上访事件的发生。

（柳旭东）

【总支所属支部换届】 物资党总支下属原有5个党支部，能够正常开展工作的只有机关、民爆两个党支部，而金属、木材、再生3个党支部因企业关停多年，11月对党总支进行换届，同时对下属金属、再生两个困难支部进行合并，党总支下属的4个支部均已进行支部换届，换届后的各支部书记年轻化。

（柳旭东）

名称：沁水县物资总公司
地址：县城新建东街建材巷2号
电话：0356-7022425
邮编：048200

石油管理

【经济指标完成情况】 2010年，沁水石油公司零售轻油31 140吨，占年度32 717吨任务的95.18%，比上年增加1338吨，增幅4.49%；销售润滑油94.021吨，占年度109吨任务的86.26%，比上年增量10.749吨，增幅12.91%；非油商品销售额完成104.93万元，占年度98万元任务的107.07%；油品损耗全部在定额范围以内；全年未发生任何安全责任事故和商品数质量事故。

（赵会兴）

【经营管理】 在加油站和全体员工中，深入开展“比学赶帮超”活动。制定《沁水片区“比学赶帮超”活动实施方案》，设立“比学赶帮超”活动光荣榜，充分调动加油站和全体员工提升服务、争占市场、扩销增量的积极性和主动性；早计划、早安排、早动手，抢抓机遇，采取措施巩固老客户、发展新客户，全力提高油品销量；结合指标任务抓好销售进度，努力做到日不欠量、月不拉步、季不掉队，圆满完成各项经营指标任务；重视非油品销售工作，鼓励员工利用工作之余、节假日联系推介销售非油品，力争圆满或超额完成非油品销售额任务；利用节假日走亲访友良机，采取上门访、赠送礼品、虚心征求意见建议，面对面座谈沟通或打电话、发短信等方式与大客户、固定客户密切联络感情，巩固老客户，开发新用户，促进销量增长；逐月组织站长召开经营情况分析专题会议；增设服务项目，努力争占市场。针对在沁水境内进行煤层气开采、高速路建设、环城路建设的部分钻探队、施工队无拉油车辆，缺少油品包装容器、装卸油料人手不足等困难，自担费用，增设免费送油上门、免费使用油桶、免费装卸油品等服务项目，并且基本做到随叫随到、有求必应，取得了较好的经济效益和社会服务效益。

（赵会兴）

【加油站管理】 严格遵循晋城公司制定的“公开、公平、公正、全面考核，优胜劣汰，择优推荐”的原则和程序，顺利完成2010年度加油站站长竞聘和接任站长交接工作。加强服务、卫生、站容站貌管理，努力创建良好经营环境。严格商品数质量管理和资金管理，杜绝资金管理漏洞。一年来，未发生任何资金管理责任事故，营业款上缴率始终保持在100%，年末应收款余额为“0”。同时，加强设备管理和手续传递管理。为进一步引深“强化经营管理年”活动，公司制定并向全部加油站印发《关于规范工作行为，严肃经营纪律的通知》，有效防止了违规行为发生。

（赵会兴）

【安全管理】 采取开展安全教育、召开安全会议、举办安全知识竞赛、设立安全公示栏、参加市公司、各职能部门组织的安全培训等形式，对全体干部职工进行安全生产责任制、岗位安全工作标准、安全生产十大禁令、安全生产八项纪律、安全典型事故案例、未遂事故通报、应急处理预案学习教育，使全员安全防范意识得到普遍增强；持续扎实深入开展“我要安全”活动，成立“我要安全”活动领导组，明确规定各加油站站长为本站开展“我要安全”活动第一责任人。制定活动实施方案，召开活动动员专题会议，开展“我要安全”主题宣传；协助加油站建立完善各项安全管理制度，组织加油站员工进行安全教育、安全知识培训和应急预案演练。采取明查与暗查方式对加油站现场安全管理情况进行定期不定期的检查，对发现的安全隐患进行整改。要求加油站坚守工作岗位，遵守安全规程，加强现场安全监管，认真排查不安全因素，确保加油站商品、财产和员工人身安全。要求加油站规范使用电视监控、智能报警设备，进行夜间安全巡查，进一步增强安全防范能力。

（赵会兴）

名称：中国石油化工股份有限公司山西晋城沁水石油分公司

地址：县城龙岗路247号

电话：0356-7022415

邮编：048200

烟草专卖

【卷烟销售】 2010年，县烟草专卖局累计销售卷烟9739.43箱，同比增长28.32箱，增幅0.29%；实现销售额14 210.3万元，同比增长1382.26万元，增幅9.73 %；单条均价达58.36元，同比增长5.53元，增幅9.48%；人均消费卷烟11.15条。

（张　霞）

【烟草专卖管理】 强化全局专卖意识，积极搜集打假信息。在日常检查过程中，加强对名烟名酒店的检查和监控；加大对重点区域和重点客户的检查；加大对无证经营行为的监管；加大对偏远农村市场的监管。全年共出动车辆257台次，出动人员1344人次，查获各类违法卷烟案件52起，处理50起。查处各类违法卷烟45.01

件（其中假冒卷烟42.22件，价值9.55万元），移交工商部门案件14起，罚款1.02万元。新办许可证34户、延续22户、停业24户、恢复营业7户、注销41户、修改55户。结案率达到96.15％以上，净化率达到97%以上。

（张 霞）

【法制宣传】 在日常市场检查过程中，积极向广大客户和消费者宣传有关法律法规知识，利用“3·15”国际消费者权益保护日，在县城中心地带设立宣传咨询台，出动宣传咨询人员14人，现场接受和解答消费者提问20余人次，现场发放宣传材料600余份。5月15日—16日，积极同公安、工商等职能部门在县城和重点乡镇开展以“打击经济犯罪 你我共同责任”为主题的宣传活动,向广大消费者宣传新修定的《烟草专卖法》和《最高人民法院、最高人民检察院关于办理非法生产、销售烟草专卖品等刑事案件具体应用法律若干问题的解释》等相关法律法规。6月29日，组织全体专卖人员在县政府门口和各乡镇主要街道进行新修定的《烟草专卖法》宣传。12月4日，组织全体专卖人员在全国法制宣传日之际，开展“弘扬法治精神 促进社会和谐”为主题的法制宣传活动。

（张 霞）

【内部监管】 以国家局提出的建设“严格规范、富有效率、充满活力”的中国烟草总体要求，以不发生一起不规范经营现象为目的，立足于内部专卖管理监督长效机制的落实，立足于提高监管意识和自律意识，变事后监管为事前、事中监管，有力督促内管部门切实履行监管职责，加强日常监管和同级监管，突出内部监管重点，落实内部监管责任，解决内部监管中存在的突出问题。紧紧围绕制度是否完善，决策是否符合程序，运作是否规范，监管是否到位四个环节，做到思想重视，行动自觉，程序严格。通过狠抓内部监管，保证了辖区未发生一起不规范经营现象。

（张 霞）

【安全管理】 始终把安全工作放在重要位置来抓，领导重视抓安全成为自觉行动，坚持每季度对员工进行一次安全法律法规方面的教育培训，每月对全员和驾驶员进行一次安全学习。做到会会讲安全，时时讲安全，事事讲安全，和各股室、重点部门和特殊岗位人员层层签订《安全目标责任书》，积极开展安全生产月活动，确保全局安全平稳运行。

（张 霞）

【网络案件侦破】 烟草专卖工作从以往的市场检查，完成查扣量化指标为主转入以“打假破网”为重点。加强与公安部门的配合，加大对重点客户的监控。及时与县公安局刑警大队和巡警队取得联系，召开网络案件侦破部署会议，共同对重点客户进行严密布控。9月19日，在掌握无证户陈某存在无烟草专卖零售许可证经营烟草制品嫌疑的情况下，及时向市局专卖科进行案情汇报，并及时与县公安局取得联系。当天共同对陈某的经营场所进行突击检查，当场查获各类违法卷烟软中华、芙蓉王、软玉溪等118.8条，同时查获已经销售的卷烟空条盒23个，发票一本，发票中累计卷烟销售金额2340元，加上8月11日，在市场检查中查获的陈某非法经营的各类违法卷烟16条，共计查获陈某涉案违法卷烟157.8条，涉案金额达4万余元。由于当事人陈某属无烟草专卖零售许可证经营烟草制品，且先后因无烟草专卖零售许可证经营烟草制品受到县工商行政管理局2009年11月21日和12月24日两次行政处罚，根据两高司法解释有关条款，已经超出行政处罚的范围，县烟草局及时召开局务会，将该案成功移送县公安局进行进一步调查处理。次日，陈某被批准刑事拘留。

（张　霞）

【企业文化】 注重思想意识教育和业务工作的有机结合，制订教育培训方案和学习教育计划，坚持班前学习教育、周工作例会和集中培训制度。一年来，除积极组织有关人员参加省、市局组织的业务技能培训外，还先后组织全体专卖执法人员对新修订的《烟草专卖法》及其实施条例、《烟草专卖许可证管理办法》、《行政许可法》、《行政处罚法》、《两高司法解释》等法律法规进行系统培训，提高了全体专卖管理人员的工作能力和执法水平。2010 年，3 名专卖执法人员通过省局组织的中级职业技能考试，5 名通过省局组织的初级职业技能考试。两人领取高级营销资格证，4 人领取中级资格证。

（张　霞）

名称：山西省沁水县烟草专卖局（营销部）

地址：县城北坛南路 816 号

电话：0356-7022014

邮编：048200

对外经济贸易

【服务蜂农】 以厂价购回先进的养蜂器具服务于蜂农，改善养蜂户器具陈旧落后而不实用的状况，保证了蜂农的设施配套生产。以厂价购回国家指定生产厂家不含抗生素的中草药，用于蜂病的防治，并为各合作社配备技术员兽医。为克服蜂群出工不出活，蜂种老化，从北京蜜蜂研究所、吉林种蜂场购回“高加索、松丹一号、美意、澳意”优质蜂种对各养蜂合作社进行蜂种改良，使改良后蜂种产量提高 30% 以上。聘请专家为蜂农传授科技养蜂知识 10 多场（次），印发宣传资料万余份，改变蜂农传统养殖为科技养殖。采取本着面向蜂农，服务蜂农的原则，向有社员证的蜂农提供低于市场价的蜂药、蜂具等必需品，高于市场价收购合作社社员的蜂蜜，为合作社蜂农无偿提供技术指导，无偿提供蜂种，无偿提供生产信息，进行统一管理、统一服务、统一收购、统一加工、统一销售的“一高、一低、三无偿”和“五统一”管理方式。建起商务信息网，订阅《中国养蜂》、《蜜蜂杂志》、《蜂产品报》各 20 份，实现信息传递现代化、时效化，及时反馈国内外行情及信息，为蜂农提供最快的第一手资料。每到蜂产品收购旺季，公司全力以赴，到一线使用统一包装，分类贴标，就地过称，就地收购，就地装运各社员的蜂产品，避免蜂农销售难、运输难、结算难等困难，也避免了不法商贩欺行霸市，虚假垄断，缺斤少两的不法行为。在放蜂旺季，蜂农身处偏远深山，给生活造成诸多不便，公司及时组织人员为蜂农解决生活不便之困难，使每个蜂农真正体会到公司的温暖。按照协会、合作社章程的规定和工作的需要，建立“养蜂风险金”制度，由蜂农自愿上缴和企业售后利润中返还蜂农部分提取 20%，作为养蜂风险基金，为蜂农意外事故提供无偿帮助和支持，确保蜂农的生产积极性。2010 年蜂蜜收购市场出现前所未有的波动，由于气候原因，洋槐蜜连续几年都属歉收和绝收，价格逐年上升，还收不到货。造成荆条蜜开始以每吨 1.05 万元收购，中期、后期以 8000 多元的价格收购，每吨差别在 2000 元左右，加上不法商贩的炒作，给蜂农的切身利益带来损失。公司领导面对市场的极端变化，去河北、上陕西，想方设法为基地蜂农争取理想的销售价格。为了使蜂农满意，制定出“蜂蜜结算征求意见卡”，逐社逐户征求结算价格，最终形成蜂蜜的合理结算价，达到双方满意的效果。

（贾广业）

【“有机蜂产品”管理】 经过空气、水质和土壤等的环境检测，建立庙沟养蜂合作社、张庄养蜂合作社、廉沟养蜂合作社、必底养蜂合作社、土沃养蜂合作社5个有机蜂场。为生产有机蜜的蜂农配备专用养蜂器具，建立洁净工作室，对人员进行专业的知识培训和现场指导。在生产收购季节使用专用包装、专车运输，确保产品质量的高度合格，保持原蜜的营养成分和原汁原味。2010年“生产许可证”评审时顺利通过。经过科学的管理，先后取得“山西省著名商标”、“全国消费者满意十佳蜂产品”、“全国蜂产品行业产业化经营龙头企业”、“山西省质量信誉AA级等级”、“山西省名牌产品”等荣誉称号。公司申报的专利项目，经国家知识产权局核定，取得五项产品外包装专利。在原销售网络的基础上，开辟河北、陕西等地的原料市场，保证了基地蜂农的经济利益，依托山东康宝蜂业在产品扩项生产中完成产品备案，与北京公司协商形成新的合作伙伴，为市场销售拓宽了渠道。

（贾广业）

名称：沁水县对外经济贸易公司
地址：县城北坛路41号
电话：0356-7022941
邮编：048200

沁水宾馆

【概况】 沁水宾馆是三星级旅游接待服务单位，2010年3月6日取得沁水县首家“三星级饭店”资格证书。下辖七部、一室、一中心，即客房部、餐饮部、供维部、保安部、洗衣部、财务部、质检部、办公室、休闲中心，有干部职工165人。占地面积8000平方米，建筑面积6000平方米，豪华套房11套，商务标间、标准间92套，高档会议室3个，多功能厅1个，中、小宴会厅32个，同时可接待200人住宿，600人就餐。2010年，接待省市级会议3000余人次，县级会议5000余人次，接待宾客20万人次。全馆经营总收入1997万元，其中客房部完成412万元，餐饮部完成1445万元，休闲中心完成140万元。

（张仁勤）

【经营管理】 完善各项规章制度，增强监管力度。以开展创先争优活动为契机，通过召开宾客、员工，不同类型、不同层次的座谈会，发放征求意见建议卡，设置意见箱等形式，多方征求在经营管理方面存在的问题，制定整改措施和完善管理制度。重新修订《沁水宾馆管理务实》，共10万余字。调整宾馆质检班子，制定出台服务质量监督检查制度，全年共举办质检专栏“每日质检”100余期；创新用人机制，合理配置人力资源，倡导人性化管理。因事设岗，因材使用，改变过去中层领导一年一换岗，确保各部门中层领导班子的相对稳定。落实依法用工，与110名员工签署新的劳动合同，为60多名员工申办医疗保险，先后两次提高员工的工资待遇，临时工人均月工资由原来的300元增加到800元，按时足额发放，调动了广大员工的工作积极性；加强成本管理和核算，降低经营成本、提高经济效益。坚持原有的巡价制度，货比三家，好中选优，优中选廉，择优购进。修订出台原材料购进，财产管理等制度，建立原材料出入库台账，规范各类财产的购置使用行为，遏止浪费现象。开展增收节支，开源节流活动，健全增收节支和奢侈浪费的奖惩机制。

（张仁勤）

【服务创优】 开展确立星级意识，改变服

务理念的教育，树立人人都是软环境的理念，重影响，塑形象，打造服务品牌。始终坚持“两个以我主”和“一个最高标准”。以餐饮服务为例，根据流动客人少，消费标准低，客源市场小，一个以我为主是在不排斥一桌数千元上万元利润丰厚的高档菜肴的同时，更热衷于以当地的小杂粮，野菇、野菜、野味、纯天然、纯绿色原材料为主，学习研究创做营养均衡、荤素调配具有地方特点的名优小吃菜品，并取得成功。一个以我主是兼收并蓄，安排技术骨干赴外省市学习川、粤、湘、鲁等精品菜肴，取其精华为我所用，打造一支精通各式菜肴烹制技能的技术队伍。一个最高标准就是客人满意就是宾馆的最高标准。全年组织炊事员、服务员赴晋城、太原、长治、郑州等外省市酒店宾馆进行培训学习200余人次，集体组织学习培训2000余人次，组织服务技能技术考试两次，参加员工200余人次。建立健全宾客投诉反馈制度，理顺宾客反馈渠道，把宾客满意度测评作为员工评模调薪的重要依据之一。全年收回宾客服务质量反馈意见卡3000余份，收集到有价值的意见和建议1000余条，服务质量的逐步提高赢得较好的服务口碑，回头客有了较大的增加。

（张仁勤）

【基础设施建设】 位于院内西侧十多年的拆迁遗留问题得到解决，投资50余万元硬化、绿化、亮化。投资200万元对服务主楼客房地毯、家具、餐饮桌椅进行改造更新。负责承担在碧峰公园筹备兴建沁水县碧峰接待中心的前期筹备工作，完成碧峰接待中心《项目建议书》和《可行性研究报告》的编制工作和勘察、划界、放线初设工作。

（张仁勤）

名称：沁水宾馆
地址：县城西街258号
电话：0356-7021130
邮编：048200

旅 游

【机构改革】 按照沁水县机构改革方案，2009年12月县文史博物馆从县文体局划归县旅游局，2010年3月23日、5月18日分别举行“沁水县旅游文物局”和“沁水县文史博物馆”成立挂牌仪式。沁水县文史博物馆升格为副科级事业单位，增挂“文物保护管理中心”牌子。现旅游文物局内设办公室、行业管理科、安全监察科、执法大队、产业开发科、宣传科，其中安全监察科和执法大队合并办公。工作职责：贯彻实施旅游工作和文物保护法律、法规和方针、政策，起草旅游工作、文物保护规范性文件并监督实施；组织制定全县旅游、文博事业发展规划并指导实施；履行旅游、文物行政执法督察职责，建立行政执法责任体系并付诸实施；组织全县旅游形象整体宣传和重大促销活动，指导全县文物保护宣传工作；规范旅游市场秩序、监督管理服务质量、维护旅游消费者和经营者合法权益，规范旅游企业和从业人员的经营和服务行为，依法管理文物流通；推进旅游产业信息化建设，指导和协调全县文博科技保护和信息化工作，监测旅游经济运行，负责旅游统计及行业信息发布；组织旅游资源的普查、规划、开发和相关保护工作，指导重点区域、旅游目的地和旅游线路的规划开发，指导休闲度假、特种旅游、红色旅游和乡村旅游工作，组织协调旅游景区、景点规划的评审，负责假日旅游监督管理，负责对旅游景区、景点质量等级的推荐申报工作；组织实施旅游区、旅游设施、旅游服务、旅游产品等方面的国家标准和行业标准，负责县内所驻各旅行社网点业务经营许可的审批；负责全县旅游从业人员、文博专业人员、管理人员的培训，组织文博系统初级职务任职资格的评审工作，组织实施旅游从业人员职业资格制度和等级制度的相关工作；管理指导全县文物保护和考古工作，组织协调重大文物保护和考古发掘项目的实施，负责全县文物保护和考古有关项目的审核、申报、审批事务和相关资质、资格的审核、申报工作。

（张振程）

【旅游收入】 2010年，县旅游局共接待游客143万人次，实现旅游总收入10.34亿元，超额完成100万元。

（张振程）

【历山景区建设】 2010年3月，中下旅游公路开工建设，投资6000余万元完成所有路基工程，路面工程完成70%；投资150万元完成舜王坪木质步道3公里，西峡栈道230米；投资900万元完成服务区接待大厅1800平方米，商业总厅1200平方米。

（张振程）

【柳氏民居景区建设】 在基本完成搬迁任务的基础上，投资450万元，对景区周围的环境和过境河道进行硬化和绿化治理，对磐石长安和行邀天宠两个古院进行复修和改造，新建游客接待中心门面房30间，新建文兴苑和农耕广场，安装古民居监控设施，修建12家文兴农家乐宾馆。该景区由AA级升AAAA级，9月15日挂牌。

（张振程）

【湘峪三都古城建设】 投资450万元，修复东佛堂、东城门道路及广场，修建各功能活动场所、停车场和仿古公厕，修建三都湖广场二期工程和坝墙工程。

（张振程）

【星级旅游饭店建设】 沁水宾馆是沁水县唯一的上星级旅游饭店，通过国家、省、市旅游局由2星级升格为3星级旅游饭店验收，2010年3月6日取得沁水县首家“3星级旅游饭店”资格证书。

（张振程）

【扶持乡村旅游】 先后组织旅游企业、乡村干部等人员到阳城皇城相府、蟒河、陵川凤凰欢乐谷和河南栾川、洛阳等景区景点就旅游开发和农家乐宾馆建设进行参观学习。郑庄吕村龙湖湾根据市局要求标准，修建配套6家沁河农庄农家乐宾馆，柳氏民居修建12家文兴农家乐宾馆。

（张振程）

【倡导低碳旅游开发】 为加速推进沁水旅游产业发展进程和方式，创优发展环境，结合全县旅游产业发展实际，把低碳、绿色、生态的可持续发展理念始终放在旅游开发的突出位置，以“绿色、健康、回归自然”为目标，在开发过程中，严格遵循“减量化、再利用、再循环”的原则，采用绿色开发模式、倡导绿色消费理念。2010年10月，在北京第二届中国低碳旅游建设峰会上，沁水县被评为“中国低碳旅游县”，柳氏民居景区被评为“中国低碳旅游示范区”。

（张振程）

【招商引资】 紧紧抓住政策机遇，积极主动做好项目申报工作，编制上报6个旅游景区的旅游产业项目规划表，21个旅游文物项目全部进入沁水县“十二五”旅游文物产业规划，为旅游投资立项和招商引资打下基础；认真组织参加省、市、县举办的各种旅游推介暨招商引资洽谈会，编印并以会发放《沁水旅游招商手册》2000余份。在2010年9月的太原能博会上，同北京瑀投资有限公司，就《沁水湖卧龙湾休闲度假区》，签订9000万元的旅游开发项目。

（张振程）

【旅游规划编制】 先后完成《沁水县旅游

文物业十二五发展规划》、《柳氏民居柳宗元文化旅游区开发规划（二期）》、《秀水湾公园（湾则水库）旅游开发规划》、《荆浩故里——洪谷旅游区开发规划》、《沁水湖（张峰水库）景区控制性详细规划》1个总体规划和4个专项规划的编制。

（张振程）

【博物馆馆藏等级文物数据信息采集】 对全县54件一级、二级、三级品的文物按标准进行重新拍照、称重，信息检查、补充和修改。

（张振程）

【第三次全国文物普查资料整理】 共计调查不可移动文物705处，其中复查313处，消失27处，新发现392处，新发现量占普查总量55.6%，行政村和自然村覆盖率均达到100%。

（张振程）

【文物展览】 在“5·18”国际博物馆日，同晋城市博物馆联合举办《民俗与面塑展》和《传统剪纸展》,共展出面塑作品105件、剪纸作品56件。在抗日战争胜利65周年之际，同文联联合举办《抗日战争胜利65周年书画展》，展出书画作品60余件，其中展出20世纪60年代由沁水县博物馆创作的现收藏在太行八路军纪念馆的反映发生在沁水县抗日战争事件作品18件，参观人数达1.5万余人次。

（张振程）

【旅游宣传促销】 为进一步加大全县旅游宣传促销力度，多渠道、多层次向外宣传沁水的旅游资源优势，不断扩大全县旅游知名度，开通“沁水旅游网站”，结合国家、省旅游局组织的国际国内促销活动，积极组织参加“上海国际旅游博览会”、“中国（北京）北方旅游交易会”、浙江义乌旅游商品交易会等旅游宣传促销及推介活动，在会上发放宣传资料和招商引资项目书近万份，借此契机开拓以北京为中心的京、津地区和东北地区以及周边省份游客市场，加强与他们的旅游合作，进一步优化整合区域旅游的资源产品，借助这种旅游交易盛会的平台，全面展示沁水县丰富的生态和休闲度假旅游产品，大力吸引高端旅游消费群体；为进一步传承柳宗元文化，促进合作交流、实现共赢发展，2010年9月15日—18日，在柳氏民居景区举行第二届柳氏民居文化旅游节。

（张振程）

【旅游安全生产】 召开全县旅游工作暨安全生产专项整治会议。制订本单位综治和平安工作计划及年度安全工作内容。下发《沁水县旅游系统应急预案》、《全县旅游行业安全生产专项整治工作方案》。建立安全工作例会制度，规定每月最后一周的星期五下午为当月安全例会时间。建立经常性的安全生产检查制度，对旅游景区、星级酒店、旅行社进行明察暗访，发现隐患令定期整改，并加强跟踪检查，确保安全隐患及时整改到位。建立事故报告制度，严格要求旅游企业对各类安全事故按照规定程序及时上报。加强旅游安全检查工作，在景区点重点部位设立告示牌，内部定出管理措施，对旅游从业人员进行安全技能和服务技能培训，有效提高旅游从业人员的业务素质，增强安全防范。结合安全生产专项整治活动对全县16个旅游企业进行全面安全隐患大排查。结合安全生产月活动，开展一次旅游安全宣传咨询活动、一次安全生产宣誓活动、一次安全生产应急演练活动、一次安全生产警示教育活动。组成考核小组，实行“百分制”计分标准，对各旅游企业进行安全考核。对旅行社的旅游保险情况进行检查，确保为游客投保率达100%。同时，做好假日旅游安全管理工作。为抓好馆藏文物的安全工作，保卫科在春秋两季对安全报警设施和消防设施进行检查和操作培训，发现隐患及时处理，全年馆藏文物安全无事故。

（张振程）

【市场监管】 坚持一手抓发展，一手抓整顿，以规范旅游文物市场秩序为重点，在年初与各景（区）点、旅行社、星级宾馆签订旅游安全生产目标管理责任书，对各旅游企业在开展旅游工作中的安全责任提出明确的要求。加大旅游市场秩序整顿和行业规范管理力度，联合公安、交警、卫生、工商、物价、质监等部门开展联合执法，查处一些经营不够规范的企业，对部分旅游企业提出整改意见。在“五一”、“十一”黄金周来临之际，单位全体干部职工实行24小时值班制度，对外公布旅游投诉电话，做好投诉和旅游咨询工作，接受社会监督。全年共接受旅游咨询12起，处理旅游投诉两起，结案率达100%。针对全县旅游市场出现的违规现象，强化景区规范整顿工作，确保了旅游市场秩序整治不留死角。同时，强化行业自律，倡导行业普遍遵守。

（张振程）

名称：沁水县旅游文物局
地址：县城新建西街248号
电话：0356-7028386
邮编：048200

沁水县景区景点简介

【舜王坪生态旅游风景区】 位于沁水县城西南56公里处，总面积112平方公里，最高海拔2358米，是国家级自然保护区和国家森林公园，以其独特的喀斯特自然地貌、原始风光、古人类文化著称于世。其中原始森林、溶洞群、高山草甸、峡谷风光北方罕见。奇峰、怪石、清涧、溶洞、水帘并称“五绝”。林涛、山风、冰雪、雾雨、云海、古迹、生物、药材、庙宇、民居共名“十胜”。原始森林之秘、溶洞群之高、高山草甸之雄、峡谷风光之秀、古人类文化之悠，成为世人旅游、度假、探险、考察、写生的绝佳境地。主要景点有迎客松、白云洞、舜王坪、西峡、东峡。

迎客松 为山西省现存最古老的华山松之一，被列入《山西省古老稀树木大全》名录。高8米，直径两米，树冠12米，树龄400余年。

舜王坪 为中条山主峰，海拔2358米，相传因舜王在此耕治而得名。舜王坪亚高山草甸分布极广，峰顶平夷广阔，为一面积达万亩的天然草场。坪上自然景观有龙翻辿、斩龙台、南天门、滴奶泉、舜王泉等。

西峡 位于下川村南1公里处，北至猪尾沟，南至西哄哄，全长5公里，最宽处50米，最窄处却只有尺余的一线天，相传为舜王刀劈而成。

白云洞 又叫仙人洞，为华北地区最大的溶洞。位于下川村北5公里处的鸡冠山上，海拔1500米。洞深2000多米，已开发游程890米，最高处27米，最宽处30米，洞中各种形态的石钟乳、石笋、石柱、石莲花、边石坝、鹅管组成各种奇特的岩溶奇观。

东峡 历山峡谷风光的杰出代表，以奇特瑰丽闻名。相传为舜耕治历山用戟劈山而成。长6公里，宽20余米，两壁陡崖高逾百米，整条峡谷气势宏大，风光瑰丽。当地至今还流传着“邓小平智斗小日本，弃马出东峡”的故事。

（张振程）

【柳氏民居景区】 山西省重点文物保护单位，地处沁水舜王坪生态风景区腹地，侯月铁路、晋侯公路必经之路，沁水县城西南25公里土沃乡西文兴村。明永乐四年始建文兴村一进13院，占地两万多平方米。其建筑工艺高超，建筑风格独特，历代名人书法及石雕、砖雕、木雕文化内涵丰厚，是中国目前唯一的以同祖血缘世代聚居的原始古村落。主要景点有关帝庙、魁星阁、文昌阁、柳氏祠堂、磐石常安、香泛柳下、司马第、石牌坊等。

（张振程）

【赵树理故居】 位于沁河西岸嘉峰镇尉迟村。分东西两院，东院建于清乾隆十年（1745），西院建于乾隆十八年（1753）。东西两院中间建有赵氏祠堂和赵氏合族议事厅。议事厅西两间为赵氏私塾，赵树理儿时曾在此读书识字。西院为一四合院，南房已毁，北房和东、西房均为二层砖木结构的楼房，楼内尚存赵树理生前书籍、柳条箱、皮箱和生活用品等珍贵遗物。

（张振程）

【三都古城】 湘峪三都古城堡，是明代嘉靖年间政治家、军事家孙居相、孙可相、孙鼎相一代名臣的故居。居沁水县城东南72公里处。明天启三年孙氏故居始建蜂窝城堡，古城东西长280米，南北宽100米～150米，城周总长约760米，城墙宽4米，南城墙高从藏兵洞底算起最高处有25米，最低为4米～5米，古城总面积32 500平方米。现保存完整的南城门、东城门及南、北两段城墙与防御城堡等建筑，西城门也留有部分拱状墙基。被誉为“中国北方乡村第一城”。此建筑群均为木雕、石雕、砖雕融为一体，是明代不可多得的古代建筑群。

（张振程）

【王街避暑行宫】 位于沁水县东南75公里的郑村镇王街村，主要有老母庵和陈昌期墓园。距阳城皇城相府仅1.5公里。老母庵为陈家烧香拜佛、游玩观赏避暑之地，陈昌期墓为陈廷敬之父墓，主要景点有陈廷敬书丹的龙爪磐石“玉质龙鳞”松和巨石“夕阳之翠”观景台及雕刻精细、沧桑古朴的“相国牌坊”等。

（张振程）

【示范牧场】 地处沁水县郑庄镇杨家河境内，是中国同新西兰技术合作建立的第一个现代化围栏轮牧的养羊基地，是集产、学、研及牧业观光为一体的农科教旅基地。牧场总面积3万亩，围栏98公里，划分为62个放牧小区，是全国目前所知最大的观光牧场。旅游功能包括观光、科考、科普、购物、生态体验等。

（张振程）

交通 邮电

交通运输

【机构改革】 2009年12月31日，全县政府机构改革动员大会召开，将县交通局更名为交通运输局，2010年2月3日挂牌；同年8月21日经市、县政府机构编制委员会批准，沁水县道路运输管理所更名为沁水县道路运输管理局。

（田强兵）

【沁水县城至中木亭互通连接线一级公路工程】 起点于阳翼高速公路中木亭互通出口处，终点于滨河南路杨河桥，全长4.575公里，概算投资17 093.52万元（包括杨河桥1269万元）。按一级公路标准建设，路基宽度23米，双向四车道。主要工程量有路基土石方182.8万方，防护工程4.5万方，沥青混凝土路面9.6万平方，箱涵1道45.4米，天桥1座，涵洞13道。工程于2009年8月开工建设，2010年10月20日竣工通车。

（田强兵）

【沁水尧都互通连接线二级公路工程】 起点于杏河南路与沁东线相交处，终点于阳翼高速公路尧都互通口匝道与沁东线相交处，全长11.186公里，概算投资6929.27万元，按二级公路标准建设，设计车速60公里/小时，路基宽度12米。主要工程量有路基土石方52.2万方，防护工程3.3万方，沥青混凝土路面13.2万平方米，涵洞51道，小桥5座。工程于2009年8月开工建设，2010年10月20日竣工通车。

（田强兵）

【历山旅游公路中村至下川段改造工程】 起点于中村西南出口，终点于西峡桥，全长22.851公里，概算总投资6500万元。设计标准为山岭重丘三级公路，路基宽7.5米，路面宽6.5米，主要负责该项工程的技术指导和行业监管，工程于2010年3月份开工建设，完成路基20公里，土石方20万方，防护工程3.1万方，桥涵23道，完成路面工程12公里，完成投资5010万元。

（田强兵）

【嘉阳公路沁水嘉峰段改造工程】 起点接于端润一级公路嘉峰村东，终点于张沟村，全长6.433公里，概算总投资1305万元。按三级公路标准建设，路基宽7.5米。工程于2010年5月份开工建设，10月份完工。

（田强兵）

【湘峪至武安公路路面改造工程】 起点于郑村镇湘峪村东，终点于嘉峰镇武安村，全长6.02公里，按三级公路标准建设，路基宽8米，路面宽7米，概算总投资793

万元。工程于2010年6月份开工建设，10月份完工。

（田强兵）

【通返不通“全覆盖”工程】 2010年共安排通返不通（返修原通路）“全覆盖”工程19项，涉及10个乡镇19个行政村，总规模55.4公里，总投资1108万元，全部为四级水泥砼路面，所有工程均达到合格标准，11月份通过省、市检查组的验收。

（田强兵）

【长途客运】 引导扶持晋城汽车运输有限公司沁水分公司完善经营管理，走公司化经营、规范化管理、标准化服务之路。2010年，全县共有营运客车111辆，除1辆为个体经营以外，其余全部纳入分公司经营管理。其中跨县（区）以上长途客车57辆，全部安装GPS车载卫星定位系统。

（刘新忠）

【农村客运】 农村客车总数54辆，建制村通客车率达到96%，基本实现建制村通客车“全覆盖”。创建沁水——嘉峰文明客运班线，开展沁水——中村农村客运公交化运行试点工作。

（刘新忠）

【城市客运】 2010年，全县共有公交公司两个，公交客车20辆；出租公司5个，出租汽车120辆。针对县城公交、出租公司资质不完备、运行不规范、车况车貌差、安全隐患多的状况，制定《县城公共客运行业发展规划与管理实施意见》，对公交、出租公司进行收购改造和整合重组，淘汰老旧公交、出租车辆，引进新型车辆和经营管理模式。

（刘新忠）

【公路养护】 2010年，农村公路管理养护总里程为1350公里，其中县道11条272公里，乡道13条148公里，村道433条930公里。针对全县农村公路点多、线长、面广，通达里程较长、技术等级低、抗灾能力小、通行性能差、投资跟不上的实际情况，沁水县交通运输局在各乡镇成立农村公路管理养护站，由分管公路副乡（镇）长任站长，配有1名～3名管理人员，制定制度和职责，采用沿途群众分段承包、责任到人的养护作业方式，使乡村公路养护有人管、有标准、有经费。同时，出台《乡村公路养护管理工作考核办法》，按核定里程和考核结果进行资金兑现，推动了全县农村公路养护工作的规划化、制度化。年内，在黑东线安装警示、警告标志80块，砌筑防护墩260块，硬化路肩33.1公里，并将其中的南瑶上至元上段10.5公里创建为“文明公路”；对定中线土沃至王庄段进行软路基换填1500方，恢复水泥砼路面7830平方，对黑东线柳沟坡至南瑶上两公里水泥砼路面进行返修；对北固线李庄拉槽处及郑庄线吕村段浆砌挡墙1400方；对全县所列养路段清理塌方1.6万方。全县县公路好路率达82.34%，养护综合值达75.9，乡村道路面完好率达81.85%。

（田强兵）

【海事工作】 沁水县地方海事处是依据《中华人民共和国内河交通安全管理条例》，于2008年10月经市、县编委批准成立的副科级全额事业单位，隶属县交通运输局，业务受上级海事部门指导。共有管理人员8名。主要职责是贯彻国家水上交通安全的法律、法规；根据全县水路运输发展长远规划，提出水路运输发展中长期和年度建设计划，报上级主管部门批准后监督实施；依法加强对内河通航水域的水上交通安全监管；负责辖区内船舶登记与检验、船员考试、考证和防治船舶污染、水上交通事故的调查处理和水上应急救援；负责全县水路运输行业管理工作，维护全县水路运输秩序，引导水路运输行业优化结构，科技创新，积极推动全县水运事业的健康发展。2010年，对全县内河及张峰水库、山泽水库、湾则水库（在建）、水上公园等近800万余平方米的水上交通安全实施统一监督管理。

（梁高鹏）

【超限超载治理】 按照省政府治超两个办法，进一步明确运管机构源头治超执法主体地位和责任，监管与巡查相结合、处罚与教育相结合、移送与报告相结合，对全县50家政府公示的重点货运源头企业和危险化学品企业实施有效监管。按照“高起点规划、高标准建设、高效率运行”的指导思想，投资200多万元建成综合信息监控中心，对货运源头企业进行远程视频监控管理，推行科技治超，建立超限超载治理的长效机制。

（刘新忠）

【货物运输和物流服务】 全县货运企业16个，营运货车2830辆（其中挂车207辆），全部进行年度质量信誉考核和检测审验。对货运站场、货运代理、货物配送、信息服务等物流服务行业进行调查摸底和规范管理。按照“属地管理”的原则，对途经沁水县运送煤层气的24家危货企业、320台危货车辆、361台挂车进行审查备案和建档管理。

（刘新忠）

【机动车维修质量体系建设】 对99家维修企业开业条件、经营环境、硬件设施进行排查，对不符合条件的6家企业下达限期整改通知书，查出维修经营业户无道路运输经营许可证而有工商营业执照的29家，抄报给县工商局，规范维修行业。全县纳入管理维修业户100户，其中2010年许可一类维修企业1户，填补全县没有一类维修企业的空白，满足了危货车辆维修的需要。7户二类维修企业和5户政府定点公务车维修企业安装视频监控系统，保证机动车维修质量。扩大机动车维修应急救援网络，应急救援企业由2009年的两户增加到5户，并成功组织一次实地救援演练。

（田强兵　刘新忠）

【机动车综合性能检测】 永丰机动车检测站在全市首家通过省级质量认证，并实现检测线全程视频监控。10月20日起开始对营运车辆二级维护质量实行上线检测，把好营运车辆技术关。

（刘新忠）

【道路运输安全监督管理】 成立安全生产委员会，下设安全办，明确工作职责，加强对全县道路运输行业安全生产监督管理。认真落实企业安全生产主体责任和运管机构“三关一监督”（严把运输经营者市场准入关、严把营运车辆技术状况关、严把营运车辆驾驶员从业资格关，搞好汽车客运站的安全监督）安全监管职责，推行重点行业（领域）生产经营单位法定代表人安全生产承诺制，共签订《安全生产承诺书》123份。坚持“安全第一、预防为主、综合治理”的工作方针，先后组织开展安全生产专项整治、隐患排查、安全生产大检查和“安全生产月”等活动，辖区内营运客车和危货运输车辆100%投保承运人责任险，未发生重大交通责任事故；设立法制办兼违章处理室，对运政稽查和治超执法案件实行统一处理，保证执法的公正性，全年行政处罚金额190多万元；开展道路运输市场整顿和打击“黑车”非法营运专项稽查行动，联合交警、安监、消防等部门开展3次公路客货车辆及驾驶人联合检查整治行动，保障道路运输安全稳定。全年共查处违章车辆160台，罚款427 500元，有效遏制各类安全事故的发生。

（田强兵　刘新忠）

【机动车驾驶员培训】 全县共有机动车驾驶员培训学校两所，其中具备营运驾驶员从业资格培训驾校1所，教练车43辆，全部安装IC卡计时仪，落实学员培训学时制，加强对驾培工作的动态监管，提高驾驶员培训质量。2010年共培训学员1460人，考试合格1343人，初学驾驶员培训合格率达到92%。幸运驾校营运驾驶员从业资格培训360人，考核合格336人，从业资格培训合格率达到93%。

（刘新忠）

【基础设施建设】 建成嘉峰、十里、土沃乡镇汽车站3个，累计安装农村客运候车亭65个，招呼站牌180个。

（刘新忠）

【执法培训和监督考核】 组织运政执法培训两次，培训执法人员65人次，每月对执法队室行政执法情况进行检查考核，实行文明执法，优质服务，确保无公路“三乱”（乱设站卡、乱罚款、乱收费）现象发生。

（刘新忠）

名称：沁水县交通运输局
地址：县城花园路818号
电话：0356-7022374
邮编：048200

干线公路

【公路养护】 截至9月底，排水沟勾缝及维修7281平方，维修隔离墙42立方，新建排水沟385立方，新建平交道165米，维修隔离、新建挡土墙817.5立方，清理水沟淤泥280立方，清理水沟367.6公里。处理翻浆面层21 150平方、基层549平方、刷油4吨。马邑村修补路缘石607.5立方。安保工程修补及新增246.72立方。安装标志39根。东山桥、金峰桥、古堆桥、梅沟桥安装监控标志24根、活动房两座、监控人员3人、减速带75米。全线清理涵洞一次，清扫路面9800公里。马邑、城关道班建设完毕，七坡、宋庄正在准备建设中。杨家桥、端氏桥3类危桥采取加强监控措施。坪曲线K186+121（东岭）土方3150立方，浆砌挡土墙1204.5立方。梅沟桥桥面加固43.2立方。第三季度MQI（公路技术状况）值达81.67%。

（刘　艳）

【工程建设】 沁东线县城至杏峪段拓宽改造工程和杨河桥新改建工程新建4.3公里一级公路，政府累计投资3.5亿元，分局投资300万元；坪曲线路面综合改造工程于2010年7月5日开工，8月30日竣工通车，总投资2139万元；公路文化长廊工程、端氏连接线道路工程、郑庄镇道路工程、国华路道路工程，总投资3934万元，公路段投资130万元，补增文化墙景点4处；绿色走廊建设政府投资1800万元；坪曲线、沁东线沿线村庄居民大门楼统一标准建设，政府补助投资830万元；完成坪曲线、陵沁线微表处工程，总投资276万元；新建物料中心，总投资200余万元；新公路段办公楼工程全部完工，并投入使用；对坪曲线易塌方地段进行落石挂网，坪曲线严重薄弱路段两处微表处中修，累计投资23万元；完成七坡道班新建工程前期手续；完成坪曲线路基沉陷6处，投资22万元；完成旧址公路段两层危楼和原沁东收费站大棚拆除任务及家属院院落、大门、水暖电改造工作。

（刘　艳）

【路政管理】 推行路段协管员巡视责任奖惩，对于发现重大损路事件及时报告者给予重奖，确保路政案件发现率100%；联合交警、派出所执法，打击非法损路者，保障公路设施完好；配合消防大队联合出动抢救“6·21”煤层气运输车失火等多起交通事故；与地方政府、村委签订《路地共建协议书》、《路地共建目标责任书》，形成公路与沿线村镇齐抓共管的良好局面。同时积极组织实施文化长廊景观建设，重点对38个村进行绿化治理，绿化面积达13.5

万平方米，共建排水设施5000余米，工艺隔离墙1000余米，文化长廊景观浮雕11处，绿化景观6处。

（刘 艳）

【路政案件查处】 依法制止违法建筑4处，拆除沿线加水点6处。查处路政案件35起，清路障7861平方米，合理收取损坏公路赔偿费87万余元，结案率达96%，过村镇路段的完好率达91%，确保“五星级文明单位”称号。

（刘 艳）

【安全生产】 针对坪曲线杨河桥至端氏段公路沿线岩体经常发生塌方路段，加大巡路和清理力度，做到随时发现随时清理，确保路面干净整洁，公路交通安全畅通；针对危险路段进行排查，及时修复和完善缺失或损坏的护栏和护墩、各种标志；针对坪曲线东山桥、古堆桥、梅沟桥三座危桥实行专人负责定期观察，密切关注病害发展态势，认真填写监控记录，发现隐患，要求及时准确上报；针对金峰桥临时便道加大防汛监控力度，设专人24小时值班，安全督察员常驻现场进行监督，配备挖掘机、装载机等大型机械，确保安全度汛；针对公路养护病害处理问题，做到边挖边补，保证路面平整、坚实、顺适；针对机械管理方面，做到操作人员持证上岗，规范操作，人人签订安全目标责任书，机械停放有序；针对施工现场做到材料堆放整齐，标志设置齐全、醒目，施工规范，坚决杜绝工程施工安全事故发生；针对物料中心拌和设备、输电线路等隐患部位进行了检查和维修，保障雨季安全用电，养护人员规范安全标志服，确保了安全生产五项指标均为零。

（刘 艳）

【机务管理】 认真实施单车单机核算，年初对所有的机械设备进行一次全面维修，保证了红旗设备正常运行，机械设备年均完好率达到90%，利用率达到80%以上，实现全年安全无事故。

（刘 艳）

名称：山西省沁水公路管理段
地址：县城新城社区
电话：0356-8089030
邮箱：qsgonglu@126.com
邮编：048200

铁 路

【沁水车站】 三等客货运中间站，站区有线路车间、供电车间、信号车间、通讯工区、桥隧工区、探伤工区、卫生所、房建工区等9个驻站单位，148名职工。无客运业务，年设计货物发运量23万吨，2010年装车630辆，完成发货量4.129万吨，完成货运收入197万元，全年接发列车54 810列，截至年底，实现安全生产5487天。

（张晋峰）

【郑庄车站】 四等中间站，无客货运业务，站区有桥隧车间、变电所、线路工区、信号工区、接触网工区5个驻站单位，103名职工。截至年底,实现安全生产5487天。

（张晋峰）

【端氏车站】 四等客货运中间站，该站是太原铁路局与郑州铁路局的交界口车站，是太原铁路局的东南大门，在侯月线占有重要地位。站区有线路车间、桥隧工区、接触网工区、信号工区、电力工区、变电所6个驻站单位,109名职工。无客运业务，年设计货物发运量20万吨，2010年完成货物运量12.7万吨，货运收入157万元，超额完成货运任务，被太原铁路局侯马车务段授予“先进班组称号”。截至年底，实现安全生产3824天。

（张晋峰）

【运输生产】 2010年，由于受国际金融危机的持续影响，太原铁路局将侯月铁路的运输任务定为8000万吨，全年过轨列车达到54 810列，完成货运量1亿吨，超额完成任务2000万吨。

（张晋峰）

【线路治安】 临汾铁路公安处沁水车站派出所管辖着侯月线81公里～147公里+243米间线路，总长65.673公里，其中沁水县境内90公里～147公里+273米，长57.273公里。全年围绕“线路防控”工作主线，不断推进辖区防控体系建设，积极整治突出治安问题，扎实开展各类专项行动，杜绝因治安问题引发的行车事故；杜绝撞轧大牲畜事故，杜绝危行事件，杜绝干警队伍违法违纪案件和路风事件，全年铁路交通事故较上年下降50%。巡逻巡线累计出动警力1000余人次，巡线里程达1.2万余公里，发现治安隐患467处，下发隐患整改通知书2900份；对沿线4个乡镇、37个村庄、30所学校开展4轮的全面宣传，散发宣传品2.5万余份，张贴标语3000余条，开展法制讲座150余场次，受教育人数达到4万余人；全年通讯报道刊稿91篇，其中中央级3篇、省级9篇；上报简报、信息103期；为民办好事98件，收到表扬信5封，锦旗3面。通过扎实的开展各项工作，沿线治安进一步净化，沿线群众爱路护路意识进一步提高，被晋城市综治委评为“护路先进集体”。

（张晋峰）

名称：临汾铁路公安处沁水车站派出所

地址：沁水县火车站

电话：0356-3256118

邮编：048200

交通安全

【交通事故】 全年共发生道路交通事故92起，造成29人死亡，111人受伤，直接财产损失17余万元，与上年同期相比分别下降8.00%、下降17.14%、上升6.73%、下降51.62%；逃逸事故除一起没有侦破外，其余全部侦破。

（贾海强）

【交通事故预防机制】 成立沁水县道路交通安全管理委员会，14个乡镇依托乡镇安监站，全部建立乡镇交通安全委员会，健全乡镇“道路交通安全联席会议制度”，村委、居委、企业相继成立道路交通安全管理小组，落实办公场地、人员和经费。

（贾海强）

【县城道路交通管理】 在县城安装8处交通信号灯（建成7处）；县财政出资80万元，共安装隔离带3000余米，封闭支路口13处；为解决群众停车难问题，在县城合理施划停车泊位1000余处，在全县临街临路的学校、幼儿园门前安装提醒和限速交通标志，施画人行横道线。

（贾海强）

【车管工作】 投资3万余元建设考试场地，开展C4以下驾驶证办理业务；开展除客车外的车辆上户业务，在端氏中队开办农摩车上户业务；开展违法满12分的消分和超期换证的考试业务；开展送证下乡和上门上户业务。全年，共办理各类车辆上户1068辆、办理车辆检验3793辆、补登记证书6本、补行驶证51本、补牌照89面；接受驾驶员身体条件证明3650份、办理初次申领驾驶证业务2324件、增驾业务94件、办理换证1257本、补证232本、注销驾驶证166本、办理农机证补建业务67件；为运输车辆更换新式车辆号牌固封装置213

副，新增车辆上户更换固封装置30副。同时针对重点车辆，实行户籍化管理，用短信方式定期向驾驶人、车辆所有人提供车辆年检、驾驶证年审、保险、交通违法、道路状况、天气情况及安全提示。

（贾海强）

【交通秩序管理】 全年共查处无证驾驶176起，酒后驾驶107起（其中醉酒驾驶45起，饮酒驾驶62起），涉牌涉证违法行为1021起，客车超员42起（处罚客运企业安全管理负责人1起），低速货车违法载人126起，强制报废汽车45辆、报废摩托车64辆；酒后驾驶拘留45人，在全市9个大队排名第一。并将许嘉线建设成为全市示范县乡公路，完成各类交通安全保卫勤务60余次。

（贾海强）

【交通隐患排查整治】 县财政出资28万元，在省道坪曲线、陵沁线所有支路口全部安装减速带和让行标志；公路沿线企业自筹资金在平面交叉路口安装有提醒内容的太阳能闪烁灯；积极联合有关部门进行隐患排查，共排查隐患24处，下发整改通知24份，全部整改完毕。联合县教育局，依托乡镇交安委和教委，对全县现有学校接送学生的车辆进行全面排查，对非营运的7座以上车辆进行治理。

（贾海强）

【执法规范化建设】 充分利用警综平台和接警平台，使所有案件（刑事、行政拘留）全部实行网上流程审批、电脑打印法律文书，解决民警因案件审批四处奔波找人审核签字的问题，有效提高工作效率。坚持“日审、月考、季评”制度，进一步提高民警的执法水平，提高办案质量。

（贾海强）

【交通事故调解工作】 成立沁水县道路交通事故纠纷人民调解委员会。为方便群众，结合全县实际，在龙港镇、端氏镇司法所设立两个工作站，使事故处理调解工作逐步走向社会化、法制化、良性化的轨道。全年共受理28起，成功调解26起。发放警民联系卡3000余张，交通事故回访卡89份，解答群众问题130余条，认真排查整改执法问题；针对群众反映强烈的出警不及时、逃逸事故侦破率低、由交通事故引发的信访案件问题，大队积极取得县局的支持，要求所有交通事故，必须由辖区派出所、交警中队先期到现场进行处置，对于重大案件，刑警、巡警必须配合，遇到逃逸事故，要视情况适时调动全队力量进行侦破。

（贾海强）

【信息化建设】 投资200余万元配齐各种装备。大队现有电脑97台、数码摄像机13台、数码相机20台、350兆对讲机62台、移动电子警察5台、酒精检测仪11台，执法记录仪34台、单警装备34套；建成电教室，做到网上查询浏览信息、网上办公、网上办案；投资396万余元建立沁水县智能化交通管理信息中心；针对县城东部地区工矿企业集中和机动车流量大的特点，将交通指挥系统延深至距县城50余公里的端氏、嘉峰地区，并与公路沿线企业共建双赢，由企业集资230余万元，在端氏、嘉峰中队辖区建立具有交通违法抓拍功能的9个治安卡口系统和3个交通信号灯。截至年底，全县辖区共有卡口11个，实行24小时管控；投资40余万元，利用公安网线安装视频监控系统。在所有中队门口、违法处理室安装监控，中队会议室安装视频会议系统，大队对中队的日常监管实行网上视频督察；将辖区客运公司、两个煤层气运输公司的GPS系统连接到大队指挥中心，适时对客运车和危化品运输车辆进行监管，并以此为依据对超速、疲劳驾驶等违法行为进行处罚。

（贾海强）

【基层基础建设】 投资80余万元合理布局设置接待区、办公区、办案区、生活区；配备商务电脑、扫描仪和彩色打印机，实行网上办公、网上办案；先后投资400余万元对4个中队综合办公楼进行修缮，配备新的办公设施；把端氏中队建成一个集秩序管理、事故处理、车管业务为一体的综合中队；由县财政出资200余万元为大队新购开道车两台、桑塔纳志俊车12台，总队调配普桑两台。

（贾海强）

【安全宣传】 先后组织开展“春运”主题宣传、“3·30”、“4·30”、“五一”黄金周、“安全生产月”、客货运及危化品运输车辆驾驶人宣传培训、涉牌涉证专项整治、交通安全宣传志愿者、宣传教育示范单位等15次大型交通安全宣传教育活动，提高广大人民群众的交通安全意识。全年共出动宣传车28次，深入机关企事业单位、学校、村庄、农户700余家，播放宣传光盘560余次；组织驾驶人培训、讲授交通安全课221次，培训人数达300余人；摆放交通安全宣传版面984块，散发宣传资料10万余份，悬挂交通安全标语280余条；在县电视台和县城街道上空宣传显示屏发布交通安全宣传警示语3次220条；在县电视台播放为期1个月的文明交通专题节目《摒弃交通陋习 倡导文明交通》，营造了浓厚的宣传氛围。同时在国家级报纸杂志刊登新闻宣传稿9篇，省级报纸杂志刊登新闻宣传稿51篇，在市级报纸杂志刊登新闻宣传稿92篇，在县级电视台、报纸杂志播发和刊登新闻宣传稿120篇，其中《鼓书：义务交警员》被省厅交管局评为“文明交通行动计划宣传文艺作品类三等奖”。

（贾海强）

名称：山西省沁水县公安局交通警察大队

地址：县城新建东街1538号

电话：0356-7024255

邮编：048200

邮　　政

【业务经营情况】 2010年，县邮政局总收入完成1168.1万元，完成年计划的105.45%，全市排名第二。储蓄完成690.98万元，完成计划的110.03%，全市排名第二；函件完成52.38万元，完成计划的100.35%，全市排名第一；报刊完成91.24万元，完成计划的101.38%，全市排名第一；集邮完成77.2万元，完成计划的113.49%，全市排名第一；保险完成92.02万元，完成计划的109.55%，全市排名第二；电子商务完成36.05万元，完成计划的103%；分销专业完成29.74万元，完成计划的129.3%，全市排名第一；其他收入完成98.49万元。七大专业有五个全市第一、两个第二。

（李　波　张有智）

【基础设施建设】 邮路总长增长到1754公里，邮运车辆发展到5辆专用邮车。翻新改造十里邮政所、柿庄邮政所、固县邮政所。对所有网点进行室内外装修，改善沁水邮政服务条件和环境。

（李　波　张有智）

【案件防控工作】 认真组织开展“案防攻坚年”活动，与各网点负责人签订《沁水县邮政局案件防控目标责任书》，并要求各网点负责人与前台从业人员层层签订。每季度召开案件防控治理联席会议，邮银双方共同对案件防控工作进行分析研讨，重点对市局邮银联席会议进行传达，通过学习案例及观看录像，开展案件教育工作，并从中总结经验教训。对所辖储蓄网点，开展网点资金安全达标升级工作，配合省、市局对端氏、潘庄储蓄网点进行网点资金安全达标升级的复验和验收工作，经省局验收合格，分别达到AA级、A级标准。

（李　波　张有智）

【通信服务质量管理】 15个分支机构，按市局一类、二类、三类网点工作时间，制作和统一局名牌、营业时间牌及服务承诺、出售商品价格表。按照标准，利用集中培训和自学两种方式，对营投人员进行业务和服务培训，培训率达100%，使窗口人员服务意识得到有效提高。在“世博会”期间，全局共抽查出口到上海方面的各类邮件400余件，无一件禁寄物品流入邮政渠道，圆满地完成“世博会”期间邮件安全阶段性工作。全年共收到市局下发农行账单邮件670件（普通账单384件，重点账单275件，跨行账单11件），投递农行账单670件，回单收回670件，信息上传670件，确保账单邮件3个100%；投递大中专学校录取通知书挂号、特快邮件698件，未发生积压、延误现象。全年抽查邮件规格质量13 596件，总包邮件处理2685件，不合格率为零。下发征求用户意见函两次，每次100份，回函率达98%，用户满意达96%以上，达到省公司和市局要求标准。机要通信工作获得31连冠。

（李　波　张有智）

【信息工作】 完成各类上报理论征文5篇，其中《应对危机　共渡难关　紧随邮政航母 扬帆负重前行》一文获得“晋城市思想政治工作理论创新优秀成果奖”。信息和通讯报道43期，其中《山西邮政》报采用3期、《晋城市邮政信息》采用21期、《今日沁水》采用3期。收集、整理、归档各种资料10类、2500余份。

（李　波　张有智）

【各项制度管理】 在原有各项规章制度基础上，贯彻和实施《内部分配考核制度》、《通信服务质量考核制度》、《安全保卫制度》、《电子商务内部考核办法》、《储蓄业务制度》、《车辆管理制度》、《物业管理制度》、《晨会制度》、《设备维护制度》、《工会工作制度》、《职代会制度》等各项规章制度15类50多种。

（李　波　张有智）

【局务公开工作】 形成一套完善的局务公开工作体系和制度。明确局务公开组织机构及人员的具体职责。全年公开次数达12次，公开内容20项，公开资料达120多份。

（李　波　张有智）

【职代会工作】 严格按照职代会控制程序和《四星级职代会考核评定细则》，逐条逐项进行自查，形成12类、总目录7项、分目录47项的职代会档案管理资料，顺利通过省公司和市局的检查验收，跨入“全省邮政四星级职代会”先进行列。

（李　波　张有智）

名称：沁水县邮政局
地址：县城新建东街759号
电话：0356-7022181
邮编：048200

联　　通

【概况】 中国联合网络通信有限公司沁水县分公司（简称沁水联通）是2009年1月6日经国务院批准在原中国网通（集团）有限公司沁水县分公司和原中国联合通信有限公司晋城分公司沁水营业部的基础上合并成立的国有控股电信企业。沁水联通下设综合部、市场营销部、网络部、客户服务中心、集团客户部5个职能管理部门和营收管理与业务支撑中心、业务直销中心、营业中心、设备维护中心、接入维护中心、线路维护中心、公众客户响应中心

7个专业生产部门，并在全县设有6个中心支局和60余个合作机构，截至年底，资产规模达到3.5亿元人民币。沁水联通拥有覆盖全县、通达世界的现代通信网络，主要经营：固定通信业务，移动通信业务，国内、国际通信设施服务业务，卫星国际专线业务，数据通信业务，网络接入业务和各类电信增值业务，与通信信息业务相关的系统集成业务等。2009年1月7日，企业获得WCDMA制式的3G牌照。2010年，主营业务收入全面完成全年计划，各类客户总量突破5.5万户，长途交换网网络接通率99.56%，修障及时率96.35%，服务综合满意度80.37，客户投诉率为0.85‰，客户投诉处理及时率99%。完成12个行政村宽带项目，完成市政线路迁改项目7个，完成20栋楼宇的综合布线，完成3G网10个网点、2G网13个网点建设，完成WLAN试点热点覆盖项目，形成5000L通信能力。

（吉沁东）

【企业改革】 在机构改革中主动消除和改善冗余流程，夯实和推进基础管理，形成前后台联动、后台前移、支撑有力、管理高效、服务到位、基础坚实的组织管理体系，同时构筑起高效良好的前后台、上下端联动工作机制；在营销体制改革中不断提升与全业务经营相适应的市场掌控能力、渠道销售能力、客户服务能力和经营管理能力，以高标准客户服务与管理为基准的营销体制格局；在运维体制改革中，主要以深化和提高G网属地维护水平为主，形成具有地方特点的集运维管理、故障响应、市场支撑、部门联动为一体的后台服务体制，推动后台进一步向前台伸展，同时加强现场管理，提升突发事件的应急处置能力。

（吉沁东）

【经营管理与服务】 主要以“保增长、调结构、上水平”为主线，突出“重点业务发展和传统业务维系”两大重点，提升创收水平，市场份额得到稳步提升；基本实现“联通活动网上看”、“联通账单网上查”、“联通话费网上交”、“联通号码网上选”、“联通套餐网上买”、“联通宽带网上装”，同时，电子渠道在非营业时间、跨地域、多业务时提供便捷服务；客户服务热线10010提供7×24小时的查询、咨询、故障申告、投诉建议、业务办理、充值以及重点业务在线办理和基于号线资源的预约服务等全天候服务。在全县布设近60个营业厅和代理点，上门为用户办理业务，解决行动不便人士出门办理业务的困扰，更好满足用户的通信需求；开展窗口服务问题“零容忍”行动计划，加强窗口单位的基础管理，提升窗口员工的服务意识和责任意识，窗口服务水平得到迅速提升。创新营业厅服务模式，增加柜台外服务人员数量，提高客户业务咨询、业务办理的服务感知，通过主动引导客户自助服务，提高自助办理能力，减少客户排队等候时间。

（吉沁东）

【资费执行情况】 严格遵循资费设计、审批、备案制度，加强对资费执行情况的监督检查。简化资费结构，满足客户需求：对于3G业务，在推出3G长途、市话、漫游统一价格的基础上，针对用户不同需求，推出A、B、C三类计划和特色合约计划，切实保证客户明明白白消费。

（吉沁东）

【村村通电话工程】 历年来累计投资超过1亿元。2010年继续响应政府号召，克服自然环境恶劣、交通不便、电力引入困难、施工难度大等困难，推进“村村通电话工程”建设，截至年底，全县基本实现“村村通电话”。

（吉沁东）

【平安互助项目】 平安互助是针对全县农村老年人和儿童留守现状，提供的一项村内互助业务，通过电话一键应答，可以让用户在紧急状况时及时通知其他人，获得必要的帮助。截至年底，第一批100个行政村平安互助网初步建立。

（吉沁东）

名称：中国联合网络通信有限公司沁水县分公司

地址：县城步行街129号

电话：0356-7028180

网址：网上营业厅：http://www.10010.com/

企业官方网站：http://www.chinaunicom.com.cn/

移　动

【主要经营指标完成情况】 2010年，业务收入累计完成6760万元，宽带业务收入累计完成296.5万元，完成目标值的96.1%；移动集团信息化收入完成107万元，完成年目标值的107%；关键固定数据（宽带）用户规模数达7879户。累计新增移动客户48 811户，累计净增客户11 708户，客户数达到107 040户。

（韩建绪）

【网络优化与建设】 2010年，公司共计完成GSM基站选址11处，其中10处为G网16期基站建设，相关手续全部上缴，相关土建工作基本完成；1处为高速路沿线覆盖，建设完毕并开通;新建TD基站1处，机房及铁塔建设基本完工；完成10处2G基站向3G基站的改造；新增3G室内覆盖1处，3G室内覆盖改造1处。全年固定数据工程建设新增光缆约160公里，新增宽带接入点240个，全县自建光缆达877.599公里，加挂光缆达1063.947公里，宽带接入点达1414个，汇聚点达247个，接入能力达16 968户（以每个点12个用户接入计算）。先后整改沁水县城移民小区、嘉峰镇殷庄村、潘庄村、嘉峰村，其中县城移民小区的电源由原来的接用户私电改为接小区物业的供电，大大降低故障发生率。

（韩建绪）

【服务工作】 在3·15期间组织“青年文明号”小分队利用宣传服务车分别走进社区、走进农村，针对用户关心的热点问题提供现场答疑，现场受理投诉，为客户讲解如何处理垃圾短信，做好客户个人信息安全。向群众现场讲解和演示手机视频、手机阅读、手机支付等业务；根据市公司下发的《关于开展晋城移动青年文明号信用示范周活动的通知》，组织青年团员开展富有移动特色的示范活动，让消费者进一步了解“消费与服务”的意义；通过推荐、评选，在沁水社会各界聘任10名行风监督员，建立起一个固定、常态化客户服务监督、互动交流和信息回馈的平台；加强对营业人员的业务培训和考核，提升人员能力，增强人员主动服务的自信心，提高主动意识。通过监督、检查、整改，发现问题进行重点突破，逐步提升窗口的服务质量；在营业厅开通服务监督热线和数据宽带故障受理热线电话，随时接受客户咨询和投诉，跟踪处理的全过程，并纳入相关考核。将投诉处理权限前移，压缩投诉处理时限，对积极解决客户投诉及零投诉网点给予适当奖励。注重中高端客户满意度的提升，对中高端客户反馈的意见和建议认真登记及时解答。

（韩建绪）

【基础管理】 修订完善员工考勤管理制度。进一步健全和完善资产管理制度和营业款上交考核办法，针对自办厅和代办渠道营业工号使用情况随时进行监控，对不符合规定的工号进行及时清理。根据人力资源部下发的《晋城移动分公司营业服务人员编制定员标准》，对营业服务岗位重新进行梳理，根据岗位设置和分工对人员进行合理调配。深化推行基于岗位的员工预算，组织开展内部财务检查和涉及财、物、卡等重要环节的专项工作检查，有效防范企业运营风险。加大安全工作的检查、监督、整改力度，配合市公司综合部对办公场所、自办厅进行安全检查，对存在的安全隐患进行认真整改。

（韩建绪）

名称：中国移动通信集团山西有限公司沁水县分公司

地址：县城新建东街 733 号

电话：13903568808

邮编：048200

城乡建设

住房保障和城乡建设

【单位概况】 原名沁水县城乡建设局，内设办公室、后勤保卫室、建筑业股、重点工程办、人事股、质监站、步行街、建筑设计室、财务股、审计监察股、乡村规划管理股、县城规划股、市容监察大队、环卫公司、经管站、招标办、燃气办、市政股、公用事业股、房产所、两河办、嘉峰站、招投标审批中心23个职能股室，在职干部职工108人。2009年3月，沁水县城乡建设局更名为沁水县住房保障和城乡建设管理局，主管全县住房保障、城乡规划建设管理。内设办公室、房产管理股、环卫管理站、建筑业股、质量监督站、市政管理股、财务管理股、房产交易中心、综合执法大队、工程监理站、建筑设计室、工程技术股、城乡规划管理股、规划事务中心、市政预制构件厂、市政机械服务公司16个职能股室，下属园林局、建筑工程招投标管理办公室两个副科级事业单位和房地产总公司、污水处理厂两个企业公司，2010年底，有干部职工120人。

（胡崇立）

【滨河南路工程】 全年完成道路各类土石方量75万立方米，铺装道路油面68 000平方米，铺装人行步道12 000平方米，安装道路栏杆6000米，安装道路路灯200盏，种植道路油松风景树木400株，完成道路绿化面积5100平方米；完成跨河桥梁3座，总计235米，累计完成道路建设投资1.4亿元。2010年10月，全长6公里，平均宽度18米的滨河南路胜利竣工，全线通车。

（胡崇立）

【树理文化广场工程】 工程规划设计面积2.36万平方米，总体分地下商场、停车场和地面广场设施建设两部分，设计概算投资7082万元。其中地面广场建设投资2800万元。文化广场地下工程项目采取市场融资方式建设，由县沁乐家园商业连锁有限公司投资兴建，林州市第二建筑工程有限公司承建。截至2010年底，广场地下商场完成主体部分，完成60%的地下防水工程、地下停车库基础等建设任务，实际完成工程建设投资约2900万元。广场地面工程建设项目先后组织完成规划设计、项目评审、工程招标等前期建设任务，同时组织完成积水坑回填和碎石滤水层、弧形文化景观墙基础、土方回填、各类管线预埋、基层砼浇筑等建设任务，完成投资约500余万元，累计广场建设工程实际完成建设投资3400万元。

（胡崇立）

【碧峰公园建设工程】 工程设计概算总投资1.6亿元，2010年完成公园环山2.6公里道路拓宽改造任务，改造面积1.3万平方米；完成各类工程土石方量4.2万立方，完成道路挡墙护坡9200立方，维修改造人行步道500米，新建公园步道2000米，新建公园停车场3处，观景礼台4个，景观景点3处,改造硬化公园广场3026平方米，安装公园各类景观灯饰78盏，安装公园步道、广场栏杆1100米，修建公园管理用房15间，计300平方米，实际完成工程建设投资1100万元。

（胡崇立）

【县城环城绿化工程】 2010年完成县城石娄山、玉皇山、碧峰山等环山可视范围内荒山荒地绿化6000亩，其中新建绿化面积3000亩，补植补种面积3000亩，种植油松、雪松等各类景观树木23种计39万余株,实际完成环城绿化建设投资2200万元。环城绿化工程严格苗木、种植、管理环节，树木成活率达到85.8%,实现了“当年植树、当年成林”的环城绿化效果。

（胡崇立）

【城乡道路环境整治工程】 2010年，组织对坪曲线（沁端路）、端润路沿路环境进行综合整治。工程涉及龙港、郑庄、端氏、嘉峰4镇，5个社区，27个行政村，总长90公里。一是按照“统一标准、统一色调”要求，对沿路村庄农民住宅大门改造，围墙浆砌，墙壁粉饰。二是对沿路村庄垃圾点进行整治、绿化。三是对道路两侧实施“宽林带道路绿化”和规范建设道路“文化长廊”；当年组织完成新建沿路庭院大门140座，改造沿路庭院大门90座，浆砌道路围墙6200米，粉饰道路墙壁13万平方米，新增道路绿化面积4000亩，沿路建设“文化长廊”11处，计3300平方米，沿路集中治理垃圾死角87处，新建绿地村庄文化活动广场12个。累计完成环境整治工程投资2580万元。

（胡崇立）

【梅杏大道续建工程】 2007年奠基动工建设，2009年7月，“玉龙”隧道全线贯通；2010年完成道路两侧30余处7000平方米房屋拆迁安置；完成道路挡土墙建设3400立方米，安装红色大理石文化浮雕长33米，高5米，铺装道路油面1300米15 600平方米，铺装人行步道1400米，安装路灯700盏，完成道路绿化面积900平方米，梅杏大道工程历经4年时间施工建设，累计完成工程投资1.31亿元。2010年12月8日，隆重举行了梅杏大道“玉龙”隧道竣工通车剪彩仪式。

（胡崇立）

【县城南街通道工程】 2010年组织实施开通了全长63米，宽18米的县城南街通道工程。先后协调组织拆除县国、地税局办公楼、住宅楼计4000平方米，合理安置住户12户，铺装道路1100平方米，铺装人行步道248.39平方米，硬化水泥路面1303平方米，安装道路路灯5盏，铺装路沿石155米，铺设道路综合管沟104米，完成建设投资260万元。

（胡崇立）

【县河河道清障工程】 组织大型挖掘机3部，动用环卫机械车辆50余（班）次，完成马坪坟至杨河桥段河道清障任务，完成河道清障清运25万立方，完成投资300万元，保障了县城安全度汛。

（胡崇立）

【县城垃圾、污水处理工程】 2010年，中科九泰环保有限公司在积极协调组织完成审批办理垃圾场征用土地等相关手续的基础上，组织完成垃圾场进场辅助道路土石方开挖、浆砌挡土墙、护坡、涵洞等项目建设，对垃圾库区实施土石方开挖、5级平台填方、整平、回填、碾压建设，完成总工程量的50%,完成建设投资1500万元。

全年共处理生活污水 175 万立方，日均处理污水 5382 立方，全年累计减排 COD（化学需氧量）359.65 吨。

（胡崇立）

【县城绿化】 全年完成新增道路绿化面积 9800 平方米，单位庭院绿化 3260 平方米。

（胡崇立）

【县城净化】 全年完成县城 35 万平方米清扫面积，清运生活、建筑垃圾 15 万吨，科学配置街道果皮箱、垃圾箱 110 个，规划新建县城垃圾压缩站 1 处。

（胡崇立）

【县城硬化】 全年完成新建路残破面层修补 36 500 平方米，完成月亮湾小区全长 207 米道路水泥硬化任务；完成新建路路面微表处理 36 500 平方米，完成杏河园，尚志巷巷道水泥硬化 2000 平方米，完成新建路，南北西街人行道铺装 2000 余平方米等多条街巷硬化任务。

（胡崇立）

【县城亮化】 全年新安装道路节能路灯 400 余盏，全年累计检修小区、巷道的照明路灯 1000 余盏，完成投资 300 万元。

（胡崇立）

【县城美化】 对县城主要街道两侧 49 家单位，临街低矮破旧一层建筑物、构筑物，按照规划设计要求实施“拆墙透绿、拆危建绿、见缝插绿”，拆除房屋面积 7062 平方米。同时对县城主要街道（滨河北路、新建路、梅河南北路、十字南北西街）沿街沿路两侧建（构）筑物立面、围墙及店面广告牌进行综合治理和改造升级，先后改造、清洗、粉饰沿街建筑楼体 128 家，整治规范街道各类广告牌匾 4010 处。

（胡崇立）

【住房保障】 在廉租住房方面，组织完成城镇廉租住房一期、二期工程共 120 套 7200 平方米的工程建设任务，完成工程建设总投资 811 万元，工程建设已经达到入住条件，并将交付使用。在经济适用住房方面，完成沁水发电厂下岗职工经济适用房共 3 栋 108 套建筑面积 1.2 万平方米，完成投资 800 万元。在开发建设限价商品房方面，新建 4 栋 17 层住宅楼，共计 486 套限价商品房，总建筑面积 7 万平方米，建设总投资 1.29 亿元。截至 2010 年底，完成 1#、2#、3#、4#，四栋住宅楼工程主体建设任务。完成建筑总面积 69 859 平方米，完成建设投资 8400 余万元。

（胡崇立）

【房产管理】 全年依法核准办理发放房屋所有权证书 357 本，面积 35 000 平方米，办理房屋抵押登记 72 户，发放他项权利证书 72 本，发放房屋拆迁许可证 8 户，拆迁面积 3.6 万平方米，拆迁 130 户，回迁 37 户，依法办理房屋抵押贷款 2819 万元。

（胡崇立）

【城乡规划】 一是制作规划沙盘模型。委托北京华野模型设计公司先后分别设计制作完成县城规划沙盘模型展馆和嘉峰端氏总规划沙盘模型，完成投资 524 万元，占地面积 842 平方米；其中县城规划展馆投资 424 万元，面积 650 平方米。2010 年 11 月 26 日县十四届人大常委会第 29 次会议，依法决议批准了《端氏嘉峰特色城镇总体规划》，使沁河流域城镇建设管理步入法制轨道。二是严格规划设计管理。全年依法办理建设项目“一书两证”124 件。其中，建设项目选址意见书 37 份，办理建设用地规划许可证 32 份，办理建设项目工程规划许可证 55 份。办理规划条件通知书 66 份，竣工规划验收 15 项，规划放线验线 32 项，同时组织完成示范初中等 30 项校安建设工程项目规划设计和全县 21 个村级组织支部活动室，5 个乡镇文化活动中心规划设计任务。三是依法开展规划执法。依据《城乡规划法》和《山西省城乡规划管理条例》有关规定，重点对杏苑小区安置住房、盛祥沁园小区二期工程等4个房地产开发项目，擅自违法变更规划，增加建筑面积，提高住宅容积率的行为，对晋煤集团寺河煤矿配煤系统工程、晋城沁泽焦化公司等3个企业未办理有关规划证件，擅自组织工程建设行为，以及对县城北和、东安等社区的张志庭、李海军等13个居民违法超建私有房屋行为，依法进行了专项检查和严肃处理，先后依法下达《行政处罚决定书》20件，收缴罚款750万元。

（胡崇立）

【市政建设】 一是实施县城街巷改造。完成县城街道铺油补坑3875平方米，修补十字南北西街、新建路人行步道2852平方米，安装月亮湾道路排水管网110.6米，路面硬化1763平方米，砌筑石坝挡墙112米，安装道路沿石73米，硬化县城尚志项道路55米，硬化杏河园路面175平方米，治理滴水崖交通岛141.9米，回填土方771立方，安装路沿石142米，铺装人行步道263平方米。实际完成建设投资820余万元。二是市政设施维护。对滨河北路安装地埋灯200盏，维护检修安装梅杏河景区灯饰150余盏，检修县城各类街灯20次，计2000余（次）盏，及时维护检修县城道路排水设施87处（次），计7500平方米，维护更换县城道路井盖65块。实际完成市政基础设施维护资金达420余万元。三是县城防洪度汛。对县城前坡沟、麻沟、北深沟、梅河上游等6处河道防洪隐患地段的涵洞、排洪渠全面认真组织清挖清运，完成清运方量两万立方，整治柿园沟河槽全长110米，清理清运河道土石方744立方，浆砌堤坝200米，治理宣化小区道路排水，清挖土方1700立方，浆砌石坝950米；确保了县城人民群众生命财产安全度汛。

（胡崇立）

【建筑工程】 2010年，全县新建各类建筑工程项目47项，总建筑面积32万平方米，建设总投资5.2亿元。其中：市政工程建设项目10项，房屋建筑工程30项，监理工程7项，竣工项目9项，整个建筑市场工程报建率达到100%，招投标率100%，监督覆盖率100%，受监率100%；工程备案率100%，新建工程项目建筑节能覆盖率达到100%，工程合格率达到100%，优良率达到30%以上。

（胡崇立）

【建筑工程安全】 全年先后组织召开安全生产工作例会12次，开展建筑工程、燃气生产安全检查70余次，下发工程停工通知书15次（份），整改通知书60份，建筑市场不良行为扣分单7份，及时处理和整改各类工程质量、燃气生产安全隐患180处。在此基础上，对2008年以来，37项政府性投资建设项目开展了专项检查，依法对14项违规建设项目进行处罚，罚金10余万元。全年全县建筑工程，燃气生产安全稳定，无一起事故。

（胡崇立）

【建筑设计】 完成碧峰公园，环境综合整治等重点工程项目施工图设计任务，完成端氏小学、郑庄初中、固县初中、十里初中等8所学校的校安工程及杨河社区住宅楼等10余项工程的建筑设计，并对所有工程项目进行全程优质技术咨询服务，做到设计、施工、服务三到位。

（胡崇立）

【建设工程招标投标】 2010年，全县进行公开招标的建设工程项目共51项，总投资约5.7亿元。其中市政工程10项，投资1.2亿元；房屋建筑工程33项，建筑总面积34.40万平方米，投资4.44亿元；监理工程7项，投资522.93万元；其他工程1项，投资9.999万元。所有工程全部按照有关规定程序入市交易，实行了公开招标，招标率达到了100%。通过公开招标，工程中标合同价比工程总造价平均下降了5.0

个百分点，为国家和集体节约资金约 2700 万元。

（胡崇立）

【环卫工作】 205 名环卫工人保证了县城主要街道，居民区 18 个垃圾点，60 个垃圾中转站，136 个卫生责任区，日清扫街道面积 43 万平方米，日清运垃圾 140 吨，做到了街道垃圾“日产日清、多产多清”，保证了县城主要街道、巷道“四净六无”的环卫标准。

（胡崇立）

【市容监察】 推行“门前三包”管理责任制，依法查处各类违章建筑、妨碍市容、乱倒垃圾、清理清除街道“十乱”现象等违章、违法行为。全年先后清理街道乱贴、乱画等城市“牛皮癣”1000 余（人）次；规范摊点经营 185 处，取缔各类违法广告牌匾 420 余块；拆除各类违法搭建物 26 处；取缔、清除街道“六乱”现象 1480 处（次）；规范街道夜市经营 164 户，办理临时占道经营许可证 164 份；下达各类执法文书 2000 余份。

（胡崇立）

【环境综合整治】 全年先后组织拆除了沿街低矮破旧一层房屋建筑，总面积 7100 平方米；对县城新建路等 6 条街路共 1714 家商店门铺，合计 10 284 平方米广告牌匾进行了规范整治；对临街 102 个单位，7 个社区楼体立面进行了清洗粉刷和装饰；对电力、电讯、广播电视“三线”规范入地整治；实施拆墙透绿、拆房建绿，新增街道公共绿地 1.3 万平方米。

（胡崇立）

【机关建设】 对具有行政审批管理职责，对社会人士办理各类工程规划、建设以及房屋等相关证件的城乡规划股、建筑业股、房产管理股、工程质监站、房产交易中心、建设工程招标投标管理中心 6 个职能股室，实行“一站式”大厅集中办公。严格执行大厅办事“首问负责制、一次告知制、二次办结制、责任追究制度和班子领导跟班监督制度”，强力推进机关内部规范化建设。

（胡崇立）

名称：沁水县住房保障和城乡建设管理局

电话：0356-7022483

地址：县城西街 511 号

邮编：048200

综合招标投标交易中心

【机构状况】 沁水县综合招标投标交易中心，成立于 2009 年 5 月，依据县委、县政府关于规范有形市场管理，经县编委会议研究，市编办晋市编办字〔2008〕165 号文件批准成立的，为全额财政正科级事业单位，领导职数设一正一副，编制 8 人，现有干部职工 8 人，内设 4 个科室（办公室、财务室、信息科、管理科），具体办理全县招投标服务工作。主要职能：①宣传和贯彻执行国家有关工程建设、政府采购、国有集体产权交易的法律、法规和全县的相关政策规定。②受理、发布本县各类工程项目招投标、政府采购、国有集体资产产权交易的项目信息，为交易双方、中介机构提供交易场所、信息资料、技术咨询及其他相关服务。③对交易双方、中介机构进行资格核验；对进场交易项目的行政审批情况进行核验；负责对进场交易项目的施工图、工程量清单、各类工程项目招投标、政府采购、产权交易方案等业务审核。④配合有关职能部门建设、管理、使用招标投标各类评委专家库。⑤组织各类工程项目招投标、政府采购、国有集体资产产权交易等交易活动。⑥负责对各类交易的统计、分析，并报县政府和有关职能部门。⑦建立各类交易活动中有关企业和执业人员的不良行为记录档案，并提交有关部门。⑧负责对进场交易项目备案文件等资料的收集、整理、立卷和统一管理，并建立档案管理制度，按规定为有关单位提供档案查阅服务。⑨接受纪检监察、检察部门驻场监督；接受和处理投标单位、供应商的质疑，调解交易过程中的纠纷，维护中心正常的市场交易秩序。⑩按规定统一收取各类综合交易服务费用。

（李亚男）

【招投标工作】 2010年，全县进入中心交易项目133个，中标金额7.9亿元，交易数量与交易金额分别是2009年的260%、280%。其中政府采购44个，中标金额1472万元；建设工程45个，中标金额58 151万元；工程监理8个，中标金额544万元；公路工程6个，中标金额3037万元；绿化工程5个，中标金额5973万元；土地交易25个，交易金额10 245万元。仅政府采购和建筑工程两项累计节约财政资金1549万元。收取市场交易费68.42万元，其中上缴市建设工程交易中心11万元。

（李亚男）

【完善招投标制度】 一是通过调查研究，对《招投标管理制度》、《专家评标工作纪律》进行修改和完善，新制定《中介机构抽取制度》、《工作人员廉政守则》、《文件管理制度》进一步增强依法招投标工作的可操作性，有力促进招投标工作的科学性、规范性建设。二是将招投标过程的各个阶段和每个环节的工作都明确目标、任务，落实到具体工作人员，层层落实责任，后道审查否决前道，确保每个环节不出差错。同时要求监管单位既要依法严监管，确保每项招投标活动都规范有序进行，又要转变观念，寓监管于服务之中，为招投标人提供快捷、高效、优质的服务。进一步规范档案资料的管理，做到每一个招投标项目结束后都有据可查。

（李亚男）

【规范招投标行为】 一是坚持领导管理，狠抓项目进场。严格执行招投标法律法规，文件和县委、县政府相关规定，坚持“统一进场，官办分离，规则主导，全程监督”的工作思路，凡是符合统一进场的项目，必须无条件进场招标，接受监管。严厉打击故意规避进场招标、采购、产权交易的行为。二是坚持严把关要求，进一步规范招投标行为。招标项目的现场探勘、图纸设计、工程量清单计算、招标文件的编制等各招标单位提供的标前资料认真审核，充分做好标前工作。要求各招标单位综合考虑项目规模，依法选择评标办法。坚持“规则主导”，凡是进入招标程序的项目，必须严格按照法律、法规和招标文件确定的评标办法进行评标定标，不得带任何的主观随意性，确保招投标活动公开、公平、公正。三是加强对评标专家和评标活动的管理。对评标专家库进行整顿，对不能胜任评标的评标专家予以清理，并有针对性地组织招投标评标业务技能培训，进一步增强评标专家的评标水平和服务水平，并配发相应的评标专家动态考核证，对评标专家每年进行一次考核。

（李亚男）

名称：沁水县综合招标投标交易中心
地址：县城西街511号
电话：0356-7021299
邮编：048200

环境保护

【环境质量】 2010年，全县环境质量持续改善，实现了整体提升。县城空气质量达到国家二级标准，实现了历史性突破，空气质量优于二级以上天数达到356天。全县地表水环境质量逐年好转。县河郑庄断面、沁河出境尉迟断面水质稳定达到功能类别要求。全县集中式饮用水源地水质达标率达100%。环保目标责任制考核名列全市第一。

（张广东）

【污染物减排】 全年二氧化硫排放量0.63万吨，与年度控制指标0.63万吨持平；化学需氧量排放量0.161万吨，比年度控制指标0.162万吨削减10吨，削减率0.6%。

（张广东）

【饮用水源地环境保护】 完成县城（龙港镇）集中式饮用水源地和其他13个乡镇16处集中式饮用水源地规划保护，在县城饮用水源地保护区安装界碑、界桩、宣传警示牌等标志52个，水质达标率100%；在其他13个乡镇所在地16处集中式饮用水源地保护区设置界标156个，宣传牌13个，道路警示牌8个；对全县农村分散式饮用水源地进行调查摸底，涉及人口12.43万人，水质总体良好，切实保障了全县广大人民群众的饮水安全。

（张广东）

【城镇环境综合整治】 围绕提升县城环境质量，全县开展了一系列大气、水环境综合整治工作。加大了燃煤污染控制，县城集中和连片供热面积达45万平方米，拆除燃煤锅炉13个，拆除家用土小锅炉300余台，煤层气用户达到80%以上，减少了二氧化硫排放；加强了道路扬尘、建筑施工粉尘和机动车尾气污染治理，采取政府组织、部门联动、企业参与、强化监督的办法，对全县10余个施工工地和两个水泥搅拌站的扬尘污染进行了治理整顿，对机动车尾气污染实行了定期检测和环保标志制度，改善了空气环境质量，对医疗废弃物实行定点收集、统一处置，县医疗废物处置中心已完成主体厂房建设，安装调试完成焚烧炉设备，基本具备了焚烧处置条件，与县医院和各乡镇卫生所签订了医疗垃圾收集处置协议。

（张广东）

【生态环境建设】 同县财政局联合制定《关于加强农村环境保护“以奖促治”“以奖代补”专项资金管理实施办法》，全年共为26个乡村拨付“以奖促治”“以奖代补”专项资金57万元。完成1个环境优美乡镇（十里乡）、3个生态文明村（龙港镇上苏庄村、尧都村，郑村镇夏荷村）、1个生态示范矿井（中村煤矿）创建工作，均已具备验收条件，已做好迎接省环保厅验收的各项工作。完成了全县《矿山生态恢复治理规划》编制，生态县创建工作稳步推进。

（张广东）

【环保能力建设】 截至2010年全县累计用于环保能力建设的资金达537万元，购置环境监测仪器设备126台（套），建设县城空气质量自动监测点两个，实行空气质量日报制度，并向社会公布。配备大气、水环境应急监测设备。县环境监察大队新三级标准化建设通过省环保厅验收。县环境监测站通过省级计量认证。

（张广东）

【环保专项行动】 一是集中开展整治违法排污企业，保障群众健康环保专项行动；整治中小污染企业专项行动；清理整治煤泥非法堆放专项行动；“三晋环保行”、“晋城环保行”执法采访等5次较大规模的执法行动，共计出动执法监察人员800余人次，检查企业90余家，强制清理非法煤泥、煤矸石堆放点37家，清除煤泥、煤矸石1.7万余吨，有力打击了各类环境违法行为。二是应对突发环境事件，防范环境风险。编制完成《沁水县环境突发事件应急预案》，并配备应急装备。同时30家重点污染企业编制完成《企业突发环境污染事故应急预案》。三是强化排污费征收，加大征收力度。认真总结以往排污费征收经验，以减少污染物排放为目标，以扩大征收面为重点，以规范排污费征收管理为突破口，强化排污费征收，清缴历年欠征排污费197万元，当年新征入库940万元。四是加强中、高考噪声巡查。在中、高考期间，县环保部门会同县公安、教育部门对县城建筑工地、娱乐场所进行为期1个月的巡查，纠正和制止环境噪声违法行为8起，有效保障了考生的休息和考试环境。

（张广东）

【污染源普查】 污染源普查基础性工程取得丰硕成果，全面摸清了全县各类污染源底数，搞清了全县各类污染源单位数量、流域分布、污染物排放量以及环境影响等基本情况，建立了完整的污染源档案库和数据信息库，为县政府正确判断全县工业、农业和第三产业的环境形势，制定全县“十二五”发展规划提供了科学依据。2010年被市政府授予“第一次全国污染源普查先进集体”。

（张广东）

【环评审批】 一是严格环评审批工作。全年共审批建设项目135个，其中环境影响报告表38个，环境影响登记表97个。否决不符合产业政策和环保要求的新建项目12个。二是加强现场监督检查。对已审批项目进行不定期检查，要求建设单位按照环评批复要求，严格执行“三同时”制度，督促企业落实各项环保措施。三是专项整治工程建设领域环保审批问题。着力解决工程建设领域存在的突出环境问题，对全县2008年以来在建和竣工的投资在50万元以上的政府投资项目、使用国有资金项目、扩大内需项目办理环境影响评价情况进行了全面排查，对未办、漏办环境影响评价的建设项目进行整改补办，进一步规范了工程建设项目环评工作。

（张广东）

【环境宣传】 借助“6·5世界环境日”，“4·22地球日”、“12·4法制宣传日”等开展了一系列形式多样、内容丰富的环保法律法规宣传活动，有效拓展公众参与渠道，形成全方位宣传网络，先后组织开展了“低碳减排，绿色生活”文艺节目演出，印制发放《环保知识宣传手册》、《低碳生活知识手册》等环境保护宣传活动，营造了保护和改善生态环境的良好声势。开展了环保法律进社区、进农村、进企业、进学校“四进”活动,通过“送法到基层”、“送法到企业”、“送法到社区”，拓宽了公众参与生态环保的有效途径，提高了公众环境保护意识。

（张广东）

名称：沁水县环境保护局
地址：县城新建东街1396号
电话：0356-7022534
邮编：048200

国土资源管理

【耕地保护工作】 一是切实加强政府主导的耕地保护责任体系。严格落实基本农田保护五项制度，积极推行耕地和基本农田保护倒查机制，完善落实耕地占补平衡制度，确保全县耕地和基本农田面积不减少，质量不降低。二是进一步加大土地开发整理力度。为切实将土地开发工作向纵深推进，以管理促创新，以制度抓落实，相继出台土地开发整理复垦项目管理实施细则、制度、施工管理办法、工作程序等相关制度和办法。全年，实施土地开发整理两个批次，31个项目，面积4700余亩。

三是狠抓土地置换复垦工作。严格复垦立项，做到复垦1处，验收1处，置换报批1处。完成土地置换复垦立项项目8个，面积326.83亩，县级立项项目5个；新上报置换用地项目1个，面积10.5亩。

（于海亮）

【保障经济发展】 一是积极主动服务，全力保障各级各类重点建设项目用地。完成张峰水库补充耕地报备工作，以及嘉南铁路地类面积清点及土地补偿费协议签订。积极向上争取指标，保障全县煤层气开发、新农村建设、校安工程等一大批项目的顺利实施和开工，全年，共上报建设用地3个批次，58.37公顷。二是严格用途管制，全力加强建设用地供应管理。继续推行土地市场动态监测与监管系统，使全县建设用地供应管理得到切实加强。全年供应建设项目用地40宗，面积1664.63亩，其中划拨用地13宗，面积393.49亩；招标拍卖挂牌公开出让用地23宗，面积1096.68亩；协议出让两宗，面积1.95亩；租赁两宗，面积172.51亩。三是严格规费征收，全力保障地方经济发展再创新高。全年共完成国土收益1.82亿元，其中纯收益1.49亿元；完成矿产资源价款征收2.995亿元，追缴历年欠缴资源价款2.696亿元，共5.69亿元；完成矿补费征收4154万元，超年度目标任务371%。

（于海亮）

【矿政管理工作】 一是加强监管，促进矿产资源合理开发永续利用，做到矿山监督管理“三严格”。严格矿山年检，全县应参加年检的矿山55座，实年检矿山55座，年检率100%。严格储量块段管理和图纸交换制度，重新审批2009年度前已审批的工作面，共审批块段27个，核销4个。严格回采率考核。完成年度回采率考核和井下实测工作，并下发2010年全县煤矿企业的回采率系数。二是全面推进煤矿企业兼并重组整合后续工作。对全县19座煤矿进行了全面审查，储量核查工作走在了全市前列；清缴2009年前欠缴价款2.696亿元，征收2010年度资源价款2.995亿元，资源价款征收共计5.69亿元。三是加大煤层气开发监管力度。完成对中联煤层气440口井位、中石油煤层气540口井位和蓝焰煤层气628口井位的核查工作。

（于海亮）

【执法监察工作】 一是理顺体制，完善执法监察共同监管长效机制。以执法监察大队为主线，成立两个执法中队，严格落实共同监管责任制。全年，共出动巡查969次，县局巡查114次，其中夜间33次，并对在巡查中发现的违法占地和非法采矿行为及时进行了制止。二是以打击非法采矿“铁腕行动”和“百日行动”为抓手，对违法行为动真碰硬。两次专项行动共出动人员260人（次），车辆150台（次），排查43处私采滥挖点、关闭矿53座、铁矿点123处、采石点32处，并在各乡镇政府的配合下，动用铲车、挖机对排查发现的9处关闭不达标准的坑口和7处露头煤点进行关闭和填埋，整治采石点两处。三是加大力度，扎实工作，圆满完成卫片检查工作。全县共涉及27块图斑，38块地块，卫片监测面积813.3亩，实测面积813.3亩，全县无立案查处案件。四是高效率、规范化抓好信访工作，化解社会矛盾。共受理信访31件，其中来信来访9件，办结7件；市局转办件21件，县信访局转办1件，全部调查办结。

（于海亮）

【规划修编】 按照省、市的工作安排部署，扎实开展土地利用总体规划修编工作，增强规划修编的科学性和前瞻性。在合理确定城镇建设用地规模的同时，重点保障特色城镇化建设、重点产业建设和新农村建设。在完成规划修编的前期专题研究的基础上，县级规划大纲圆满完成，全力开展了乡级规划编制工作，县、乡两级规划的编制工作基本完成。

（于海亮）

【地籍管理】 一是精心组织，周密部署，制定方案，至年底“一张图”工程已完成软件开发，档案资料录入，进入试运行阶段。二是二调成果通过验收，两年奋战喜结硕果。利用一年多时间完成了全县2658.2平方公里农村土地和20余平方公里城镇地籍调查任务，农村成果顺利通过省二调办专家验收，彻底摸清了家底，掌握了全县土地利用变化的全貌和轨迹。

（于海亮）

【测绘管理】 一是坚持依法行政，加强测绘市场统一监管。开展地理信息市场专项整治、重点工程测绘质量检查和房产测绘市场检查、地图市场普查，加强测绘执法巡查和测绘项目登记。二是稳步开展基础测绘工作，扎实推进测绘成果应用。完成郑庄井田和中乡井田探矿区范围97平方公里1：2000基础测绘任务；编制完成沁水县领导机关用图，为县领导及县直部门宏观决策、规划管理和应对突发事件提供了科学依据。

（于海亮）

【地灾防治】 以“十有县”建设成果为基础，完善县、乡、村三级群测群防网络体系，进一步落实三级群测群防责任人、监测人。高度重视汛期地质灾害防治工作，对重点区域、易发地质灾害隐患点以及全县中小学周边地区地质灾害隐患点进行再排查，重点督察，增加巡查次数，动态监测，做到“严阵以待、严防死守、严格管理”，确保了汛期安全。及时发放地质灾害防治工作明白卡78份、地质灾害避险明白卡564份。

（于海亮）

【土地储备】 一是对低效闲置土地进行了清查，积极稳妥地对县城5宗低效闲置用地进行了收回，为全县特色城镇化建设用地提供了保障。全年共收购（回）国有建设用地使用权10宗，总面积92.24亩。二是扎实推进土地出让工作。提早准备，精心部署，积极制订公开出让计划。全年公开出让国有土地24宗，总面积1099.94亩，其中挂牌15宗，面积976亩，拍卖9宗，面积123.94亩。

（于海亮）

【交易事务】 一是受理国有土地使用权转让8宗，办理转让面积23 418平方米；办理4宗国有建设用地公开出让，协助办理拍卖挂牌24宗；办理5宗抵押交易。共收取交易费426.22万元。二是协助办理5宗矿业权出让手续，矿区面积0.0616平方公里。

（于海亮）

【服务水平】 一是严格按照责任、办理时限、纪检督办实施，分离了用地单位和办事人员的直接接触，形成基层所围着窗口转，窗口围着群众转的运行模式。全年共受理各类办文办事事项317件，办结315件，退件2件，办结率达99.4%。二是加大了行政效能监察力度。完善了日常工作、重点难点工作、公文、信访督办等效能监察措施。严格按照“一事一议”制度，通过局务会或局长办公会的研究讨论，达成共识才可实施，实现了公开化、透明化。

（于海亮）

【管理效能】 一是充分利用OA（办公自动化）系统，推进网络化办公。以OA办公平台为基础，实行了工作周报、工作日志电子网络化办公，不仅增强了工作的透明度，同时加大了各项工作的监督力度，增强干部职工的责任意识，促进了全局工作目标的贯彻落实。二是充分利用信息技术，推进政务公开。全年在沁水国土资源在线和电子屏，发布公告、新闻、办事指南、

通知等各类信息 1190 条，为公众和企业提供公共服务，接受社会监督与咨询。

（于海亮）

【队伍素质】 一是以“4·22 地球日”“6·25 土地日”“12·4 法制宣传日”为契机，充分利用电视、网络、报纸等各种媒体进行声势浩大的宣传报道。共发放宣传资料 6000 余份、彩页传单 26 000 余份，接受群众咨询百余起。全年共编发信息 94 期，市级以上新闻媒体通讯报道 51 篇。二是组织开展 ISO 质量体系、廉政准则、十七届四中全会精神及各类业务学习培训，邀请省、市、县有关专家和局领导进行授课，共组织学习 13 次，考试 8 次。三是完成 6 个基层所升格，统一基层所职责，下放 4 项审批权限，将服务关口前移，强力推进了基层依法行政，使得基层各项工作更加规范有序，整体队伍素质得到进一步提高。

（于海亮）

名称：沁水县国土资源局
地址：县城龙港镇花园路 756 号
电话：0356–7022986
邮编：048200
网址：www.qsgt.gov.cn

教育 科技

教　育

【机构改革】 根据2009年12月31日全县政府机构改革大会精神，成立沁水县教育局，将科技教育局的教育管理行政职责划入县教育局。

（马永利）

【教育园区项目】 该项目是县政府确定的重点工程，2009年4月17日奠基开工，2010年沁水二中进行所有建筑的内外装修工程；新建职业中学2010年4月开工，截至年底，完成办公楼、图书楼、实训楼、公寓楼和两栋教学楼的主体框架及砌体填充，餐厅楼的主体框架完工；龙港初中进入工程实施阶段。

（马永利）

【中小学校舍安全工程】 2010年，全县校安工程共涉及28所项目学校，规划建设总面积11.41万平方米，概算总投资2.56亿元，其中新建学校7所，改扩建学校21所，年底完成全部建设任务。

（马永利）

【义务教育经费】 2010年，义务教育阶段公用经费实现“城乡同标准”，县城和农村小学每生每年均为460元，县城和农村初中每生每年均为712元。全年共安排公用经费1374.36万元，其中春季679.63万元，秋季694.73万元，全部拨付到位。此外，全年补助贫困寄宿生1613人，按小学每生每年500元，初中每生每年750元标准发放，补助金额达106.55万元。

（马永利）

【教学质量】 2010年，高考二本以上达线263人，达线率13.18%，应届生二本以上达线140人，达线人数首次突破两百人大关，应届生达线首次突破百人大关，双双创下历史新高。中考优生大面积提升，达晋城一中分数线65人，600分以上214人，600分以上人数首次突破两百人大关；沁水中学统招分数线由544分上升到561分，首次突破优生基准线。此外，在全市“辉煌六十年”读书活动中，东关小学选手李茂然取得演讲比赛特等奖、并在全国大赛中荣获二等奖，实验小学张文婷获三等奖；在晋城市第22届中小学生田径运动会上，沁水县代表队取得初中组团体总分第三名、高中组团体总分第三名的好成绩；在市13届中小学生艺术节上，在书法、绘画、摄影、舞蹈、声乐、器乐6个项目上取得了优异的成绩；在市第八届保教能手评选活动中5名教师获得名次；在晋城举办的全国养成教育现场会上，嘉峰幼儿园代表沁水县在大会上进行经验交流。

（马永利）

【“送教下乡”活动】 全年组织各类“送教下乡”活动10余次，进一步提升农村小学各科教师的课堂教学水平，促进城乡教学水平的均衡和谐发展。

（马永利）

【开展“教学能手”评选活动】 12月1日—3日，组织进行了全县第十届“小学教学能手”评选，20人获语文教学能手、9人获数学教学能手、5人获科学教学能手、3人获英语教学能手、1人获思想品德教学能手。并参与市级教学能手评选活动。

（马永利）

【开展“新东方”英语培训活动】 年内，在城镇初中和东关小学组织新东方英语培训活动。通过对中小学师生进行教育方法和学习方法的培训，提高了教学能力，开阔学生视野，激发中小学生学习英语的热情，培养学习英语的兴趣，提高英语口语表达与交流能力。

（马永利）

【开展“学案式”教学模式观摩研讨活动】 “学案式”即：教师主导下，由师生共同设计的，供学生在整个学习过程完成学习任务使用的学习方案。其着眼点则在于学生学什么和如何学。以学生为中心，强调的是“学”。5月8日，组织40余名业务人员和中小学领导到太谷进行实地观摩后，开展“学案式”教学模式观摩研讨活动；5月18日，邀请太谷县教研室张四保主任在沁水中学报告厅做“学案式”教学模式专题讲座；6月12日，组织县直中小学、各乡镇教委教学管理人员及骨干教师600余人到太谷观摩学习，并把太谷“学案式”教学模式渗透进教学环节之中。

（马永利）

【中考备考研讨会】 为增强初三教学指导的科学性，针对2010年山西省中考的较大变化和提高全县中考备考效率和教学质量的需要，3月23日—25日教育局组织召开中考备考会和中考学科研讨会，在传达省中考研讨精神的基础上，对2010年中考进行分析和预测，26名优秀教师做了大会交流，收到良好效果。

（马永利）

【新任教师培训】 组织280余名中小学新任教师参加岗前培训，31位省、市、县教学能手和骨干教师为他们做了81节示范课，10余名新任教师交流了培训心得，取得预期的效果。

（马永利）

【教学管理人员业务培训和指导】 在召开教研工作会议的基础上，分别在中村小学和嘉峰小学组织各乡镇教研室主任进行调研活动。通过听、评课等形式，规范教师的课堂教学行为，促进教师教育教学技能的提高，加强各乡镇教研室主任之间的沟通和交流，达到相互学习、相互促进的目的。

（马永利）

【“科教兴县”工作】 制定出台《沁水县2010年“科教兴县”实施方案》，召开全县“科教兴县”推进会，组织相关人员多次深入各乡镇、各单位协调工作，并将“加强农技校建设、选拔培养农村科技人才、加大职业培训和实用技术培训、引进新品种和推广新技术，努力提升服务农村经济的能力”作为“科教兴县”工程的重要内容，紧紧围绕产业结构调整和农村小康村建设，做了大量卓有成效的工作。9月份，沁水县顺利通过省政府“科教兴县”评估验收。

（马永利）

【三类城市语言文字评估验收工作】 4月30日，召开迎评工作动员大会，及时确定四大领域的20个重点迎评单位，组织所有受检单位的相关人员赴阳城分领域观摩三类城市语言文字工作评估验收情况。6月9日—11日，沁水中学、职业中学、城镇初中、新乐幼儿园顺利通过省级语言文字规范化示范校验收。6月28日—7月3日县教育局组织全县76个单位1191名公务员进行普通话培训，对受检单位的461名工作人员进行普通话水平测试，设计制作宣传版面和迎检宣传版面10块，编写资料汇编和评估指导手册，并做好评估验收前的一切准备工作，12月23日顺利通过省、市专家组的验收。

（马永利）

【校园安全防范和检查工作】 按照“严管理，重防范”的工作思路，从校舍安全、学校食品卫生饮用水、宿舍安全管理、消防安全、交通安全、危化物品管理、学校安全大检查7个方面狠抓安全工作，将安全工作责任目标做实做细，切实做到防患于未然；针对开学前后、“五一”、“十一”、汛期等事故多发期，组织专门人员进行4次全县教育系统安全稳定大检查，配合市教育局、县综治委、县消防大队进行3次安全专项大检查；并要求各级各类学校积极开展防震减灾、防火逃生等应急演练活动，进一步提高学生的自救互救能力，加强学校安全知识的宣传，使学校安全工作水平得到提高。

（马永利）

【校园保卫工作】 针对当前校园安全状况，大力加强校园警务室和保卫科的建设，在1000人以上的学校建立校园警务室6个，500人以上学校成立保卫科17个，全县各级各类学校配备专职保卫人员39人，兼职保卫人员54人，治安员144人。重新聘任和调整36名法制副校长和22名交通安全辅导员，并购置一批警械器械，确保校园师生平安。

（马永利）

【校园传染病防控工作】 执行每生一支体温计，加强对发热体征学生的监测，严格实行日报制度，甲型H1N1型流感在校园得到有效防控。协同县防疫站人员对全县的中小学校食堂卫生进行一次全面检查，并对全县所有学校的炊事员进行体格检查，做到持证上岗，有力地促进学校的卫生管理工作。

（马永利）

【校园周边环境专项治理】 积极协调公安、工商、文化、城建、交管等部门对校园周边环境进行集中整治，取缔4所非法网吧，拆除校园周边违法建筑，清除乱设摊点，学生上下学警察到校维持秩序。年初排查的9类112条隐患彻底解决7类84条，其他问题也不同程度地得到有效解决。

（马永利）

【职业教育】 通过与河北立达、华北机电、潞安职院、富士康以及地方民办职业学校、企业的沟通与合作，初步形成“政府主导、依靠企业、充分发挥行业作用、社会力量积极参与、公办与民办共同发展”的多元化办学格局，构建满足人民群众终身学习需要的职教新体系。大力开展“订单式”教育，加快推进“2+1”、“1+1+1”等富于弹性的学制。开设就业指导课，对毕业生进行就业教育,毕业生就业率达到95%以上。

（马永利）

【成人教育】 紧紧围绕“科教兴县”、“科教兴乡”这一战略目标，创建乡镇成人文化技术学校14所，村级成人文化技术学校248所，其中达《规程》学校6所，占总数的42.8%，村级农技校达市级重点标准9所。同时，以县科技星火学校、职业教育培训中心为龙头，各农技校积极配合，开展多层次、多角度、多样化的培训，先后完成实用技术培训4.6万余人，农村劳动力转移培训3000余人，回乡初高中生培训2000余人,乡村企业主干培训370余人，成教专兼职教师培训121人，县乡成教干部培训9人。

（马永利）

【教育管理】 一年来，围绕“端正‘三风’

（教风、学风、校风）促教学，狠抓常规提质量”的工作策略,制定出台新学年的《教育教学督导评价方案》、《教育教学工作考核意见》、《关于加强学生行为习惯养成教育的实施方案》等相关文件，对于指导教育教学行为、完善学校管理机制、提升队伍素质、形成科学评估体系起到积极作用，各科室还对基层学校在教育考评、课程改革、教学研究、养成教育、学校收费、校风校貌等方面提出规范性要求，为每一所学校和每一位教师搭建公平竞争、施展才能的平台；在规范办学方面，借助义务教育标准化建设进一步均衡城乡之间、校际之间的办学条件,继续沿用“凭卡上学籍”、“严格按学籍卡分配生均经费”等办法，通过“加大布局调整力度优化资源配置”、“送教下乡”、“轮岗支教”和“扩大农村乡镇初中的高中招生指标”等方式，增加农村学校的吸引力和竞争力；加强对县直学校轨制和班容量的监控，有效地解决“乡下学校人去楼空，县城学校人满为患”的问题。同时，紧紧围绕“三风”建设和常规管理，进一步转变工作作风，突出工作重心，树建良好的教育形象，使各校的办学行为日趋规范。

（马永利）

【队伍建设】 全年组织170多人参加全省教师资格理论考试，组织89人参加教育教学能力测试，为59人认定中小学、幼儿教师资格；组织2374名中小学教师参加网上继续教育学习和考核，组织500余名班主任参加各级培训，推荐10名教师参加全国教育技术能力考核教师培训；对2010年任职期满的4名省级学科带头人、骨干教师进行考核；组织全县2700名教师参加“五五”普法考试，并顺利通过县“五五”普法验收检查。

（马永利）

名称：沁水县教育局

地址：县城新建西街593号

电话：0356-7022293

邮编：048200

关心下一代工作

【教育活动】“五老”（老干部、老战士、老专家、老教师、老模范）是关心下一代工作的骨干队伍，有政治报告员180人，校外辅导员240人，家长学校教员120人，法制宣传员80人，科技推广员68人，文艺宣传员260人，图书管理员60人，网吧义务监督员30人。充分发挥他们的优势和作用，自编讲稿，深入农村、学校、机关和社区，对青少年宣讲科学发展观、国情国史、党史、建设史、改革开放史。全年举行宣讲报告80余场次，革命传统教育报告120余场次，法制宣讲报告32次，受教育青少年达到3万余人。清明节，联合县教育局、团县委、民政局，组织千余名中小学生到龙岗烈士陵园开展缅怀革命先烈活动。老干部张道魁作了革命传统教育报告。

（张振奎）

【组织建设】 开展“北学刘官庄、南学东鲁村”活动，围绕基层关工委的班子建设、队伍建设、阵地建设、制度建设，突出抓好龙港镇关工委、嘉峰镇李庄村关工委、樊村河乡卫村村关工委和郑庄镇河头村刘琴芳、张村乡张村村张晓霞青年致富示范典型。同时，不断充实、完善、建立、健全关工委基层组织，形成县、乡、村三级工作网络。11月11日，青年致富示范典型张晓霞的事迹在全市召开的“五老”带领青年建设新农村泽州现场会上进行书面交流。

（张振奎）

【"中华魂"教育读书活动】 5月，联合宣传部、教育局、团县委、物价局、纠纷办、新华书店等部门在全县中小学生中开展"中华魂"（中国精神颂）主题教育读书活动。全县青少年通过学习读本、写心得体会、请"五老"作报告、参观重点工程，参加答题、演讲、征文、知识竞赛等活动，受到深刻的爱国主义教育。全县征订读本2万余册，3万余青少年参加读书活动，搞征文、演讲等竞赛活动260余场次，收回征文450余篇。出版2009年"中华魂"读书活动征文选《祖国颂歌》，发放全县各学校和单位，将读书活动推向高潮。12月27日，在碧峰会议厅举办"中华魂"（中国精神颂）主题教育读书活动"人口计生杯"演讲赛。全县18名选手参加，评选出一等奖3名、二等奖6名、三等奖9名，组织奖10名。

（张振奎）

【扶贫助学】 2010年，对3个乡镇、3个行政村、170户贫困生家庭实施"两只羊"扶贫助学，不仅解决贫困生上学的问题，还带动当地养羊业的发展。

（张振奎）

【"五老"办实事办好事】 在农村建立图书室、法制学校、科技学校，在学校建立家长学校，利用这些阵地和革命传统教育基地对青少年进行教育。全县有科技学校235个，法制学校254个，家长学校123个，图书室418个，"五老"家庭图书室68个，革命传统教育基地32个，就业基地8个，帮教小组156个，网吧义务监督队12个。坚持服务基层，服务青少年，为青少年办实事、办好事，通过这些阵地和平台解决青少年思想上的难点、学习上的难题和生活上的难处，"五老"志愿者张道德利用他的家庭图书室、采取专题辅导和兴趣教育等方法，主动联系左邻右舍30名孩子的家庭进行家庭教育。县关工委帮助就业委员会副主任崔武俊创办沁河福利植物油厂、淮沁水泵厂和兴绿缘养鸡场，安置下岗青年29名、农村青年6名、残疾青年16名。原文化局副局长张晓书组织30余名"五老"志愿者组成网吧义务监督队，对城乡16家注册登记的网吧进行青年义务监督，劝退未成年人156人（次），出勤968人（次）。

（张振奎）

名称：沁水县关心下一代工作委员会
地址：县城新建西街669号
电话：0356-7025480
邮编：048200

科学管理

【机构改革】 根据沁发〔2009〕19号文件精神，成立"沁水县科学技术局"，将县科技教育局的科学管理行政职责划入县科学技术局，为县政府工作部门，正科级建制，下属事业机构"科技情报站"。

（赵　芬）

【申报和实施省级科技项目】 先后组织山西舜星太行黑山羊繁育中心、古越兴民养殖有限公司、丰田食品有限公司等龙头企业，积极申报2011年度省级各类科技计划项目9项；申报省农村技术承包项目7项，其中养羊园区标准化生产技术推广、无公害蔬菜标准化生产等6项被批准立项；组织实施并完成省级2010年度计划项目梅河生态牧业科技示范基地建设和鲟鱼生态养殖园区建设两项，争取省级科研资金20万元。

（赵　芬）

【申报和实施市级科技项目】 先后组织县蚕桑服务中心、丰田食品有限公司、沁花蜂业有限公司等申报2010年度市级各类科技计划项目25项（工业开发6项，成果推广4项，星火12项）；完成2007年度—2009年度26项市级各类计划项目的验收和完结工作，其中验收15项、完结11项，验收完结率达100%。

（赵　芬）

【实施县级科技计划项目】 2010年，申报县级各类科技计划项目165项，其中农业发展类137项，工业发展类20项，社会发展类8项，投资金额为35 000万元，占GDP比值达到3%。以保护沁水资源为主，重点扶持“太行黑山羊提纯复壮及繁育体系建设”项目；以增加农民收入为目标，重点扶持县蚕桑服务中心“温室自控小蚕共育”200棚项目；以引导新型环保建材产业为主攻方向，重点扶持“新建年产15万立方米加气混凝土”、“利用煤矸石自燃烧结砖”、“隔热型材门窗加工”等一批工业企业项目。

（赵　芬）

【农业专业合作社建设】 2010年，沁水县有涵盖农业、林果、蚕桑、农机、畜牧、水利等各类农业专业合作社314个，注册资金达14 083.73万元，其中种植类55个、林业类37个、养殖类191个、农产品加工类2个和服务业31个，农民入社人数达3409人，带动农户13 635户；取得无公害、绿色及有机产品认证42个，注册产品商标5个。

（赵　芬）

【知识产权保护】 2010年，全县专利申请受理总量35项（其中发明专利14项，实用新型专利14项，外观设计专利7项），比2009年增加5项，增长率为16.7%，每10万人专利申请数达17项，超额完成市局下达的年度目标任务。同时，积极鼓励和协助奇锐工贸有限公司和乐神采暖技术开发有限公司等专利大户，以自主研发的“新型矿用凿岩钻头”、“筒装无机电热水锅炉”和“秸秆汽化炉”等专利为突破口，实施技术成果转化，积极开展专利项目试点工程，取得可观的经济效益和社会效益。

（赵　芬）

【科技投入】 2010年，县级财政预算科学技术支出716万元，占县财政支出的1.1%，比“十一五”初增长430万元，平均每年以26%的速度增长，连续多年保持快速增长的良好势头。

（赵　芬）

【工程技术研究中心专项工作】 组织十里八香农产品开发有限责任公司以“沁水县东部山区农副土特产品开发中心”申报市级工程技术研究中心项目，获得市科技局批准，列入晋城市第二批市级工程技术研究中心计划，填补沁水县此项工作的空白；组织丰田食品有限公司申报市级企业中心项目，该公司“杂粮食品生产工艺及配方研究中心”获得市企业技术中心认定；组织沁花蜂业有限公司、沁水源通饲料有限公司申报“省级民营科技企业”，并获得通过。

（赵　芬）

【信息化建设和管理】 委托晋城天狐网络信息有限公司设计制作科技信息网页，实现政府信息公开、科技人才、科技成果、科学仪器、科技投融资等科技资源网上共享。配合市生产力促进中心，进一步完善沁花蜂业公司、靓豹服饰公司等企业内部信息管理软硬件设施配套，在提升企业管理水平和内部管理效率的同时，也为企业增加一定的经济效益和社会效益。

（赵　芬）

【农村科技特派员队伍建设】 修订出台《关于进一步加强农村科技特派员工作的几点意见》，开展以乡镇科技特派员工作站、村级科技信息服务点建设为主要内容的农村科技服务体系建设，采取个人申报考核认定和双向选择的办法，分专业技术型、创业创新型和信息服务型三个层面，对农村科技特派员队伍进行续聘和选聘，全县农村科技特派员队伍人数达到300人，服务面覆盖全县251个行政村。

（赵　芬）

【科技宣传培训】 2010年，紧紧围绕“携手建设创新型沁水”这一主题，深入开展一系列科技咨询宣传及培训实践活动，制定《关于举办2010年沁水县科技活动周的实施方案》，对科技活动周的具体内容、实施操作、宣传报道等进行全面精心策划和组织安排，被市政府表彰为“全市科技活动周先进集体”；开展一系列科技服务实践活动，联合县恒丰食用菌合作社，聘请专家为50余个种植户进行栽培技术培训，现场解答种植户遇到的难题。会同县农机服务中心，组织专业技术人员深入田间地头，为农民朋友讲解机械化保护耕作知识，传授机具选用、维修、耕种、除草、田间管理等技术。聘请省内外高等院校和科研机构对全县450余人进行养蚕、养蜂和蔬菜生产三个科技专题培训。年内，在全县开展科技信息讲座10场次，其中科技培训5场，科技服务与检测两场，科技宣传3场，发放科技书籍300余册，宣传资料3000余份，光盘200余个，受训人数达到3000余人。

（赵　芬）

名称：沁水县科学技术局

地址：县城新建西街593号

电话：0356-7021541

邮编：048200

防震减灾

【机构状况】 根据省编办晋编办字〔2004〕269号文件《关于完善设置县（市、区）地震工作机构》精神，经县编委2005年5月10日会议研究，晋市编办字〔2005〕29号文件批准，同意成立“沁水县地震局”，为县政府直属事业单位，正科级建制，全额预算，编制3名，其中科级职数1名。2010年，根据省、市关于加强防震减灾工作机构要求和政府机构改革机构变动情况，4月9日县编委会议研究，将隶属原科技教育局的地震观察站划归县地震局，编制6名，县地震局正式成立。

（吉永明）

【台站数据监测工作】 根据沁水县观测台站数据监测实际，着力加强日常值班及台站维护工作。认真落实《山西省强震强化跟踪工作方案》，建立较完善的值班制度和工作制度。实行节假日24小时值班制度，认真填写台站工作日志，确保观测数据的连续性和准确性。对异常情况及时落实不过夜，在发生紧急情况后，能够按照程序和预案及时处置，并及时向上级领导汇报。定期深入台站对周边环境进行查看和仪器维护，依法搞好台站保护工作。7月23日，在省、市技术人员指导下，对台站数字地震前兆观测系统前端处理器发生的故障，及时予以排除，确保台站监测设备安全运行。

（吉永明）

【地震群测群防“三网一员”体系建设】“三网一员”即：地震灾情速报网、地震宏观测报网、地震知识宣传网、防震减灾助理员。根据晋市政办〔2008〕69号文件精神要求，印发沁政办函〔2010〕3号《沁水县人民政府办公室关于报送防震减灾助理员、地震灾情速报员信息资料的通知》，文件要求14个乡（镇）成立相应的防震减灾工作领导小组，并在各乡镇确定1名副乡（镇）长及其相关工作人员担任防震减灾助理员。为了进一步做好此项工作，全县共选聘灾情速报员53名，设立地震宏观观测点5个，每个观测点都具备一定的观测规模、观测场所、固定的责任人、联系电话、统一标牌，同时，制定防震减灾助理员工作职责和地震灾情速报员工作职责。提高了全县地震灾害的监控和速报能力。

（吉永明）

【**地震应急体系建设**】 根据《晋城市地震应急预案》，通过修改和征求县直部门单位意见，完成《沁水县地震应急预案（讨论稿）》。专门召开地震应急基础数据收集工作会议，专题部署全县地震应急基础数据收集报送工作。通过网上报送和书面报送两种方式，完成全县16个单位和14个乡（镇）地震应急基础数据的整理、汇总和上报工作，顺利完成行政辖区内地震应急基础数据的更新工作。在原有沁水一中、东关小学两处临时避难场所的基础上，通过与县住房保障和城乡建设管理局的协调，把县城“树理文化广场”定为沁水县首个正式的地震应急避难场所，完成相关规划设计。

（吉永明）

【**建设工程抗震设防管理**】 县地震局与县住建局联合印发《关于将工程建设项目抗震设防要求纳入基本建设管理程序的通知》，明确抗震设防要求原则，重点从建设工程抗震设防要求的监督管理、工程项目的抗震设防审批手续、工程建设项目抗震设防要求的范围等10个方面详细阐明抗震设防要求的工作流程，进一步促进沁水县工程建设项目抗震设防工作走上科学化、规范化、法制化轨道奠定基础。为进一步提高全县中小学校防震抗灾能力，切实保障广大师生生命财产安全，对21所校舍安全工程建设单位下达《抗震设防要求审批通知书》，为持续推进学校抗震设防管理工作奠定基础。县地震局对县公安局业务技术用房、县住建局树理文化广场、县教育局教育园区、县物资总公司农产品交易市场、县水务局湾则水电有限公司、河南中房威泰建筑有限公司“沁水印象”等建设工程及端氏中学、端氏初中、示范初中、树理初中、中村初中、柿庄初中、潘庄小学《建设工程抗震设防要求审批通知书》，涉及的规划平面图、地质勘察报告、建设项目批复等详细材料做了备案，除“校舍安全工程项目”外，其余上报市地震局。

（吉永明）

【**农村民居地震安全工程**】 结合沁水县农村房屋的抗震能力普遍低下实际，制定下发《沁水县农村民居地震安全工程的实施方案》，成立“沁水县实施农村民居地震安全工程领导小组”。选定沁水县梅园小区一期住宅楼为农村民居地震安全示范工程，开展农村民居地震安全工程示范村建设。截至年底，全县农村民居地震安全示范工程总面积达到48 274平方米。

（吉永明）

【**防震减灾科普宣传工作**】 在《沁水县政府网》应急管理栏目开辟“防震避震知识”专栏，在政府网主页登载相关防震减灾宣传周新闻信息和地震科普知识。组织人员深入机关、商场、工地等场所发放宣传材料，扩大地震科普宣传的社会影响。围绕“积极推进防震减灾事业 构建和谐平安沁水”的主题，在县政府碧峰会议厅广场着力宣传防震避险的基本技能和自救互救应急常识，提升全社会的综合防震减灾能力。宣传周期间在县城主要街道悬挂宣传条幅5条，共发放各类宣传书籍资料等共计3000多（册）份。“5·12”期间，组织实施县实验小学1500余名师生地震应急演练工作。赠送地震科普读物2000余册。演练现场展示地震科普版面36块。县直其他学校及各乡（镇）中小学也按要求进行演练。同时，地震局会同县青少年活动中心（地震科普基地）工作人员，深入县直其他学校进行“纪念‘5·12’汶川大地震两周年地震知识巡回宣传活动”。发放防震知识宣传折页等地震科普读物两万余册，受益师生达1.3万余人。拓展学校——家庭——社会的防震减灾宣传主渠道，为深入普及防震减灾知识起到重要作用。

（吉永明）

【地震科普示范学校建设】 联合县教育局向县直及各乡（镇）21所县级地震科普示范中小学印发《关于继续加强防震减灾科普教育示范学校建设的通知》，对5所乡（镇）中小学申报市级“防震减灾科普示范学校”的申请材料做了审核备案。11月19日，对符合市级“防震减灾科普示范学校”创建标准的县实验小学进行挂牌。2010年底，沁水县有市级地震科普示范学校1所，县级地震科普示范学校23所。各地震科普示范学校都将地震科普知识纳入教学计划，通过开辟宣传橱窗、专栏、黑板报、应急演练等灵活多样的方式，不断提高全县中小学生的防震减灾意识，起到“教育一个孩子，带动一个家庭，影响整个社会”的作用。

（吉永明）

名称：沁水县地震局

地址：县城新建西街593号（县教育局305室）

电话：0356-7021543

邮编：048200

文体 卫生

文化 体育

【机构改革】 根据2009年12月31日全县政府机构改革会议精神，将文化、广电、新闻出版“三局合一”，将原文化体育局的职责以及原广播电视服务中心（广播电视局）承担的行政管理职能进行整合，新组建沁水县文体广电新闻出版局，建立沁水县文化市场行政综合执法队，县博物馆划入县旅游文物局。

（陈丽霞）

【县级文体设施建设】 投资100万元完善县文化馆、赵树理图书馆建设和设施设备配备，安装视频监控网络、电子显示屏，建起程控电话网，安装电话50多部，建成电脑局域网并投入使用。文化馆购置钢琴1架，电子琴10架，全部充实到功能室中。赵树理图书馆购置、安装专业图书书架21副、阅览桌椅40张、期刊报刊架、音像柜、存放柜等。全年新增图书6000余册，基本上满足了读者需求。建成支部荣誉室、“非遗”展览室、民俗博物馆、鼓儿词传习所。两馆硬件软件堪称全省一流，属全市仅有。同时，投资70万元建成“文化信息资源共享工程”县级支中心。完成县综合馆、县游泳馆的选址、规划、设计等方面的实施工作。

（陈丽霞）

【乡（镇）文体设施建设】 投资400多万元建成14个标准化乡镇综合文化站，固县、十里、柿庄、中村4个乡镇挂牌使用。

（陈丽霞）

【村级文体设施建设】 投资200万元新建农家书屋100个。完成50余个行政村的农民体育健身工程的器材配送和安装。为樊村河乡界河口村赠送价值7000余元的图书800册、电脑1台。为郑庄镇河头村赠送价值两万元的图书。资助匣石湾、横头、杨圪坨等10多个行政村购置并安装篮球架、乒乓球台、太极揉推器等健身器材。“农家书屋”覆盖全县3/5行政村，篮球场、健身场覆盖全县2/3行政村。投资近百万元建成100个“文化信息资源共享工程”村级服务站点。

（陈丽霞）

【文体活动】 以“品牌化、特色化、影响化、品位化”为理念，着力打造群众文体活动精品工程。全年创作各类文艺作品33件，全部被搬上舞台。全年组织举办春节、元宵节11项文化活动、“我的书屋 我的家”全县农家书屋演讲活动、“两会”晚会、有奖猜谜进校园、“我所喜爱的一本书”演讲赛和知识竞赛、“国土杯”歌咏比赛、第十届消夏晚会暨“经典老电影放映月”活动、第四届赵树理文化艺术节、第四届体育节暨第二个全民健身日健身项目展示等高质量、多层次的文体活动20余场次。指导乡镇举办第二届“尧舜杯”农民运动会、第四届“嘉沁杯”篮球赛、第六届“沁和杯”职工篮球赛、“2010年应郭村第二届消夏文艺晚会”、龙港镇东安社区首届消夏晚会、“十里八香杯”晋城市第二届公益文化广场舞蹈大赛等群众喜闻乐见、便于参与的文体活动10余场次。组织参加晋城市第四届农民运动会，以9金、5银、5铜、总分131分的成绩获得县区团体总分第四名、金牌总数第四名的成绩，获得第四届农民运动会“道德风尚奖”和“开幕式演出优秀组织奖”。

（陈丽霞）

【文化惠民工程】 积极实施“文化信息资源共享工程”、“乡镇综合文化站建设工程”、“非遗保护工程”、“农村电影放映工程”、“农家书屋工程”、“农民体育健身工程”、“文化低保”7大文化惠民工程。全年开展文化下乡、秧歌舞比赛、健身项目展示等公益文体活动20余场次，组织送戏下乡204场，放映电影近3000场；全年培训农家书屋管理员216人，培训三级社会体育指导员100余人，培训青少年儿童学员100余人，对420人进行国民体质监测；全年为100个农家书屋赠送价值200万元的图书100套20万册，分别为界河口村、河头村、杨圪坨村赠送价值10多万元的文体活动设备。

（陈丽霞）

【文化产业】 发展各类文化经营单位百余家。其中歌舞娱乐场所35家，网吧等互联网上网服务营业场所21家，音像制品出租及零售10家，打字复印23家，民间文化演出团体20余家。将县城4家小印刷企业进行整合为一家大型现代化公司，成立“三晋印业有限责任公司”。高度重视体彩发行工作，2010年体彩销售额达到530万元。

（陈丽霞）

【民间文化产品】 在推出剪纸、根雕、布艺、筷制工艺等特色文化产品之后，土沃乡下格碑村又开发出核桃工艺品，并于11月17日—21日，参加在北京举行的“第五届国际文化创意产业博览会”展销。

（陈丽霞）

【非物质文化遗产保护】《捞鱼鹳》、《龙港花棍舞》、《霍家山龙灯》、《西河花鼓》、《十里手编》5个“非遗”项目进入全市第三批非物质文化遗产名录。《沁水秧歌》、《霍家山龙灯》两个项目申报山西省第三批“非遗”项目。县政府公布8个县级“非遗”项目，《舜的祭祀文化》、《土沃老花鼓》、《柳氏人生礼俗》3个项目进入国家级“非遗”项目名录。

（陈丽霞）

【文化市场监管】 坚持“一手抓管理、一手抓繁荣”，以保障未成年人权益为重点，净化网吧市场秩序；以打击无证经营为重点，理顺娱乐市场秩序；以取缔非法演出活动为重点，规范演出市场秩序；以开展“扫黄打非”活动为抓手，净化出版物市场。全年共检查各类文化经营场所100余（次），执法人员出动200多人（次），取缔黑网吧两家、KTV两家，没收非法销售的卫星接收设备10套，对接纳未成年人和超时营业的10家网吧，进行停业整顿处理。销毁盗版音像制品1200余张（盘）、盗版及各类非法书报刊2000余册。

（商李霞）

【文化法律法规宣传培训】 一年来，举行文化法律法规宣传培训10余次。在县城4所小学举办“拒绝盗版，从我做起”为主题的“绿色书签行动2010”签名活动；对东关小学、城镇初中、职业中学等中小学校进行《互联网上网服务营业场所管理条例》宣传活动；举办网吧法人培训班3期；

执法队全体人员参加由省、市文化部门举办的文化市场行政执法人员培训。

（商李霞）

名称：沁水县文体广电新闻出版局
地址：县城新建西街 64 号
电话：0356-7022254
邮编：048200

广播电视

【机构改革】 根据中共沁水县委、沁水县人民政府《关于深化文化体制改革的实施意见》（沁发〔2009〕15 号）文件精神，沁水县广播电视局更名为沁水县广播电视台，2009 年 12 月 15 日正式挂牌成立。

（刘 娜）

【宣传报道】 2010 年，广播电视台在新闻节目的编排上有较大改进，每一期节目都包含着经济、社会、农业、民生等多方面内容，除时政消息外，每一条新闻都做到有记者的现场同期声，使节目更加具有观赏性和亲切感。截至年底，电视台共制作播出《沁水新闻》栏目 270 期，2800 余条，《农科园》首播、复播 102 期，《律师视点》播出 51 期，《前沿讲座》首播、复播 102 期，《家乡美》72 期，行业专题节目 40 多部，电视剧 3285 集；广播电台制作播出《沁水新闻》96 期，600 余条，开办《戏曲天地》、《开心驿站》、《民歌放送》、《流行经典》4 个文艺类节目 60 期，3600 小时；转播台严格遵照“不间断、高质量、讲效益、重安全”的工作要求，全年转播中央一套电视 8538 小时；中央七套 8538 小时；“中国之声”调频广播播出 8414 小时；山西新闻综合调频广播 6414 小时；晋城新闻综合调频广播播出 5888 小时；沁水电台播出 6280 小时。

（刘 娜）

【新闻策划】 围绕县委、县政府中心工作，加大新闻策划力度，通过多种方式，集思广益，定题目、定思路，在新闻栏目中开办《鲜红的党旗》、《来自重点工程的报道》、《科学发展在身边》、《文明连着你我他》、《推进沁水转型跨越发展》、《创先争优》、《建设学习型党组织》、《学习右玉精神》等专栏，为更好地传达县委、县政府的决策部署，反映人民群众的呼声，推进沁水经济社会转型发展、跨越发展营造良好的舆论氛围。

（刘 娜）

【外宣工作】 2010 年，电视台在省市台发稿 497 条。播发的稿件中，省市领导调研 54 条，市台特约专栏 60 条，时政类新闻 64 条，民生工程类 138 条，农业类 105 条，社会类 67 条，旅游类 19 条。在全市排名中，从 2009 年的六县区最后一跃成为第二。中央电视台经济频道播发稿件 1 条，实现自 1995 年建台以来，首次在中央级媒体播发稿件。电台在市台发稿 400 条，名列全市各县区发稿量第一。同时，在全市特色城镇化建设现场会召开期间，制作专题片《跨越之路》。

（刘 娜）

【村村通广播电视工程】 全县 14 个乡镇，251 个行政村，有线电视联网 227 个行政村，共架设光缆 1300 余公里。有线电视用户 3.95 万户。剩余 24 个行政村采取卫星接收设施覆盖，实现了全县行政村村村通电视；20 户以上的自然村村通广播电视，共涉及全县 14 个乡镇 108 个自然村，其中有线电视光缆联网 34 个自然村，联网 1774 户。97 个自然村发放卫星接收设施 1620 余套，比任务 74 个超完 23 个自然村，受益农户 3300 余户。

（刘 娜）

【数字电视整体转换工作】 2010 年，全面展开数字电视整体转换工作，全年共投资

400余万元，在县城共架设主、支杆光缆70余杆公里，开通70个光点，发展数字电视3700余户。

（刘　娜）

【基础设施建设】 2010年，投资130万元。将原25兆非线编辑系统升级为50兆，新购置部分摄、录、播设备。投资30余万元对原超负荷运行的变压器增容。对办公楼及周边环境进行改造。

（刘　娜）

【广告工作】 全年共完成广告收入82.8万元，播出弘扬沁水精神、护林防火、安全生产、卫生健康、环境保护等公益广告2500余条，两万余次。

（刘　娜）

【广播电视安全播出工作】 建立健全机房安全播出值班制度，完善广播电视安全播出应急预案，制定《沁水县广播电视台2010年广播电视安全播出应急预案》，坚持24小时值班制度，重要时期和敏感时段坚持领导带班制度和巡查制度，对节假日的值班工作坚持报告制度。积极落实各种“人防、技防、物防”措施，做好“防邪”、“防火”、“防盗”工作，确保广播电视传输手段更加可靠安全，实现全年安全生产、安全播出无事故。

（刘　娜）

名称：沁水县广播电视台
地址：县城新建西街763号
电话：0356-7022672
邮编：048200

报纸出版

【版面览要】 2010年，共刊发《今日沁水》97期。一版为政治要闻。主要宣传、贯彻党的路线、方针、政策，围绕县委、县政府中心工作，报道全县政治、经济、农业、文化方面的重要大事。二版为农业经济新闻。主要报道“三农”问题、经济信息和新闻。开辟有《农业·农村·农民》、《沁河短讯》、《农业园地》、《科普知识》、《今日农村》、《三农论坛》、《关注民生》、《新农村建设》等30多个栏目。三版为社会新闻。是一版政治、文化、社会、教育、法制综合新闻的延伸。主要有《公安战线》、《教育论坛》、《警示教育》、《道德楷模》、《青春风采》、《论坛》、《和谐创建》等40余个栏目。四版为沁河文艺。是《今日沁水》的副刊。主要有《小小说》、《沁河诗潮》、《历史人物》、《生活之窗》等10多个栏目。中缝以趣味、健康、生活知识类短篇文摘为主要内容，激发读者兴趣，开阔读者视野。

（成　涛）

【报道内容】 一是紧紧围绕县委、县政府中心工作，会同有关单位，有关部门联合举办一系列大型宣传活动，并利用《今日沁水》重点版面、重点位置开辟《读好书、促发展》读书征文栏目，推出《读于丹论语心得》、《科学发展观重要论述摘编读后》、《好书催人思》、《爱读书、读好书、善读书》等一系列优秀作品，在全县兴起读书文化氛围。二是围绕创先争优活动及学习型党组织建设开办了《扎实推进学习型党组织建设》《深入开展创先争优活动》等栏目，动态反映全县上下创先争优活动和学习型党组织建设的进展情况，并集中反映龙港镇、苏庄乡、嘉峰镇、固县乡、县直工委、公安局、人社局等乡镇党委及县直党委、总支、支部创先争优活动及学习型党组织建设中的好经验好办法，有力地推动了全县创先争优活动的有序开展。三是结合袁纯清书记调研晋城重要讲话及全县领导干部大会重要讲话精神，开辟《深入学习贯彻袁纯清书记重要讲话精神推动沁水转型跨越发展》，掀起宣传全县深入学习贯彻袁纯清书记重要讲话精神的动态新闻，开辟《学习右玉精神推动沁水跨越发展》栏目，大力宣传沁水县在弘扬右玉精神推动沁水发展方面的新闻。配合2009年年终表彰大会推出《劳动风采》专栏，刊发《捏把黄土有血汗》、《不用扬鞭自奋蹄》、《甘为大地披绿衣》、《他持彩链舞当空》等一系列重点报道，弘扬全县改革开放跨越发展中涌现出来的典型人物和先进事迹，鼓舞全县人民推进沁水发展的士气。四是配合"八一"建军节推出《创先争优之军人风采》专栏，刊发《退伍军人的仕途》、《肩负百姓使命、构建和谐新村》、《平凡之中的感动》等一系列重点报道，展示退伍军人在沁水经济社会发展中的风采。五是开辟《法制教育》、《平安创建》、《文明创建》、《安全生产》等一系列专栏和富有特色的栏目，推出一大批典型报道，为全县经济发展社会进步和精神文明建设起到了积极促进作用，为县委政府决策起到很好的借鉴作用。六是结合全县特色城镇化建设、全县重点工程建设等推出一系列专期、专版等主题宣传，营造了较为浓厚的舆论氛围。七是配合人大、政协工作，在《今日沁水》推出县人大常委会监督县政府重点工程承诺公示和人大代表议案、政协委员提案办理承诺公示等专栏，为充分发挥人大代表、政协委员作用，为人大代表议案及政协委员提案的落实，为县政府重点工作的落实起到积极的监督和推进作用。

（成　涛）

名称：沁水报社

地址：县城新建西街669号

电话：0356-7022372

邮编：048200

对外宣传

【概况】 一年来，积极组织协调全县对外宣传报道工作。《山西日报》见报稿件12篇。配合太原能博会推出专版一块。配合全市特色城镇化现场会在沁水县召开，全面展示全县近年来科学发展取得的巨大成就。10月26日推出专版《跨越之路》，取得良好的对外宣传效果；3月16日，《大公报》推出专版《沁水，突围金融危机困境，转型低碳经济模板》；《太行日报》见报稿件近百篇，截至年底，共推出《太行日报》沁水版7期。

（李　倩）

名称：中国共产党沁水县委员会对外宣传办公室

地址：县城西街99号

电话：0356-7022934

邮编：048200

图书发行

【各项指标完成情况】 2010年，销售收入950.4万元，占目标的125.7%，比上年销售净额699万元增长26.5个百分点，占销售码洋的87.7%；利润总额64.6万元，占目标117.5%，占上年利润总额46万元的140.4%；费用率完成17.99%；货款回笼率达99.36%；货款承付率达100 %；一般图书销售137万元，其中"农村书屋"销售码洋30万元，占上年同期的125%。

（景李平）

【"两教"征订和发行情况】 2010年"两教"发行中，小学目标与练习发行率达全县学生数的95%，AB卷的发行率达60%，副课目标与练习发行率达80%。初中七、八年级目标与练习发行率达100%，九年级目标与练习发行率达50%，高中目标与练习发行率达100%。同时，新华书店争取到小学三至六年级、初中七年级课堂新方案的发行权，三、四年级的发行率达50%，五、六、七年级的发行率达100%。

（景李平）

【“农家书屋”工程】 该工程是党和政府的德政工程，惠民工程，是新农村建设的重要内容，为切实解决广大农民群众“买书难、借书难、看书难”的问题。10月—11月配合当地文化部门，经过统筹安排，周密部署，严格按照农家书屋配送工作要求，将1296种1501册图书，27种100张音像制品和3个制度，配送到全县100个行政村。

（景李平）

【“文化低保”工程】 晋城市委、市政府为偏远地区困难群众提供的“文化大餐”。新华书店为全县30个农民书屋配送图书12 983册、码洋211 650元；低保户购书卡3912张、码洋68 790元。

（景李平）

名称：山西省沁水县新华书店
地址：县城步行街118号
电话：0356-7022291
邮编：048200

宣传文化中心

【概况】 县宣传文化中心2007年8月成立，系宣传部下属全额正科级事业单位，2010年2月，同宣传部分设。内设办公室、业务部、财务室3个股室，编制10名，现实有人数9人。占地面积4853平方米，建筑面积5354平方米，室内外活动场地3500平方米，总投资934万元。主楼为5层全框架结构，设有赵树理文化展厅、电视演播厅、图片展厅、图书阅览室、树理音乐厅、树理文化放映厅、网络舆情管理室、乒乓球活动室、排练厅、书画展厅、篮球运动场等功能。主要职责是面向社会，免费提供公益性文化艺术服务工作以及重大活动提供场地。

（杨　田）

【赵树理文化展厅】 2006年9月成立，是为纪念赵树理诞辰100周年而建。展厅利用现代化的声、光、电技术手段，通过雕塑、模型、沙盘、实物等形象生动地展示赵树理平凡而伟大的一生。2010年，配备专门的管理员和讲解员。在纪念赵树理逝世40周年之际，中心组织县直各中小学生、公安局等部门和群体来展厅参观学习。2010年，接待省、市有关领导，各级机关干部，中小学生及其他各界人士6000余人。展厅开放以来，先后被市委市政府、县委县政府列为“晋城市爱国主义教育基地”和“沁水县爱国主义教育基地”。

（杨　田）

【图片展厅】 2009年9月开展，图片主要展示沁水的历史、文化、资源，反映新中国成立以来沁水的发展历程，特别是近年来全县经济社会各方面取得的显著成就，是基本县情的窗口和实质性巨变的缩影，也是全县上下不断解放思想、坚持改革开放、推动科学发展、促进社会和谐的历史性见证。展厅自开展以来，共接待社会各界人士3000余人。

（杨　田）

【功能室开放情况】 本着“健康第一”的服务理念，精心组织、牺牲节假日休息时间，为广大体育爱好者、图书阅览者提供优越舒适的环境。乒乓球室，实行全天对外开放，面积340平方米，5张标准乒乓球台，多次举办市、县级的乒乓球赛事。10月2日，由县审计局赞助，中心组织举办“审计杯”晋城市乒乓球邀请赛。篮球运动场，配有标准的篮球架、电子计分器等设备，现对广大人民群众全面开放。国庆期间，配合县人社局、水利局等6家单位举办迎“国庆”篮球联谊赛。图书阅览室，有馆藏图书3万多册，兼具阅览和图书借阅功能，室内图书种类齐全，可读性强，满足不同知识结构和各个年龄阶段的人群阅览和借阅。2010年借阅人数超过2000人。树理音乐厅，为各群体举行同学聚会、联谊会、元旦晚会十多场，每逢周五、周六为群众举行交谊舞会，深受群众好评。电视演播厅，是全县功能完备、设施齐全、具备举办大型综合文艺演出活动的理想场所，是重大文艺演出、知识竞赛以及演讲赛的首选之地，2010年成功举办《廉政准则》知识竞赛、庆“五一”、迎“国庆”等各类文艺活动10余场。各功能室的开放，为全县人民弥补无处健身、无处运动、无处阅读的空白，越来越受到县城居民和广大群众的青睐。传统节日和革命节日期间，各活动室以及展厅全面对外开放，丰富全县人民的假日文化生活。

（杨　田）

【网络舆情管理室】 2008年8月成立。主要对全国各大网站和涉沁的地方网站实行24小时在线监控，运用各种引擎进行全面搜索，收集所有最新、最热、最重要的涉沁信息和网络热点新闻；把所监控到的信息进行筛选过滤并及时报告上级；在有重大舆情信息出现时，第一时间向上级反馈并做出书面文件；按照“谁监控、谁负责”的原则将监测到的舆情信息进行分转交办，按照“快速反应、确认事实、妥善处理”的原则及时对网络舆情进行分析判断，准确查找舆论产生的原因，认真核实舆情反映的问题，对舆情走向做出正确的判断，对舆情可能产生的影响进行客观评估，适时运用网络方式客观正确的引导舆论，坚持日日简报，每周专报，要事快报。

（杨　田）

名称：沁水县宣传文化中心
地址：县城新建东街2606号
电话：0356-7062598
邮编：048200

卫　生

【三级卫生机构建设】 2010年，全县投资近3000万元加强基础设施建设力度，在三级医疗卫生机构达标基础上，又有新的突破，实现县、乡两级卫生机构100%达标，村卫生所全覆盖率达100%，达标率达96.8%。多方筹资80余万元对卫生系统综合办公楼进行整体装修，8月份正式搬迁，改变卫生局历史无固定办公场所；投资500余万元，建筑面积2900平方米的县二院综合病房楼新建工程主体框架完成；投资2000余万元，建筑面积6400平方米的县人民医院综合住院大楼及建筑面积2500平方米的地下室和地下停车场工程，10月份全面开工建设；投资10余万元对县卫校进行改建和维修，完善各种配套设施；投资50万元扩建580平方米的郑庄镇中心卫生院工程全部完工投入使用；投资100万元，建筑面积570平方米的中村镇中心卫生院建设业务用房工程全面竣工并投入使用；投资近200万元的张峰卫生院新建工程和投资40万元的苏庄卫生院改扩建工程开工建设。在完成“村卫生所全覆盖”目标的基础上，实现整体提高上水平，累计建成243个村卫生所，新建的39所村卫生所全部完成评审验收。全县村卫生所全部按上级要求达到四室分开或三室分开要求，建筑面积达12 836平方米。在加大基础建设的同时，加大医疗设备更新工程，其中县医院购置螺旋CT、500MA遥控X光机、彩超等大型设备。2007年—2010年省、市、县3次为19个乡镇卫生院和村卫生所配备医疗器械，医疗救护车实现了县、乡全覆盖，全县的医疗设施和就医环境明显得到改善。7月5日，县卫生局接管食品安全综合协调工作。

（霍兵兵）

【食品卫生监督】 春节期间出动卫生监督人员150人次，车辆24台次，共检查餐饮单位153户，饮用水供水单位1户，公共场所经营单位296户，纠正不符合卫生要求的从业单位81户；“3·15”国际消费者权益日宣传纪念活动期间，出动卫生监督人员78人次，出动卫生监督车辆16台次，从业单位门前悬挂宣传横幅12条，散发宣传资料6000余份，下达卫生监督意见书20份；在人大、政协“两会”期间，24小时值班，监督员跟餐监督人大代表和政协委员的食宿安全；4月—5月，开展对全县学校食堂及饮用水卫生专项检查活动，共出动卫生监督执法人员84人次，出动执法车辆25台次，下达卫生执法文书23份，共检查学校食堂76户，其中：中小学食堂68户，幼儿园食堂8户，学生就餐人数8459人，教职工就餐人数892人，从业人员318人；高考期间，派出卫生监督员驻点学校，对食品的采购、贮存、加工、烹调、配餐、留样等各个环节严格把关，顺利完成高考的卫生保障工作。全年派发食品安全宣传单2500份，参与食品安全咨询活动1次。通过多形式、多渠道、多方面的宣传，全县未发生一起食物中毒事件。

（杨　光）

【生活饮用水卫生监督】 对辖区供水单位进行卫生监督，4月份和8月份对县自来水公司的5处水源水进行现场卫生监督检查，每月定期对供水单位的出厂水、管网末梢水进行监测。（杨　光）

【全县医疗机构监督检查】 出动卫生监督执法工作人员190人次，车辆66台次，监督检查医疗机构91户，验收合格48户，下达卫生执法文书48份。全面开展打击非法行医专项行动，截至年底，立案查处14户，取缔1户，罚款1.3万元。

（杨　光）

【卫生许可】 认真执行《行政许可法》，制定并严格执行卫生许可程序，各类卫生许可受理与审核分开，由行政审批大厅受理，综合监督科室现场审核。2010年，共发从业人员健康证1622个，卫生许可证127个，餐饮服务许可证26个。

（杨　光）

【放射卫生监督检查】 7月20日—23日对全县的现有医疗机构放射卫生进行专项监督检查。共出动卫生监督人员20人次，卫生执法车辆6台次，检查放射诊疗机构12户（县级综合医疗机构3户，疾控机构1户，乡镇医疗机构8户），医用X光机12台，CT机2台，放射人员21人，持有效《放射诊疗许可证》1户，下达卫生监督意见书12份。

（杨　光）

【儿童计划免疫】 计划免疫“七苗”接种率达90%以上。计划免疫相对传染病百日咳、新生儿破伤风、白喉、流脑、乙脑无发病，全县继续保持无脊灰状态。根据《山西省卫生厅补种乙肝疫苗项目管理方案》要求，全县8月龄—4周岁儿童8520人，实际接种8477人，接种率99.5%；完成2月龄—3周岁儿童背灰疫苗两轮服苗，第一轮服苗率99.4%，第二轮服苗率99.1%；完成1994年—1998年出生儿童补种乙肝疫苗8419人，接种率100%。

（王万军）

【艾滋病防治】 开展艾滋病自愿检测咨询170人，完成全年任务指标的113%；开展监管场所羁押人员艾滋病检测113人，完成全年任务113%；开展高危人群干预工作，全年干预445人次，月平均干预42人，干预覆盖率70%；2010年新增病毒携带者1例。全年管理病毒携带者和病人5例，随访感染者和病人11人次，完成CD4细胞检测4人次。

（王万军）

【结核病防治】全年共发现肺结核病人139例，其中新发涂阳肺结核病人76例，完成年度病人发现任务的100%。复治涂阳11例，涂阴病人52例。2009年管理新发涂阳病人79例，治愈涂阳病人70例，项目病人治愈率达88.6%。按照卫生部下发的《肺结核病人追踪实施方法》要求，及时从传染病网络报告及传染病报告卡中发现病人线索，检查转诊到位情况，同时采用不同的追踪形式，落实病人就诊、治疗工作。2010年全县医疗机构转诊率100%，转诊到位率91.5%，追踪率100%，追踪到位率67%；完成密切接触者登记261人，筛查261人，筛查率100%。

（王万军）

【地方病寄生虫防治】完成全县9个乡镇36个行政村288户居民用盐抽样检测任务，检测碘盐288份，合格281份，合格率97.57%，合格碘盐使用率97.57%；为防治布病发生，对从事畜产品收购、饲养员、屠宰、皮毛加工销售人员、兽医等职业人群开展流行病学调查1055人，血清学检查255人，共检出阳性病人22人；通过实施地方病健康教育项目，全县小学生健康知识知晓率达97.8%，育龄妇女达91.8%；完成7岁—12岁儿童大骨节病监测拍片41人，完成3周岁以上人群土源性线虫病粪检300人。

（王万军）

【病媒生物控制】大力开展消杀灭工作，全年喷洒消杀面积20余万平方米，4月—10月连续7个月监测，县城鼠、蚊、蝇密度均控制在国家标准以内。

（王万军）

【慢性病防治】全县建立居民健康档案44 309人，确诊管理高血压患者5530人，糖尿病患者428人，重症精神病患者65人。

（王万军）

【新型农村合作医疗】在新型农村合作医疗试点推进和运行中，加大定点医疗机构的监管力度。加大新农合相关政策的宣传和指导。简化办事程序，方便群众。同时，在确保群众受益，资金安全运行的前提下，加强县、乡两级经办机构队伍建设、班子建设和阵地建设，健全新农合网络建设，强化新农合基金和定点医疗机构的监管。通过调查、摸底、安装调试、人员培训、现场操作指导，5月份，在全市率先对县、乡两级医疗机构开展网络审核补偿，真正惠及到全县农民，有效缓解农民看病难、看病贵的问题。从2006年试点以来，参合人数由139 262上升到现在的157 028人，参合率达95.45%，参合农民人均筹资标准由50元提高到150元，参合农民累计受益人次346 501人，其中：家庭账户受益192 859人次，住院受益33 063人次，门诊统筹受益120 579人次。累计补偿金额6045.05万元，其中：家庭账户补偿金额609.38万元，门诊统筹金额170.82万元，住院补偿金额5264.85万元。

（霍兵兵）

【国家基本药物制度建设】7月份召开实施基本药物制度动员大会，下发实施方案，9月份召开基本药物集中采购配送药品购销合同会议，按市选择的3家药品配送商分别与全县各医疗单位签订基本药物配送合同，正式在全县4个县直医疗单位和19个乡镇卫生院（分院）实施基本药物零差率销售。

（霍兵兵）

【卫生下乡活动】县医院坚持每年下乡健

康体检 500 余人次，减免医疗服务费用 3 万余元；县二院下乡巡回医疗 10 余次，义诊 450 余人次；县中医院通过“中医中药中国行”活动，开展中医药知识宣传和义诊咨询；县妇幼院为 28 个驻沁单位的 737 例育龄妇女进行防癌普查。

（霍兵兵）

【医疗救助活动】 县医院制定 8 种单病种限价，设立济困门诊 2 个，济困病房 5 个，减免困难群体的医药费达 5 万余元。县红十字会通过“博爱一日捐”活动，募集社会捐款 8 万余元。及时救助 25 名老年大病患者和 30 名特殊疑难病大病患者。

（霍兵兵）

【对口支援工作】 外部和省肿瘤医院、晋煤集团总医院、市人民医院、市妇幼院等上级医疗单位建立帮扶关系；内部由县直医疗单位对口支援乡（镇）卫生院，乡（镇）卫生院派出专职医生对口支援村卫生室。

（霍兵兵）

【基本公共卫生服务项目】 制定基本公共卫生服务项目实施方案，成立有关职能单位为成员的领导组。印刷健康档案 8 万份，健康教育宣传资料 12 种 2.4 万余份，设置宣传栏 38 个，开展公众健康咨询活动次数 134 次。完成儿童建接种卡人数 987 人。乙类传染病例报告 172 例，丙类传染病报告 22 例，管理结核病 194 例，治疗管理艾滋病 3 例。完成 0—36 个月儿童建册 677 册，新生儿访视 1161 人。完成孕产妇怀孕 12 周之前建册 160 册，产后访视 751 人。7 月 30 日召开全县医药卫生体制改革会。自 8 月 1 日起，重点建立居民健康档案，在自愿的基础上，以老年人、慢性病患者、孕产妇、0—3 岁儿童为重点，为辖区常住人口建立统一、规范的居民健康档案。完成 4 万余份农村居民健康档案。

（霍兵兵）

【妇幼保健工作】 投资 50 万元新增微量元素测定、红外线乳腺透照等 8 个服务项目。以“一法两纲”(《中华人民共和国母婴保健法》、《中华人民共和国妇女发展纲要（2001—2010 年）》、《中华人民共和国儿童发展纲要（2001—2010 年）》）为核心，以实施“降消”（降低孕产妇死亡率，消除新生儿破伤风）项目和“一免两补”（免费发放叶酸，住院分娩补助、产前检查补助）项目为切入点，进一步加强妇幼保健管理，儿童保健系统管理率和孕产妇系统管理率分别达到 54.64% 和 46.25%，孕产妇死亡率为零，婴儿死亡率为 7.2‰。

（霍兵兵）

【爱国卫生工作】 以创建省级卫生县城、卫生村镇为载体，继续引深城乡环境卫生清洁工程，积极推动城乡环境卫生整洁行动，加大重大公共卫生农村改厕力度。成立县城乡环境卫生管理中心，爱卫机构人员编制配备到位。制定出台《城镇建设管理办法》、《市容环境管理办法》和《城乡环境卫生管理暂行办法》，人均 10 元的农村清洁卫生经费列入县财政预算。借全市特色城镇化建设现场会在沁水县召开的契机，全县完成 40 个卫生达标单位、35 个无烟单位、14 个清洁乡（镇）、9 个社区和 100 个村创建任务，完成 500 座农村双瓮漏斗式卫生厕所建设、300 个公路沿线村中等级垃圾池建设、50 个清洁村简易垃圾填埋场建设任务。病媒生物防治达到国家级标准，农村卫生厕所普及率达到 62.4%，6 月通过省级卫生县城验收，连续 21 次获得省级卫生县城称号。

（霍兵兵）

【队伍建设】 县委、县政府高度重视卫生系统班子建设，从多年的优秀后备干部中，提拔调整配备 10 名副科级干部；通过县人才交流中心，全年为县直医疗单位储备 6 名本科毕业生；通过招聘执业医师到乡镇卫生院工作项目实施，为柿庄镇中心卫生院招聘中西医结合执业医师1名；集中对全县19个乡镇卫生院院长、630名乡村医生和乡镇卫生院各科医务人员进行轮训，同时对42人分两批参加全省乡镇公共卫生人员培训，全面提高管理和业务综合素质。9月份，分3期对全县269名乡村中医从业人员进行为期10天的中医药适宜技术推广培训；通过开展农村订单定向医学生免费培养工作，山西医科大学、长治医学院共签订6份农村订单定向医学生免费培训定向就业协议书，为全县培训全科医生6名。

（霍兵兵）

名称：沁水县卫生局
地址：县城梅杏北路59号
电话：0356–7022312
邮箱：048200

食品药品监督

【机构改革】 2010年2月2日，沁水食品药品监管分局在沁水宾馆会议室举行了“沁水食品药品监督管理机构划归地方管理移接交仪式”。

（杨忠琴）

【餐饮服务许可工作】 2010年7月，正式履行餐饮服务许可工作职能。完善办理餐饮服务许可的各项工作制度、公开办理许可证的工作程序，简化办证环节，实行受理申请、现场验收、审核批准、发给证件4个环节分开的流水作业形式。后半年共受理餐饮许可申请30家，依法发证27家。

（杨忠琴）

【餐饮服务市场整顿】 继续开展为期两年的食品安全整顿活动；开展一次性筷子和地沟油的专项整治活动；继续开展打击违法添加非食用物质和滥用食品添加剂专项整治活动；开展学校和建筑工地食堂专项整治活动；开展节假日食品市场安全专项检查活动，实行节假日期间食品安全零报告制度；开展乳品和含乳食品集中清查专项行动。整治中，把群体性就餐作为检查的重点，把学生、企业职工、重大工程项目就餐人员等作为重点人群，突出节假日期间、重要考试期间、学校开学期间等重点时段，对偏远农村、城乡结合部等重点区域，有针对性地开展购货发票、进货渠道、食品质量、从业人员健康状况等专项检查，有效保护消费者权益。全年共检查学校食堂71所，餐饮服务单位130余户次，对11家餐饮单位下达责令整改通知书，对4家学校食堂下达行政处罚书，行政罚款0.8万元。

（杨忠琴）

【药械监管工作】 对辖区内药品生产企业、经营企业、使用单位实行色标四级动态监管，进行监督检查，建立双层监管记录档案，认真落实市局下达的2010年药械不良反应报告工作任务，每季度对各单位的药械不良反应工作开展及报送情况进行督促、检查，全年上报药械不良反应报告260份。同时，加强对药械购进渠道的管理，对进入沁水药械市场的企业实行登记备案管理制。2010年在药监局备案管理的企业共23家。

（杨忠琴）

【药店GSP跟踪检查】 严格按照《药品经营质量管理规范》要求，做好药品零售企业的GSP认证及跟踪检查工作，巩固药品零售企业GSP认证成果，改善企业的软、硬件设施，有效防止企业通过认证后滑坡、回潮现象的发生，2010年，完成药品零售企业GSP认证50家，跟踪检查药品GSP企业7家。

（杨忠琴）

【药品安全专项整治工作】 2010年，组织开展春季药品安全、非药品冒充药品、小药店、医用氧、植入型医疗器械等专项整治行动以及节假日期间的药品医疗器械“打假保健康”活动。做好药械监督抽验，对销量大、价格高、易出问题的品种进行重点监督抽验。在全年各类药品专项检查中，共出动执法人员379人次，检查涉药单位172家，查获违法药品9个品种（批次），立案7起，行政处罚1.2万元。

（杨忠琴）

名称：沁水县食品药品监督管理局
地址：县城新建西街1055号
电话：0356-7068121
邮编：048200

药品购销

【概况】 2010年，全省实行招标配送批发业务，县药材公司多年的批发业务停止。8月，沁水第一药店开展独立核算试点，自筹资金，自行管理，盘活商品，灵活经营。9月，引进资金对端氏零售药店进行承包经营。12月，对端氏药品批发进行招商承包，开始市场化运转。在药品购销中，领导只管监督不直接插手，实行谁购进谁负责，严格执行国家GSP程序，对药品购、销、存把关。凡支出项目按经办、批准、审查流程办理。同时，引进新品种蔓地亚红豆杉，新建试验场地500平方米，培植红豆杉幼苗达2000余株。全年共完成药品销售总额257.5万元，实现利税-33.3万元。针对医药卫生体制改革，县药材公司积极参与政协组织的医药市场调研，撰写《对医药商品物质实行专营的意见》的社情民意和《实行我县医药一体体制》的政协提案。在县委组织的科级干部百日大调研中，何国善经理撰写的《实行医药卫生体制改革建立全县医药卫生一体体制的意见》获得优秀奖。

（王沁阳）

名称：山西省沁水县医药药材公司
地址：县城新建西街87号
电话：0356-7023719
邮编：048200

社会生活

人口和计划生育工作

【稳定低生育水平】 2010年县人口和计划生育工作坚持党政重视、强化队伍、宣传引导、开展活动相结合。人口总数始终稳定在21万人左右，人口自然增长率控制在6‰以内，有效地促进了低生育水平的稳定。

（陈万广）

【“五到家”活动】 在全县开展了计划生育村民自治工作，不断创新活动载体，深化活动形式，使“五到家”活动进一步深入人心。奖扶对象确认、独生子女中考加分、计生家庭多一人份林权分配、独生子女及父母投保优待、独生子女家庭成员住院费用报销等工作都在群众的监督下进行。在群众中收到极佳效果，为贯彻落实计划生育政策起到助推作用。

（陈万广）

【人口信息核查】 近10年出生人口信息核查工作是2010年人口计生的重点工作。严格按照省、市信息核查工作要求，精心组织，强力推进，取得了明显成效。经核查2000年1月1日至2009年9月30日出生人口为19 554人，新增出生人口2177人。全县数据库入库总人口为215 089人。

（陈万广）

【社会抚养费征收和落实长效节育措施】 全年社会抚养费应征135.6万元，实际征收132.8万元，兑现率97.96%。近两年，长措应落实2437人，实际落实2232人，长措落实及时率91.59%。

（陈万广）

【服务体系建设】 一是投资100余万元对县计生服务中心进行改扩建。二是投资500万元，按照国家标准新建端氏镇、柿庄镇、中村镇、龙港镇4个高标准的计生服务站。培树中村镇中心服务站和中村村、张马村等村级服务室规范化建设典型，8月6日在中村镇召开全县计划生育服务体系建设暨优质服务提质提速观摩现场会。会后，龙港、樊村河、张村、土沃、柿庄等乡镇专门带人到中村镇进行参观取经，起到星火燎原之功效，收到事半功倍的效果。三是全面加强技术队伍管理，县人口计生局与县人力资源和社会保障局联合出台了《沁水县乡镇计划生育服务站技术人员管理办法》，对乡镇技术服务人员实行双重管理、双向考核。服务体系建设取得重大突破。

（陈万广）

【文明执法】 认真贯彻落实全国人口和计划生育系统文明执法专项活动电视电话会议精神，规范人口计生行政执法行为。出台《关于开展文明执法专项活动实施方案》，召开专门会议安排文明执法专项活动工作，制定4阶段8个环节工作流程图，全面加强组织领导，营造文明执法氛围。在全县开展共产党员和国家工作人员计划生育情况专项检查工作。对28名政策外生育人员移交纪检委监察局，给予党纪政纪处分。对国家工作人员计划生育情况，实行双重管理。即由现居住地实行网络运行管理，由单位实行单机版跟踪管理，进一步规范国家工作人员计划生育行为。对奖扶对象实行年审制度，使奖扶工作做到公开、公正、公平、群众满意。出台《进一步做好再生育服务证审批工作的意见》，明确资格确认、审批程序、资料归档、责任追究4个环节的工作，进一步注明符合条件的法律条文。规范人口计生执法案卷，统一印制社会抚养费征收执法案卷目录、谈话笔录、征收告知书、征收决定书，实行一人一档，完善征收程序，提升案卷质量和水平。

（陈万广）

【队伍建设】 全面加强计生人员作风建设，围绕《廉政准则》，局机关、县计生服务中心开展了“六比六看”争做优秀计生人，争创优质服务单位演讲赛活动。围绕开展的创先争优暨建设学习型党组织活动，开展了“学习右玉精神，我该怎么办”演讲赛和“少说不能办，多说怎么办”大讨论活动。“七一”期间组织全体党员深入到烈士陵园重温入党誓言，参观烈士纪念馆，缅怀革命英烈，增强党性修养，增强工作的自觉性和主动性。积极探索实施“六动”（管理调动、典型带动、督察促动、部门互动、规范推动、宣传震动）工作法。出台《局机关工作人员百分制考核办法》《沁水县技术服务工作百分制考核办法》《村级计生信息员集中工作日制度》，局机关人员工作、学习、创先争优工作日志，村级信息员工作日志，树立大人口观念，制定全年工作安排表，省考核细则分解表，村级信息员工作手册，村级计划生育培训手册。一年两张表，两本手册，做到工作早知道，业务早明白，明确责任领导、责任科室、责任人、完成时限，创新工作管理，全面推进工作。

（陈万广）

名称：沁水县人口和计划生育局
地址：县城西街99号
电话：0356-7022611
邮编：048200

房改工作

【住房公积金工作】 2010年，全县归集住房公积金4700万元，比上年同期增加1200万元，增幅34.3%，住房公积金余额达到1.29亿元，全县实缴住房公积金人数12 877人，住房公积金覆盖率达到82%；全县向279户职工家庭发放住房公积金贷款3165万元，为激活全县房地产市场作出应有的贡献。

（郭晋军）

【归集管理】 一是充分利用网络等新闻媒体广泛宣传国务院《住房公积金管理条例》和相关政策，宣传住房公积金管理工作的目的和意义，让广大职工深入了解实施住房公积金制度是住房制度改革的深入和继续，是一项惠民措施。二是管理中心每年于6月30日结息后向全县缴存人发放住房公积金对账单，让干部职工进一步了解、关心、认同公积金，增强职工的权益意识，形成全社会缴存氛围。三是深入单位追缴公积金。管理中心工作人员深入到各机关企事业单位做工作，先易后难，重点突破，以点带面促缴存。四是增加缴存基数，由职工基本工资的5%增加到工资总额的5%，财政补贴部分也随之增加并落实到位。

（郭晋军）

【住房公积金贷款业务】 大力发展住房公积金贷款业务，充分发挥住房公积金政策的优越性。制定《沁水县个人住房公积金委托贷款实施办法》，加大住房公积金贷款业务力度，简化公积金贷款手续，增加贷款额度，由原来的5万元增加到15万元。这一举措的推出充分发挥了住房公积金的作用，使购房者得到最大的实惠。

（郭晋军）

【防范资金风险】 防范住房公积金管理运作中的风险，事关群众利益、社会稳定和政府威信。把防范风险作为工作的首要目标，积极采取有效措施，确保资金安全运行。根据个人住房公积金贷款的有关法律、法规和政策，结合实际情况，建立贷款风险防范体系，完善贷款内控制度，健全贷款三级审批责任制。建立受理、初审、复审、终审的审贷分离制度，加强贷后管理。逾期贷款催收工作分配到个人，采取给逾期贷款户打电话、发函、发送催贷短信息、上门访问等多种手段催收逾期贷款，有效控制逾期率。严控公积金支取风险。针对当前有人提供虚假材料想方设法套取公积金等行为，管理中心按照《住房公积金管理条例》规定用途，切实加强内部管理，强化审核制度，严格操作，把责任落实到人，从源头控制风险，确保每笔业务出账都有据可查。2010年共为职工办理公积金业务支取430万元 。

（郭晋军）

【限价商品房项目】 限价房项目在县委、县政府的关心支持下，1月份进行最后一次规划的调整，县政府原则上同意由原来规划的高15层调整为17层，同意修建幼儿园、商务楼、超市等配套设施。随着规划的确定，限价房开发建设总占地面积47.55亩，建筑7.2万平方米的住宅小区将落户沁水。邀请国土局对建设场地的地面建筑物及经营场所进行拆迁，对规划许可证、施工许可证、接电手续未办如何开工等诸多问题，采取没有在预算中考虑的项目进行适当调整费用，对手续在待办过程中请示县领导边开工边组织力量办理手续，经过国土局、住建局、电业局、沁源煤层气公司等单位的鼎力支持，工程顺利进入开挖阶段，同时手续办理也在紧锣密鼓进行。工程招投标、监理招投标工作于6月10日和6月30日完成，河南林州华安工程建设有限公司中标，山西德圣监理公司中标，至此工程转入全面建设施工阶段。5个月施工期，雨水天气占到近3个月，在进度上，开发商、建筑队采取了晴天大干，雨天继续干，夜间加班干，抢工期、增速度，创造了含雨天在内5天一层的建设佳绩，确保了建设工期。至年底，投资860万元以“沁水印象”为品牌的普通限价商品住房，主体工程竣工。

（郭晋军）

【公有住房的出售和过渡全产权】 进行房改工作以来，虽然大部分公有住房已向职工出售，仍有少数单位的公有住房未向全产权过渡，为推进房改工作，深入到相关单位对符合条件出售公有住房而未出售的，对有条件过渡全产权而未过渡的住房，要求相关单位按房改政策为职工办理出售公有住房和办理部分产权过渡全产权手续，解决职工住房产权问题。

（郭晋军）

【关注民生】 针对水泵厂住宅小区，北丰场住宅小区办两证难的现状，采取先易后难的办法，先解决水泵厂住宅小区办证事宜，先后到国土局、住建局、物价局了解办理手续有关事项，经过3个月努力，办证事宜基本完成。面对北丰小区1#、2#楼楼体落后，结构不合理，雨季漏水等现象，为改善居民居住环境，提升城市品位，根据政府华清园改造方案，请示县政府主要领导，开始入户征求住户意见，发放调查表，拟定拆迁方案。

（郭晋军）

名称：沁水县住房委员会办公室

地址：县城新建西街669号

电话：0356-7023436

邮编：048200

民政工作

【城市低保】 2010年，全县享受城市低保1654户3186人，动态复核实施停保106户211人，发放低保金683万元，人均月补差由162元提高到172.15元。享受农村低保8833户9517人，其中动态复核停保347户351人，新增580户637人，发放农村低保金815万元。补助标准由月补62.5元提高74元。为536名城乡贫困大病患者发放医疗救助资金149.4万元。接收社会各界捐款99.94757万元，春节期间走访慰问困难群众5685户12 628人，发放慰问金30余万元。发放爱心捐助资金21万元，资助特困对象180人。配合县住建部门做好农村住房改造、县城“廉租房”出租等工作。对春荒、夏荒造成的严重影响，开展查灾报灾救灾工作，及时下拨自然灾害生活补助资金70万元。

（杨书强）

【五保工作】 全县有五保供养人员651户661人，集中供养231人，供养率35%，供养标准不断提高。社会化发放农村五保供养资金及五保对象临时价格补贴共计168.186万元（其中集中供养每人每年3500元；分散供养每人每年2100元）。为加快养老服务业发展步伐，县福利服务中心、端氏敬老院、土沃敬老院相继建成，民营夕阳红敬老院规范化建设也取得长足的发展。

（杨书强）

【基层政权建设】 全县农村普遍建立民主理财小组，统一规范公开内容，设立公开栏，保证村务公开的正常开展；大力加强“难点村”的治理，着力解决难点村治理的突出矛盾和问题的源头，全县两个难点村都达到治理；积极配合组织部门在全县开展“四议两公开”，组织全县200多名村支部书记到河南邓州参观学习，举办了3期“四议两公开”培训，培训人数达600余人。

（杨书强）

【双拥工作】 结合开展争创全省新一届双拥模范城（县）活动，修订《抚恤优待对象医疗保障实施办法》，对全县优抚对象的医疗标准、补助方法、部门工作职责做出新的规定。全面实施抚恤补助金发放“一卡通”，为重点优抚对象发放医疗补助金52万元；为农村义务兵家属发放优待金44.375万元；为城镇义务兵家属发放优待金2.2万元；为在乡重点优抚对象办实事金额达50万元。春节、八一期间，积极开展走访慰问驻沁部队活动，送去慰问金10万元。全年接收退役士兵82人，应在城镇安置工作的38人全部予以安置。全年发放待安置期间生活补助10.434万元，安置率达100%。

（杨书强）

【婚姻登记社会服务工作】 完成2001年—2010年婚姻电子档案整理工作。全县依法登记结婚1584对，办理离婚127对，登记合格率100%。完成收养档案22宗的规范建档。全县有福利企业7个，安置残疾职工104人，安置率为56.5%。通过年检，合格4个，限期整改3个。全县40家社会组织参加年检，年检合格率为100%。配合纪检、财政等部门在全县开展行业协会

"小金库"专项治理工作，取得良好的社会效应。地名数据库建设和乡镇、村设标工作取得突破，边界联检任务圆满完成，殡葬改革不断深化，救助管理工作有序开展。

（杨书强）

名称：沁水县民政局
地址：县城新建西街1759号
电话：0356-7098444
邮编：048200

老龄工作

【基本情况】 2010年，县老龄办下设两个股室（综合股，法制股），编制3人，其中正科级编制1人，现有工作人员5人，其中县人才中心聘用大学生3人。退休离职人员4人。

（张书庭）

【机构建设】 县委、县政府高度重视老龄工作，老龄事业发展纳入本县经济和社会发展规划，老龄工作纳入党政议事日程，政府出台了《关于加强老龄工作和发展老龄事业的实施意见》，县委副书记分管老龄工作，副县长担任老龄委主任。县老龄办有编制、有人员，办公经费列入财政年度预算。乡镇老龄委主任由乡镇人大主任担任，由民政助理员兼任办公室工作，村老龄委主任由村主任担任。三级老龄工作网络健康形成，为做好老龄工作提供组织保障。

（张书庭）

【营造敬老氛围】 以《沁河夕阳》刊物为平台，以老年大学、各老年协会为依托，以《今日沁水》、县电视台、宣传文化中心、信息中心、各行政村宣传栏为阵地，广泛开展"老年法"、"孝亲敬老"先进典型等宣传教育活动。老年大学和龙港、嘉峰、郑庄、十里等12个乡镇在"敬老月"期间进行中老年人门球、乒乓球、跳棋、围棋等文体表演赛，嘉峰、中村、龙港等乡镇还组织"关爱老人，构建和谐"演讲赛、健康老人知识讲座等活动。在重阳节期间，老龄委主任孙晋军在县电视台作了"全面推进老龄事业快速发展"的电视讲话，老龄办通过网通公司向全县3万余名老年人发出了关于重阳节祝福和慰问的短信3600余条。

（张书庭）

【合法权益维护】 按照"服务老人、奉献社会、扶贫助弱、维护公正"的服务方针，构建县老年人维权法律援助服务中心、乡（镇）老年维权法律服务站、村（社区）老年法律援助服务工作点（联络员）组成的三级网络工作机构，形成上下联动、覆盖全县、规范有序的运行机制，健全老年人来信来访制度，做好老年人来信来访工作，依法认真处理侵犯老年人利益的案件，并做好老年人维权信息检查资料的管理。义务解答老年人各类咨询和来访接待1500余人次，办理老年人法律援助案件33件，结案率100%，全县没有发生一起老年人越级上访案件，强有力地维护了老年人合法权益，为构建和谐社会作出贡献。

（张书庭）

【优待政策落实】 一是在"重阳节"、"中秋节"暨"敬老月"、"春节"等节日，为90岁以上老人每人发放1000元高龄营养补贴共9.1万元。对60岁以上特困老人给予每人至少200元的经济救助共10万元，送去粮油等生活物品。嘉峰、郑村、中村等乡镇为80岁以上老人发放100元营养救助。各乡镇、行政村、单位都对60岁以上特困老人、退休干部、困难职工送去慰问金、救助金、慰问品、同时对金婚老人送去生日蛋糕，让老年人受到党和政府的关怀，感到社会的温暖。二是县老年特困救助列入政府财政预算。乡镇、行政村都设有老年人发展基金专户。三是全年为60岁以上老人办理优待证111个，已累计近两万个，为老年人出行旅游、办事提供优待条件。协助市老龄委在郑庄镇南大村开展“银龄助老”暨开发式扶贫助老活动，通过在县电视台宣传报道，影响很大。现已按目标任务实现，支持果农发展20户，救助贫困老人30名。

（张书庭）

【老年文体活动】 全县正式注册的老年性群众组织有老年大学、老体协、太极拳协会、老年协会、老年书法协会、老学会、老年门球协会等组织，另外还有秧歌队、扇子舞队、健身球队等民间团体。在“敬老月”期间，老龄委牵头组织县老年大学、老年门球协会、老体协等团体进行联合文艺会演和门球、象棋、书法等比赛活动，龙港、嘉峰、郑庄、十里等乡镇组织老年人各种文体比赛活动，活动规模化、社会反响大。通过逐级选拔推荐优秀节目参加全市老龄工作“十类百佳”评选活动，嘉峰镇等5家单位和马孝荣等6位个人荣获市先进集体和先进个人称号。

（张书庭）

【基层基础建设】 2010年，全县251个行政村，累计完成“五有”、“两地”村125个，占总数的50%。根据目标责任书要求，今年完成“五有”、“两地”合格村15个，占目标任务101%，整体合格乡镇1个（樊村河），一中心合格乡镇1个（嘉峰）。

（张书庭）

【“敬老文明号”创建】 一是以沁办发〔2010〕22号两办文件转发《县老龄委〈关于开展创建“敬老文明号”活动的意见〉的通知》，成立领导组，组委会主任由副县长、老龄委主任孙晋军担任，文件对创建活动提出具体要求。二是举行创建“敬老文明号”活动启动仪式，发放倡议书2000余份。三是对创建单位进行检查和指导，经过观摩、督察、打分、排队，人社局和嘉峰镇通过县级验收，年底上报省、市组委会，争取达到省级标准。

（张书庭）

【慰问老人活动】 两节期间县老龄委为90岁以上高龄老人93人发放营养补助费9.1万元，354名特困老人发放救助慰问金10万元。嘉峰镇等乡镇对80岁以上老年发放生活补助每人100元，苏庄、固县、十里、中村等乡镇为特困老年人发放慰问金每人200元。有经济条件的行政村也为特困老人送去鸡蛋、红糖、食用油、白面、大米等慰问品。全县各级各部门对老年人、老职工用不同形式进行了救助慰问。

（张书庭）

【关爱银龄·助老御险】 市“关爱银龄·助老御险”动员会后，把此项活动以沁老龄办字〔2010〕5号文件下发到各乡镇老龄委和县直单位，并召开会议进行宣传和动员，目前已有12位老人办理意外伤害保险。

（张书庭）

名称：沁水县老龄工作委员会办公室
地址：县城新建西街669号
电话：0356-7023072
邮编：048200

民族宗教工作

【基本情况】 沁水县民族宗教事务局成立于2003年8月8日，根据沁编办〔2003〕8号文件精神，正科级建制，编制1名，与县委统战部合署办公，实行一个机构两块牌子。局长由统战部副部长兼任，正式职工1名。

（王　磊）

【宣传工作】 12月6日—12日举办《宗教事务条例》宣传周活动。在县城主要街道悬挂标语横幅30余条；印制《宗教事务条例》、《山西省宗教事务条例》、《山西省清真食品监督管理条例》塑制品共1000余份，在全县各乡镇、行政村和宗教场所进行张贴悬挂；出动宣传车，在全县所有乡镇、村庄进行全方位宣传，并发放宣传资料10 000余份；利用发放问卷方式开展宗教法律法规知识竞赛活动，共发放答卷3000余份。

（王　磊）

【场所建设和财务规范管理】 在场所建设中，加强了对北山碧峰寺东西配殿工程建设的监管支持工作。北山碧峰寺佛教活动场所大殿、东西配殿的主体工程以及彩绘、塑像等已全部就绪，具备活动条件。在场所管理中，主要是加强场所财务规范化管理。作为先期试点的土沃天主教活动场所和北山碧峰寺佛教活动场所，财务制度健全，凭证装订规范，账簿记录科学，相关资料齐全，财务管理有序。

（王　磊）

【基督教专项整治工作】 针对全县基督教人数多、活动乱、管理难度大这一特点，3月至6月和县委610办公室密切配合，进行了为期3个月的入户摸底工作，对具备条件的1处基督教场所进行前期申报，9处家庭聚会点进行登记、建档，并确定临时负责人，真正把基督教家庭聚会点纳入管理视线。

（王　磊）

【民族工作】 一是开展清真食品安全检查。在《食品安全法》施行之际，联合县卫生防疫部门多次对境内的6家清真饭店进行卫生防疫和安全检查，同时上门发放《清真食品安全监督条例》、《食品安全法》，确保全县清真食品安全。二是积极扶持少数民族发展经济。通过多方协调和争取，少数民族企业顺达养殖场在畜牧、财政和市少数民族发展扶持资金的支持下，由2009年的6头牛的个体经营，发展到50余头的规模养殖，带动了全县少数民族经济发展。

（王　磊）

名称：沁水县民族宗教事务局
地址：县城西街99号
电话：0356-7022363
邮编：048200

侨联工作

【创建学习型机关】 一是组织侨联干部4次学习时事政治，6次学习联谊礼仪，夯实基本功。二是4次组织侨界委员开展“展示自我，挑战自我”活动。三是适时邀请海外学者，就经济社会发展和时事政治方面的热点问题，举办了两次学习讲座和专题报告会。

（任　娜）

【服务侨眷和海外侨胞】 开展“送温暖、送希望、送信息”活动。全年走访慰问侨眷、侨属100余人次，为1户侨眷补办残疾证，帮助解决了听力困难问题；将1户贫困侨眷纳入低保范围；为两户侨眷提供就业信息，在争取领导帮助后，实现了3人就业；为4家贫困侨眷更换取暖火炉和烟筒；接受华侨委托，照顾侨眷生活，为3个住院治疗的侨眷提供20余天的全程陪护服务。

（任　娜）

【参政议政】 全年组织侨界委员调研两次，提出集体提案1件，协助侨眷委员提交提案12件。侨界提案占政协全委会提案的1/10，并有一件提案上升为主席建议案。撰写调研报告、论文各两篇，反映社情民意11条，议政大会发言9次，提出代表侨眷心声的合理化建议10余条。

（任　娜）

【组织建设】 完善各种规章制度，规范主席办公会、常委会、委员会形式，制定并实行集体决策，分工负责机制。提出岗位目标责任制。细化、量化目标责任，年终对号入座逐项考评。积极支持参加培训学习活动，让2/3的机关人员走出去参观学习并开展联谊活动。有1名侨联干部走上政府单位领导岗位。

（任 娜）

【廉政建设】 一是组织侨界干部学习贯彻《廉政准则》。二是对照《廉政准则》结合要求制定本机关的廉政制度。使每位侨界干部以身作则，模范遵守，在归侨侨眷中树立良好的形象。

（任 娜）

【海外联谊】 邀请加拿大华侨景建国和王红霞回沁水，就加拿大可以借鉴的经济社会，文化教育等情况为沁水作主题报告。将加拿大开设“祖父母班”之亲情教育孙子、女的理念引进沁水，将祖父母老有所为、老有所乐的经验引进沁水，为沁水文化与加拿大优秀文化相融合，产生新的培养教育接班人方式作新的探索。同时，邀请海内外侨界人士观光考察30余人次。

（任 娜）

【书籍出版】 收集整理编辑《海外游子的夜梦与情思》一书。集录沁水县近40年的海外书信，集中展现近40年海外沁水儿女在特殊年代、特定时期情系家乡、倾力于家乡繁荣之举。

（任 娜）

名称：沁水县归国华侨联合会
地址：县城新建西街669号
电话：0356-7023445
邮编：048200

移民工作

【北湾移民工作】 根据2010年张峰水库蓄水计划，北湾行政村所辖4个自然庄60户、170人，仍在蓄水计划淹没线759米高程以下居住，为不影响水库正常蓄水，尽快建设移民后靠安置点，让移民搬迁新居，多次同郑庄镇、北湾村干部进村入户、摸底调查、广集民意，最终确定南湾50亩坪为北湾移民后靠点，按照张峰水库2007年二期移民安置搬迁目标责任书要求，经县政府决定由郑庄镇政府负责实施移民建房。根据省水利勘测设计院和县住建局的规划设计，北湾移民后靠点规划占地14.7亩，可建庭院式住房40套，每套占地0.25亩。年底，完成施工道路、用水、通电和场地平整即“三通一平”任务，有17户移民采取自筹自建办法建房，其余移民户采取投亲靠友方式进行安置。其中有11户完成主体建房和室内外装修工程，其余6户完成基础工程，2011年6月底可望全部搬迁新居。

（张海潮）

【土地征用补偿费】 根据国务院新颁布的《大中型水利水电工程建设征地补偿和移民安置条例》有关规定，移民征地补偿费应在原国家发改委批复补偿10倍的基础上调整为16倍。经国家发改委批复张峰水库库区、枢纽区、干渠、张北公路、移民安置点等，共计占地21 422亩土地，征地总面积在原批复基础上增加了9000亩，土地补偿费追加1.2亿元。从而使张峰水库在全县境内所占用农村耕地荒地等土地面积，按国家政策标准全部落实到位。

（张海潮）

【大中型水库移民后期扶持工作】 一是顺利完成湾则水库后期扶持移民人口核定工作，经核定每人每年直接发放后期扶持生活补助600元的移民130人，进行项目扶持的移民127人，该水库共有移民257人列入后期扶持对象。二是第一批后期扶持项目资金落实到位，移民局争取到省财政拨付大中型水库移民第一批后扶项目结余资金 58 万元，主要用于旱坡地变旱平地、库区塌岸、滑坡治理等工程建设。三是第二批后期扶持项目已经申报启动，经审核，沁水县 2011 年计划实施项目主要用于基本口粮田、农田水利设施配套、基础设施、生态建设及环境保护和生产开发 4 大类，项目涉及受益人口 6553 人，其中受益移民 2156 人，项目总投资 110 万元。

（张海潮）

【张峰水库移民小区人居环境优化】 经多方筹资，全面规划组织实施，共完成小区硬化面积 5248 平方米，绿化面积 1600 平方米，新建围墙 248 米，安装太阳能路灯 18 盏，并改造小区 400 余户移民和街面出租用房电表箱 440 个以及供电线路 330 米；同时，新建 2000 平方米的小区文体活动广场 1 处，与文体局联系，免费为文体广场安装篮球架和各种健身器材，得到移民群众的好评和赞誉，大大丰富了移民群众的文体生活，提高了移民小区的人居生活水平。

（张海潮）

【人员编制和办公场所】 经市、县编制委员会同意，在原有编制 5 人的基础上新增编制 8 人，工作人员编制达到 13 人。2010 年，经县政府领导同意，人事、编办等部门审核批准，9 名借调移民干部人事手续全部办理。和县畜牧局联合共建的办公楼主体工程已经全部结束，内部装修正在紧张进行。

（张海潮）

名称：沁水县移民开发局
地址：县城土地开发公司院内
电话：0356-7062069
邮编：048200

沁源煤层气公司

【公司简介】 全称沁水县沁源煤层气开发有限公司，成立于 2004 年 11 月，位于县城景家沟开发区，占地 10 599 平方米，注册资金 1200 万元，下设 9 个职能部门和 9 个供热站，共有员工 85 人。主要从事城市居民生活用气和县城集中供热的运营和管理、CNG（压缩煤层气）汽车加气站等业务。同时提供燃气热力设备及器具的销售、安装与维修，燃气热力技术咨询服务及常见用热故障排除等服务。

2006 年公司自主实施车载压缩煤层气开发利用项目，县城用气量设计每年 140 万立方米。主要建设 CNG（压缩煤层气）减压站 1 座，中压干、支管道 12.7 公里，低压庭院管道 11 公里，设阀门井 46 座及房屋建筑面积 1445 平方米和配套数据采集与监控系统等，项目概算总投资 2930 万元，被列入县“十一五”规划和县政府 2006 年的重点项目。2006 年 4 月份开工建设，同年 12 月 18 日进行预验收试通气，2007 年底完成县城 80% 的居民用气的供气任务，至 2010 年底共有居民及公共用户 6000 余户，生活供气覆盖率达 95% 以上。

（张书霞）

【主要经济指标】 2010 年公司主营业务收入 1629.35 万元，其中生产收入 1414 万元，供热收入 214 万元，附营业务收入 489.81 万元，其他业务收入 6.67 万元，全年上缴各项税费共计 98.68 万元。

（张书霞）

【业务发展】 完成销售安装壁挂炉 600 余台、热水器 40 余台、灶具 1100 台；供气收费 365 万元，供热收费 400 万元，材料销售 12 万元。供气安装部门完成 15 栋单元楼的低压及中压室外管网安装，其中低压管网 3376 米，高压管网 6672 米，安装水平管 6498 米，入户管网 4206 米，为公司供气业务发展提供基础性保障，全年公司新增煤层气用户 910 户，县城居民用气普及率达到 90%，供气管网覆盖率达到 95% 以上。

（张书霞）

【县城集中供暖工程建设】县城集中供热项目是县“十一五”规划的重点工程项目之一，自 2009 年开始实施，初步设计供热面积 212.7 万平方米，建设工期 3 年，拟建 10 座锅炉房及配套的供热管网工程，其中铺设供热管道 20.6 公里，总投资 7510 万元。2009 年，完成宣化小区、教育局、花清园小区、北坛路 4 个供热点，完成供暖面积 20 万平方米。2010 年投入该项目二期工程的建设，完成柳庄社区、水泵厂、宝胜建材、新城社区、塑料厂供热站的主体工程和部分设备管网安装工程，其中宝胜建材供热站于 11 月 26 日投入使用，及时保障沁源小区、汽车站、沁胜煤焦住宅楼、土地开发公司住宅楼、宝胜建材市场住户的集中供热。2010 年新增集中供热主管网2000余米，新增供热面积28万平方米，供热单位及社区 50 余家，供热面积达到 50 万平方米。在建设县城集中供热二期工程的同时，完善一期工程中新建西街、北街、南街、新建东街、外环路及北坛路管网铺设任务。县城供热管网覆盖率达到 65%。

（张书霞）

【安全生产】一是加强安全管理制度的落实。在 2009 年安全生产专项整治工作的基础上，完善各种规章制度和生产操作规程，建立健全各种作业台账，同时，按照行业特点的要求，补充修改公司应急救援预案，提高公司对突发事故的分析能力和防范能力。在公司组织的巡线检查和入户回访中，共处理破坏燃气设施 16 起，违章私自滥接、改装燃气管道 23 起，盗用管网热水 12 起，对涉及上述问题的用户给予宣传教育，情节严重者给予限量售气并限期整改。二是加强安全教育培训工作。认真贯彻落实公司安全培训制度，通过组织职工反复学习观看安全教育警示宣传片、重温案例等，用具体的事故教训提高广大员工对安全工作的重视，明确安全责任，保障安全生产，自觉遵守安全规章制度。通过燃气安全专业知识培训，全年新增燃气资质上岗证职工 26 人，特种作业资格证 19 人，特种岗位一线人员持证上岗率 100%。全年安全生产无事故。对 20 家公共用户积极组织安全培训，让公共用户从业人员均做到持证上岗。三是加大安全管理投入。认真做好日常安全检查，对减压站和供热点消防设施进行电气检测，购置消防器材并在消防部门备案。投资 136 万元建设供气供热总控制室，做到对减压站和供热点操作间及供热小区的安全监督管理。四是积极开展安全宣传。在安全生产日开展煤层气知识宣传，出动宣传咨询人员 12 人，发放宣传资料 1000 余份，现场解答用户的咨询问题。

（张书霞）

【服务工作】在入户安装与维修方面，对员工强化“用户就是上帝”的观念和意识，上门服务时注重服务质量和服务态度，在确保安全的前提下尽力满足客户需求，让用户满意。在收费服务方面，首先要求员工树立公司窗口形象，做到礼貌待人，对用户不理解和不清楚的进行耐心讲解。为方便用户，公司缴费大厅节假日期间正常营业。公司设 24 小时值班电话 7062453 和故障维修电话 7025577，对用户故障和燃气泄漏能够及时派人到现场维修和抢险，做到隐患故障排查记录抢修一体化服务。

（张书霞）

名称：沁水县沁源煤层气开发有限公司
地址：县城景家沟开发区
电话：0356-7062126
邮编：048200

乡　镇

龙港镇

【主要经济指标】 2010年，全镇社会生产总值完成11.81亿元，其中民营经济生产总值完成11.51亿元，同比增长17.4%；财政总收入完成4735万元，增长13.16%，地方财政收入完成2122万元，增长9.04%；粮食总产量达到11 315吨，基本与去年持平。农民人均纯收入达到4865元，同比增长22.1%。

（郑　丽）

【落实惠农政策】 2010年落实农机购置补贴20万元、燃油补贴落实19 432元，惠及26户；粮食补贴23万余元；家电下乡补贴41万元。

（郑　丽）

【农业基础设施建设】 投资400余万元完成尧都、杏峪、梁庄、木亭、梅苑、柳庄等25村（居）38处人畜吃水工程、砌筑防洪坝400米、复垦土地150亩、配合杏河治理工程完成柳庄至尧都段河道治理；投资456万元完成苏庄、里必、国华、杏峪、梁庄、木亭、东安、西石堂等通道硬化工程；解决了221户村（居）民住房难问题；安装无线卫星接收器91个，解决了91户边远山区收视难的问题。

（郑　丽）

【扶持养殖业】 2010年扶持养殖合作社10余个，发展规模养殖户34户，其中养猪大户8户，猪存栏5000头；发展养羊大户13户，羊存栏3630只;发展养鸡大户7户，鸡存栏21 100只；发展养牛大户5户，牛存栏459头，其中奶牛1户，存栏160头；发展养兔大户1户，存栏3500只；虹鳟鱼养殖场1个，养鱼40余万尾。

（郑　丽）

【扶贫攻坚】 结合市、县两级帮扶计划，把吴家沟、柿元、青龙3个贫困村纳入了扶贫计划,并因地制宜分别确立了养猪（晋猪）、养蜂、温室大棚等产业发展规划。

（郑　丽）

【二、三产业】 2010年龙港镇积极落实各种优惠扶持政策，努力为民营企业的发展壮大营造宽松的环境。原有的三利实业有限公司万头仔猪繁育场、梅杏牧业合作社、润源乳业有限公司、丰田食品有限公司、沁河绿园牧业有限公司、源通饲料有限公司、太行渔业有限公司等一批具有发展潜力的农字号企业得以持续发展；宝胜建材市场，新城桥上综合服务楼，永宁、东安、宣化3个社区的综合服务楼等一批专业性、规模化商场在原有的基础上进一步扩建并提升服务能力和范围。全镇经过兼并整合后的两个煤矿、19个建材企业、9个加油站、

4个生产砖厂、近20个煤球厂等生产规模进一步扩大、生产水平进一步提升；如龙港石料厂引进新设备，全年生产量可达0.8万吨，产值达50余万元；辛家河煤矸石砖厂年产量达3600万吨，产值720万元，解决50余个劳动力，另外，阳翼高速路的通行，带动了沿途14个村的劳务、运输、建材、农副产品的输出，成为新的经济增长点。

（郑　丽）

【新农村建设】 以“四化四改”和“五个一”工程为切入点，集中精力抓好里必至尧都沿线的新农村建设连片推进工程，投资2600余万元，新建10个文体休闲广场，并完成了相关绿化、硬化、亮化、净化配套工程建设，全面改善了农村人居环境。

（郑　丽）

【蔬菜基地科技管理】 依据区位优势，大力发展服务县城的城郊型经济。对梅河、杏河、县河流域3000亩蔬菜种植区域进行提升改造；投资100余万元，完成县河流域土豆品种千亩连片种植及80栋蔬菜大棚建设，逐步实现产供销一体化。投资50余万元，新打蔬菜灌溉机井10眼，进一步改善了蔬菜基地的基础设施条件。

（郑　丽）

【干果林基地建设】 王寨、青龙、张庄、梁庄、中界、尧都等村投资120余万元栽植早熟、丰产性核桃优良品种8万余株，栽植面积达2200多亩。目前，共建成优质核桃林基地5000余亩，并培训管护技术人员100余名，干果林基地初具规模。

（郑　丽）

【康居工程顺利实施】 2010年，新建永宁、东安、杨河3处康居工程，完成投资7350万元，可解决420户居民住房问题。其中杨河社区3栋6层已建成4层，永宁社区二期工程3栋5层正在招标、东安康居工程已经进入基建准备阶段。

（郑　丽）

【移民并庄工程】 2010年共实施两处移民并庄工程，其中南瑶村移民并庄工程概算投资720万元，新建移民新居60套，建筑面积12 000平方米。60套移民新居的主体工程已全部竣工；上苏庄村投资400余万元，新建移民新居30套，并完成了绿化任务。

（郑　丽）

【梅河流域生态综合治理】 梅河流域生态综合治理二期工程概算总投资414万元，新修小型淤地坝4座，干砌石谷坊50座，新修顺水坝400米，新造沟坝地150米，新建经济林600余亩，建设生态林2100亩，实施封山育林7450亩，完成投资400余万元，所有治理项目全部完成，新增控制水土流失面积11.8平方公里。

（郑　丽）

【拆迁安置工作】 全力配合县有关部门，完成梅杏大道24户、52套住房的安置任务。小岭高速路连接线拆迁安置稳步实施。在阳翼高速中木亭互通连接线及陵沁公路改线的建设中，完成红线内48户、红线外16户居民和34户散户的拆迁工作。

（郑　丽）

【环城绿化工作】 按照县政府要求，完成环县城绿化3000亩及通道绿化500亩的土地征租任务及县城周边可视范围内400亩的荒山绿化任务。

（郑　丽）

【北坛小学和幼儿园建设工程】 北坛小学为沁水县新建的全寄宿制标准化四轨制小学，占地面积20 000平方米，概算总投资2985.12万元，土地报批、堪测、设计、审批等手续已完成。北坛幼儿园，占地5557平方米，概算投资1198万元。2010年完成地面附属物清理、勘察钻探、设计初审、土地征用、招标等工作，开始施工。

（郑　丽）

【计划生育工作】 2010年，龙港镇人口出生率控制在1.9‰（县控制指标3‰），符合政策生育率90%，综合节育率91.9%，共落实各种节育措施515例，应征收社会抚养费33.87万元，实征31.12万元。投资110万元，新建镇计生服务所，已经投入使用；同时完成了15个高标准的村级计生服务所的建设任务。

（郑　丽）

【环境卫生整治】 实施了曲坪公路沿线、小岭至尧都高速公路互通连接线农家院落的形象整治工程和沿路两边树株刷白、杂草杂物清除、乱堆乱放整治等，新建门楼108座，改建55座，拆建院墙3101米，拆除违章建筑261处，粉刷墙面16.7万平方米，拆除路边不合理垃圾池30个，完成投资500万元，城乡面貌焕然一新。

（郑　丽）

【便民服务网络构建运行】 投资150余万元建成综治信访矛盾调解中心、便民服务中心、小型工程招投标中心、农村“三资”委托代理中心，实行了百姓办事“一站式”服务。

（郑　丽）

【安全生产工作】 全面加强了煤矿、非煤矿山、森林防火、动物防疫、防汛、交通、公共场所的消防、建筑市场、食品卫生等领域的安全防范和应急处置工作，制定和完善了各类公共突发事件应急预案，强化了全镇安全生产目标责任制的落实，进行了大规模的安全宣传活动，按照规定多次组织了行业大检查和综合大检查。

（郑　丽）

【信访维稳工作】 坚持和完善综治目标管理体制，扎实推进平安建设，全面排查并调解矛盾纠纷，依法严厉打击严重刑事犯罪，完善社会治安防控体系，构建管理长效机制。利用多种形式深入开展普法宣传活动，扎实引深五五普法教育。2010年共接待来访群众100余人次，排查调处各类矛盾纠纷20余起，解决信访问题16个。

（郑　丽）

【开展“创先争优”活动】 镇政府实行便民服务中心、信访综治中心、矛调中心、“三资”管理中心、招投标中心“五心合一”的管理方式，采取了首问负责制、限时办结制等管理制度；开展了“六比六看”，设立了党员先锋岗。在村（居）采用横向同类对比的方式开展比学赶超活动。全镇为民办实事、好事达3000余件。

（郑　丽）

【党风廉政建设】 一是强化宣传教育。组织全镇党员和机关干部职工学习了《廉政准则》，聘请县检察院人员举办讲座、观看纪录片等进行党风廉政建设宣传。二是完善责任制落实。全面落实和完善廉政建设责任制。三是加大执法办案力度。对曲寨、东石堂两村在春季防火工作中，因工作不力、引起火警的问题，镇纪委会同镇党委研究、决定给予两村支部书记党内警告处分。四是加快阳光农廉网的建设。全镇37个村（居）都建立了阳光农廉网服务平台。

（郑　丽）

【科教文卫、社会保障工作】 一是坚持优先发展教育事业。完善了教育经费保障机制，切实解决了农村子女上学难问题，初中三年保留率达100%。二是加大村级医疗卫生机构投入，目前全镇95%的村级医疗机构达标。三是积极组织实施新型农村合作医疗和农村养老保险，2010年全镇农村合作医疗参合人数23 428人，参合率达94.31%。农村养老保险参加人数达9695人，参保率达77%。四是社会保障扎实开展。2010年为620名优抚对象发放事业费923 664元；为65名五保户发放供养费

136 500元；为1438名低保对象发放低保金1 130 384元;慰问看望老干部、老党员、特困户180人（次），慰问资金近3万元；镇劳动保障平台积极开展就业培训120余人，城镇新增就业人数达360人。

（郑　丽）

【精神文明建设】 广泛开展文明社区、文明单位、文明村（居）、十星级文明家庭、巾帼示范岗、青年文明号等系列创建活动。全镇共有省级文明社区1个，市级文明和谐社区两个，县级文明和谐村6个，市级文明和谐家庭2237户，县级3120户。

（郑　丽）

名称：沁水县龙港镇人民政府
地址：县城新建西街1515号
电话：0356-3255110
邮编：048200
网址：www.qslgz.com

中村镇

【主要经济指标】 2010年全镇农村经济总收入1.52亿元，农民人均纯收入5019元，比计划4777元增5.1%；粮食总产量6243吨，比计划6000吨增4.1%。

（杜闻雪）

【煤炭资源整合工作】 对原有的8座（松峪煤矿、东沟煤矿、冶内煤矿、中冶煤矿、石务煤矿、恒利煤矿、下峪煤矿、张马煤矿）煤矿通过资源重组整合成4座（张马九鑫煤业公司、下峪峪煌煤业公司、松峪晋圣煤业公司、东沟鑫基煤业公司）大型煤矿，年生产能力提升到375万吨。

（杜闻雪）

【扶持民营企业】 沁晟公司、中村煤矸石砖厂、复昶工贸公司实现产煤、洗煤、炼焦及煤矸石利用等煤炭产业链的延伸和建材业的发展。全镇经济发展的持续稳定，带动地方运输业的发展，解决了当地1200人的就业，同时增加了农民收入。

（杜闻雪）

【旅游产业发展】 在镇区周边加大投入进行绿化、亮化、硬化和环境整治工程，为建设旅游名镇打基础，创条件、造氛围；在下川片打造旅游经济新模式，新建了8个新型家庭旅社和4个旅游餐馆，大力开发了木耳、松子、冬虫夏草等土特产，形成生态旅游和服务于一体的旅游经济产业链。

（杜闻雪）

【养殖业的发展】 在巩固中村、松峪山鸡养殖基地，中村、下川、松峪梅花鹿养殖基地的基础上，提升了7个养羊园区和3个养牛大户的规模，养羊数量提高到10 600只，养牛数量达400头。完成了下峪东岭养殖园区主体工程建设，使养殖园区的规模和档次不断提升。

（杜闻雪）

【落实惠农政策】 2010年共发放粮食直补、退耕还林、畜牧业补贴、家电下乡等各项惠农资金达300余万元，保证了农业、畜牧业、生态的良好发展态势。

（杜闻雪）

【舜王大道（中张路）绿化】 投资1000余万元完成舜王大道（张马至中村）3.6公里的绿化、亮化工程。该工程实施过程中将公路两侧3米宽的绿化带、乔灌木树种和花草相结合，同时将舜文化的雕塑点缀其中，为建设旅游名镇起好步、开好头、做实事，同时也为建设“生态示范镇”打造出一条靓丽的风景线。

（杜闻雪）

【中村煤矸石砖厂建设】 总投资2000余万元建成沁水县首家利用煤矸石制作烧结砖的环保型窗口企业，厂区占地面积两万余平方米。布置有3条中断面隧道窑、3条干燥系统、4 条摆渡专线和国内多台（套）先进的配料、陈化、成型干燥、烧结设备。主要生产煤矸石普通烧结砖、空心砖、多孔砖、非承重空心砖等。年产量 6000 余万块，年产值 3000 余万元，年可消耗煤矸石 60 余万吨，可减少侵吞土地 200 余亩，安置剩余劳动力 100 余人，同时还可带动当地运输、服务等相关产业的发展。

（杜闻雪）

【中村水泥粉磨站建设】 总计投资 2000 余万元建成年产 90 万吨，占地面积 1.6 万平方米。生产系统分为：原料烘干、粉磨、包装、机电维修 4 个车间；配套设施有：破碎、净化、除尘、包装、输送等各种设备 31 台。安排当地剩余劳动力 200 余人。

（杜闻雪）

【下峪东岭万头养猪场建设】 投资 2000 余万元完成万头猪场的主体工程及配套设施建设。实行村集体牵头，村民全部入股参与的经济运作模式，村集体找到了新的替代产业，农民开辟了新的就业渠道。

（杜闻雪）

【千亩核桃园基地建设】 投资 100 余万元由镇政府牵头，分别由张马、北岭、宋庄、山辿岩 4 村具体实施。经营模式为村集体连片规划、统一购苗，由村民自己栽植、自己经营、自己管理、自己受益。该工程成为中村镇生态农业的一大亮点。

（杜闻雪）

【新农村建设】 一是投资 200 余万元新建上阁广场和宋庄入境旅游景点建设，同时部分村实现了户户通，使全镇境内沿线、沿路各村都以崭新的面貌为建设旅游名镇而创造条件。二是投资 200 余万元新建和改建了上峪、宋庄、北岭、向阳、石务、上川、山辿岩、下川 8 个村的村级组织活动场所。三是投资 2000 余万元对全镇各村的环境清洁工程进行了巩固和提高。四是投资 200 余万元完成了中村小学、张马小学、下川小学的校舍改造工程。

（杜闻雪）

【文化建设】 总投资 50 万元完善镇文化中心站的基础设施建设。配备了图书、坐椅、电脑等设备，各项工作投入运营。狠抓节日群众文化娱乐活动，在文化建设中，全镇积极组织群众开展“两节”文化宣传活动,开展“三八”文艺晚会、“五一”、“五四”晚会、为庆祝党的 89 岁生日，“七一”全镇各支部开展了文艺会演。弘扬先进文化主旋律，丰富群众的文化生活。

（杜闻雪）

【社会事业】 一是农村合作医疗参合率达到 96%，解决了农民看病就医难的后顾之忧。二是全镇农村适龄农民农村社会养老保险参保率达到了 95%。三是完成 600 户、662 口人的低保发放，基本做到了应保尽保。四是狠抓人口和计划生育工作，长效节育措施落实 144 例，社会抚养费征收达 100%。五是安全生产和安全工作常抓不懈，特别是狠抓了护林防火和煤矿与非煤矿山及学校的安全，确保了安全无事故。六是严厉打击私挖滥采现象，有力地遏制了私开乱挖，规范了矿产资源的开采和运营秩序。七是完成第六次人口普查工作，做到科学、规范、准确，无漏报、无死角。

（杜闻雪）

【党建工作】 一是健全“三会一课”党日活动制度，充分发挥远程教育网络作用，各类培训达 2000 余人次。二是对全镇 596 名农村党员进行设岗定责。明确党员责任，激发党员引领群众干事创业的信心和热情。三是镇党委以“三级”联创为载体，建立党员领导联系点制度、党建工作例会制度、支部书记党建工作述职制度以及奖惩考核和责任追究制度。四是加强对大学生村官的管理。严格大学生村官的安全管理和目标考核，明确大学生村官在村里的具体任职，激发他们扎根农村的信念。五是积极开展创先争优活动。全镇党员干部人人写出承诺，并结合活动付诸实践。白华村党支部书记马拉锁带头养黑山羊 2500 只。南河村党支部书记刘秋云带领群众种植香菇 4 亩，年产 10 万公斤。向阳村党支部书记乔荣义组织群众集体培植黑木耳两亩，年产 6000 公斤黑木耳。

（杜闻雪）

【安全维稳工作】 一是狠抓煤矿和非煤矿山安全监管工作。实行领导干部包矿、安监员驻矿蹲守制度，严厉打击各类私挖滥采。二是抓好护林防火工作。建立健全镇村两级护林防火安全工作领导机构，明确具体职责，以镇为重点，成立 30 人的专业灭火队，制定森林防火应急预案。对护林防火实行领导包片、机关干部包村、村干部包组、村民小组长包山头、包地段、包路口，护林员 24 小时昼夜巡查的护林防火工作格局。同时做到村村庄庄张贴护林防火标语，并逐户签订护林防火责任书，有效地防治了重、特大火灾事故的发生。三是对教育、食品卫生、道路交通、防汛、民爆物品管理与使用等安全工作，坚持做到职责分解、分工负责、督察落实，确保了安全、平稳的良好局面。四是健全全镇综合治理组织领导机构。对全镇综合治理实行分级负责，分层管理。五是在全镇建立社会治安综合治理网络。综合治理以片负责、分片管理，由公安机关对片区派出公安干警，实行一片一警一员，并在人员密集及流动量较大的地区建立了 3 个警务区，设立专职保卫人员 11 人。六是在全镇中小学设置保卫科、配备专职保安 9 名，兼职保卫人员 13 名，确保了校园综治力量。

（杜闻雪）

【信访维稳工作】 全镇坚持对农村基层矛盾进行大排查、对信访问题进行大调处。由镇综治办牵头，坚持对农村矛盾问题进行每半月一排查、每月一小结，对排查出的问题及时进行调处，把矛盾隐患消灭在萌芽状态。建立党委书记、镇长信访接待日制度，有效地化解农村矛盾，全年共化解各类矛盾纠纷、信访案件 23 起。镇机关组织全体干部深入农村，包村包组包人，对重点人员实行重点防护，确保了全镇社会稳定的良好局面。

（杜闻雪）

名称：沁水县中村镇人民政府
地址：沁水县中村镇中村村
电话：0356-7055074
邮编：048211

郑庄镇

【主要经济指标】 2010 年，全镇财政总收入 1620 万元，增长 5.7%；乡镇企业总产值 14 734 万元，增长 8.5%；农民人均纯收入达到 4825 元，增长 16.1 %；粮食总产量 17 155 吨，增长 281.6%。

（赵　飞）

【农业产业发展】 一是加强种子基地建设和新品种推广。推进林果、蔬菜、蚕桑、畜牧、种子培育等特色农业发展，共培育优质玉米种子 1200 亩，发展特色蔬菜 500 亩，传统果蔬 1500 亩，推广大棚西瓜种植 10 栋，新发展优质林果基地 1000 亩，发展养殖基地 7 个、养殖大户 25 个，全面完成剩余 10 个村的林改任务。二是农业产业化经营。完善沁河农场、晋河制种、大青蔬菜、泉鸿土鸡、大地果业、乡下汉小杂粮等 9 个农村经济组织操作规程和规章制度，新成立合作社 4 个，促进农村产业合作社有序发展，提高农产品市场竞争力；实施品牌带动战略，在开拓“沁河”牌农副产品市场的基础上，进一步扩大基地规模，新建优质苹果基地500亩、优质核桃基地500亩，新建果品储藏窑洞4座，小杂粮加工企业1处，积极发展“公司+合作社+基地+农户”的产业模式。三是服务驻镇企业发展。不断创优环境，跟踪服务，大力扶持了沁喜水泥、顺世达铸业、通远农牧等民营企业发展，积极为蓝焰、中石油煤层气开发、鑫海能源、东大煤矿等国家、省、市重点项目提供优质服务，拉动了镇域经济发展。

（赵　飞）

【**新农村建设**】 一是编制完成镇区规划和5个村的新农村建设规划并通过评审。二是新建郑庄、东大、西大、玉沟、南大5处生态文化广场，新增绿地面积4.5万平方米，新植景观树木8万余株；继续加大教育投资力度，改扩建校舍1座2000平方米；郑庄村旧村改造工程，完成镇区规划编制，启动回迁小区建设。三是各村制定环境卫生整治规章制度，全面配备环卫人员，对垃圾池、垃圾填埋地进行规范化建设，修建垃圾投放点210个，垃圾填埋场30个，新建公厕23个，新建卫生墙8300米，亮化墙体4万平方米，紧紧抓住沁河流域特色城镇化建设的机遇，投资1000万元，完成坪曲公路沿线11村的环境综合整治和沿线50米宽林带505亩栽植任务，美化公路沿线环境。四是着力改善农业生产条件。完成南大村沁河河道治理1800米，完成郑庄、孔必两村农田水利项目3处，新凿机井两眼，配套管网2900余米，有效解决了镇区3000余人饮水及800亩农田灌溉问题。新建饮水解困工程11村12处，居民安全饮水率达到100%。

（赵　飞）

【**重点工程建设**】 一是水库移民工作。完成北湾村淹没区4个自然庄113户、319人的移民临时搬迁和部分移民建房工程，完成湾则村移民临时搬迁和建房选址、建房规划、三通一平和部分建房任务。二是煤层气入户利用工程。投资300万元实施郑庄、河头两村煤层气入户利用一期工程，新建增压站1座、减压站1座、主管道3000余米、支管道10 000余米，可解决1000余户居民生活用气问题。

（赵　飞）

【**社会事业**】 一是落实各项惠农政策。春播玉米、谷子、薯类、杂粮面积达到33 299.83亩，夏播玉米、谷子、杂粮面积达到17 009亩，粮食直补资金431.53万元，农机具及燃油补贴资金30万元，家电、汽车、摩托车补贴41.4万元，完成保护性耕作面积10 200亩。二是计生工作继续围绕落实长效节育措施和社会抚养费征收两大项工作。全年长效节育措施落实率达到91.46 %，征收社会抚养费10.88万元。三是全面推进新农合和新农保征缴工作。农村合作医疗参保5820户、15 725人，参保率达到95 %，农村养老保险参保人数5979人，参保率达到64.6%。四是切实搞好救济救助优抚工作。积极开展对困难党员、群众和老弱病残等社会弱势群体进行帮扶活动，全年共发放优抚、救济金155.3万元，医疗大病救助资金9万余元，残疾危房改造资金8.15万元。五是社会治安和谐稳定。以建设“平安郑庄”为目标，加大社会治安整治力度，切实加强信访稳控措施，建立和完善矛盾纠纷调处机制，确保问题和矛盾化解在基层，营造了稳定和谐的社会环境。设置警务室3个，安装监控设备两处，防止各类治安事件发生。

（赵　飞）

【**党建工作**】 一是基层组织建设。以“五好党委、五好支部”创建为目标，以开展创先争优活动为契机，按照“工作争先、成绩争先”和“作风优、素质优”的要求，加强思想作风建设，增强了党组织自身凝聚力、创造力和战斗力。二是创新民主管理模式。全面推行“四议两公开一审一监督”工作法和村级重大事项“制度+流程+科技”的管理新模式，强化党组织在村级事务中的领导核心地位，拓展党员群众参政议事的渠道和扩大了农村基层民主。三是党员管理和发展工作。建立党员信息库，对所有党员实行信息化管理；在发展党员工作中，始终坚持严把质量关、程序关、审查关，全年新发展党员26名，培养入党积极分子125名。四是全面完成村级组织活动场所建设。共投资170万元完成4个村新建和1个村改扩建任务。五是不断加强党风廉政建设。与各党支部签订《党风廉政建设目标责任书》，认真组织《廉政准则》学习活动，大力弘扬“右玉精神”，扎实开展纪律作风整顿，加大反腐倡廉宣传工作力度，创办《郑庄农廉》宣传刊物，不断完善健全各项制度，建立村级理财小组28个，积极协调处理各种问题，全面建成镇村两级阳光农廉网。

（赵　飞）

名称：沁水县郑庄镇人民政府
地址：沁水县郑庄镇郑庄村
电话：0356-7030002
邮编：048202

端氏镇

【主要经济指标】 2010年全镇社会总产值完成73 342万元，财政总收入完成2648万元，增长14.3%，农民人均纯收入5246元，增长16.2%。

（陈云亮）

【重点工程建设】 投资2470万元完成士敏公园建设，成为公路两侧的一道亮丽风景。投资1000万元完成北城后道路拓宽改造工程。总投资300余万元完成端氏敬老院工程，解决了孤寡老人老有所养的问题。对端曲公路进行综合整治，拆除两侧的违章建筑。总投资300余万元完成端氏文化广场建设工程，成为镇区居民的主要休闲娱乐场所。投资2200余万元完成端氏寄宿制小学校舍主体工程。投资371万元完成北城后主教学楼主体工程。总投资900余万元，完成端氏煤层气管道改造工程，极大地缓解了镇区居民冬季供暖不足问题。投资600余万元完成端氏河道治理工程河东护栏和行人步道铺装、河西大坝建设，2011年完成后续工程建设。投资2500余万元建成端氏移民并庄一期工程单元楼6栋，完成小区配套设施，彻底解决了周边山区居民的生产生活困难问题。

（陈云亮）

【农村农业工作】 沿河各村种植露天蔬菜3000余亩，亩均收入达到3000余元，中韩王村大棚蔬菜基地建设取得重大进展，新建简易弓棚40栋，增加蔬菜种植面积31亩，蔬菜生产效益进一步提高。羊群饲养量达到4.23万只，出栏2.4万只，成为山区农民收入的一项重要来源。全年发放蚕茧6300张，产量达到32.5万公斤。农业产业的不断发展为农民持续增收奠定下良好的基础。

（陈云亮）

【通道绿化整治】 2010年上半年对境内上韩王至端氏、端氏至卧虎庄公路两侧50米内进行宽林带绿化，沿线违章建筑进行全部拆除，可视范围内墙壁进行粉刷，居民庭院进行统一改造，垃圾池进行清理整治，并统一绿化、美化。10月份为配合特色城镇化建设现场会的召开，投入大量的人力物力，对境内公路两侧进行彻底整治，取得良好效果，受到上级表彰奖励。

（陈云亮）

【新农村建设】 2010年，端氏、东山、金峰、曲堤、槐庄、中韩王、苏庄等村结合各自实际情况，开工新建了一系列新农村建设工程，各村亮点纷呈，各具特色，成效明显。端氏村的移民新居建设、瓦斯气管道改造、河道治理、金峰村的移民新居、东山村的文化广场、水上公园、高庄村村级组织活动场所、曲堤村的文化广场、槐庄村的活动场所、环境卫生整治等工程都有力地推动了全镇整体工作的进展，改善了群众生产生活。

（陈云亮）

【各项社会事业】 中心寄宿制小学建设顺利开工，中小学校校安工程全面推进，教育硬件设施不断改善；新型农村合作医疗和农村社会养老保险圆满完成了基金收缴任务，参保率均达到90%以上，全镇2669名60岁以上老人享受到养老补贴；计划生育各项指标全面完成，社会抚养费征收取得实质性突破，规范化计生所当年建设、当年使用；城镇低保工作，共为286户，370名下岗职工及困难非农群体办理了城镇低保，为16名农村居民办理五保；农村饮水安全工程，投资150余万元建设饮水工程15处，解决12村3600余名群众的饮水困难；宣传文化工作，全镇新建健身场所10个，群众性文艺健身活动广泛开展，蔚然成风，各类文明和谐创建活动扎实推进，文明和谐的新风尚得以弘扬；坚持狠抓安全生产和社会管理，加大安全监察力度，全镇没有发生重大恶性事故，保持了良好的安全生产环境；加大信访工作力度，认真化解各类矛盾纠纷，杜绝了越级上访发生。

（陈云亮）

【基层党建】 全镇47个基层党组织，1215名党员围绕“转变作风争一流，跨越崛起当先锋”的活动主题，严格按照活动流程及要求认真开展了各项工作，并取得良好效果。全镇党建工作科学化水平迈上新的台阶。学习型党组织建设方面坚持把学习贯彻落实省委袁纯清书记的重要讲话精神，以及省、市、县领导干部大会精神作为一项重要政治任务来抓，在全镇持续掀起“学‘右玉’、学讲话、促转型、谋跨越”的热潮。两项活动的深入开展为全镇的转型跨越发展，提供了有力的政治保证和组织保障。

（陈云亮）

【机关作风建设】 镇党委、政府投资80万元对政府东楼进行改造，建起了便民服务中心、综治矛调信访中心、三资委托代理中心、招投标中心，方便了群众办事，对政府主楼进行了装修改造，进一步优化了机关环境，同时狠抓了机关纪律整顿和作风转变，完善了机关各项规章制度，对照《党员领导干部廉洁从政若干准则》和省委袁纯清书记提出的“三严禁、一杜绝”、“五治五督”进行了自查，召开专题民主生活会开展批评与自我批评，剖析思想根源、互相帮助改进，提出了整改措施，限期改正。通过一系列措施机关作风明显转变，给群众创造了一个良好的服务环境。

（陈云亮）

名称：沁水县端氏镇人民政府
地址：沁水县端氏镇端氏村
电话：0356-7035530
邮编：048203

嘉峰镇

【主要经济指标】 2010年，全镇社会总产值完成16.34亿元，财政总收入完成2.54亿元，农民人均纯收入完成6782元，民营经济工业产值完成12.84亿元，农村经济总收入完成6.06亿元，粮食总产量完成9314吨。

（李小霞）

【农村农业工作】 一是培育特色品牌。对潘河七须黄花菜、窦庄紫皮蒜进行资金扶持，不断扩大规模，提高产品影响力。同时进一步做好尉迟金银花基地建设。二是帮助农民调产，大搞试验示范。示范产业为小麦、玉米、蔬菜，涉及6个村，培育科技示范户60户。在潘庄村进行了10亩玉米新品种试验；在尉迟村进行了20亩小麦试验，推广小麦喷施“活力加农”和磷酸二氢钾示范；在窦庄村推广了200亩豆角玉米间套模式化栽培技术，为农业调产起到典型引路作用。

（李小霞）

【落实粮食直补政策】 粮食直补和农资综合补贴金额166余万元，良种补贴32余万元，及时到位的补贴提高了农民种粮积极性，全镇粮食播种面积36 586亩。抓住国家实施农业购置补贴项目的机遇，争取农机购置补贴资金14.7万元，引进大中型拖拉机、手扶拖拉机、旋耕机等新型农机具43台(套)。实施高标准保护性耕作300亩，辐射面积1500亩。

（李小霞）

【畜牧业发展】 一是以标准化养殖园区建设为抓手，在五里庙、武安、长畛、卧虎庄等村大力发展标准化养殖园区建设。特别是会丰养殖专业合作社，在原来高标准猪舍的基础上，投资360万元完成2300平方米圈舍扩建；长畛村投资90余万元新建百头肉牛场；窦庄村投资50余万元新建肉牛场；武安村种羊园区投资60余万元扩建圈舍面积350平方米。标准化园区的建设，辐射带动了全镇养殖业的迅猛发展，畜牧业发展势头强劲，经济效益可观。二是加大扶持力度。对符合扶持标准的3家规模养殖户（场）进行补贴，扶持资金达20余万元，全镇共巩固扶持养殖大户59户。其中有4户养殖户（场）达到市县扶持标准，享受扶持资金达50万元。三是加强村级防疫员队伍建设。签订防控重大动物疫病责任状，先后两次对辖区44个村级动物防疫员进行培训，发放学习资料150余份。

（李小霞）

【煤矿企业兼并重组】 完成4座（长畛煤矿、武安煤矿、东沟煤矿、南凹寺煤矿）村办煤矿资源整合成1座（南凹寺煤矿）煤矿工作，实现煤炭资源合理利用。投资5500万元，重点做好南凹寺煤矿进行60万吨机械化升级的改造项目，提高安全生产能力，合理高效开发煤炭资源。

（李小霞）

【煤层气开发力度】 改善镇区环境，为企业提供优良发展环境；协调解决企业发展中遇到的问题，为企业排忧解难，实现企业在嘉峰的长期发展、深度发展。积极推动港华二期、顺泰技改、五里庙、华凯等煤层气项目建设。充分利用好煤层气资源，解决生产生活用气问题。协调县招商引资项目——中电明秀瓦斯发电厂建设，改善电网供电能力。

（李小霞）

【工业园区建设】 投资300万元完成嘉峰煤电工业园园区规划设计和300米道路及排水工程建设，煤电工业园区规划设计已完成，正在评审阶段。

（李小霞）

【新农村建设】 一是投资930万元建设永安公园。公园占地面积约15 000平方米，由雕塑喷泉、休闲长廊、绿树红花、碧水池、金龙阁5个主题板块组成，是集生态功能、历史文化、休闲活动等多项功能为一体的园林式农民公园。二是安居建设。潘庄居民住宅楼投资2200万元，占地10.59亩，共4幢6层砖混结构大楼，每幢楼一层为车库，从2楼—6楼为住宅面积，可安排住户120户；长畛3幢6层居民住宅楼投资800余万元占地5亩，总建筑面积7684平方米，可安排住户60户；梁圪坨移民新村投资2185万元，安排110户，375口人。三是文化广场建设。投资50万元完成寺河中心广场改造，实现村矿一体，资源共享。投资600余万元完成李庄文化广场建设，广场占地10 000余平方米，设计文化气息浓厚，寓意深远。露天舞台、丹凤阁、文化长廊、芳草、树木、林荫花卉等等，为群众提供了环境优美的休闲娱乐场所。

（李小霞）

【特色城镇化建设】 一是协调资金近亿元完成嘉峰商贸城工程，建设10幢6层砖混结构商业楼，占地27 274平方米，总建筑面积46 617平方米，可容纳商户162户、住户640户。162户商铺为640个家庭提供了增收的内在动力。二是投资1200万元完成窦庄新型建材厂工程，投产后年产6000万块页岩煤矸石砖，可解决剩余劳动力100余人，同时对煤矸石进行了废物利用，创造了环保效益，也解决了周边乡镇新型建材供应难的问题。三是总投资1000万元完成会丰养殖场工程，实现2300平方米的圈舍扩建，引进优良种猪200余头，进一步扩大规模，提高市场竞争力，做好龙头作用，带动了全镇养殖业发展。

（李小霞）

【道路饮水工程】 投资2700万元完成嘉永公路5.5公里的配套改造工程，缓解了交通拥堵，解决了3000余人出行难题；投资200万元完成马庄、潘河两村共8.2公里庄庄通水泥路工程；投资110万元建设上坪等7处水利工程，解决了1308人饮水安全问题；投资80万元在李庄村新打深井1眼，解决了周边企业及本村2000余人吃水不足问题。

（李小霞）

【民用煤气改造工程】 煤炭资源整合以后，为解决群众生活用气问题，与相关企业协商，妥善解决民用气问题。2010年，尉迟、武安、长畛、嘉峰等村共筹资970万元，安装25 000余米管道，解决了1800户5600余人用气问题。全镇共有18个村5297户21 982人用上煤层气。

（李小霞）

【文化场所建设】 投资550万元进行镇综合文化中心、24个村文化站建设；投资2412万元完成嘉峰文化长廊、卧虎庄、殷庄等12村文化场所建设，为群众提供了休闲娱乐的场所，有利于形成积极健康向上的新农村文化氛围。

（李小霞）

【教育设施建设】 投资478万元新建潘庄小学宿舍、餐厅、教学功能房；投资380万元改扩建树理中学教学功能房；投资300万元新建嘉峰中学宿舍餐厅综合楼；投资1470万元新建沁和小学，建成后可容纳12个教学班540名学生，2010年完成地基建设。

（李小霞）

【迎接省观摩检查组观摩】 一是组建清洁队伍，完善管理机制，同时购置洒水车、扫地车，投入人力、物力、财力进行环境整治。投资1000余万元进行一级路环境整治工程，完成48 000余株大小树苗的栽种；修建围墙2200余米、外墙涂料11 000余平方米；拆除违章违法建筑150余间、新建大门8座、改造大门22座、整修广告牌130块，维修路灯62盏。二是道路村庄绿化。投资147万元完成一级路15米宽林带通道绿化工程，共栽植杨树3.8万余株；投资246万元对端润路进行景观带建设，投资190万元对端润路绿化带进行了补栽补植；投资130余万元完成嘉永公路、嘉峰等村的路边和村庄绿化。全市特色城镇化沁水现场会嘉峰点的工作，得到上级领导肯定，并在现场会上获得50万元奖励。

（李小霞）

【计划生育工作】 2010年，全镇计划生育率为91.3 %，比县下达指标88%高3.3个百分点。征收社会抚养费31.6万余元，社会抚养费征收达100%。

（李小霞）

【社会保障工作】 农村新型社会养老保险参保人7783人，参保金额1 687 200元，补助金额287 855元，参保率71.9%；新型农村合作医疗参保人18 569人，参保金额557 070元，参保率95%。在生活困难群众中确立农村低保户629户727人，五保户对象24个，做到应保尽保。

（李小霞）

【森林防火工作】 一是与有林村、涉林企业签订责任书，明确和规范涉林村企职责。二是深化宣传教育，全民防火意识增强。出动宣传车470余台次，刷新刷写标语700余条。三是强化监督管理。防火期内，各涉林村、企坚持24小时值班，确保了联络畅通，情报及时。四是根据全镇森林分布特征，因地制宜在马庄村组建一支15人的半专业扑火队伍。

（李小霞）

【处理群众上访】 认真解决群众合理诉求，及时消除、化解各类不稳定因素。2010年共接待来访群众440余人次，发生信访案件35起，解决信访问题32起。

（李小霞）

【安全生产】 强化安全生产监管，深入开展安全生产专项整治，构筑了坚固的安全生产防线。全年共出动检查人员580人次，下达安全检查表360份，检查各类安全隐患1530条。全年无一起安全生产事故，实现安全生产零事故。

（李小霞）

【村级组织场所建设】 投资500余万元新建五里庙村级组织活动场所；投资230万元重点对上坪、张山、郭北、前岭、柿沟村的支部活动场所进行新建、改扩建，其余各村均对村支部活动场所进行了整修刷白。

（李小霞）

【和谐社会创建】 以组织发动群众性文化活动为主线，成功举办了“嘉沁杯”篮球邀请赛，开展八音擂台赛、三八文艺会演、五四趣味运动赛、七一演唱会等文体活动20项，极大地丰富了群众文体生活，倡导积极健康向上的文化风尚，有效促进了全镇精神文明建设。广泛开展“和谐家庭”等评先树优活动，评选出和谐家庭、乡村好人850余户。创建省级文明村1个，市级文明村两个，市级和谐标兵村两个，县级文明、和谐村各4个。2010年被县委县政府评为“和谐乡镇”、“平安乡镇”等荣誉。

（李小霞）

名称：沁水县嘉峰镇人民政府
地址：沁水县嘉峰镇潘庄村
电话：0356–7082010
邮编：048204

郑村镇

【主要经济指标】 2010年，全镇社会生产总值完成14.39亿元，同比增长18.9%；民营经济总产值完成13.8亿元；财政总收入达到1.96亿元；实现固定资产投资1.85亿元；农民人均纯收入达到6078元，同比增长17%；粮食产量达到10 218吨，油料90吨，肉425.4吨，羊存栏7027只，蜂500箱。

（董薇薇）

【产业结构调整】 一是湘峪“三都古城”旅游开发。2010年完成景区内房屋评估、总体规划、移民搬迁及停车场前期工程，2011年可投入试运营。二是矿区服务业发展。以半峪、侯村、夏荷、肖庄、赵庄等村为主的矿区服务业逐步发展起来。三是半峪煤矸石烧结砖厂。总投资1800万元，年生产砖6000万块，已进行试生产，2011

年正式投入生产。四是养殖业发展。全镇的养殖业在政府扶持政策的激励下，呈蓬勃发展势头，现有各类规模养殖企业33家。五是鑫海公司郑庄煤矿建设已和晋煤集团达成合作意向，并已开工建设。

（董薇薇）

【道路改造工程】 投资1100万元完成郑村至赵庄2.5公里公路拓宽改造工程，架设钢筋砼桥梁1座；投资600余万元完成湘武公路6.1公里改造工程。

（董薇薇）

【郑村镇寄宿制中心小学建设工程】 投资2960万元，建筑面积19 016平方米，可容纳学生1200人，已全面开工建设，预计2011年9月份将投入使用。

（董薇薇）

【集中供水工程】 总投资560余万元完成深井钻探、净水设备安装、蓄水池建设等工作，铺设输水管道已接近尾声，2011年前半年可投入使用，将彻底解决9个行政村、2104户6492人以及郑村寄宿制小学和肖庄移民安置点群众的安全饮用水问题。

（董薇薇）

【煤矿采空塌陷区移民点安置工程】 投资1.7亿元，共规划居民住宅楼26栋，可安置780余户，已完成基础建设工程，首期工程预计2011年7月份完工。

（董薇薇）

【煤层气利用工程】 规划对沿路主村和煤矿周边12个村1930户居民安装使用清洁能源，总需投资1158万元，可确保全镇70%以上居民用上煤层气。年底由陕西省燃气设计院完成规划设计正逐步实施。侯村、夏荷两村已完成设备安装，并投入使用。

（董薇薇）

【煤炭资源整合工作】 全镇7座（半峪煤矿、上半峪煤矿、湘峪凯安煤矿、湘峪宏泰煤矿、侯村煤矿、南河滩煤矿、夏荷煤矿）煤矿资源整合成3座（沁秀集团岳城煤矿、保利集团平山煤矿、沁和能源侯村煤矿）煤矿。

（董薇薇）

【村级组织活动场所建设工程】 列入第二轮村级组织活动场所建设的村有6个，其中新建5个，改建1个，总投资187万元，于2010年7月前全部投入使用。同时，郭庄村自行投资37万元，建起432平方米的村级组织活动场所。20个行政村的45项村级重点工程按计划全面完成。

（董薇薇）

【环境卫生整治】 一是成立由镇长任组长的整治工作领导组。二是组建城镇建设办公室，配备专门工作人员，拥有一支10人的专业保洁队伍，购置洒水车等保洁工具，出台新农村建设和环境卫生整治工作百分制考核办法，考核结果与村干部工资挂钩。三是20个行政村共修建垃圾池380余个，共计清运各类垃圾7500多吨。四是组织国土所、工商所、派出所、交警队等单位，对乱堆乱放、乱搭乱建等违章建筑进行集中清理，拆除乱搭乱建30余处，清理煤堆、土堆及其他乱堆乱放约40处，收到良好的效果，极大地改善了人居环境。

（董薇薇）

【党建工作】 一是党员干部的学习培训。充分利用镇党校和远程教育平台对广大党员进行教育培训，先后进行了廉政教育专题讲座、全镇党员干部培训、形势报告会等，并组织党员干部到右玉等地参观学习，提高了广大党员干部的思想认识，更新了观念，学到了宝贵经验。二是支部活动阵地建设。2010年总计投资224万元完成马头山、许村、北落、耿山、常店、轩底、郭庄7村的村级组织活动场所建设。三是认真落实农村干部激励保障机制，出台了一系列考评办法，并严格实施。四是狠抓后进村支部整顿工作。先后有许村、枣树腰、北落3个后进村实现转化，许村村在2010年一跃成为新农村建设的重点村。五是在全镇20个行政村全面推行“四议两公开工作法”。六是严格按照“三推五审四公示”发展党员20名。

（董薇薇）

【社会事业】 一是卫生事业得到加强。村级卫生室实现了全覆盖，全镇医疗卫生机构达标率100%，2010年农村新型合作医疗保险参保人数达到97%，征收社会养老保险费130.82万元，困难群众实现了应保尽保。二是计划生育工作成效显著。经过一年时间的不间断工作，计划生育圆满完成了各项任务，做到了无一例漏报，无一例错报，无一例瞒报，“五网”核对工作在省、市、县计生工作检查中受到好评。

（董薇薇）

【安全工作】 始终把煤矿安全放在各项工作的首位来抓，强化安全教育，严格进行隐患排查，严密监察监控，打击非法违法行为，把事故苗头及时消灭在萌芽状态，创下连续9个安全平稳年；强化校园安全管理，加强安全教育，落实安全责任，定期开展学校安全隐患排查，建立健全警校联动、家校联动机制；切实抓好护林防火工作，加大宣传力度，狠抓责任落实，户户签订责任状，成立专门救火队伍，设立7个防火检查站，特别是在防火特险期，坚持每天巡查，确保无森林火灾。

（董薇薇）

【信访稳定工作】 成立了矛盾纠纷排查调处中心，每周一至周五由班子成员轮流带班，双休日或节假日由值班领导负责，接待群众来信来访。小事由值班领导处理，大事难事由党政班子联席会议研究后，专人负责处理。全年共接待群众来信来访36件，处理34件，保证了小事不出村，大事不出镇。

（董薇薇）

【综合治理工作】 充分发挥“六级六步”大调解作用，坚持半月一排查制度，将各种矛盾消除在萌芽状态；坚持社会治安重点地区排查整治工作，每周排查一次，全年共确定2个重点整治站，经镇村两级干部努力，取得明显成效；通过查漏补缺，进一步加大法制宣传力度，圆满通过“五五”普法验收；认真开展反邪教集中教育整治大行动，共发放宣传资料约5000份，广大群众的反邪教意识明显提高，在“两会”和各种重大节日活动期间，对重点人员进行稳控，力保不出事。

（董薇薇）

【群众文化】 建起职工活动中心和文化活动广场，全镇20个行政村全部建起了文化活动场地；充分利用春节、元宵节、“三八”、“五一”、“五四”、“七一”等节日，组织开展健身操、演讲赛、篮球赛、八音会擂台赛、广场文化等丰富多彩的文体活动，极大地调动了群众参与精神文明建设的积极性，丰富了群众的精神文化生活；侯村村立足市级文明和谐村创建目标，跃入省级文明村行列。全镇和谐创建主体的数量不断增加，质量不断提高，群众精神文明创建活动内容不断丰富，形式更加多样，群众参与热情越来越高，形成村村争创文明村，户户争当文明户、人人争做文明人的良好氛围。在2010年度县精神文明建设和和谐建设经验交流大会上做了经验交流。

（董薇薇）

【“四化”工作】 在投资7000万元拓宽新建侯许路之后，镇政府又投资1500万元对侯许路全程进行绿化，部分路段进行亮化；投资约200万元打通夏荷至潘庄鹿底公路，和成庄煤矿协商投资200余万元打通许村到泽州东沟的出境公路，出境公路的打通大大方便了群众的出行，促进了与周边县、乡的物资、文化交流。同时，全镇20个行政村投资800余万元硬化街道及村庄公路9000余平方米，其中夏荷村投资50万元硬化街道和整修排水设施；郭庄村投资50余万元开拓并硬化街道230米；半峪村投资75万元硬化街道700米；许村村投资30万元拓宽改造街道，硬化率达95%；湘峪村投资40万元硬化街道270米；后河村投资58万元对主村的大街小巷进行硬化并安装了路灯；肖庄村先后投资200余万元对全村5个自然庄的大街小巷进行了硬化。各行政村共投入100余万元实施街道绿化、亮化和净化工程。其中许村村投资50余万元对道路两边进行了绿化，并安装路灯40余盏，粉刷墙面9000余平方米；湘峪村投资50万元对新建路段进行了绿化、亮化；侯村村投资30余万元新建了一处小广场并安装路灯37盏；还有兴德村、潘节村、枣树腰村、马头山村、侯节村、北落村等都不同程度对村庄街道进行了硬化、绿化。

（董薇薇）

【“四改”工作】 马头山村、北落村都分别投资近10余万元改造饮用水，侯村村在上年投资100余万元打深井水的基础上，2010年投资42万元对原深井水进行净化，全镇饮用水基本上达标；修建公厕是为民服务的又一项重要举措。全镇共修建公厕60余处。先后有侯村、夏荷、湘峪、肖庄4村的老百姓用上清洁能源，90%以上的农户有专用厨房，极大地方便了群众的日常生活。

（董薇薇）

【生态建设】 按照镇域总体规划及建设生态园林镇的目标要求，实施“绿化郑村”工程。将投资1000万元，在全镇两万亩可视荒山、荒地进行以经济作物——连翘为主要绿化品种的整体绿化，使之既可起到防治水土流失作用，又可为农民增加收入渠道。同时完成对郑村河肖庄段生态治理工程的招标工作。南山森林公园、移民区生态广场、夏荷休闲广场等一批生态建设项目相继启动，一个生态优美的新郑村将展现在大家面前。

（董薇薇）

名称：沁水县郑村镇人民政府
地址：沁水县郑村镇肖庄村
电话：0356-7086303
邮编：048205

柿庄镇

【概况】 位于沁水县东北部，东邻高平，西连十里，北倚长子，南接固县，2001年1月撤乡建镇，辖15个行政村，105个村民小组，总人口11 863人，总面积246.2平方公里，耕地面积23 954亩，是一个纯农业乡镇。全镇共有19个党支部，其中农村党支部15个，机关党支部1个，学校党支部两个，卫生院党支部1个，共有党员659名，村两委干部97人，两委交叉任职20人，镇机关干部职工38人。

（李会林）

【主要经济指标】 2010年，全镇民营经济总产值完成8020万元，占年计划的100.25%；民营经济增加值完成2810万元，占年计划的100.36%；工业产值完成221万元，占年计划的100.45%；民营经济工业增加值完成80.5万元，占年计划的100.63%；民营经济营业收入完成6616.5万元，占年计划的100.25%；粮食总产量达12 353吨，农民人均纯收入3921元。

（李会林）

【河道综合治理工程】 针对2007年的特大洪灾冲毁的现状，投资300余万元打坝2000余米，河道清障15万方，不仅扩大了镇域面积，而且有效保障了驻镇机关及柿庄村3000余口人的生命财产安全。

（李会林）

【南山绿化工程】 总投资46万元完成山体绿化300亩，栽植侧柏15 000余株，山桃、山杏4000余株。

（李会林）

【双千亩果园基地建设工程】 投资150余万元采取“五环联动、整体推进”的办法，在下泊、峪理集中连片新植果园1000亩，改造果园1000亩，并完成水利配套设施建设。

（李会林）

【计生服务所和综合文化站配套建设工程】 投资80余万元完成了室内装修和设施配套工程，并交付使用。

（李会林）

【校舍安全工程】 投资300余万元新建一所九年一贯制学校，完成教学楼、宿舍楼2492平方米的建设任务，已完成主体工程。

（李会林）

【安全饮水工程】 投资80余万元完成丁家、下泊、算峪、杨庄、匣石湾、海则、大端等11个村16处安全饮水工程，解决了2632人的吃水困难。

（李会林）

【村级组织活动场所建设工程】 投资200余万元新建改建了匣石湾、寺岭、海江、柿庄、算峪、峪理、海则、大端、下泊9个村级组织活动场所，总建筑面积2573平方米，超额完成县里下达指标任务。

（李会林）

【新农村建设】 投资600余万元对应郭、柿庄、枣元、海则等村共完成文化场所、休闲广场等基础设施建设，部分村实现户户通水泥路。

（李会林）

【社会事业】 一是粮食直补、退耕还林和农机具补贴工作圆满完成，粮食直补资金127万元和退耕还林资金67万余元全部通过“一卡通”方式发放到户。二是大力推广农业新技术、新品种。积极引进农作物优种，在全镇大面积推广，优良品种普及率达到98%以上，科技对农业生产推广率逐年提高。三是加强对农民的培训，全年共培训10余期，劳务输出200余人。四是加强农民经纪队伍、中介组织和专业合作社的发展，峪理村采取“支部＋农户＋市场”的模式，成立农资服务部，组织专业合作社，从技术指导到农药、套袋，再到运输、销售，实行一条龙服务，大大增加了农民收入。

（李会林）

【安全稳定】 一是突出狠抓以森林防火、交通道路、民用防爆、煤层气开发、中小学校等为重点的安全生产工作，广泛开展宣传教育，扎实开展全面排查，彻底开展整治整顿，特别是全力加强森林防火工作，严格落实责任，强化督促巡查，全镇安全生产形势比较平稳。二是进一步加强信访稳定工作。认真开展辖区内不稳定因素和隐患的排查工作，实行领导包案制度，对排查出的问题，及时处理解决，把矛盾纠纷和不稳定因素消除在萌芽状态。全年未发生一起越级上访和影响恶劣的案件，社会安全满意度达到96%以上。三是以创建文明和谐小城镇为载体，大力加强公民道德建设，积极倡导健康向上的生活方式，广开各种宣传渠道，群众的文明意识和道德水平有了明显提高。四是认真落实计划生育目标管理责任制，切实加强对计生工作的领导，狠抓管理服务工作。全镇人口自然增长率为–2.45‰；社会抚养费征收率达到100%；流动人口管理率达到100%；全面完成年度人口和计划生育各项目标考核任务。2010年，柿庄镇人口和计划生育中心服务站被晋城市人口和计划生育领导小组授予先进服务站。五是积极开展群众性文化活动。同时工会、民政、团委、妇会、文化、广播电视、饮水解困等各项工作也取得新进展。

（李会林）

【党建工作】 一是深入开展创建先进基层党组织、争当优秀共产党员的“创先争优”活动和“三级联创”活动，全面推行“四议两公开”工作法。二是党员管理步入正常化轨道。镇党委从建立健全各种制度入手，强化党员队伍建设，健全了制度体系，加强了组织生活的规范化、制度化和经常化，完善了各支部党建内务档案，形成了农村党员权利与义务相统一的机制，让党员能致富，肯带富。三是党员干部教育常抓不懈。镇党委始终把宗旨教育作为加强镇、村两级干部队伍建设的重要举措，除县里组织的镇、村两级干部培训外，充分利用镇党校这块阵地，对重点建党对象培训两次，培训人数达100人次，对农村党员培训4次，举办农村党员、致富能手知识培训班10余期，使农村党员受到了教育，开阔了视野，掌握了技术，提高了致富能力。四是在发展党员方面，严格按照县委组织部《关于实施“三推五审四公示”制度，进一步创新农村发展党员工作机制的意见》，结合实际，把民主、公开、竞争、择优的机制引入到农村发展党员工作中，进一步提高了农村基层党组织的创新活力，真正把那些有能力有素质的年轻同志及时吸收到党内来，发展新党员23名，为党的肌体注入了新鲜血液。

（李会林）

名称：沁水县柿庄镇人民政府
地址：沁水县柿庄镇柿庄村
电话：0356-7046550
邮编：048207

樊村河乡

【主要经济指标】 2010年，全乡农村经济总收入达到954万元，比上年增长18.5%；农民人均纯收入达到3012元，比上年增长19.3%；粮食产量完成3050吨，油料产量完成61吨，蔬菜产量完成305吨，蚕茧产量完成2.8吨，肉类产量完成41吨，禽蛋产量完成48吨，羊存栏4528只。

（乔小霞）

【基础设施建设】 一是在卫村、赵寨两村投资15万元，投工1000余个，铺设管道1500余米，新建高标准蓄水池4个，提水泵房两座，解决了498人、100余头大牲畜的安全饮水问题。二是在赵寨村总投资90万元修建拦水坝两条，完成土石方开挖6000方，浆砌石3000方，建成可蓄水3万立方米的赵寨水利综合开发工程，进一步改善该村农业生产条件，增加水地面积，防洪抗旱，可以发展水产养殖等特色产业。

（乔小霞）

【重点工程】 一是河道综合治理工程。投资118万元，以樊村村为重点完成河床治理、浆砌河坝、坝旁绿化、修建人字闸以及安装河道护栏等工程，使主河道得到有效治理，成为群众健身休闲、愉悦身心的好去处。二是玉米新品种地膜覆盖工程。在全乡推广玉米地膜覆盖3000余亩，全乡玉米种植增产60万公斤，增收100余万元，人均增收450元，被县委、县政府授予“科技推广先进集体”、“玉米丰产方建设先进集体”，该工程先后被市电视台、《太行日报》等新闻媒体报道。三是乡综合文化站建设工程。投资65万元建成建筑面积619平方米，院内硬化1500平方米，绿化200平方米的乡综合文化站，极大地丰富了群众的精神文化生活。

（乔小霞）

【环境卫生综合整治工作】 一是实施通道环境综合整治工程。以界河口到景村公路沿线整治为重点，对全乡范围内乡村道路两侧环境进行综合整治。彻底清除道路两侧垃圾、杂草、粪便，保证路面及道路两侧干净整洁，无垃圾堆放，并对路面定期修整养护，对没有绿化的路段及有缺株、死株的地方统一树种补植补种，努力打造一条绿色整洁通道。二是实施乡政府所在地环境综合整治工程。乡政府所在地樊村村作为2010年新农村建设重点村，把环境综合整治工作与新农村建设相结合，集中开展了一次环境卫生整治活动。及时清理垃圾，完善环卫设施，严格执行环境卫生管理制度，及时检查维修更换街道路灯，定期检查排水、排污渠道，并对影响村容村貌、低矮破旧的临时建筑统一拆除，保证乡政府所在地环境干净整洁。三是实施村庄环境综合整治工程。以各行政村主村为重点，全面开展村庄环境综合整治，彻底清除卫生死角，着力解决脏乱差问题。累计完成杨树、塔柏、油松等各类树种栽植8000株，共清理垃圾200余车，粉刷墙壁30 000余平方米，统一刷写各类标语60余条，刷白树株5万余株，新建垃圾池5处，垃圾填埋场1处，并对农作物垃圾进行及时专门处理。同时，按照已建立的环境卫生长效机制，定期对全乡环境卫生进行督察，使环境卫生整治工作确实做到常态化，全乡面貌明显改观，人居环境明显改善，人民群众生活条件明显提高，推动全乡经济社会又好又快发展。

（乔小霞）

【安全稳定工作】 一是森林防火工作扎实有效。以护林防火为重点，加大宣传巡查力度，提高全民安全意识，层层签订安全生产责任书，确保了全乡生态安全。二是信访稳定工作卓有成效。强化领导、明确职责，实行领导班子成员轮流接访和包案制度，及时解决群众反映强烈的问题，全年共有6起信访案件全部结案，结案率达100%。大力实施“四议两公开”、党务公开、村务公开、政务公开等制度，确保了全年无越级上访案件发生，实现并维护了全乡安全生产、社会稳定和乡村和谐的良好局面。

（乔小霞）

【社会事业】 一是人口与计划生育工作。圆满完成县下达的各项年度计生工作指标，全乡6个村率先完成“规范化村级服务室”建设任务，12月8日县人口和计划生育局在樊村河乡召开了“沁水县村级计划生育服务室规范化建设现场会”，在全县首建“散居县城等地育龄妇女台账”及相关制度，并在全县推广。二是民政优抚养老保险工作进一步加强。全乡累计共有323名60岁以上老人领取了农村养老保险，33名五保供养对象领取了供养金，五保、复退军人经费、救灾救济款项及各项社会保险待遇均按时足额发放，弱势群体得到更多的关爱和救助。三是科教文卫事业协调发展。全年共投资25万元新建教学用房226平方米，圆满完成校舍安全建设任务。乡卫生院投入资金5万元完成设施改造，全乡投资20万元进行了村级卫生所建设工程，实现了村卫生所全覆盖。

（乔小霞）

【组织建设】 一是严格党的组织生活。按照“三会一课”制度要求，召开民主生活会，班子成员认真开展批评和自我批评，从而增强了班子的整体合力。二是严格执行民主决策制度，在重大决策、重要人事安排、重大项目安排和大额资金调度等重大问题上集体讨论，在评优评先上一律使用票决制，避免了“一把手一言堂”现象，充分激发班子成员的工作热情和工作积极性，确保各项工作顺利开展。三是积极开展“支部堡垒工程”创建活动，乡村两级结合“四议两公开”工作法的推行，按时保质完成了卫村、赵寨两村建筑面积280平方米的村级组织活动场所建设。四是结合基层党建目标任务，对各支部党建工作进行督察考评，听取支部党建工作和重点工程完成情况汇报，并进行了排名打分，做到责任、考评、奖惩三落实，促进了全乡基层党建工作责任制的落实。五是严格按党章规定和“三推五审四公示”程序发展党员5人，培养入党积极分子12人，重点建党对象8人。六是党风廉政建设不断加强。进一步引深学习弘扬“右玉精神”，大力开展“五治五督”纪律作风整顿活动，机关干部作风有了明显改进；严格执行《沁水县乡（镇）村小型工程建设招投标管理办法》，对全乡重点工程实行招投标管理，从源头上遏制腐败现象的发生；狠抓“三个中心”建设，全面实行村账乡审制度，完善制定了村级现金使用审批制度，确保各村“三资”安全运行；加大案件查处力度，积极开展对落实党风廉政建设责任制情况督察考核，扎实有效的推动了党风廉政建设工作。

（乔小霞）

名称：樊村河乡人民政府
地址：樊村河乡樊村村
电话：0356-7078515
邮编：048213

张村乡

【概况】 张村乡位于县城西南部，北靠龙港镇，东、南与阳城县芹池镇、次营镇接壤，西南与土沃乡毗邻。总面积86平方公里。辖8个建制村，35个村民组，1460户，4462口人。耕地面积18 826亩。张村乡的支柱产业是蚕桑，全乡桑园面积突破6200亩。

（田李强）

【主要经济指标】 2010年，全乡农村经济总收入2807万元；民营经济总产值3482万元；粮食总产量567万公斤；蚕桑产业总收入630万元；农民人均纯收入3583元。

（田李强）

【农业生产】 一是农业基础设施建设有所加强。瑶沟、张河等村铺设田间道路3.5公里，架设桥梁3座，同时全乡对防洪防汛设施进行检修加固，改善全乡的农业生产条件，促进农民增收。二是植桑养蚕力度不断加大。全乡继续实施“蚕桑强乡”战略，大力发展优质连片桑园和高管护桑园建设。全乡新植桑园400亩，推广塑料折蔟1600片，推广小蚕共育设备47套，全年养蚕3600张、蚕茧产量突破19.2万公斤，蚕茧总收入达到630万元，同时全乡培树一批大棚养蚕示范户，初步发挥养蚕大户的示范带动作用，实现蚕桑产业健康发展。三是养殖示范园区的带动作用日益凸现。乡党委、政府加强了对养殖园区的支持力度，初步建成堡头养羊园区、芦坡养猪园区、张村养羊园区、胡家沟养鸡园区、冯村村特种养殖（野猪、野兔）园区等，并发挥了一定的示范带动作用，有效推动了全乡畜牧养殖业持续健康发展。四是加大对新型产业的探索实践。投资30余万元，在下河建设了两栋农业观光大棚，占地2.4亩，收到良好效果。

（田李强）

【新农村建设】 一是实施通道工程。冯村投资60万元铺设2.5公里的水泥路；张河、堡头、芦坡、张村投资35万元实施街巷铺装7000余平方米。二是实施饮水工程。芦坡、板桥、瑶沟、胡家沟共投资46万元新建水池6个，铺设管道8.1公里，解决了8个自然庄的人畜吃水问题。三是实施河道治理工程。投资80余万元完成冯村、胡家沟两个村河道改造和打坝工程；完成投资14万元瑶沟、胡家沟实施了跨河桥梁建设工程。四是实施农民休闲广场建设工程。胡家沟农民休闲广场二期工程完工，芦坡农民文化广场主体工程完工，冯村完成了人口文化广场的改造，张村农民休闲广场作用进一步凸现。

（田李强）

【社会事业】 一是科教文卫协调发展。为加强农民培训，提高农民素质，全年全乡共利用各种机会，采用多种形式，举办各类科技培训30余次，受训人员达1500余人次。二是计划生育工作扎实推进。通过不断强化计生工作的管理和服务职能，坚持把宣传教育放在首位，深化优质服务。重点在加强张村计生宣传一条街和冯村人口文化大院上做文章，实现了计划生育率和落实长效节育措施及时率双提高。三是社会保障工作扎实有效。乡民政及时发放农村低保金、重点优抚对象事业经费、五保经费。并开展了城镇低保对象摸底登记工作。四是安全工作常抓不懈。乡党委、政府高度重视护林防火工作。深化煤矿安全隐患排查治理。积极开展校园周边安全专项治理工作。同时加强了防汛、食品药品卫生等安全工作，为广大群众营造了可靠的安全屏障。五是人口普查工作有效开展。经过长期准备、精心部署，圆满完成人口普查各项工作。

（田李强）

【民主法制建设】 一是全乡认真贯彻《依法行政》实施纲要，深入开展“五五”普法总结教育，增强了公民的法制观念和依法维权、依法办事的自觉性，同时加强了法律援助工作，维护了妇女、儿童、残疾人和社会弱势群体的合法权益。二是全面落实社会治安综合治理责任制，强化信访和矛盾纠纷排查调处工作，确保群众信访渠道畅通。重视解决群众反映强烈的热点难点问题，依法实行村民自治、村务公开，完善民主管理、健全民主监督，积极构建安定团结的发展环境。三是不断深化政务公开，自觉接受社会监督。努力做到勤政为民，切实加强廉政建设，通过深入开展学习贯彻落实《廉政准则》活动，提高了行政公务人员依法行政能力，树立了勤政、为民、廉洁、高效的政府形象。

（田李强）

【生态建设】 一是完成国家重点工程退耕还林500亩补植补栽工作，并通过验收。二是以下河农民观光公园的绿化工程带动全乡小康园林村绿化，围绕新农村建设，依托庭院绿化、街道绿化、村庄周围绿化、公共场所绿化多种形式，扎实推进全乡生态绿化工程。三是继续开展农村环境卫生整治工程。建立环境卫生整治长效机制，将环境卫生整治工作当成一项长期工作常抓不懈，使全乡8个村的环境卫生有了明显的改观。

（田李强）

【重点工程】 一是完成高管护桑园建设。投资30余万元完成1000亩高标准管护桑园的改造和张村、冯村两个百亩桑园管护基地建设，大大提升了张村乡蚕桑产业的主导地位，进一步夯实农民增收的产业基础。二是投资120余万元实施芦坡村新农村建设，完成1000平方米的街巷硬化，农民文化广场主体工程建设、篮球场建设，铺设管道4000米，截流两处，解决了4个自然庄的人畜吃水问题。极大地改善了农村基础设施条件，让人民群众得到实实在在的实惠。三是投资130余万元实施张村街道三化工程，对原街道进行了硬化、绿化、亮化的全面改造。共硬化街道近10 000平方米，铺设下水管道约1000米，铺设人行道近6000平方米。同时安装亮化路灯56盏，绿化街道1800米。四是投资210余万元实施综合文化广场。该工程占地近30亩，包括全县首批农业观光大棚，张村乡最大的群众休闲广场，以及展示张村魅力的宣传照壁、精美门楼、小桥流水，为全乡人民提供了休闲娱乐舞台，使得张村人民身在农村也能够享受到城里人同样舒适的生活环境。

（田李强）

【基层组织建设】一是深入开展创先争优活动。在机关支部设立了“党员先锋岗”，开展“立足岗位比奉献”活动，增强党员乐于奉献、甘于奉献的自觉性，充分发挥了党支部和党员的模范带头作用。在农村支部中，根据自身职能和特点，确定系列活动内容，突出做好了党员联系和服务群众工作，实行党政班子建立联系点、党员联户。二是深入开展推进学习型党组织建设活动。通过每周一的例会学习,通过“读书交流”在全体党员中树立了“学习就是先进、学习才能发展”的风气，有效推动了学习型党组织建设活动的开展。三是认真开展党风廉政建设工作。明确职责，夯实责任，与各村、各单位签订了党风廉政建设和反腐败工作责任书，使任务责任落到实处。在党员干部中扎实开展警示教育活动，通过自学组织推荐的学习篇目，观看警示片，写心得体会，讨论交流等形式，进一步筑牢了广大党员干部反腐倡廉的思想基础。形成了以廉为荣、以贪为耻，干事创业，执政为民的良好氛围。四是深入开展“双培”活动。共接受收入党积极分子 20 人，新发展党员 10 人，转正 10 人，建立完善村级干部后备库，培训后备干部 8 名。五是加大基层组织活动场所建设力度。张村、芦坡两村各投资 10 余万元，完成基层组织活动场所扩建工程。进一步发挥基层组织活动场所的功能和作用。六是党建常规工作扎实有效，远程教育连续多次全县排名前列。村级组织活动场所建设按期完成。

（田李强）

名称：沁水县张村乡人民政府

地址：沁水县张村乡张村村

电话：0356-7052001

邮编：048201

土沃乡

【主要经济指标】2010 年，全乡完成民营经济总产值 8105 万元，占年计划的 101.3%；民营经济增加值完成 3060 万元，占年计划的 102.2%；工业增加值完成 1750 万元，占年计划的 102.9%；营业收入完成 7280 万元，占年计划的 104%；粮食总产量 4961 吨，农村人均纯收入 3594 元。

（常世红）

【旅游产业开发】投资 500 万元完成行邀天宠、磐石长安两个古院的修复工作，新修农耕广场、旅游接待中心、停车场，对景区环境进行绿化、美化、综合整治，举办了第二届柳氏民居旅游文化节，进一步提升了柳氏民居的旅游品位，被国家旅游局批准为 4A 级景区。

（常世红）

【干果林基地建设】一方面完善已栽植的 6400 亩核桃林管理，聘请省技术专家对农户进行培训，投资 10 万元在洞沟村新建核桃林 200 亩。另一方面，在巩固好现有 2000 亩蚕桑基地，投资 10 万元在上沃泉村新植桑园 200 亩。

（常世红）

【新农村建设】在西片，以杏则、中沃泉两村为重点，建设工业带动新村；在东片，以西文兴、王庄为重点，建设旅游产业带动新村；在南片，以南阳、交口为重点，突出自然因素，让古村焕发新貌。其中中沃泉文化广场建设，投资 121 万元改造文化广场，占地 3600 平方米，绿化面积 1300 平方米，通过增加休闲设施，健身器材满足群众文化生活需求。

（常世红）

【改善基础设施】 以街巷硬化为突破口，大力改善基础设施。其中杏则村投资110万元新修环村公路，方便居民出行，并完善水、电、闭路等配套设施建设。岭东村投资50万元硬化街巷6200平方米，对沿路及村内环境进行全面整治，着力改善村庄面貌。

（常世红）

【煤铁矿整治安全】 严格按照“安全第一，预防为主，综合治理”的方针，牢固树立“安全生产，责任重于泰山”的意识，吸取各类重特大安全事故的教训，强化措施，突出重点抓管理，真正做到“治理于未乱，防患于未然”。通过各方面努力，实现了兰花集团主体的正式入驻，整合后保留兰花沁裕（年产90万吨）、兰花沁阳（年产45万吨）两个煤矿，使乡域综合经济实力大大增强。

（常世红）

【森林防火工作】 一是加大宣传力度，增强预防效果。二是实行乡领导包片，一般干部包村，村两委干部包山头，重点路口设岗盘查，护林员24小时巡山检查责任制，确保了全年无森林火灾发生。

（常世红）

【安全工作】 在全乡范围多次开展拉网式、全方位安全大检查。对火工品、烟花爆竹、交通、食品卫生、学校、加油站等重点行业和领域的安全隐患进行排查和整治，从而保证了全乡安全形势的基本平稳。

（常世红）

【社会事业】 一是教育卫生工作取得新进展。全面落实农村义务教育“两免一补”政策。投入150万元完成土沃学校九年一贯制教学楼建设，改善了办学条件。投资30万元完成乡文化站主体工程，不断提高群众文化素质。二是卫生事业稳步发展，年内完成16个村的村级卫生所升级改造建设。实现了村级卫生所全覆盖，全乡卫生条件明显改善，农村合作医疗参合率达到95%以上。三是计划生育成绩显著。2010年全乡共出生36人，其中一孩30人，计划外二孩2人，出生率6.22%，计划生育率95.65%，综合节育率88.57%。人口自然增长率有效控制在5‰以内，完成结扎18例，征收社会抚养费15 914元。四是农村经济工作取得新突破。对全乡16个村的“三资”进行了彻底清理、公示并建立了台账。通过摸底、审核、公示、录入完成了农村“三资”网络化管理,实现了乡村“三务”网上公开。五是信访工作扎实开展。建立健全了一套严密的治安防控体系和信访接待体系，全乡共接受信访案件14起，结案14起，矛盾调处9起，及时化解了矛盾，没有形成大的上访案件，维护了社会的安定。

（常世红）

【产业结构调整】 一是完善上年栽植的6400亩核桃树的管理工作，聘请农科院技术人员对全乡种植户进行一次全面培训，能挂果的要少量挂果，需补栽要补全。并做好后续产业的开发工作。2010年在洞沟村继续栽植优质核桃200亩。二是巩固好现有2000亩桑园基地，对上沃泉、交口等村因干旱死亡的桑园进行补植补栽，逐步扩大蚕桑饲养量。力争2011年夏、秋两季养蚕200余张。继续推广大棚饲养新技术，增建两个大棚养蚕示范点。三是扩大土沃小杂粮种植面积。依托丰田公司，实行公司加农户的办法，继续扩大小杂粮种植规模，保持现有品种的前提下，推广一至两项耐旱新品种的试验，使小杂粮种植面积扩大到2000亩。

（常世红）

【重点工程】 一是投资500余万元在塘坪村兴建山西加地利肥料厂，年处理畜禽粪便、生活污泥、农业废弃物6万吨，打造了全县绿色农业新肥源。二是继续完善乡敬老院工程，2010年完成投资180万元，高标准完成79间房间，120张床位，2093平方米的装修和配套设施建设。目前，已实现94名五保老人入院。三是投资280万元对土沃河下格碑至下沃泉段河槽进行疏通、清淤整治，提高了防洪避险能力。

（常世红）

名称：沁水县土沃乡人民政府
地址：沁水县土沃乡土沃村
电话：0356-7051003
邮编：048212

苏庄乡

【主要经济指标】 2010年全乡经济总收入完成1245万元，同比增长11.86%；农民人均纯收入完成4298元，同比增长14%；粮食总产量达到461.6万公斤，同比增长212%，完成农田灌溉面积2530亩；完成基本农田保护面积10 230亩；完成水土流失治理1800亩；人口自然增长率为-11.6‰；农村居民养老保险完成1216人。

（唐文婕）

【农民增收】 在当处庄村、董家山村、苏庄村结合牧坡改良工程，启动“三只羊”农民增收工程。投资40万元购买900只优质母羊，按照七优先原则，扶持300户（户均3只）贫困农户养羊,变“输血”为“造血”，采用滚动发展的模式，帮助农民增加收入。同时巩固完善西古堆村3个养羊园区基础设施建设，改良山羊5000只，羊群饲养量达到3万只。

（唐文婕）

【节水灌溉工程】 总投资30万元主要建设水源工程（人字闸）一处；铺设引水管道3000米，管沟开挖、回填2400立方米，灌溉工程发展移动式喷灌面积100亩，管灌面积200亩。工程建设后可新增水地面积300亩，受益农户30余户，每亩预计增收350元。

（唐文婕）

【惠农补贴政策】 发放粮食直补款61万元。依法整合各项支农资金，给40户科技示范户发放价值4000元的物化补贴。

（唐文婕）

【新农村建设】 一是投资300万元以董家山、西古堆村为重点村，围绕“四化四改”、“五个一”工程，实施新农村建设。完成10公里的庄庄户户通水泥路工程，栽植各类树种7000余株，建成沼气用户200户，修建公厕7个，垃圾池10个，修缮残墙断壁2800平方米，修缮危墙150平方米，发动群众清除积存垃圾、粪肥、杂草、秸秆计110吨，粉刷墙壁2500平方米，改善了人居环境。二是投资100余万元在苏庄村和西古堆村修建包括支部室、卫生所、图书室、会议室、计生服务室、人大代表活动室等在内的多功能村级组织活动场所，同时改造了村便民连锁店，实行明码标价，开架售货，方便群众；硬化场地2000平方米，购置安装健身器材9件，建成了群众休闲健身场所，方便群众休闲健身。三是累计投资13余万元动用人力200余人次，清理垃圾485方，清理柴草250垛，新建垃圾集中堆放点24个，垃圾填埋点4处，对道路两侧和垃圾池的垃圾进行了集中清运，实行垃圾集中堆放，合理处置，做到了无害化处理。砌河坝250米，美化街道墙体2800平方米，美化围墙500平方米，拆除私搭乱建4处，整治残墙断壁10处；新建绿化点4处，栽植美化花灌木近5000簇。调运各种苗木5万株，完成荒山绿化900亩、村庄绿化200亩、通道绿化20公里。投资60余万元对苏庄河道进行了集中治理，共清理河道4公里，清运垃圾300吨，清淤两万方。

（唐文婕）

【党建工作】一是认真贯彻落实《廉政准则》，落实党风廉政建设工作责任制，做到了分工明确，责任到人，齐抓共管，进一步完善了财务管理制度、财务审批报销制度，抓好支农惠农政策的管理和审计，确保资金和物资按要求使用。二是认真做好社会治安综合治理和信访稳定工作，全年未发生任何越级上访事件，群众社会安全感满意度达到95%以上，确保了社会稳定。三是加强了各支部活动场所的规范化建设，坚持建、管、用并重，统一设置了“六室四栏”，努力把活动场所打造成党员活动中心、村民议事中心、致富信息中心、便民服务中心、教育培训中心和文化娱乐中心。四是开展以“强组织、树形象、争先锋、促发展”为主题的创先争优活动，结合建设学习型党组织活动，开设培训班5期，对农村两委干部集中培训达到200余人次。五是建立“便民服务代办”与“站所送服务”相结合的便民服务体系，方便群众办事，提高了干部的作风建设，密切了干群关系。

（唐文婕）

【社会事业】一是完善农业基础设施，改善水浇地300亩，新增节水面积200亩；新建农村安全饮水工程6处，解决8个自然庄486人的饮水安全问题。二是投资46万元，完成3400平方米综合文化站的续建工程。三是以实施新型农村合作医疗为契机，巩固提高村级卫生室建设，村级卫生室达标100%，形成完备的医疗救治网络，卫生机构达标率达100%；乡村两级医疗卫生机构100%实行国家基本药物制度。四是巩固计划生育“三无乡镇”创建工作。五是深入开展安全生产专项整治，健全完善长效机制，狠抓安全生产工作，境内未发生一起安全事故。六是利用“三八妇女节”、“五四青年节”、“七一党日”等节日，积极开展形式多样的文化活动，极大地丰富广大群众的业余文化生活，进一步促进精神文明建设。

（唐文婕）

名称：沁水县苏庄乡人民政府
地址：沁水县苏庄乡苏庄村
电话：0356-7075002
邮编：048215

胡底乡

【主要经济指标】2010年，全乡社会总产值达到12 569万元，比去年同期增长11.7%；人均纯收入达到3645元；比去年同期增长16%；粮食总产量5458吨，其中玉米2197吨，小麦1863吨，其他杂粮1398吨，油料产量34吨；羊饲养量4490只，大牲畜饲养量115头，鸡饲养量55 237只，生猪饲养量2282只，蜂饲养量202箱。

（郭东升）

【农业农村产业】一是蚕桑养殖效益显著。全乡桑园面积达到3300亩，实现山上村户均两亩桑的目标，实现塑料折蔟上蔟400张，标准化养蚕大棚10栋，为全县蚕桑生产规模发展树立样板，全乡养蚕1810张，产量11.05万公斤。蚕茧收入达到350万元。二是以蒲池村为龙头的肉牛养殖园区已现雏形，全乡养牛达到300头。三是蛋肉鸡养殖快速发展。蛋肉鸡的养殖由规模较小的家养、散养逐步转向了由樊庄、苗沟等龙头养鸡场带动的发展模式，全乡鸡存栏约两万只，年产鲜蛋达到200吨。四是投资700万元，建设了以富祥养牛专业合作社、飞禽专业合作社、希望养鸡专业合作社和松山腰蚕桑专业合作社为龙头的养殖园区4处，建成千头牛、万只鸡、千张蚕、万斤茧的养殖园区基地，培育了新的经济增长点，辐射带动全乡养殖业稳定健康发展。

（郭东升）

【新农村建设】 李庄村投资200余万元建成占地6600平方米的农民休闲广场；蒲池村完成公路两侧600米的绿化、硬化，平整土地1000余平方米；七坡村投资400余万元完成占地7000平方米的综合文化活动广场的建设，7月份投入使用，并完成村东30座移民新居工程前期手续的审批和场地平整；玉溪村完成文化广场硬化、绿化2300平方米，公园水池主体8775平方米，水池边观光道硬化和池底处理。完善了水、电、路的配套设施和健身器材的安装。二期旧村改造工程完成投资280万元，16套房屋主体工程已完成，8套房屋已经打好根基。新农村建设项目的连片建设启动，极大地改善广大村民的生产生活条件，提升了沁水东大门环境品位。

（郭东升）

【重点工程建设】 一是胡底乡寄宿制中心小学校建设工程。投资1000余万元，占地面积10 000平方米，建筑面积6232平方米的二轨制寄宿制中心小学校，学校综合教学楼主体已完工，宿舍楼完成基础工程。二是全乡人畜饮水工程。由于近年来对煤炭和煤层气等进行开采，致使全乡面临人畜吃水非常困难的境地。解决全乡的人畜饮水问题,概算投资共需1200余万元。2010年和张峰水库达成初步协议，水源问题已经解决，前期工作已经完成。

（郭东升）

【社会事业】 一是人口计生工作。共征收社会扶养费88 600元，共落实长效节育措施179例；并对本年度符合奖励政策的20户38人进行了登记上报，全乡计生率达到了95%，综合节育率达到93%以上。二是惠民政策工作。认真落实省、市、县各项支农惠农政策，确保农村转移支付金、退耕还林资金、粮食直补资金、家电下乡补贴资金、汽车摩托车补贴资金、农村低保资金足额拨付到位。新型农村养老保险参合率达到92%以上；新型农村合作医疗参合率达95%以上。三是人口普查工作。组建了普查领导小组和办公室，选调了一批素质高、作风硬的普查员和普查指导员，并落实普查经费和物资保障，加强普查业务技术培训，确保了普查工作的质量。

（郭东升）

【精神文明创建】 一是开展矛盾纠纷摸底排查。采取刷写宣传标语，发放宣传资料，设立举报箱和举报电话等形式进行宣传。发动全乡干部和派出所民警对全乡16个行政村和驻乡企业、单位开展拉网式、地毯式排查。共排查各类隐患30余处，全部得到了整改落实。二是乡综治办联合安监站、司法所、派出所等有关单位对全乡1所中学和4所小学校进行了安全排查，共排查出安全隐患3起，对排查的问题进行了现场解决或限期整改。三是对信教人员采用了村不漏户、户不漏人的方式进行摸底排查，共排查出信教人员25名，并采取多种方式对信教人员进行思想教育，帮助其解决在生产生活中出现的困难。共建成文明和谐村4个，文明和谐校园3个，文明和谐户530户。

（郭东升）

【党建工作】 一是开展创先争优活动。坚持创先争优活动起步早、标准高、思路清、形式新，深入扎实地开展了岗位奉献、组织创新等多项活动，全乡各级党组织和党员群众办好事办实事500余件，党组织的战斗堡垒作用和党员的先锋模范作用得到充分发挥。二是基层组织建设取得重大进展。新建4个，改扩建两个村级组织活动场所，全乡所有村都有了组织活动场所；

严格按照“三推五审四公示”的程序发展党员，新发展党员16名；高度重视远程教育工作，利用远程教育网络对全乡541名党员进行了集中培训。三是农廉工作。积极推行“四议两公开”工作法。做好宣传工作，推动“四议两公开”工作真正落到实处、见到实效；开展了工程建设领域专项治理和案件查办力度。对违反党纪的5名党员进行了党纪处分，以农廉“三三”机制为平台，积极打造阳光农廉工程。大力推进“三资”管理规范化和“三务”公开规范化，最大限度地保证了广大人民群众的知情权、参与权、监督权、管理权。

（郭东升）

名称：沁水县胡底乡人民政府

地址：沁水县胡底乡胡底村

电话：0356-7040010

邮编：048214

固县乡

【概况】 位于沁水县东北部，东邻高平，西连端氏，北倚柿庄、十里，南接端氏，辖13个行政村，54个村民小组，总人口7824人，总面积168平方公里，耕地面积1.8万亩，是一个纯农业乡。全乡共有18个党支部，其中农村党支部13个，机关党支部1个，学校党支部两个，卫生院党支部1个，财贸党支部1个，共有党员409名，支村两委干部73人，两委交叉任职14人，乡机关干部职工36人。

（刘小兵）

【主要经济指标】 2010年，全乡民营经济总产值8100万元，比去年增长10.9%；民营经济增加值2800万元，比去年增长12%；营业收入6600万元，比去年增长11.86%；工业总产值400万元，比去年增长25%，工业增加值150万元，比去年增长30.43%；粮食产量达到6002吨，农民人均纯收入3892元。

（刘小兵）

【重点工程建设】 一是干果经济林基地建设工程。投资63万元完成上梁村500亩花椒树，元上、云首、将庄3个村700亩优质核桃种植任务。二是特种鱼养殖场工程。投资500万元完成安上村特种鱼养殖场工程建设，投放虹鳟鱼苗5万尾，鲟鱼5万尾，当年毛收入达到100万元。三是小型农田水利工程。投资108万元在高村村修建3座水源工程取水坝，铺设6.3公里输水渠道，配套了1000亩节水灌溉设施。四是旱平地小型灌溉水利工程。投资207.05万元在固县、安上两个村修建U型渠14.3公里，新增、改善浇灌面积2500亩。五是新农村建设工程。投资120万元在元上村硬化了4个自然庄的道路4公里；修建了300平方米的绿化带及小型花园、300平方米的文化广场、100平方米的文化活动室、7个公厕，6个垃圾池；改善了村内环境。六是沿公路6村通道绿化工程。投资11万元绿化整理了15公里乡村道路，栽植杨树2.5万株；栽植四旁树1.5万株；绿化荒山300亩，栽植侧柏3万株。七是中小学校舍安全工程。投资150万元完成了1000平方米的九年一贯制学校教学楼主体工程。八是村级组织活动场所建设工程。投资170万元完成固县、云首、南河底3村的活动场所建设任务，实现了村级组织活动场所全覆盖。

（刘小兵）

【新农村建设】 一是基础设施建设。投资292万元新建7个村12.3公里的村庄道路，极大地方便了群众出行；投资115.2万元新建6个村的人蓄吃水工程，解决了近2000口人的吃水难问题。二是环境卫生整治。全乡出动劳力4500人次，出动车辆

100余台次，集中清运垃圾500余吨，粉刷墙壁5.6万平方米，清理卫生死角600余个。绿化乡村道路15公里；新安装路灯127盏；新建垃圾池22个；修建公厕19个。三是投资120万元狠抓整体规划，发展产业、环境整治、基础设施建设等方面工作，极大改善了群众的生产生活环境。

（刘小兵）

【产业结构调整】 一是大力实施农田水利工程。投资305万元在高村、安上、固县3村上马旱平地小型灌溉水利项目，改善和新增水浇地3500亩，使全乡水浇地面积达到5000亩，极大地改善了农业生产条件。二是进一步延伸农业产业链。2010年，新增优质核桃700亩、花椒500亩，全乡干果经济林达到3000亩，逐步形成“产业+基地”的发展模式。三是加大对规模养殖业的扶持力度。新建特种养殖场1个，同时积极引导、扶持4个养猪场，4个养牛园区，6个养羊园区的快速发展。通过多渠道、全方位的调产，逐步实现农业产业结构优化升级。

（刘小兵）

【社会事业】 一是落实计划生育政策。人口出生率6.5%；符合政策生育率95.9%，与2009年度计划外出生相比，政策外生育率下降了50%；落实长效节育措施130例，综合节育率达到了92.78%。各项指标均基本完成。同时，在固县、司庄、云首、高村、安上、元上、南河底7个村建立了村级计划生育服务室。二是完善社会保障体系。农村新型医疗保险参保人数达到7199人，收缴保险金21万余元，参保率达到98.6%。农村新型养老保险，参保人数达到3530人，收缴保险金70余万元，参保率达到85%。共有五保户69人，发放供养资金7.24万元；纳入农村低保的有563人，全年发放救助资金58万元；发放春荒救灾款两万元。三是推进教育事业发展。修建了九年一贯制教学楼，对校园安全进行了定期排查，狠抓了教师队伍建设，提升了教学质量。使全乡适龄儿童入学，小学入学率99%，中学入学率达98%；初中三年保留率达到100%。

（刘小兵）

【安全稳定】 一是健全信访工作机制。乡党委建立信访值班制度，出台加强信访基础工作、推进“三无乡村”建设的方案、信访工作应急预案、以及外出信访处置预案，开展班子成员大接访活动，共排查和受理信访案件16起，接待来访群众50人次，确保了全乡的平安稳定。二是加强安全排查。对常住人口、流动人口、暂住人口进行排查登记，摸清了底子。强化学校安全管理，对全乡1所中学和5所小学校进行了安全排查。按照县委610办公室的安排部署，开展反邪教集中教育整治大行动，及时召开乡村两级动员大会，成立相应的领导机构。通过教育活动，提高广大群众识别邪教和反对邪教的意识。三是开展重点行业整治。针对煤层气开发企业大量进驻的现状，积极组织力量开展重点地区、重点行业排查整治活动。对全乡野外施工企业进行多次安全大检查，从而减少安全隐患、土地纠纷、地下水位下降、流动人口增多等各种影响社会稳定的因素。

（刘小兵）

【党建工作】 一是以开展党性教育活动为抓手，加强党员干部队伍建设。充分利用乡党校和远程教育站点的作用，分层分批开展党员教育培训工作。对农村两委干部聘请市、县讲师，集中组织了4次培训。对于普通党员利用远程教育站点，由乡党委、政府班子成员包片分点组织了为期7天的培训。先后两次，组织100余名党员干部外出参观学习种养技术，极大地推进了全乡干果林种植和养殖业快速发展。同时，切实加强对党员的管理，认真搞好发展党员工作，把一批有能力、有作为的青年骨干，吸纳到党的周围。对于流动党员，建立流动党员台账和各项管理措施，确保外出党员“离”家不“离”党。二是以开展创先争优活动为抓手，营造创争氛围。在活动中，乡党委明确了8项重点工程，各支部明确了44项重点工程，向全乡人民作出公开承诺，并在乡政府的公开栏里进行了公示，通过年底的考核，所有承诺全部兑现。

（刘小兵）

【党风廉政建设】 一是规范农村工作制度。结合推行“四议两公开”工作法，乡党委出台了各项制度，通过制度规范农村的民主决策、村务公开、设岗定责、岗位报酬、工作考核。二是加强对农村工作的监督管理。乡党委成立专门机构负责农村的民主管理，村内的重大事项在两委会形成决议后要向乡党委申报，乡党委根据情况做出批复。并在各个自然庄全部建立公开栏，用于定期进行公布村内重大决策，公开内容由专人负责并报乡党委备案。同时，乡里成立小型招投标中心，加强对各村工程的监管。三是开展农村“三资”清查及“阳光农廉网”建设工作。各村成立纪检监督小组，加强对村两委班子在村务管理、村务公开、及落实惠农政策方面的监督,同时,认真开展了针对农村的“资产、资源、资金”的三资清查工作，摸清各村的底子，明确管理对象。同时，通过“阳光农廉网”，对各村各项重要资料在网上进行了公开，推进了农村透明管理。

（刘小兵）

名称：沁水县固县乡人民政府
地址：沁水县固县乡固县村
电话：0356-7042624
邮编：048206

十里乡

【主要经济指标】 2010年，全乡农民人均纯收入达到3500元，比上年同期增长12.9%；小麦产量达到3773吨；秋粮作物播种面积达到28 625亩，产量8435吨；油料作物播种面积达到748亩，基本与上年持平；蔬菜产量达到865吨；肉类产量达637吨，比去年增长2%；禽蛋产量达88吨，基本与上年持平；羊群存栏达4.3万只，比上年同期增长10%；蜂蜜产量达40.5吨，与上年持平；民营经济增加值达2400万元，比上年增长14%；民营经济营业收入达5500万元，比上年增长8%。

（田志刚）

【落实惠农政策】 全年举办新型农民培训班11期，705人次，兑现粮食直补资金145.84万元，退耕还林补助款24.77万元。做大做强我乡的核桃产业又迈出重要步伐，总投资60万元，在沙庄、河北、庄坡等村规划实施核桃林基地,总面积1500亩，成活率达到95%以上。

（田志刚）

【新农村建设】 一是投资200余万元完成河北村等10村11处人畜吃水工程建设，铺设管道20千米，修建上水设施12处，解决了10个村，7000余口人的吃水问题。二是投资100万元在沟口至河北公路两侧块石浆砌路肩各0.5米，部分路段浆砌排水沟，全长10公里，年底工程全部经束，极大地方便了群众外出和货物运输交流。三是庄坡村先后投资240余万元共拆除破旧房屋30余间，拆除旧厕所76个，新建垃圾池7个，兴建文化活动广场1处，街道全部硬化，全村实行公厕化。同时结合十里八香公司，在庄坡村兴建核桃林基地300亩，新建绿色无公害农产品种植基地

400余亩，为群众实现持续稳定增收奠定了一定的基础。

（田志刚）

【村容村貌】投资50余万元新装路灯50余盏，新植各类树木5万棵，购置、雇用配备垃圾清运车16辆，新设置垃圾池30余个、新建垃圾填埋场两个，垃圾临时堆放点100余个，新建公厕20余个，固定环卫工人112名。拆除危房、烂圈、旧厕140余处，乡内道路两侧杂物全部清除，修建美化墙10余公里，对全乡内垃圾、沟渠污泥和污水、乱贴乱画进行彻底清理。刷新建筑物立面5万平方米，初步实现停车归点、经营归市、街面整洁、绿化合理、文明有序的目标。

（田志刚）

【农村低保工作】对农村低保对象进行重新申报核定，农村低保做到应保尽保，新增农村低保户52户，救灾救济款物按时如数发放到位，为全乡25户发放大病救助金5.35万元，发放春荒救助款4.5万元，征收社会养老保险款62万元，助残捐款5000余元，新型农村合作医疗覆盖面进一步扩大，全乡参合率达到95%以上。

（田志刚）

【教育投资力度】投资200万元，建成十里初中教学大楼，建筑面积1292平方米，为3层框架现浇结构式，年底完成主体工程。

（田志刚）

【安全稳定工作】一是坚持标本兼治，综合治理的工作要求，扎实开展治安重点地区排查整治工作，组织派出所依法取缔了学校周边的加油站等营业场所，确保教学秩序和学校安全。二是按照以点带面、全面铺开的工作要求，创新性地开展综治宣传月工作，全年共出动宣传车辆15台次，散发宣传资料1000余份，刷写固定宣传标语50余条，收到了良好的效果。三是坚持调防结合、以调为主的矛调工作原则，解决涉及农村土地承包、村务管理、经济纠纷等方面的矛盾纠纷45起，有效化解了农村的不稳定因素。四是护林防火工作常抓不懈。在森防特险期每天出动两辆宣传车深入全乡100余个自然庄开展森林防火宣传，从教育引导上抓起，并与各村林区内坟主签订了责任状，实行秸秆集中焚烧，从源头上控制火灾发生，全面落实聋、哑、痴、呆、癫等智障人员的监护责任，做到了智障人员清理登记造册，心中有数，确保监护管理到位。

（田志刚）

【“十里八香”扩大规模】投资100万元，新增设备3台，完成产品化验室和产品冷藏库建设，新增电力容量，完成公司电网改造，规范完善公司手续，规范公司管理，更新包装设计，基本完成QS认证工作。初步建立起市场营销网络，通过积极参加上海、北京等地的农产品展销会，提高了产品知名度，产品基本覆盖周边市县，初步打入太原、北京等大中城市。同时，规范公司市场化运作，初步建立起现代企业管理制度。该项目的实施，可以使公司的软硬件得到规范和完善，生产规模进一步扩大，使龙头企业效应得到充分的发挥，预计人均年增收150元。

（田志刚）

【加强绿色无公害产品基地建设】按照“公司＋基地＋农户”模式，投资110万元建设遍布16个村的4000亩绿色农产品基地，其中核桃林1500亩，优质无公害玉米1000亩，谷子800亩，大豆700亩。保证了基地建设的连续性。投资80万元在庄坡村新建现代化土鸡养殖基地1处，养殖规模为5000只，年产蛋量30吨。山坡林地成鸡养殖场建设初具规模。

（田志刚）

【党组织建设】一是大力加强村级组织活

动场所建设力度，累计投资180万元对河北、东峪、沟口等7个村的支部室进行新建、改建，解决了7村长期以来无活动场所的问题。二是在党员队伍建设方面，结合创先争优活动，狠抓党员的教育培训，充分利用农村党员干部现代远程教育站点平台，强化党员意识和技能培训，聘请专家为全乡党员上党课3次，组织各支部班子成员外出参观4天，组织全乡党员赴县观看电影《第一书记》，收到很好的教育效果。三是全面推行“三推五审四公示”发展党员工作新机制，一批年纪轻、觉悟高、能力强、作风好、求上进的优秀青年被吸收到党员队伍中来，为党组织增添了新的血液。

（田志刚）

名称：沁水县十里乡人民政府
地址：沁水县十里乡河北村
电话：0356-7045152
邮编：048208

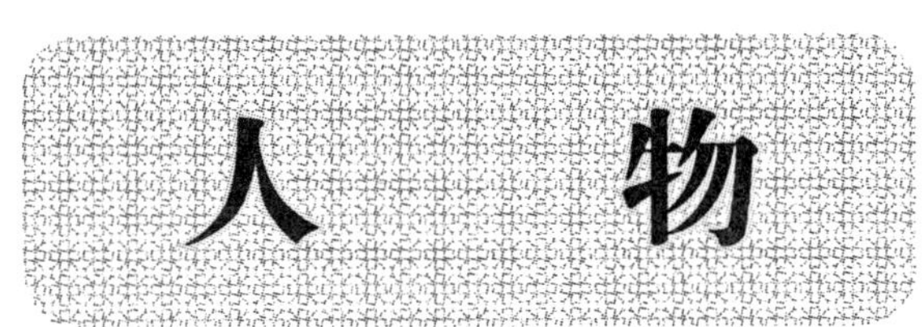

沁水县四大班子及各职能部门领导名录

（2010年底任职情况）

中国共产党沁水县委员会

书　记　常国荣
副书记　常广智　邹树琦
常　委　常国荣　常广智　邹树琦
柴守瑛　张俊明　郭沁林
张桂春　史小林　李喜红（女）
郭家胜　张　号

县委工作机构

办公室
主　任　范爱国
副主任　刘才杰　郭林虎　丁晓军
组织部
部　长　史小林
副部长　李二民　郭　斌　姚爱民
车海林
宣传部
部　长　张桂春
副部长　霍林林　牛正太　韩　俊
统战部
部　长　李喜红（女）
副部长　车功强
政法委员会
书　记　柴守瑛
副书记　窦陈杰　窦彩霞（女）
老干部局
局　长　李书龙
副局长　于金萍（女）
信访局
局　长　郭林虎
副局长　高善龙　霍　进
国家保密局
局　长　刘引屯
副局长　崔彦容
610办公室
主　任　刘才杰
副主任　任胜超
精神文明办公室
主　任　牛正太
副主任　张惠平
县机构编制委员会办公室
主　任　李　健
副主任　谭慧萍（女）
对外宣传办公室
副主任　李德胜
党校

校　　长　邹树琦
常务副校长　张占云
副 校 长　赵王平　崔沁涛　文　恒　李瑞明
纪检组长　王胜强

党史研究室
主　任　车海林
副主任　张仁德　张向阳

综合治理委员会办公室
副主任　陈劲松

沁水报社
社　长　倪艾君
副社长（副总编）　张建军　常慧青（女）

信息化中心
主　任　崔　奇

县直机关工委
书　　记　张旭明
副 书 记　王志斌
纪工委书记　霍军战

经贸工委
书　　记　王家鸿
副 书 记　张沁俊
纪工委书记　宋海庆

教育局党委
书　记　马国华
副书记　郝金龙

事业单位登记管理局
局　长　都朝鹏

台湾办
副主任　崔建军

关工委办公室
主　任　张振奎

沁水县第十四届人民代表大会

常务委员会

主　　任　潘庆云
党组副书记　王江水
副 主 任　吴希华（女）　李跃龙　陈文柱　张春年
委　　员　窦沁太　武书俊　王玉红　李祥瑞　张国文　王久芝(女)　成书梅(女)　郭　斌　吴海军　王文太　焦广瑞　吴彦平(女)　史常青　王天虎　王　静(女)　李刘强　郭永君

人大常委会工作机构

办公室主任　王军战（3月免）
　　窦沁太（5月任）
法制工作委员会主任　武书俊
财政经济工作委员会主任　王玉红
教科文卫工作委员会主任　李祥瑞
农村经济工作委员会主任　张国文
人事代表工作委员会主任　王久芝（女）
城建环保工作委员会主任　成书梅（女）
信访接待室副主任　刘振琴（女）

沁水县人民政府

县　　长　常广智
副 县 长　郭沁林　张　号　丁李伟　李玉山　霍卫星　孙晋军
县长助理　张俊威

县政府各工作部门

办公室
主　　任　窦书瑾
副 主 任　刘国强　张永胜　王江龙　张公青　贾丑林
纪检组长　常沁芳（女）

发展和改革局
局　　长　原红伟（3月免）
　　刘家育（3月任）
副 局 长　乔国平　赵茂兴　崔明安

总工程师　李惠柱

经济和商务局

局　　长　王家鸿

副 局 长　薛建锁　杨文林　刘建武　刘卫东

总工程师　胡里升

科技局

局　　长　武耀俊

副 局 长　张建锋　王书明

纪检组长　路丰丰

教育局

局　　长　马国华

副 局 长　田永超　孙　彬

纪委书记　刘新军

公安局

局　　长　苗晋军

政　　委　张治中

副 局 长　原中会　张培芳　李治德　廉亚强　邵宝贵　吕克宝

副 政 委　张晚绪

纪检书记　李晋太

监察局

局　长　贾林强

副局长　王天红　吴卫明　王长忠

民政局

局　　长　柴守江

副 局 长　高春生　马传玉

纪检组长　张　涛

司法局

局　　长　张赛文（女）（3月免）

常万和（3月任）

副 局 长　蔡长胜　牛申利

纪检组长　王大勇

财政局

局　　长　霍树宾

副 局 长　张志亮　上官日成　张建红　张卫东

总会计师　谭俊丽（女）

纪检组长　谢海飞（女）

人社局

局　　长　李二民

副 局 长　崔登云　吴俊霞（女）　张志刚　郭忠胜

纪检组长　丁晓东

环境保护局

局　　长　李涛云（3月免）

张爱民（3月任）

副 局 长　霍晓计　张海军

纪检组长　刘春娥（女）

住建局

局　　长　谭爱国

副 局 长　王长青　王　军　都锦泰

总工程师　郭岗路

纪检组长　都沁军

交通局

局　　长　段国英

副 局 长　李亚俊　张文红　梁张建

总工程师　王永栋

纪检组长　任魁胜

农　委

主　　任　李　伟

副 主 任　杨　明　何珠龙　刁森林　张建强

纪检组长　常小转

水务局

局　　长　刘家育（3月免）

李涛云（3月任）

副 局 长　张李江　任满元

总工程师　赵晓江

纪检组长　杨增强

林业局

局　　长　焦建国（3月免）

刘建国（3月任）

副 局 长　李学峰　闫海震　丁建斌

纪检组长　席国政

文体广电新闻出版局

局　　长　柴粉香（女）

副 局 长　侯　杰

纪检组长　崔旭明

卫生局

局　　长　张月太

党委副书记　任斗会

副 局 长　贾江余　廉密芳（女）

纪 检 组 长　柳鲜珍（女）

人口和计划生育局

局　　长　尹青怀（3月免）

王军战（3月任）

副 局 长　崔东波　陈万广

纪检组长　马阳霞（女）

审计局

局　长　何国印

副局长　韦忠彪　李瑞娥（女）

安全生产监督管理局

局　　长　张和平

副 局 长　王章强　刘修瑜　王　强

总工程师　刘修瑜

纪检组长　高青田

统计局

局　　长　宋柳红（女）

副 局 长　赵志峰　牛冰洁

总统计师　张栓斌

纪检组长　杨棉霞（女）

民族宗教事务局

局　长　车功强

档案局

局　长　王万芳

副局长　柳兆兴　何桂梅（女）

旅游文物局

局　长　牛锁庭

副局长　张发胜　张振程（女）

机关事务管理局

局　　长　刘国强

副 局 长　商国胜　李晚善　张海潮

陈建龙

纪检组长　贾保国

移民开发局

局　　长　郭蔚善

副局长　李献军

物价局

局　长　王建富

副局长　悦雄伟　陈国珍

畜牧兽医局

局　　长　赵建元

副 局 长　冯闯庆　霍新丽（女）

总畜牧师　范朝霞（女）

纪检组长　崔　俊

农业综合开发局

局　长　刘天创

副局长　王身强　毛兴平

农村集体经济经营管理局

局　　长　李建国

副 局 长　梁瑞庭　李竹香（女）

纪检组长　田忠强

中小企业局

局　　长　李建军

副 局 长　张军胜　赵锦荣

纪检组长　王沁萍（女）

广播电视台

台　　长　郭林车

总　　编　张志中

副 台 长　贾胜利　崔　娜（女）

纪检组长　崔　旭

地方志编纂委员会办公室

主　任　侯晋林

副主任　贾雪琴（女）　李艳玲（女）

住房委员会办公室

主　任　武金才

副主任　王丑宏　王深全

扶贫领导组办公室

主　任　王国庭

副主任　宋拴拴

老龄工作委员会办公室

主　任　张书庭

蔬菜生产办公室

主　任　郭玉亮

应急管理办公室

主　任　窦书瑾
副主任　王江龙　安崔龙

防空办公室

主　任　张公青

信息中心

主　任　王立新
副主任　王怀政

地震局

副局长　李　超

残疾人联合会

理 事 长　潘新建
副理事长　王新民　郭瑞兰（女）

物资总公司

总 经 理　田骁腾
副总经理　翟俊富　原刚强

二轻企业总公司

总 经 理　张孝勇
副总经理　李志伟　王崔霞（女）

国有资产经营公司

经　理　王沁军
副经理　马龙社　郭高社

商业集团总公司

总 经 理　宋永琦
副总经理　王卫东　王里亭

供销合作联合社

主　　任　崔书明
副 主 任　李云雷　李　清（女）
监事会主任　李文瑞
纪 检 组 长　闫沁霞（女）

外贸公司

经　理　田晓华（7月免）
　　　　李保忠（7月任）
副经理　赵兵强

农机服务中心

主　　任　刘建国（2月免）
　　　　　杜红卫（4月任）
副 主 任　王保国　李振梅（女）
纪检组长　胡魏立

蚕桑服务中心

主　　任　杨书云
副 主 任　吕广植　郑锁瑞
纪检组长　田培军

招商局

主　任　王国庆
副主任　张广信

治超办

主　任　赵永红
副主任　王　波

交警队

队　长　吕克宝
副队长　李望胜　闫智勇　郭建军
　　　　霍卫东

粮油管理中心

主　　任　王振宏
副 主 任　贾承虎
纪检组长　贾　鹏

经济结构调整办公室

副主任　贺红琴（女）

清洁能源工业园区管委会

主　任　王新龙
副主任　郭沁栋

困难职工帮扶中心

主　任　王东旗

应急管理指挥中心

主　任　邢买林

人防指挥信息保障中心

专职副主任　刘志强

人才交流中心

主　任　王　敏

投资审计中心

主　任　侯天林

文史博物馆（文物管理保护中心）

主　任　车国梁

城东中心安监站

站　长　赵胜利

城西中心安监站

站　长　牛克峰

完全技术培训中心

主　任　田睿平

煤炭安全纠察分队（安全生产纠察队）

队　长　霍庆国

煤层气安全监察站

站　长　李海波

地方海事处

处　长　梁高鹏

道路运输管理所

所　长　牛建忠

水资源管理办（水资源征收稽查队）

主　任　张卫东

公安局森林派出所

所　长　闫向军

大尖山林场

场　长　徐庭祥

重点办

主　任　刘晓明

园林局

局　长　宋国忠

房产总公司

总经理　张礼龙

宣传文化中心

副主任　原国彪（主持工作）　王沁军

国防办

副主任　张永强

青少年活动中心

主　任　张俊敏

文化市场行政综合执法队

队　长　贺营建（女）

新型农村合作医疗服务中心

主　任　车国胜

红十字会

副会长　王志强

城乡环境卫生管理中心（爱卫办）

主　任　葛鹏飞

计生协会

专职副会长　牛锐华（女）

予调办

主　任　刘小斗

公证处

主　任　张　伟

律师事务所

所　长　郭海中

法律服务中心

主　任　张早霞（女）

低保中心

主　任　王钧霞（女）

社会救助管理站

站　长　杨书强

行政审批中心

主　任　于深印

副主任　成育敏

信访法律服务中心

主　任　何积政

副主任　李庆祥

综合招标投标交易中心

主　任　王青云（女）

副主任　胡崇立

招投标管理中心

主　任　李　晋

药监局

局　长　张沁善

疾病预防控制中心

主　任　窦建强

副主任　焦山龙　王　鹏

卫生监督所

所　长　李　斌

政府采购中心

主　任　张志亮

财政投资评审中心

主　任　上官日成

国库支付中心

主　任　郑如锁

乡财县管中心

主　任　李建忠

驻并办事处

主　任　商春杰

沁水宾馆

经　理　高海平
副经理　宋建敏
药材公司
经　理　何国善
副经理　秦小虎　吴建忠
嘉峰电厂
厂　长　刘天明
县人民医院
院　长　田必如
副院长　杨静波　张荷花（女）
吴彦平（女）
中医院
院　长　贾建强
妇幼院
院　长　李志萍
县二院
院　长　李新建

中国人民政治协商会议

第七届沁水县委员会

主　席　马刘勤
副主席　张书元　任振奎　蔺　杰
秘书长　张跃政
常　委（按姓氏笔划为序）
上官日梅(女)　王美富　车功强
牛芳凯　孙聚才　李小战
李新建　何宇峰　张永平(女)
张建峰　张爱民　范朝霞(女)
郑淋洁(女)　胡永强　赵　鹏
赵旭东　徐明亮　高海平

政协工作机构

办公室　主　任　张跃政（兼）
提案委员会　主　任　李卫京
经济委员会　主　任　李小战
学习文史委员会　主　任　王翠兰（女）
教科文卫委员会　主　任　徐明亮
社会法制委员会　主　任　谭秋兰（女）
信息中心　主　任（缺）

中共沁水县纪律检查委员会

书　记　张俊明
副书记　贾林强　毛兴学　李满楼
常　委　张俊明　贾林强　毛兴学
李满楼　王天红　谢新雷
燕建雷

县纪委工作机构

办公室　主　任　原永强
干部室　主　任　张东海
宣传教育研究室　主　任　张兵亮
党风廉政建设室　主　任　程卫卫
信访室　主　任　（缺）
案件审理室　主　任　史向阳
案件检查一室　主　任　王　雷
案件检查二室　主　任　张鹏升
执法监察室　主　任　谢新雷
纠风室　主　任　李龙虎
行政效能监察室　主　任　陈建平
农村基层党风廉政建设室　主　任　赵小兵
行政效能投诉中心　主　任　（缺）

沁水县人民武装部

部　长　郭家胜
政　委　李立新
副部长　李文忠

人武部工作机构

军事科　科　长　李文忠（兼）
政工科　科　长　延跃军
后勤科　科　长　马东进

沁水县人民法院

院　长　祁连关
副院长　侯有政　刘丑胜　延淑芳（女）

沁水县人民检察院

检察长　苏文革
副检察长　张必强　李保英　李公善
纪检组长　都国政

沁水县群团、民主党派组织

共青团沁水县委员会
书　记　吴海军
副书记　冯志刚
总工会
主　　席　吴希华（女）
常务副主席　杨兴林
副　主　席　杨婵萍（女）
妇女联合会
主　任　王　云（女）
副主任　赵丽丽（女）　霍建霞（女）
科学技术协会
主　席　裴炳虎
副主席　张　迪　杨艳芳（女）
文学艺术工作者联合会
主　席　苏张林
工商业联合会
会　长　陈景玉
副会长　李兰成
归国华侨联合会
主　席　牛芳凯
民革沁水县支部委员会
主任委员　牛芳凯

乡镇党委、政府

龙港镇
党委书记　史秀忠
副 书 记　焦广瑞　丁坚强
人大主席　郭有顺
镇　　长
副 镇 长　吴迎夏　裴俊堂　何小彪
纪检书记　王振宇
樊村河乡
党委书记　程家富
副 书 记　原国胜　王　锋
人大主席　王奋斌
乡　　长　原国胜
副 乡 长　柴五善　郭　伟　丁　铎
纪检书记
中村镇
党委书记　张广建
副 书 记　苗路平　崔　勇
人大主席　牛永强
镇　　长　苗路平
副 镇 长　尚封玲（女）　窦晋朝
　　　　　苗树森
纪检书记　冯金忠
土沃乡
党委书记　郝天亮
副 书 记　李书华　李向东
人大主席　常守芳
乡　　长　李书华
副 乡 长　韩凯飞　张明霞（女）
　　　　　文勇国
纪检书记　霍　强
张村乡
党委书记　崔书林
副 书 记　赵建文　田忠胜
人大主席　乔瑜瑞
乡　　长
副 乡 长　刘永鑫　崔　浩　赵　勇
纪检书记　赵建文
郑庄镇
党委书记　都林旭
副 书 记　韩海亮　潘晓育
人大主席　张跃强

镇　　长　韩海亮
副镇长　牛海金　王海平　霍五应
纪检书记　李鑫杰

苏庄乡
党委书记　张永忠
副书记　刘永会　杨国良
人大主席　常晓强
乡　　长　刘永会
副乡长　赵忠雷　尉彩霞（女）　和江涛
纪检书记　马张义

端氏镇
党委书记　刘建庭
副书记　张伟虎　杨春田　郭富太
人大主席　霍李明
镇　　长　张伟虎
副镇长　张麦忠　陈向阳　刘晋卿
纪检书记　郭富太

嘉峰镇
党委书记　张瑞忠
副书记　牛沁斌　白利平（女）
人大主席　王贵林
镇　　长　牛沁斌
副镇长　赵玉宏　孙杨军　王　鹏
纪检书记　王　荣（女）

郑村镇
党委书记　张海芳
副书记　王海军　魏淑芳（女）
人大主席　宋广富
镇　　长　王海军
副镇长　郭　义　赵光义　王　斐
纪检书记　尚封庆

胡底乡
党委书记　吉张奎
副书记　李振强　张汉庭　陈跃武
人大主席　王新顺
乡　　长　李振强
副乡长　闫志远　杨建忠　郑凌晓
纪检书记　陈跃武

固县乡
党委书记　武书林
副书记　原沁霞（女）　赵国强
人大主席　陈宽炉
乡　　长　原沁霞（女）
副乡长　文玉宏　杨国忠　张联斌
纪检书记　吕英社

柿庄镇
党委书记　于建斌
副书记　常志峰　翟志慧
人大主席　赵孝良
镇　　长　常志峰
副镇长　韩守瑜　宋健文
纪检书记　赵建国

十里乡
党委书记　栗军利
副书记　樊宽社　李沁龙　刘　海
人大主席　李卫明
乡　　长　樊宽社
副乡长　樊国亮　王焕利　韩晓军
纪检书记　李沁龙

林业工作站

王寨林业工作站
站　长　丁坚强

杏峪林业工作站
站　长　原沁沁

下川林业工作站
站　长　张保平
副站长　李新杰

王必林业工作站
站　长　侯克明

必底林业工作站
站　长　姚文斗
副站长　韩秋政

樊庄林业工作站
站　长　闫广军

东峪林业工作站

站 长 陈建国

沁水县省、市直管单位

山西省电力公司沁水供电支公司

经 理 琚敏杰

书 记 张岳丰

副经理 崔卫红 宋建忠

地税局

局 长 贾向东

副局长 李 勇 赵国社

纪检组长 段德胜

国税局

局 长 杨振亮

副局长 王 锐 李沁斌 贾永善 王明明

纪检组长 晁 东

国土资源管理局

局 长 赵沁生

副局长 窦书会 张建军 贾云韵 徐勇智

纪检组长 张 静

总工程师 牛维政

中国联合网络通信有限公司沁水县分公司

经 理 刘爱东

副经理 张书林

技术经理 霍金豹

业务经理 张 晓

中国移动通信集团山西有限公司沁水县分公司

经 理 陈忠宁

副经理 茹 军

邮政局

局 长 李旭斗

副局长 王 霞（女）

气象局

局 长 程 鹏

监察员 郭一波

质量技术监督局

局 长 裴建国

副局长 冯永涛 宋 罡

纪检组长 邢 凯

检测所长 李卫红

工商行政管理局

局 长 秦二京

副局长 胡永强 原沁云（女） 郭新太 王军明

纪检组长 王晋龙

国家统计局沁水调查队

队 长 郑锁兴

中国人民银行沁水县支行

行 长 张军营

副行长 田培林 于国社

纪检组长 任向兵

中国银行业监督管理委员会晋城监管分局沁水办事处

主 任 李瑞斌

中国工商银行沁水县支行

行 长 樊李文

副行长 杨静德

行长助理 王华凤（女） 杨 波

中国农业银行沁水县支行

行 长 程宏生

副行长 苗长青 王瑞军 刘书明

农村信用合作联社

理事长 郭 斌

主 任 宋标庆

副主任 杨革红 杨张建

监事长 焦晋军

中国农业发展银行

行 长 刘军文

行长助理 徐 萍（女）

中国人民建设银行沁水县支行

行 长 孔成林

中国银行沁水县支行

行 长 赵建国

副行长 闫炳胜

业务经理 郑书强

中国人民财产保险有限公司沁水县支公司

经 理 张彩德

副经理 樊新胜

中国人寿保险股份有限公司沁水县支公司

经 理 霍晓明

沁水县烟草专卖局

局 长（经 理） 李拴虎

副局长（副经理） 曹做余

石油公司

经 理 付静斌

副经理 郭文霞（女）

新华书店

经 理 焦锁龙

副经理 贾文伟 都伟霞（女）

沁水县煤炭运销公司

经 理 南 征

副 经 理 樊洪庆 张明义 窦晋生 韩卫珍 陈书胜 郭景斌 郑 军

纪检委员 丁忠忠

沁水公路管理段

段 长 徐 斌

书 记 田海林

副 段 长 闫忠忠 张绪书

安全督察员 陈林贵

征费所

所 长 柳建设

铁路派出所

所 长 张 宁

教导员 崔祥瑞

（刘军红 郭慧芳）

先进人物

全国劳动模范

冯立康 男，汉族，1975 年 4 月出生，中共党员，本科学历，现任沁水县五里庙村党支部书记兼村委会主任。

自上任以来，冯立康始终以肩负百姓使命，构建和谐新村为己任，大胆创新，锐意进取，提出了“发展生产带动人，热情服务感化人，解放思想教育人，健全制度约束人”的发展思路。先后投资 260 万元完成全村清洁能源入户改灶工程；投资 2600 余万元，修建农民住宅 110 余座，复垦土地 50 余亩，全村 80% 的村民住上了新居；投资 200 余万元完成村内硬化、绿化、亮化、美化工程；投资 350 万元建成万头猪场、千只羊场、千只鸡场各一座；2009 年在煤炭资源重组，村办煤矿关闭的情况下，积极筹办煤层气液化项目，现已投资 1000 余万元，完成了规划、环评和土地立项。全村正呈现出“住有新居，学有所教，病有所医，老有所养”的良好局面。

因成绩突出，冯立康于 2007 年被团中央、农业部授予“全国农村青年创业致富带头人”，2008 年荣获“山西省五一劳动奖章”，2007 年以来被晋城市市委、市政府先后授予“新农村建设十大杰出青年带头人”、“农村优秀村委主任”、“新农村建设带头人”，2009 年被沁水县委、县政府授予“全民创业先进个人”等荣誉称号。2010 年国务院授予“全国劳动模范”荣誉称号。

全国先进工作者

宋柳红 女，汉族，生于 1958 年 11 月，中共党员，统计师，现任山西省沁水县统计局党支部书记、局长。

宋柳红同志在清贫枯燥的统计岗位上，三十年如一日，殚精竭虑，无私奉献，先后受到各级各类表彰 40 余次，是全省统计系统杰出的巾帼模范。她带领队伍夯实统计基础，39 家单位被评为全市“数据质量信得过单位”，一举夺魁；信息化建设累计投资 20 余万元，实现五级联网。沁水统计工作逐步成为全国统计战线的一面旗帜。2006 年 9 月在新中国成立以来全国首次统计基层基础建设表彰大会上做了经验交流，2007 年，全省统计调查系统号召学习“沁水经验”。2010 年 1 月受到国务院表彰，被评为第二次全国经济普查国家级先进集体，曾两次受到山西省劳动竞赛委员会记功表彰。

宋柳红同志多次受到省级以上表彰，曾获全国第一次基本单位普查和国务院第一次全国经济普查先进个人称号。2007 年被省委、省政府授予“山西省劳动模范”，2009 年被山西省劳动竞赛委员会荣记个人一等功，被省妇联授予“三八红旗手”，被市总工会等三家单位联合评为新中国成立以来“晋城市最具影响力的劳动模范”。2010 年国务院授予“全国先进工作者”荣誉称号。

山西省劳动模范

王天虎 男，汉族，1963 年 3 月生，中共党员，中专文化，农技师，现任沁水县嘉峰镇永安村党支部书记兼村委主任、县十四届人大常委、市第五届人大代表、省第九次党代会代表。曾任县第九届、第十一届人大代表。

王天虎自 1997 年 5 月担任永安村党支部书记以来，多方筹措资金发展农村经济，积极推进新农村建设，先后投资 5000 万元改造了村办煤矿，投资 1000 万元修建了村委办公楼、舞台、标准化中心小学、幼儿园、文化广场。2007 年投资 60 万元拓宽改造了通村公路，投资 80 万元绿化了入村公路和村内街巷，投资 120 余万元修建 2000 立方米容量的蓄水池。2008 年投资 300 余万元实施了沟底住宅建设工程和旧村改造工程。2009 年投资 600 余万元动工兴建了永安新区、标准化卫生所、多功能活动中心、永安公园。同时村里向每位村民每年发放 25 公斤大米，25 公斤白面，5 公斤食用油及 2000 元生活补助的社会福利，2009 年农民人均纯收入突破 6000 元。2006 年永安村被列为省级新农村建设示范村，2007 年被评为市级文明和谐村，2008 年、2009 年被评为省级文明和谐村。

2000 年以来，王天虎同志连续 10 年被评为沁水县优秀村干部、优秀党务工作者和精神文明建设优秀工作者，2006 年被评为晋城市优秀共产党员，2007 年被晋城市委、市政府授予“晋城市特级劳动模范”，2008 年被晋城市委、市政府评为“勤廉好支书”，2009 年被晋城市委、市政府评为“农村经济发展工作先进个人”，被晋城市人大常委会评选为“优秀人大代表”。2010 年中共山西省委、山西省人民政府授予“劳动模范”荣誉称号。

闫加强 男，汉族，1967 年 2 月出生，中共党员，大专学历，现任沁和能源集团有限公司侯村煤矿矿长。

近两年来，闫加强同志对矿井进行了全面改造，优化采掘布局，实现了安全生产无事故；用最快的速度完成了综采升级工程，采改工程累计投资 2588.72 万元；2009 年完成原煤产量 90 万吨，掘进进尺 6 千米，创收 5 亿多元，经济效益明显增强；突出通风瓦斯治理，完善了五大监控系统，为安全生产提供可靠保障；重视矿井的安全质量标准化达标工作，安措费累计投资 692.76 万元，维简费累计投资 407.23 万元，生态恢复治理累计投资 76.2 万元，夯实了安全生产的牢固基础；推进资源整合步伐，为矿井长远发展打下坚实的基础；投入资金 3000 余万元，对矿井形象进行了美化、亮化，为构建和谐平安矿区建设作出了积极贡献。

闫加强同志于 2007 年被团省委、省经委等四单位联合授予“山西优秀青年管理创新能手”，2004年被晋城市委、市政府评为“晋城市劳动模范”，2008年被团县委、县总工会等四单位评为“沁水县十大杰出青年”，2009年被沁水县委、县政府评为“优秀矿长”。2010年中共山西省委、山西省人民政府授予“劳动模范”荣誉称号。

何国印 男，汉族，1962年7月出生，中共党员，大学学历，会计师，现任沁水县审计局局长。

何国印同志自担任沁水县审计局局长以来，团结带领全体审计干部，紧紧围绕县委、县政府中心工作，始终坚持“全面审计、突出重点”的审计方针，以促进经济科学发展为目的，以履行审计职责为己任，以加强队伍建设为保障，探索创新，勤勉工作，为沁水经济社会又好又快发展作出了积极贡献。先后完成对815个单位（项目）的审计和审计调查，查出各类违纪、违规及管理不规范资金26.4亿元，上缴财政资金2.7亿元，收缴违纪款和审计罚款825.7万元，核减工程投资1394.7万元，归还原渠道资金5526.9万元，对57名违纪责任人处以没收款和审计罚款11.2万元，移送纪检监察部门建议给予党纪政纪处分4人。县审计局先后被授予“全国经济责任审计先进单位”、“全省审计系统先进集体”、“省集体三等功”，连续四年被评为省级“文明和谐单位”。

何国印同志先后被沁水县委、县政府和市审计局授予“先进工作者”、“优秀党务工作者”；2005年被晋城市劳动竞赛委员会荣记“个人二等功”；2007年被晋城市委、市政府授予“劳动模范”；2005年至2009年连续五年被沁水县人大常委会评为“优秀人民公仆”。2010年中共山西省委、山西省人民政府授予“劳动模范”荣誉称号。

晋城市特级劳动模范

张世洲 男，汉族，1951年11月出生，中共党员，中专学历，现任沁水县中村镇松峪村党支部书记兼村委会主任。

他无私奉献，带领村民积极改变家乡面貌，村容村貌发生了巨大变化。2007年，他排除各种困难，改善交通状况。修路资金不足，他慷慨解囊，将承包煤矿储蓄的10万元捐出，顺利修筑了6公里高标准水泥路；2008年4月，他与村两委干部商量后，决定重建小学。面对资金短缺难题，他日夜奔波在外，多方联系物资，终于将两层小学教学楼盖起。然而在给工程队结算工资时，面对15万元的资金缺口，他二话不说，又从自家储蓄里拿出存款结账；2009年，全村在资金紧张的情况下，他再一次拿出积蓄105万元实现了全村街巷硬化、村庄绿化、道路亮化和环境美化、水电设施齐全。对厕所、垃圾点进行全新改造，并修建了健身广场，安装了健身器材，村容村貌焕然一新；在大事上，他舍得花钱，小事也毫不含糊。五保户王家学常年有病，生活困难，他默默照料了他十几年。村里谁家的儿女上学遇到困难，他都会伸出援手帮忙。乡亲有困难，他都会给予无私援助。当村官十多年，不仅没挣着钱，反而贴出去几十万元。

为了工作，他失去太多，但因为工作，他也得到了许多。连续多年来他被各级政府授予“先进工作者”、“优秀村干部”、“劳动模范”、“优秀党员”等荣誉称号，并被评为“公益事业标兵”、“晋城市十大公益事业功臣”和“感动晋城‘三农’人物”，2010年中共晋城市委、晋城市人民政府授予“特级劳动模范”荣誉称号。

高海平 男，汉族，1964年12月出生，中共党员，大专文化程度，高级政工师。

现任沁水宾馆党支部书记、总经理。

高海平同志上任伊始，沁水宾馆是一个管理混乱，人心涣散，濒临倒闭的企业。临危受命的高海平同志首先是以科学发展观为指导，对旧有的管理、人事机制进行了大刀阔斧的改革，逐步完成了由单纯接待型向接待经营型的转轨。其次是注重硬件改造，加大硬件投入，提高硬件档次。2006年以来累计投资1000余万元，对全馆的硬件设施进行了全面的改造。再次是优化服务队伍，提高服务质量，使沁水宾馆的经济效益和社会效益有了翻天覆地的变化。2009年底全馆共计接待宾客达到20万人次，经营总收入达到2000万元，上缴国家利税300万元。由于长期以来高海平同志超负荷工作，积劳成疾，近3年来他曾先后做了胃切除、胆结石、阑尾炎3次较大的手术，然而该同志住院治疗、休息时间累计不足3个月。他的精神境界，工作业绩得到了各级领导、广大员工的认可和肯定。

2006年他被晋城市劳动竞赛委员会荣记个人一等功。同年被沁水县人民政府授予消防工作先进个人，2007年被沁水县直属机关工委授予优秀党务工作者。2010年中共晋城市委、晋城市人民政府授予“特级劳动模范”荣誉称号。

晋城市劳动模范

马国华　男，1960年9月出生，中共党员，大专学历，1978年10月参加工作。现任沁水县教育局局长。

马国华同志任沁水县科技教育局局长以来，确立了“安全、稳定、秩序、质量”的工作思路，一手抓设施建设，一手抓教育质量，一年一个新台阶，一年一个新突破。他以实施各级教育重点工程为契机，加大投入，稳步推进。累计投资1亿多元，完成了16个新农村标准化小学、9个标准化操场、8所农村中小学的暖气配备、16个农村寄宿制学校餐厅和66所中小学的标准化建设，改造中小学危房26 622平方米，梯次推进教育园区建设等，进一步优化了全县农村中小学的教育资源，改善了办学条件，提升了办学水平。2009年，沁水县高考二本以上达线179人，比2008年增加20人，其中：应届生达线91人，连续3年上升；达重点线54人，连续两年上升；艺术类、体育类双达线26人，取得重大突破，高考总体实现稳步攀升。沁水中学录取线提升幅度在全市增幅最大。中考、小考合格率和优良生大面积提升。与此同时，农村义务教育经费保障体制全面落实，生均公用经费标准逐年提高；基础教育课程改革纵深推进，高中课改稳步实施；教师补充机制进一步完善，新补充教师300余名，队伍建设进一步加强。

一分耕耘一分收获。2009年，沁水县被省政府授予“山西省义务教育标准化建设达标县”称号和“山西省规范教育收费示范县”称号，还通过了“全国科技工作先进县”考核验收。2010年中共晋城市委、晋城市人民政府授予马国华同志“劳动模范”荣誉称号。

车国梁　男，汉族，1965年4月出生，中共党员，大学本科学历，文博馆员。现任沁水县文史博物馆馆长。兼任晋城市三晋文化研究会理事、晋城市收藏协会理事、晋城市钱币收藏协会理事、沁水县书法协会副主席兼秘书长、沁水文化研究会副主席。

多年来，车国梁同志勤勤恳恳，任劳任怨，爱岗敬业，致力于文物保护事业和地方文化的研究。近几年来，为搜集地方史料，翻山越岭，走村窜巷，共收集整理碑刻530余通，主持编撰了《山西省石刻全集·沁水卷》。特别是在担任第三次全国文物普查沁水普查队队长期间，他带领队员，克服种种困难，顶烈日、冒严寒，早出晚归，忍饥挨饿，爬山上崖，钻洞越沟，坚持拉网式普查与专题普查相结合，于2009年10月完成野外数据采集工作。普查文物705处，复查313处，新发现392处。从而摸清了沁水文物家底，为进一步促进沁水县文化遗产保护事业的持续健康发展奠定了基础。

车国良同志多次被评为县先进工作者、晋城市文物先进工作者、山西省文物先进工作者，2008年度被评为山西省优秀文物普查队员。曾入选晋城市“十大和谐家园建设者”候选人。书法作品多次入选省市书画展并获奖。2010年中共晋城市委、晋城市人民政府授予“劳动模范”荣誉称号。

王余屯 男，汉族，1963年7月出生，1983年毕业于晋东南会计学校，会计师、注册税务师，现任沁水县国家税务局党组书记、局长。

王余屯同志上任以来，一是坚持依法治税，税收收入连续稳定增长。2007年完成税收收入31 290万元，占年度计划的113.46%；2008年完成税收收入48 326万元，占年度计划的128.25%；2009年完成税收收入62 343万元，占年度计划的110.34%，绝对额超收5843万元，比上年增收14 017万元，比2006年收入翻三番；二是加强税源管理，提高税收征管质量。开发的税务工商信息比对系统和不达起征点户管理办法，在全省国税系统2007年管理强税、2008年税收征管规范化经验交流会上进行了交流；三是加强精神文明建设，提高干部队伍素质。坚持民主集中制，加强班子建设。2007年、2008年被晋城市国税局命名为“五好班子”。2009年被人力资源和社会保障部、国家税务总局表彰为“全国税务系统先进集体”，连续六年被省文明委表彰为“文明单位”，被中共晋城市委、市政府授予“和谐机关标兵”。2007年度获嘉奖一次，2009年共青团山西省委、山西省劳动和社会保障厅授予王余屯“山西省青年岗位能手”荣誉称号，2009年获沁水县“经济建设特别贡献奖”。2010年中共晋城市委、晋城市人民政府授予“劳动模范”荣誉称号。

王文太 男，汉族，1954年出生，中共党员，本科学历，现任胡底乡工会联合会主席。

2009年担任专职工会主席以来，王文太同志一心扑在工作上，先后建立起村级工会组织和联络员，发展农民工会会员1174名；建起了“农民工活动室”和“书屋”；4年来资助115名困难学生，合计19万元；安置2000余名农民工就业；帮3名外来农民工讨薪5600元；参加职工大病医疗互助达到百分之百；开展了委员包组，联络员联户帮扶增收活动；抓了阵地建设，规范了各项制度，资料齐全；举办各项活动共12次。

近年来，胡底乡工会联合会先后被市总工会授予“模范乡镇工会”、“职工大病医疗互助工会先进单位”，2009年被省总工会授予“山西省乡镇（街道）工会标兵单位”，2010年被县委、县政府授予“工会工作先进集体”，沁水县总工会授予“模范基层工会”。2009年山西省总工会授予王文太“诗歌大赛一等奖”，晋城市总工会授予“优秀工会积极分子”；2010年省总工会授予“山西省十佳乡镇（街道）工会主席”、山西省劳动竞赛委员会授予“山西省五一劳动奖章”、中共晋城市委、晋城市人民政府授予“劳动模范”荣誉称号。

吉建科 男，汉族，生于1957年11月，中共党员，高中毕业（文秘技师），系沁水县民政局低保中心主任。

2007年以来，沁水县把致力扩大农村低保覆盖面，提高全县农村低保对象补助标准，作为为民解困的重点工作予以落实。作为低保中心的负责人，在全县农村低保工作中做了积极的工作。一是重调查，摸清全县农村贫困人口的底子，对全县人均年收入不达本县农村低保标准的8636户，9259人农村贫困人口的底子查清核实，为县委政府实施有效救助提供了决策依据。二是抓扩面，将全县通过调查核实的8638户，9262人贫困人口全部纳入农村低保范围，农村低保人数占全县农村人口的5.8%，在全市走在前列。三是保兑现，适时提高农村低保补助标准。人均年补助低保金由2007年的550元逐年提高到现在的714元，仅2009年就争取上级转移支付农村低保金660万元，全年发放农村低保金达570万元。不仅有效保障了全县广大贫困群众的基本生活，同时，为沁水经济又好又快发展营造和谐稳定的社会环境发挥了积极作用。

2009年度县低保中心被市委、市政府授予“农村低保工作先进集体”，2008年度吉建科同志被县委、县政府评为“创建省级平安县先进个人”，2009年度被县委、县政府评为“政法工作先进工作者”。2010年中共晋城市委、晋城市人民政府授予“劳动模范”荣誉称号。

刘晓明 男，汉族，1968年1月出生，沁水县中村镇人，大专学历，1997年10月加入中国共产党，1990年9月参加工作。现任沁水县人民政府办公室法制科副科长。

刘晓明同志长期从事文秘和法制工作，爱岗敬业，任劳任怨，乐于奉献。一是勤于学习调研，以文字材料为重点的综合服务成绩突出。近年来，先后参与起草了《政府工作报告》、经济工作意见以及县政府领导在各种会议和场合上的讲话、工作汇报等综合材料，每年都在20万字以上。二是坚持依法行政，为县政府法制建设尽职尽责。近年来共制定、起草、审核规范性文件200余件，培训行政执法人员1500余人次，清理行政执法依据1092件，办理行政复议案件23件。使县政府法制工作不断规范和完善。三是坚持以人为本，积极推进企业改革工作。会同有关部门，制定出台了一系列企业改革方面的政策规定和办法，摸清了全县80余户企业5000余名职工的基本情况，完成了40户企业2600余名职工的改制任务，协调处理了一系列遗留问题，为全县改革、发展、稳定大局尽了一份责任和力量。

2009年6月被中共沁水县委表彰为“优秀共产党员”，2009年9月被中共晋城市委、晋城市人民政府表彰为“全市依法治理十佳个人”，2009年11月被晋城市人民政府办公厅表彰为“市政府目标责任制工作先进个人”。2010年中共晋城市委、晋城市人民政府授予“劳动模范”荣誉称号。

李世奎 男，汉族，1969年7月出生，中共党员，大专学历，现任沁水县顺世达铸业有限公司总经理，县第十四届人大代表。

李世奎同志2006年7月创建顺世达铸业有限公司，解决当地就业劳动力100人；2007年5月在郑州第二届“中博会”上引资2880万元人民币，新建年产5万吨铸管项目，新增就业劳动力200人，销售收入20 000万元，利税2100万元；2008年7月份改扩建年产15万吨铸管项目，总投资11 200万元，新增建筑面积15 000平方米，对原有铸造设备进行节能减排技术改造，利用高炉铁水直接升温铸管，项目正在建设过程中，项目完成后可新增就业劳动力500人，年新增产值60 000万元，利税8400万元，每年可节省标煤5万吨，减少SO_2排放80吨，粉尘排放100吨；2009年在世界金融危机影响下，公司勇于承担社会责任，保持稳定发展，不裁员、不减薪，同时还新增就业劳动力120人，出口创汇30万美元，为沁水的经济发展和社会和谐作出了自己应有的贡献。

2009年沁水县委、县政府给予他“优秀乡土人才”称号，同时授予“经济建设特别贡献奖”。2010年中共晋城市委、晋城市人民政府授予“劳动模范”荣誉称号。

李新锁 男，汉族，出生于1962年9月，中共党员，大专文化，现任沁和能源集团有限公司永红煤矿矿长。

近年来，李新锁同志结合矿井实际制定了一整套行之有效的安全生产管理制度，层层签订安全目标责任状，实行安全风险抵押制度，进而提升安全管理水平；先后投资1500余万元，安装上马了7套抽放系统，完善了三大监控系统，并建成了全县第一座瓦斯抽放示范化矿井；目前，该同志带领全矿干部职工进行90 ~ 120万吨/年采煤机械化升级改造，预计2010年5月投入试运行，将进一步提高矿井机械化装备水平和矿井抗灾能力；投资10万余元对矿区进行了绿化、美化和硬化，改善了矿区环境，提高了企业形象；任职以来，完成原煤产量359万吨，工效7.6吨/工，安全生产无重伤以上事故，万吨工伤率控制在0.02人以下。

李新锁同志连续四年被中共晋城市人民政府评为“优秀矿长”，2008年被中共晋城市人民政府评为“安全生产效益十佳矿长”，被市劳动竞赛委员会荣记“一等功”，授予“五一劳动奖章”，同年4月所在矿井被中共晋城市人民政府评为“和谐企业”。2010年中共晋城市委、晋城市人民政府授予“劳动模范”荣誉称号。

何书福 男，汉族，生于1958年7月，中共党员，高中学历，现任沁水县嘉峰镇嘉峰村党总支书记兼村委会主任。

三年来，何书福同志突出抓住产业结构调整和基础设施建设两个重点，扎实推进新农村建设。产业结构调整方面：紧紧依托寺河、沁和等企业带来的人口聚集效应大力发展商贸业。投资2000万元，新建商贸房3万平方米，安排商户232户、剩余劳力307人。基础设施建设方面：投资1400万元，完成长1.5公里、宽21.4米的环村路建设；投资300万元，完成嘉峰小学宿舍楼和标准化操场建设；投资500余万元，完成农民文化活动中心和农民文化长廊建设；投资500余万元拆除违章、危旧建筑8000平方米，整治河道300米，完成荒山荒坡绿化50亩，学校街道绿化40 000平方米，道路硬化3200平方米。多年来，嘉峰村无一起赴县、市上访案件。多次被晋城市委、市政府，沁水县委、县政府评为和谐村、先进基层党组织、新农村建设先进集体。

何书福同志2007年被山西省煤矿工会评为“优秀煤矿工会干部”，2008年被晋城市劳动竞赛委员会授予“晋城市五一劳动奖章”，2009年被晋城市委、市政府评为“农村经济发展工作先进个人”，2008年被沁水县委、县政府评为“优秀村干部”，2009年被沁水县委县政府评为“优秀党务工作者”和“优秀村干部”，2010年中共晋城市委、晋城市人民政府授予“劳动模范”荣誉称号。

吴俊霞 女，汉族，1973年11月生，中共党员，大学本科，1992年7月参加工作，政协沁水县第六届、第七届委员。现任沁水县人力资源和社会保障局副局长。

吴俊霞同志自参加工作以来，工作积极努力，熟练掌握相关法律法规，写作能力强，近10年来，劳动保障局形成的所有汇报总结、调研信息等材料皆出自她手。特别是近3年来，坚持把培训和就业抓在手上，开展创业培训630人，开展农民工和下岗失业人员技能培训8000人，召开劳动力交流会40余场，实现创业就业千余人，转移输出农村剩余劳动力万余人，安置大龄就业困难人员180人，坚持走出了一条以培训促创业，以创业带动就业的新路子。失业保险业务在全市率先安装并使用了电脑软件，3年来共征缴失业保险金1200万元，征缴率连续三年名列全市第一，为689名失业人员发放失业救济金128.8万元。2008年，率先在全市落实了下岗失业人员社会保险补贴，两年共为753名自谋职业的下岗失业人员发放社会保险补贴133万元。

由于工作努力，吴俊霞同志多次被沁水县委、县政府授予“先进工作者”、“先进工会工作者”、“平安建设先进个人”等荣誉称号，2008年被省劳动厅评为“全省劳动保障系统先进工作者”。2010年中共晋城市委、晋城市人民政府授予“劳动模范”荣誉称号。

张东卓　男，汉族，1978年7月1日，中共预备党员，本科学历，现任沁水县公安局刑侦大队三中队负责人。

工作中，他率先垂危、身先士卒。2009年，他团结和带领中队民警，先后破获了中石油特大盗窃团伙案，聋哑人系列盗窃案，张高良特大飞车抢夺案，刘福刚、赵卫两个特大盗窃摩托车团伙案，闫军胜盗窃机动车案。他还带着干警四赴中缅边境，抓获参与拐卖妇女、婚姻诈骗的犯罪嫌疑人7名，解救妇女1人。他凭着自己多年的侦查经验和吃苦耐劳的精神，一次次的锁定犯罪嫌疑人直至破获案件。2007年深秋，他为了及时抓获犯罪嫌疑人横渡沁河险些丧命，2008年为抓获盗墓贼摔断了右腿韧带，2009年他又在抓获飞车抢夺的犯罪嫌疑人时被割断了右手动脉。几年来，他亲手抓获犯罪嫌疑人60余人，追回笔记本电脑两台、涉案手机20余部、摩托车60余辆、轿车20余辆、电动机14台、现金14万元，折合人民币120余万元。面对种种困难，他从不埋怨，从不惧怕，默默无闻、脚踏实地地工作着，践行着一名人民警察为人民的天职。

2009年2月，他被评为晋城市十大“见义勇为勇士”光荣称号，2010年中共晋城市委、晋城市人民政府授予“劳动模范”荣誉称号。

陈晋民　男，汉族，1964年11月出生，中共党员，大专文化，林业工程师，现任沁水县林业局勘测设计队队长、局支部委员。

陈晋民同志长期从事林业重点工程规划设计工作，常年深入工程建设一线，不怕苦，不怕累，默默无闻，率先垂范，为沁水林业生态建设作出了突出贡献。他负责完成了太行山绿化、沁河流域水源涵养林工程、世界银行贷款工程、天保工程、退耕还林工程等30余个林业工程作业设计；参与了林业二类资源等18项林业项目普查；负责编制了9个林业发展中、长期规划；参与实施了退耕还林等10多项林业重点工程建设。与此同时，他积极探索林业改革与发展模式，创新工作机制，在工程建设中，他坚持“严管理、慎用钱、质为先”的原则，在全县推行森林管护“家庭托管制”，对管护人员，制定了8项管理制度和考核办法，实现了全县连续5年无重大毁林案件和等级森林火灾事故发生；为降低成本，提高造林质量，他探索出了“1+1”荒山造林模式，节约造林成本5%左右，苗木成活率由原先的78%左右提高到85%以上，林业工程建设多年来一直走在全省前列。

他在各类刊物刊登论文10多篇，多次受到省、市、县的表彰奖励，2009年被沁水县委授予“优秀共产党员”荣誉。2010年中共晋城市委、晋城市人民政府授予“劳动模范”荣誉称号。

杨婵萍　女，汉族，1965年5月出生，中共党员，大专学历，现任沁水县总工会副主席，沁水县政协第六届特聘委员。

杨婵萍同志从事工会工作以来，心系工会、情系工会，不言辛苦，从未畏难不前、厌烦懈怠。她所分管的组宣、女工、经审、厂务公开民主管理等工作从制度上，规范上都有了很大突破，并促使全会整体工作跃上了新台阶。指导筹备了晋城市工会基层组织建设工作沁水现场会，筹备组织举办了沁水县首届职工文化艺术节，近万名职工参与，扩大了工会影响力，提高了工会知名度。指导整理收集出版了《沁水劳模风范录》，建立了劳模电子档案，为沁水县新中国成立60年来各级劳模建立了完整的资料。经审、女工工作在全省会议上进行了经验交流，沁水县经审工作被评比为晋城市一等奖，女职工委员会荣获晋城市“三八”红旗先进集体。制定出台《沁水县厂务公开实施办法》和《沁水县厂务公开制度考核办法》，厂务公开民主管理工作荣获“山西省推动厂务公开民主管理先进单位”。

杨婵萍同志多次荣获沁水县“先进工作者”、“先进女职工”等荣誉称号，2008年被沁水县妇联授予“三八红旗手”，2009年被山西省总工会授予“山西省先进女职工工作者”。2010年中共晋城市委、晋城市人民政府授予“劳动模范”荣誉称号。

南　征　男，汉族，出生于1970年12月，山西省晋城市人，中共党员，大学文化，现任沁水县煤炭运销公司经理。

南征同志2006年担任经理以来，致力于企业的发展与创新。一是狠抓安全工作。面对煤矿生产设备落后、技术力量薄弱的实际，南征同志亲自部署安全工作，深入井下检查，强化隐患排查与治理，研究制定了多套安全生产配套措施和应急预案。二是积极参与全县资源整合。面对全县煤炭资源有限的不利形势，南征同志多方努力，积极协调，整合沁水城西四座煤矿，井田面积为34.5121km，资源储量2亿吨的全县第一矿。三是致力于改革创新。南征同志率先在全县推行“驻矿”、“驻厂”为代表的经营模式。四是构建煤炭物流体系。对现有的煤炭运销模式进行改革，组建了鸿达物流服务中心，开拓研发电子商务平台，将网络经营引入煤炭销售的领域。五是推行“三权分离”管理模式。在公路各站推行分岗分治，分解职能，细化管理，相互制约。

2008年南征同志被共青团山西省委等四家单位授予“山西青年管理创新能手”、省煤销集团授予“优秀共产党员”称号，2009年被山西省企业家协会授予“山西省功勋企业家”称号、晋城市劳动竞赛委员会授予“五一劳动奖章”，同年被共青团沁水县委等四家单位授予“十大杰出青年”等荣誉称号。2010年中共晋城市委、晋城市人民政府授予“劳动模范”荣誉称号。

赵晓江　男，汉族，1970年12月生，中共党员，大学文化，工程师，现任沁水县水务局办公室主任。

赵晓江同志任职以来，努力工作，不断探索科学管理的新方法和新途径，组织制定了２０多项管理制度，在实践中取得了显著成效。积极撰写通讯报道，每月编写信息不少于4篇，被市县新闻媒体采用率达32%。三年来，累计拟办各类文件490多篇，审核把关各类文稿860多篇，编制起草工作计划、总结、领导讲话和工作报告、各类综合汇报性材料、部分政策性文件以及群体上访群众的答复意见等大型重要文稿110多篇。协助兄弟部门股室完成《水电十二五规划》、《饮水安全规划》等，配合省市县各级领导督察湾则水库、小水电代燃料、供水网络改造等重点工程项目的建设。治理水土流失面积2.4万亩，新增节水面积0.6万亩，解决了4.4万口人的饮水安全问题。组织开展了助残募捐和抗震救灾等大型公益活动，3年捐款达5

万余元。进一步开展各种创建活动，2007年被晋城市评为“模范集体”，2009年被县委评为“红旗单位”。

他本人也多次被市、县主管部门评为先进工作者，2008年被沁水县直机关工委评为“优秀共产党员”，2007年、2008年、2009年连续三年被晋城市水利局评为“水利系统先进个人”。2010年中共晋城市委、晋城市人民政府授予“劳动模范”荣誉称号。

郑如锁 男，本科学历，1965年1月出生，中共党员，现任沁水县财政局预算股股长。

郑如锁同志在财政工作中走过的20多个春秋，对工作始终追求精益求精。2007年的财政体制调整是有史以来动作最大、挑战最高的一次体制调整，郑如锁同志多次深入基层进行基数核对，确保了此次体制调整的圆满完成。为保障沁水经济发展有充足的财政支持，郑如锁同志多方奔走，上下协调，先后向上级部门争取到矿产资源价款3.1亿元，有力地保障了沁水经济的快速发展。此外，他还积极推行国库集中支付制度改革，进一步强化了财政预算执行，规范了预算单位的财政收支行为，有效的预防了单位挤占、挪用和截流财政资金，提高了财政资金的使用效率。2009年6月，省委常委、省纪委书记金道铭莅临沁水县国库支付中心调研，对此项工作给予了高度肯定，并在《党风廉政》杂志上发表文章，在全省推广沁水县国库集中支付制度先进经验。

近三年来，郑如锁同志先后获得山西省人民政府授予的“价格调节基金管理先进个人”，山西省财政厅授予的“煤炭可持续发展基金征收管理先进个人”和“十佳服务标兵”，山西省统计局授予的“农业普查先进个人”，晋城市财政局授予的“2007年度先进个人”、晋城市劳动竞赛委员会荣记“个人二等功”。2010年中共晋城市委、晋城市人民政府授予“劳动模范”荣誉称号。

郑　芳 男，汉族，1962年11月出生，中共党员，大专文化，现任沁水县中村镇中村村党总支书记兼村委会主任。

郑芳深知一肩挑担子的分量，他把党组织建设作为新农村建设组织保障工程，时时放在心上抓在手上，不断创新见成效，党建工作年年受到市、县嘉奖。他把党建工作的落脚点放在农村发展、农民增收上，年度共完成了六大民心工程：一是投资1500万元完成了煤矸石机制砖场建设工程；二是投资150万元完成了花沟养殖园区建设工程；三是投资20余万元，对村内未硬化的胡同、巷道全部硬化；四是投资200余万元，和中村煤矿共同完成了煤矿至粮站桥段的河道污水治理工程；五是投资277万元完成了煤层气集中供气一期工程；六是完成了西寺建设的一期工程和涧河旅游开发引资项目。在郑芳和班子成员的努力下中村村先后荣获山西省“红旗党支部”、晋城市“和谐村”、沁水县“农村先进基层党支部”等称号。

郑芳同志2007年被晋城市委、市政府授予“先进工作者”，2008年被晋城市委、市政府授予“勤廉好支书”、沁水县委、县政府授予“劳动模范”，2009年被沁水县委、县政府授予“优秀村干部”，2010年中共晋城市委、晋城市人民政府授予“劳动模范”荣誉称号。

原淑芳 女，汉族，1961年12月出生，高中文化，1979年端氏缫丝厂参加工作，1993年调入沁水县民爆器材专营公司，现任晋城市太行民爆器材有限责任公司沁水分公司业务员。

原淑芳同志自调入民爆公司以来，认真学习《民爆安全管理》条例及民爆行业文化有关法律法规及专业业务知识，工作中任劳任怨，严格按照公司各项管理制度尽职尽责，如2009年煤矿复产急需炸药，眼下公司缺货，急坏了客户，作为民爆公司的一名普通员工，主动请示公司领导，想方设法联系货源，由于时间紧迫，公司押运人员不在，她牺牲自己的休息时间，将货物押运到煤矿，亲自交到客户手中，为煤矿解了燃眉之急，深受领导和群众的好评。尤其在办理业务工作时，她深感自己从事的民爆高危行业责任重大，注重严把数量关和质量关，努力做到细心谨慎，一丝不苟，从无因个人疏忽出过差错或造成不良后果，二十年如一日始终以“用户至上，优质服务”为宗旨，呕心沥血为民爆事业作了自己应有的贡献，受到用户的信赖和领导的好评。

该同志连续多年荣获县公司优秀先进工作者荣誉称号，2005年、2006年被山西省民爆器材管理局评为先进工作者。2010年中共晋城市委、晋城市人民政府授予“劳动模范”荣誉称号。

郭林虎 男，汉族，1962年11月出生，中共党员，大专文化程度，系沁水县十里乡孝良村人，现任沁水县委办公室副主任，主管信访工作。

郭林虎同志分管信访工作以来，始终把工作放在第一位，从2007年至今先后圆满完成了党的十七大、奥运会、残奥会、改革开放30周年、新中国成立60周年大庆等一系列重大活动的安全保卫任务，尤其是近年来，面对日益严峻的信访形势，他多次赴省赴京值班，先后劝返外出上访群众98批次339人次，圆满完成了各项值班任务；接待来访群众1300余件次6800余人次，处置群体性、突发性事件262件次，解决疑难信访案件196件，先后成功协调解决了四川民工、河南民工讨要工资信访问题、郭苏田信访问题、县畜牧三定人员信访问题等重大信访问题63件。有力地维护了全县的稳定，推动了全县经济建设和各项事业的全面进步。在他的坚强领导和辛勤工作下，沁水县的信访工作硕果累累，县信访局2008年、2009年两年连续荣获县委、县政府颁发的“突出贡献奖”，连续三年被评为市信访工作先进集体。

从事信访工作20多年来，他始终勤勤恳恳，任劳任怨，踏踏实实，勇挑重担，多次被省、市有关部门评为优秀工作者及先进个人：2007年党的十七大信访保卫市级先进个人、2008年全市奥运信访安保先进个人、2009年全省信访系统先进工作者，并连续三年被市委、市政府授予信访先进工作者殊荣。2010年中共晋城市委、晋城市人民政府授予“劳动模范”荣誉称号。

郭沁栋 男，汉族，1967年12月出生，中共党员，大专文化，助理工程师，现任沁水县经济和商务局电力交通能源股股长。

郭沁栋同志参加工作以来，几十年如一日，恪尽职守，勤奋工作，在平凡的工作岗位上做出了不平凡的业绩，受到了上级党组织和广大群众的认可和赞许，特别是调到电力交通能源股工作后，为使股室工作干在前头，走在前列，他凭着“干一行、爱一行”的倔劲，抓紧点滴时间，刻苦钻研业务知识，认真学习法律法规，不断提高自身素质和业务能力，日常工作中，做到了“情为民所系，利为民所谋”，几年来，积极协调相关部门，全力做好全县农民群众和重点单位冬季供煤工作，维护了群众的利益和社会稳定的大局；不断强化电力监管，认真做好计划用电工作，确保了沁水电网安全稳定运行；进一步规范煤炭市场经营秩序，清理取缔非法储（售）煤场94户；加强了对地方铁路上站煤炭的管理，两年收取铁路上站煤炭费用2583.2万元；同时在煤电互保、煤矿双回路电源建设、治理非法超限超载车辆工作、协调重点工程建设方面也作出了突出贡献。

郭沁栋同志2006年被沁水县委授予“优秀党务工作者”，2007年、2008年被沁水县委授予“优秀共产党员”，2009年被晋城市治超领导组评为“先进工作者”，2008年、2010年被沁水县委、县政府授予“先进个人”。2010年中共晋城市委、晋城市人民政府授予“劳动模范”荣誉称号。

曹国堂 男，汉族，生于1967年9月，中专文化，中共党员，现为沁水县郑庄镇河头村党支部书记兼村委会主任。

曹国堂同志自上任以来，带领全村人民，紧紧抓住新农村建设的良好契机，构大创意，着大手笔，总投资约3000余万元，绘就了一幅经济发展、生活富足、村风文明、文化繁荣的精彩画卷。一是农村经济不断壮大发展。全村发展玉米制种2000多亩，成功引资沁喜水泥厂落户，建设万只绿色蛋鸡散养基地，新建商业用房2900平方米，初步形成农、工、贸一体经济格局。二是生产生活条件不断改善。完成扶贫移民并庄220户、820口人，兴建大型秸秆气化站1座，解决500余户生活用能，完成全村主干道路及街道的硬化、亮化和绿化工程；三是精神文明建设不断引深。完成多功能文化活动中心和文化广场建设，组建了女子文艺队、篮球队、老年门球队等农村文体骨干力量，全村社会文化气氛浓厚。

曹国堂同志凭着不凡的成绩，在2006年被晋城市委评为“优秀共产党员”，2007年被山西省社会主义新农村建设新闻人物评选组委会评为“百名优秀村委会主任”，2009年被晋城市委、市政府评为“勤廉好支书”、“优秀共产党员”，并每年被县委县政府评为优秀共产党员、先进工作者和劳动模范。2010年中共晋城市委、晋城市人民政府授予“劳动模范”荣誉称号。

谭兆虎 男，汉族，1944年10月出生，中共党员，初中学历，现任龙港镇杨河社区党支部书记。

三年来，他以社区为家，不辞劳苦，千方百计为社区谋发展，不断壮大集体经济。先后投资900余万元，建起了杨河超市、物流配送中心、社区综合服务楼和社区文化活动中心等多个企业，安排剩余劳力100余人，社区居民人均纯收入达到4600余元，集体年纯收入达到120万元。同时，结合创建省级文明和谐县城活动，投资300余万元，硬化整修街道8条，完成绿化面积1000余平方米，安装健身器材20余套，架设艺术路灯20盏，铺设路岩彩砖1200平方米，并认真实施了“环境卫生清洁工程”，为广大居民营造了舒适优美的生活环境。在此基础上，积极改善民生，年终居民集体福利分配人均400元，对70岁以上的老人、重大疾病患者、困难户以及子女考入大学的家庭，社区每年都要拿出5万多元资金帮扶弱势群体，居民合作医疗参保率达到95%以上，充分体现了社区大家庭的温暖，被市委、市政府评为“和谐社区”，多次被县委、县政府评为“先进基层党组织”、“红旗党支部“、“五个好基层党组织”、“创建省级文明和谐县城先进单位”等荣誉称号。

谭光虎同志多次被县委、县政府评为“劳动模范”、“优秀党务工作者”、“文明和谐创建先进个人”、“优秀村干部”，2008年被市委、市政府授予“勤廉好支书”荣誉称号。2010年中共晋城市委、晋城市人民政府授予“劳动模范”荣誉称号。

谭慧平 女，汉族，1970年10月生，沁水县龙港镇人，中共党员，大学本科学历，现任沁水县机构编制委员会办公室副主任。

谭慧平同志长期从事机构编制管理工作，是一名素质高、业务精的行政工作者。编办2002年单设以来，面对人员少、头绪多、任务重的情况，她不畏困难、统筹兼顾，既负责编办业务管理，又承担事业单位登记管理局的组建。一是全面系统掌握了机构、人员、编制底子，为全县先后四次机构改革的顺利实施作出了贡献；二是建立、完善了《机构编制管理证》以及管理台账，奠定了编制工作规范运行的基础；三是建立登记制度、规范登记管理，将其迅速纳入法制化、规范化轨道，全县的年检率每年均在97%以上，名列全市前茅；四是在全县推行了事业单位网上登记试点工作，为事业单位走向市场、参与竞争提供了保障。

由于她孜孜不倦、坚持不懈的努力，自1995年入党来，先后七次被评为优秀党员，1996年被团省委评为优秀团干、新长征突击手，1999年、2004年、2006年、2010年四次被县委、县政府授予先进工作者称号，2008年被县妇联评为“三八”红旗手，2006年、2009年分别被县总工会授予先进女职工和先进女职工工作者称号。2010年中共晋城市委、晋城市人民政府授予“劳动模范”荣誉称号。

樊艳萍 女，汉族，1969年12月4日出生，大专学历，护师，现任沁水县人民医院急诊科护士。

樊艳萍同志参加工作20多年以来，始终把患者的困难记在心间，为解决困难患者的燃眉之急，替他们垫付的医药费已不计其数，面对生活困难住院的病人，在她的身上充分体现了人道主义的精神：龙港镇柿元村一五保户患病住院期间无人照顾，樊艳萍知道后便和科室其他职工为其送饭、送药，为该病人提供了最基本的生活条件；樊艳萍接诊樊村河乡一名患者后，得知其无人照料，毅然先安排病人住院，并义无反顾地照顾其吃住，使该患者度过了难关；2010年3月一辆自洛阳至西安的面包车，在沁水县境内遭遇车祸后，被120接到县医院急诊科，当时受伤人员多达10余人，病人家属一时又联系不上，而伤者又多属危重病人，她得知情况后，放弃休息时间前来加入到抢救病人的队伍中，时间长达20余小时，直到把每一个病人安排好，等其家属到位后才疲惫地离开，而此时，她年迈的母亲却因病卧床在家还需要人照顾；接送大小便、给病人擦洗身体，对她来说已习以为常，类似的事情还有许多许多。虽然自己身体状况也不是很好，但为了工作，她常常带病上班，这么多年来她在平凡的岗位上任劳任怨、默默无闻地奉献着，不论在哪个工作岗位上，经她护理服务的患者及其家属都会给予一定的赞誉。

樊艳萍同志曾多次荣获沁水县卫生系统的“优秀护士”和“先进工作者”荣誉称号，2007年被沁水县人民医院评为“先进工作者”，2008年被沁水县卫生局授予“沁水县优秀护士”。2010年中共晋城市委、晋城市人民政府授予“劳动模范”荣誉称号。

霍向阳 男，汉族，1974年2月生，中共党员，工商管理硕士学位，现任沁水县兰金选煤有限公司总经理。

自2000年担任沁水县兰金选煤有限公司总经理以来，他确立了“创新、人才、品牌、诚信”战略，使公司由初始的十几人发展为如今拥有170余人、年生产能力达120余万吨的洗选流水线两条、铁路专运线一条、固定资产达9000余万元的大型民营企业。2007年实现销售收入9000余万元，上缴税金360余万元；2008年实现销售收入2.2亿元，上缴税金967万元；2009年实现销售收入3.9亿元，上缴税金1300余万元。同时他热衷于公益事业，近三年来累计向社会各界捐款捐物达270余万元；每年支助10余名贫困学子，助他们实现大学之梦；近年来公司累计吸纳社会富裕劳动力120余名，吸纳下岗失业人员

40余人，接收社会残疾人员10余名，助他们奔上小康之路。

霍向阳同志多次受到各级各类的表彰，2004年被沁水县委、县政府评选为“2004年度享受县政府特殊津贴的优秀乡土人才”，2005年被中共沁水县个私党总支授予“优秀党员”，2007年被山西省企业联合会、山西省企业家协会联合授予“山西省优秀企业家”，2007年、2008年连续两年被沁水县委、县政府评为“优秀经理”，2008年被沁水县委、县政府授予“优秀乡土人才”，2009年当选为沁水县第十三届人大代表。2010年中共晋城市委、晋城市人民政府授予“劳动模范”荣誉称号。

霍新丽 女，汉族，1972年4月出生，中共党员，本科学历，兽医师，在沁水县畜牧兽医局工作，2009年9月至今，在沁水县信访局挂职锻炼，任局长助理。

霍新丽同志参加工作以来，一直从事动物卫生监督和畜产品安全工作，特别是任动检站站长后，彻底改变了原“站瘫人散”的局面，努力克服无机构、无人员、无经费的困难，先后在全县成立了8个动物检疫机构，建立了专职的检疫员队伍，动物卫生检疫监督工作走在了全省前列，2007年、2008年分别参加了全省动物卫生监督标准化建设和动物产地检疫现场会的经验交流，2008年底代表山西省接受了农业部在全国开展的动物卫生监督工作的检查。该同志所在站所2007年以来累计完成动物检疫46万头（只），累计处理检疫案件27起,全县未发生一起畜产品安全事故。在近年的十七大、奥运会、残奥会等重大活动中、在禽流感等重大疫病防控工作中，积极奋战在工作一线，确保了动物产品安全，维护了公共卫生安全和社会稳定。

霍新丽同志多次被省、市畜牧兽医局评为动物检疫工作先进个人，2008年被中共沁水县直属机关工委评为优秀共产党员，2008年获得《白绒山羊舍饲养殖综合技术》山西省农村技术承包集体二等奖，2009年被市畜牧兽医局评为动物检疫工作先进个人。2010年中共晋城市委、晋城市人民政府授予“劳动模范”荣誉称号。

沁水县经济建设特别贡献奖

李亚俊 男，本科学历，1962年9月出生，1979年12月参加工作，1988年3月加入中国共产党，2000年11月至2009年12月任县交通局副局长，2010年1月至今任交通运输局副局长。

2010年，在阳翼高速沁水县城至中木亭、尧都两条互通连接线工程建设资金极其紧张的情况下，李亚俊临危受命，与县财政局的同志自10月份开始，先后多次前往省城太原，积极与省交通运输厅、省财政厅以及省发改委等相关单位领导沟通，及时反映沁水县两项重点工程建设存在的工期紧、任务重、资金缺口大的实际困难。最终为两项重点工程争取回建设资金9500余万元，解决了工程建设的燃眉之急，受到了县委、县政府和全体员工的赞扬。

因成绩突出2010年被评为“山西省公路建养先进工作者”和“沁水县2010年度经济建设特别贡献奖”。

郑如锁 男，本科学历，1965年1月出生，1983年参加工作，1998年11月加入中国共产党，先后担任县财政局综合股股长、预算股股长、现任县国库支付中心主任，

郑如锁同志是一位热爱财政事业的理财高手，他对工作始终追求精益求精。2009年为保障沁水经济发展有充足的财政支持，郑如锁同志多方奔走，先后向上级部门争取到矿产资源价款3.1亿元；2010年随着交通基础设施建设规模不断扩大，建设计划争取和缺口资金筹集难度越来越

大，为保证县阳翼高速两条互通连接线工程建设，确保计划、资金落实，郑如锁同志不怕苦不怕累，会同县交通局的同志经常往返于省、市之间，向省发改委、省交通厅争取阳翼高速两条互通连接线资金9500万元，对沁水经济快速发展作出了突出贡献。

近年来，郑如锁同志先后获得省人民政府授予的“价格调节基金管理先进个人”、省财政厅授予的“煤炭可持续发展基金征收管理先进个人”、和“十佳服务标兵”、省统计局授予的“农业普查先进个人”荣誉称号，市劳动竞赛委员会荣记“个人二等功”表彰、获市“劳动模范”和县级多项荣誉。2010年荣获“沁水县经济建设特别贡献奖”。

沁水县经济建设突出贡献奖

史秀忠　男，汉族，1964年1月生，1981年9月参加工作，中共党员，本科文化程度，现任沁水县龙港镇党委书记。

2010年，龙港镇成功举办市级现场会3次，分别是大学生村官现场会、农廉网络现场会、阳光检察现场会；县级信访现场会1次。接待高平、晋城、太原参观团多次。全镇农民人均纯收入完成4865元，同比增长22.1%，增幅位居全县首位，全镇共创建省级文明社区1个，市级文明和谐社区2个，县级文明和谐村6个，文明和谐家庭5357户；圆满完成县城改造建设中的拆迁任务，实现了“零上访”。2010年龙港镇被县委、县政府授予“特色城镇化建设先进集体”、“基层党组织建设先进集体”、“党风廉政建设先进集体”、“信访工作先进集体”、“双拥创建工作先进集体”，镇工会被省工会评为“五星级”工会。

史秀忠同志因成绩突出，2010年被市委、市政府授予“优秀党务工作者”、“农业和农村工作先进个人”；县委、县政府授予“沁水县2010年度经济建设突出贡献奖”。

田东亮　男，汉族，1977年12月26日出生，沁水县端氏镇端氏村人，现年34岁，高中学历，沁水县政协委员，现任沁水县佳诚新型建材有限公司董事长兼总经理。

田东亮同志敢想敢干，2008年—2010年历时两年，总投资6476.68万元，建成佳城新型建材有限公司并投产。

该厂位于沁水县中村镇中张公路旁，占地2133.12平方米，是沁水县首家综合利用煤矸石制作烧砖的环保型窗口企业，也是晋城市首家生产工艺先进、布局合理、规模最大、自动化程度较高的新型建材企业。2010年3月正式投产后，年产值1368万元；实现利税734万元。每年可消耗周边煤矿废弃的煤矸石60多万吨，节约其侵吞耕地近200亩，走出了一条符合国家产业政策，人与资源和谐相处的可持续发展道路。田东亮同志先后荣获晋城市“创业新秀”和“晋城市十大杰出创业青年”称号。被县委、县政府授予“2009年度优秀乡土人才”、“沁水县2010年度经济建设突出贡献奖”。

张和平　男，出生于1960年11月，中共党员，中专学历，现任沁水县安全生产监督管理局（沁水县煤炭和煤层气工业局）党总支书记、局长。

张和平同志参加工作20多年来，一直在沁水从事安全监管和煤炭工作，将自己的青春和汗水奉献给了这片热土。所主管的工作，通过首创煤矿“工作面核准”、“限定工作面个数”、“矿井瓦斯抽放”、“井下闭墙管理”等措施，提升了煤矿的装备水平和安全系数，得到了市政府及上级管理部门的肯定，并在全市推广。2010年该局排查并整改各类安全隐患2318条；规范煤层气行业秩序，使煤层气成为沁水县又一支柱产业；煤炭整合补偿资金完成 10.27 亿元，煤炭资源采区回采率将提高 15 个百分点。被县委、县政府授予“沁水县 2010 年度经济建设突出贡献奖”。

张海芳 男，汉族，1965 年 3 月出生，中共党员，系沁水县苏庄乡人，本科文化程度，1984 年参加工作。现任沁水县郑村镇党委书记。

张海芳同志与镇党委、政府一班人以科学发展观为指导，按照建设“安全稳定、富裕文明、生态和谐新郑村”的工作目标，全年累计争取种类资金 3236 万元，同比增长 490%；完成投资约 3 亿元，精心组织实施了 7 项重点工程；全面科学指导了煤矿采空区 9 个村 1100 户 2400 口人的地质灾害防治和移民安置工作，肖庄村移民工程争取为市级重点工程，圆满解决了由此引发的以社会稳定为主的一系列问题；妥善解决了因煤炭资源整合出现的农民工失业和煤层气停用等民生问题,实现全年“零上访”；2009 年以来，被山西省总工会评为“乡镇（街道）工会标兵单位”以及 7 个市级表彰和 26 项县级表彰。张海芳同志 2007 年—2009 年连续三年被县委、县政府授予“突出贡献奖”，2010 年获得“沁水县经济建设突出贡献奖”。

张瑞忠 男，汉族，1965 年 6 月出生，1985 年 7 月参加工作，中共党员，本科学历。现任嘉峰镇党委书记。

2010 年张瑞忠同志团结带领镇党委、政府一班人，先后协调投资 4.7 亿元，重点抓了基层组织建设、农业调产、煤炭资源整合、新农村建设、特色城镇建设、环境整治、和谐社会创建等方面工作，完成多项增收项目和基础设施建设，并安排 1800 余人就业；同时，成功承办了晋城市平安乡村现场会，圆满完成省观摩检查组莅临嘉峰观摩及全市特色城镇化沁水现场会嘉峰点的工作，受到上级好评，并获得奖金 50 万元，张瑞忠同志被县委、县政府授予“沁水县经济建设突出贡献奖”。

赵沁生 男，汉族，现年 51 岁，山西省沁水县龙港镇人，大专文化程度，中共党员，现任沁水县国土资源局党组书记、局长。

2010 年，赵沁生同志带领全县国土干部职工圆满超额完成全年各项工作目标任务，为全县经济平稳较快发展提供了有力的资源保障和资金支持。

一是以土地开发工作为抓手促进耕地保护工作，全年土地开发总面积 6600 亩，基本农田整理 2700 亩，净增耕地面积 3056 亩，确保了全县 48.56 万亩耕地和 38.21 万亩基本农田面积不减少，质量有提升。二是积极做好各级各类工程项目用地服务，全年共上报建设用地面积 58.3666 公顷，供应建设项目用地面积 1664.634 亩，收回盘活闲置土地面积 92.24 亩，确保了沁水县省市重点工程张峰水库、嘉南铁路、城镇建设、校安工程、新农村建设等各类项目顺利实施和开工。三是积极向上争取耕地补助资金 5500 余万元，为沁水县耕地补充提供了重要资金支持。为切实保障农民利益，多方协调，积极争取张峰水库增加土地补偿费 1.42 亿元，使被征地农民的合法权益得到了切实维护。四是完成各项规费征收创历年之最，全年征缴各项资金 7.92 亿元，为全县经济社会发展提供了有力的资金支持。五是圆满完成 2009 年度卫片检查工作，确保了全县违法用地比例为零。以“铁腕行动”和“百日行动”为抓手，促进和规范了全县矿产资源开发利用秩序。

2010 年县国土资源局先后被市政府授予“国土资源管理先进单位”、“农业综合开发工作先进集体”荣誉称号，省国土资源厅授予“国土资源交易工作先进单位”。赵沁生同志被市政府授予“国土资源管理先进个人”，县委、县政府授予“沁水县2010年度经济建设突出贡献奖”。

赵学锋 男，汉族，山西省阳城县人，中共党员，硕士研究生学历，1964年出生。自1988年参加工作以来，历任山西兰花煤炭实业集团有限公司伯方煤矿财务科科长、山西兰花科技创业股份有限公司财务部部长、沁和能源集团有限公司财务总监，对煤炭行业政策、发展轨迹、内部管理、安全生产、资本运作等有着比较丰富的经验和深刻的见解，现任沁和能源集团有限公司董事、总经理兼党委副书记。

2010年，赵学锋同志带领公司全体干部职工同心同德、奋力拼搏，树立“稳产就是高产”的理念，全年共产原煤313万吨，销售收入23亿元，实现利税13亿元，上缴税金4.3亿元，各项经济指标创成立以来最高水平，公司整体呈现出“安全、稳定、和谐”的良好态势。同时热心公益事业，捐资3000余万元支持社会公益事业。支付资金3亿多元，圆满完成了煤炭资源整合任务，因成绩突出被授予“沁水县2010年度经济建设突出贡献奖”。

琚敏杰 男，汉族，1965年10月出生，中共党员，大专学历，经济师，山西省阳城县人，沁水县人大代表，现任沁水供电支公司经理。

琚敏杰同志自上任以来，辛勤工作，通过积极争取沁水县被列为山西省电网建设拉动内需工程的重点县，而且享受国家和山西省拉动内需工程补贴资金6.5亿元（电网建设专项资金3.1亿元）；完成投资637.5万元，服务于沁水县的重点工程建设，完成投资3030.4万元，全面推进10项惠民工程建设，为沁水的经济建设和发展作出了突出贡献；沁水供电支公司的各项工作也取得了可喜的成绩，创下10个新的辉煌。为全县改革发展稳定作出了突出贡献。2010年，被表彰为“晋城市政风行风评议优秀窗口基层单位”、“晋城市和谐企业标兵”、“晋城市劳动关系和谐企业”，被山西省电力公司授予“县一流供电企业”，琚敏杰同志被县委、县政府表彰为“沁水县2010年度经济建设突出贡献奖”

谭爱国 男，沁水县中村镇中村村人。1964年5月出生，中共党员，研究生学历。1981年9月参加工作，现任县住房保障和城乡建设管理局局长

2010年谭爱国同志带领住建局一班人立足工作实际、统筹城乡发展，坚持高起点规划，高标准建设，高效能管理的原则，突出城乡规划“龙头”作用，着力完善城镇基础功能，新建滨河南路全长6公里，贯通县城南北梅杏大道1600米，开发建设县城碧峰、石娄、玉皇、龙岗4个公园，生态治理县城梅杏河道总长7.5公里，强力推进全县特色城镇化发展，城乡面貌日新月异，城乡人居环境显著改善。2010年10月份，成功召开了“晋城市特色城镇建设沁水现场会议”。县委、县政府授予县住建局“红旗单位”、“先进集体”、“重点工程建设先进单位”等荣誉称号；谭爱国同志获得“沁水县经济建设突出贡献奖”。

翟玉龙 男，现年53岁，汉族，中专文化程度，现任沁水县龙港镇里必村党支部书记兼村委主任。

翟玉龙同志自上任以来，为改变村容村貌、提高群众的生活水平，带领班子成员大力推进新农村建设，扎扎实实为群众办了10件好事、实事。一是投资150万元完成了环村路拓宽改造工程，解决了村民和车辆行路难问题；二是投资80万元对村中的臭水河道进行了美化、绿化、亮化改造；三是投资120余万元，对空心村进行了改造，使村里的面貌焕然一新；四是投资20万元，新建蓄水池两个，新增深水井一眼，并铺设自来水管道5000米，让群众吃上了放心水、安全水；五是投资100万

元对村属药王庙、汤帝庙进行维修美化，和移民小区、休闲文化广场连为一体，形成了一条独特的园林式风景线；六是争取730万元张峰水库移民补助资金，规划帮助修建了80套移民庭院房，使移民稳得住、安得下，有力地支持了国家重点工程建设；七是引进资金200万元，修建廉租住宅楼一幢，安置了21户住房困难户和3户五保老人入住；八是投资300余万元，完成文化休闲活动广场建设，给群众休闲增添了好去处；九是投资40余万元建起村级组织活动场所，改善了办公条件，方便了群众办事；十是制定了“沿河种蔬菜、两山植干果，沿路搞绿化、地边栽黄花、村边兴‘三产’、积极搞开发（围绕里必煤矿的开发，大力发展建材业、服务业等）”的经济发展思路。目前，大路蔬菜基地种植面积达到300亩，日光温室大棚20栋已粗具规模。

2010年该村先后荣获“省环保局生态文明村”、“山西省爱国卫生运动委员会卫生村镇”、晋城市“城乡环境卫生清洁工程先进集体”、沁水县“卫生所建设全覆盖先进集体”，其本人先后被评为“晋城市城乡环境卫生清洁工程先进工作者”、“沁水县优秀村干部”、“沁水县经济建设突出贡献奖”。

沁水县2010年个人获省级以上表彰登记表

姓　名	性别	工作单位及职务	荣誉称号	授奖单位	获奖时间
杨棉霞	女	统计局纪检组组长	先进个人	国务院第二次全国经济普查领导小组	2010.1
何　伟	男	公安局治安管理大队大队长	全省公安机关社会治安整治专项行动先进个人	省公安厅	2010.1
张桂春	男	县委常委、宣传部部长	精神文明建设先进工作者	省精神文明建设指导委员会	2010.1
潘建明	男	嘉峰法庭庭长	全省十佳政法干警	省政法委	2010.1
王文太	男	胡底乡工会主席	山西省十佳乡镇工会主席	省总工会	2010.1
牛朋朋	男	地税局科员	优秀税收管理员	省地税局	2010.1
宋柳红	女	统计局局长	先进个人	省人力资源和社会保障厅、省统计局	2010.1
王　震	男	统计局办公室主任	先进个人	省二次全国经济普查领导小组	2010.1
赵志峰	男	统计局副局长	先进个人	省二次全国经济普查领导小组	2010.1
张栓兵	男	统计局总统计师	先进个人	省二次全国经济普查领导小组	2010.1
孙红方	男	统计局计算中心主任	先进个人	省二次全国经济普查领导小组	2010.1
尹秀艳	女	统计局会计	先进个人	省二次全国经济普查领导小组	2010.1
常　瑾	女	统计局	先进个人	省二次全国经济普查领导小组	2010.1
贾晓燕	女	统计局	先进个人	省二次全国经济普查领导小组	2010.1
牛建忠	男	运管所所长	2009年度运管系统先进工作者	省交通运输管理局	2010.1

沁水县2010年个人获省级以上表彰登记表（续一）

姓　名	性别	工作单位及职务	荣誉称号	授奖单位	获奖时间
刘新忠	男	运管所办公室主任	2009年度运管系统先进工作者	省交通运输管理局	2010.1
宋志芳	女	审计局	优秀通讯员	省审计厅	2010.1
赵娜娜	女	运管所计财办主任	2009年度运管系统先进工作者	省交通运输管理局	2010.1
侯　杰	男	文体广电新闻出版局副局长	2010年度山西省全民健身活动先进个人	省体育局	2010.2
李亚俊	男	交通局副局长	治超工作先进个人	省治超领导组	2010.2
吕克宝	男	公安局副局长兼交警大队长	全国严厉打击酒后驾驶交通违法行为专项行动先进个人	公安部交管局	2010.3
窦江波	女	公安局治安管理大队大队长	全省公安机关安利杯优秀户籍民警	省公安厅	2010.3
李新锁	男	永红煤矿矿长	2009年度安全生产先进个人	省政府安委会	2010.3
王　坤	男	农机局监理站长	作品《沁园春·农机》获诗歌散文类三等奖	省农机局	2010.3
焦广瑞	男	龙港镇党委副书记	卫生工作先进个人	省爱卫会	2010.3
王广益	男	人社局失业所所长	2009年度全省失业保险工作先进工作者	省失业保险管理服务中心	2010.3
张朝晖	男	人社局机关所所长	2009年度全省机关事业养老保险经办先进工作者	省机关事业养老保险管理服务中心	2010.3
张遵明	男	煤炭稽查队队长	全省煤炭稽查工作先进个人	省物价局	2010.3
陈志俊	男	人行沁水分行科员	政务信息先进工作者	人行天津分行办公室	2010.4
秦伟伟	男	公安局嘉峰派出所民警	全省110接处警工作先进个人	省公安厅	2010.4

沁水县2010年个人获省级以上表彰登记表（续二）

姓 名	性别	工作单位及职务	荣誉称号	授奖单位	获奖时间
吴海军	男	团县委书记	优秀共青团干部	团省委	2010.5
郭贵文	男	县法院执行员	全省集中清理积案先进个人	省政法委、省高院	2010.6
李小霞	女	嘉峰镇妇联主任	2009年被全省群众满意气象信息员	省气象局	2010.6
刘国强	男	机关事务管理局局长	山西省机关后勤工作先进标兵	省政府机关事务管理局、省总工会、团省委、省妇联	2010.6
张东卓	男	巡警防暴大队大队长	个人二等功	省公安厅	2010.6
刘国强	男	机关事务管理局局长	个人一等功	省劳动竞赛委员会	2010.6
张晚花	女	建行沁水支行客户经理	中国建设银行零售网点一代转型先进个人	建总行	2010.8
郭建芳	男	畜牧兽医局信息站站长	畜牧业科技推广先进工作者	省科技协会	2010.8
崔 俊	男	人社局办公室主任	《山西人力资源和社会保障》宣传工作先进个人	省人社厅	2010.8
赵国社	男	地税局副局长	煤炭可持续发展基金征收管理先进个人	省地税局	2010.8
贾建彪	男	地税局股长	煤炭可持续发展基金征收管理先进个人	省地税局	2010.8
柴粉香	女	文体广电新闻出版局局长	2006—2009年度山西省群众体育先进个人	省体育局	2010.8
王春凤	女	检察院侦查监督科科长	全省侦查监督优秀检察官	省人民检察院	2010.9
郭海燕	男	公安局指挥中心副主任	全省公安系统警备技能能手	省公安局	2010.9
王升亮	男	公安局法制室副主任	全省公安系统警备技能能手	省公安局	2010.9
王 坤	男	农机局监理站站长	五一劳动奖章	省农林水气劳动竞赛委员会	2010.9

沁水县2010年个人获省级以上表彰登记表（续三）

姓　名	性别	工作单位及职务	荣誉称号	授奖单位	获奖时间
霍振华	男	国土资源交易事务中心主任	国土资源交易工作先进个人	省国土资源厅	2010.9
杜红卫	男	农机局局长	2010年全国农机科普先进工作者	中国农业机械学会	2010.11
张培亮	男	县教育局督导室主任	先进督学	山西省人民政府教育督导室、山西省教育厅	2010.11
柴守江	男	县民政局局长	省民政政策理论宣传先进个人	省民政厅	2010.11
杨书强	男	民政局社会救助管理站站长	省民政政策理论宣传先进个人	省民政厅	2010.11
王扎根	男	民政局光荣院院长	省民政政策理论宣传先进个人	省民政厅	2010.11
陈慧芳	女	中小企业局统计	2010年度全省中小企业经济监测工作先进个人	省中小企业局	2010.11
吕中楼	男	沁和能源集团公司董事长	山西省光彩事业奖	省委统战部、省工商联、省光彩事业促进会	2010.11
杨学义	男	地税局科员	优秀税收管理员	省地税局	2010.11
郭国庆	男	地税局科员	优秀税收管理员	省地税局	2010.11
张建军	男	国土资源局副局长	测绘奖章	国家测绘局	2010.12
冯海云	男	国土局嘉峰所所长	全国优秀地质灾害群测群防监测员	国土资源部	2010.12
侯晋林	男	县地方志办公室主任	先进个人	省地方志办公室	2010.12
张莉丽	女	县地方志办公室	《山西省预防职务犯罪工作条例》有奖征文活动优秀奖	山西省人大内务司法委员、山西省人民检察院	2010.12
孙　彬	男	县教育局副局长	先进个人	山西省教育厅	2010.12
商晓慧	女	县安监局科员	先进工作者	山西省煤炭工业厅	2010.12

沁水县2010年个人获省级以上表彰登记表（续四）

姓　名	性别	工作单位及职务	荣誉称号	授奖单位	获奖时间
霍沁霞	女	财政局行财股股长	2008—2009年度山西省先进会计工作者	省财政厅	2010.12
霍沁霞	女	财政局行财股股长	优秀妇联干部	省妇联	2010.12
郭家胜	男	县人武部部长	三等功	省军区	2010.12
张晋峰	男	铁路派出所民警	创先争优党员服务标兵	太原铁路局	2010.12
李香莉	女	县妇联科员	山西省优秀妇联干部	省妇联	2010.12
李喜红	女	县委常委、统战部部长	山西省统战理论研究成果优秀奖	省委统战部	2010.12
贾向东	男	地税局局长	廉政准则考试前十名	省地税局	2010.12
李　勇	男	地税局副局长	廉政准则考试前十名	省地税局	2010.12
冯　莉	女	地税局股长	剪纸作品优秀奖	省地税局	2010.12
都沁建	男	公路段安全办公室	全国迎国庆道路旅客运输法律法规知识竞赛三等奖	省交通运输管理局	2010.12
王　军	男	县安监局安三股股长	安全生产先进工作者	省安委办	2010年
吴希花	女	县人大常委会副主任、县总工会主席	全省工会收缴工作个人一等功	省劳动竞赛委员会	2011.1
梁慧峰	男	人寿财险公司副经理	营销销售精英	中国人寿财产保险股份有限公司山西省分公司	2011.1
王晓明	女	人寿财险公司互动专员	互动销售精英	中国人寿财产保险股份有限公司山西省分公司	2011.1
陈伟伟	女	人寿财险公司出单员	先进工作者	中国人寿财产保险股份有限公司山西省分公司	2011.1
张兴萍	女	人寿财险公司出单员	展业能手	中国人寿财产保险股份有限公司山西省分公司	2011.1
李旭斗	男	邮政局局长	先进工作者	省邮政局、省邮政工会	2011.1

沁水县2010年个人获省级以上表彰登记表（续五）

姓　名	性别	工作单位及职务	荣誉称号	授奖单位	获奖时间
牛育云	女	邮政局营业员	优秀营业员	省邮政局、省邮政工会	2011.1
程　哲	男	邮政局投递员	优秀投递员	省邮政局、省邮政工会	2011.1
丁晶晶	女	邮政局营业员	优秀营业员	省邮政局、省邮政工会	2011.1
张斗印	男	邮政局支局长	优秀支局长	省邮政局、省邮政工会	2011.1
王　霞	女	邮政局副局长、工会主席	全省邮政先进工会工作者	省邮政工会	2011.1
李雪云	女	蚕桑站站长	先进工作者	省果业工作总站	2011.1
牛建忠	男	运管所所长	2010年度运管系统先进工作者	省运管局	2011.1
张　浩	男	运管所法制办主任	2010年度运管系统先进工作者	省运管局	2011.1
李沁霞	女	运管所政务大厅主任	2010年度运管系统先进工作者	省运管局	2011.1
郭　斌	男	县信用联社理事长	“三比一创”竞赛优秀个人	省农村信用社	2011.2
张志祥	男	县信用联社主任	“三比一创”竞赛优秀个人	省农村信用社	2011.2
李朝阳	男	县信用联社人力资源部主任	人力资源管理工作先进个人	省农村信用社	2011.2
贾江余	男	卫生局副局长	爱国卫生先进个人	省爱卫会	2011.2
张　宁	男	卫生局科员	灭鼠先进个人	省爱卫会	2011.2
翟晋晋	女	县法院助理审判员	全省优秀女法官、女干警	省高院	2011.3
李　斌	男	卫生局卫生监督所所长	卫生监督先进个人	省卫生厅	2011.4

沁水县2010年个人获市级表彰登记表

姓 名	性别	工作单位及职务	荣誉称号	授奖单位	获奖时间
贾向东	男	地税局局长	个人一等功	晋城市劳动竞赛委员会	2010.1
赵国社	男	地税局副局长	个人二等功	晋城市劳动竞赛委员会	2010.1
贾建彪	男	地税局股长	个人二等功	晋城市劳动竞赛委员会	2010.1
郑如锁	男	国库支付中心主任	个人二等功	晋城市劳动竞赛委员会	2010.1
韩海亮	男	郑庄镇党委副书记、镇长	林业生产先进个人	市委	2010.1
李小马	男	郑村镇武装部部长	先进专武干部	市政府、晋城军分区	2010.1
任沁军	男	公安交警大队主任	十佳交（巡特）警	市公安局	2010.1
崔泽晋	男	公安交警大队民警	个人三等功	市公安局	2010.1
田玉花	男	农机局管理站副站长	全市农机统计奖	市农机局	2010.1
张海军	男	公安交警大队副中队长	国庆60周年安保先进个人	市委、市政府	2010.2
刘 海	男	十里乡党委副书记、宣传委员	化解社会矛盾先进个人	市委、市政府	2010.2
霍树宾	男	财政局局长	农村工作先进个人	市委、市政府	2010.2
侯必强	男	苏庄派出所所长	化解社会矛盾先进个人	市委、市政府	2010.2
张海军	男	交警大队二中队副中队长	国庆60周年安全保卫工作先进个人	市委、市政府	2010.2
刘家育	男	发展和改革局局长	2009年度农业农村工作先进工作者	市委、市政府	2010.2
梁张建	男	交通局副局长	先进工作者	市政府	2010.2
王永栋	男	交通局总工	先进工作者	市政府	2010.2
梁高鹏	男	海事处处长	先进工作者	市政府	2010.2
牛建忠	男	运管所所长	先进工作者	市政府	2010.2
常大鹏	男	交通局工程技术股长	先进工作者	市政府	2010.2

沁水县2010年个人获市级表彰登记表（续一）

姓　名	性别	工作单位及职务	荣誉称号	授奖单位	获奖时间
李栓柱	男	交通局副总工	先进工作者	市政府	2010.2
张跃进	男	县运经理	先进工作者	市政府	2010.2
郑朝霞	女	交通局人教股股长	先进工作者	市政府	2010.2
张广庭	男	路政管理所所长	先进工作者	市政府	2010.2
常晓静	女	交通局财务股股长	先进工作者	市政府	2010.2
陈国珍	男	物价局副局长	全市物价系统先进工作者	市物价局	2010.2
魏永久	男	物价检查所所长	全市物价系统先进工作者	市物价局	2010.2
王江东	男	物价认证中心主任	全市物价系统先进工作者	市物价局	2010.2
刘志强	男	价格举报中心主任	全市物价系统先进工作者	市物价局	2010.2
白龙军	男	端氏镇司法助理员	矛盾调处先进个人	市委、市政府	2010.3
栗军利	男	十里乡党委书记	城建工作先进个人	市委、市政府	2010.3
王焕利	男	十里乡副乡长	乡镇安监站建设先进工作者	市委、市政府	2010.3
霍敦金	男	十里乡农技站站长	“三农”杰出人物	市委、市政府	2010.3
史秀忠	男	龙港镇党委书记	优秀常务工作者	市委、市政府	2010.3
史秀忠	男	龙港镇党委书记	2010年度农业和农村工作先进个人	市委、市政府	2010.3
谭兆虎	男	杨河社区党支部书记	晋城市劳动模范	市委、市政府	2010.3
杨　笠	男	县委党校教务处副主任	优秀教师	市委	2010.3
任兵兵	男	县委党校教师	优秀教师	市委	2010.3
任军会	男	龙港镇武装部部长	先进专武干部	市政府、市军分区	2010.3
李海水	男	龙港镇南瑶村党支部书记	创业新秀	市政府	2010.3

沁水县2010年个人获市级表彰登记表（续二）

姓　名	性别	工作单位及职务	荣誉称号	授奖单位	获奖时间
李治德	男	公安局副局长	安全生产专项整治先进工作者	市政府	2010.3
张金贵	男	消防大队参谋	安全生产先进工作者	市政府	2010.3
韩海亮	男	郑庄镇党委副书记、镇长	城乡建设先进工作者	市政府	2010.3
刘家育	男	发展和改革局局长	2009年度城乡建设先进工作者	市政府	2010.3
郭丽萍	女	财政局农业股股长	三八红旗手	市妇联	2010.3
侯小棉	女	财政局社保股股长	市级文明家庭	市精神文明建设指导委员会	2010.3
霍大军	男	粮食局办公室主任	先进个人	市粮食局	2010.3
刘海胜	男	粮食局企业改革主任	先进个人	市粮食局	2010.3
李淑霞	女	粮食局统计员	统计先进个人	市粮食局	2010.3
都林旭	男	郑庄镇党委书记	国策好书记	市计生委	2010.3
李振梅	女	农机局副局长	2009年度全市农机化工作先进个人	市农机局	2010.3
闫乃超	男	农机局生产指导科副科长	2009年度全市农机化工作先进个人	市农机局	2010.3
焦广瑞	男	龙港镇党委副书记	城乡环境卫生清洁工程先进工作者	市爱国卫生运动委员会	2010.3
高天瑞	男	龙港镇安监站站长	先进个人	市安监局	2010.3
翟玉龙	男	龙港镇里必村党支部书记	城乡环境卫生清洁工程先进工作者	市爱国卫生运动委员会	2010.3
赵丽丽	女	县妇联副主任	晋城市“三八”红旗手	市妇联	2010.3
田太山	男	端氏镇农保员	先进个人	市委、市政府	2010.4
张广建	男	中村镇党委书记	国策书记	市委、市政府	2010.4
赵沁生	男	国土资源局局长	先进个人	市政府	2010.4
贾云韵	男	国土资源局副局长	先进个人	市政府	2010.4

沁水县2010年个人获市级表彰登记表（续三）

姓　名	性别	工作单位及职务	荣誉称号	授奖单位	获奖时间
霍忠忠	男	国土局土地收购储备中心主任	先进个人	市政府	2010.4
徐宏斌	男	国土局财务股股长	先进个人	市政府	2010.4
王锁庭	男	发改局办公室主任	2009年度支持重点工程建设先进工作者	市政府	2010.4
张振程	女	旅游文物局副局长	旅游文物系统先进个人	晋城市旅游文物业发展领导组	2010.4
李　超	男	地震局副局长	2008—2009年度防震减灾工作先进工作者	市防震减灾协调领导组	2010.4
张军兵	男	端氏镇安监员	先进个人	中小企业局	2010.4
陈景玉	男	工商联主席	先进工作者	市工商联	2010.4
李兰成	男	工商联副主席	先进工作者	市工商联	2010.4
李广应	男	人社局农保所所长	新型农村养老保险先进个人	市政府	2010.5
赵海叶	女	人社局农保所科员	新型农村养老保险先进个人	市政府	2010.5
车香琴	女	人社局农保所科员	新型农村养老保险先进个人	市政府	2010.5
刘文云	女	县医院急诊科护士长	先进个人	市卫生局	2010.5
张利霞	女	县医院内一科护士长	先进个人	市卫生局	2010.5
王春凤	女	检察院侦查监督科科长	晋城市侦查监督十佳检察官	市检察院	2010.6
张永忠	男	苏庄乡党委书记	计划生育国策书记	市委、市政府	2010.7
刘永会	男	苏庄乡乡长	计划生育国策乡长	市委、市政府	2010.7
侯纪林	男	公安交警大队科长	预防交通事故先进个人	市政府	2010.7
司云亮	男	公安交警大队副科长	预防交通事故先进个人	市政府	2010.7
司云亮	男	交警大队事故科副科长	全市预防道路交通事故工作先进个人	市政府	2010.7
王三永	男	山西圣康蜂业有限公司经理	企业新秀	市政府“十百千万工程”建设领导组	2010.7
崔宇红	男	科技局情报站站长	2010年度晋城市科技活动周先进个人	市科技活动周协调领导组	2010.7

沁水县2010年个人获市级表彰登记表（续四）

姓　名	性别	工作单位及职务	荣誉称号	授奖单位	获奖时间
于国社	男	沁水人行副行长	晋城市人行系统优秀党员	人行晋城支行机关党委	2010.7
张　文	女	沁水人行科员	晋城市人行系统优秀党员	人行晋城支行机关党委	2010.7
窦志生	男	沁水人行科员	晋城市人行系统优秀党员	人行晋城支行机关党委	2010.7
董海林	男	沁水人行科员	晋城市人行系统优秀党务工作者	人行晋城支行机关党委	2010.7
吕中楼	男	沁和能源集团董事长	晋城市光彩事业奖章	晋城市光彩事业促进会	2010.7
白利平	女	嘉峰镇党委副书记	全市防范和处理邪教工作先进个人	市委防范和处理邪教问题领导小组	2010.10
苏文革	男	检察院检察长	全市检察理论研究年会上获得特别奖	市检察院	2010.11
韩春丽	女	检察院检委会专职委员	全市检察理论研究年会上获得二等奖	市检察院	2010.11
张春喜	男	检察院检委会专职委员	全市检察理论研究年会上获得三等奖	市检察院	2010.11
史燕玲	女	检察院政治处主任兼办公室主任	全市检察机关检察理论调研先进个人	市检察院	2010.11
史燕玲	女	检察院政治处主任兼办公室主任	全市检察理论研究年会上获得一等奖	市检察院	2010.11
王春凤	女	检察院侦查监督科科长	全市检察理论研究年会上获得三等奖	市检察院	2010.11
宋永亮	女	检察院案管中心主任	全市检察理论研究年会上获得三等奖	市检察院	2010.11
董　伟	男	检察院申控科科长	全市检察理论研究年会上获得二等奖	市检察院	2010.11
谭　谦	男	检察院科员	全市检察理论研究年会上获得二等奖	市检察院	2010.11
石瑾瑾	女	检察院科员	全市检察理论研究年会上获得二等奖	市检察院	2010.11
李　凯	男	检察院科员	全市检察理论研究年会上获得三等奖	市检察院	2010.11
原中会	男	公安局副局长	个人三等功	市公安局	2010.11
郭海燕	男	公安局指挥中心副主任	嘉奖	市公安局	2010.11
王升亮	男	公安局法制室副主任	嘉奖	市公安局	2010.11

沁水县2010年个人获市级表彰登记表（续五）

姓　名	性别	工作单位及职务	荣誉称号	授奖单位	获奖时间
李　超	男	地震局副局长	防震减灾论文三等奖	市地震学会	2010.12
刘天创	男	农业综合开发局局长	农业综合开发先进工作者	市政府办公厅	2010.12
王身强	男	农业综合开发局副局长	农业综合开发先进工作者	市政府办公厅	2010.12
陈　云	男	农业综合开发局工程股股长	农业综合开发先进工作者	市政府办公厅	2010.12
尚封庆	男	郑村镇纪检书记	“廉洁晋城·制度创新”网络有奖征文优秀奖	市纪委、市监察局、太行日报社	2010.12
吉沁东	男	沁水联通综合部副主任	优秀常务工作者	晋城市直工委	2010.12
郑　荣	女	沁水联通市场营销部主任	优秀共产党员	晋城市直工委	2010.12
郑洪杰	男	沁水联通集团客户部主任	先进工作者	晋城联通	2010.12
刘国强	男	沁水联通固县支局局长	先进工作者	晋城联通	2010.12
常　雷	男	沁水联通接入维护中心主任	先进工作者	晋城联通	2010.12
吉沁东	男	沁水联通综合部副主任	工会积极分子	晋城联通工委	2010.12
赵晋军	男	沁水联通端氏支局局长	工会积极分子	晋城联通工委	2010.12
李文忠	男	人武部副部长	先进人武干部	军分区	2010.12
张　鹏	男	人武部参谋	嘉奖	军分区	2010.12
闫　莉	女	公安局治安大队民警	全市第六次全国人口普查户口整顿工作先进个人	市第六次人口普查小组、市公安局	2010.12
马亚琼	女	龙港中心派出所民警	全市第六次全国人口普查户口整顿工作先进个人	市第六次人口普查小组、市公安局	2010.12
张　雷	男	郑庄派出所民警	全市第六次全国人口普查户口整顿工作先进个人	市第六次人口普查小组、市公安局	2010.12
张守恒	男	畜牧兽医局防治站站长	动物防疫规范化管理先进个人	晋城市重大动物疫病指挥部办公室	2010.12
何　芳	女	畜牧兽医局化验副主任	动物防疫规范化管理先进个人	晋城市重大动物疫病指挥部办公室	2010.12
成元生	男	岳城矿综采队队长	劳动模范	晋煤集团	2010
张大海	男	畜牧兽医局办公室主任	模范农村科技特派员	晋城市农村科技特派员工作协调领导小组	2010

沁水县2010年个人获市级表彰登记表（续六）

姓　名	性别	工作单位及职务	荣誉称号	授奖单位	获奖时间
崔书林	男	张村乡党委书记	计划生育“国策书记”	市委、市政府	2011.1
陈志俊	男	沁水人行科员	2010年度青年岗位能手	人行晋城支行工会	2011.1
李灵蓉	女	公安局法制室主任	个人三等功	市公安局	2011.1
司怀英	男	交警大队三中队中队长	个人三等功	市公安局	2011.1
于　海	男	公安局刑侦大队民警	个人三等功	市公安局	2011.1
张国勇	男	端氏中心派出所民警	个人三等功	市公安局	2011.1
畅俊龙	男	张村派出所民警	个人三等功	市公安局	2011.1
郭海燕	男	公安局指挥中心副主任	公安信息化建设十佳能手	市公安局	2011.1
李灵蓉	女	公安局法制室主任	执法规范化建设十佳标兵	市公安局	2011.1
上官林珩	男	端氏中心派出所副所长	和谐警民关系建设十佳模范	市公安局	2011.1
闫春庆	男	公安局国保大队大队长	维稳工作十佳民警	市公安局	2011.1
秦伟伟	男	嘉峰派出所民警	治安防控十佳民警	市公安局	2011.1
韩学文	男	刑侦大队二中队中队长	侦查破案十佳民警	市公安局	2011.1
张素恒	男	刑侦大队技术中队民警	技术工作十佳民警	市公安局	2011.1
侯国林	男	看守所所长	监所工作十佳民警	市公安局	2011.1
司云亮	男	交警大队事故科副科长	交管工作十佳民警	市公安局	2011.1
窦江波	女	公安局治安管理大队副大队长	窗口服务十佳民警	市公安局	2011.1
段　靓	男	龙港中心派出所民警	社区警务十佳民警	市公安局	2011.1
韩江鹏	男	公安局指挥中心民警	信息调研十佳民警	市公安局	2011.1
陈家连	男	公安局警务保障室副主任	综合管理十佳民警	市公安局	2011.1
李　进	男	柿庄派出所所长	世博、亚运安保工作先进个人	市公安局	2011.1

沁水县2010年个人获市级表彰登记表（续七）

姓　名	性别	工作单位及职务	荣誉称号	授奖单位	获奖时间
霍社军	男	郑村派出所所长	世博、亚运安保工作先进个人	市公安局	2011.1
崔田军	男	中村派出所所长	公安工作先进个人	市公安局	2011.1
宋光明	男	公安局纪检督察室主任	公安工作先进个人	市公安局	2011.1
董丽芳	男	公安局政工室副主任	公安工作先进个人	市公安局	2011.1
韦金虎	男	畜牧兽医局生产站站长	2010年度畜牧兽医工作先进个人	市畜牧兽医局	2011.1
赵向朝	男	畜牧兽医局监察室主任	2010年度畜牧兽医工作先进个人	市畜牧兽医局	2011.1
赵青云	女	畜牧兽医局生产站副站长	2010年度畜牧业统计先进工作者	市畜牧兽医局	2011.1
张瑞萍	女	邮政局步行街储蓄所主任	全市先进工作者	市邮政局	2011.1
李　娅	女	邮政局储汇营业部主任	全市先进工作者	市邮政局	2011.1
谷赵萍	女	邮政局电子商务部主任	全市先进工作者	市邮政局	2011.1
牛育云	女	邮政局营业员	十佳营销员	市邮政局	2011.1
张斗印	男	邮政局端氏支局局长	十佳支局长	市邮政局	2011.1
张海林	男	邮政局新城储蓄所主任	十佳营销员	市邮政局	2011.1
丁晶晶	男	邮政局营业员	十佳营业员	市邮政局	2011.1
程　哲	男	邮政局投递员	十佳投递员	市邮政局	2011.1
裴小波	男	邮政局保险业务部主任	十佳营销员	市邮政局	2011.1
王　霞	女	邮政局副局长兼工会主席	先进工会干部	市邮政局	2011.1
李海燕	女	邮政局营业员	荣获第三届公民道德建设“晋城好人”称号	晋城市精神文明建设指导委员会	2011.1
任斗会	男	卫生局党委副书记	城乡环境卫生清洁工程先进个人	市政府	2011.2
柴锦霞	女	卫生局办公室主任	城乡环境卫生清洁工程先进个人	市政府	2011.2

沁水县2010年个人获市级表彰登记表（续八）

姓　名	性别	工作单位及职务	荣誉称号	授奖单位	获奖时间
王华凤	女	沁水工行行长助理	创先争优信息报道先进个人	晋城市工行	2011.2
景李兵	男	中国人寿沁水分公司主任	先进工作者	中国人寿晋城分公司	2011.2
刘美丽	女	中国人寿沁水分公司柜面经理	先进工作者	中国人寿晋城分公司	2011.2
王长青	男	住建局副局长	城市规划工作先进个人	市规划局	2011.2
原高升	男	住建局规划股股长	城市规划工作先进个人	市规划局	2011.2
宋标庆	男	信用联社主任	“三比一创”竞赛优秀工作者	晋城办事处	2011.2
韩成阁	男	信用社主任	“三比一创”竞赛优秀工作者	晋城办事处	2011.2
李艳艳	女	信用联社科室副主任	“三比一创”竞赛优秀工作者	晋城办事处	2011.2
张振庭	男	信用社主任	“三比一创”竞赛优秀工作者	晋城办事处	2011.2
王向前	男	信用联社科室主任	案防工作先进工作者	晋城办事处	2011.2
张志萍	女	信用联社营业部主任	优秀信用社主任	晋城办事处	2011.2
韩成阁	男	信用社主任	优秀信用社主任	晋城办事处	2011.2
王林东	男	信用社主任	先进工作者	晋城办事处	2011.2
柴红英	男	信用社主任	先进工作者	晋城办事处	2011.2
赵志勇	男	信用社主任	先进工作者	晋城办事处	2011.2
张晓勇	男	信用社主任	先进工作者	晋城办事处	2011.2
王立强	男	信用社主任	先进工作者	晋城办事处	2011.2
李传连	男	信用社主任	先进工作者	晋城办事处	2011.2
赵　杰	男	信用社主任	先进工作者	晋城办事处	2011.2
陈志俊	男	沁水人行科员	全市人行系统先进工作者	人行晋城支行工会	2011.2
高德胜	男	沁水人行科员	全市人行系统先进工作者	人行晋城支行工会	2011.2

沁水县2010年个人获市级表彰登记表（续九）

姓　名	性别	工作单位及职务	荣誉称号	授奖单位	获奖时间
乔瑞琴	女	沁水人行科员	全市人行系统先进工作者	人行晋城支行工会	2011.2
霍兵兵	男	卫生局人事股股长	卫生工作先进个人	市卫生局	2011.2
何沁苗	女	卫生局防保股股长	卫生工作先进个人	市卫生局	2011.2
杨建军	男	卫生局医政股股长	卫生工作先进个人	市卫生局	2011.2
柴锦霞	女	卫生局办公室主任	爱国卫生先进个人	市爱国卫生运动委员会	2011.2
柳鲜珍	女	卫生局纪检组长	纪律检查先进个人	市卫生局	2011.2
王　帅	女	卫生局科员	爱国卫生先进个人	市爱国卫生运动委员会	2011.2
张改萍	女	卫生局科员	爱国卫生先进个人	市爱国卫生运动委员会	2011.2
张保国	男	卫生局卫生监督所副所长	卫生工作先进个人	市卫生局	2011.2
赵建元	男	畜牧兽医局局长	晋城市“三农”杰出人物	市委、市政府	2011.3
何珠龙	男	县农委副主任	农业农村工作先进个人	市委、市政府	2011.3
崔晓艳	女	县农委环保站站长	全国第一次污染源普查先进个人	市政府	2011.3
王学政	男	固县乡支部书记	农业农村工作先进个人	市委、市政府	2011.3
霍晓计	男	环保局副局长	全国第一次污染源普查先进个人	市政府	2011.3
张海军	男	环保局副局长	实施蓝天碧水先进个人	市政府	2011.3
梁　瑞	男	环保局局长助理兼大队长	实施蓝天碧水先进个人	市政府	2011.3
郭金虎	男	环保局办公室主任	“十一五”污染减排先进个人	市政府	2011.3
任向前	男	环保局股长	“十一五”污染减排先进个人	市政府	2011.3
张沁珍	女	环保局副股长	全国第一次污染源普查先进个人	市政府	2011.3
杨　波	男	环保局科员	全国第一次污染源普查先进个人	市政府	2011.3

沁水县2010年个人获市级表彰登记表（续十）

姓 名	性别	工作单位及职务	荣誉称号	授奖单位	获奖时间
田亮亮	男	环保局科员	全国第一次污染源普查先进个人	市政府	2011.3
王章强	男	安监局副局长	安全生产先进工作者	市政府	2011.3
冯章善	男	安监局主任科员	安全生产先进工作者	市政府	2011.3
赵胜利	男	城东中心安监站站长	安全生产先进工作者	市政府	2011.3
田睿平	女	安监局培训中心主任	行业管理先进个人	市政府	2011.3
陈忠元	男	安监局安一股股长	安全生产先进工作者	市政府	2011.3
陈学东	男	安监局调度中心主任	行业管理先进工作者	市政府	2011.3
明　阳	男	安监局科员	先进工作者	市政府	2011.3
武参军	男	沁水工行客户经理	优秀客户经理	晋城市工行	2011.3
王新军	男	沁水工行柜员	优秀柜员	晋城市工行	2011.3
张沁斌	男	沁水工行科技管理员	安全生产运行先进个人	晋城市工行	2011.3
贺营建	女	文化市场行政执法队队长	文化市场管理执法工作先进个人	市文化广电新闻出版局	2011.3
谭爱国	男	住建局局长	先进个人	市住建局	2011.3
王长青	男	住建局副局长	先进个人	市住建局	2011.3
胡崇立	男	住建局办公室主任	先进个人	市住建局	2011.3
于建标	男	住建局建筑业股股长	先进个人	市住建局	2011.3
李志宏	男	住建局环卫公司经理	先进个人	市住建局	2011.3
霍晓计	男	环保局副局长	爱国卫生先进个人	市爱卫会	2011.3
刘新忠	男	运管所办公室主任	2010年度全市运管系统先进个人	市管所	2011.3
张　浩	男	运管所法制办主任	2010年度全市运管系统先进个人	市管所	2011.3
李沁霞	女	运管所政务大厅主任	2010年度全市运管系统先进个人	市管所	2011.3

沁水县2010年获市级表彰登记表（续十一）

姓　名	性别	工作单位及职务	荣誉称号	授奖单位	获奖时间
赵娜娜	女	运管所计财办主任	2010年度全市运管系统先进个人	市管所	2011.3
李海霞	女	运管所后勤中心主任	2010年度全市运管系统先进个人	市管所	2011.3
高振祥	男	运管所维修中心主任	2010年度全市运管系统先进个人	市管所	2011.3
李陆斌	男	运管所稽查三中队长	2010年度全市运管系统先进个人	市管所	2011.3
丁沁斌	男	运管所稽查一中队长	2010年度全市运管系统先进个人	市管所	2011.3
苗树森	男	中村镇副镇长	安全管理先进工作者	市中小企业局、市民营经济管理局	2011.3
苗树森	男	中村镇副镇长	安全监管工作先进个人	市安全生产委员会办公室、市安全监管局	2011.3
陈丽霞	女	文体广电新闻出版局办公室主任	公共文化服务体系建设工作先进个人	市文化广电新闻出版局	2011.3
李　可	女	文体广电新闻出版局文化股股长	“煤运杯”第三届新农村建设文艺会演优秀表演奖	市委办公厅、市政府办公厅	2011.3
霍雨佳	男	文体广电新闻出版局文化馆馆长	“煤运杯”第三届新农村建设文艺会演优秀编导奖	市委办公厅、市政府办公厅	2011.3
闫向东	男	文体广电新闻出版局广电股股长	“煤运杯”第九届上党八音会擂台赛优秀演奏奖	市委办公厅、市政府办公厅	2011.3
赵晚明	男	文体广电新闻出版局后勤股股长	“煤运杯”第九届上党八音会擂台赛优秀组织奖	市委办公厅、市政府办公厅	2011.3
王长青	男	住建局副局长	个人一等功	市劳动竞赛委员会	2011.4
刘修瑜	男	安监局副局长兼总工程师	安全生产先进工作者	市政府	2011.4
徐勇智	男	国土资源局副局长	先进个人	市政府	2011.4
宋海忠	男	国土资源局办公室主任	先进个人	市政府	2011.4
郭沁栋	男	国土局执法监察大队队长	先进个人	市政府	2011.4
王建云	男	国土局耕保股股长	先进个人	市政府	2011.4
张兴萍	女	沁水人寿保险出单员	先进工作者	中国人寿财险晋城支公司	2011.4
贺营建	女	文化市场行政执法队队长	2010年度“扫黄打非”工作先进个人	市“扫黄打非”领导组	2011.4
陈伟伟	女	沁水人寿保险出单员	先进工作者	中国人寿财险晋城支公司	2011.4

沁水县2010年度总结表彰大会

先进个人名单

优秀企业厂长、经理

王平虎 晋煤集体寺河煤矿矿长
李世奎 沁水县顺世达铸造业有限公司总经理
宋栓虎 山西丰田食品有限责任公司总经理
赵学斌 晋煤集团沁秀煤业有限公司董事长
路允涛 山西易高煤层气有限公司总经理
王国强 沁和能源集团有限公司永安煤矿矿长
张永平(女) 沁水县沁乐家园商业连锁有限公司董事长
潘国建 晋城沁泽焦化有限公司焦化厂厂长
徐　亮 晋城市得一工贸有限公司董事长
霍向阳 沁水县兰金选煤有限公司总经理

全民创业先进个人

栗文兵 沁水县亿豪铸业有限公司董事长
李一腾 山西加地利肥料厂董事长
张抗胜 沁水县豆庄和盛新型建材有限公司董事长
王文茂 沁水县乐神采暖技术开发有限公司总经理
郭　鹏 沁水县天勤新型建材有限公司董事长
王志学 沁水县裕东兴生态养殖有限公司董事长
王三红 山西圣康蜂业有限公司总经理
李孝清 沁水县永青矿机工程有限公司董事长
秦晚芝(女) 沁水县城镇宏盛商行总经理
张广善 沁水县龙翔新型建材有限公司董事长

种养殖状元

侯金科 粮食生产状元
杨新林 蔬菜生产状元
都书平 水果生产状元
王永进 养羊状元
孙广建 养猪状元
张志强 养蜂状元
孙志社 养牛状元
李志勤 植桑养蚕状元
任书店 干果经济林状元
原军轮 农机作业状元

优秀村干部

杨明庆 龙港镇小岭村党支部书记兼村委主任
郭培育 龙港镇宣化社区党支部书记
樊明亮 龙港镇永宁社区党支部书记
石双虎 龙港镇柳庄社区党支部书记
崔卫社 樊村河乡赵寨村党支部书记兼村委主任
张军生 中村镇张马村党总支书记兼村委主任
姚宪勇 中村镇上阁村党支部书记兼村委主任
刘李斌 土沃乡下沃泉村党支部书记兼村委主任
王书贤 土沃乡中沃泉村党支部书记兼村委主任
柴秋永 张村乡冯村村党支部书记兼村委主任
曹国堂 郑庄镇河头村党支部书记兼村委主任
王守礼 郑庄镇东大村党支部书记兼村委主任
赵国政 郑庄镇郑庄村党支部书记兼村委主任

丁念俊　苏庄乡西古堆村党支部书记兼村委主任
郭春富　端氏镇端氏村党委书记
闫志忠　端氏镇金峰村党支部书记兼村委主任
王富裕　端氏镇东山村党支部书记兼村委主任
何书福　嘉峰镇嘉峰村党总支书记兼村委主任
冯立康　嘉峰镇五里庙村党支部书记兼村委主任
王天虎　嘉峰镇永安村党支部书记兼村委主任
秦广慈　郑村镇夏荷村党支部书记兼村委主任
胡万奎　郑村镇半峪村党支部书记
赵树强　胡底乡胡底村村委主任
张　俊　胡底乡七坡村党支部书记兼村委主任
王学政　固县乡元上村党支部书记兼村委主任
田国庆　固县乡上梁村党支部书记
赵育兵　柿庄镇应郭村党支部书记兼村委主任
张孝忠　柿庄镇下泊村党支部书记兼村委主任
霍建祥　十里乡河北村党支部书记兼村委主任
倪长健　十里乡东峪村党支部书记兼村委主任

优秀大学生村官

牛长林　龙港镇木亭村村委主任助理
高军峰　土沃乡西阳沚村党支部副书记
郭晋江　张村乡堡头村村委委员
崔立军　郑庄镇西大村党支部书记
郭军利　端氏镇端氏村党委副书记
赵　鹏　嘉峰镇永安村村委主任助理
闫挺进　胡底乡蒲池村党支部副书记
裴丽娜(女)固县乡固县村党支部副书记
常张锋　柿庄镇丁家村村委主任助理
张艳霞　十里乡东峪村党支部副书记

优秀乡土人才

王志学　沁水县峪东生态养殖有限公司董事长
师建忠　沁水县复昶工贸有限公司经理
杨清福　沁水县奇瑞工贸有限公司总经理
樊斌斌　沁水县杏源秸秆气化炉有限公司总经理
王春梅(女)沁水县东冉商贸有限公司总经理
张云长　沁水县鸿鑫运业有限公司总经理
王进忠　沁水县梅花茧丝商贸有限公司总经理
王书荣(女)沁水县核缘创新工艺品有限公司总经理
宋国平　沁水县润华建材有限公司总经理
张新社　沁水县淮沁水泵厂厂长
胡　杰　沁水县太行野生植物研究所所长
刘万全　龙港镇马邑村党支部书记兼村委主任
牛建斌　柿庄镇峪理村党支部书记
王三红　山西圣康蜂业有限公司总经理
陈书锋　胡底乡玉溪村面粉加工厂厂长
邢聚金　固县数码艺术摄影部经理
牛广兴　龙港镇王寨村村民
都振建　郑庄镇南大村党支部书记
李秀庭　柿庄镇裕民梨果专业合作社社长
原军轮　沁水县军轮农机服务专业合作社社长
张党建　沁水县兴农生态养牛专业合作社社长
赵育兵　沁水县水湾沟土鸡养殖专业合作社理事长
王新其　沁水县兴绿源养殖厂厂长
马拉锁　沁水县太行黑山羊繁育中心总经理

张义芳 龙港镇永宁社区卫生所所长
都杜明 郑庄镇南大村医生
李保珠 沁水县民间筷制工艺品公司总经理
崔卫社 樊村河乡赵寨村村民
潘铁军 嘉峰盛林农牧园经理

先进个人

龙港镇

李广社 王跃芳 秦宏明 崔武斌
郭修民 丁克强 李榜瑞 卫拽军
高景明 景志祥 牛蛮瑞 吉榜奎
樊龙龙 王瑞虎

樊村河乡

王奋斌 刘居林

中村镇

张世洲 马拉锁 王志学 靳书贤
乔荣义 苏石奎 吉水如

土沃乡

张社奎 董秀平(女) 王春跃 柳小林

张村乡

胡荀虎 田李强

郑庄镇

都振建 李 虎 崔怀军 田旭政
王书全 张国太 王书胜 田怀堂
王康生

苏庄乡

刘茂礼 郭培军

端氏镇

王 华 常旭强 李孝清 张虎太
原五进 张必转(女) 郭来阳 王立彬
陈云亮 李变花(女)

嘉峰镇

晋小彩 王守执 宋抗乱 商立建
郭满堂 刘军善 关新胜

郑村镇

史拉迷 潘抗建 徐广义 任京善
任小创 李海岩 赵光义

胡底乡

张雪忠 杨旭旦 陈书锋 豆瑞堂
何立业

固县乡

刘振强 王麦善 郝雨时

柿庄镇

焦红政 焦志通 宋和胜 李高政

十里乡

张建雄 杨育长 王义胜 原保宏

党群口

王成东 霍高刚 郭海波 邵海军
韩志军 王 云(女) 田玉珍 韩春娥(女)
郭建林 冯志刚 李龙虎 崔 奇

政府口

于深印 李献军 李涛林 张 江(女)
陈江虹(女) 贾化琴(女) 王大勇 谭会峰

农业口

杜红卫 刁森林 李学峰 范志忠
王新胜 霍敦金 梁乱虎 赵向朝
冯 辉 王建云 孙 睿

经贸口

张孝勇 李保忠 王卫东 刘爱东
韦旭顿 徐 斌 王国庆 樊新胜
郭文霞(女) 张 雁(女) 豆建鹏 韩小卷
侯沁峰 李新锁 李建军 赵喜军
刘军民 刘德志

计划口

张栓兵 常 杰 李庆胜 郑锁兴
张礼龙 田骁腾

宣传口

王沁军 王成旭 王 刚 张惠平(女)
李 可(女) 翟江育 史萍萍(女) 常林豹
王早莉(女) 王必霞(女) 原国彪

政法口

陈劲松 李永军 史燕玲(女) 任沁军
郭沁虎 侯虎林 尚晓瑞(女)

特色城镇化建设先进个人

丁坚强 韩海亮 张伟虎 牛沁斌

郭林虎　胡屹立　刘国强　宋海斌
李　杨　张沁峰　段国英　王军明
王文林　宋国忠　王长青　王　军
郭岗路　李　晋　王　波　李志红
牛正太　柴粉香(女)　张　芳(女)　赵进鹏
赵国平　李国君　李高强　樊明亮
郭培育　张海潮　薛建锁　王锁庭

双拥创建工作先进个人

高春生　李　健　郭林车　延跃军
廉广庆　翟广斌

其他名录

沁水县第十四届人大第四次会议代表名表

（以姓氏笔画为序）

姓　名	性　别	单　　位
丁李伟	男	沁水县人民政府
丁克强	男	沁水县龙港镇河渚村
马左强	男	沁水县端氏镇端氏村
马刘勤	男	沁水县政协
马旭萍	女	沁水县张村初中
马国华	男	沁水县教育局
马福堂	男	沁水县新城社区
于建斌	男	沁水县柿庄镇党委
王小三	女	沁水县王必教委
王久芝	女	沁水县人大常委会
王文太	男	沁水县胡底乡政府
王天虎	男	沁水县嘉峰镇永安村
王玉红	男	沁水县人大常委会
王平虎	男	沁水县寺河煤矿
王江水	男	沁水县人大常委会
王　军	男	沁水县夏荷煤矿
王　芳	女	沁水县实验小学
王李明	男	沁水县土沃雨沟煤矿
王军战	男	沁水县人口和计划生育局
王尚江	男	沁水县广电局
王奋斌	男	沁水县樊村河乡人大
王贵林	男	沁水县嘉峰镇人大
王海军	男	沁水县郑村镇政府
王爱芳	女	沁水县柿庄镇应郭村
王家鸿	男	沁水县经济和商务局
王锁奎	男	沁秀煤业有限公司
王富裕	男	沁水县端氏镇东山村

沁水县第十四届人大第四次会议代表名表（续一）

（以姓氏笔画为序）

姓　名	性　别	单　　位
王新顺	男	沁水县胡底乡人大
王　静	女	工行沁水县支行
牛永强	男	沁水县中村镇人大主席团
牛沁斌	男	沁水县嘉峰镇政府
史小林	男	沁水县委组织部
史秀忠	男	沁水县龙港镇党委
史常青	男	沁水县永安煤矿
石双虎	男	沁水县柳庄社区
邓广明	男	沁水县郑村镇赵庄小学
冯立康	男	沁水县嘉峰镇五里庙村
田保兰	女	沁水县端氏镇杏林村
田　醒	女	沁水县郑庄镇郎必村
孙广新	男	沁水县郑村镇湘峪村
孙晋军	男	沁水县人民政府
刘斗其	男	沁水县嘉峰镇刘庄村
刘　芳	女	刘芳家电城
刘建庭	男	沁水县端氏镇党委
闫加强	男	沁水县侯村煤矿
成书梅	女	县人大城环工委
成建华	女	中行沁水县支行
吉彩霞	女	沁水县杏峪初中
乔瑜瑞	男	沁水县张村乡人大
张义芳	男	沁水县十里乡河北村
张广建	男	沁水县中村镇党委
张月太	男	沁水县卫生局
张　号	男	沁水县人民政府
张　华	男	沁水县经济和商务局

沁水县第十四届人大第四次会议代表名表（续二）

（以姓氏笔画为序）

姓　名	性　别	单　　位
张旭明	男	沁水县直机关工委
张军营	男	沁水县人行
张光辉	男	沁水县国税局中村所
张伟虎	男	沁水县端氏镇政府
张孝勇	男	沁水县二轻公司
张俊明	男	沁水县纪律检查委员会
张国文	男	县人大农工委
张春年	男	沁水县人大常委会
张春霞	女	沁水县固县小学
张畅强	男	沁水县郑庄镇西大村
张桂春	男	沁水县委宣传部
张洪发	男	沁水县中村镇张马村
张建军	男	沁水县百姓家电城
张　莉	女	沁水县工商局
张官柱	男	沁水县龙港镇东安社区
张跃强	男	沁水县郑庄镇人大
张　琪	男	沁水县曲堤煤矿
张瑞忠	男	沁水县嘉峰镇党委
李广社	男	沁水县龙港镇西石堂村
李卫明	男	沁水县十里乡人大
李书华	男	沁水县土沃乡政府
李玉山	男	沁水县人民政府
李仝霞	女	沁水县中村镇下川村
李世奎	男	沁水县顺世达铸业
李旭斗	男	沁水县邮政局
李旭太	男	沁水县胡底乡胡底村
李刘强	男	沁水县靓豹服饰公司

沁水县第十四届人大第四次会议代表名表（续三）

（以姓氏笔画为序）

姓　名	性　别	单　　位
李振强	男	沁水县胡底乡政府
李祥瑞	男	县人大教工委
李爱香	女	沁水县苏庄乡苏庄村
李跃龙	男	沁水县人大常委会
李喜红	女	沁水县委统战部
李慧琴	女	沁水县龙港镇综治办
吴希华	女	沁水县人大常委会
吴彦平	女	沁水县人民医院
吴海军	男	沁水县团县委
宋广富	男	沁水县郑村镇人大
宋志刚	男	沁水县柿庄镇海则村
宋拴虎	男	沁水县土沃乡中沃泉村
苏文革	男	沁水县人民检察院
苏软软	女	沁水县发改局
何书福	男	沁水县嘉峰镇嘉峰村
祁连关	男	沁水县人民法院
邢建广	男	沁水县固县乡安上村
陈文柱	男	沁水县人大常委会
陈　云	男	沁水县农业开发局
陈伟琴	女	沁水县胡底乡贾寨村
陈国华	女	沁水县水务局
陈宽炉	男	沁水县固县乡人大
陈淑云	女	沁水县龙港镇卫生院
范爱国	男	沁水县委办公室
苗晋军	男	沁水县公安局
苗路平	男	沁水县中村镇政府

沁水县第十四届人大第四次会议代表名表（续四）

（以姓氏笔画为序）

姓　名	性　别	单　　位
邹树琦	男	中共沁水县委
武书俊	男	沁水县人大法工委
杨州义	男	沁水县柿庄镇政府
赵沁生	男	沁水县国土局
赵旭花	女	沁水县潘庄小学
赵孝良	男	沁水县柿庄镇人大
赵沁霞	女	沁水县郑庄镇中乡村
段国英	男	沁水县交通局
段忠强	男	沁水县郑庄镇玉沟村
郑　芳	男	沁水县中村镇中村村
郑凌云	女	沁水县地税局
胡万奎	男	沁水县郑村镇半峪村
南　征	男	沁水县煤运公司
侯雅莉	女	沁水县中村初中
畅海霞	女	沁水县潘庄卫生院
秦小胜	男	沁水县劳动和社会保障局
贾林虎	男	沁水县十里乡沟口村
郝　妮	女	沁水县郑村镇司法助理员
郝天亮	男	沁水县土沃乡党委
原红伟	男	沁水县发展和改革局
原沁霞	女	沁水县固县乡政府
高立勤	男	沁水县龙港镇教委
柴守瑛	男	沁水县政法委
柴秋永	男	沁水县张村乡冯村村
常广智	男	沁水县人民政府
常国荣	男	中共沁水县委
常守芳	男	沁水县土沃乡人大

沁水县第十四届人大第四次会议代表名表（续五）

（以姓氏笔画为序）

姓　名	性　别	单　　位
常晓强	男	沁水县苏庄乡人大
郭永君	男	沁水县农业局环保站
郭有顺	男	沁水县龙港镇人大
郭沁林	男	沁水县人民政府
郭家胜	男	沁水县人武部
郭海中	男	沁水县律师事务所
郭　斌	男	中共沁水县委组织部
郭　斌	男	沁水县信用联社
焦广瑞	男	沁水县龙港镇人大
焦贵富	男	沁水县柿庄镇柿庄村
韩海亮	男	沁水县郑庄镇政府
琚敏杰	男	沁水县供电公司
窦沁太	男	沁水县人大常委员会办公室
窦国平	男	沁水县嘉峰镇窦庄村
窦书瑾	男	沁水县政府办公室
谭双叶	女	沁水县龙港镇王寨村
谭爱国	男	沁水县住建局
潘庆云	男	沁水县人大常委会
樊关瑞	女	沁水县樊村河乡卫村村
樊明亮	男	沁水县龙港镇永宁社区
樊艳云	女	沁水县贾寨小学
樊宽社	男	沁水县十里乡政府
霍卫星	男	沁水县人民政府
霍云星	女	沁水县端氏小学
霍向阳	男	沁水县兰金选煤公司
霍李明	男	沁水县端氏镇人大
霍树宾	男	沁水县财政局
翟玉龙	男	沁水县龙港镇里必村

政协沁水县第七届委员会第四次会议委员名表

（以界别、姓氏笔画为序）

界别	姓名	性别	单位
中国共产党	马刘勤	男	政协沁水县委员会
	车功强	男	县委统战部
	任振奎	男	政协沁水县委员会
	刘丑胜	男	沁水县人民法院
	李　伟	男	沁水县农委
	李小战	男	县政协经济委员会
	李文忠	男	沁水县人武部
	李满楼	男	沁水县纪检委
	邹树琦	男	中共沁水县委
	张书元	男	政协沁水县委员会
	张占云	男	沁水县委党校
	张必强	男	沁水县人民检察院
	张跃政	男	县政协办公室
	张治中	男	沁水县公安局
民主党派	上官日梅	女	沁晟煤焦有限公司
	牛芳凯	男	沁水县侨联
	李焕香	女	沁水中学
	胡永强	男	沁水县工商局
	蔺　杰	男	政协沁水县委员会
无党派	冯永涛	男	沁水县质量技术监督局
	张建锋	男	沁水县科技局
	赵旭东	男	沁晟煤焦有限公司
工会	田东亮	男	沁水县佳诚新型建材有限公司
	赵粉霞	女	沁水县嘉峰发电厂
	贾必生	男	沁水县总工会
	秦登朝	男	端氏煤矿
	郭双富	男	沁和能源集团公司安监部

政协沁水县第七届委员会第四次会议委员名表（续一）

（以界别、姓氏笔画为序）

界　别	姓　名	性　别	单　　位
共青团	王　震	男	沁水县统计局
	文勇国	男	沁水县土沃乡
	冯志刚	男	团县委
	李康平	男	沁水县远航汽修厂
	赵　鹏	男	沁水县嘉峰镇永安村
	蔡长胜	男	沁水县司法局
妇　联	王　云	女	沁水县妇联
	王丽琴	女	中国联通沁水分公司
	王翠兰	女	县政协学习文史委员会
	李洪梅	女	沁水县广播电视台
	郭丽萍	女	沁水县财政局
	裴丽霞	女	沁水县固县乡妇联
科学技术协会	刁森林	男	沁水县农委
	王更顺	男	顺昌獭兔产业公司
	李　军	男	沁河能源有限公司永红煤矿
	侯沁荣	女	沁水县蚕桑服务中心
	程　静	女	沁水县环保局
	裴炳虎	男	沁水县科学技术协会
沁水县工商业联合会	邢培善	男	天成广告公司
	孙聚才	男	柳氏民居实业开发公司
	李陆军	男	沁水县侯村郑嘉煤业有限公司
	李榜瑞	男	沁水县瑞峰建材有限公司
	杨国强	男	沁水县国强建材大世界
	宋国秀	男	沁水县东信建材市场
	张永平	女	沁水县沁乐家园商业连锁有限公司
	陈景玉	男	沁水县工商业联合会
	郭静霞	女	摩托销售中心

政协沁水县第七届委员会第四次会议委员名表（续二）

（以界别、姓氏笔画为序）

界别	姓名	性别	单位
沁水县归国华侨联合会	王建苗	男	沁水县示范中学
	贾元斌	男	沁水县端氏镇端氏村
民族宗教界	李　真	男	土沃乡塘坪村天主教堂区
	李永德	男	土沃乡塘坪村天主教西坡堂区
	李国宏	男	沁水县中村教委
	侯志根	男	沁水县佛教协会
	都玉珍	女	沁水县佛教协会
教育界	丁雪霞	女	沁水县示范中学
	王丽敏	女	沁水县端氏中学
	田永超	男	沁水县教育局
	刘李斌	男	沁水县土沃乡下沃泉村
	刘崔新	男	沁水县职业中学
	杨俊勇	男	沁水县城镇初中
	尚俊英	女	沁水县实验小学
	郑　静	女	沁水县实验小学
	胡朝霞	女	沁水县潘庄小学
	贾志军	男	县政协科教文卫委员会
	徐明亮	男	县政协信息中心
	韩晨霞	女	沁水县新乐幼儿园
社会科学技术界	吴俊霞	女	沁水县人力资源和社会保障局
	何宇峰	男	沁水县人民法院中村法庭
	张海潮	男	沁水县机关事务管理局
	陈忠元	男	沁水县安监局
	武小平	男	沁水县宣化社区
	赵兵波	男	沁水县物价局
	原高升	男	沁水县住房保障和城乡建设管理局
	韩学文	男	沁水县公安局

政协沁水县第七届委员会第四次会议委员名表（续三）

（以界别、姓氏笔画为序）

界别	姓名	性别	单位
社会科学技术界	路永强	男	沁水县公安局交警大队
	谭秋兰	女	县政协社会法制委员会
文化艺术新闻界	王万红	男	沁水县文化馆
	刘慧君	男	沁水县东关小学
	苏张林	男	沁水县文联
	延学林	男	沁水县人口和计划生育局
	张　芳	女	沁水县委宣传部
	张建平	女	沁水县广播电视台
	张瑞勇	男	沁水中学
	柴粉香	女	沁水县文体广电新闻出版局
	倪艾君	男	沁水报社
	郭四海	男	沁水县委通讯组
医药卫生界	田必如	男	沁水县人民医院
	田新民	男	沁水县人民医院
	李海霞	女	沁水县人民医院
	李新建	男	沁水县二院
	柳王虎	男	沁水县城关卫生院
	贾浩军	男	沁水县康明眼科诊所
	郭忠萍	女	沁水二院
	樊粉苗	女	沁水县人民医院
	霍兵兵	男	沁水县卫生局
经济企业界	车泽晖	男	沁晟公司中村煤矿
	王保玉	男	蓝焰煤层气公司
	卢献广	男	沁水县工商局
	任青春	男	沁水县交通局
	李国霞	女	沁水县地税局
	邢来魁	男	沁水县供电公司

政协沁水县第七届委员会第四次会议委员名表（续四）

（以界别、姓氏笔画为序）

界　别	姓　名	性　别	单　　位
经　济企业界	杨李年	男	沁城宾馆
	张爱民	男	沁水县环保局
	武金才	男	沁水县房改办
	郑如锁	男	沁水县财政局
	赵　云	女	沁水县东方旅行社
	段培立	男	沁水县发改局
	都海平	女	沁水县外贸公司
	高海平	男	沁水宾馆
农业界	王志学	男	沁水县中村镇下峪村
	王美富	男	沁水县端氏镇端氏村
	李红霞	女	沁水县张村乡瑶沟村
	李丽丽	女	沁水县柿庄镇柿庄村
	李海水	男	沁水三利实业有限公司
	何　磊	男	沁水县水务局
	宋国忠	男	沁水县林业局
	张辉明	男	沁水县国土资源局
	范朝霞	女	沁水县畜牧局防疫站
	郑琳洁	女	沁水县农委
	郭满堂	男	沁水县嘉峰镇李庄村
特　邀人　士	关　涛	男	沁秀公司
	李建军	男	沁水县会计核算中心
	李涛云	男	沁水县水务局
	李卫京	男	县政协提案委员会
	何国印	男	沁水县审计局
	陈世明	男	沁河能源集团公司
	侯晋林	男	县地方志办公室
	柴守江	男	县民政局
	徐玉胜	男	晋城煤业集团寺河煤矿
	常志峰	男	柿庄镇政府
	王志忠	男	县直机关工委

沁水县副高以上专业技术人员名表

姓　名	性　别	文化程度	任职资格	单　位
王晓琳	女	专科	主任医师	沁水县医院
毛兴平	男	本科	高级农艺师	沁水县蔬菜办
文　恒	男	本科	高级讲师	沁水县党校
李瑞明	男	本科	高级讲师	沁水县党校
郭金娥	女	专科	中学高级教师	沁水县进修学校
成刘胜	男	专科	高级农艺师	沁水县蚕桑中心
冯闯庆	男	本科	高级畜牧师	沁水县畜牧局
张　军	男	本科	高级畜牧师	沁水县畜牧局
闫志强	男	专科	高级农艺师	县农业服务中心
徐永芝	女	本科	高级农艺师	县农业服务中心
王永琴	女	本科	高级农艺师	县农业服务中心
宋艳琼	女	本科	高级农艺师	县农业服务中心
商海星	男	本科	高级工程师	县农机服务中心
侯福堂	男	专科	副主任医师	沁水县医院
杨静波	男	本科	副主任医师	沁水县医院
张荷花	女	本科	副主任医师	沁水县医院
张正卫	男	本科	副主任医师	沁水县医院
王彩霞	女	本科	副主任医师	沁水县医院
吴彦平	女	本科	副主任护师	沁水县医院
王　军	男	本科	副主任医师	沁水县医院
李海霞	女	本科	副主任医师	沁水县医院
潘红梅	女	本科	副主任医师	沁水县医院
赵彩云	女	本科	副主任护师	沁水县医院
豆焕香	女	本科	副主任医师	沁水县医院
乔王琴	女	本科	副主任医师	沁水县医院
田耀河	男	本科	副主任医师	沁水县红十字会
王新政	男	本科	副主任医师	沁水县二院

沁水县副高以上专业技术人员名表（续一）

姓　名	性　别	文化程度	任职资格	单　位
郭忠萍	女	本科	副主任医师	沁水县二院
段晓妞	女	本科	副检验师	沁水县二院
霍兵兵	男	本科	副主任医师	沁水县卫校
李　斌	男	本科	副主任医师	沁水县卫生监督所
王万旭	男	本科	中学高级教师	沁水中学
闫国社	男	本科	中学高级教师	沁水中学
赵忠义	男	本科	中学高级教师	沁水中学
崔小虎	男	本科	中学高级教师	沁水中学
郭保良	男	本科	中学高级教师	沁水中学
刘克军	男	本科	中学高级教师	沁水中学
王书英	女	本科	中学高级教师	沁水中学
赵国威	男	本科	中学高级教师	沁水中学
郑俏艳	女	本科	中学高级教师	沁水中学
邢慧芳	女	本科	中学高级教师	沁水中学
马刚毅	男	本科	中学高级教师	沁水中学
崔春燕	女	本科	中学高级教师	沁水中学
苏建梅	女	本科	中学高级教师	沁水中学
王　哲	女	本科	中学高级教师	沁水中学
冯　鹰	男	本科	中学高级教师	沁水中学
王惠珍	女	本科	中学高级教师	沁水中学
张　斌	男	本科	中学高级教师	沁水中学
韩　雷	男	本科	中学高级教师	沁水中学
田郭政	男	本科	中学高级教师	沁水中学
侯新利	女	本科	中学高级教师	沁水中学
李国庆	男	本科	中学高级教师	沁水中学
都君艳	女	本科	中学高级教师	沁水中学
丁治国	男	本科	中学高级教师	沁水中学

沁水县副高以上专业技术人员名表（续二）

姓　名	性　别	文化程度	任职资格	单　位
王瑞香	女	本科	中学高级教师	沁水中学
王早胜	男	本科	中学高级教师	沁水中学
李丽莉	女	本科	中学高级教师	沁水中学
闫军军	男	本科	中学高级教师	沁水中学
李晓霞	女	本科	中学高级教师	沁水中学
常伟兴	男	本科	中学高级教师	沁水中学
张四清	男	本科	中学高级教师	沁水中学
李雪瑞	男	本科	中学高级教师	沁水中学
张美太	男	本科	中学高级教师	沁水中学
王燕波	男	本科	中学高级教师	沁水中学
王　莉	女	本科	中学高级教师	沁水中学
付冬梅	女	本科	中学高级教师	沁水中学
张美香	女	本科	中学高级教师	沁水中学
豆小文	女	本科	中学高级教师	沁水中学
白亚芳	女	本科	中学高级教师	沁水中学
张海霞	女	本科	中学高级教师	沁水中学
崔云霞	女	本科	中学高级教师	沁水中学
李广森	男	本科	中学高级教师	沁水中学
张　英	女	本科	中学高级教师	沁水中学
刘志强	男	本科	中学高级教师	沁水中学
韩向党	女	本科	中学高级教师	沁水中学
刘强建	男	本科	中学高级教师	沁水中学
于江红	女	本科	中学高级教师	沁水中学
常虎强	男	本科	中学高级教师	沁水中学
董福萍	女	本科	中学高级教师	沁水中学
李焕香	女	本科	中学高级教师	沁水中学
李广世	男	本科	中学高级教师	沁水中学
张秀棉	女	本科	中学高级教师	沁水中学

沁水县副高以上专业技术人员名表（续三）

姓　名	性　别	文化程度	任职资格	单　位
任党绪	男	本科	中学高级教师	沁水中学
倪小宽	男	本科	中学高级教师	沁水中学
杨洪峰	男	本科	中学高级教师	沁水中学
段满杰	男	本科	中学高级教师	沁水中学
谭民悟	男	专科	中学高级教师	沁水中学
刘卫国	男	专科	中学高级教师	沁水中学
张振旺	男	专科	中学高级教师	沁水中学
赵全全	男	本科	中学高级教师	沁水中学
文力青	女	本科	中学高级教师	沁水中学
张广君	男	本科	中学高级教师	沁水中学
王进宏	男	本科	中学高级教师	沁水中学
侯建华	男	本科	中学高级教师	端氏中学
冯建林	男	本科	中学高级教师	端氏中学
李永庭	男	本科	中学高级教师	端氏中学
田倪仓	男	专科	中学高级教师	端氏中学
王　帆	男	本科	中学高级教	端氏中学
张书升	男	本科	中学高级教师	端氏中学
王永胜	男	本科	中学高级教师	端氏中学
宋保红	男	专科	中学高级教师	端氏中学
张军战	男	本科	中学高级教师	端氏中学
李煜钿	男	本科	中学高级教师	端氏中学
朱新华	女	本科	中学高级教师	职业中学
韩建萍	女	本科	中学高级教师	职业中学
刘崔新	男	本科	中学高级教师	职业中学
刘忠义	男	本科	高级讲师	职业中学
苗志清	男	专科	高级讲师	职业中学
李太生	男	本科	高级讲师	职业中学
王晓慧	女	本科	中学高级教师	职业中学

沁水县副高以上专业技术人员名表（续四）

姓　名	性　别	文化程度	任职资格	单　位
李旭明	男	本科	中学高级教师	职业中学
侯银锁	男	本科	中学高级教师	示范初中
崔秀萍	女	本科	中学高级教师	示范初中
于新社	男	本科	中学高级教师	示范初中
田文鹏	男	本科	中学高级教师	示范初中
霍巧艳	女	本科	中学高级教师	示范初中
贾苗苗	女	本科	中学高级教师	示范初中
李　霞	女	本科	中学高级教师	示范初中
王国英	女	本科	中学高级教师	示范初中
田骁飞	女	本科	中学高级教师	示范初中
常张琴	女	本科	中学高级教师	示范初中
郭花同	女	本科	中学高级教师	示范初中
丁建霞	女	本科	中学高级教师	示范初中
张　雅	女	本科	中学高级教师	示范初中
王　敏	男	本科	中学高级教师	示范初中
张粉霞	女	本科	中学高级教师	示范初中
王炳芳	男	本科	中学高级教师	示范初中
高凤霞	女	本科	中学高级教师	示范初中
王建苗	男	本科	中学高级教师	示范初中
陈继胜	男	本科	中学高级教师	城镇初中
王绪强	男	专科	中学高级教师	城镇初中
王青宝	男	本科	中学高级教师	城镇初中
贾秀兰	女	本科	中学高级教师	城镇初中
秦素容	女	本科	中学高级教师	城镇初中
杜青婵	女	本科	中学高级教师	城镇初中
杨书卿	女	专科	中学高级教师	城镇初中
靳软香	女	本科	中学高级教师	城镇初中
侯雅丽	女	本科	中学高级教师	中村初中

沁水县副高以上专业技术人员名表（续五）

姓　名	性　别	文化程度	任职资格	单　位
祁业岗	男	本科	中学高级教师	土沃初中
闫守卫	男	专科	中学高级教师	郑庄中学
张瑞政	男	专科	中学高级教师	郑庄中学
闫理强	男	本科	中学高级教师	端氏初中
霍抗亮	男	专科	中学高级教师	端氏初中
张中顿	男	专科	中学高级教师	端氏初中
成书强	男	本科	中学高级教师	端氏初中
薛朵云	女	本科	中学高级教师	端氏初中
王永斌	男	本科	中学高级教师	加丰初中
张吉善	男	专科	中学高级教师	树理中学
王秀明	男	专科	中学高级教师	郑村初中
郭忠义	男	专科	中学高级教师	十里初中
郭国平	男	专科	中学高级教师	端氏小学
张毓诚	男	中师	中学高级教师	张村教委
樊天满	男	本科	中学高级教师	胡底教委
王国定	男	专科	中学高级教师	胡底教委
何建立	男	本科	中学高级教师	企业教委
梁广明	男	本科	中学高级教师	教育局招生办
何　龙	男	本科	中学高级教师	教育局招生办
张俊霞	女	本科	中学高级教师	教育局教研室
崔小珍	男	本科	中学高级教师	教育局教研室
韩小琴	女	本科	中学高级教师	教育局招生办
吉达铭	男	本科	中学高级教师	教育局电教馆
王丑林	男	本科	中学高级教师	教育局教研室
刘芒太	男	本科	中学高级教师	教育局教研室
杨家胜	男	本科	中学高级教师	教育局教研室
王红梅	女	本科	中学高级教师	教育局教研室
明金孩	男	专科	中学高级教师	柿庄教委

（赵旭亚）

沁水县2010年新兵入伍名单

龙港镇

都潇岳　李　伟　徐　洋　李建雄
郭琼鹏　王　阳　潘　定　史沁锋
张海龙　杨　鹏　畅　浩　王云飞
张　超　李张峰　谭　峰　杜探探
丁伟锋　李　宁　郑斌斌　裴　超
张永辉　翟　璐　李富强　崔丽鹏
李　凯　张　楠　田　康　李江江
刘　凯　李　伟　李海磊　翟利民
武江鹏　樊军令

中村镇

侯新楠　陈　真　闫玉廷　赵杨凯
靳郑跃　高牛牛　张民剑　师李国

郑庄镇

刘　帅　畅　超　都高飞　刘芮峰
赵阳阳　杨　斌

端氏镇

王　浩　原征南　车佳佳　谢　军
冯舜舜　闫明明　王龙龙　畅庭温
杨鹏飞　刘昱宇　霍岩岩　郭星星
张侨侨　张　伟　柴　伟　徐龙龙

嘉峰镇

秦云峰　张毓杰　何鹏帆　豆宝宝
常文飞　常浩南　李　帆　韩向阳
何津晶　李　凯　潘　波　张　浩
梁适万　王软东　韩家豪　李明明
卢　鋭　原静帅

郑村镇

张开放　秦　凡　李凯锋　唐相晖
唐相琪　樊进凯　牛少锋　任　万
王成成　樊进灵　王少云　王　帅
马张伟　刘玉龙　唐俊杰　霍鹏波
陈　龙　陈　宁

柿庄镇

王　维　李少华　宋　洋　豆晋峰
常能旺　李鹏飞　韩鹏飞　常洋奇
宋　晶　王晓峰　田　丰　袁阳阳

樊村河乡

廉江江

张村乡

张家瑀　安博文　任进章　陈翱鹏
陈尧明

土沃乡

常锴芳　王晓东　帅张克　郑林贺
梁　斐　李杰超　郑超楠

苏庄乡

王　伟　郭伟伟

胡底乡

王亚飞　王海波　刁东东　苏　通
田姚姚　李秉炳　张　鹏　樊　凯
张军奎

固县乡

郭晓亮　田军强　张晓亮　毕鹏飞
王帅帅　冯　帅　冯　伟　王　伟

十里乡

张艳敏　张坤烽　柴志强　张黎明
王　宁　张　浩　杨　军　赵　军
倪　鹏　柴肇雄　杨　凯

沁水县2010年高考二本以上录取人员名单

沁水中学

高　原　中国地质大学
程　鹏　中国地质大学
任翔宇　中国地质大学
张林峰　中国医科大学
李秀文　中国医科大学
梁姗姗　厦门大学
闫庆丽　北京外国语学院
李　晨　北京科技大学
常一鹤　中国劳动关系学院
王　伟　中国人民武装警察部队学院
陈珂璐　西北农林科技大学

常文军	西北农林科技大学	段　铖	太原理工大学
刘瀚木	西南民族大学	赵　迪	太原理工大学
李　丹	大连海事学院	王　谦	太原理工大学
乔　丽	中南林业科技大学	崔　鹏	太原理工大学
丁　凡	山东科技大学	杨盼盼	山西大学
王　强	哈尔滨师范大学	郭遥科	山西大学
王　冲	西安工业大学	闫俊峰	山西大学
李宁宁	西安财经大学	连思思	山西大学
张若楠	西安工程大学	赵雅丽	山西大学
王　露	西安工程大学	张晶津	山西大学
畅丽灵	西安医学院	王超群	山西大学
韩昊男	武汉经济军事学院	沈李丽	山西农业大学
吴振杨	武汉体育大学	赵　超	山西农业大学
张楗峤	南京农业大学	张海楠	山西农业大学
胡晓倩	合肥工业大学	于垚垚	山西农业大学
杨　静	南京信息工程大学	景　晶	山西农业大学
张骁哲	成都理工大学	张钰琳	山西农业大学
史亚楠	成都理工大学	田姗姗	山西农业大学
郭　潘	天津理工大学	潘魁晓	山西农业大学
李　昊	河北农业大学	李　伟	山西农业大学
赵丹丹	南昌理工大学	张　宁	山西医科大学
于媛媛	渭南师范学院	王文秀	山西医科大学
王李鹏	河北工业大学	悦　亮	山西医科大学
杨　凯	河北理工大学	王春艳	山西师范大学
王　畅	青岛农业大学	陈　鑫	山西师范大学
车浩田	重庆邮电大学	侯琦琦	山西师范大学
秦铁群	重庆师范大学	李林峰	山西师范大学
李　杨	重庆工商大学	王　旭	山西师范大学
何　江	河北传媒大学	刘学芳	山西师范大学
崔　媛	河北传媒大学	田徐芬	山西师范大学
王泽林	泉州师范学院	李燕芳	山西师范大学
张浩男	湖北民族学院	冯林霞	山西师范大学
任笑笑	湖北技术学院	潘娜娜	山西师范大学
王伟杰	南昌理工学院	刘林杰	山西师范大学
李　楠	信阳师范学院	吕佳丽	山西大同大学
陈波羽	江西科技师范学院	杨　军	山西大同大学
刘子畅	南昌工程学院	任宇波	山西大同大学
张　健	大庆师范学院	王银利	山西大同大学
赵　云	太原理工大学	张　乐	山西大同大学

尉锦华	山西大同大学
任朋鹏	山西大同大学
王哲哲	山西大同大学
刘娅丽	山西大同大学
续　影	山西大同大学
张　娜	山西大同大学
车韩卓	山西大同大学
苏　倩	山西大同大学
陈　伟	山西大同大学
续二莎	山西大同大学
韦福凌	山西大同大学
宋　微	山西大同大学
张　崭	山西大同大学
王　静	山西大同大学
王凯丽	山西财经大学
杨叶鹏	山西中医学院
乔　栋	华北科技大学
孔维佳	太原科技大学
杨子豪	太原科技大学
马　鑫	中北大学
田志强	中北大学
毕乔杨	中北大学
张　晶	长治医科大学
王亚楠	长治医科大学
张海峰	长治医科大学
张　丽	忻州师范学院
刘学英	忻州师范学院
张娅玲	忻州师范学院
苏盼盼	忻州师范学院
李　佼	忻州师范学院
张　姚	太原师范学院
郭沁燕	太原师范学院
王　超	太原师范学院
贾晓凤	太原师范学院
王　茜	太原师范学院
杨道圣	太原师范学院
李慧敏	太原师范学院
刘姗姗	长治学院
李　军	长治学院
郭　晶	长治学院
于　渊	长治学院
李峰江	长治学院
韩彤彤	长治学院
孙鹏飞	长治学院
郑忠曜	长治学院
侯春艳	长治学院
张　璐	长治学院
崔鑫鑫	长治学院
樊彬欣	长治学院
刘紫君	晋中学院
张　晋	晋中学院
张珍珍	晋中学院
贾伟伟	运城学院
王玲婵	吕梁学院

远胜文化教育培训学校

潘向向	华中科技大学
刘苗苗	中南大学
霍万军	电子科技大学
李　昂	湖南大学
黄强强	北京化工大学
王　婷	东北大学
胡媛媛	中国矿业大学
田莎莎	湖南师范大学
张　炤	苏州大学
张　磊	山西农业大学
王　杰	西北农林科技大学
张　静	天津师范
宋毛宁	济南大学
李向文	山西医科大学
牛　帅	中北大学
王　茜	太原师范学院
崔赟堂	山西农业大学
樊盼盼	宁波大学
畅　亮	贵阳医学院
王丽丽	山西大学
张　宏	中北大学
程　凯	山西农业大学
王　鑫	常州大学

李高峰　山西财经大学
陈　雷　华北水利水电学院
陈　帅　山西大学
王树浩　山西农业大学
常　曦　山东中医药大学
李亚娜　山西医科大学
李　伟　太原师范学院
赵小妮　山西师范大学
王　渊　山西农业大学
原晓波　山西师范大学
乔凌霄　山西师范大学
王　蔚　西安工程大学
吉巧丽　山西农业大学
李　玲　山西师范大学
郭建芳　长治医学院
张凌艳　中北大学
史　强　山西大同大学
张　琳　山西大学
常世林　太原师范学院
张　欣　山西农业大学
乔江峰　成都学院
李　阳　山西农业大学
张　磊　山西农业大学
徐海芳　山西农业大学
张之骢　山东交通学院
杨志强　山西大学工程学院
王娅静　太原师范学院
郭　菲　山西农业大学
吉媛媛　淮阴师范大学
任　栋　太原师范学院
张　楠　山西大同大学
杨　阳　山西大同大学
李鹤琼　山西农业大学
韩　亮　晋中学院
王　慧　山西大同大学
张　健　山西农业大学
赵　俊　山西大同大学
盖国强　山西大同大学
郑茜茜　长治学院
马林木　山西大同大学
张　凡　太原理工大学
豆俊娜　长治学院
景巧丽　晋中学院
杨　瑨　运城学院
霍亚峰　晋中学院
常　伟　长治学院
张　伟　长治学院
刘　晔　运城学院
李文龙　长治学院
王楠楠　吕梁学院
赵欢欢　长治医学院
郭慧敏　运城学院
李　帆　运城学院
李二东　运城学院
车晓凤　吕梁学院
史　良　长治学院
崔建强　长治学院
李　媛　长治学院
陈　超　忻州师院
柳慧芳　长治学院
王甜甜　吕梁学院
马江南　长治学院
王世豪　长治学院
王亚鹏　长治学院
郭　强　沈阳工业大学
郭　强　沈阳工业大学
刘栋洋　山西大学
张英英　海南大学
杨　洋　中北大学
秦张铭　江汉大学
芦建兵　山西农业大学
宋忆南　山西大学
王夏夏　山西大同大学
郑卫慧　太原师范大学
张永鹏　山西大同大学
刘柄辰　山西大学工程学院
商青霞　山西中医学院
杨文焕　山西农业大学

郭雅慧	大同大学
陈芳叶	山西农业大学
王　骁	长治学院
郭莎莎	忻州师范学院
赵小娜	长治学院
张晋飞	山西长治学院
杨亚男	长治学院
刘　静	长治学院
董珍珍	山西大同大学
吴美玲	长治学院
郭沁云	长治学院
乔晶晶	吕梁学院
张　静	山西大同大学
田　丹	晋中学院
牛文芳	运城学院
李　锦	吕梁学院
杨　丽	晋中学院
刁　蝉	长治学院
王　群	吕梁学院
张　悦	山西大学
王雨霏	湖南人为科技学院
李　宁	山西师范大学
李子亚	运城学院
原俊涛	山西大学
翟中一	中国矿业大学徐海学院
李鹏丽	
崔振杨	广西师范大学
武　桐	陕西科技大学
任　甜	
乔　敏	山西大同大学
高　哲	大连医科大学
唐　薇	西安科技大学
原　莎	东北农业大学成栋学院
文奥娓	广东海洋大学中歌艺术学院

育英学校

韩高策	武汉理工大学
马江娜	天津科技大学
李洁琼	青海大学
李　帅	济南大学
张　凯	中北大学
王　敏	山西农业大学
平鹏云	山西农业大学
乔亚芬	山西农业大学
郭沁建	山西大同大学
裴倩倩	山西大同大学
牛　伟	长治学院
张　伟	山西大同大学
王盼盼	河南理工大学
乔慧峰	黑龙江科技学院
陈张娅	山西医科大学
靳晓慧	山西师范大学
赵李峰	山西大同大学
张　静	山西大同大学
霍晶晶	山西大同大学
杨　飞	长治学院
杨喜众	中原工学院
田　路	河北传媒学院
于豆豆	广西工学院
廉盼盼	南阳师范学院

端氏中学

卫　敏	大连艺术学院
郭张进	运城学院
闫凯程	运城学院
王梦洁	山西大同大学
赵倩倩	山西大同大学
苏　倩	山西大同大学
郭惠利	广播电影电视管理干部学院

统计资料

2010年沁水县国民经济主要指标统计表

项　目	单　位	2009年	2010年	增减%
总面积	平方公里	2676.6		–
行政区划	个	7镇7乡242个建制村9个社区		–
森林面积	万亩	193.04		–
森林覆盖率	%	48.4		–
水资源总量	亿立方米	6.75		–
煤炭含煤面积	平方公里	2421.9		–
煤炭地质储量	亿吨	262.25		–
煤炭探明储量	亿吨	86.67		–
煤层气储量	亿立方米	5000		–
总户数	户	78 115	79 423	1.7
非农业户	户	20 849	20 488	–1.7
户籍人口	人	206 757	204 684	–1.0
非农业人口	人	42 781	43 021	0.6
男	人	105 318	103 948	–1.3
常住人口	人	218 446	213 022	–2.5
生产总值（新口径）	亿元	83.05	100.1	20.5
耕地面积	公顷	24 183	24 819	2.6
乡村劳动力	人	93 425	93 186	–0.26
农业总产值	万元	50 626	68 073	34.5
农村经济总收入	万元	268 769	271 263	0.9
农民人均纯收入	元	4371.4	5059.2	15.7
粮食作物播种面积	亩	448 292	462 597	3.2

2010 年沁水县国民经济主要指标统计表（续一）

项　目	单　位	2009 年	2010 年	增减 %
粮食总产量	吨	67 592	131 394	94.4
粮食亩产量	公斤	151	284	88.1
小麦总产量	吨	23 186	27 342	17.9
油料总产量	吨	651	1584	143.3
棉花总产量	吨	123	148	20.3
蚕茧总产量	吨	1100	1232	12.0
蔬菜总产量	吨	36 275	36 559	0.8
水果总产量	吨	4433	5308	19.7
肉类总产量	吨	5421	6199	14.4
禽蛋总产量	吨	4711	3091	–34.4
蜂蜜产量	吨	464	730	57.3
牛奶产量	吨	476	731	53.6
大牲畜年末存栏	头	3111	2849	–8.4
猪年末存栏	头	33 714	22 457	–33.4
羊群饲养量	只	262 303	297 444	13.4
羊年末存栏	只	161 728	155 343	–4.0
农业机械年末总动力	千瓦	297 283	315 700	6.2
规模以上工业企业单位个数	个	32	35	9.4
规模以上工业增加值（现价）	万元	266 209	327 000	22.8
规模以上工业总产值（现价）	万元	439 760	660 391	50.2
民营经济增加值	万元	300 035	351 152	17.0
民营经济营业收入	万元	571 093	684 213	19.8
原煤产量	万吨	500	536.2	7.2
洗煤	万吨	113.1	122.7	8.5
煤层气抽采量	万立方	96 479	180 590	87.2
煤层气利用量	万立方	59 198	117 783	99
煤层气液化量	吨	80 190	100 089	24.8

2010年沁水县国民经济主要指标统计表（续二）

项　目	单　位	2009年	2010年	增减%
发电量	万度	103 876.4	112 434.8	8.2
焦炭	吨	143 537	102 599	–28.5
铸件	吨	4054	13 120	223.6
水泥	吨	28 000	40 000	42.9
社会消费品零售总额	万元	89 432	110 032	23.0
财政总收入（新口径）	万元	194 966	222 276	14.0
财政一般预算收入	万元	52 703	62 286	18.2
财政一般预算支出	万元	79 868	100 327	25.6
城镇居民人均可支配收入	元	11 845.8	13 365.6	12.8
城镇居民消费性支出	元	7697.9	8278.4	7.5
农村居民人均生活消费支出	元	3792	4060.3	7.1
年末各类存款余额	万元	633 046	816 572	29.0
年末各类贷款余额	万元	164 252	213 538	30.0
城乡居民储蓄存款余额	万元	296 124	345 346	16.6
固定资产投资总额（新口径）	万元	462 547	569 763	23.2
年末单位从业人员数	人	18 838	23 326	23.8
从业人员年平均工资	元	23 562	32 622	38.5
全县公路通车里程	公里	1270	1501.8	18.3
公路干线	条/公里	3/128	3/122.9	–
公路支线	条/公里	56/1270	457/1350	–
高速公路	公里	0	28.9	–
桥梁	座	104	116	11.5
邮政路线	条	73	45	–38.4
邮政总长度（单程）	公里	1744	2778	59.3
固定电话客户	户	45 300	48 000	6.0

2010年沁水县国民经济主要指标统计表（续三）

项　目	单　位	2009年	2010年	增减%
移动电话客户	户	104 500	119 708	14.6
互联网用户	户	19 280	28 100	45.8
各类学校	所	154	121	–21.4
在校学生	人	34 870	33 236	–4.7
教职工	人	3383	3298	–2.5
卫生机构	个	368	294	–20.1
卫生机构床位数	支	591	544	–8.0
卫生技术人员	人	567	1004	77.1
农村新型合作医疗参保率	%	94.6	95.5	1.0
全县旅游接待总人数	人	61 374	143（新口径）	–
旅游接待总收入	万元	500	10.34亿（新口径）	–
纳税第一村（2010年）		郑村镇湘峪村（2206万元）		
农民人均纯收入第一（2010年）		嘉峰镇长畛村（8901元）		
粮食总产第一村（2010年）		郑庄镇中乡村（1585吨）		
蔬菜总产第一村（2010年）		端氏镇端氏村（1837.5吨）		
养羊第一村（2010年）		苏庄乡西古堆村（8760只）		
农村经济总收入第一村（2010年）		嘉峰镇嘉峰村（15 810万元）		

（张拴斌）

附　录

中共沁水县委关于学习贯彻《中国共产党党员领导干部廉洁从政若干准则》的实施意见

（2010年3月23日）

2010年1月，中央修订颁发了《中国共产党党员领导干部廉洁从政若干准则》（中发〔2010〕3号,以下简称《廉政准则》)；2月23日，中央和省委相继召开了贯彻实施《廉政准则》电视电话会议；3月3日，市委也下发了学习贯彻《廉政准则》的实施意见。为认真贯彻落实中央和省、市委的要求，把《廉政准则》学习好、宣传好、贯彻好、落实好，经研究，决定在全县党员干部中开展学习贯彻《廉政准则》活动。现提出如下实施意见：

一、提高认识，准确把握《廉政准则》的精神实质

《廉政准则》是运用党的创新理论指导党风廉政建设和反腐败工作的实践成果，是加强和改进新形势下党的建设的重大举措，是规范党员领导干部从政行为的重要基础性党内法规。在全县党员干部中开展《廉政准则》学习活动，对于保证党员干部廉洁从政，形成用制度规范从政行为、按制度办事、靠制度管人的有效机制具有重要的促进作用；对于加强党员干部廉洁自律工作和干部队伍建设，进一步提高管党治党水平和深入推进反腐倡廉建设具有十分重要的意义。全县党员干部要从加强和改进新形势下党的建设的高度，结合贯彻落实党的十七大、十七届四中全会、中纪委五次全会和县纪委五次全会精神，充分认识学习好、贯彻好、落实好《廉政准则》的重要性和必要性，要深入学习理解和认真贯彻执行《廉政准则》，准确把握其精神实质，强化廉洁自律意识，严格执行《廉政准则》的各项行为规范，自觉接受组织和群众的监督，做到自重、自省、自警、自励，树立清正廉洁的良好形象，不断提高执政能力和水平。

二、强化措施，扎实抓好学习贯彻活动的深入开展

2010年为全县学习贯彻《廉政准则》年。全县广大党员干部要把学习贯彻《廉政准则》作为规范从政行为的关键和核心，作为提高思想政治素质的重要手段，作为推动各项工作的有效载体。

一是要认真学习。要坚持把学习《廉

政准则》作为党委中心组理论学习的重要内容，认真组织好对《廉政准则》、贺国强同志在中央电视电话会议上重要讲话精神的学习，全面把握思想精髓，深刻领会精神实质；要分级负责组织好全县党员领导干部的集中学习，对《廉政准则》的“八个方面52个不准”和贺国强同志提出的“六个重点”，必须做到应知应会、熟练掌握；各部门各单位要开辟《廉政准则》学习专栏，要求党员领导干部在认真参加集体学习，积极进行自学的基础上，人人写出心得体会，张贴于学习专栏内。

二是要抓好宣传。要充分利用电视、报刊、网络等新闻媒体，搞好宣传教育，在全县迅速掀起学习宣传《廉政准则》的热潮。宣传部门要进行专门研究，制定详细方案，组织各新闻媒体，集中一个月时间做好学习贯彻《廉政准则》的宣传报道工作。《今日沁水》要开设学习专栏，刊登《廉政准则》解读及全县党员领导干部的心得体会文章；电视台要开展专题报道，对各级各部门的学习贯彻情况进行全程跟踪报道；沁水政府网站要全方位、多视角反映各部门各单位的学习贯彻情况。对一些领导重视、措施得力的单位要大力宣传表扬；对一些敷衍应付、行动迟缓的单位要给予严肃批评。要通过深入宣传报道，为《廉政准则》的贯彻实施营造浓厚舆论氛围。

三是要对照检查。各级各部门要采取多种形式、通过多种途径，广泛征求各方意见，开展批评和自我批评，主动查找存在问题。要召开单位党员干部、职工代表、离退休干部和社会服务对象参加的各类座谈会和领导班子专题民主生活会。对照《廉政准则》的各项要求，认真分析和查找廉洁从政方面存在的问题，制定整改措施，限期进行整改，进一步树立廉洁从政的良好形象。

四是要完善制度。要严格按照《廉政准则》的要求完善反腐倡廉制度体系，以建立健全惩治和预防腐败体系各项制度为重点，使制度有效衔接、相互协调，努力形成一整套用制度管权、按制度办事、靠制度管人的有效机制。一是对以往制度进行清理规范，对重复的制度要合并，对互相抵触的制度要修订，对缺少的制度要健全，对过时的制度要废除。二是对现有制度进行修订补充，重点是党员领导干部报告个人有关事项制度。三是要着力在加强对党员领导干部的教育和监督上建章立制，着力规范领导干部职务消费及单位公务消费相关制度。

五是要加强督察。要开展集中检查，对党员领导干部学习准则、执行准则、维护准则的情况和各级各部门组织学习、查纠整改、整章建制的情况进行监督检查；要加强日常监督，充分发挥民主生活会、任前廉政谈话、述职述廉和报告个人有关事项等党内监督制度的作用，全面掌握《廉政准则》贯彻执行情况，促进党员领导干部廉洁自律；要严肃执行纪律，加大查办案件力度，对违反《廉政准则》的党员领导干部，要依照有关规定给予批评教育、组织处理或者纪律处分，触犯刑律的依法移送司法机关。

六是要落实行动。要通过学习培训、开办专栏、知识竞赛、统一考试等多种形式，使广大党员干部将《廉政准则》入脑入心。要与大力弘扬“实干、争先、创新、和谐”的新时期沁水精神和巩固学习实践科学发展观活动成果紧密结合起来，力争实现大局观念明显增强，办事效率明显提高，创新成果明显增多，服务环境明显改善，队伍素质明显提升。

三、加强领导，确保学习贯彻活动取得实效

（一）领导重视，统筹安排。全县各级

各部门都要把《廉政准则》的贯彻实施、加强党员领导干部廉洁自律工作作为当前和今后一个时期的重要任务，明确责任要求，强化落实措施，确保取得实效。各单位主要领导同志要切实担负起第一责任人的责任，既要以身作则、模范遵守；又要加强领导、推动落实。领导班子其他成员要认真抓好分管范围内的贯彻实施工作。纪检监察机关要认真履行职责，协助党委抓好落实。为加强组织领导，县委成立了以县委书记常国荣同志为组长，纪委、组织、宣传等相关部门领导参加的贯彻实施《廉政准则》领导组。各级各部门也要成立相应的领导机构，确保《廉政准则》的贯彻实施工作顺利推进。

（二）明确目标，狠抓落实。要以促进党员领导干部廉洁从政为目标，坚持把学习宣传、查纠整改、整章建制贯穿始终，做到边学边查、边查边纠、边纠边整、边整边改。要把《廉政准则》的贯彻实施与贯彻党的十七届四中全会精神结合起来，与贯彻落实胡锦涛总书记在十七届中央纪委五次全会上的重要讲话和中央、省、市、县纪委全会精神结合起来，与严格执行党风廉政建设责任制、全面落实反腐倡廉各项工作任务结合起来，与全面加强领导干部作风建设、促进党员领导干部廉洁自律工作结合起来，教育和引导党员领导干部学廉洁从政法规、扬秉公用权正气、树清廉为民形象。

（三）强化督察，确保实效。县委贯彻实施《廉政准则》领导组要对各级各部门贯彻实施《廉政准则》的情况进行督促检查和指导，及时发现和督促解决存在问题，对组织不力、落实不到位的要追究主要领导责任。宣传部门要认真抓好《廉政准则》的学习宣传，组织部门要认真抓好《廉政准则》的干部培训、统一考试和查纠整改，纪检监察机关要认真抓好整章建制和监督检查。各职能部门要互通情况，加强协作，确保《廉政准则》的贯彻实施。

中共沁水县委常委会任免干部票决办法（试行）

（2010年5月10日县委常委会议讨论通过）

第一条 为认真贯彻落实党的十七届四中全会精神，深化干部人事制度改革，推进党内民主，完善决策机制，改进干部任免方式，提高选人用人公信度，根据《党政领导干部选拔任用工作条例》、省委组织部《关于推行县（市、区）委常委会任免干部票决制的实施方案》等有关要求，制定本办法。

第二条 本办法适用范围为：

（一）县委直接管理的拟任免干部人选；

（二）县委向县人大、政府、政协和乡（镇）以及其他人民团体提名的拟任免干部人选；

（三）县委拟向市委推荐的副县级以上领导干部。

第三条 常委会票决采取无记名投票表决的方式进行。票决人选一般按等额确定，视情况也可差额票决。

第四条 常委会票决前期的推荐、考察、酝酿等程序（包括五人会、部务会）严格按照《党政领导干部选拔任用工作条例》、《地方党政领导班子和领导干部综合考核评价办法（试行）》和党委工作部门领导班子和领导干部综合考核评价办法（试行）、省委“四个工作规定”和市委选拔任用领导干部工作程序（试行）等有关规定进行。

第五条 常委会讨论决定干部人事任免事项时，按以下程序进行：

（一）提出任免意见。县委组织部逐个介绍拟任免人选的提名、推荐、考察情况及任免理由，提出干部任免意见。

（二）讨论任免意见。到会县委常委和列席会议的县人大主任、政协主席对县委组织部提出的干部任免意见进行充分讨论，并发表明确的意见。

（三）确定表决对象。在充分讨论的基础上，由会议主持人综合与会人员意见，确定票决对象；对拟提名、推荐、任免人选意见分歧较大或有重大问题不清楚时，可暂不确定为票决对象。对影响作出决定的问题，会后应及时查清，避免久拖不决。

（四）进行表决。会议主持人决定进行表决后，由计票人清点到会人数，发放表决票。

到会常委对拟任免人选进行无记名投票表决，对每位拟任免人选作出“同意”、“不同意”、“弃权”的表决意见，但不得另提他人。

投票表决中，会议收回的表决票等于或少于发出的表决票，表决有效；收回的表决票多于发出的表决票，表决无效；应重新投票表决。

投票表决设监票人一名，计票人两名。投票表决前，会议主持人在参会常委中指定一位监票人（一般由县纪委书记担任），计票人员由县委组织部工作人员担任。投票结束后，由监、计票人员当场计票，并将计票结果汇总后呈报会议主持人。汇总后的计票结果由监票人和计票人共同签字后存档。表决票保留一年。

（五）会议主持人当场公布计票结果。

（六）形成任免决定。拟任免人选获得“同意”票超过应到会常委半数的，方可形成任免决定。

第六条 县委常委会讨论干部任免事项，必须有2/3以上的常委参加；缺席的常委不得委托他人代为投票，也不另行投票。列席人员包括县人大常委会主任、政协主席不参加票决。

第七条 拟任免人选涉及与会人员本人或同与会人员有夫妻关系、直系血亲关系、三代以内旁系血亲关系以及近姻亲关系或其他原因需要回避的，在对该人选进行酝酿、讨论、表决时，应予回避。

第八条 常委会投票表决未获通过的拟任人选一般不再提名为同一职位人选。确需再次提名为同一职位人选的，必须经过半数以上常委复议同意后提交另一次常委会票决。两次未获通过的，不再提名为同一职位人选。票决未通过的职位，不得临时动议另提他人进行票决。

第九条 常委会票决情况，要通过书面和录音方式如实全程记录，原始记录要存档备查。

第十条 与会人员必须遵守保密纪律，不准泄漏提名、讨论、投票表决情况。对违反规定的，应当根据具体情况追究直接责任人的责任。

第十一条 本办法由县委组织部负责解释。

第十二条 本办法自印发之日起试行。

中共沁水县委关于推进学习型党组织建设的实施意见

（2010年6月28日）

为认真贯彻落实中央和省、市委印发的《关于推进学习型党组织建设的意见》精神，深入推进我县学习型党组织建设，结合实际，提出如下实施意见。

一、总体要求和基本原则

（一）建设学习型党组织的总体要求是：高举中国特色社会主义伟大旗帜，坚持以邓小平理论和“三个代表”重要思想为指导，深入贯彻落实科学发展观，全面贯彻党的十七大和十七届三中、四中全会精神，以及省委九届十次全会、市委五届五次全会精神，紧紧围绕全县工作大局，按照科学理论武装、具有世界眼光、善于把握规律、富有创新精神的要求，以提高思想政治水平为基本目标，深入学习马克思主义理论，学习党的路线方针政策和国家法律法规，学习党的历史，学习现代化建设所需要的各方面知识，不断在武装头脑、指导实践、推动工作上取得新成效，使党员的学习能力不断提升、知识素养不断提高、先锋模范作用充分发挥，使党组织的创造力、凝聚力、战斗力不断增强。

（二）建设学习型党组织的基本原则是：坚持解放思想、实事求是、与时俱进，用发展着的马克思主义指导新的实践；坚持理论联系实际的马克思主义学风，切实推动实际问题的解决；坚持领导干部作表率，调动广大党员的积极性、主动性；坚持改革创新，鼓励大胆探索。

二、学习的主要内容

（一）深入学习中国特色社会主义理论体系。深入学习马克思列宁主义、毛泽东思想、邓小平理论、“三个代表”重要思想和科学发展观，全面系统、完整准确地掌握中国特色社会主义理论体系的重大意义、时代背景、实践基础、科学内涵和历史地位，深刻领会贯穿其中的马克思主义立场、观点、方法。大力推动中国特色社会主义理论体系宣传普及活动，切实推进党的理论创新成果进教材、进课堂、进头脑，筑牢全县人民团结奋斗的思想基础。

（二）深入学习实践科学发展观。认真总结和运用深入学习实践科学发展观活动的成功经验，引导党员干部准确掌握科学发展观的科学内涵和精神实质，深刻理解科学发展观对各方面工作提出的新要求，使全县各级党组织和广大党员干部在贯彻落实科学发展观、推进沁水和谐发展、跨越崛起上形成广泛共识和高度自觉。着力转变不适应、不符合科学发展要求的思想观念，着力解决影响和制约科学发展的突出问题，努力形成有利于学习研究和贯彻落实科学发展观的政策导向、舆论导向、用人导向和体制机制。

（三）学习践行社会主义核心价值体系。广泛开展社会主义核心价值体系学习教育，推动社会主义核心价值体系转化为广大党员干部的精神信仰和基本价值取向。引导广大党员干部增强政治敏锐性和政治鉴别力，自觉划清“四个重大界限”，始终保持立场坚定、头脑清醒。加强思想道德建设和党的优良传统、民族优秀文化传统教育，带头弘扬民族精神和时代精神，大力弘扬“沁水精神”，自觉践行社会主义荣辱观，始终保持昂扬向上、奋发有为的精神状态。

（四）学习现代化建设所必需的各方面知识。积极学习人类社会创造的一切文明成果，学习现代化建设所需要的经济、政治、文化、科技、社会和国际等各方面知识，学习反映当代世界发展趋势的现代市场经济、现代国际关系、现代社会管理和现代信息技术等方面知识。立足工作岗位，按照干什么、学什么，缺什么、补什么的原则，切实掌握做好本职工作、履行岗位职责必备的各种知识和技能，不断优化知识结构，开阔思路，把握规律，提高战略思维、创新思维、辩证思维能力，努力成为本领域本行业的行家里手。

（五）学习中央和省、市、县委的新决策、新部署、新要求。认真学习中央和省、市、县委作出的重大决策部署，突出学好中央和省、市、县委关于深入贯彻落实科学发展观、转变经济发展方式、促进经济社会又好又快发展的一系列重大决策部署，深刻认识全省、全市加快推进“三个发展”和我县推进“和谐发展、跨越崛起”的重要性、必要性和紧迫性，把全县党员干部的思想和行动统一到中央和省、市、县委的决策部署上来，统一到建设富裕、文明、生态、和谐新沁水的实践上来。

（六）深入沁水改革发展实际，向实践学习、向群众学习。紧密结合县情实际，深入开展调查研究。善于从我县改革发展的生动实践和进展成效中，探索好做法，总结新经验。同时，要善于学习借鉴其他地方的好做法、好经验，有机地运用到我县的实际工作中去，丰富和拓展我县改革发展的思路和办法，推动实际问题的解决。

三、理论联系实际，务求取得实效

（一）紧密联系改革发展稳定实际，推动经济社会又好又快发展。紧密联系我县改革实际，着力研究和解决制约发展的体制机制障碍，解放和发展生产力，为推进我县“和谐发展、跨越崛起”提供强大动力；紧密联系我县发展实际，着力研究和解决经济发展方式转变、经济结构调整、资源型经济转型等面临的突出矛盾和问题，在攻坚克难中突破瓶颈，破解难题，推动发展；紧密联系我县稳定实际，着力研究和解决人民群众最关心最直接最现实的利益问题，重视群众诉求，保障群众权益，着力改善民生，理顺情绪，促进和谐，维护稳定。通过理论联系实际，不断提高各级领导班子和领导干部推动经济建设、政治建设、文化建设、社会建设、生态文明建设和党的建设的能力和水平，努力实现全县经济社会又好又快发展。

（二）紧密联系党员干部的思想实际，树立正确的世界观、人生观和价值观。着重加强理想信念教育，引导广大党员干部坚持做到“四个不动摇”，把学习成效转化为坚持共产主义远大理想和中国特色社会主义共同理想的坚定信念，转化为与人民群众同呼吸、共命运、心连心的真挚情感，增强走中国特色社会主义道路的自觉性和坚定性；着重加强党性锻炼和党性修养，引导广大党员干部牢记“两个务必”，常怀忧党之心，恪尽兴党之责，增强党的意识、宗旨意识、执政意识、大局意识、责任意识，讲党性、重品行、作表率，不断提升思想政治素养，牢固树立正确的世界观、人生观、价值观，为建设中国特色社会主义而努力奋斗。

（三）紧密联系党的建设实际，增强党组织的创造力、凝聚力和战斗力。认真查找和解决影响党委发挥领导核心作用、基层党组织发挥战斗堡垒作用、党员发挥先锋模范作用的突出问题，使各级党组织真正成为深入贯彻落实科学发展观的组织者、推动者和实践者；开展领导干部化解矛盾、破解难题活动，查找和解决影响党群干群关系的突出问题，特别是官僚主义、形式主义等群众反映强烈的问题，大兴密切联系群众之风、求真务实之风、艰苦奋斗之风、批评和自我批评之风，以优良党风促政风带民风；研究解决反腐倡廉建设方面存在的突出问题，加大教育、制度、监督、改革、纠风和惩治力度，坚决惩治腐败，不断取得反腐倡廉新成效。

四、积极探索建设学习型党组织的有效途径

（一）创新方法。加强和改进党委（党组）中心组学习、务虚研讨、专题调研、主题宣讲、形势政策教育、专题讲座、个人自学以及成人教育、函授教育、网络教育等学习方法，积极探索富有时代特点的新方法，努力增强学习的科学性、针对性和实效性，扩大学习的覆盖面和参与度，增强建设学习型党组织的吸引力和凝聚力。

（二）完善途径。围绕中央和省、市重要会议的召开，及时开展形势政策教育；围绕全县工作大局和重大部署，广泛开展主题学习教育；围绕重要节庆日以及重大历史事件纪念日，认真开展革命历史专题学习教育；围绕纪念革命领袖、革命先烈、杰出历史人物等活动，积极开展革命传统和民族精神专题学习教育；围绕传统节日和重要宣传文化活动，集中开展历史文化专题学习教育。运用学习讲坛、读书会、知识竞赛、参观考察等多种手段和形式，不断丰富和完善学习抓手。

（三）拓展阵地。充分利用已有的学习阵地，积极开拓富有时代特色的新阵地，建立各具特色、优势互补的学习阵地体系。充分发挥县、乡党校在教育培训中的主渠道、主阵地作用，努力改进培训方法，提高培训质量；充分利用爱国主义教育基地、农村文化中心、农家书屋等公共设施，形成覆盖广泛的学习服务平台；充分运用各级各类新闻媒体和互联网、手机等新兴媒体，为学习教育营造良好舆论环境；积极运用信息网络技术手段，加强远程教育、电化教育等学习网络建设，推进文化信息资源共享工程建设，不断提高党员干部学习教育的信息化水平。

（四）健全制度。建立健全党组织集体学习制度，领导班子集体学习每个季度不少于1次；建立健全培训制度，科学安排岗前培训、业务培训、晋职培训、理论培训等，县处级党政领导干部参加脱产培训每年一般不少于110学时；建立健全调查研究制度，县级领导干部到基层调研不少于60天，每年要撰写1至2篇调研报告；科级领导干部要经常深入基层，研究解决实际问题的方法，每年写出1至2篇有情况、有见解的调研报告，为县委政府制定科学决策提供翔实依据。建立基层党员轮训制度；建立健全党员个人自学制度，明确要求制订学习计划和目标，强化党员干部的日常学习；建立健全主题教育制度，形成运用重大节庆日纪念日等组织党员干部学习的工作机制；建立健全学习成果转化制度，通过集体交流、媒体宣传等多种形式，促进学习教育成果及时运用于党委和政府决策中。建立健全述学和学习考核制度，党员领导干部在每年工作总结和述职时，要向组织和单位全体干部汇报个人学习情况，主要包括思想认识、学习心得和学习成效。同时要把学习情况作为民主评议党员、综合考核评价领导班子和领导干部的重要内容，把理论素养、学习态度和学习能力作为选拔任用领导干部的重要内容，形成注重学习的用人导向。

五、加强组织领导

（一）明确责任，齐抓共管。各级党组织要把学习型党组织建设摆在突出位置，列入重要议事日程，作出专门部署，精心组织，狠抓落实。健全领导责任制，成立学习型党组织建设领导组，党委（党组）书记为第一责任人。领导组各成员单位要明确职责，密切协作，形成党委（党组）

统一领导，宣传部门牵头协调，各单位积极配合、齐抓共管的领导体制和工作机制。宣传部门要切实发挥牵头负责作用，加强协调，扎实推进，牢牢把握正确导向，努力形成浓厚学习氛围。组织部门要把建设学习型党组织与干部教育培训结合起来，与加强领导班子和干部队伍建设结合起来，与加强基层党组织和党员队伍建设结合起来。工会、共青团、妇联等人民团体要充分发挥自身优势，开展各具特色的学习教育活动。

（二）领导带头，率先垂范。各级领导机关和领导干部要带头学习，发挥示范带头作用。加强和改进党委（党组）中心组学习，把领导班子建成学习型领导班子，推动下属部门和下级党组织的学习。党员领导干部要以身作则，以高度的政治责任感、强烈的求知欲和积极的进取精神，切实减少应酬，把更多的时间和精力放在学习上，学得更深一些，掌握的理论和知识更丰富一些，在全面系统掌握马克思主义理论特别是中国特色社会主义理论体系上走在前面，在学习掌握现代科学知识上走在前面，在弘扬理论联系实际的马克思主义学风上走在前面，努力成为建设学习型党组织和学习型领导班子的精心组织者、积极促进者、自觉实践者，带动广大党员形成良好学习风气。

（三）抓好基层，全面覆盖。切实把建设学习型党组织的任务落实到企业、农村、机关、学校、社区等基层组织，采取切实有效的形式和措施，动员广大基层党员投身到学习型党组织建设中来。注意抓好离退休人员、偏远地区农村党员、非公有制经济组织和新社会组织中党员、下岗失业人员和流动人口中党员的学习。各级党组织要加大投入，为党员学习教育创造良好条件，提供必要的学习设施设备等保障。

（四）舆论造势，营造氛围。县级各新闻媒体要开设专题专栏大力宣传推进学习型党组织建设的重大意义、主要内容、基本要求，大力宣传各乡镇各部门建设学习型党组织的新做法、新进展、新成效，大力宣传广大党员干部学习实践上的新认识、新收获、新成绩，大力宣传推进学习型党组织建设中的先进事迹、先进典型、先进经验，形成舆论合力，营造良好氛围。

（五）分类指导，督促检查。各级党组织要根据不同类别、不同层次、不同岗位党员干部的特点，把学习的普遍性要求与特殊需要相结合，分别提出相应的任务和要求；根据不同的学习对象，按照中央推荐的学习书目，确定必读书目和参考书目；经常了解下属部门和单位党组织的学习情况，根据不同特点和情况，有针对性地加强指导。学习型党组织建设领导组要定期对下级党组织学习情况进行督促检查，针对存在的问题和不足，提出加强和改进的具体要求。各级党组织应在每年1月底前向上级学习型党组织建设领导组专题报送上一年度学习情况总结和本年度学习计划。有关工委要加强对所属党组（党委）学习型党组织建设的组织指导和督促检查。重视做好经验交流工作，适时召开学习经验交流会，总结和推广成功经验。

中共沁水县委
关于在全县基层党组织和党员中
深入开展创先争优活动的实施方案

（2010 年 6 月 28 日）

为巩固和拓展深入学习实践科学发展观活动成果，统筹推进党的建设，根据中共晋城市委《关于在全市基层党组织和党员中深入开展创先争优活动的实施方案》（晋市发〔2010〕14 号）文件精神，结合我县实际，现就在全县基层党组织和党员中深入开展创先争优活动提出如下实施方案。

一、充分认识开展创先争优活动的重要意义

在党的基层组织和党员中深入开展创建先进基层党组织、争当优秀共产党员活动，是巩固和拓展全党深入学习实践科学发展观活动成果的重要举措，是加强基层党组织建设的迫切要求，是党的建设一项重要的经常性工作。开展创先争优活动，对于进一步抓好学习实践活动整改落实工作、完善长效机制、推动学习实践科学发展观活动向深度和广度发展，对于激发各级党组织和广大党员的生机活力、提高党的执政能力、保持和发展党的先进性，对于促进各级党组织和广大党员更好地联系和服务群众、始终保持党同人民群众的血肉联系，对于推动党的建设更好地服务党和国家工作大局、服务本地区本部门本单位中心工作、加快转变经济发展方式、促进经济社会又好又快发展，都具有十分重要的意义。各级党组织要以高度的政治责任感和使命感，把创先争优活动摆上重要议事日程，高度重视、精心组织，扎实推进创先争优活动健康有序开展，为建设富裕文明生态和谐新沁水提供更加坚强的组织保证。

二、指导思想

开展创先争优活动，要以邓小平理论和“三个代表”重要思想为指导，认真贯彻落实党的十七大、十七届三中、四中全会精神和省委九届十次全会精神，以深入贯彻落实科学发展观为主题，紧紧围绕“三转三化三提高”的目标任务，紧密结合全县基层党组织和党员队伍建设的实际，改革创新、务求实效，统筹推进党的建设其他经常性工作，充分发挥基层党组织的战斗堡垒作用和共产党员的先锋模范作用，为全面建设小康社会而努力奋斗。

三、基本原则

（一）坚持围绕中心，服务发展大局。紧密结合本地、本部门、本单位的中心工作谋划和推进创先争优活动，努力把党的政治优势转化为科学发展优势，把党的组织资源转化为科学发展资源，把党的建设成果转化为科学发展成果。

（二）坚持分类指导，确立争创主题。区别农村、社区、国有企业、机关、文化、卫生、中小学校等事业单位以及非公有制经济组织和社会组织，确立不同的争创主题，分类提出开展创先争优活动的具体要求。

（三）坚持贴近基层，设计活动载体。根据不同领域和行业基层党组织的职责任务、不同群体党员的岗位特点，按照有利于党组织开展活动、有利于党员参加、有利于活动取得实效的原则，精心设计特色鲜明、务实管用的活动载体，确保活动有抓手、有实效。

（四）坚持群众参与，营造良好氛围。把群众满意作为衡量创先争优活动成效的重要依据。活动方案要听取群众意见，向群众作出公开承诺；活动情况要向群众通报，请群众评判；评选先进要请群众参与推荐，向群众公示，接受群众监督。要坚持“党建带工建”、“党建带团建”、“党建带妇建”，以基层党组织和党员的创先争优活动，带动工会、共青团、妇联等群团组织广泛开展创建先进集体、争当先进个人活动，在全社会形成创先争优的浓厚氛围。

四、总体要求

通过开展“创先争优”活动，全面推进各领域党的基层组织建设，实现党组织和党的工作全覆盖。广大党员认真履行职责，始终牢记全心全意为人民服务的宗旨，在推动科学发展、促进社会和谐、服务人民群众、加强基层组织的实践中建功立业。

（一）推动科学发展，在加快转变经济发展方式上创先争优。围绕转变经济发展方式这个重点，引导基层党组织和党员立足本职工作，明确发展目标，转变发展观念，创新发展思路，采取更加有效的对策和举措，不断推进经济结构调整和发展方式转变，进一步增强经济发展的动力和活力。

（二）服务人民群众，在促进民生工作上创先争优。深入开展党员领导干部“联村联户、帮建帮扶”活动，建立健全定点帮扶责任制，积极开展党员志愿者服务和“送温暖、献爱心”活动，多办利民便民之事，切实改进民生，凝聚社会各方力量促进城乡协调发展。

（三）促进社会和谐，在化解基层矛盾上创先争优。基层党组织和党员要积极投身平安沁水、和谐沁水建设，深入群众，掌握群众思想动态，主动排查各种矛盾纠纷；注意解决因各种利益冲突引发的集体上访，防止因经济问题引发大规模群体性事件和影响恶劣的政治事件，营造人民群众安居乐业的生产生活环境。

（四）加强基层组织，在建设学习型党组织、推进基层党建创新上创先争优。把建设学习型党组织的要求贯穿于创先争优活动的全过程，完善集体学习讨论制度和党员干部培训制度，广泛开展读书活动；研究探索基层党建工作路子，注意创新组织设置形式、党员教育培训管理模式等，切实提高基层党建工作水平。

五、主要内容

创先争优活动，以创建先进基层党组织、争当优秀共产党员为主要内容。通过在全县基层党组织和党员中广泛开展“凝心聚力促发展，真抓实干当先锋”主题实践活动，发动基层党组织争创“五个好”：一是领导班子好。领导班子能深入学习实践科学发展观，认真贯彻党的路线方针政策，团结协作、求真务实、勤政廉洁，有较强的凝聚力和战斗力。二是党员队伍好。党员素质优良，有较强的党员意识，能够充分发挥先锋模范作用。三是工作机制好。规章制度完善，管理措施到位，工作运行顺畅有序。四是工作业绩好。本部门本单位各项工作成绩显著，围绕中心、服务大局事迹突出。五是群众反映好。基层党组织在群众中有较高威信，党员在群众中有良好形象，党群干群关系密切。激励广大党员争当“五带头”：一是带头学习提高。认真学习实践科学发展观，自觉坚定理想信念；认真学习科学文化知识，成为本职工作的行家里手。二是带头争创佳绩。具有强烈的事业心和责任感。埋头苦干、开拓创新、无私奉献，在本职岗位上做出显著成绩。三是带头服务群众。积极帮助群众解决实际困难，自觉维护群众正当权益。四是带头遵纪守法。自觉遵守党的纪律，模范遵守国家法律法规。五是带头弘扬正气。发扬社会主义新风尚，敢于同不良风气、违纪违法行为作斗争。

六、活动载体

农村党组织要以“发展现代农业、建设社会主义新农村”为主题，以深化农村基层党建三级联创为抓手，紧紧围绕农业和农村的中心任务，以争创科学发展示范乡（镇）、村为载体，全面推行“四议两公开”工作法，大力推进社会主义新农村建设，努力成为推动科学发展、维护农村稳定的坚强领导核心。农村党员要把党组织的制约性与党员的自觉性结合起来，带头勤奋学习，带领群众提高素质强本领；带头执行政策，带领群众遵纪守法保稳定；带头发展经济，带领群众共同致富奔小康；带头移风易俗，带领群众树立新风讲文明；带头发扬民主，带领群众推进自治促发展。

机关和事业单位党组织要紧紧围绕服务基层、服务群众、服务发展，以开展“讲党性、重品行、作表率”活动、党员示范岗活动为载体，全面推进机关党的思想、组织、作风、制度和反腐倡廉建设，进一步激发广大党员干部开拓创新、爱岗敬业、服务群众、改进作风的热情和动力，提高机关党的建设科学化水平。机关党员干部要在“科学发展、先行先试”的生动实践中，作坚定理想信念的表率、服务大局的表率、转变作风的表率、改革创新的表率。

社区党组织要紧紧围绕落实“三有一化”任务，以“创建平安和谐社区”为载体，以盘活社区共建资源、强化联动联建为突破口，始终成为社区各类组织和各项工作的领导核心，积极发挥协调作用，组织社区内各单位参与社区建设，形成共驻共建、资源共享、优势互补的社区工作局面。社区党员要通过开展志愿服务等活动，带头深入社区，争做为民服务的模范；带头反映社情民意，争做集中民智的模范；带头建设社区文化，争做凝聚民心的模范；带头排查矛盾纠纷，争做创建和谐社区的模范。

中小学党组织要以“办人民满意学校、当人民满意教师”为主题，把创先争优活动与教职工党员“履行五个承诺，争做模范教师”活动、“师德师风双评议”（家长评学校、学生评老师）活动有机结合起来，通过设立党员教学科研和后勤服务示范岗、开展党员志愿服务、争当“师德师风标兵”等活动发挥党员作用。

文化、卫生等事业单位党组织要以“加强思想道德建设、提高工作服务水平、促进事业科学发展”为主题，结合各自实际开展创先争优活动。文化系统要突出建设文化名城、服务基层群众的内容，医疗卫生单位要突出加强医德医风建设、创人民满意医院的内容。通过争当德艺双馨党员艺术工作者和“人民满意的白衣天使”等活动发挥党员作用。

企业党组织要紧紧围绕增强企业竞争力，促进企业转型发展、安全发展、和谐发展凝聚职工群众，开展以“比转型、看安全、促和谐”为主题的创先争优活动。进一步规范和完善企业党组织参与重大问题决策的工作机制和保障制度，努力发挥好党组织的政治核心作用和党员在生产、技术、经营管理以及维护稳定方面的带头作用。国有企业党员要加强政治学习，提高岗位技能，带头攻坚克难，勇创一流业绩，通过党员责任区、党员攻关项目等发挥作用，争当政治素质优、岗位技能优、工作业绩优、群众评价优的共产党员。

“两新”组织党组织要把确立创先争优活动载体与企业中心工作、企业文化建设、行业发展有机结合在一起，建立党组织与业主联议、党员与员工联心、党组织活动与生产经营联动的“三联”工作机制，认真贯彻党的路线方针政策，团结凝聚职工群众，维护各方合法权益，促进健康发展。“两新”组织党员要积极探索促进生产经营、服务科学发展的方法和途径，带头学习业务知识，争做爱岗敬业先锋；带头诚信为人，争做诚信经营先锋；带头履行社会责任，争做奉献爱心先锋；带头遵纪守法，争做促进和谐先锋。

县委创先争优活动领导小组将在《今日沁水》、县电视台、信息中心等主要新闻媒体联合创办《创先争优活动专版专栏》，对县委中心工作、重大事项和各部门各单位重要党建活动随时报道。及时宣传推广基层党组织建设和党员干部队伍建设的新动态、新举措、新经验和新成效，充分展示先进基层党组织和优秀共产党员的新业绩和新风貌，发挥示范带动、典型推动、亮点互动、网格化驱动的作用，为迎接建党90周年和党的十八大的胜利召开营造氛围。

七、总体安排

此次创先争优活动从方案下发之日开始，到党的十八大前夕，分为两个阶段。

（一）“部署推动，兴起热潮”阶段。该阶段从今年6月开始到2011年7月前，着重围绕迎接中国共产党成立90周年开展活动，兴起创先争优的热潮。

1. 宣传发动（2010年6月）。各级党组织要根据中央和省、市、县委的要求，结合各自工作实际，广泛进行宣传发动，制定本部门本单位创先争优活动的工作方案和具体标准。重点围绕深入贯彻落实科学发展观、关心服务党员群众、提高工作效能、推动经济又好又快发展等方面作出承诺；党员提出参加活动的具体打算，重点围绕理论学习、理想信念、履行职责、服务群众、工作作风、组织纪律、廉洁自律、道德修养等方面作出承诺，并采取适当方式向群众公布，接受群众监督。

2. 组织实施（2010年7月至2011年4月）。通过多种形式和途径，组织全县各级党组织和党员积极参与创先争优活动。从今年6月开始至2011年6月，县委将在全县基层党组织和党员中广泛开展“凝心聚力促发展，真抓实干当先锋”主题实践活动。活动重点是：（1）开展岗位奉献活动。围绕本地区本行业中心任务，组织党员开展业务练兵、劳动竞赛、科技创新等岗位奉献活动。（2）开展组织生活创新活动。创新组织生活的内容、方式，完善组织生活制度，扩大组织覆盖，强化组织功能。（3）开展党性教育活动。组织党员进行党性分析，接受领导、党员和群众的评议。

3. 民主评议（2011年5月）。主要是基层党组织和党员进行小结，并接受民主评议。（1）自我讲评。各党支部和党员以召开专题组织生活会的形式，在党支部进行讲评。根据实际情况，可以邀请群众代表参加。（2）领导点评。各党支部讲评后，各级党委要组织对所属支部开展创先争优活动情况进行点评。上级党组织负责人要实事求是肯定取得的成绩，并及时指出存在的问题和努力方向。（3）群众评议。上级党组织对基层党组织、基层党组织对党员开展创先争优活动情况，适时组织党员、群众进行评议。（4）督促检查。上级党组织对基层党组织，基层党组织对党员开展创先争优活动情况进行督促检查，评估基层党组织和党员开展创先争优活动落实情况及成效。

4. 评比表彰（2011年6月）。2011年“七一”前夕，各级党组织要结合庆祝建党90周年，对在创先争优活动中涌现出来的先进基层党组织和优秀共产党员进行表彰，引导和激励全县广大基层党组织和党员学先进、建新功。县委将召开纪念建党90周年表彰大会，评选表彰一批先进基层党组织、优秀共产党员和优秀党务工作者。

（二）“宣传典型、总结深化”阶段。

该阶段从2011年7月开始至党的十八大召开前，着重围绕迎接党的十八大开展创先争优活动，引导基层党组织和广大党员以昂扬向上的精神风貌和更加出色的工作业绩向党的十八大献礼。

1. 宣传典型（2011年7月至2012年5月）。在继续开展既定主题实践活动的基础上，对基层党组织、党员在创先争优活动中探索的先进做法和经验进行总结、推广，高标准推进全县创先争优活动。要推出一批示范基层党组织和模范共产党员，广泛宣传其先进典型事迹，发挥典型的示范引领作用。

2. 完善机制（2012年5月至十八大前）。各级党组织要对开展创先争优活动情况进行系统总结。对存在的不足，要进一步研究制定改进措施；对开展创先争优活动的成果，要通过举办图片展、研讨会等多种形式，进行汇集和展示。开展创先争优活动中行之有效的做法，要用制度的形式固定下来，形成创先争优的长效机制。

八、组织领导

抓好创先争优活动，责任在党委，关键在领导，重点在落实。全县各级党组织要认识到位、责任到位、措施到位，切实把创先争优活动抓紧抓实、抓出成效。

（一）强化领导责任。各级党组织要把创先争优活动作为加强基层党组织建设、提高党建工作水平、服务经济社会发展的一项重要工作，列入党建工作考核目标，高度重视、加强领导。县委成立创先争优活动领导小组，并在县委组织部设立办公室；各党（工）委及各部门各单位也要成立相应的领导机构和工作机构。各党（工）委要切实担负起本系统开展创先争优活动的领导和指导责任；各部门各单位党组织要具体负责本部门本单位创先争优活动的组织实施。

（二）加强分类指导。要周密谋划，合理安排，根据不同层次、不同部门、不同行业、不同领域的情况，对党员领导干部、普通党员等不同层面，确定相应的活动内容和形式，明确各自重点解决的问题，切实增强活动的针对性和实效性；从实际出发，采取灵活多样的方式保证全体党员全程参与。对创先争优活动思想上不重视、工作上不得力的，有关党组织要及时提出批评，要求限期整改。

（三）严格督察考评。采取逐级听取汇报、经常性督察、随机抽查等方式，了解活动进展，通报活动情况，研究解决问题，防止创先争优活动流于形式，走过场。每年结合基层党建工作述职测评、基层党建工作考核活动，组织对各单位创先争优活动情况进行测评，加强对创先争优活动的考评。

（四）搞好舆论宣传。宣传部门和新闻媒体要制定工作方案，充分发挥报刊、广播、电视、互联网以及现代远程教育网络、党员电化教育、党建信息网的作用，采取基层党员群众喜闻乐见的方式，大力宣传各行各业先进基层党组织和优秀共产党员的先进事迹，适时召开基层创先争优经验交流会，引导广大共产党员以先进典型为榜样，争做优秀共产党员，努力形成学习先进、崇尚先进、争当先进的良好风气，为创先争优活动的顺利开展营造良好的氛围。

（五）坚持两手抓、两不误、两促进。各单位要把创先争优活动作为基层党建的一项经常性工作常抓不懈，形成长效机制。要把开展创先争优活动与贯彻落实中央和省、市、县委的决策部署结合起来，与迎接建党90周年各项活动结合起来，与推进基层党组织建设结合起来，与完成本地区本部门本单位各项工作结合起来，确保活动真正取得实效。

各党（工）委制定开展创先争优活动具体实施方案后，要及时报县委创先争优活动领导小组。

工业化带动　一体化推进
精心构建具有沁水特色城镇化格局

中共沁水县委
沁水县人民政府

沁水县总面积2676平方公里，辖7镇7乡、9个社区、242个行政村，人口21万。近年来，在市委、市政府的正确领导下，我们把加快推进特色城镇化建设，作为统筹城乡发展的重要途径，作为转型跨越发展的重大举措，高起点规划，高标准建设，高效能管理，城镇化率比“十五”末提高了5.1个百分点。城镇化的快速推进，有力地促进了全县经济社会又好又快发展，各项经济指标持续保持较快增长。我县先后获得国家级生态示范区、中国绿色名县、山西省无公害农产品认证整体推进县、省级文明和谐县城、省级平安县等荣誉称号，连续22年荣获省级卫生县城，连续6届荣获山西省“双拥”模范县。

我们的主要做法是：

一、坚持科学规划，把城镇体系做“优”

我县地域面积大，人口居住分散，村镇点多规模小。长期以来，由于受经济条件、思想观念等诸多因素影响，城镇化进程相对滞后。近年来，我们紧紧抓住市委、市政府大力实施城镇化战略的大好机遇，加强规划编制，高起点构筑具有沁水特色的城镇化发展体系。

（一）准确定位，明确了发展方向。随着经济社会的快速发展，县委、县政府审时度势，科学决策，确立了以“一城两区”为中心、建制镇为骨架、新农村为基础，工业化带动、一体化推进的城镇化发展新思路，并把“建设山水园林生态宜居县城，打造端氏嘉峰工业区、中村旅游区”作为战略重点，引领特色城镇化有序发展、科学发展。

（二）科学编制，形成了规划体系。按照生态环境美、产业特色明、文化品位高、现代气息浓、承载能力强的发展目标，坚持高起点、宽思路、大手笔规划，投入资金1800余万元，先后完成县域城镇体系规划、县城总体规划、县城修建性详细规划、沁水县产业发展规划、端氏嘉峰特色城镇规划、中村旅游区规划、新农村建设规划等规划编制，乡镇总体规划、建制村规划实现了全覆盖。

（三）严格实施，树立了规划权威。坚持一张蓝图绘到底、一把尺子量到底，不符合城镇规划的一律不上，没有详细规划的一律不批。同时，加大规划执行力度，对违规违章建筑依法拆除，仅今年就拆除违规建筑78处8000多平方米，维护了规划的权威性和严肃性。

二、坚持产业支撑，把城镇实力做“强”

沁水县地处“沁水煤田”腹部，是全国无烟煤和煤层气最为富集的地区。我们依托优势资源，盘活资源优势，做大做强煤炭、煤层气两大支柱产业，大力发展特色农业、旅游和第三产业，经济实力不断壮大，为特色城镇化建设提供了强有力的支撑。

（一）以新型工业化带动特色城镇化。按照“新能源、新基地、新沁水”的工业化发展理念，稳步推进煤炭企业兼并重组整合工作，端氏、曲堤、岳城等骨干矿井建成投产；玉溪、郑庄、胡底等大型现代化矿井开工建设，东大、里必煤矿前期工作全面铺开，煤炭产业可持续发展的势头强劲。我们以建设全国最大的煤层气开发利用基地为抓手，积极扶持发展煤层气产业，中石油、中联、易高、格瑞克等一批中外知名大企业、大集团先后在我县投资建厂。截至目前，已发展煤层气企业 30 多家，总投资达 100 多亿元，年抽采量达到 14 亿立方，加工转化能力达到 8 亿立方；井下瓦斯抽放量达到 8 亿立方，瓦斯发电装机容量 16.6 万千瓦；全县已有 1.7 万户 7 万余人用上了煤层气，占总人口的 1/3。按照工业向园区集中的发展规划，理顺了三大工业园区管理体制，入园企业达到 11 家，创造就业岗位 6000 余个，园区的吸纳能力增强、集聚效应显现。

二是以农业产业化推动特色城镇化。以发展“四大产业”、“六大基地”为抓手，建成无公害农产品基地 33 万亩，注册绿色食品认证商标 4 个，培育“农字号”龙头企业 18 家、带动农民专业合作社 286 家。农业产业化程度的不断提升，不仅促进了农民增收，而且成为吸引农民转移就业的重要渠道。结合新农村建设、重点工程、煤矿采空沉陷区治理、扶贫开发等工作，积极实施移民搬迁，近年来共搬迁 154 个自然庄 1860 户 5945 人，加快了农村人口向城镇转移的步伐。

三是以发展旅游业促动特色城镇化。充分发挥我县丰富独特的旅游资源，实施“生态家园、古堡文化、红色摇篮、度假休闲”四大旅游工程，加快景点基础设施建设，建成 4A 级景区 1 处，形成“历山舜王坪特色生态游”、“明清古建筑人文游”、“沁河休闲度假游”等多条精品线路，为城镇建设增添了新亮点。

四是以第三产业拉动特色城镇化。目前，全县有宾馆餐饮业 554 家，商贸业 882 家，物流业 36 家，信息、家政等现代服务业 78 家，建成农产品批发、新型建材、家电、服装等专营市场 14 个。第三产业的兴起和发展，有效吸纳农村人口向城镇集中，助推城镇化快速健康发展。

三、坚持统筹建设，把城镇功能做“全”

在推进特色城镇化进程中，我们立足民生、着眼长远，近年来共投入资金 30 多亿元，实施城镇建设项目 210 余项，城镇功能逐步完善，承载能力进一步提升。

一是交通条件实现新飞跃。在县城，新建和改建主要街道 9 条、跨河桥梁 8 座、南北巷道 29 条，硬化、绿化小街小巷 5.2 万平方米，梅杏大道、火车站大道、滨河南、北路、南街通道、中木亭、尧都互通连接线先后建成通车，县城街道由“丁字形”发展成“棋盘形”。在乡村，新建和改扩建乡村道路 480 余条，总里程 1326 公里，提前一年实现乡村通水泥（油）路全覆盖。坪曲线道路改造完成，阳翼高速建成通车，中下旅游公路年底完工，嘉南铁路正在建设，沁高高速即将开工，构成了“四通八达”的路网框架。

二是服务功能实现新提升。以新农村建设和“五个全覆盖”为契机，加强公共配套设施建设，县城民用煤层气普及率达 95%，集中供热普及率达 80%，数字电视普及率达 60%，污水处理厂投入运行，水厂、垃圾处理场正在建设。建成梅河水上游园、杏河水上公园、碧峰公园、树理文化广场、寺河中心广场、端氏休闲广场等群众性休闲活动场所，石娄、龙岗、玉皇公园正在建设，城镇服务功能更加完善。

三是社会事业实现新发展。建成沁水县文化馆、文博馆、赵树理图书馆、宣传文化中心、老干部活动中心、青少年活动中心等文化活动场所，篮球、羽毛球、乒乓球、老年门球等体育活动场地投入使用。新建教育园区，总投资1.87亿元，占地330亩，建筑面积8.6万平方米，明年我县将实现普及高中教育和职业教育的目标。今年投资2.56亿元，新建学校7所，改扩建19所，新建单体楼36栋，建筑面积11.4万平方米，校舍安全工程取得突破性进展。

四是民生保障实现新改善。医疗卫生方面，新建了县医院门诊楼、综合住院楼和县二院住院楼，改建了县中医院、妇幼保健院、疾控中心，乡镇卫生院和村级卫生所实现全覆盖。社会保障方面，近年来投资4.6亿元，在全省率先实行城镇居民养老保险、基本医疗保险和新型农村合作医疗保险，新型农村养老保险列入国家级新农保试点县，城乡低保应保尽保，实现了城乡养老保险、医疗保险全覆盖。住房保障方面，积极推进经济适用房、廉租房、限价房等保障性住房建设，加快残疾人危房改造、康居示范工程进度，县城人均居住面积达到36.1平方米，比“十五”末增加11.3平方米。

四、坚持突出特色，把城镇品位做“靓”

特色是城镇的灵魂。我们把沁水鲜明的自然风光、人文历史、生态环境与城镇建设有机结合起来，让建筑有内涵、城镇有品位，精心打造“生态宜居、绿色沁水”的城市品牌。

一是突出“山水”特色。我县境内有历山、鹿台山、大尖山等十大山脉，有沁河、县河、端氏河等十大河流。有林面积188万亩，天然草地174万亩，水源流量9.5亿立方。我们充分依托自然资源，建成了龙港、嘉峰、郑村等一批依山傍水、绿茵环绕的优美城镇。

二是突出“人文”特色。我们把丰富的历史人文资源融入城镇建设，在注重保护中进行串珠式开发，在公园、广场、街道、公路沿线布置以历史名人、民间故事为主题的雕塑、文化墙，以著名作家赵树理命名了一批城市代表性建筑，形成具有沁水特色的主题文化。

三是突出“生态”特色。近年来投资3亿多元，大力实施“六大造林绿化”工程。仅今年就投入资金8000多万元，植树造林1.2万亩，绿化面积1400万平方米，建成坪曲线、端润线总长97公里、宽50~100米的两条“绿色走廊”。全县森林覆盖率达到48.4%，林木绿化率达到57.3%。县城绿化覆盖率达到46.1%，人均公共绿地面积9.9平方米。明年跨入“省级林业生态县”。

四是突出“宜居”特色。持续实施“蓝天碧水”工程，大打“节能降耗”攻坚战，大力推进河道生态治理，去年县城空气质量二级以上天数达到350天，今年截止到10月20日已达285天，空气质量明显改善，人居环境更加优美。

五、坚持改革创新，把城镇机制做“活”

在抓好城镇建设的同时，我们坚持建管并重、创新发展，逐步建立起与城镇化相适应的长效机制。

一是创新发展机制，加快了城镇化步伐。建立起城乡统一的就业制度和劳动力市场，实行了统一的劳动用工管理制度，基本上实现了城乡公共服务的均等化。鼓励驻地企业采取一矿一业、以工补农、企地共建等方式方法，在产业发展、基础建设、民生事业等方面共建共享，形成企地一体化新格局。制订优惠政策，吸引驻沁企业职工在县城和端氏、嘉峰等重点城镇安家落户，促进城镇规模有序扩张。

二是健全管理机制，提高了城镇化水平。制定了《城镇建设管理办法》、《市容环境管理办法》、《户外广告管理办法》和《县城交通管理暂行办法》，组建了城管执法、市容环卫、治安巡逻、园林管护四支专业队伍，实行“四定”保洁机制，推动城镇管理走向制度化、规范化。

三是加强环境整治，提升了城镇化质量。把城镇建设与各级各类创建活动结合起来，大力实施城乡环境综合整治，对临街建筑“穿衣戴帽”，对城镇“三线”集中规整，对环境卫生、广告牌匾、交通秩序、集镇市场进行集中整治，实现了城乡环境建设与经济社会发展同步推进。

“十二五”是实现转型发展、跨越发展的关键时期，我们将按照“四位一体”的要求，进一步完善“一城两区”为核心的城镇化发展框架。以县城为中心，围绕“一心四团、三河五园”的建设规划，实施城中村改造，推动县城增量扩容，到“十二五”末，县城人口达到6万人；以端氏嘉峰工业区为中心，沿沁河流域向外辐射郑村、胡底、郑庄，五个乡镇组群发展，建成新型工业经济区；以中村旅游区为中心，沿历山向东辐射土沃、张村，三个乡镇连片开发，形成生态低碳旅游区。以“一城两区”为带动，推进全县特色城镇化建设实现新跨越。

以上是我县特色城镇化建设的简要汇报。通过我们的不懈努力，虽然取得了一些成绩，但离市委、市政府的要求、与兄弟县（市、区）相比，还有很大差距。我们决心在市委、市政府的坚强领导下，借这次会议的强劲东风，抓住机遇，蓄势发力，把我县特色城镇化建设推上一个新水平。

二〇一〇年十月二十六日

沁水县人民政府
关于创建林业生态县的实施方案

为深入贯彻落实省委、省政府关于实施生态兴省战略加快推进林业改革发展的意见》，着力推进我县生态兴县战略的实施，根据《山西省创建林业生态县实施方案（试行），结合我县实际，特制定本方案：

一、指导思想

全面落实科学发展观，以建设林业生态县为目标，以增加森林资源总量为基础，以改善生态环境、维护生态安全为重点，以加快山上治本与身边增绿步伐为抓手，大力实施植树造林绿化工程，不断优化区域生态环境，实现人与自然和谐，促进全县经济社会可持续发展。

二、建设目标

通过创建林业生态县，努力提高全县森林覆盖率和活立木蓄积量，实现山更绿、水更清、天更蓝、空气更清新，从根本上改善全县人民群众生产生活条件，使生态文明成为绿色新沁水的鲜明形象和竞争优势。总体目标是2011年跨入林业生态县行列，部分硬性指标超过省定标准，力争使所有乡镇95%以上的行政村林木覆盖率达到20%以上。

三、建设标准

（一）全县森林覆盖率达到50%以上

中村、土沃、张村、樊村、龙港等乡镇森林覆盖率保持在60%以上；

郑庄、苏庄、端氏、嘉峰、郑村等乡镇森林覆盖率提高到35%以上；

柿庄、十里、固县、胡底等乡镇森林覆盖率达到45%以上；

宜林荒山绿化率达到95%以上；

煤矿企业整合后，按照现有数量，每年完成新审批采掘面积15%的绿化任务，在全县推行“一矿一企治理一山一沟工程”，年度任务完成率达到100%。

（二）全县活立木蓄积量和固碳量年净增率达到3.4%以上

（三）林业用地内无水土流失现象

（四）通道绿化宜绿化里程绿化率达到95%以上，两侧宜林荒山绿化率达到90%以上

（五）县城绿化

建设县城碧峰山、石楼山、龙岗山、玉皇山四个森林公园。

县城建成区绿化覆盖率达到35%以上，人均公共绿地面积达到9平方米以上，达到省级园林县城标准。

（六）村镇绿化

村镇林木覆盖率达到20%以上，全县242个行政村、9个社区，实现村村有公共绿地、有绿色休闲场所、有绿色活动场地。

（七）突出抓好以核桃、花椒、桑园、连翘等为主的经济林建设，农民人均经济林面积达到0.8亩以上

（八）保护体系

加强自然保护区和森林公园建设，使自然保护区和森林公园建设总面积占国土总面积的比重达到9%以上。

强化森林防护体系，保证连续3年，森林火灾受害率控制在0.5‰以下，无重特大森林火灾和人员伤亡事故；森林病虫害成灾率控制在5‰以下，无重大外来有害生物的入侵和蔓延；征占用林地审核率达到100%，无重特大林业案件。

对全县古树名木进行有效保护，古树名木建档保护率达到100%。

四、方法步骤

（一）动员部署

全党动员、全民参与，大打造林绿化攻坚战。按照“生态兴省”战略和晋城市创建森林城市的总体部署和要求，举全县之力，创建林业生态县。要层层签订目标责任状，细化任务指标，早部署、早动员、早落实，抢抓有利时机、周密安排部署。要充分利用广播、电视、报纸、网络等新闻媒体，大力宣传生态兴县战略的重要意义，宣传县委、县政府创建林业生态县的决心和信心，引导广大干部群众积极投身到造林绿化、保护生态建设的活动中，在全社会形成思想统一、认识一致、合力创建林业生态县的浓厚氛围。

（二）制定方案

按照生态兴县战略实施意见，结合各乡镇林地资源实际状况，组织制定创建工作计划、目标任务和自查验收方案，指导全县林业生态县建设按规划有步骤地顺利实施。

（三）组织实施

重点抓好十项工程：

1. 沁端、端润公路绿化及宽林带绿化工程，绿化面积2300亩，栽植各类苗木树种56万株。

2. 阳翼高速公路及互通连接线绿化工程，绿化面积1500亩，栽植各类苗木15万株。

3. 县乡公路、乡村路、村村通绿化工程新植、补植650.1公里。

4. 结合“一城两区”特色城镇化建设，重点抓好200个村小康园林绿化建设。

5. 环城绿化工程，改造提升绿地面积3000亩，栽植树种苗木14万株。

6. 荒山绿化工程，以公路、河道两侧可视荒山绿化为重点，完成造林绿化面积10 000亩。

7. 经济林建设，突出地域特色，以核桃、花椒、连翘为重点，栽植面积39 635亩。

8. 厂矿企业绿化工程，以煤炭企业新审批采掘面积年度完成15%绿化任务。

9. 古树名木保护工程，做到调查登记造册，并挂牌，实行围栏保护和专人负责看管，完成全县360株古树名木重点保护。

10. 义务植树基地建设，充分贯彻落实《森林法》赋予的公民权利和义务，不折不扣地完成全县50万株四旁义务植树目标。

集中时间、集中力量、集中重点，认真抓好十项林业生态工程，做到以重点工程带动生态兴县各项工作。要求各乡镇、县各有关单位及各驻县企业要积极组织开展造林绿化和森林资源保护工作。一是围绕宜林荒山绿化工程，大力植树造林，提高绿化覆盖率。围绕建设休闲绿地、环村林带和通道、街巷、空闲地、宅旁、水旁植树播绿，全方位推进山上治本和身边增绿。二是突出抓好以核桃、花椒、连翘为主的经济林基地建设，巩固和稳定桑园面积，加大特色经济林建设力度，各乡镇根据各自实际，因地制宜，在精品、特色上着手，科学推进经济林建设。三是要结合通道绿化工程，对公路绿化断档、死亡的路段，进行全面补植增绿，扩大绿化范围，提高绿化档次，保证栽一株活一株。四是加强病虫害防治和林木管护等工作，严厉打击违法占用林地和破坏森林资源的行为。五是监督各煤炭企业服从服务于全县创建林业生态县工作大局，按县里统一安排部署，不折不扣完成生态治理任务。

（四）检查验收

各乡镇在对照工作目标，完成任务的前提下，认真总结，做好补充完善和自查上报工作。县林业部门牵头在乡村自查上报的基础上，按有关标准和要求进行全县自查，及时发现和解决建设过程中出现的新情况、新问题，加大协调力度，确保各项创建工作和保障措施落实到位。加强信息报告和交流，全面掌握各乡镇、各系统等基本单元的创建指标，以保证及时拾遗补缺，实现创建目标。

（五）时间要求

2011年4月底前完成主体建设任务；

5月20日前完成县级自查；

5月21日至25日将自查结果成文上报市级审查；

5月26日至6月25日申请并完成省级检查验收。

五、保障措施

（一）提高认识，广泛动员

各乡镇、各单位要充分认识创建林业生态县的重要意义，采取多种形式，强化措施，广泛动员，大力宣传林业生态建设在维护国土生态安全、促进经济社会可持续发展中的重要地位和作用，提高广大干部群众造林绿化的积极性，进一步增强全社会的造林护林意识，形成全党动员、全民动手，铺天盖地造林的绿化氛围。

（二）加强领导，明确责任

林业生态县建设是一项艰巨而复杂的系统性工程。全县上下要树立全局观念，继续实行县领导包乡镇绿化制度，切实加强领导。各乡镇党政一把手、企事业单位主要领导要把生态建设摆在突出的位置，亲自部署、具体组织、实地督导、一线指挥。同时县、乡、村要层层签订生态建设绿化目标责任书，将林业生态建设任务分解落实到乡镇和行政村。县直有关部门要各司其职，各负其责，密切配合，认真抓好落实，确保造林绿化成果。

（三）科学规划，认真施工

各乡镇、各单位要根据全县林业生态县建设规划方案和造林技术标准，坚持高起点规划，高标准实施，高强度推进，高要求管护，努力构建以城市绿化为中心、通道绿化为轴线、荒山绿化为屏障、村镇企业单位绿化为节点的造林绿化新格局。坚持生态优先、因地制宜、统筹兼顾的原则，将造林绿化任务分解到村，落实到山头地块。重点工程要实行招投标，实行项目业主制、质量监理制和资金报账制，纪检、财政、审计等部门要加强监督，确保招标、核查、资金拨付等工作环节公开、公正。林业部门要搞好技术服务和工程指导，加强检查和监督，严把工程质量关，提高工程的社会效益和生态效益。施工单位要抓住植树造林的有利时机，认真组织，精心安排，确保造林任务按时顺利完成。

（四）实行重点工程和项目带动

各乡（镇）、各单位在创建林业生态县工作中，要坚持“工程推进、项目支撑”的原则，大力推进天然林保护、退耕还林、野生动植物保护、通道绿化、交通沿线荒山绿化等国家和省级林业重点工程建设，加大煤矿采空区、沉陷区植被恢复工程及新造林地抚育管护工程建设力度，因地制宜地启动实施一批具有本地特色的林业生态建设工程项目。要坚持“生态建设产业化、产业发展生态化”，加快林业产业发展，积极发展速生丰产林、名特优新经济林、种苗花卉、森林休闲公园等产业基地。

（五）加大创建林业生态县科技支撑力度

创建林业生态县要贯彻科技优先的原则，继续推行容器苗灭荒、反坡整地、径流林业等实用造林技术，坚持乔灌花草藤结合的植树造林模式，增加混交林建设的比重。注重林业科技成果在林业生态建设中的推广应用，首选乡土树种，加强工程管理。充分运用信息技术，切实提高林业生态建设质量。

（六）多方融资，加大投入

一是充分调动社会各界参与林业建设的积极性，开展形式多样的植树造林活动，提高适龄公民义务植树的尽责率。二是要建立长期的公共财政投入机制，加大对林业建设的扶持力度，县财政要采用以奖代补的办法，积极支持全县的生态绿化工程建设。三是煤炭企业要积极参与生态环境绿化建设，重点要搞好矿区绿化、矿区道路绿化、矿区周围荒山绿化、矿区所在村庄绿化。四是积极引导村民筹资，企业、在外人员捐资，鼓励企业、育苗户投资造林绿化，逐步形成“以政府投资为主、市场运作和社会投资为辅、民间融资为补充”的生态林业投入体系。

（七）加强管护，确保成活

从苗木供应各环节入手，把好苗木选购、运输、存放等关口，确保苗木质量。要制定科学的长效机制，进一步明确管护责任。乡镇要对新造林实行领导包片包路段制度，设立管护责任标牌，明确责任人和管护责任，做到每片林木有人管，每段路林木有人看。县教育局要在全县中小学开展爱林护林教育，学校要建立爱林护林基地，切实提高中小学生爱林、护林意识。要充分发挥护林员、森林防火消防队、林政和林业派出所的职能作用，调动广大护林员的积极性，同时，要对毁林案件依法从重从快处理。

（八）严格检查，强化奖惩

为确保林业生态县建设的质量，造林期间，县政府办要加大对各责任单位造林工作督察通报力度，对进度快、质量好的单位进行通报表扬，对进度慢、造林质量差的单位进行通报批评并责令其限期赶上。县政府将对造林绿化成果进行检查验收，对完成好的单位进行表彰奖励，并把林业生态县建设指标作为年终综合考评的重要指标进行考核，促进创建目标顺利实现。

二〇一〇年十二月十七日

沁水县人民政府
关于创建国家级创业型城市的实施意见

各乡（镇）人民政府、驻县及县直各有关单位：

为深入贯彻落实党的十七大提出的"实施扩大就业发展战略，促进以创业带动就业"的总体部署，今年，国家人力资源和社会保障部确定晋城市等82个城市为全国首批创建创业型城市。为把握国家、省、市高度重视促进创业带动就业工作的机遇，实现我县经济社会又好又快发展，根据晋城市人民政府《关于创建国家级创业型城市的实施意见》（晋市政发〔2009〕27号）精神，结合我县实际，制定如下实施意见：

一、创建创业型城市的指导思想、目标和主要任务

（一）指导思想

坚持以科学发展观为指导，围绕我市创建创业型城市的总体目标，紧密结合我县实际，完善创业政策，降低创业门槛，优化创业环境，激活创业主体，保护创业成果，形成以创业促发展，以发展促和谐的良好局面，推动我县新一轮创业高潮，稳定和扩大城乡就业，促进沁水经济发展。

（二）工作目标

通过大力实施创业提升计划（2009年至2012年），创业培训600人，每年创业培训合格率达到90%以上，创业成功率达到50%以上，创业企业存活率达到80%以上，建设一个创业基地，培养100名创业带头人和1000名创业者，创业带动就业3000人，创业带动就业人数比例达到1:3。通过积极开展创建活动，基本形成促进以创业带动就业的制度和政策，使更多有创业意愿和创业能力的劳动者成功创业，率先建成以创业带动就业的创业型城市。

（三）主要任务

通过创建创业型城市工作，建立"五个体系"，即组织领导体系、政策支持体系、创业培训体系、创业服务体系和工作考核体系。注重目标责任制的落实，完成创建任务；注重创业政策的完善和全面落实，在放宽市场准入限制、财税金融、工商场地等方面给予重点扶持；注重劳动者创业意识的培养和创业能力的提升，着力形成全民创业的社会氛围；注重创业服务，为劳动者创业提供开业指导、项目支持以及社会保障、人事管理、教育培训等一系列便利服务，注重全面整体推进，充分利用现有的工业、科技园区等资源和政策，建立创业培训、小额担保贷款、信用社区有机联系的良性运作机制。

二、加快转型发展步伐，努力培育创业主体

（一）围绕调整产业结构推进创业

按照"由小转大、由重转轻、由粗转细、由黑转绿"的思路，不断加快推进产业结构调整步伐。坚定不移地推进煤炭企业兼并重组，不断提高煤炭产业集中度，加快延伸煤化工产业链。大力开发新能源、新材料以及生物、节能、环保等产业，支持餐馆、休闲、家政、社区服务等行业拓展服务领域，创新服务方式，积极发展现代服务业。创建沁水加工制造品牌，加快发展高新技术产业，为促进全民创业和社会就业发挥主导作用。

（二）围绕加快农业产业化进程推进创业

依靠科技创新，加快发展现代农业。依托本地资源（太行黑山羊、蜂业、小杂粮种植）建立特色种植养殖业，创出绿色农产品品牌。培育一批农产品深加工骨干企业，提高农业产业化经营水平，为农村富余劳动力创造更多的创业机会。

（三）围绕加快特色城镇化进程推进创业

以加丰工业区、端氏商贸区、中村旅游区建设为重点，完善基础设施，提高服务功能，积极推进小城镇建设步伐，增强小城镇创业聚集功能。

（四）围绕大力拓展旅游文化产业带动创业

抓好旅游景区开发建设，以产业结构调整为契机，依托煤炭产业的积累来反哺旅游业。鼓励有实力的各类投资者采用多种形式开发旅游景区，鼓励和引导全社会力量参与旅游景点建设、旅游产品开发和旅游产业服务，进行品牌包装，延伸旅游经济链条。

（五）围绕大力发展民营经济推动创业

民营经济是最有活力的创业主体。要大力发展民营经济，鼓励民营经济做大做强主业，新建创办辅助产业，创建知名品牌，扶持他们创大业，干大事，带动全民创业。通过鼓励能人创业、引导城乡居民创业、支持科技人员领衔创业、鼓励大中专毕业生和退转军人自主创业、引导“煤老板”二次创业等措施和办法，培育一批创业主体。

三、建立健全“五个体系”，优化创业环境

（一）建立组织领导体系

成立以县政府分管副县长为组长，县政府有关部门主要负责人为成员的创建工作领导组，统筹指导全县创业促就业工作，研究解决创业带动就业工作中的重大问题，负责研究制定创建工作总体方案和各阶段工作安排，统筹协调和督促有关部门制订、落实创建创业型城市的政策措施，考核、评价创建工作开展及完成情况。领导组下设办公室，办公室设在县人力资源和社会保障局，负责领导组的日常工作。各乡镇、各有关部门也要设立相应的组织领导机构。

（二）完善政策支持体系

建立和完善准入条件宽松、管理简单方便、融资渠道畅通、措施全面的政策优惠体系，为创建工作提供良好的环境。

1. 放宽市场准入。坚持“非禁即入”、“非限即许”的原则，打破行业垄断，凡法律、法规未禁止的行业和领域一律向各类创业主体开放，在国家有限制条件和标准的行业、领域平等对待各类创业主体。对登记失业人员、大中专和技工院校毕业生、返乡农民工、残疾人个体私营等非公有制企业注册登记的，前置审批条件可适当放宽。对创业注册资本金额和货币形式可以适当放宽，创业者可以货币出资，也可以实物、知识产权、专利技术、专有技术、土地使用权、高新技术成果等非货币财产出资。

2. 改善行政管理。全面实行收费公示制度，禁止任何部门、单位和个人干预创业企业的正常经营，严格禁止乱收费、乱摊派、乱罚款、乱检查和乱培训等行为。进一步清理和规范涉及创业的行政审批事项，简化立项、审批和办证手续，公布各项行政审批、核准、备案事项和办事指南，推行联合审批、一站式服务、限时和承诺服务等。开辟创业“绿色通道”。依法保护创业者的合法私有财产，对严重侵犯创业者或其所创办实体合法权益的违法行为，有关部门要依法查处。对创业者在申请办理行政许可过程中提出的行政复议申请，有关部门要及时受理、限时答复。

3. 落实扶持政策。对符合国家有关政策的创业人员从事个体经营、要落实行政收费减免政策，积极为相关创业主体办理税收减免手续。加强创业政策扶持，对就业困难人员自主创业且正常经营1年以上的，给予一次性创业补贴2000元；对高校毕业生自主创业的，两年内免收劳动人事代理费，免费享受创业项目、创业培训、信息咨询等联动服务。经人力资源和社会保障部门认定，进入我县城镇创业的农村劳动力和返乡创业的农民工，可比照城镇失业人员享受收费减免、小额担保贷款等就业扶持政策。对创业者下乡创办、领办农村合作经济组织或从事特色种养业的，享受各项支农惠农政策。

4. 加大投入力度。根据创业就业工作目标，在财政预算中安排100万元的创业发展专项资金。创业专项资金主要用于扶持项目的风险投资和全民创业的贷款担保、贷款贴息、创业补贴、创业培训、创业项目库、创业服务体系建设及表彰创业先进个人和企业。特别要用好1000万元的科技研发资金、1000万元的农、林、畜牧业切块资金，支持创业发展。

5. 加强融资服务。落实小额担保贷款政策，组建担保机构，建立担保基金，提高贷款额度，小额担保贷款额度每人最高放宽到5万元，贷款期限不超过两年，到期确需延长的，可延期一次。对利用小额担保贷款创业成功，带动3人以上就业且按期还贷的，可再次申请贷款，贷款最高可达10万元，对于符合申请担保贷款的创业型小企业，吸纳人员超过当年职工总数30%以上的，参照每人不超过5万元的额度，贷款最高可达200万元。除国家限制的行业外，申请担保贷款的项目均视为微利项目，按规定享受相应的财政贴息。

（三）健全创业培训体系

整合培训资源，建立统一管理、统一配置的培训体系，拓宽培训对象的覆盖面，针对各类人员的不同特点开展特色培训。

1. 加强创业培训基地建设。实行创业培训定点机构制度，制定和完善创业培训定点机构认定标准、管理办法。加强对创业培训基地的管理，实行动态管理和退出机制，对管理不善、培训质量差的创业培训基地取消其创业培训定点机构资质，责令退出创业培训市场。

2. 扩大创业培训范围，创新培训模式。整合培训资源，建立统一管理，统一配置的培训体系，扩大创业培训范围，重点开展创业培训进社区、进校园、进乡镇的“三进计划”，对所有有创业意愿的人员开展免费创业培训，实现创业培训全覆盖。在职业中学、各类培训机构中开设创业教育和创业指导课程，增强在校学生的创业意识和潜在创业能力。

3. 建立孵化和实训基地。依托本县优势产业和特色品牌，建设一家创业基地或创业孵化园，为从事规模较小企业的创业人员提供创业平台；建立商业服务实习一条街，同时选择一批优秀企业认定为创业实训基地，安排经过创业培训的人员到基地进行实训，提高其创业实践能力。2015年前，在全县适合劳动者创业的生产加工、商贸零售、服务等行业中筛选不同规模、不同性质的企业，建立3家以上创业实训基地。

（四）构建创业服务体系

1. 健全创业服务组织。建立专门的公共创业服务网络，成立沁水县创业就业促进协会，协同政府部门开展创业工作。建立和完善县、乡两级公共创业服务网络，落实创业服务人员、设备、场地和工作经费，实行信息联网，资源共享。扶持相关专业化中介机构发展，鼓励专业化中介机构为创业者和中小企业提供金融、会计、管理、信息、技术和法律等方面服务。工会、共青团、妇联、残联等社会团体，也要积极建立创业服务机构，面向特定群体开展创业服务活动。

2. 实施人才强县战略。进一步创新人

才工作领导体制和运行机制，用好现有本土人才，多管齐下培养人才，千方百计招揽人才。特别是对高层次人才，要制定更加完善的政策和机制，坚持用事业吸引人才、用亲情凝聚人才，用政策发展人才，创造吸引人才流入的价值洼地，吸引更多的高层次人才来沁创业，使沁水成为吸引人才的“磁场”，培养人才的“摇篮”，用好人才的“舞台”。加强创业服务专家和创业指导志愿者队伍建设，要聘请相关职能部门工作人员和企业管理、市场营销等方面专家，组建服务队伍。根据创业需求，安排专家和志愿者进行对口服务。

3. 强化创业服务机构功能。创业服务机构要根据城乡创业者的需求，组织开展创业培训、项目推介、开业指导、政策咨询和协办、跟踪扶持、法律援助等“一条龙”、“一站式”创业服务。设立创业服务热线，通过电话服务、网上服务、上门服务等多种形式，为创业者开展咨询和服务。

4. 加强创业信息网络和项目库建设。建立创业服务网站，及时登录和发布创业政策、创业项目、创业培训、创业案例和专家名录等信息，并与工青妇及各级创业培训服务机构联网，实现信息共享。拓宽创业项目征集渠道，广泛征集投资小、见效快、市场前景好的创业项目，经专家筛选后纳入县创业项目库。建立创业项目评估专家委员会，组建由技术、管理、财务等方面专家组成的创业项目评审委员会，负责根据项目评估规范，对进入县创业项目库的创业项目进行评审和论证。建立创业项目发布和推介制度，不定期举办不同行业的创业项目专题推介会，由项目人和创业者进行面对面的交流和洽谈。

（五）健全工作考核体系

各乡镇、各有关部门要从本地、本部门的实际出发，制定创建国家级创业型城市实施方案，切实完善和落实扶持创业的优惠政策。要建立工作联系、协商、协调制度，加强部门配合，形成各部门共同参与、分工负责、共同促进创业的工作机制。把优化创业环境、完善落实创业政策以及提高创业培训效果、创业服务质量、创业初始成功率、创业稳定率、创业带动就业率等作为衡量创建工作的主要指标，列入对各乡镇、各有关部门和单位政绩考核的重要内容，纳入政府督察范围。加强对创建工作的督导检查，建立创业工作信息专报制度，定期通报创建工作进展情况，确保创建工作取得实效。

四、切实加强对创建工作的组织领导，打好创建国家级创业城市的总体战

（一）加强组织领导，增强责任意识

各职能部门，乡（镇）政府要从落实科学发展观，构建和谐社会，以及建立促进就业长效机制的高度，将创建创业型城市工作摆在重要的议事日程，纳入经济社会发展总体规划和年度工作计划。要强化领导组规划编制、政策制定、协调指导、落实的工作职责，定期分析解决工作中发现的新情况新问题，狠抓工作落实。

（二）明确工作职责，加强协调配合

各职能部门和各乡（镇）政府要对照《实施意见》，细化目标任务，制订具体工作计划与措施，落实责任单位、责任人。人力资源和社会保障部门要承担起牵头责任，定期交流工作进展情况，联合解决工作中的重点难点问题，各部门要加强协调配合，确保《实施意见》贯彻落实。

（三）大力宣传，营造氛围

通过新闻媒体对创建创业型城市工作的意义进行及时、深入地宣传报道，并在街道、社区及公共场所设置公益性广告牌匾和宣传专栏，大造全民创业声势，弘扬创业精神，并及时总结好经验和好做法，树立一批创业典型，形成尊重创业、支持创业的良好氛围，在全社会掀起“想创业、敢创业、会创业、创大业”的创业热潮。

二〇一〇年七月十九日

中共沁水县委办公室
沁水县人民政府办公室
关于全县事业单位清理规范和分类改革的实施意见

（2010年7月23日）

为了推进我县事业单位清理规范和分类改革工作，根据中央编办《关于事业单位分类试点的意见》（中央编办函〔2008〕45号）、中共山西省委、山西省人民政府《关于山西省事业单位分类改革方案的通知》（晋发〔2009〕16号）、中共山西省委办公厅、山西省人民政府办公厅《关于市县事业单位清理规范和分类改革的意见》（晋办发〔2009〕16号）、中共晋城市委办公厅、晋城市人民政府办公厅《关于市直事业单位清理规范和分类改革的实施意见》（晋市办发〔2009〕33号）精神以及《山西省机构编制管理规定》要求，结合我县实际，提出如下实施意见：

一、指导思想和基本原则

（一）指导思想

以邓小平理论和"三个代表"重要思想为指导，深入贯彻落实科学发展观，本着规范、搞活、发展的宗旨，先清理规范，后分类改革，逐步建立健全基础优先、服务公平、区域均衡、门类齐全的公益服务体系和公益目标明确、投入机制完善、布局结构合理、治理结构规范、微观运行高效、监督制度健全的事业单位管理体制和运行机制，促进全县社会事业健康发展。

（二）基本原则

——科学分类、配套改革。根据事业单位所承担的职责和任务，对事业单位科学合理划分类别。统筹推进事业单位机构、经费、人事、收入分配、社会保障等各方面的改革。

——提高效能、促进发展。通过调整和重组现有事业单位，优化布局结构，加快体制机制创新，提高事业单位服务水平和社会效益，促进社会事业健康发展。

——以人为本、和谐稳定。充分考虑事业单位人员的利益，切实保障改革所涉及的单位和个人的合法权益，确保事业单位职工思想稳定，维护社会和谐。

——稳步实施、确保成效。坚持区别政策、分类指导，按照先易后难、稳妥操作的步骤，先对事业单位清理规范，然后分类改革，确保改革取得成效。

二、主要内容和任务

在认真调研、摸清底数的前提下，对现有事业单位进行全面清理，对保留的事业单位进行重新规范，并根据保留事业单位所承担的职责任务，对其进行科学分类，在科学分类的基础上，理顺事业单位与政府部门、企业的关系，调整布局结构，改革现行管理体制。撤并、重组、优化现有事业单位，优化资源配置；依据法律、法规和经济社会发展需要，合理界定事业单位的职能范围，通过调整、剥离、转移等方式，使其承担的职责任务与所确定的单位类别相一致。进一步解放和发展事业单位的生产力，提高事业单位公益服务的质量和水平。

（一）清理和规范

1. 对现有事业单位机构进行清理

（1）有下列情况之一的事业单位应予撤销：

虽经批准但一年以上未组建运行或一年以上不开展工作的事业单位；

长期无正式在编工作人员，其日常工作由机关工作人员或其他外聘人员承担的事业单位；

原承担的工作职责已消失或履行职责的法定依据已消失的事业单位；

没有任务或任务严重不足、长期不出成果，社会效益差的事业单位；

县政府批准转企的事业单位；

主管部门要求或依法定事由应当撤销的事业单位。

（2）有下列情况之一的事业单位应成建制合并，确因工作需要的，可保留牌子：

部门设置过于零散、规模过小、服务对象单一、重复设置、职责相近以及不具备法人条件的事业单位；

虽隶属关系不同，但业务相同或相近、职能交叉、设置不合理的事业单位；

因主管部门撤并或职能调整，需相应进行合并调整的事业单位。

（3）有下列情况之一的事业单位应下放或下放管理权限：

党中央、国务院及省委、省政府有明文要求实行属地管理的事业单位；

下放管理权限有利于提高工作效率，提升公益服务水平的事业单位。

2. 对保留的事业单位进行规范

（1）机构名称。事业单位名称要体现事业单位自身特点，与党政机关、企业、社会团体或其他社会组织相区别，同时应与其工作任务及所在行政区域相对应，做到名实相符。事业单位的名称应由三部分组成：机构的地域位置或隶属关系、基本工作内容或工作性质、机构组织方式的中心词。中心词一般称院、校、馆、所、台、站、社、团、队、园、中心等。除部分承担行政职能的事业单位可冠以局、办外，其他事业单位原则上不再称局、办，省属及省以下事业单位的名称不得冠以“中国”、“全国”、“国家”、“中华”等字样。严格控制事业单位增挂牌子，除法律法规或上级规定必须增挂外，一般应通过明确职能或变更单位名称的方式予以解决。

（2）职责任务。事业单位的职责任务要以有关法律、法规和机构编制部门的文件为依据。要对事业单位承担的职责任务重新进行确定。事业单位承担的行政管理职能逐步划归行政机关，一时难以划归的职能，须经机构编制部门审核，依据法律、法规和有关政策文件授权或委托，作为过渡期交给事业单位承担。

（3）机构规格。县委、县政府直属事业单位的机构规格一般为正、副科级。其他事业单位的机构规格一般要比其举办主体低一格，举办主体为正、副科级的，事业单位一般应当确定为股级。事业单位内设机构的规格原则上比事业单位低一格，事业单位为正、副科级的，其内设机构应当确定为股级。事业单位为股级的，不设内设机构。事业单位及其内设机构的现行规格与上述要求不符的，要重新确定规范，在过渡期保留现有人员的相应待遇。

（4）人员编制。事业单位人员编制应根据其所承担的工作量及内部岗位设置的要求，按照精简、高效的原则核定。凡国家有定编标准的，按照定编标准并结合实际从紧核定；无定编标准的，按照定编要求并综合考虑其单位性质、职能任务、实有人数等因素合理核定。对承担行政管理、行政监督、行政执法职能的事业单位，其编制应严格控制在履行公务职能所必需的范围内，并要兼顾财政承受能力；对编制数与承担的工作量明显偏离的，其编制应予裁减。在重新确定事业单位编制的同时，要对其编制结构进行规范。事业单位的编制结构一般应当按照管理人员编制、专业技术人员编制、生产工人编制和后勤工作人员编制分类。以管理岗位为主体的单位管理人员不少于50%，以专业技术岗位为主体的单位专业技术人员不得低于70%，以工勤技能岗位为主体的单位工勤人员不少于50%。在编制的使用上实行实名制管理。

（5）经费形式。事业单位的经费形式应根据事业单位的职能属性合理确定，具体可分为财政拨款、财政补助和自收自支三种类型。对承担行政管理、行政监督和行政执法职能的事业单位，从事社会公益事业、提供社会公共服务、难以通过市场配置资源的事业单位，其经费形式一般确定为财政拨款。对主要从事社会公益事业，通过市场运作或运用自身条件开展有偿服务，能够取得一定数量的经济收入，但不足以抵补本单位经常性支出的事业单位，经费形式确定为财政补助。业务活动具有公益属性，通过市场运作，利用专门知识和技能开展有偿服务，获取比较稳定收入并能保证基本支出需要的事业单位，经费形式确定为自收自支。国家规定可以获取规费收入并实行管理费开支的，应严格执行“收支两条线”制度。

（6）领导职数。事业单位的领导职数应根据事业单位自身规模、工作任务构成等因素从严配备。事业单位人员编制在5人以下的，领导职数为1名；人员编制在6~15人的，领导职数为1~2名；人员编制在16~50人的，领导职数为2~3名；人员编制在51~100人的，领导职数为3~4名；人员编制在101~500人的，领导职数为4~5名；人员编制在500人以上的，领导职数为5~6名。另有专门规定的，从其规定。事业单位现有领导职数超过上述要求的，或单位需要撤销、合并的，在过渡期保留现有人员的相应待遇。

（7）内设机构。事业单位的内设机构应根据单位职责任务、内部分工和岗位要求尽量综合设置，不宜过多过细。内设机构名称一般称科、部、室等。内设机构的设置按规定程序报批。事业单位设立内设机构，应符合以下条件：①编制总数在10人以上；②机构规格为副科级及以上；③一个内设机构人员编制数一般不少于4人。规模较大、编制较多的事业单位，其单个内设机构人员编制数应相应增加。

（二）分类和改革

1. 对规范的事业单位科学分类

（1）承担行政职能的事业单位。即从事行政决策、行政执行、行政监督等行政管理工作，并按照行政机构方式运行的事业单位。

（2）从事生产经营活动的事业单位。即从事生产经营活动，已经实现或经过相应调整后可以实现由市场配置资源的事业单位。

（3）从事公益服务的事业单位。即为社会提供公益服务或者为政府行使职能提供支持保障的事业单位。根据其职责任务、服务对象和资源配置等方面的不同情况，划分为以下三个类别。

——公益一类。即从事关系国家安全、公共安全、公共教育、公共文化、公共卫生、经济社会秩序和公民基本社会权利的公益服务，不能或不宜由市场配置资源的事业单位。

——公益二类。即面向全社会提供涉及人民群众普遍需求和经济社会发展需要的公益服务，可部分实现由市场配置资源的事业单位。

——公益三类。即提供的服务具有一定公益属性，可基本实现由市场配置资源的事业单位。

2. 在分类的基础上进行改革

（1）承担行政职能的事业单位

对承担行政职能的事业单位的改革，主要依据《行政许可法》规定，按照“清理、归并、精简、规范”的原则进行。

完全或基本承担行政职能的事业单位，转为行政机构。目前不具备划转条件的，可结合机构编制方面的有关调整或者机构改革逐步解决，或者参照公务员管理。

对改革后，承担行政职能的事业单位，其原职能中的后勤保障、专业技术服务以及可市场化的部分，要按照管办分离、管养分离的原则进行剥离，属于社会中介组织的职能交给社会中介组织，属于事业单位的职能交给其他事业单位，属于企业的职能交给企业。并按照精干、高效的原则，重新明确机构规格，明确职能，明确人员编制，明确领导职数。

承担部分行政职能的事业单位，原则上要将应由政府部门承担的行政许可、审批等职能划归行政机关。对一时难以划归的行政职能，依法予以授权或委托。未经授权或委托的行政职能必须取消。行政职能划归政府部门后，对原事业单位机构进行综合设置，该归并的归并，该撤销的坚决予以撤销。

今后，除法律法规授权外，不再批准设立承担行政职能的事业单位。

（2）从事生产经营活动的事业单位

对从事生产经营活动、实行企业化管理的事业单位以及实行股份制的事业单位原则上转为企业。

对从事生产经营活动，虽不是实行企业化管理的事业单位，但已具备市场化条件的原则上转为企业。

对从事生产经营活动，但暂不具备条件的作为过渡按事业单位进行管理，并积极为其创造条件，尽快转为企业。

转入企业的事业单位，要依法进行企业注册，并注销事业单位，核销事业编制，使之成为自主经营、自负盈亏、自谋发展、自我约束的企业法人实体和市场竞争主体。今后，不再批准设立从事生产经营活动的事业单位，财政不再以任何形式为从事生产经营活动的事业单位拨付事业经费。

（3）从事公益性服务的事业单位

公益一类。所需经费由财政予以保证，不得开展经营活动，不得收取服务费用，履行职能依法取得的行政事业性收费、基金等非税收入，全额上缴国库，统一纳入财政预算，支出通过部门预算统筹安排，实行彻底的“收支两条线”管理。全面建立绩效评价制度，提高资金使用效益，确保政府公益目标的实现。对执行国家确定的宗旨和业务范围，以及工资、财务和资产管理等方面规定的情况，要进行监督检查。要严格控制这类单位的机构编制。

公益二类。根据工作任务和服务等情况，统筹规划机构设置，合理核定人员编制。所需经费由财政给予不同程度的投入，要根据国家确定的公益目标开展相关业务活动，其基本公益服务项目与收费标准接受政府指导，在确保实现公益目标的前提下，可依法开展相关的经营活动。提供公益服务取得的事业性收费等非税收入，全额上缴国库或财政专户，统一纳入财政预算统筹安排，实行“收支两条线”管理，依法取得的其他收入，纳入单位预算管理，主要用于公益事业发展。建立体现行业特点的绩效评价制度，评价结果要以适当方式公布。

公益三类。实行经费自理，可自主开展公益活动和相关经营活动。承担政府有关任务的，可通过政府购买服务的方式给予相应支持。根据其具体特点，开展相应的绩效评价，加强资格认证和行为规则管理。社会化程度较高、市场接轨能力较强的，要在国家政策的指导下，逐步进行转企改制。

公益一类事业单位要严格按照编制实行岗位总量和结构比例控制，加强对“进、管、出”等环节的管理；公益二类事业单位要以编制为基础核定岗位总量和结构比例，在岗位设置、公开招聘等具体环节上，赋予单位相对灵活的人事管理权；公益三类事业单位要在岗位管理等方面实行宏观管理，在用人上以事业单位自主管理为主。要进一步下放事业单位干部管理权限，事业单位内设机构领导人员的配备逐步实行聘用制。

三、实施步骤

事业单位改革大体分四个阶段进行：

第一阶段，学习宣传，制定方案（2010年7月—2010年8月）

按照本意见，各事业单位主管部门提出本部门事业单位清理规范工作方案，按时报县编办，县编办对各部门提出的意见进行审核后，报县编委审批。

第二阶段，清理规范，明确类别（2010年9月—2010年12月底）

根据县编委的安排，县编办负责对所属事业单位从机构名称、职责任务、机构规格、人员编制、经费形式、领导职数、内设机构等方面给予明确规范，同时，各主管部门要按照规范的要求组织落实到位。对该撤销的事业单位给予撤销，该合并的给予合并组建，该进行职能转移的进行职能转移，该推向市场的推向市场，该转为企业的转为企业。在负责落实的同时，各主管部门还要提出保留事业单位分类改革的意见（包括单位的类别、分类的理由及依据）报县编办。县编办根据事业单位的业务性质、功能定位、发展方向等进行审核，提出分类意见报县编委审定。

第三阶段，严明政策，配套改革

从2011年开始，各事业单位主管部门根据批准的事业单位类别，组织实施财政配套政策改革，健全政府投入机制，完善财税政策，加强事业单位财务和资产管理；深化收入分配制度改革，建立符合事业单位特点、体现岗位绩效和分级分类管理要求的岗位绩效工资制度；全面推进事业单位养老保险制度改革；以加快聘用制度和岗位管理制度改革为重点，全面推进公开招聘，转换用人机制，深化人事制度改革。

第四阶段，认真总结，检查验收

事业单位分类改革完成后，各主管部门对所属事业分类改革情况认真全面总结，并写出专题报告报县编办。县委、县政府组织纪检（监察）、组织、编办、人力资源和社会保障、财政等相关部门组织检查验收，并将检查情况上报县委、县政府。

四、工作要求

（一）提高认识，加强领导

事业单位改革牵涉面广，政策性强，关系到全县经济社会发展和广大干部职工的切身利益。各单位领导要充分认识改革的重要意义，统一思想，增强信心，加强领导，落实责任。改革在县委、县政府的领导下，由县编办牵头，相关部门同力协作，各司其责。要加强调查研究，周密制定方案，精心组织实施，及时发现和处理改革中出现的矛盾和问题。要实行各主管部门、各事业单位“一把手”负总责，专人具体负责改革的组织实施工作，确保按时保质完成改革任务。

（二）严肃纪律，稳步推进

改革实施过程中，要严格按程序报批，不得擅自定机构、定编制、定规格。机构编制总量只减不增，机构规格不升格。在改革期间，除党中央、国务院、省委、省政府、省编委和市委、市政府、市编委有明确要求的外，一般不再审批新的事业单位。要严格执行各项政策和规定，做好干部职工的思想工作，严格遵守组织、人事纪律，不得借机突击提拔干部，评定职称，突击分钱分物，组织旅游观光等。保证做到在事业单位改革期间，人员思想不散、工作秩序不断、国有资产不流失。总之，通过扎实细致的工作，确保改革积极稳妥、有序推进。

沁水县新型农村社会养老保险工作实施办法

第一章　总　则

第一条　为进一步完善社会保障体系，保障农村居民年老后的基本生活，根据国务院《关于开展新型农村社会养老保险试点的指导意见》（国发〔2009〕32号）和山西省人民政府《关于开展新型农村社会养老保险试点实施意见》（晋政发〔2009〕37号）及县人民政府《关于印发〈沁水县新型农村社会养老保险实施方案〉的通知》（沁政发〔2009〕60号）有关文件精神，结合我县实际，制定本办法。

第二条　建立新型农村社会养老保险应坚持从实际出发，以个人缴费为主、集体补助、财政补贴相结合的新农保制度，采取社会统筹与个人账户相结合的管理模式，由政府宣传发动，农村居民以村为单位参保。

第二章　参保范围

第三条　凡具有本县农业户籍，年满16周岁以上（不含在校学生、已参加城镇职工养老保险）未满60周岁的农村居民，需带户口簿、身份证原件和一寸彩照，到户籍所在地参加新型农村社会养老保险，申请选择缴费档次。

第四条　对已参加老农保且已开始领取养老金的，在原待遇不变的同时，可享受新农保基础养老金；已参加老农保且未到领取年龄的，将老农保个人账户资金并入新农保个人账户，并按新农保的缴费标准继续缴费；参加新农保人员因身份发生转变或户籍变更跨县转移关系的，个人账户资金可随人全部转移，无法转移的暂且保留其个人账户，待条件成熟后再转移。

第三章　保险费缴纳

第五条　新型农村社会养老保险费由参保人员到所在村（居）委会按规定缴纳，一般以年缴纳为主。

第六条　新型农村社会养老保险缴费标准为：200元、300元、400元、500元、1000元五个档次。参保人自主选择缴费档次，多投多得，增加个人账户储存额。

有条件的乡（镇）、村（居）集体经济组织在集体公共积累中给予缴费补助；鼓励其他经济组织、社会公益组织、个人为参保人缴费提供补助。

政府对个人缴费补贴标准为：缴200元补35元，缴300元补40元，缴400元补45元，缴500元及其以上补50元；对重度以上残疾人（二级以上）、五保户由县财政代缴每人每年200元；对重度以下残疾人（二级以下）、优抚对象、低保户、独生子女及其父母（不包括非农户）个人缴纳200元，县财政补贴50元。

县政府将制定长缴多得的鼓励政策，积极引导中青年农民普遍参保。

第七条　按照本办法参加新型农村社会养老保险的人员，在当年度按时足额缴纳应缴养老保险费，可以享受当年度的参保补贴；在当年度应缴未缴或未足额缴纳养老保险费的，不享受当年度的参保补贴。

参保人因未在规定时间内足额缴纳当期保险费的，应按同期个人缴费标准和利息确定补缴金额。

第八条 参保人员享受养老保险待遇，其实际缴费年限不得低于15年。45周岁以上（含45周岁）人员，应按年足额缴费，也允许补缴，累计缴费年限不得超过15年；45周岁以下人员，应按年足额缴费，累计缴费不得少于15年。

第九条 参保人员经批准中断缴费的，其中断缴费前后的缴费年限合并计算，个人账户储存额不间断计息。

第四章 账户设置

第十条 县农保经办机构为参保人员建立个人账户，核发《登记证》，建立参保人员养老保险档案。

第十一条 参保人员养老保险个人账户包括：个人缴纳的养老保险费总额及利息和村集体补助及利息。统筹账户包括：县财政补贴及利息。

第十二条 参保人员个人账户的储存额利率根据人民银行同期公布的城乡居民1年期居民定期存款利率确定，县农保经办机构每年对参保人员个人账户的储存额结息一次。

第十三条 农保基金的超额增值部分设立风险调剂金，补充统筹账户。

第十四条 参保人员有权向农保经办机构查询其养老保险的有关情况，经办机构要及时提供相应的服务。

第五章 保险金给付

第十五条 享受新型农村社会养老保险待遇的人员，应当同时具备以下条件：

（一）年满60周岁，未享受城镇职工基本养老保险待遇的农村人员，可享受新型农村社会养老保险待遇。

（二）新农保制度实施时，已年满60周岁，未享受城镇职工基本养老保险待遇的，不用缴费，可享受新型农村社会养老保险基础养老金，但其符合参保条件的子女应当参保缴费。

（三）新农保制度实施时，距领取年龄不足15年的，应按年缴费，也允许补缴，累计缴费期限不超过15年；距领取年龄超过15年的，应按年缴费，累计缴费年限不少于15年。

第十六条 新型农村社会养老保险月领取标准：

月领取标准＝个人账户养老金＋基础养老金

个人账户养老金＝个人账户储存额 ÷ 计发月数（139月）

基础养老金中央补贴每人每月55元。

第十七条 新型农村社会养老保险享受待遇由县农保经办机构经指定金融机构实行社会化发放。

参保人达到享受新型农村社会养老保险待遇年龄，但不符合本办法第十五条第（二）项的，可将其个人账户储存额中个人缴纳的保险费本息一次性结算给参保人。

参保人不符合本办法第十五条第（三）项的，可将个人账户的储存额转入政府主办的其他社会养老保险的个人账户中。

第十八条 个人账户储存额只能用于支付参保人到龄待遇享受，不得提前支取，不得挪作他用。参保人在缴费期内死亡或领取阶段死亡的，其个人账户储存余额依法继承。

第十九条 参保人年满60周岁的次月开始享受养老保险待遇。养老保险待遇享受人员每年应到所在乡（镇）农保站参加继续领取资格认证，参保人或享受待遇人死亡的，其法定继承人或指定收益人应在一个月内到所在乡（镇）农保站申请注销养老保险关系。

第二十条 享受待遇水平应根据本县经济增长、物价指数和农村最低生活保障标准等情况适时调整。具体调整方案由县人力资源和社会保障局商财政部门提出，报县人民政府批准后执行。

第二十一条 养老保险金及其运营增值部分和支付给参保人的养老金，按国家有关规定免征税费。

第六章 监督管理

第二十二条 新型农村社会养老保险基金实行本县统筹、预算管理、财政专户存储和专款专用。

第二十三条 县农保经办机构要建立健全财务、会计制度，按时将保险金收支、积存以及运营等情况报告县人力资源和社会保障局和上级农保机构。县财政、审计等部门要加强对保险金的监督检查。

第二十四条 县农保经办机构应建立健全新型农村社会养老保险基金的财务、会计、统计和内部审计等制度，每年编制社会保险基金收支预决算，并按要求编制和报送社会保险基金的财务、会计和统计报表。

第二十五条 农保经办机构和村（居）委会每年对参保人员和享受养老金待遇人员进行公示，接受群众监督，以杜绝虚报冒领现象的发生。

第二十六条 当新型农村社会养老保险基金运行发生困难时，由县财政负责承担。

第二十七条 新型农村社会养老保险基金要根据国家规定全部用于认购国家债券和银行定期存款，确保基金的保值增值，任何单位和个人不得擅自改变其性质和用途。

第七章 法律责任

第二十八条 农保经办机构工作人员，违反本办法有关规定的，由县人力资源和社会保障部门或上级行政机关责令限期改正；情节严重的，按照管理权限，对主要负责人或直接责任人给予行政处分；构成犯罪的，移送司法机关依法追究刑事责任。

第二十九条 通过伪造有关证件或者其他手段多领、冒领养老保险待遇的人员，由县人力资源和社会保障部门追回多领、冒领的养老保险待遇。构成犯罪的，移送司法机关依法追究刑事责任。

第三十条 对多领、冒领养老保险待遇的人员，县人力资源和社会保障部门要制作行政处理决定书。当事人对行政处理决定不服的，可以依法申请复议或提起诉讼，拒不执行行政处理决定、既不申请复议又不起诉的，由县人力资源和社会保障行政部门申请人民法院强制执行。

第八章 附 则

第三十一条 新型农村社会养老保险由县人民政府组织实施，列入国民经济和社会发展规划。县人力资源和社会保障局负责全县新型农村社会养老保险的统筹规划、政策制定、统一管理、综合协调和监督检查，县财政局负责新型农村社会养老保险的基金管理，县农保经办机构具体承办新型农村社会养老保险业务。

第三十二条 各乡（镇）人民政府负责本行政区域内新型农村社会养老保险的宣传发动、织组实施、扩面征缴等工作，具体业务由乡（镇）农保站承担，各村（居）民委员会负责本区域新型农村社会养老保险的参保登记、参保资料收集与上报等工作。

第三十三条 根据新型农保经办服务的特殊性及工作需要，按每位参保农民补助3元的标准，纳入财政年度预算，要逐步增加农保经办机构人员和工作经费、人员培训、宣传资料、表格印制等费用。建立起与服务人群和业务量相适应的机构和经费保障机制，确保新型农村社会养老保险工作顺利开展。上述经费不得在新型农村社会养老保险基金中列支。

第三十四条 本办法由县人力资源和社会保障局负责解释。

第三十五条 本办法自二00九年十二月二十一日起施行。原沁水县人民政府《关于印发〈沁水县新型农村社会基本养老保险试行办法〉的通知》（沁政发〔2009〕39号）同时废止。

沁水县城市居民最低生活保障实施办法

第一条 为了规范我县城市居民最低生活保障工作，根据国务院《城市居民最低生活保障条例》和《山西省城市居民最低生活保障实施办法》，结合本县实际，制定本办法。

第二条 持有本县非农业户口的城镇居民，其共同生活的家庭成员固定居于本县境内生活，且人均收入低于本县城市居民最低生活保障标准的，可申请享受本县城市居民最低生活保障待遇。

第三条 实施城市居民最低生活保障办法应当遵循以下原则：

（一）保障基本生活；

（二）政府保障与社会帮扶相结合，鼓励劳动自救；

（三）实行属地管理；

（四）坚持公开、公平、公正；

（五）保障水平与本地经济、社会发展水平相适应；

（六）与法定赡养、扶养、抚养相结合；

（七）与相关的社会保障制度相衔接；

（八）实行动态管理。

第四条 城市居民最低生活保障制度实行各级人民政府负责制。县民政部门以及乡（镇）人民政府（以下统称管理审批机关）负责本行政区域内的城市居民最低生活保障的管理审批工作。乡（镇）人民政府负责受理本行政区域内城市居民提出的最低生活保障申请和申请材料的初审、报批工作。相关社区、村委会受管理审批机关的委托，承担辖区内城市居民最低生活保障的入户调查、张榜公示、定期复核等日常管理和服务工作。

财政部门负责按照规定落实城市居民最低生活保障资金。劳动和社会保障、统计、物价、审计、工会、经贸、残联等部门在各自的职能范围内积极配合做好城市居民最低生活保障有关工作。

乡（镇）人民政府应当建立健全城市居民最低生活保障工作机构，整合人力资源，配备专门工作人员，居住城镇居民较多的社区（村）要确定一名副职负责城市低保的日常工作，并解决必要的办公条件。县人民政府将城市居民最低生活保障工作机构所需的工作经费和人员经费列入财政预算。

第五条 县、乡（镇）两级人民政府及县直相关部门，在保障对象的上学、就医、就业、住房、饮水、用电、用气（煤气、暖气、燃煤）等方面制定救助政策，建立和完善社会救助体系。

第六条 城市居民最低生活保障对象

主要分以下六类：

（一）无生活来源、无劳动能力又无法定赡养人、扶养人或者抚养人的居民；虽有法定赡养人、扶养人或者抚养人，但无赡养、扶养或者抚养能力的居民；

（二）领取失业救济金期间或者失业救济金期满仍未能重新就业、家庭人均收入低于本县城市居民最低生活保障标准的居民；

（三）在职人员和下岗人员在领取工资或者最低工资、基本生活费后以及退休人员领取退休金后，其家庭人均收入仍低于本县城市居民最低生活保障标准的居民；

（四）未参加基本养老保险统筹且企业已经停产多年，无力缴纳养老保险费的集体企业中经劳动和社会保障部门办理正式退休手续，未领取退休费的退休职工本人；

（五）持有本县非农业户口，20 世纪 60 年代初精减的退职老职工本人；

（六）符合有关政策规定的其他城镇人员和家庭。

第七条 城市居民最低生活保障标准的制定，按照本县维持城市居民基本生活所必需的衣、食、住费用，并适当考虑水、电、气（煤气、暖气、燃煤）费用以及未成年人的义务教育费用。

本县的城市居民最低生活保障标准，由县民政部门会同统计、财政、物价等部门制定，报县人民政府批准并报市人民政府备案后公布执行。

城市居民最低生活保障标准需要提高时，依照前两款的规定重新核定或按上级规定标准执行。

第八条 本办法所称共同生活的家庭成员包括：

（一）父母、祖父母、外祖父母；

（二）配偶；

（三）未成年子女；

（四）已成年但因病（残）不能独立生活的子女；

（五）共同生活的已婚和未婚子女；

（六）父母双亡且由祖父母或者外祖父母作为监护人的未成年或者已成年但不能独立生活的孙子女和外孙子女；

（七）在大中专就读的已成年子女。

第九条 本办法所称家庭收入，是指共同生活的家庭成员的全部货币收入和实物收入的总和，包括下列内容：

（一）工资、奖金、津贴、补贴以及其他劳动收入；

（二）离退休费及领取的各类保险金；

（三）储蓄存款、股票等有价证券以及孳息；

（四)出租或变卖家庭资产获得的收入；

（五）法定赡养人、扶养人或者抚养人应当给付的赡养、扶养或者抚养费；

（六）遗属生活补助费；

（七）继承的遗产和接受的赠与；

（八）生产经营净收入；

（九）出让知识产权收入；

（十）其他应当计入的家庭收入。

第十条 为促使和鼓励个人自谋职业、自食其力，凡有劳动能力的下岗、失业人员或无业人员，可参照当地企业最低工资标准和社会用工报酬的适当比例计算其收入。

第十一条 家庭收入不包括以下内容：

（一）对国家、社会和人民作出特殊贡献，政府给予的奖金和奖品；

（二）优抚对象享受的抚恤金、补助金、护理费和保健金；

（三）在校就读子女的奖学金、助学金；

（四）按规定由所在单位代缴的住房公积金以及各项社会保险统筹费；

（五）独生子女费和丧葬费。

第十二条 城市居民申请享受最低生活保障待遇应当由户主向户籍或者固定住房所在地乡（镇）人民政府提出书面申请，填写《城市居民最低生活保障申请表》，并出具下列材料：

（一）申请书、就业志愿书；

（二）户口簿、居民身份证；

（三）家庭中所有有劳动能力成员的收入证明；

（四）其他相关证明材料。

机关、企业、事业单位和其他组织应当为困难职工出具真实的相关证明。

第十三条 乡（镇）人民政府接受申请后，应当直接或者委托社区、村委会采取入户调查、邻里走访、信函索证等方式做好核实工作。乡（镇）人民政府初审后，应当将所有材料和初审意见报县民政部门审批。县民政部门对上报材料进行审查，对符合城市居民最低生活保障条件的，发给《晋城市城市居民最低生活保障证》；对不符合城市居民最低生活保障条件的，应当书面告知申请人，并说明理由。

审批手续自接到申请人提出申请之日起 30 日内完成。

审查复核工作应当每半年进行一次，特殊对象一年一次。

第十四条 对符合享受城市居民最低生活保障待遇的家庭，应当区分下列不同情况批准其享受城市居民最低生活保障待遇：

（一）对无生活来源、无劳动能力又无法定赡养人、扶养人或者抚养人的城市居民，按照本县城市居民最低生活保障标准全额享受；

（二）对尚有一定收入的城市居民，按照家庭月人均收入低于本县城市居民最低生活保障标准的差额享受。

第十五条 城市居民最低生活保障金由县民政部门委托银行或者邮政储蓄按月发放。县财政部门应当按照核定的保障资金提前拨付委托银行。保障对象持《城市居民最低生活保障证》、户主身份证及储蓄卡到就近网点或者指定地点领取。

第十六条 城市居民最低生活保障所需资金，由县人民政府列入财政预算，纳入城市居民最低生活保障专项资金支出科目，专项管理。县民政部门应当在每年年底根据核定的保障对象所需资金，向县财政部门提出下一年度的用款计划，经县财政部门审核后报县人民政府批准，纳入“财政社会保障补助资金专户”，并转入“城市居民最低生活保障金”分户，实行专款专用，不得截留、挤占、挪用。县财政部门应当按照核准的支出预算按月提前拨付，保证按月发放。

第十七条 鼓励社会组织和个人为城市居民最低生活保障提供捐赠、资助；所提供的捐赠资助全部纳入本县城市居民最低生活保障专项资金。

第十八条 乡（镇）人民政府或者社区、村委会应当分别对申请和被批准享受城市居民最低生活保障待遇的家庭进行张榜公布，接受群众监督和舆论监督。任何人对不符合条件而享受城市居民最低生活保障待遇的，都有权向管理审批机关提出意见。经核查，对情况属实的应当予以纠正。

第十九条 保障对象应当及时向乡（镇）人民政府或者社区、村委会报告家庭人员及收入变化情况，主动配合社区、村委会或者管理机关的定期审查。在就业年龄内有劳动能力但尚未就业的城市居民，在享受城市居民最低生活保障待遇期间，应当接受有关部门介绍的工作，参加所在社区、村委会组织的公益性社区服务劳动。

第二十条 财政、审计、监察部门依法对城市居民最低生活保障资金的使用情况进行监督。

第二十一条 从事城市居民最低生活保障管理工作人员有下列行为之一的，给予批评教育，情节严重的依法给予行政处分；构成犯罪的，依法追究刑事责任：

（一）对符合城市居民最低生活保障条

件的家庭拒不按期审批的；

（二）对不符合城市居民最低生活保障条件的家庭批准其享受城市居民最低生活保障的；

（三）玩忽职守、徇私舞弊或者贪污、挪用、扣压、拖欠城市居民最低生活保障款物的。

第二十二条 保障对象有下列行为之一的，由县民政部门给予批评教育，并追回其冒领金额；情节严重的，处以冒领金额1倍以上3倍以下的罚款：

（一）虚报、隐瞒实情、伪造证明材料的；

（二）家庭收入发生变化，高于本县最低生活保障标准，不按规定告知管理审批机关，继续领取城市居民最低生活保障金的。

第二十三条 不听劝阻，无理取闹，干扰、辱骂、殴打从事城乡居民最低生活保障工作人员的，由公安机关依照有关规定给予处罚；情节严重构成犯罪的依法追究刑事责任。

第二十四条 在就业年龄内有劳动能力但尚未就业，无正当理由，两次不接受工作安排或者两次无故不参加所在社区、村委会组织的公益性社区服务劳动的，可以减发或者停发城市居民最低生活保障金。

保障对象所在单位出具虚假证明的，由县民政部门提出批评教育；情节严重的，建议由有关部门依法追究单位主要责任人和直接责任人的责任。

第二十五条 城市居民对县民政部门作出的不批准享受城市居民最低生活保障待遇或者减发、停发城市居民最低生活保障款物的决定或者给予的行政处罚不服的，可以依法申请行政复议；对复议决定仍不服的，可以依法提起行政诉讼。

第二十六条 本实施办法自2010年4月1日起施行，原《沁水县城市居民最低生活保障办法》同时废止。

沁水县城市居民最低生活保障工作操作规程

（试　行）

第一章　总　则

第一条 为了切实做好我县城市居民最低生活保障（以下简称城市低保）工作，落实应保尽保和分类施保，强化动态管理，根据国务院《城市低保条例》、《山西省城市低保实施办法》、《晋城市城市低保办法和实施细则》等有关政策规定，结合我县实际，制定本操作规程。

第二条 城市低保工作应当遵循以下原则：

（一）保障基本生活；

（二）鼓励劳动自救和不养懒汉；

（三）政府保障与法定赡、扶、抚养相结合；

（四）政府保障与社会帮扶相结合；

（五）与相关的社会保障制度相衔接；

（六）实行属地管理；

（七）坚持公开、公平、公正；

（八）实行动态管理；

（九）保障水平与经济社会发展水平相适应。

第三条 县民政局为全县城市低保管理审批机关，负责本县行政区域内城市低保的管理审批工作。各乡（镇）人民政府（称管理机关）负责本行政区域内城市居民提出的城市低保申请和相关申请材料的审核、报批工作。县城9个社区以及端氏村、中村村、加丰村受管理审批机关的委托，承担本辖区城市居民提出的城市低保申请和相关申请材料的受理，进行入户调查、核实取证、民主评议、张榜公示以及城市低保户的管理和服务等工作。

第二章　保障对象及条件

第四条　持有本县非农业户口的城镇居民，其共同生活的家庭成员通过劳动自救，人均收入低于本县城市低保标准的，可申请享受城市低保。

第五条　城市低保对象主要包括：

（一）无生活来源，无劳动能力又无法定赡、扶、抚养人的城镇居民;虽有法定赡、扶、抚养人，但无赡、扶、抚养能力的城镇居民；

（二）领取失业救济金期间或者失业救济金期满仍未能重新就业，其家庭人均收入低于本县城市低保标准的居民；

（三）在职人员和离下岗人员在领取工资、生活费以及退休人员领取退休金后，其家庭人均收入仍低于本县城市低保标准的城镇居民；

（四）家庭中无劳力、无从业人员、无固定收入或者尚有一定收入，但其家庭人均收入仍低于本县城市低保标准的城镇居民；

（五）未参加基本养老保险统筹，且企业已停产多年，无力缴纳养老保险费的集体企业中经劳动和社会保障部门办理正式退休手续，未领取退休费和养老金的退休职工本人；

（六）持有本县非农业户口，20世纪60年代初精减的退职老职工本人；

（七）符合有关政策规定的其他城镇人员和家庭。

第三章　申请城市低保家庭成员的核定

第六条　申请城市低保时所谓共同生活的家庭成员，必须是家庭成员中有法定赡（扶、抚）养关系的家庭成员，主要包括下列成员：

（一）父母、祖父母、外祖父母；

（二）配偶；

（三）未成年子女；

（四）已成年但因病、因残不能独立生活的子女；

（五）共同生活的已婚和未婚子女（不含因离异、丧偶返回与父母同住的子女）；

（六）在本县或外地工作、打工的成年未婚子女；

（七）父母双亡由祖父母或者外祖父母作为监护人的未成年或者已成年但不能独立生活的孙子女和外孙子女；

（八)在大中专学校就读的已成年子女。

第四章　申请人证件、证明材料的提供

第七条　申请享受城市低保待遇的家庭在递交书面申请的同时，应当提供共同生活的家庭所有成员的户口簿、身份证、夫妻关系结婚证等证明其家庭成员身份关系的证件和家庭成员的收入证明。

有关收入和身份关系证明材料，按下列规定提供：

（一)在职职工提供所在单位出具的《城市低保申请人家庭成员及收入证明》;

（二）下岗职工提供劳动和社会保障部门出具的领取基本生活费的证明；

（三）失业人员提供劳动和社会保障部门出具的领取失业保险金期限、标准的证明;

（四）离退休人员提供领取离退休费的相关证件；

（五）男年满60周岁，女年满50周岁的企业下岗、失业人员提供劳动和社会保

障部门出具的未办理退休手续和未领取退休金证明；

（六）职工遗属提供领取遗属生活费所在单位出具的领取遗属生活费数额的证明；

（七）20世纪60年代初精简退职老职工未享受40%救济的，提供当时精简退职的原始证件；

（八）无生活来源、无劳动能力又无法定赡（扶、抚）养人和无从业人员的家庭，提供户籍或固定住房所在社区（村委）出具的城市低保申请人家庭成员及收入证明；

（九）持有营业执照的个体经营户提供工商部门出具的经营收入情况证明。其经营收入无法核实，本人又不如实申报的，工商部门可按不低于门店、柜租年租金出具其经营收入证明；

（十）未办理营业执照的个体摊位经营者（如：修鞋、修锁、补胎、卖菜等），提供居住所在地社区（村委）出具的经营收入证明；

（十一）在机关、企事业单位等临时打工人员，提供用人单位出具的工资证明，其工资证明低于本县当年最低工资标准的，还应提供劳动和社会保障部门出具的证明，否则，按本县当年最低工资标准计算；

（十二）16周岁以上的在校学生提供学生证复印件和就读学校出具的就读学期证明；

（十三）工伤人员、残疾人提供有效的工伤鉴定和《残疾人证》；

（十四）在就业年龄内丧失劳动能力的重病人员提供县级以上医院出具的疾病诊断证明书和相关检查报告原件。精神病患者提供精神病专科医院出具的疾病诊断证明书和相关检查报告原件；

（十五）夫妻离异的，提供离婚证或离婚判决（调解书）。丧偶的，提供所在单位、社区、村委出具的丧偶证明。家庭成员失踪的，提供失踪证明；

（十六）家庭中有收养子女的，提供《收养证》；

（十七）无法定赡养人的老年家庭，提供所在单位、社区、村委出具的无子女证明；

（十八）城农混合家庭申请城市低保时，非农户一方除按规定提供有关证明外，还应提供农户一方所在社区（村委）出具的其家庭成员耕种土地、经营项目、家庭收入、生活状况等内容的证明；

（十九）城市低保申请人因下岗失业在原单位无住房返回农村老家的，除按规定提供有关证明外，还应提供居住地社区（村委）出具的其家庭成员、家庭收入和生活状况等内容的证明。

所有有效证件需经受理申请专人验证原件后复印。

第八条 申请享受城市低保待遇者，有法定赡（扶、抚）养人且不在一起共同生活的，应当提供每个赡（扶、抚）养人家庭成员情况及其收入证明。

有关赡（扶、抚）养人家庭成员和收入证明材料，按下列规定提供：

（一）法定赡（扶、抚）养人有固定工作单位的，提供用人单位出具的赡（扶、抚）养人家庭成员及收入证明，注明法人联系电话，经法人代表签字，加盖单位公章后方为有效；

（二）无从业人员（含临时打工人员）的，提供固定住房所在社区（村委）出具的赡（扶、抚）养人家庭成员及收入证明材料；

（三）赡（扶、抚）养人系（城市或农村）低保家庭的，提供有效《城市居民最低生活保障证》复印件；

（四）赡（扶、抚）养人家庭成员系在职职工，其用人单位出具的工资证明低于本县当年最低工资标准的，还应提供劳动和社会保障部门出具的证明，否则，按本县当年最低工资标准计算。

第九条 机关、企事业单位和其他用人组织应当为申请人家庭成员出具真实的相关证明。有关单位所出具的相关证明与基层入户调查（定期核查）人员以及与同事、邻里等知情人调查了解的实情不相符时，以基层入户调查（定期核查）人员核实的情况为准。

第五章　申请人无劳动能力的确认

第十条　因工伤丧失劳动能力的：

（一）持有有效《工伤证》的，1、2、3、4 级为无劳动能力；

（二）5、6 级为有少部分劳动能力；

（三）7、8、9、10 级为有部分劳动能力。

第十一条　因残丧失劳动能力的：

（一）持有有效《残疾证》的，肢体、智力、精神残疾 1、2 级，视力残疾 1、2 级，为无劳动能力；

（二）肢体、智力、精神残疾 3 级，语言听力残疾1、2级，视力残疾低视力1、2级，为有少部分劳动能力；

（三）肢体、智力、精神残疾 4 级，语言听力残疾 3、4 级，为有部分劳动能力。

第十二条　因重大疾病需要长期疗养休息，不能从事正常劳动的患者，经县级以上医院诊断并出具诊断证明书和相关检查报告的视为无劳动能力；因精神病不能从事正常劳动的患者，经精神病专科医院诊断并出具诊断证明书和相关检查报告的视为无劳动能力。

无劳动能力病种确认：

（一）心脏病（心肌梗塞）；

（二）冠状动脉旁路手术；

（三）脑中风后遗症；

（四）慢性肾衰竭（尿毒症）；

（五）白血病；

（六）癌症；

（七）瘫痪；

（八）重大器官移植手术（心、肺、肝、胰、肾脏及骨髓移植）；

（九）暴发性肝炎；

（十）主动脉手术；

（十一）管理审批机关根据县级以上医院检查诊断，确认的重大疾病。

第十三条　16 周岁以下的未成年人和男 60 周岁以上、女 55 周岁以上的老年人依据有关规定按无劳动能力对待。

第十四条　管理审批机关按照有关规定确认的其他无劳动能力人员。

第六章　申请人家庭收入的计算

第十五条　应计入申请人家庭收入的项目：

（一）家庭从业人员在用人务工单位领取的工资、奖金、津贴、补贴以及实物折价收入。其中实物折价收入按当地当年市场平均价计算；

（二）离退休费、基本养老金、下岗职工生活费、失业金、退职金、辞职金、遗属生活补助费；

（三）家庭成员从政府或企事业单位取得的补偿费、安置费，解除劳动关系费等一次性收入；

（四）家庭成员的各种劳务收入（包括种植、养殖、加工、劳务收入等）；

（五）生产经营净收入；

（六）存款及利息，各种有价证券及红利；

（七）出租或变卖家庭资产获得的收入；

（八）法定赡（扶、抚）养人应当给付的赡（扶、抚）养费；

（九）继承遗产和接受的赠与；

（十）出让知识产权收入；

（十一）偶然所得；

（十二）获得的赔偿除支付医疗机构治疗费用后的剩余部分；

（十三）管理审批机关按照有关规定认定应计入的其他收入。

第十六条 不计入家庭收入的项目：

（一）对国家、社会和人民做出特殊贡献，政府给予的奖金和奖品；

（二）优抚对象享受的抚恤金、补助金、护理费、保健金、优待金；

（三）在校就读子女获得的奖学金、助学金；

（四）按规定由所在单位代缴的住房公积金以及各项社会保险统筹费；

（五）独生子女费和丧葬费；

（六）管理审批机关按照有规定认定不应计入的其他收入。

第十七条 申请人家庭收入的计算方法：

（一）在职职工按其工资档案中核定的工资计算；下岗和失业职工按应领取的下岗生活费和失业保险金标准计算；离退休人员按单位和社保部门发给的离退休费计算。上述人员成为社会灵活就业者（含打工和劳务）另有收入的，与下岗生活费、失业保险金或离退休费一并计入家庭收入；

（二）买断工龄时领取的一次性安置补助费，按从职工与企业解除劳动合同之日起，扣除应缴纳的养老金、医疗保险金、失业保险金后的结余部分计入家庭收入；

（三）给企业、单位、个体户或他人打工的，按实际收入计算；一时难以查实，本人又不如实申报的，其本人收入按不低于本县当年最低工资标准计算；

（四）从事经营性活动的（含个体劳动者），按实际收入计算；一时难以查实，本人又不如实申报的，其本人收入按不低于本县当年最低工资的150%计算；

（五）有劳动能力，有一定经济收入，一时难以查实，本人又不如实申报，其收入无法核实的，在法定劳动年龄内，按本县当年最低工资标准分段计算劳务收入。18~35周岁按55%计算；36~45周岁按45%计算；46~49周岁按35%计算；50周岁以上按实际收入计算；

（六）18周岁以上在校就读的学生应提供所在学校出具的学籍证明，不计算本人收入；

（七）家庭主要劳动力因病、因残不能从事正常劳动的，应提供相关证明并核实后，按实际收入计算；

（八）农垦职工以承包林地、农田等为主要生活来源，其固定收入无法按月计算的，按本县当年最低工资标准计算；

（九）赡养费的计算：

凡成年子女，均应依法承担其父母的赡养义务。赡养费计算方法：

1.有人民法院裁决的，按裁决规定计算；

2.无法院裁决的，子女家庭属城乡低保户的视为该子女无力向父母提供赡养费，不计算赡养费；

3.无法院裁决的，子女家庭月人均收入超过最低生活保障标准时，超出部分的30%计算为赡养费。对法定赡养人的家庭收入一时难以查实的，按每月给每个子女赡养费不低于50元计算。

（十）抚养费的计算：

夫妻离异，不与未成年子女或不能独立生活的子女共同生活的应依法承担其子女的抚养义务。抚养费计算方法：

1.有人民法院裁决的，按裁决规定计算；

2.无法院裁决的，只有一个子女时，抚养费按其总收入的20%给付，有多个子女时，每增加一名子女，给付的抚养费增加其总收入的10%，最高不超过其总收入的50%。对法定抚养人的收入难以查实的，按每月为每个子女提供抚养费不低于50元计算。

第七章 申请、审批程序

第十八条 在城镇居民居住较多的龙港镇9个社区、中村、端氏、加丰村委会受管理审批机关的委托承担所在地城市低保的受理申请、入户调查、评议公示、定期复核等日常管理、服务工作。对下岗失业后因无住房回原籍老家居住的散居城镇居民申请城市低保时，由各乡（镇）民政办公室直接受理。

第十九条 申请享受城市低保待遇，应由申请人向管理审批机关委托组织提出申请。夫妻双方均系非农业户口的，由男方以家庭为单位递交书面申请和相关证明材料。如夫妻一方系非农业户口的，则由非农户口一方以家庭为单位递交书面申请和相关证明材料。

第二十条 乡（镇）民政办公室及受委托社区（村委会）接到申请材料之日起，应当在十日内完成入户调查和材料审查工作,将申请材料报乡（镇）政府审核；乡（镇）政府应当在十日内完成重点抽查和材料审核工作，将各种证明材料和审核意见报县民政局，县民政局应当自收到上报材料之日起十日内完成审批、制表、填证等工作。

第二十一条 申请享受城市低保待遇，按下列程序进行：

（一）由申请人向其固定住房所在地乡（镇）民政办、社区（村委会）递交统一式样及内容要求的书面申请和证明材料；

（二）乡（镇）民政办、社区（村委会）接到申请人递交的申请及相关证明材料后，由2人以上进行入户调查，如实填写《沁水县城市居民最低生活保障入户调查表》，并由入户调查人签字确认；

（三）经入户调查人员调查核实确认申请人符合规定条件的，发给申请人《城市居民最低生活保障申请表》并按要求填写后，由受委托社区（村委会）受理的，提交社区（村委会）集体讨论审查。由乡（镇）民政办直接受理的，应提交乡（镇）领导审核。

（四）经社区（村委会）集体讨论审查和乡（镇）领导审核通过的申请户，分别在社区（村委会）、乡（镇）政府固定公示栏张榜公示五天以上，居民群众无异议的，即可填写《公示报告》，负责人则在申请人填写的《城市居民最低生活保障申请表》上签字并加盖公章后与申请材料一并由乡（镇）政府向县民政局报批。

第二十二条 审批享受城市低保待遇，按照下列程序进行：

（一）县民政局接到乡（镇）报批的申报材料后，要对申报材料逐户进行审查、核查和重点入户抽查，对符合规定条件和申报程序的，在规定时间内进行审批；

（二）县民政局及时将已批准的《城市居民最低生活保障申请表》和填发的《城市居民最低生活保障证》发回乡（镇）民政办，由乡（镇）民政办下发受委托社区（村委会）；

（三）乡（镇）民政办和受委托社区（村委会）收到已批准享受城市低保待遇的低保户资料后，应分别在乡（镇）和社区（村委会）固定公示栏内张榜公示五日以上，接受居民群众监督；

（四）乡（镇）民政办和社区（村委会）同时公示五日内有人举报反映或提出异议的，由县民政局、乡（镇）和社区（村委会）组成调查组重新调查审核。经调查审核，符合规定条件和程序的，由调查组成员签注意见，准予认可；不符合条件和程序的，由调查组成员签注意见，取消申报资格；

（五）公示五日以上无异议的，由乡（镇）民政办、社区（村委会）根据受理申请时的范围及对象分别通知申请人到受理地领取《城市居民最低生活保障证》；

（六）城市低保对象第一次领取低保金时，由申请人持本人有效身份证和《城市居民最低生活保障证》在规定时间内到县民政局签领银行制发的活期存折本，以后低保申请人本人即可凭《城市居民最低生活保障证》、有效身份证、活期存折就近到代发银行各营业网点领取低保金。

第二十三条 对家庭人均收入虽略高于低保标准（120%之内），但家庭成员中有患重大疾病，需长期治疗造成家庭确实困难，且不能纳入城市低保救助范围的，由县低保中心、乡（镇）民政办、社区（村）联合调查认定后，提交管理审批机关集体研究决定给予低保。

第八章 分类施保、定期核查

第二十四条 对按规定程序审核批准享受城市低保的对象，根据家庭困难程度、致贫类别分为以下一、二、三类困难家庭给予不同标准的补助。

一类保障对象主要包括：

（一）无生活来源、无劳动能力、无法定赡（扶、抚）养人家庭，经管理审批机关核准后，按照本县城市低保标准给予全额补助；

（二）被审核批准纳入城市低保家庭中，有重病、重残者且完全丧失劳动能力，按要求提供相关证明，经管理审批机关核准后，给予本人全额补助；

（三）子女无赡养能力，未领取退休金（养老金）年满60周岁以上老人，按要求提供相关证明，经管理审批机关核准后，给予本人全额补助；

（四）20世纪60年代精简退职的未享受40%救济及未领取养老金（退休金）的老职工本人，按要求提供相关证件、证明，经管理审批机关核准后给予全额补助；

（五）被审核批准纳入城市低保家庭成员中，正在大中专院校就读的学生本人，按要求提供相关证明，经管理审批机关核准后，给予全额补助。

二类保障对象主要包括：

（一）年龄偏大、就业从业机会少、身体欠佳的年龄在50周岁以上的人员，经管理审批机关核准后，按本县城市低保标准的50%~80%给予较高差额补助；

（二）被审核批准纳入城市低保家庭成员中，因病、因残部分丧失劳动能力者本人，按要求提供相关证明，经管理审批机关核准后，按本县城市低保标准的50%~80%给予较高差额补助；

（三）被审核批准纳入城市低保的家庭，夫妇一方因离异或亡故（失踪）且身边有未成年子女的单亲家庭，按要求提供相关证明，经管理审批机关核准后，按本县城市低保标准的50%~80%给予较高差额补助。

三类保障对象是指上述两类之外的其他低保家庭，一般按本县城市低保标准的40%以下给予差额补助。

第二十五条 被管理审批机关审核批准纳入城市低保的家庭，应当主动接受管理机关的定期审查复核。一类低保家庭一年复查一次；二、三类低保家庭半年复查一次。定期审核复查工作按以下程序进行：

（一）城市低保家庭必须从审批机关批准享受低保之日起，按照救助分类和定期审查复核时限规定，向第一次受理低保申请的乡（镇）、社区（村委会）提交续保书面申请和《城市居民最低生活保障证》，逾期不主动提交续保申请者视为自动放弃低保资格，即行停保；

（二）乡（镇）、社区（村委会）整理续保户申请，组织入户核查，如实填写《沁水县城市低保家庭复核续保申请表》并由调查人签字确认；

（三）经社区（村委会）集体讨论审查和乡（镇）审核通过，确定上报继续享受城市低保户名单并进行公示；

（四）填报《公示报告》、《城市低保家庭定期复核花名表》，由负责人签字并加盖公章连同其他复核资料一并上报县民政局。

第二十六条 县民政局根据乡（镇）

上报的复核资料、《公示报告》和《城市低保家庭定期复核表》，进行逐户审核和重点抽查。符合规定条件和程序的予以审批继续享受低保，并给予签章后复回；不符合规定条件和程序及未如期提交续保申请和参加复核的停止保障，并注销其低保户档案。

第九章　不予批准、暂缓审批和停止低保

第二十七条　有下列情形之一的，其要求获得城市低保的申请不予受理和批准：

（一）家庭成员中有一人以上在行政事业单位、条管单位或高收入企业工作能正常领取工资的；

（二）经营私营企业、股份企业（包括承包工程、经营客运、货运、出租及种植、养殖等）有较大投资行为的；

（三）有一定规模的固定摊位或门店（包括自建、购买、租赁）能正常营业的；

（四）家庭有银行存款或有证券投资行为的；

（五）家庭拥有机动车、空调、电脑、钢琴等高档消费品的；

（六）家庭雇用保姆或务工人员的；

（七）出资安排子女择校或在高于公立学校收费标准的民办、私立学校就读的；

（八）申请前两年内购买商品房、房改房、集资房或自建新房、翻修、加修房屋以及高标准装修现有住房的；

（九）私有住房面积超过本县上年人均住房标准2倍以上并有出租（赁）房屋的；

（十）在企事业单位领取一次性安置补助费，且不能按规定用途合法使用的，暂时不应享受城市低保；

（十一）家庭因征用土地“农转非”并自愿领取一次性安置补助费、补偿金，且不能证明按规定用途合法使用的；

（十二）放弃原有土地，非政策原因自行购买红印户口或申请获得农转非户口的；

（十三）虽持有本县非农业户口，但在本县以外居住或从业（含临时打工）的；

（十四）家庭中父母系农业户口，全家依靠土地生存，而其未成年子女（含在校大中专学生）拥有城市户口的，不应享受城市低保；

（十五）申请前两年内全家户口从外地转入本县的；

（十六）赴外地就读大中专学生毕业一年后，不能提供有效证明其在外地未就业却未回本县，视为在外地就业，该家庭不应享受城市低保；

（十七）采取“嫁接”经营方式以他人名誉经营机动车、固定门店等满6个月者，视为当事人自己经营，该家庭不应享受城市低保；

（十八）好吃懒做、游手好闲或赌博、吸毒、嫖娼、酗酒、打架斗殴、危害社会秩序的人员，在其本人未彻底改正前不应享受城市低保；

（十九）无正当理由拒绝低保工作人员入户调查或不听劝阻、无理取闹、干扰、辱骂、殴打低保工作人员的，不予受理低保申请；

（二十）管理审批机关按照有关规定认为不应享受城市低保的其他情形。

第二十八条　有下列情形之一的，其要求获得城市低保待遇的申请暂缓审批：

（一）应当提供却拒不提供有关证件、证明或提供的申报资料不完备的；

（二）不如实填报成年未婚子女情况的；

（三）法定赡（扶、抚）养人在行政事业单位、条管单位或高收入企业工作能正常领取工资的老年家庭；

（四）法定赡（扶、抚）养人有能力履行赡（扶、抚）养义务，但未依法履行赡（扶、抚）养义务的；

（五）城市居民家庭成员中已符合法定劳动年龄并有劳动能力的无业（待业）人员未在劳动就业部门进行就业登记的；

（六）申报的有关家庭信息不实，致使入户调查人员找不到住所，无法入户调查的；

（七）不据实提供家庭收入来源，且生活状况明显较好，调查人员一时难以查实的；

（八）未通过社区（村委会）审查和公示的；

（九）群众有异议或举报的；

（十）管理审批机关按照有关规定认为应暂缓审批的其他情形。

第二十九条 已经批准享受城市低保待遇的家庭，有下列情形之一的，一经查实，即停止享受：

（一）在法定劳动年龄内有劳动能力的城市居民，经劳动就业部门或乡（镇）社区（村委会）两次以上推荐就业而拒绝就业或不参加就业培训的；

（二）连续两次以上无故不参加乡（镇）、社区（村委会）组织的公益性劳动和活动的；

（三）按照第二十四条批准的一、二、三类困难家庭补助类别和定期复核规定，到期不提交续保申请的；

（四）城市低保申请人连续三个月不按规定主动到社区（村委会）签到和报告其家庭成员及收入变化情况的；

（五）在本人申请的城市低保被审批后，经核查，发现申请和承诺的情况不实，与申请人再次核实时，仍不如实申报的；

（六）虚报、隐瞒实情，伪造证明材料骗保的；

（七）无特殊原因连续四个月未领低保金，视为家庭条件已改善不需要低保救助，即停止保障；

（八）有本办法第二十六条所列情形之一的；

（九）管理审批机关按照有关规定认为应停止享受的其他情形的。

按照前款规定，受到停止享受低保处理的家庭再提出享受低保申请时，应当在停保期限满6~12个月后符合条件的，按程序重新申请。具体期限由管理审批机关根据停保家庭的实际情况确定。

第三十条 对不符合城市低保条件的，乡（镇）、社区（村委会）低保工作人员在不予受理的同时应讲明政策，并耐心做好解释工作；对不予批准，暂缓审批和停止享受低保待遇的，乡（镇）、社区（村委会）应根据管理审批机关通知下达的原因书面告知申请人，并说明理由。凡是不予批准，暂缓审批和停止享受低保待遇，由管理审批机关复回的《申请表》和通知单等材料，不再发给个人、应当酌情暂存或注销。

第十章 城市低保户管理

第三十一条 城市低保户的日常管理和服务工作，实行居住地社区（村委会）属地管理。

城市低保对象在享受低保待遇期间，应当履行下列义务：

（一）城市低保户户主每月应到居住地所在乡（镇）、社区（村委会）签到并报告其家庭成员及收入变化情况；

（二）应主动接受并配合县民政局、乡（镇）、社区（村委会）组织的定期或不定期调查、核查及复核工作；

（三）低保对象应真实反映有关情况；

（四）有劳动能力的，应当参加其所在乡（镇）、社区（村委会）组织的公益性劳动和活动。

第十一章 档案管理

第三十二条 社区（村委会）、乡（镇）、县民政局都要建立规范的城市低保户档案。社区（村委会）、乡（镇）城市低保户的档案材料是上级批复的《申请表》、《定期复核调查表》、续保手续、各种证明材料等，县民政局的城市低保户档案是申请审批户的全部材料。

第十二章　信访接待与处置

第三十三条　城市低保的信访接待和处置工作实行分级负责，属地处置的原则。社区（村委会）负责本辖区内城市低保对象和低保工作事宜的信访接待和处理答复工作；乡（镇）民政办公室负责本行政区域内城市低保对象和低保工作事宜的信访接待和处理答复工作；县民政局低保管理中心负责全县城市低保对象和低保工作事宜的信访接待和处理答复工作。

第三十四条　各级要将城乡低保信访接待和处置工作解决在本级管理范围之内，杜绝越级上访和集体上访。凡出现低保对象越级上访的，首先要由所属基层低保工作人员出面解决和处置，本级难以解决的报上一级共同调查解决。

第十三章　监管与核查

第三十五条　各级都要建立低保工作监督管理制度，要依法接受纪检监察、财政、审计及上级主管部门的监督与检查。要接受社会监督，受理群众举报并进行查处。任何单位和个人对不符合规定条件和程序享受城市低保待遇的，都有权向管理审批机关检举揭发。

第三十六条　管理审批机关根据工作职责，上级交办和群众举报，将及时进行深入调查、重点核查和个别抽查。经核查，对不符合操作规程规定的条件和程序而造成的错保现象要立即纠正，并对相关责任人给予批评教育或追究责任。

第三十七条　城市低保申请人采取虚报、隐瞒实情、伪造证明材料等手段，骗取享受城市低保待遇的，一经查出，立即取消其低保资格，并给予批评教育，追回其冒领低保金；情节严重的，处以冒领低保金1倍以上3倍以下罚款或依法追究法律责任。

第三十八条　城市低保申请人所在单位、社区（村委会）为申请人出具虚假证明的要予以批评教育；情节严重的依法追究负责人和直接责任人的责任。

第三十九条　受委托社区（村委会）对不符合城市低保条件的家庭予以申报的，管理审批机关将及时予以纠正并批评教育；对不符合城市低保条件的家庭连续申报达3户（次）以上的，将收回委托其承办的城市低保工作，责令该社区（村委会）暂停承办，进行整改。经整改验收符合要求的，再行委托。暂停整改期间该社区（村委会）的申报工作由乡（镇）负责。

第四十条　乡（镇）对不符合城市低保条件的家庭予以申报达10户（次）以上或者连续出现3个社区（村委会）暂停整改的，将责令该乡（镇）进行整改，并追究有关责任人的责任。

第十四章　附　则

第四十一条　本操作规程规定的具体条款与上级有关规定不一致的，依照上级有关规定执行。

第四十二条　本操作规程未尽事宜和在实施过程中出现的新情况、新问题，社区（村委会）、乡（镇）应及时报告管理审批机关，由管理审批机关按照有关政策予以研究和答复。

第四十三条　本操作规程由县民政局负责解释。

第四十四条　本操作规程自2010年4月1日起试行。此前下发的城市低保有关的暂行规定同时废止。

沁水县2010年度集体获省以上表彰登记表

单位名称	荣誉称号	授奖单位	获奖时间
物价局	农产品成本调查工作2008—2009年度优秀集体	国家发展和改革委员会	2010.3
统计局	2009年城乡划分清查工作先进集体	国家统计局	2010.9
沁水县	国家无公害农产品标志推广与监管示范县	农业部农产品质量安全中心	2010.11
寺河煤矿	特级安全高效矿井	中国煤炭工业协会	2010.11
总工会	山西省工会系统“五五”普法工作先进集体	全国总工会	2010.12
民政局	全国婚姻登记规范化建设单位	国家民政部	2010.12
审计局	2008—2009年度文明和谐单位	省精神文明建设指导委员会	2010.1
国税局	2008—2009年度文明和谐单位	省精神文明建设指导委员会	2010.1
人社局	全省创业就业工作先进集体	省人民政府	2010.1
人社局	2008—2009年度文明和谐单位	省精神文明建设指导委员会	2010.1
人社局城镇职工基本医疗保险所	省级青年文明号	共青团山西省委	2010.1
畜牧兽医局	动物卫生监督先进单位	省动物卫生防疫所	2010.2
县委机要保密室	全省党政密码工作先进单位	省委机要室	2010.2
文体广电新闻出版局	2009年度山西省全民健身活动优秀组织奖	省体育局	2010.2
司法局	政风行风评议先进集体	省司法厅	2010.3
公安局刑侦大队	全省公安机关刑侦工作先进集体	省公安厅	2010.3
看守所	全省标兵看守所	省公安厅	2010.3
畜牧兽医局	2009年度动物防疫工作先进县	省政府办公厅	2010.3
农机局	2009年度农机化质量投诉工作先进集体	省农机局	2010.3
农机局	2009年度全省农机购置补贴工作先进单位	省农机局	2010.3
扶贫办	扶贫开发工作成绩突出单位	省扶贫开发办公室	2010.3
人社局社会劳动保险事业所	2009年度全省企业养老保险经办管理先进单位	省企业养老保险管理服务中心	2010.3

沁水县 2010 年度集体获省以上表彰登记表（续一）

单位名称	荣誉称号	授奖单位	获奖时间
人社局职工失业保险所	2009 年度全省失业保险工作先进单位	省失业保险管理服务中心	2010.3
团县委	全省共青团工作特色奖	团省委	2010.3
人社局农村社会养老保险所	2009 年度全省农村养老保险经办工作先进单位	省农村养老保险服务中心	2010.3
县妇联	山西省“三八”红旗集体	省妇联	2010.3
地税局	山西省模范单位	省委、省政府	2010.4
嘉峰地税所	规范执法示范单位	省地税局	2010.4
郑村镇	全省农村党风廉政建设工作先进集体	省委办公厅、省政府办公厅	2010.4
县邮政局端氏邮政支局	模范集体	省邮政公司、省邮政工会	2010.4
公安局	全省公安信息工作先进单位	省公安厅	2010.5
沁水火车站派出所端氏警务区	线路标杆警务区	太原铁路公安局	2010.5
柳庄社区党支部	文明和谐社区	省精神文明建设指导委员会	2010.5
国税局党总支	全省国税系统先进基层党组织	省国税局	2010.6
机关事务管理局	山西省机关后勤先进集体	省机关事务管理局、省总工会、省团委、省妇联	2010.6
物价局	2009 年全省物价系统普法工作先进集体	省物价局	2010.6
公安局	全省优秀公安局	省公安厅	2010.7
人武部机关党支部	“学吕梁、学高平”先进基层党组织	省军区	2010.8
人社局	山西省人力资源和社会保障宣传工作二等奖	省人力资源和社会保障厅	2010.8
地税局	全省地税系统文明单位标兵	省地税局	2010.8
嘉峰地税所	2009 年度煤炭可持续发展基金征收管理工作先进集体	省地税局	2010.8
中村地税所	2009 年度煤炭可持续发展基金征收管理工作先进集体	省地税局	2010.8
郑村地税所	2009 年度煤炭可持续发展基金征收管理工作先进集体	省地税局	2010.8
县委组织部	干部人事档案先进集体	省委组织部	2010.8
文体广电新闻出版局	2006—2009 年度山西省群众体育先进单位	省体育局	2010.8

沁水县2010年度集体获省以上表彰登记表（续二）

单位名称	荣誉称号	授奖单位	获奖时间
县医院	消防安全“四个能力”建设达标星级单位	省公安消防总队	2010.10
文体广电新闻出版局	支持妇女工作特别贡献奖	省妇联	2010.12
人武部	军事训练先进单位	省军区	2010.12
人武部	新闻报道先进单位	省军区	2010.12
县委组织部	讲党性、重品行、作表率先进集体	省委组织部	2010.12
财政局	全省财政系统青年文明号年度检查考核优秀集体	省财政厅	2010.12
农经局	“三资”管理工作先进集体	省农业厅经管局	2010.12
总工会	工会系统“五五”普法先进单位	省总工会	2010.12
县困难职工帮扶中心	全省工会帮扶工作“三比三看”竞赛活动先进集体	省总工会	2010.12
县妇联	山西省先进妇联组织	省妇联	2010.12
沁水宾馆	全省最佳星级宾馆	省旅游局	2010.12
沁水宾馆	消防安全“四个能力”建设达标星级单位	省公安消防总队	2010.12
农村信用合作联社	优秀宣传报道单位	省农村信用社	2010.12
联社营业部	文明规范服务十佳窗口	省农村信用社	2010.12
人行沁水支行纪检监察审计室	2006—2009年纪检监察工作先进集体	人行天津分行、人行天津分行工会	2010.12
邮政局	先进单位	省邮政公司、省邮政工会	2011.1
邮政局	四星级职代会	省邮政公司、省邮政工会	2011.1
蚕桑服务中心	蚕桑生产先进集体	省果业工作总站	2011.1
沁水移动分公司	先进集体	山西省移动通信集团	2011.1
嘉峰镇	山西省五星级总工会	省总工会	2011.1
总工会	工资集体协商“百日攻坚”行动先进县工会	省总工会	2011.1
总工会	百千万立功竞赛活动优秀组织奖集体一等功	省劳动竞赛委员会	2011.1
供电公司	2010年下半年安全生产先进集体	省电力公司	2011.1

沁水县2010年度集体获省以上表彰登记表（续三）

单位名称	荣誉称号	授奖单位	获奖时间
晋煤集团沁秀煤业有限公司	2010年度全省年度建设先进单位	省煤炭工业厅	2011.1
沁水地方海事处	安全监管先进单位	省海事处	2011.1
胡底乡工会	山西省五星级乡（镇）街道工会	省总工会	2011.1
嘉峰镇工会	山西省五星级乡（镇）街道工会	省总工会	2011.1
龙港镇工会	山西省五星级乡（镇）街道工会	省总工会	2011.1
沁水县	省级卫生县城	省爱国卫生运动委员会	2011.2
沁水县	2010年集体林权制度改革先进县	山西省委农村工作领导组	2011.2
卫生局	省爱国卫生先进单位	省爱国卫生运动委员会	2011.2
县农委	2010年度粮食生产先进县	省委农工办、省农业厅	2011.2
县农委	2010年度基层农技体系改革与建设先进县	省委农工办、省农业厅	2011.2
县农委	2010年度劳动力转移先进县	省委农工办、省农业厅	2011.2
国家统计局沁水调查队	2010年度统计调查工作红旗单位	国家统计局山西调查总队	2011.2
国家统计局沁水调查队	2010年度报表工作先进单位	国家统计局山西调查总队	2011.2
文体广电新闻出版局	2010年度山西省全民健身活动优秀组织奖	山西省体育局	2011.2
环保局	省爱国卫生先进单位	省爱卫会	2011.3
总工会	工资集体协商“百日攻坚”行动优秀组织奖	省总工会	2011.3
人行沁水支行	三星级职工（代表）大会	人行天津分行工会	2011.3
人行沁水支行	山西省金融稳定工作先进集体	人行太原中心支行	2011.3
山西晋煤集团沁秀煤业有限公司	2010年度全省年度建设先进单位	省煤炭工业厅	2011.4
供电公司	一流县供电企业	省电力公司	2011.4
县纪委纠风办	政风行风评议先进县	省人民政府	2011

沁水县2010年度集体获市级表彰登记表

单位名称	荣誉称号	授奖单位	获奖时间
沁和能源集团有限公司侯村煤矿	2009年和谐企业标兵	市政府	2010.1
县统计局	先进集体	市人民政府	2010.1
郑村镇武装部	先进基层武装部	市政府、晋城军分区	2010.1
国库支付中心	青年文明号	团市委	2010.1
地震局	沁水电磁波前兆台获2009年度全市质量评比二等奖	市地震局	2010.1
龙港镇东安社区党支部	老年体育工作先进单位	市老年人体育协会	2010.1
龙港镇政府	扶贫攻坚先进集体	市委、市政府	2010.2
郑村镇	增加农民收入先进乡镇	市委、市政府	2010.2
林业局	林业建设先进单位	市委、市政府	2010.2
公安局	国庆60周年安全保卫工作先进集体	市委、市政府	2010.2
中村镇	林业建设先进单位	市委、市政府	2010.2
十里乡政府	林业建设先进集体	市委、市政府	2010.2
交通局	农村公路管理养护先进县	市政府	2010.2
治超办	治超工作先进单位	市政府	2010.2
运管所	运输管理先进单位	市政府	2010.2
交通局	安全生产先进单位	市政府	2010.2
龙港镇宣化社区党支部	文明和谐社区	市文明委	2010.2
郑村镇	农村公路管理养护先进乡镇	市交通局	2010.2
县医院	先进单位	市卫生局	2010.2
樊村河乡	农村公路管理养护先进乡镇	市交通运输局	2010.2
县国土资源局	国土资源管理先进单位	市政府	2010.3
龙港镇党委	2010年度农业和农村工作先进集体	市委、市政府	2010.3
县地税局	2009年度财税收入征管先进单位	市政府	2010.3
沁水供电支公司	和谐企业标兵	市委、市政府	2010.3
嘉峰镇政府	2009年度乡镇安监站建设先进单位	市政府	2010.3
嘉峰镇政府	2009年度城建工作先进集体	市政府	2010.3
公安局交警大队	安全生产先进单位	市政府	2010.3
司法局	矛盾调处先进单位	市委、市政府	2010.3
财政局	财税收入征管先进单位	市政府	2010.3

沁水县2010年度集体获市级表彰登记表（续一）

单位名称	荣誉称号	授奖单位	获奖时间
县委党校	先进县级党校	市委	2010.3
沁和能源集团有限公司	纳税突出贡献单位	市政府	2010.3
郑庄镇综治委	综治工作先进集体	市委、市政府	2010.3
公安局交警大队	安全生产先进单位	市政府	2010.3
县法院	文明和谐单位	市精神文明建设指导委员会	2010.3
鸿达蜂业专业合作社	先进蜂业合作社	市畜牧局、市蜂业协会	2010.3
检察院监所检察科	全市检察业务年度单项工作考核中第二名	市检察院	2010.3
检察院民事行政检察科	全市检察业务年度单项工作考核中第二名	市检察院	2010.3
人行沁水支行	文明和谐结对共建标兵单位	晋城市精神文明建设指导委员会	2010.3
粮食局	先进单位	市粮食局	2010.3
胡底乡	第二次全国经济普查先进集体	晋城市第二次全国经济普查领导小组	2010.3
柿庄镇	文明和谐乡镇	晋城市精神文明建设指导委员会	2010.3
县委宣传部	文明和谐单位	晋城市精神文明建设指导委员会	2010.3
县行政审批中心	文明和谐单位	晋城市精神文明建设指导委员会	2010.3
县总工会	晋城市三八红旗集体	市妇联	2010.3
县总工会	模范县工会	市总工会	2010.3
嘉峰镇政府	晋城市“三八”红旗集体	市妇联	2010.3
郑村镇	2008—2009年度文明和谐乡镇	市精神文明建设指导委员会	2010.3
农机局	2009年度全市农机化工作先进单位	市农机局	2010.3

沁水县2010年度集体获市级表彰登记表（续二）

单位名称	荣誉称号	授奖单位	获奖时间
畜牧兽医局	2009年度畜牧业安全生产先进县	市畜牧兽医局	2010.3
畜牧兽医局	2010年度畜牧兽医工作先进单位	市畜牧兽医局	2010.3
财政局	2008—2009年度文明和谐单位	市精神文明建设指导委员会	2010.3
沁和能源集团公司	2009年度结对帮扶先进单位	市委干部下乡领导组	2010.3
樊村河乡	防疫规范化管理AA级单位	市防治动物重大疫病指挥部	2010.3
沁水供电支公司	政风行风评议优秀窗口基层单位	市政府	2010.4
嘉峰镇政府	城乡环境卫生清洁工程先进集体	市政府	2010.4
县发展和改革局	2009年度支持重点工程建设先进集体	市政府	2010.4
农村信用合作联社	和谐企业标兵	市委、市政府	2010.4
审计局	2009年政风行风评议优秀窗口基层单位	市政府	2010.4
樊村河乡	城乡环境卫生清洁工程先进集体	市政府	2010.4
端氏镇农保站	先进集体	市委、市政府	2010.4
经济和商务局	2009年完成工业调控优秀组织单位	市政府	2010.4
法院	模范单位	市委、市政府	2010.4
县国库支付中心	优质服务竞赛先进集体	晋城市劳动竞赛委员会	2010.4
县政府	旅游工作先进县	晋城市旅游文物业发展领导组	2010.4
县旅游文物局	旅游政风行风建设先进单位	晋城市旅游文物业发展领导组	2010.4
县旅游文物局	旅游文物工作先进单位	晋城市旅游文物业发展领导组	2010.4
沁水神州旅行社	优秀旅行社	晋城市旅游文物业发展领导组	2010.4
团县委	青少年维权工作先进单位	团市委	2010.4

沁水县2010年度集体获市级表彰登记表（续三）

单位名称	荣誉称号	授奖单位	获奖时间
公安局交警大队	文明和谐单位	市文明委	2010.4
公安局交警大队	文明和谐结对共建先进单位	市文明委	2010.4
教育局	晋城市第22届中小学生田径运动会第三名	市教育局	2010.4
公安局治安大队	科技强警示范所队	市公安局、市科技局	2010.4
县看守所	科技强警示范所队	市公安局、市科技局	2010.4
公安局交警大队	文明和谐单位和谐结对先进单位	市精神文明建设指导委员会	2010.4
审计局	2009年度审计工作先进单位	市审计局	2010.4
沁和能源集团中村煤业公司	绿色企业	市企业环境行为评价组	2010.4
柳庄社区党支部	和谐社区标兵	市委、市政府	2010.5
尧都村党支部	和谐村标兵	市委、市政府	2010.5
法院	和谐单位标兵	市委、市政府	2010.5
县地税局	政风行风评议优秀窗口基层单位	市政府	2010.5
郑村镇	和谐乡镇标兵	市委、市政府	2010.5
财政局	和谐机关标兵	市委、市政府	2010.5
信访局	晋城市《信访条例》电视知识竞赛三等奖	市委、市政府	2010.5
县旅游文物局	晋城市旅游饭店服务技能大赛组织奖	晋城市旅游文物局	2010.5
物价局	2008—2009年度文明和谐单位	市精神文明建设指导委员会	2010.5
地税局	文明和谐单位标兵	市文明和谐办公室	2010.5
地税局	文明和谐结对共建先进单位	市文明和谐办公室	2010.5
中村镇	五四红旗团委	团市委	2010.5
十里乡政府	和谐乡镇标兵	市委、市政府	2010.6
县政府	2009年度夏收工作先进单位	市政府办公厅	2010.6
公安局交警大队	全市预防道路交通事故工作先进单位	市政府	2010.7
公安局交警大队	预防交通事故工作先进单位	市政府	2010.7

沁水县2010年度集体获市级表彰登记表（续四）

单位名称	荣誉称号	授奖单位	获奖时间
科技局	科技活动周先进集体	晋城市科技活动周协调领导组	2010.7
人社局劳动监察大队	农民工援助行动特别贡献奖	市总工会	2010.8
县总工会	晋城市职工大病医疗互助工作模范集体	市总工会	2010.8
县总工会	农民工援助行动优秀组织奖	市总工会	2010.8
县纪委宣教室	晋城市《廉政准则》知识竞赛二等奖	市纪委	2010.8
农行沁水支行	劳动关系和谐企业	晋城市开展创建劳动关系和谐企业活动领导小组	2010.9
关心下一代工作委员会	优秀组织奖	市中华魂读书活动组委会	2010.9
供电公司	劳动关系和谐企业	晋城市开展创建劳动关系和谐企业活动领导小组	2010.9
县医院	血液管理先进集体	市政府	2010.10
县政府复员退伍军人安置办公室	2007—2009年退役士兵安置工作模范单位	市政府	2010.10
沁和能源集团有限公司	诚信企业	市政府	2010.10
运管所	晋城市运管系统创先争优演讲比赛二等奖	市运管局	2010.10
水务局	2009年度农建先进县	晋城市农田水利建设指挥部	2010.10
嘉峰镇政府	十佳老龄工作红旗镇	市老龄工作委员会	2010.10
县总工会	晋城市第二届职工职业技能大赛优秀组织奖	市总工会	2010.11
县国土资源局	农业综合开发工作先进集体	市政府	2010.12
农业综合开发局	农业综合开发先进单位	市政府办公室	2010.12

沁水县2010年度集体获市级表彰登记表（续五）

单位名称	荣誉称号	授奖单位	获奖时间
教育局	晋城市第二届教育系统职院杯乒乓球比赛机关组第一名	市教育局	2010.12
沁水建行	晋城市2010年度国债下乡工作先进单位	市人行、市财政局	2010.12
人武部	后勤管理先进单位	晋城军分区	2010.12
县总工会	2009年度全市工会经审工作规范化建设考核一等奖	市总工会经费审查委员会	2010.12
公安局治安大队	全市第六次全国人口普查户口整顿工作先进集体	市第六次人口普查小组、市公安局	2010.12
公安局端氏中心派出所	全市第六次全国人口普查户口整顿工作先进集体	市第六次人口普查小组、市公安局	2010.12
农村信用合作联社	文明优质服务先进单位	晋城办事处	2010.12
土沃乡敬老院	2010年度四星级敬老院	市民政局	2010.12
民政局	2010年度民政工作先进单位	市政府	2011.1
沁水县	2010年度林业建设先进县	市政府办公室	2011.1
林业局	森林防火先进单位	市政府森林防火指挥部	2011.1
县畜牧兽医局	2010年度现代畜牧业建设先进县	市政府办公厅	2011.1
中村镇	先进基层武装部	市政府、市军分区	2011.1
张村乡	计划生育“三无乡	市委、市政府	2011.1
人寿财产保险沁水支公司	业务发展优胜单位	人寿财产保险晋城市中心支公司	2011.1
人行沁水支行	2010年度社会治安综合治理和平安建设先进单位	人行晋城市中心支行	2011.1
柿庄镇人口和计划生育中心服务站	先进服务站	晋城市人口和计划生育领导小组	2011.1
邮政局端氏支局	先进集体	市邮政局	2011.1
邮政局步行街储蓄所	先进集体	市邮政局	2011.1
邮政局报刊发行投递部	先进集体	市邮政局	2011.1

沁水县2010年度集体获市级表彰登记表（续六）

单位名称	荣誉称号	授奖单位	获奖时间
邮政局综合办公室	先进集体	市邮政局	2011.1
邮政局储汇营业部	先进集体	市邮政局	2011.1
公安局	先进县公安局	市公安局	2011.1
公安局治安大队	集体三等功	市公安局	2011.1
公安局龙港中心派出所	全市公安优秀基层单位	市公安局	2011.1
公安局指挥中心	公安信息化建设十佳单位	市公安局	2011.1
公安局交警大队	执法规范化建设十佳单位	市公安局	2011.1
公安局土沃派出所	和谐警民关系建设十佳单位	市公安局	2011.1
公安局刑侦大队	世博、亚运安保工作先进集体	市公安局	2011.1
中村镇	安全管理先进单位	市中小企业局、市民营经济管理局	2011.1
端氏镇计生服务站	先进服务站	市计生委	2011.1
沁水县	城乡环境卫生清洁工程先进集体	市政府	2011.2
县供销社	先进单位	市政府	2011.2
住房保障和城乡建设管理局	晋城市城乡规划工作先进单位	市规划局	2011.2
人行沁水支行综合办公室	全市人民银行系统先进集体	人行晋城中心支行、人行晋城中支工会	2011.2
卫生局	卫生工作目标责任先进单位	市卫生局	2011.2
卫生局	医德医风建设先进集体	市卫生局、市纠正行业不正之风办公室	2011.2
县爱卫办	爱国卫生先进集体	市爱卫办	2011.2
县爱卫办	病媒生物防治先进集体	市爱卫办	2011.2
县畜牧兽医局	动物防疫规范化创建考核评价达AAA标准县	市防治重大疫病指挥部	2011.2
县政府	2010年度环保目标责任制优秀单位	市政府	2011.3
环境保护局	全国第一次污染源普查先进集体	市政府	2011.3
环境保护局	“十一五”污染减排先进集体	市政府	2011.3

沁水县2010年度集体获市级表彰登记表（续七）

单位名称	荣誉称号	授奖单位	获奖时间
县农委	2010年度增加农民收入先进县	市委、市政府	2011.3
中村镇	农村养老保险先进单位	市政府	2011.3
樊村河乡	增加农民收入先进乡	市委、市政府	2011.3
中小企业局	安全生产先进单位	市委、市政府	2011.3
固县乡上梁村	扶贫攻坚先进村	市委、市政府	2011.3
住房保障和城乡建设管理局	晋城市特色城镇化建设先进单位	市住房保障和城乡建设管理局	2011.3
住房保障和城乡建设管理局	优秀集体奖	市住房保障和城乡建设管理局	2011.3
运管所办公室	2010年度运管系统先进科室	市运管局	2011.3
交通政务大厅	2010年度运管系统先进科室	市运管局	2011.3
运管所法制办	2010年度运管系统先进科室	市运管局	2011.3
国库支付中心	巾帼文明岗	市妇联	2011.3
教育局	语言文字先进单位	市教育局	2011.3
教育局督导室	教育工作先进科室	市教育局	2011.3
教育局	成人教育先进单位	市教育局	2011.3
沁水工行	产品创新推广先进单位	市工行	2011.3
县总工会	先进女职工组织	市总工会	2011.3
中村镇	模范乡镇工会	市总工会	2011.3
十里乡	模范乡镇工会	市总工会	2011.3
中村镇	模范乡镇工会	市总工会	2011.3
县国土资源局	国土资源工作优秀单位	市政府	2011.4
住房保障和城乡建设管理局	集体一等功	晋城市劳动竞赛委员会	2011.4

沁水县2010年度总结表彰大会

先进集体名单

红旗单位

沁水县中村镇
沁水县张村乡
沁水县十里乡
沁水县信访局
沁水县人力资源和社会保障局
沁水县畜牧兽医局
沁水县人口和计划生育局
沁水县教育局
沁水县国税局
沁水县地税局
沁水县环保局
沁水县民政局
沁水县林业局
沁水县卫生局
沁水县公安局

特色城镇化建设先进集体

县住房保障和城乡建设管理局
县财政局
县国土资源局
县经济和商务局
县发展和改革局
县农业委员会
县交通运输局
县工商局
县广播电视台
沁水县嘉峰镇
沁水县龙港镇
沁水县端氏镇
沁水县郑庄镇
沁水县公路段
县公安局交警大队
沁水宾馆
嘉峰镇嘉峰村
端氏镇端氏村
龙港镇小岭村
龙港镇柳庄社区

关注民生特别贡献奖

沁和能源集团有限公司
晋煤集团沁秀煤业有限公司
晋煤集团寺河煤矿

新农村建设先进集体

龙港镇梁庄村
中村镇上阁村
郑庄镇郑庄村
端氏镇东山村
嘉峰镇李庄村
郑村镇许村村
柿庄镇下泊村
胡底乡七坡村
樊村河乡樊村村
张村乡芦坡村

纳税大户

晋煤集团寺河煤矿
沁和能源集团有限公司
晋煤集团沁秀煤业有限公司
沁水蓝焰煤层气有限责任公司
沁水晋煤瓦斯发电有限公司
中石油山西煤层气勘探开发分公司
沁水中嘉南凹寺煤业有限公司
中联煤层气有限责任公司沁水分公司
晋城市得一工贸有限公司
晋城市沁水公路煤炭销售有限公司

农村先进集体

沁水县龙港镇里必村
沁水县龙港镇杨河社区
沁水县龙港镇王寨村
沁水县龙港镇南瑶村
沁水县樊村河乡卫村村
沁水县中村镇北庄村
沁水县中村镇中村村
沁水县土沃乡中沃泉村
沁水县土沃乡下沃泉村
沁水县张村乡堡头村
沁水县郑庄镇河头村
沁水县郑庄镇西大村
沁水县郑庄镇中乡村
沁水苏庄乡董家山村
沁水县端氏镇中韩王村
沁水县端氏镇苏庄村
沁水县端氏镇西头村
沁水县嘉峰镇永安村
沁水县嘉峰镇五里庙村
沁水县嘉峰镇嘉峰村
沁水县郑村镇湘峪村
沁水县郑村镇侯村村
沁水县胡底乡贾寨村
沁水县胡底乡王回村
沁水县固县乡云首村
沁水县固县乡安上村
沁水县柿庄镇峪里村
沁水县柿庄镇柿庄村
沁水县十里乡团里村
沁水县十里乡庄坡村

单项奖

沁水县龙港镇党委 基层党组织建设先进集体
沁水县中村镇党委 基层党组织建设先进集体
沁水县嘉峰镇党委 基层党组织建设先进集体
沁水县郑村镇党委 基层党组织建设先进集体
沁水县胡底乡党委 基层党组织建设先进集体
沁水县龙港镇党委 党风廉政建设先进集体
沁水县中村镇党委 党风廉政建设先进集体
沁水县端氏镇党委 党风廉政建设先进集体
沁水县郑村镇党委 党风廉政建设先进集体
沁水县胡底乡党委 党风廉政建设先进集体
沁水县嘉峰镇 行政效能建设先进集体
沁水县地税局 行政效能建设先进集体
沁水县综治办 政法综治工作先进集体
沁水县司法局 政法综治工作先进集体
沁水县中村镇 政法综治工作先进集体
沁水县郑村镇 政法综治工作先进集体
沁水县胡底乡 政法综治工作先进集体
沁水县十里乡 精神文明建设先进集体
沁水县中村镇 精神文明建设先进集体
沁水县郑村镇 精神文明建设先进集体
沁水县嘉峰镇 精神文明建设先进集体
沁水县胡底乡 精神文明建设先进集体
沁水县郑村镇党委 统战工作先进集体
沁水县土沃乡党委 统战工作先进集体
沁水县张村乡党委 统战工作先进集体
沁和能源集团有限公司永红煤矿 安全生产先进集体
沁水县嘉峰镇 安全生产先进集体
沁水县郑村镇 安全生产先进集体
沁水县龙港镇 信访工作先进集体
沁水县张村乡 信访工作先进集体
县公安局龙港中心派出所 信访工作先进集体
沁水县苏庄乡 和谐社会建设先进集体
沁水县固县乡 和谐社会建设先进集体
沁水县中小企业局 和谐社会建设先进集体
山西省煤炭运销集团晋城沁水有限公司

支持国防建设先进集体
沁水县地税局 支持国防建设先进集体
县人大常委会办公室 人大工作先进集体
沁水县郑村镇人大主席团
人大工作先进集体
县政协提案委员会 政协工作先进集体
沁水县十里乡政协联络组
政协工作先进集体
沁水县固县乡 粮食生产先进集体
沁水县柿庄镇 粮食高产创建先进集体
沁水县樊村河乡 玉米丰产方建设先进集体
县蚕桑服务中心 蚕桑生产先进集体
沁水县蔬菜办 蔬菜生产先进集体
沁水县苏庄乡 畜牧生产先进集体
沁水县扶贫办 扶贫开发先进集体
县住房保障和城乡建设管理局
重点工程建设先进集体
沁水县交通运输局
重点工程建设先进集体
沁水县顺世达铸业有限公司
民营企业先进集体
沁水县金田园农业发展有限公司
民营企业先进集体
沁水县程顺物流有限公司
民营企业先进集体
沁水县龙港镇
双拥创建工作先进集体
沁和能源集团有限公司
双拥创建工作先进集体
沁水县民政局
双拥创建工作先进集体
沁水县财政局
双拥创建工作先进集体
沁水县广播电视台
双拥创建工作先进集体
县文体广电新闻出版局
双拥创建工作先进集体
县公安消防大队
双拥创建工作先进集体
沁水县招商局
招商引资先进集体
山西和瑞新能源开发有限公司
招商引资先进集体
沁水县中村镇 社会保障先进集体
沁水县胡底乡 社会保障先进集体
沁水县郑村镇 计划生育先进集体
沁水县樊村河乡 计划生育先进集体
沁和能源集团有限公司
环境保护先进集体
沁水县十里乡 环境保护先进集体
县节能监察办公室 节能减排先进集体
晋城沁泽焦化有限公司
节能减排先进集体
沁水县城镇初中 教育工作先进集体
沁水县源通饲料有限公司
科技工作先进集体
沁水县土沃乡 旅游开发先进集体
沁和能源集体有限公司工会
工会工作先进集体
沁水县嘉峰镇团委
共青团工作进行集体
沁水县十里乡妇联
妇会工作先进集体
赵树理图书馆 文化工作先进集体
沁水县中医院 卫生工作先进集体
沁水县老年大学
老干部工作先进集体

综合服务先进集体

沁水县总工会
共青团沁水县委
县委党校
县直属机关工委
县政府机关事务管理局
县监察局
县经济和商务局
县机构编制委员会办公室

县对外宣传办公室
县纪委农村基层党风廉政建设室
县委和谐办
县委党史办
山西煤炭运销集团晋城沁水有限公司
县国有资产经营公司
县粮食局
县中小企业局
县供销合作社联合社
县国库支付中心
沁水县物价局
沁水县物资总公司
沁水县统计局
沁水县水务局
沁水县农经局
县农业综合开发局
沁水县审计局
沁水县房改办
沁水县旅游局
沁水县人民法院
沁水县人民检察院
县文体广电新闻出版局
县委宣传部理教科
县疾病预防控制中心
县文学艺术工作者联合会
沁水报社
县食品药品监督管理局
县老区建设促进会
县关心下一代工作委员会
县老科协
县委老干部局

服务地方经济发展先进集体

国家统计局沁水调查队
沁水供电支公司
沁水县工商局
县质量技术监督局
中国人民银行山西省沁水县支行
中国工商银行股份有限公司沁水支行
中国农业银行股份有限公司沁水支行
中国建设银行股份有限公司沁水支行
中国银行股份有限公司沁水支行
中国农业发展银行沁水支行
中国移动通信集团山西有限公司沁水县分公司
沁水县邮政局
县农村信用合作联社

中共沁水县委文件

沁发〔2010〕1号　关于加强和改进新形势下党的建设的实施意见

沁发〔2010〕2号　中共沁水县委2010年工作意见

沁发〔2010〕3号　关于对我县2009年度和谐创建活动市级标兵命名请示

沁发〔2010〕4号　关于贯彻《中国共产党党员领导干部廉洁从政若干准则》的实施意见

沁发〔2010〕5号　关于对冯文忠申诉案复议复审情况的批复

沁发〔2010〕6号　关于对张书魁违纪问题处理意见的批复

沁发〔2010〕7号　关于对牛灵战违纪问题处理意见的批复

沁发〔2010〕8号　中共沁水县委、县政府关于对全县纪检监察派驻机构统一管理的实施意见

沁发〔2010〕9号　中共沁水县委、县政府关于加强全县乡镇基层纪检监察组

织建设的意见

沁发〔2010〕10号 中共沁水县委常委任免干部票决办法（试行）

沁发〔2010〕11号 关于在全县农村基层组织推行“四议两公开”工作法的实施方案

沁发〔2010〕12号 关于表彰基层党组织、优秀党员、党务工作者等的决定

沁发〔2010〕13号 关于推进学习型党组织建设的实施意见

沁发〔2010〕14号 关于对郭晓良违纪问题处理意见的批复

沁发〔2010〕15号 关于在全县基层组织和党员中深入开展创先争优活动的实施方案

沁发〔2010〕16号 中共沁水县委、沁水县人民政府关于对2008—2009年度全县和谐创建活动先进集体和家庭进行表彰的决定

沁发〔2010〕17号 关于沁水县副处级后备干部人选的报告

沁发〔2010〕18号 关于认真学习贯彻落实袁纯清书记在全省领导干部大会上的重要讲话精神的通知

沁发〔2010〕19号 关于深化农村党风廉政建设构建农村惩治和预防腐败体系的实施意见

沁发〔2010〕20号 关于进一步加强和改进党委中心组学习的实施意见

沁发〔2010〕21号 中共沁水县委、县政府关于印发《沁水县年度目标责任考核实施办法》的通知

沁发〔2010〕22号 中共沁水县委、县政府关于报批《沁水县乡镇机构改革方案》的请示

沁发〔2010〕23号 中共沁水县委、县政府关于实施生态兴县战略加快推进林业改革发展的意见

沁发〔2010〕24号 中共沁水县委、县政府关于印发《沁水县乡镇机构改革实施方案》的通知

中共沁水县委办公室文件

沁办发〔2010〕1号 中共沁水县委办公室、沁水县人民政府办公室关于2010年春节、元宵节文化活动的安排意见

沁办发〔2010〕2号 中共沁水县委办公室关于转发《中共沁水县委宣传部2010年宣传思想文化工作要点》的通知

沁办发〔2010〕3号 中共沁水县委办公室关于对全县党委系统信息工作进行督察的通知

沁办发〔2010〕4号 中共沁水县委办公室关于做好全县革命遗址普查工作的通知

沁办发〔2010〕5号 中共沁水县委办公室关于成立贯彻实施《中国共产党党员领导干部廉洁从政若干准则》领导组的通知

沁办发〔2010〕6号 中共沁水县委办公室、沁水县人民政府办公室关于2010年全县党风廉政建设和反腐败工作任务的分解意见

沁办发〔2010〕7号 中共沁水县委办公室、沁水县人民政府办公室关于调整沁水县依法治县领导组的通知

沁办发〔2010〕8号 中共沁水县委办公室、沁水县人民政府办公室关于调整沁水县人口和计划生育领导小组组成人员

的通知

沁办发〔2010〕9号（机密） 中共沁水县委办公室关于转发《中共沁水县委防范和处理邪教问题领导小组关于开展反邪教集中教育整治大行动实施方案》的通知

沁办发〔2010〕10号 中共沁水县委办公室关于调整中共沁水县委防范和处理邪教问题领导小组组成人员的通知

沁办发〔2010〕11号 中共沁水县委办公室、沁水县人民政府办公室转发《关于加强司法行政基层基础工作的实施意见》的通知

沁办发〔2010〕12号 中共沁水县委办公室、沁水县人民政府办公室关于转发《沁水县开展创建省级计划生育优质服务先进县活动实施方案》的通知

沁办发〔2010〕13号 中共沁水县委办公室、沁水县人民政府办公室关于开展“慈善一日捐，济困送温暖”活动的通知

沁办发〔2010〕14号 中共沁水县委办公室、沁水县人民政府办公室关于贯彻晋办发〔2010〕7号文件认真做好和谐社会建设考评工作的通知

沁办发〔2010〕15号 中共沁水县委办公室、沁水县人民政府办公室转发市委办公厅、市政府办公厅《关于对超标准小汽车进行申报核实自查自纠的通知》的通知

沁办发〔2010〕16号 中共沁水县委办公室、沁水县人民政府办公室关于调整沁水县农村基层党风廉政建设领导组及办公室组成人员的通知

沁办发〔2010〕17号 中共沁水县委办公室、沁水县人民政府办公室关于转发《沁水县2010年“扫黄打非”行动方案》的通知

沁办发〔2010〕18号 中共沁水县委办公室、沁水县人民政府办公室关于加强领导干部调查研究工作的通知

沁办发〔2010〕19号 中共沁水县委办公室、沁水县人民政府办公室关于印发《沁水县乡镇重点工程（项目）考核办法（试行）》的通知

沁办发〔2010〕20号 中共沁水县委办公室、沁水县人民政府办公室关于开展沁水县第十九届“科技之春”宣传月活动的通知

沁办发〔2010〕21号 中共沁水县委办公室、沁水县人民政府办公室关于调整沁水县老龄工作委员会组成人员的通知

沁办发〔2010〕22号 中共沁水县委办公室、沁水县人民政府办公室转发县老龄工作委员会《关于开展创建“敬老文明号”活动的意见》的通知

沁办发〔2010〕23号 中共沁水县委办公室、沁水县人民政府办公室关于调整沁水县政务公开领导组组成人员的通知

沁办发〔2010〕24号 中共沁水县委办公室、沁水县人民政府办公室关于转发《沁水县2010年度和谐社会建设工作要点》的通知

沁办发〔2010〕25号 中共沁水县委办公室、沁水县人民政府办公室转发《关于进一步深入开展全县和谐创建活动的意见》的通知

沁办发〔2010〕26号 中共沁水县委办公室、沁水县人民政府办公室关于对县直部分单位值班工作突出检查的情况通报

沁办发〔2010〕27号 中共沁水县委办公室关于启用“中共沁水县委构建社会主义和谐社会领导组办公室”印章的通知

沁办发〔2010〕28号 中共沁水县委办公室、沁水县人民政府办公室关于调整充实县农民负担监督管理领导组成员的通知

沁办发〔2010〕29号 中共沁水县委办公室、沁水县人民政府办公室关于转发《沁水县争创省级“双拥模范县”六连冠暨庆“八一”系列纪念活动实施方案》的通知

沁办发〔2010〕30号　中共沁水县委办公室、沁水县人民政府办公室关于成立晋城市特色城镇化建设沁水现场会筹备领导组的通知

沁办发〔2010〕31号　中共沁水县委办公室、沁水县人民政府办公室关于调整沁水县拥军优属、拥政爱民工作领导组成员的通知

沁办发〔2010〕32号　中共沁水县委办公室、沁水县人民政府办公室关于全县事业单位清理规范和分类改革的实施意见

沁办发〔2010〕33号　中共沁水县委办公室、沁水县人民政府办公室关于成立沁水县事业单位改革工作协调组的通知

沁办发〔2010〕34号　中共沁水县委办公室、沁水县人民政府办公室关于印发《沁水县2010年创建国家级创业型城市部门工作职责及目标任务分解意见》的通知

沁办发〔2010〕35号　中共沁水县委办公室、沁水县人民政府办公室印发《关于加快推进反腐倡廉制度建设的总体规划暨实施方案的通知》

沁办发〔2010〕36号　中共沁水县委办公室、沁水县人民政府办公室印发《关于开展廉政风险预警防控工作的实施意见》的通知

沁办发〔2010〕37号　中共沁水县委办公室、沁水县人民政府办公室关于调整沁水县社区矫正工作领导组成员的通知

沁办发〔2010〕38号　中共沁水县委办公室、沁水县人民政府办公室印发《关于加强农村集体资金资产资源监督管理的实施意见》的通知

沁办发〔2010〕39号　中共沁水县委办公室、沁水县人民政府办公室转发《关于印发〈晋城市党政正职“五个不直接分管”和“末位表态”工作制度〉的通知》的通知

沁办发〔2010〕40号　中共沁水县委办公室、沁水县人民政府办公室关于印发《沁水县创建省级“双拥模范县”活动实施方案》的通知

沁办发〔2010〕41号　中共沁水县委办公室、沁水县人民政府办公室关于成立沁水县预防职务犯罪工作领导组的通知

沁办发〔2010〕42号　中共沁水县委办公室、沁水县人民政府办公室关于调整沁水县精神文明建设指导委员会组成人员的通知

沁办发〔2010〕43号　中共沁水县委办公室印发《中国人民抗日战争胜利65周年纪念活动实施方案》的通知

沁办发〔2010〕44号　中共沁水县委办公室、沁水县人民政府办公室关于印发《沁水县城乡环境综合整治实施方案》的通知

沁办发〔2010〕45号　中共沁水县委办公室转发《中共晋城市委办公厅关于开展学习型党组织建设树“百佳典型”活动的通知》的通知

沁办发〔2010〕46号　中共沁水县委办公室、沁水县人民政府办公室关于弘扬“右玉精神”开展作风整顿活动的实施意见

沁办发〔2010〕47号　中共沁水县委办公室、沁水县人民政府办公室关于进一步做好值班和紧急信息报送工作的通知

沁办发〔2010〕48号　中共沁水县委办公室、沁水县人民政府办公室关于做好国庆期间有关工作的通知

沁办发〔2010〕49号　中共沁水县委办公室关于所属事业单位清理规范的意见

沁办发〔2010〕50号　中共沁水县委办公室关于呈送《中共沁水县委信息化中心（中共沁水县委社情民意通道办公室）职能配置、内设机构和人员编制方案》（草案）的报告

沁办发〔2010〕51号　中共沁水县委办公室关于呈送《沁水县委县政府接待办公室职能配置、内设机构和人员编制方案》

（草案）的报告

沁办发〔2010〕52 号　中共沁水县委办公室关于呈送《中共沁水县委摄影组织职能配置、内设机构和人员编制方案》（草案）的报告

沁办发〔2010〕53 号　中共沁水县委办公室关于县委常委班子民主生活会的方案

沁办发〔2010〕54 号　中共沁水县委办公室、沁水县人民政府办公室转发《关于建立重大社会决策、重大工程项目社会稳定风险评估机制的意见》的通知

沁办发〔2010〕55 号　中共沁水县委办公室关于启用“中共沁水县委农村工作领导组办公室”印章的通知

沁办发〔2010〕56 号　中共沁水县委办公室、沁水县人民政府办公室关于调整县农田水利基本建设指挥部成员的通知

沁办发〔2010〕57 号　中共沁水县委办公室关于进一步学习弘扬右玉精神推动转型跨发展的实施意见

沁办发〔2010〕58 号　中共沁水县委办公室关于做好 2011 年度党报党刊发行工作的通知

沁办发〔2010〕59 号　中共沁水县委办公室、沁水县人民政府办公室关于印发《各乡（镇）和县直部门（单位）2010 年度目标责任考核指标》的通知

沁办发〔2010〕60 号　中共沁水县委办公室、沁水县人民政府办公室关于印发《沁水县农村集体资金资产资源管理暂行办法》的通知

沁办发〔2010〕61 号　中共沁水县委办公室、沁水县人民政府办公室关于开展“送温暖、献爱心”社会捐助活动的通知

沁办发〔2010〕62 号　中共沁水县委办公室、沁水县人民政府办公室关于 2010 年度全县科级领导干部“百日调研”成果评选情况的通报

沁办发〔2010〕63 号　中共沁水县委办公室、沁水县人民政府办公室关于做好 2011 年元旦、春节期间有关工作的通知

沁办发〔2010〕64 号　中共沁水县委办公室转发《中共沁水县委宣传部关于学习贯彻党的十七届五中全会精神集中开展形势政策宣传教育工作方案》的通知

沁办发〔2010〕65 号　中共沁水县委办公室、沁水县人民政府办公室关于转发中共晋城市委办公厅、晋城市人民政府办公厅《转发市纪委等部门〈关于严禁党政机关及其工作人员违规收送礼金购物卡的规定〉的通知》的通知

中共沁水县人大常委会文件

沁人发〔2010〕1 号　关于召开县十四届人大常委会第二十三次会议的通知

沁人发〔2010〕2 号　关于王家鸿同志任职的通知

沁人发〔2010〕3 号　关于召开县十四届人大常委会第二十四次会议的通知

沁人发〔2010〕4 号　关于刘家育等同志任免职的通知

沁人发〔2010〕5 号　关于接受王军战辞职请求的决定

沁人发〔2010〕6 号　关于接受王军战同志免职的通知

沁人发〔2010〕7 号　关于召开县十四届人大常委会第二十五次会议的通知

沁人发〔2010〕8 号　关于组织县人大代表征集议案和建设的通知

沁人发〔2010〕9号　关于召开县十四届人大常委会第二十六次会议的通知

沁人发〔2010〕10号　关于阳翼高速沁水中木亭和尧都互通连接线工程项目建设资金列入政府预算的决议

沁人发〔2010〕11号　关于召开沁水县第十四届人民代表大会第四次会议的通知

沁人发〔2010〕12号　沁水县人大常委会关于表彰优秀乡镇人大工作者、优秀人民公仆的决定

沁人发〔2010〕13号　沁水县人大常委会2010年工作要点及重点安排表

沁人发〔2010〕14号　关于开展《中华人民共和国食品安全法》执法检查实施方案

沁人发〔2010〕15号　承诺公示公告

沁人发〔2010〕16号　二十七次常委会通知

沁人发〔2010〕17号　王东旗等任职通知

沁人发〔2010〕18号　窦沁太任免通知

沁人发〔2010〕19号　关于对我县土小企业整治情况进行视察的实施方案

沁人发〔2010〕20号　关于开展《中华人民共和国人口与计划生育法》执法检查实施方案

沁人发〔2010〕21号　关于开展《中华人民共和国刑事诉讼法》执法检查的实施方案

沁人发〔2010〕22号　关于对我县农业综合开发项目进行视察的实施方案

沁人发〔2010〕23号　关于召开县十四届人大常委会第二十八次会议的通知

沁人发〔2010〕24号　关于深入贯彻学习《山西省预防职务犯罪工作条例》迎接省“行动组”监督检查的通知

沁人发〔2010〕25号　关于批准2009年沁水县财政决算的决议

沁人发〔2010〕26号　关于对我县保障性住房的建设情况进行视察的实施方案

沁人发〔2010〕27号　关于对我县教育教学工作进行视察的实施方案

沁人发〔2010〕28号　关于对我县集体林权制度改革工作进行视察的实施方案

沁人发〔2010〕29号　中共沁水县人大常委会党组2010年民主生活会情况汇报

沁人发〔2010〕30号　关于召开县十四届人大常委会第二十九次会议的通知

沁人发〔2010〕31号　关于批准《端氏嘉峰特色城镇总体规划（2010—2030年）》的决议

沁人发〔2010〕32号　关于对“一府两院”二0一0年承诺公示工作完成情况进行督察的通知

沁人发〔2010〕33号　2010年工作总结

沁水县人民政府文件

沁政发〔2010〕1号　2010年经济工作要点

沁政发〔2010〕6号　关于明确我县煤矿兼并重组过渡期复产复工矿井安全生产主体责任的通知

沁政发〔2010〕7号　关于给予杨书声开除公职处分的批复

沁政发〔2010〕8号　关于明确我县煤矿兼并重组过渡期复产复工矿井安全生产主体责任的通知

沁政发〔2010〕9号 关于印发《沁水县土地利用总体规划（2006—2020年）修编工作方案》的通知

沁政发〔2010〕10号 关于下发沁水县2010年国防后备力量队伍整组工作实施方案的通知

沁政发〔2010〕11号 关于山西晋城至侯马高速公路阳城至翼城段沁水中木亭和沁水尧都互通连接线工程项目建设资金有关问题的报告

沁政发〔2010〕12号 关于进一步明确煤矿监管职责的通知

沁政发〔2010〕13号 关于印发《沁水县农村贫困残疾人危房改造项目实施方案》的通知

沁政发〔2010〕14号 关于表彰二00九年度安全生产工作先进单位和个人的决定

沁政发〔2010〕15号 关于加强煤层行业管理和安全监管的通知

沁政发〔2010〕16号 关于落实山西晋城至侯马高速公路阳城至翼城段沁水中木亭和沁水尧都互通连接线工程项目建设资金有关问题的通知

沁政发〔2010〕17号 关于印发沁水县新型农村社会养老保险工作实施办法的通知

沁政发〔2010〕18号 关于印发沁水县城市居民最低生活保障实施办法及沁水县城市居民最低生活保障工作操作规程的通知

沁政发〔2010〕19号 关于表彰2009年度全县国土资源管理工作先进单位和先进个人的决定

沁政发〔2010〕20号 关于中下旅游公路改扩建工程林地补偿足额到位的承诺

沁政发〔2010〕21号 关于下达2010年的固定资产投资计划的通知

沁政发〔2010〕22号 关于下达2010年经济和社会发展主要指标计划的通知

沁政发〔2010〕23号 关于表彰2009年度全民创业和招商引资先进单位的决定

沁政发〔2010〕24号 关于印发《沁水县人民政府2010年工作目标责任分解》的通知

沁政发〔2010〕25号 关于2010年防汛工作安排意见

沁政发〔2010〕26号 关于表彰2009年度政风行风评议群众满意部门行业和先进单位的决定

沁政发〔2010〕27号 关于收回沁水县房地产公司沁水县教育局部分国有土地使用权的批复

沁政发〔2010〕28号 关于推进基层农业技术推广体系改革的实施意见

沁政发〔2010〕29号 关于创建国家级创业型城市的实施意见

沁政发〔2010〕30号 关于在全县继续深入开展安全生产专项整治的通知

沁政发〔2010〕31号 关于沁水县乡镇所在地集中式饮用水水源地划分保护的通告

沁政发〔2010〕32号 关于进一步加强道路交通安全工作的决定

沁政发〔2010〕33号 关于印发《沁水县2010年省市重点工程目标责任分解》的通知

沁政发〔2010〕34号 关于中村镇东沟村改造原金合城煤矿立井为水井的批复

沁政发〔2010〕35号 关于加强兼并重组整合矿井安全工作的通知

沁政发〔2010〕36号 关于对2008年和2009年预算执行和其他财政收支审计查出问题整改情况说明

沁政发〔2010〕37号 关于呈报沁水县提高公务员津贴实施方案的报告

沁政发〔2010〕38号 关于给予潘软应行政开除处分的批复

沁政发〔2010〕39号　关于给予郭晓良行政开除处分的批复

沁政发〔2010〕40号　关于给予李军亮行政开除处分的批复

沁政发〔2010〕41号　关于给予张莉莉行政开除处分的批复

沁政发〔2010〕42号　关于印发《沁水县生态功能区划》和《沁水生态经济区划》的通知

沁政发〔2010〕43号　关于创建林业生态县的实施方案

沁政发〔2010〕44号　关于做好元旦期间森林防火工作的紧急通知

沁政发〔2010〕45号　关于同意西港等19座整合关闭煤矿地面建筑物改作其他用途的通知

沁水县人民政府办公室文件

沁政办发〔2010〕1号　转发晋城市人民政府办公厅《关于做好气象灾害应对工作的紧急通知》的通知

沁政办发〔2010〕3号　关于做好大风降温和强降雪防范工作的通知

沁政办发〔2010〕4号　关于成立沁水县应急救援大队的通知

沁政办发〔2010〕5号　关于贯彻落实《中共沁水县委关于学习贯彻〈廉政准则〉的实施意见》的实施方案

沁政办发〔2010〕6号　关于转发《进一步规范主体企业安全管理工作的通知》的通知

沁政办发〔2010〕7号　关于进一步严厉打击私挖乱采等非法违法行为的通知

沁政办发〔2010〕8号　关于印发《沁水县2010年度煤矿春节停产停工放假及节后复产复工工作实施方案》的通知

沁政办发〔2010〕9号　转发市政府办公厅《关于认真吸取兰花公司大阳煤矿万里井“1·5”事故教训扎实做好煤矿安全生产工作的紧急通知》的通知

沁政办发〔2010〕10号　关于启用“沁水县经济和商务局”等九枚印章的通知

沁政办发〔2010〕11号　关于印发《沁水县新型农村合作医疗统筹补偿实施方案》的通知

沁政办发〔2010〕12号　关于转发《2010年春运交通安全管理工作实施方案》的通知

沁政办发〔2010〕13号　关于县政协在东乌岭、东峪建立抗日纪念碑建议案办理情况的答复件

沁政办发〔2010〕14号　关于印发《沁水县中小学校舍安全工程三年总体规划》的通知

沁政办发〔2010〕15号　关于转发《晋城政府办公厅关于做好雨雪天气应对和春节值班工作的紧急通知》的通知

沁政办发〔2010〕16号　关于启用沁水县旅游文物局、沁水县广播电视台两枚新印章的通知

沁政办发〔2010〕17号　关于印发沁水县危险化学品安全生产事故应急预案的通知

沁政办发〔2010〕18号　关于印发全县重点行业（领域）生产经营单位推行法定代表人安全生产承诺制工作方案的通知

沁政办发〔2010〕19号　转发晋城市人民政府办公厅《印发〈晋城市关于进一步完善工伤保险市级统筹的实施办法〉的通知》的通知

沁政办发〔2010〕20号　关于印发《沁水县农村环境卫生管理办法（试行）》的通知

沁政办发〔2010〕21号　关于调整充实中小学校舍安全工程领导组组成人员的通知

沁政办发〔2010〕22号　关于调整沁水县语言文字工作委员会成员的通知

沁政办发〔2010〕23号　关于在全县政府系统实行突发事件信息“零报告”制度的通知

沁政办发〔2010〕24号　关于成立“沁水县重点工程建设领导小组”的通知

沁政办发〔2010〕25号　关于成立“沁水县十二五规划领导组”的通知

沁政办发〔2010〕26号　关于调整县护林防火指挥部组成人员的通知

沁政办发〔2010〕27号　关于印发《贯彻落实〈沁水县工资保证金管理暂行办法〉实施细则》的通知

沁政办发〔2010〕28号　关于印发《全县开展打击非法违法采矿铁腕整治专项行动实施方案》的通知

沁政办发〔2010〕29号　关于进一步加强安全生产三项建设的实施意见

沁政办发〔2010〕30号　转发《晋城市人民政府办公厅关于安排2010年度防雷安全大检查的通知》的通知

沁政办发〔2010〕31号　关于大力支持中国移动TD—SCDMA建设工作的通知

沁政办发〔2010〕32号　关于调整“沁水县重点工程建设领导小组”的通知

沁政办发〔2010〕33号　关于组织开展高森林火险期森林防火的督察方案

沁政办发〔2010〕34号　关于调整嘉南铁路项目协调领导组的通知

沁政办发〔2010〕35号　关于进一步加强政务信息工作的通知

沁政办发〔2010〕36号　关于呈送《沁水县人民政府办公室主要职责内设机构人员编制规定》草案的报告

沁政办发〔2010〕37号　关于闫辉旭同志因私出国（境）的申请报告

沁政办发〔2010〕38号　关于印发沁水县迎接省三类城市语言文字工作评估实施方案的通知

沁政办发〔2010〕39号　下达2010年全县安全生产考核指标和奖励办法的通知

沁政办发〔2010〕40号　关于调整湾则水电站工程建设管理处负责人的通知

沁政办发〔2010〕41号　转发《中共晋城市委办公厅、晋城市人民政府办公厅关于印发〈资源整合、煤炭生产、安全稳定市级党政领导包县（市、县）督导方案〉的通知》的通知

沁政办发〔2010〕42号　关于做好人民防空专业队整组工作的通知

沁政办发〔2010〕43号　关于继续开展2010年“博爱一日捐”募捐活动的通知

沁政办发〔2010〕44号　关于印发沁水县人民政府办公室主要职责内设机构和人员编制规定的通知

沁政办发〔2010〕45号　关于印发沁水县发展和改革局主要职责内设机构和人员编制规定的通知

沁政办发〔2010〕46号　关于印发沁水县经济和商务局主要职责内设机构和人员编制规定的通知

沁政办发〔2010〕47号　关于印发沁水县教育局主要职责内设机构和人员编制规定的通知

沁政办发〔2010〕48号　关于印发沁水县科学技术局主要职责内设机构和人员编制规定的通知

沁政办发〔2010〕49号　关于印发沁水县民政局主要职责内设机构和人员编制规定的通知

沁政办发〔2010〕50号　关于印发沁水县财政局主要职责内设机构和人员编制规定的通知

沁政办发〔2010〕51号　关于印发沁水县人力资源和社会保障局主要职责内设机构和人员编制规定的通知

沁政办发〔2010〕52号　关于印发沁水县国土资源局主要职责内设机构和人员编制规定的通知

沁政办发〔2010〕53号　关于印发沁水县环境保护局主要职责内设机构和人员编制的规定的通知

沁政办发〔2010〕54号　关于印发沁水县住房保障和城乡建设管理局主要职责内设机构和人员编制的规定的通知

沁政办发〔2010〕55号　关于印发沁水县农业委员会主要职责内设和人员编制的通知

沁政办发〔2010〕56号　关于印发沁水县交通运输局主要职责内设机构和人员编制的通知

沁政办发〔2010〕57号　关于印发沁水县水务局主要职责内设机构和人员编制的通知

沁政办发〔2010〕58号　关于印发沁水县林业局主要职责内设机构和人员编制的通知

沁政办发〔2010〕59号　关于印发沁水县文体广电新闻出版局主要职责内设机构和人员编制的通知

沁政办发〔2010〕60号　关于印发沁水县卫生局主要职责内设机构和人员编制规定的通知

沁政办发〔2010〕61号　关于印发沁水县人口和计划生育局主要职责内设机构和人员编制规定的通知

沁政办发〔2010〕62号　关于印发沁水县审计局主要职责内设机构和人员编制规定的通知

沁政办发〔2010〕63号　关于印发沁水县安全生产监督管理局主要职责内设机构和人员编制规定的通知

沁政办发〔2010〕64号　关于印发沁水县统计局主要职责内设机构和人员编制规定的通知

沁政办发〔2010〕65号　关于印发沁水县司法局主要职责内设机构和人员编制规定的通知

沁政办发〔2010〕66号　关于调整充实中小学校舍安全工程领导组组成人员的通知

沁政办发〔2010〕67号　沁水县2010年中小学校舍安全工程实施方案

沁政办发〔2010〕68号　关于印发《关于在全县开展贯彻（环评法）专项行动的实施方案》的通知

沁政办发〔2010〕69号　关于启用沁水县地震局印章的通知

沁政办发〔2010〕70号　关于表彰二00九年度环境保护工作先进单位和先进个人的通报

沁政办发〔2010〕71号　沁水县2010年科教兴县实施方案

沁政办发〔2010〕72号　关于调整沁水县语言文字工作委员会成员的通知

沁政办发〔2010〕73号　关于印发《沁水县迎接省三类城市语言文字工作评估实施方案》的通知

沁政办发〔2010〕74号　关于加快推进全县煤矿关闭工作的通知

沁政办发〔2010〕75号　2010年沁水县农机深松整地作业补贴项目实施方案

沁政办发〔2010〕76号　关于调整充实县防汛抗旱指挥部成员的通知

沁政办发〔2010〕77号　关于加强全县学校幼儿园安全管理工作的通知

沁政办发〔2010〕78号　关于调整沁水县招生委员会成员的通知

沁政办发〔2010〕78号 关于沁水县违反《环评法》建设项目整改方案

沁政办发〔2010〕79号 关于印发《沁水县爱心助残募捐活动实施方案》的通知

沁政办发〔2010〕80号 关于印发沁水县2010年纠风和政风行风评议工作两个实施意见的通知

沁政办发〔2010〕81号 关于印发《沁水县构筑社会消防安全“防火墙”工程工作方案》的通知

沁政办发〔2010〕82号 关于转发县安监局全县烟花爆竹安全生产专项整治工作方案的通知

沁政办发〔2010〕83号 关于印发《沁水县2010年机械化保护性耕作项目实施方案》的通知

沁政办发〔2010〕84号 关于调整“沁水县科技星火学校领导组”的通知

沁政办发〔2010〕85号 关于成立沁水县消防安全委员会的通知

沁政办发〔2010〕86号 关于印发沁水县2010年开展整治违法排污企业保障群众健康环保专项行动实施方案的通知

沁政办发〔2010〕87号 关于印发沁水县农村饮用水源地专项整治实施方案的通知

沁政办发〔2010〕88号 关于表彰消防工作先进单位和先进个人的决定

沁政办发〔2010〕89号 关于在全国范围开展“情系玉树 大爱无疆”爱心包裹捐赠活动的通知

沁政办发〔2010〕90号 关于确保完成“十一五”节能降耗目标的实施方案

沁政办发〔2010〕91号 关于调整充实县节能减排工作领导组的通知

沁政办发〔2010〕92号 关于贯彻落实《山西省畜禽屠宰管理条例》的实施意见

沁政办发〔2010〕93号 关于调整沁水县人民政府安全生产委员会及其办公室组成人员的通知

沁政办发〔2010〕94号 关于转发经商局全县冶金有色建材等行业安全生产专项整治工作方案的通知

沁政办发〔2010〕95号 关于撤消沁水县人民政府驻北京办事处的实施方案

沁政办发〔2010〕96号 关于调整基层农技推广体系改革与建设示范县工作领导组的通知

沁政办发〔2010〕97号 关于印发沁水县开展整治非法用工打击违法犯罪专项行动实施方案的通知

沁政办发〔2010〕98号 关于调整整体林权制度改革领导组的通知

沁政办发〔2010〕99号 关于印发《沁水县2010年度地质灾害防灾方案》的通知

沁政办发〔2010〕100号 关于切实做好当前煤矿安全工作的通知

沁政办发〔2010〕101号 关于印发《沁水县实施会计集中核算的国库集中支付转轨实施方案》的通知

沁政办发〔2010〕102号 关于印发沁水县防汛应急预案的通知

沁政办发〔2010〕103号 关于确定沁水中学等学校、幼儿园为治安防范重点单位的通知

沁政办发〔2010〕104号 关于继续开展“安全生产年”活动的通知

沁政办发〔2010〕105号 关于印发《沁水县出席晋城市第四届农民运动会参赛方案》的通知

沁政办发〔2010〕106号 关于进一步做好粮油市场供应和价格稳定工作的通知

沁政办发〔2010〕107号 关于调整县防治高致病性禽流感指挥部县防治动物重大疫病指挥部县防治牲畜口蹄疫指挥部成员的通知

沁政办发〔2010〕108号　关于进一步加快整合关闭矿井工作的通知

沁政办发〔2010〕109号　关于沁水县政府办公室推进学习型党组织建设的实施方案

沁政办发〔2010〕110号　关于成立沁水县政府办公室创先争优活动领导组的通知

沁政办发〔2010〕111号　关于成立沁水县政府办公室学习型党组织建设领导组的通知

沁政办发〔2010〕112号　关于沁水县政府办公室党支部和党员中深入开展创先争优活动的实施方案

沁政办发〔2010〕113号　关于印发沁水县公安局主要职责内设机构和人员编制规定的通知

沁政办发〔2010〕114号　关于加强地质灾害隐患点动态监测的通知

沁政办发〔2010〕115号　关于成立撤销县政府北京办事处清算组的通知

沁政办发〔2010〕116号　沁水县2010年汛期地质灾害隐患再排查紧急行动实施方案

沁政办发〔2010〕117号　关于调整张峰水库输水工程建设协调工作领导组的通知

沁政办发〔2010〕118号　关于成立沁水县创建国家级创业型城市领导组的通知

沁政办发〔2010〕119号　关于认真做好2011年度政府性投资项目前期工作的通知

沁政办发〔2010〕120号　关于进一步加强问题乳粉查处工作的紧急通知

沁政办发〔2010〕121号　关于印发《2010年沁水县基本公共卫生服务项目实施方案》的通知

沁政办发〔2010〕122号　关于印发沁水县实施国家基本药物制度工作方案的通知

沁政办发〔2010〕123号　关于转发《市政府办公厅关于进一步加强煤矿安全生产的通知》的通知

沁政办发〔2010〕124号　关于印发《沁水县既有居住建筑节能改造实施方案》的通知

沁政办发〔2010〕125号　关于印发《沁水县继续深入开展非煤矿山安全生产专项整治工作方案》的通知

沁政办发〔2010〕126号　关于转发全县特种设备安全专项整治工作方案的通知

沁政办发〔2010〕127号　关于成立土地开发整理复垦和建设项目用地管理协调领导的通知

沁政办发〔2010〕128号　关于继续深入开展道路交通安全专项整治的工作方案

沁政办发〔2010〕129号　关于成立县道路交通安全委员会的通知

沁政办发〔2010〕130号　关于在各乡镇各行政村成立道路交通安全管理组织的通知

沁政办发〔2010〕131号　关于启用“沁水县人防指挥信息保障中心”印章的通知

沁政办发〔2010〕132号　关于贯彻《市政府关于贯彻〈食品安全法〉实施方案》的实施意见

沁政办发〔2010〕133号　关于切实做好地质灾害防治工作的紧急通知

沁政办发〔2010〕134号　印发《关于进一步加强和规范我县基层残疾人组织建议的实施方案》的通知

沁政办发〔2010〕135号　关于做好当前防汛抗灾工作的紧急通知

沁政办发〔2010〕136号　关于成立《沁水县推进经济发展方式转变项目扶持资金

管理领导组》的通知

沁政办发〔2010〕137号 印发关于开展农村低保和扶贫开发“两项制度”有效衔接工作的实施方案

沁政办发〔2010〕138号 关于开展第一次全县水利普查工作的通知

沁政办发〔2010〕139号 关于成立沁水县水资源评价领导组的通知

沁政办发〔2010〕140号 关于转发《全县学校2010年继续深入开展安全专项整治工作方案》的通知

沁政办发〔2010〕141号 关于认真做好2009年预算执行和其他财政收支审计查出问题整改工作的通知

沁政办发〔2010〕142号 关于转发《晋城市人民政府办公厅关于建立城镇居民大额医疗保险制度的实施意见》的通知

沁政办发〔2010〕143号 关于张志斌等九名同志任职的批复

沁政办发〔2010〕144号 关于启用“沁水县道路交通安全委员会”等两枚印章的通知

沁政办发〔2010〕145号 关于深刻汲取沁和能源集团中村煤业公司“9·12”顶板事故教训扎实做好当前安全生产工作的紧急通知

沁政办发〔2010〕146号 关于《中华人民共和国环境影响评价法》专项行动工作总结

沁政办发〔2010〕147号 关于启用沁水县推进经济发展方式转变项目扶持资金管理领导组办公室印章的通知

沁政办发〔2010〕148号 关于收集报送沁水县地震应急基础数据的通知

沁政办发〔2010〕149号 关于进一步加强全县应急预案编制修订和管理工作的通知

沁政办发〔2010〕150号 关于我县宝利达冶铸厂等5家企业的关停情况说明

沁政办发〔2010〕151号 关于沁水县对地沟油和餐厨废弃物进行专项整治工作方案的通知

沁政办发〔2010〕152号 关于印发《全县开展打击非法采矿“百日行动”实施方案》的通知

沁政办发〔2010〕153号 关于做好全县农民和重点单位冬季用煤工作的通知

沁政办发〔2010〕154号 关于《沁水县人防指挥信息保障中心职能配置、内设机构和人员编制方案》（草案）的报告

沁政办发〔2010〕155号 转发山省人民政府办公厅《关于加快发展全省注册会计师行业的实施意见》的通知

沁政办发〔2010〕156号 关于印发《沁水县应急管理指挥中心职能配置、内设机构和人员编制方案》（草案）的报告

沁政办发〔2010〕157号 关于《沁水县人民政府太原办事处职能配置、内设机构和人员编制方案》（草案）的报告

沁政办发〔2010〕158号 关于印发《沁水县2011年度新型农村合作医疗筹资工作方案》的通知

沁政办发〔2010〕159号 关于呈送《沁水宾馆职能配置内设机构和人员编制方案》（草案）的报告

沁政办发〔2010〕160号 关于《沁水县残疾人联合会职能配置、内设机构和人员编制方案》（草案）的报告

沁政办发〔2010〕161号 关于《沁水县住房基金管理中心（沁水县住房委员会办公室）职能配置、内设机构和人员编制方案》（草案）的报告

沁政办发〔2010〕162号 转发《关于我市煤炭企业劳动用工监管职责划分意见的通知》

沁政办发〔2010〕163号 关于呈送《沁水县地方志编纂委员会办公室职能配置、内设机构和人员编制方案》（草案）的报告

沁政办发〔2010〕164号　关于拟定举办“解读荆浩”新闻发布会的请示

沁政办发〔2010〕165号　关于《沁水县行政审批中心职能配置、内设机构和人员编制》(草案)的报告

沁政办发〔2010〕166号　关于《沁水县机关事务服务中心(沁水县人民政府机关事务管理局)职能配置、内设机构和人员编制方案》(草案)的报告

沁政办发〔2010〕167号　关于《沁水县信息中心(沁水县人民政府信息化工作办公室)职能配置、内设机构和人员编制方案》(草案)的报告

沁政办发〔2010〕168号　关于成立高沁高速公路建设协调领导组的通知

沁政办发〔2010〕169号　关于开展县城交通环境专项治理的实施方案

沁政办发〔2010〕170号　关于印发沁水县城乡环境卫生整治行动实施方案(2010—2012年)的通知

沁政办发〔2010〕171号　关于印发《沁水县储售煤场布局规划》的通知

沁政办发〔2010〕172号　关于转发《沁水县林业局2010—2011年林业生态建设工程实施意见》的通知

沁政办发〔2010〕173号　关于转发《沁水县林业局关于加强冬季造林绿化苗木防寒防冻工作的紧急通知》的通知

沁政办发〔2010〕174号　关于成立沁水县公共机构节能领导组的通知

沁政办发〔2010〕175号　关于做好雪灾和强降温应对准备工作的通知

沁政办发〔2010〕176号　关于印发《沁水县墙体材料革新与建筑节能2010—2015年发展规划》的通知

沁政办发〔2010〕177号　关于调整沁水县墙体材料革新与建筑节能领导组的通知

沁政办发〔2010〕178号　沁水县关于启用“沁水县高沁高速公路建设协调领导组”和“沁水县高沁高速公路建设协调领导组办公室”印章的通知

沁政办发〔2010〕179号　关于所属事业单位清理规范的意见

沁政办发〔2010〕180号　沁水县人民政府办公室推进惩防体制建设实施方案

沁政办发〔2010〕181号　关于做好秋林收购和当前粮食市场调控工作的通知

沁政办发〔2010〕182号　关于印发《沁水县疾病预防控制工作实施办法》的通知

沁政办发〔2010〕183号　关于启用“沁水县城中村改造工作领导组”等印章的通知

沁政办发〔2010〕184号　关于印发《沁水县关于创建学习型城镇的实施方案》的通知

沁政办发〔2010〕185号　关于第七批取消和调整行政审批项目的决定

沁政办发〔2010〕186号　关于公布保留行政许可、非行政许可审批和便民服务项目的通知

沁政办发〔2010〕187号　关于印发《沁水县中介机构管理办法》的通知

沁政办发〔2010〕188号　关于成立沁水县村级公益事业一事一议财政奖补工作领导组的通知

沁政办发〔2010〕189号　关于印发森林火灾应急预案的通知

沁政办发〔2010〕190号　关于印发沁水县气象灾害应急预案的通知

沁政办发〔2010〕191号　关于印发《沁水县消防安全大排查大整治大宣传大培训大练兵活动方案》的通知

沁政办发〔2010〕192号　关于认真做好今冬明春防火工作的通知

沁政办发〔2010〕193号　关于加强近期森林防火工作的紧急通知

沁政办发〔2010〕194号　关于印发打击侵犯知识产权和制售假冒伪劣产品专

项行动方案的通知

沁政办发〔2010〕195号　关于认真做好2010年全县统计年报工作的通知

沁政办发〔2010〕196号　关于沁水县煤炭和煤层气工业局2011年煤矿安全监管执法工作计划的批复

沁政办发〔2010〕197号　关于沁水县安全生产监督管理局2011年危险化学品烟花爆竹、非煤矿山企业执法检查计划的批复

沁政办发〔2010〕198号　关于确定治安重点单位的通知

政协沁水县委员会文件

沁协字〔2010〕1号　关于表彰2009年度社情民意工作先进个人的决定

沁协字〔2010〕2号　关于召开政协第七届沁水县委员会第四次会议的决定

沁协字〔2010〕3号　关于增补王保玉等三名同志为七届县政协委员的决定

沁协字〔2010〕4号　2010年常委会工作要点

沁协字〔2010〕5号　关于徐明亮等同志任免职的通知

沁协字〔2010〕6号　关于理顺我县医药管理体制实行药品专供的建议案

沁协字〔2010〕7号　关于赴山东德州等地考察低碳经济发展情况的报告

沁协字〔2010〕8号　文件归档范围和文书档案保管期限规定

沁协字〔2010〕9号　关于对我县文化产业发展情况的调研报告

沁协字〔2010〕10号　关于编制沁水县第十二个五年规划的若干建议

沁协字〔2010〕11号　政协沁水县委员会二〇一〇年工作总结

沁秀煤业有限公司

沁秀公司党总支书记杜国林

沁秀公司董事长赵学斌

山西晋煤集团沁秀煤业有限公司（简称沁秀公司）成立于2003年，是山西晋城无烟煤矿业集团有限责任公司的控股子公司，公司注册资本金85 429.05万元，公司经营范围包括煤炭生产、矿井建设、瓦斯综合利用、餐饮住宿、业务培训、摊位和房屋租赁、劳务输出，经销矿山机电、以及材料配件等。公司机关设13个部（室），分别为综合办公室、人力资源部、计划财务部、监审部、党工部、工会、保卫部、供应部、销售部、技术部、安全监察部、基建后勤部和资源整合办公室。下辖两个分公司、两个控股子公司、两个参股公司、1个代管单位。沁秀公司坚持以煤为主，瓦斯抽采利用为辅，兼顾其他产业。煤炭主业主要为岳城矿井，产能核定为150万吨/年。瓦斯抽采利用方面，岳城矿瓦斯抽采能力为8500万方/年；寺河北区瓦斯抽放工程井（曲堤井）瓦斯抽采能力为1.2亿方/年；多经产业主要为凤凰实业公司，后勤服务方面主要是凤凰润宁分公司。截至2010年底，公司资产总计28.52亿元。在册人数共计4669（含凤矿借调441人）人，其中井下岗位1111人、辅助岗位574人、地面岗位2984人。

建设中的坪上煤业

沁秀公司领导班子

坪上煤业瓦斯抽放泵站

沁秀公司机关办公楼

岳城矿概貌

岳城煤矿工业区

山西丰田食品有限公司

SHAN XI FENG TIAN SHI PIN YOU XIAN GONG SI

董事长兼总经理：宋栓虎

山西丰田食品有限公司简介

丰田公司成立于2000年11月，位于沁水县梅苑社区，总占地1.1万平方米，其中建筑面积3500平方米，总资产3600万元，其中固定资产1200万元。是1995年省级扶持的第一批农业产业化龙头骨干企业。公司下设综合办、财务科、销售科、项目办、基地办、企管办、市场办、信息办8个科室，共有员工261人（包括基地管理人员）。逐步建立和完善杂粮、木耳、猴头、核桃、七须黄花菜等生产基地，种植面积共计10.6万亩。分布于沁水境内12个乡镇，67个行政村，带动农户1.2万户，4.2万人。同时挂靠多所大专院校和食品科研单位，以科学的质量管理，先进的生产检测设备，先后开发黑色杂粮系列产品，袋装小杂粮系列食品，土特产系列食品，山菊茶系列食品等绿色食品，公司生产的猴头、黑木耳、核桃、黄花菜、玉米糁、小米、大豆、绿豆8个产品获得中国绿色食品发展中心绿色食品认证，野生黑木耳、野生猴头菇被中绿华夏有机中心认证为有机食品。

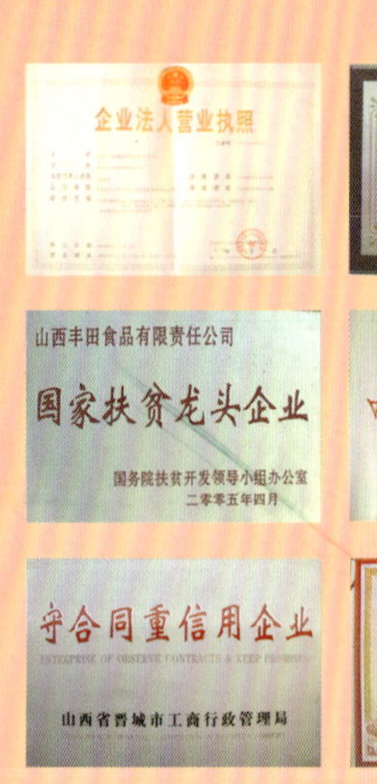

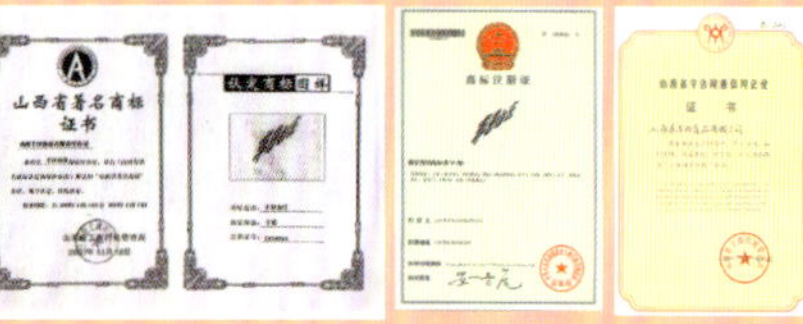

土特产

小杂粮加工包装车间